SAP® Business Data Cloud

SAP PRESS

SAP PRESS ist eine gemeinschaftliche Initiative von SAP SE und der Rheinwerk Verlag GmbH. Unser Ziel ist es, Ihnen als Anwendern qualifiziertes SAP-Wissen zur Verfügung zu stellen. SAP PRESS vereint das Know-how der SAP und die verlegerische Kompetenz von Rheinwerk. Die Bücher bieten Ihnen Expertenwissen zu technischen wie auch zu betriebswirtschaftlichen SAP-Themen.

Damit Sie nach weiteren Titeln Ihres Interessengebiets nicht lange suchen müssen, haben wir eine kleine Auswahl zusammengestellt.

Holger Seubert
SAP Business Technology Platform - Einsatz, Services, Konzepte
550 Seiten, 3. aktualisierte und erweiterte Auflage 2024, gebunden
ISBN 978-3-367-10055-2
www.sap-press.de/5860

Sebastian Sav, Michael Schwarzenberger
Künstliche Intelligenz in SAP-Systemen
524 Seiten, 2026, gebunden
ISBN 978-3-367-11444-3
www.sap-press.de/6266

René Kessler, Marcel Kuchler
AI Business Cases mit SAP - Szenarien, Tools und Best Practices
461 Seiten, 2025, gebunden
ISBN 978-3-367-10958-6
www.sap-press.de/6149

Silke Griewel, Michel Hoffmeister, Michael Kubis
Generative AI mit SAP - Maßgeschneiderte KI-Anwendungen entwickeln
452 Seiten, 2026, gebunden
ISBN 978-3-367-10759-9
www.sap-press.de/6087

Marcel Beckmann, Stefan Blinkmann, Manuel Essers,
Victoria-Sophie Marx, Jessica Schmidtke

SAP® Business Data Cloud

Das umfassende Handbuch

Rheinwerk
Publishing

Liebe Leserin, lieber Leser,

SAP-Landschaften sind komplex, und wir alle wissen, wie schnell sich Technologien und Anforderungen in der IT-Welt ändern. Genau da setzt SAP PRESS an: mit Büchern, die nicht nur Theorie vermitteln, sondern konkret im Alltag helfen.

In diesem Buch finden Sie direkt umsetzbare Ratschläge, praktische Beispiele und Lösungen für drängende Herausforderungen. Unsere Autor*innen sind Profis, die wissen, wo der Schuh drückt – und wie man Probleme effizient löst. Mit ihrer Erfahrung an Ihrer Seite können Sie Ihre SAP-Projekte gezielter angehen, fundiertere Entscheidungen treffen und die vielen Facetten von SAP besser meistern.

Ob Sie gerade erst beginnen oder schon lange im SAP-Umfeld tätig sind: Wir sind davon überzeugt, dass dieses Buch Ihnen hilfreiche Anleitungen und Tipps an die Hand gibt, um Ihre täglichen Aufgaben und Projekte erfolgreich zu meistern.

Wir freuen uns stets über Lob, aber auch über kritische Anmerkungen, die uns helfen, unsere Bücher zu verbessern. Zögern Sie also nicht, sich bei mir zu melden; Ihr Feedback ist jederzeit willkommen.

Wir wünschen Ihnen viele Aha-Momente und eine erfolgreiche Umsetzung mit diesem Buch!

Ihre Eva Wigger Sulzer
Lektorat SAP PRESS

eva.wigger.sulzer@rheinwerk-verlag.de
www.rheinwerk-verlag.de
Rheinwerk Verlag • Rheinwerkallee 4 • 53227 Bonn

Auf einen Blick

TEIL I Komponenten der SAP Business Data Cloud

TEIL II Einsatzszenarien für die SAP Business Data Cloud

Wir hoffen, dass Sie Freude an diesem Buch haben und sich Ihre Erwartungen erfüllen.
Falls Sie Anregungen, Wünsche und Kommentare haben, lassen Sie es uns wissen:
service@rheinwerk-verlag.de.

Informationen zu unserem Verlag und Kontaktmöglichkeiten finden Sie auf unserer Verlagswebsite **www.rheinwerk-verlag.de**. Dort können Sie sich auch umfassend über unser aktuelles Programm informieren und unsere Bücher und E-Books bestellen.

Autor*innen Marcel Beckmann, Stefan Blinkmann, Manuel Essers, Victoria-Sophie Marx, Jessica Schmidtke
Lektorat Eva Wigger Sulzer
Copy-Editing Birgit Dölling, Würzburg
Typografie & Layout Vera Brauner
Satz Typographie & Computer, Krefeld
Herstellung Stefanie Häb
Covergestaltung Bastian Illerhaus
Coverbild AdobeStock: 1289068787 © Konstantin
Druck Beltz Grafische Betriebe, Bad Langensalza

FSC® www.fsc.org MIX Karton | Papier | Fördert gute Waldnutzung FSC® C089473

Dieses Buch wurde auf FSC®-zertifiziertem Papier gedruckt. Hergestellt in Deutschland.

Bibliografische Information der Deutschen Nationalbibliothek:
Die Deutsche Nationalbibliothek verzeichnet diese Publikation in der Deutschen Nationalbibliografie; detaillierte bibliografische Daten sind im Internet über *http://dnb.dnb.de* abrufbar.

ISBN 978-3-367-11371-2

1. Auflage 2026

Rheinwerk Verlag GmbH • Rheinwerkallee 4 • 53227 Bonn
service@rheinwerk-verlag.de

Inhalt

Einleitung

Im Februar 2025 wurde die SAP Business Data Cloud (SAP BDC) der Öffentlichkeit vorgestellt. Neben uns waren sicherlich viele weitere Partner- und Kundenunternehmen überrascht, in welch kurzer Zeit das neue Tool auf dem Markt erschienen ist. In zahlreichen anschließenden Events, Webinaren, Blogs und dergleichen wurden sukzessive weitere Informationen zu den einzelnen Komponenten bereitgestellt. Gleichzeitig ergaben sich auch immer mehr Fragen, die Kunden und Partner an SAP richteten.

Auf Kundenseite konnten wir unterschiedliche Reaktionen beobachten. Kunden, die bereits SAP Analytics Cloud oder SAP Datasphere einsetzen, sahen sich in ihrem bisherigen Vorgehen bestätigt. Die Einführung der SAP BDC zeigte ihnen, dass SAP auch künftig auf diese strategischen Produkte setzen und sie weiterentwickeln wird. Für Kunden, die noch SAP BW 7.5 on SAP HANA (oder ältere Versionen) nutzen und sich in der SAP-S/4HANA-Transformation befinden, ist die SAP BDC eine sehr spannende Option, um die eigene Analytics-Landschaft auf eine moderne und cloudbasierte Plattform zu heben.

Aus unserer Erfahrung sind hingegen diejenigen Kunden unzufriedener, die erst in jüngster Vergangenheit auf SAP BW/4HANA gewechselt sind oder sich in einem Migrationsprojekt nach SAP BW/4HANA befinden. Ihnen fehlte in ihrem Entscheidungsprozess hinsichtlich der Investition in SAP BW/4HANA die Option zur SAP BDC. Mit besonderem Interesse blickten Kunden mit einer heterogenen Analytics-Landschaft auf den Bereich SAP Databricks. Der Ausblick, SAP- und Nicht-SAP-Daten über den Object Store besser miteinander austauschen und integrieren zu können, ist äußerst vielversprechend. Hinzu kommen die umfangreichen Funktionen zur Verwendung von künstlicher Intelligenz (KI).

Das Thema »Datenprodukt« stach uns direkt ins Auge. »Das Kind hat endlich einen Namen«, dachten wir spontan. Selbst nach all den Jahren, in denen wir BI-Lösungen konzipiert, implementiert und weiterentwickelt haben, bleibt das Kernthema stets dasselbe. Technisch werden immer Berichte, Datenmodelle, Kennzahlen etc. implementiert, die im Rahmen eines klassischen Datenverarbeitungsprozesses bereitgestellt werden. Das erfolgreiche »Mappen« dieser technischen Methodik mit dem fachlichen, betriebswirtschaftlich eindeutigen Kontext war und ist seit jeher der Dreh- und Angelpunkt für erfolgreiche BI-Lösungen. Wie vermutlich alle Menschen in der BI-Welt setzen wir uns immer wieder mit Datenqualitätsthemen auseinander. Wir erinnern uns an zahlreiche Projekte, in deren Testphasen alte oder neue fachliche Diskussionen aufgetreten sind, in denen intensiv darüber diskutiert wurde, ob nun der SAP-BW-Bericht an sich unvollständig definiert ist, die Berechnungslogik in der Transformationsroutine falsch programmiert wurde oder der Extraktor die falschen Werte liefert.

Am Ende vieler Diskussionen blieb (leider) die Erkenntnis, dass das Quellsystem die Daten sauber weitergegeben hat, die Daten in SAP BW technisch korrekt extrahiert wurden, die Datentransformation korrekt berechnet wurde und der Bericht die Daten so wiedergibt, wie sie sind. Die Ursache der Probleme lag in der Regel in unterschiedlichen Annahmen darüber, wer wie was mithilfe welcher Transaktion, mit welchen Pflichtwerten einträgt und ob optionale Felder befüllt werden sollen und wenn ja, mit welchen Werten. Wir sind überzeugt, dass eine schlechte Datenqualität das Ergebnis schlechter Prozesse und fehlender Verantwortlichkeiten ist.

Zielgruppe dieses Buches

Mit diesem Buch wagen wir einen Spagat: Wir wenden uns an erfahrene SAP-BW-Expertinnen, Data-Warehouse-Experten außerhalb des SAP-Kontexts, KI-Spezialisten, Datenverantwortliche, IT-Architektinnen, Entscheider in Fachbereichen sowie die Vielzahl an Nutzerinnen und Nutzern, die sich täglich mit Daten, Kennzahlen und Analysen beschäftigen. Unser Ziel ist es, all jene zu unterstützen, die regelmäßig Entscheidungen vorbereiten oder treffen, um damit ihr Business täglich voranzubringen. Viele von Ihnen sind sicherlich seit Jahren in der IT tätig und haben in der Projektarbeit umfangreiche eigene Erfahrungen mit Einführungen, Erweiterungen und Stilllegungen von Systemen gesammelt. Trotz der Innovationen, die die SAP BDC bereithält, werden diese wertvollen Erfahrungen auch auf einer neuen Plattform wie der SAP BDC erneut wichtig und entscheidend für den Erfolg sein. Daher vermitteln wir in diesem Buch nicht nur theoretische Inhalte und Funktionsumfänge der SAP BDC, sondern liefern auch praktische Erfahrungen, Beispiele und konkrete Handlungsempfehlungen.

Zielsetzung dieses Buches

Aufgrund Ihrer Erfahrungen ist Ihnen sicherlich bewusst, dass neue Produkte immer eine gewisse Anlaufzeit benötigen. Das heißt, bis sie ihre notwendige Reife erreichen, sind sie mit einer gewissen Unsicherheit behaftet. Gleichzeitig wurde mit der Veröffentlichung der SAP BDC schnell klar, welche Potenziale diese neue Cloud-Plattform bietet und dass ihre Weiterentwicklung definitiv weitreichend und umfangreich, aber auch dynamisch sein wird. Die wesentliche Zielsetzung dieses Buches ist es daher, die Grundsäulen der SAP BDC zu erläutern (siehe Teil I, »Komponenten der SAP Business Data Cloud«) und mithilfe von Einsatzszenarien in einen praktischen Kontext zu bringen (siehe Teil II, »Einsatzszenarien für die SAP Business Data Cloud«).

Grundsätzlich beschreiben wir Funktionen, die bereits in der SAP BDC bereitgestellt werden. Aufgrund der hohen Entwicklungsgeschwindigkeit bleibt es jedoch nicht aus, dass wir teilweise auf angekündigte Funktionen verweisen, was wir dann im Text entsprechend kenntlich machen.

In diesem Buch werden Sie außerdem Screenshots in deutscher und englischer Sprache vorfinden. Wir beschreiben Tools, die teilweise noch recht neu sind. Deren Oberflächen werden generell zunächst in Englisch veröffentlicht, weitere Sprachversionen folgen zeitversetzt. Daher sind die englischen Varianten in der Regel die aktuellsten. Um Ihnen den bestmöglichen Einblick in Funktionen und Bedienlogik zu geben, verwenden wir daher teilweise englische Screenshots.

Aufbau des Buches

Wir starten in **Kapitel 1**, »Einführung in die SAP Business Data Cloud«, mit der grundlegenden Positionierung der SAP BDC im Portfolio von SAP. Anschließend folgt eine Einordnung des Funktionsumfangs dieser Plattform in den allgemeinen IT- und Datenkosmos sowie in die aktuellen Markttrends.

Kapitel 2, »SAP Datasphere als Kern der SAP Business Data Cloud«, legt den Fokus auf den Kern der SAP BDC – SAP Datasphere. Dort erfolgt das gesamte Handling der Daten, deren Modellierung und Aufbereitung für Reporting, Planung, Analyse und Datenprodukte sowie die Vorbereitung von Maschinellem Lernen (ML) und KI.

In **Kapitel 3**, »SAP Business Warehouse oder SAP BW/4HANA, Private Cloud Edition«, beleuchten wir verschiedene Optionen, wie Sie mit SAP BW weiter voranschreiten können. Es gibt unterschiedliche Ansätze mit individuellen Vor- und Nachteilen, die jeder Kunde für sich selbst bewerten und priorisieren muss.

Die Komponente SAP Databricks ist für viele ein neues Thema. In **Kapitel 4**, »SAP Databricks: Datenaustausch und KI«, erläutern wir den grundlegenden Funktionsumfang von SAP Databricks und die wesentlichen Einsatzbereiche sowie das Zusammenspiel mit den anderen Komponenten der SAP BDC.

In **Kapitel 5**, »Datenprodukte und Object Store«, widmen wir uns dem zentralen Konzept der SAP BDC: dem Datenprodukt. Ausgehend von der theoretischen Herleitung eines Datenprodukts gehen wir auf die unterschiedlichen Typen von Datenprodukten ein und erläutern, wie diese erzeugt, gespeichert und für ML/KI zur Verfügung gestellt werden.

Nachdem wir uns in den ersten Kapiteln intensiv mit dem Management von Daten auseinandergesetzt haben, betrachten wir in **Kapitel 6**, »SAP Analytics Cloud: Self-Service Reporting«, und **Kapitel 7**, »SAP Analytics Cloud: Integriertes Planen«, die Nutzung der Daten für Reporting und Planung. Wir fokussieren uns hierbei insbesondere auf den von uns empfohlenen Self-Service-Ansatz für das Reporting und darauf, welche Voraussetzungen hierfür unserer Meinung nach sehr hilfreich sind. In Bezug auf die Planungsfunktionalität von SAP Analytics Cloud beleuchten wir unterschiedliche Architekturansätze mit ihren jeweiligen

Vor- und Nachteilen und widmen uns ebenfalls dem Seamless Planning, also der immer enger werdenden Integration der Planungskomponente von SAP Analytics Cloud mit SAP Datasphere. In **Kapitel 8**, »SAP BDC Cockpit«, beschäftigen wir uns mit dem Cockpit in der SAP BDC und geben einen Überblick über dessen Funktionsumfang. Zum Abschluss von Teil I gehen wir in **Kapitel 9**, »Intelligent Applications«, auf die Intelligent Apps ein und zeigen, dass es sich hierbei um deutlich mehr handelt als um den von früher bekannten SAP BW Content.

In Teil II dieses Buches, »Einsatzszenarien für die SAP Business Data Cloud«, haben wir einige der üblichen Herausforderungen der letzten Jahre ausgewählt und unsere Erfahrungen aus Kundenprojekten einfließen lassen. In den dort enthaltenen Kapiteln zeigen wir Ihnen, wie Sie diese Herausforderungen mithilfe der SAP BDC meistern können, und geben Anregungen für Ihre individuelle Situation.

Je größer das Unternehmen, desto mehr Systeme und Tools müssen nicht nur technologisch, sondern auch für Datenströme und Schnittstellen orchestriert werden. **Kapitel 10**, »Status quo: Ein Analytics-Best-of-Breed-Ansatz«, nimmt sich dieses Themas an und zeigt, welche Möglichkeiten die SAP BDC für eine Harmonisierung und Konsolidierung der Systemlandschaft bietet.

Microsoft Excel ist und bleibt das weltweit meistgenutzte Analytics-Tool. Dagegen ist aus unserer Sicht nichts einzuwenden, sofern der Nutzung ein klar definiertes Daten- und Planungsmodell zugrunde liegt. Besonders beliebt ist der Einsatz von Microsoft Excel in der Planung. Die damit verbundenen Tücken, Risiken und drohenden Fehlerquellen sind daher bekannt. In **Kapitel 11**, »Status quo: Excel-basierte Finanzplanung«, widmen wir uns deshalb der Finanzplanung in SAP Analytics Cloud. Schwerpunkte sind hierbei unterschiedliche Modellierungsansätze sowie die enger werdende Integration mit SAP Datasphere.

Kapitel 12, »Status quo: Etabliertes SAP BW 7.5 on SAP HANA«, widmet sich SAP BW. Was geschieht nun mit SAP BW? Diese Frage stellten sich wohl fast alle SAP-BW-Kunden nach der Ankündigung der SAP BDC. Hier gibt es unserer Meinung nach eine ganze Reihe von Faktoren, die es gemeinsam mit den Kunden zu erörtern gilt, um den passenden Weg in Richtung der SAP BDC zu identifizieren.

Häufiger und verbreiteter als gedacht sind weiterhin Embedded-SAP-BW-Systeme, die in SAP-ECC-Systemen im Einsatz sind. Die Vorteile, die diese Architekturentscheidung in der Vergangenheit interessant gemacht haben, sind in der Zukunft nicht mehr gegeben. **Kapitel 13**, »Status quo: Embedded SAP BW reicht nicht mehr aus«, geht diesem Thema auf den Grund und bietet Ansätze, wie ein Embedded SAP BW durch die SAP BDC abgelöst werden kann.

Databricks hat bereits in vielen Unternehmen Einzug gehalten und liefert Mehrwerte durch seine ML- und KI-Funktionen. In **Kapitel 14**, »Status quo: Einsatz von Databricks Enterprise«, betrachten wir die Unterschiede zwischen einer Databricks-Enterprise-Instanz und SAP Databricks in der SAP BDC und erörtern, wie sich die beiden Optionen bei einem hybriden Ansatz gegenseitig ergänzen können.

Wenn Sie bereits nachweislich eine sehr gute Datenqualität in Ihrem Unternehmen haben, dürfen Sie **Kapitel 15**, »Status quo: Probleme mit der Datenqualität«, überspringen. Ansonsten finden Sie dort Lösungsansätze, wie Sie mithilfe von ML-Verfahren Datenqualitätsprobleme identifizieren können. Mit diesen Erkenntnissen können Sie anschließend Maßnahmen definieren, um die Ursachen der Datenqualitätsprobleme zu reduzieren oder zu beseitigen.

Wir sind große Verfechter regelmäßiger Bereinigungs-, Aufräum- und Löschprozesse von Daten in DWH-Systemen. Historische Daten können oftmals ausgelagert, archiviert oder auch gelöscht werden. Wir wissen aber auch, dass dies aus legaler oder unternehmerischer Sicht nicht immer möglich ist. Daher befassen wir uns in **Kapitel 16**, »Status quo: Historische Datenmengen«, mit der Handhabung größerer Datenmengen, bei denen es sich in der Regel um historische Daten handelt. In diesem Zusammenhang erläutern wir, wie Sie mit diesen Datenmengen in der SAP BDC kostengünstig umgehen können.

Ihr Unternehmen ist einzigartig und hat einen USP. Daraus schließen wir, dass auch viele Ihrer Daten einzigartig sind, also keine Standarddatenprodukte, die sich einfach aus einem SAP-Katalog subskribieren lassen. In **Kapitel 17**, »Status quo: Kundeneigene Datenprodukte«, erfahren Sie, wie Sie Ihre eigenen Datenprodukte definieren, erstellen und verwalten können.

In **Kapitel 18**, »Die SAP Business Data Cloud als einheitliche Datenquelle für Business AI«, und **Kapitel 19**, »Stammdatenharmonisierung mit KI«, verlassen wir die Grundlagen und den Kern der SAP BDC und widmen uns dem Thema SAP Business AI. Die Rolle und Wichtigkeit der SAP BDC für SAP Business AI werden deutlich, wenn wir anhand einiger Beispiele die erreichbaren Mehrwerte aufzeigen.

In **Kapitel 20**, »Seamless Consolidation basierend auf der SAP Business Data Cloud«, widmen wir uns dem Thema der legalen Konsolidierung und zeigen, wie diese mit der SAP BDC unterstützt werden kann.

In **Kapitel 21**, »Status quo: Manuelle Absatzmengenplanung ablösen«, befassen wir uns erneut mit einem Planungsthema – diesmal mit Fokus auf der Absatzmengenplanung und deren Unterstützung durch die SAP BDC.

In **Kapitel 22**, »Wie Sie mit der SAP Business Data Cloud starten können«, wagen wir einen Blick in die Zukunft und erörtern, wie sich der Funktionsumfang der SAP BDC in den kommenden Jahren weiterentwickeln könnte. Außerdem besprechen wir Kundenwünsche in Bezug auf die SAP BDC, die bislang noch nicht erfüllt werden konnten, damit Sie sich ein realistisches Bild von den Grenzen dieser Lösung machen können.

Vorgeschlagene Lesereihenfolge

Klassisch von vorn nach hinten gelesen, bietet Ihnen dieses Buch einen roten Faden, der Ihnen dabei helfen soll, die SAP BDC in ihren Bestandteilen kennenzulernen und anhand von Einsatzszenarien ihren Nutzen in der Praxis zu verstehen. Je nach Ihrer Rolle und Ihrem Interessenschwerpunkt empfehlen wir Ihnen einen der folgenden Lesepfade:

- Sie sind SAP-BW-Expertin oder -Experte und möchten sich darüber informieren, wie die Zukunft Ihres SAP-BW-Systems aussehen kann.

  In diesem Fall dürfte Ihr primäres Interesse darin liegen, die bisherigen Investitionen in SAP-BW-Systeme zu sichern und Ihre internen Kunden im Fachbereich weiterhin zu bedienen. Im Fokus werden für Sie im Wesentlichen etablierte Datenmodelle, Kennzahlenberechnungen, Standardberichte, individuelle Lösungen etc. stehen, mit denen Sie die Fachabteilungen bei der täglichen Arbeit unterstützen. Zum Einstieg empfehlen wir Ihnen daher Kapitel 3, »SAP Business Warehouse oder SAP BW/4HANA, Private Cloud Edition«, in dem wir die Migrationsoptionen von SAP BW zur SAP BDC besprechen. Anschließend sollten Sie in Kapitel 2, »SAP Datasphere als Kern der SAP Business Data Cloud«, SAP Datasphere näher kennenlernen. Insbesondere in Kapitel 12, »Status quo: Etabliertes SAP BW 7.5 on SAP HANA«, aber auch in den anderen Kapiteln von Teil II werden Sie sicherlich viele Parallelen zu Ihrer eigenen Situation finden. Zum Abschluss sollten Sie dann die übrigen Kapitel in Teil I lesen.

- Sie sind IT-Entscheiderin oder IT-Architekt und sehen sich mit der Herausforderung konfrontiert, dass es viele BI-Tools im Unternehmen gibt und der Ruf nach KI immer lauter wird.

  Wir nehmen daher an, dass Sie nicht nur zahlreiche Tools nutzen, sondern auch viele Daten mehrfach speichern und verarbeiten, und dass Schnittstellen bei jedem Change besonderer Fürsorge bedürfen. Themen wie Datenqualität, Data Mesh und Data Governance sind sicherlich in Ihrem Backlog zu finden. In diesem Fall starten Sie mit Teil II und suchen sich die Einsatzszenarien heraus, die Ihre Herausforderungen am besten widerspiegeln. Anschließend können Sie in Teil I mehr über die einzelnen Komponenten der SAP BDC erfahren.

- Sie sind im Fachbereich tätig, bereiten Daten auf, erstellen Ad-hoc-Berichte und -Analysen, und Ihre Excel- und PowerPoint-Kenntnisse sind unternehmensweit bekannt.

Wir gehen daher davon aus, dass selbst der XVERWEIS Ihnen keine Probleme bereitet und Sie #NV nur mit einem müden Lächeln begegnen. Lassen Sie sich in diesem Fall durch Kapitel 6, »SAP Analytics Cloud: Self-Service Reporting«, Kapitel 8, »SAP BDC Cockpit«, und Kapitel 5, »Datenprodukte und Object Store«, (in dieser Reihenfolge) inspirieren, um zu erfahren, wie die SAP BDC Sie in Ihrer Arbeit unterstützen kann. Mit dieser Unterstützung erhält Ihr Unternehmen eine saubere Datenbasis, die direkt genutzt werden kann, und kann Self-Service-Analytics bereitstellen, damit wirklich jeder ohne Ausnahme selbst Informationen finden und nutzen kann. Dadurch gewinnen Sie wertvolle Zeit, um sich wieder mit Inhalten zu beschäftigen, statt mit dem Sammeln oder Verformeln.

- Sie sind sehr innovativ und nutzen bereits SAP BW/4HANA sowie ggf. SAP Analytics Cloud für die Planung.

  Vielleicht fragen Sie sich dann, welchen Mehrwert die SAP BDC Ihnen bieten kann, da Sie nicht vom Wartungsende von SAP BW on HANA betroffen sind und somit weder vertraglich noch technologisch unter akutem Handlungsdruck stehen. In diesem Fall empfehlen wir Ihnen Kapitel 4, »SAP Databricks: Datenaustausch und KI«, und Kapitel 5, »Datenprodukte und Object Store«. Die Verwendung von Datenprodukten und KI bleibt Ihnen in SAP BW/4HANA ohne die SAP BDC verwehrt. Durch den Einsatz der SAP BDC können Sie die Türen dafür jedoch öffnen. Die Planungskomponente von SAP Analytics Cloud wird sich primär in Richtung SAP Datasphere entwickeln. In Kapitel 7, »SAP Analytics Cloud: Integriertes Planen«, erfahren Sie, wie Sie Ihre Planung ebenfalls hin zu Datenprodukten weiterentwickeln und den Einsatz mit KI optimieren können.

- Sie sind KI-Experte, Data Scientist oder Data Engineer und nutzen seit jeher viele Tools, aber bisher noch keine von SAP.

  In diesem Fall heißen wir Sie herzlich willkommen in der SAP-Welt und möchten Ihnen zeigen, wie die SAP BDC SAP- und Nicht-SAP-Daten zusammenbringt und Datenprodukte bereitstellt und wie ML und KI damit trainiert werden können. Kapitel 4, »SAP Databricks: Datenaustausch und KI«, und Kapitel 5, »Datenprodukte und Object Store«, vermitteln Ihnen die Grundlagen von SAP Databricks und zeigen, wie Daten für das KI-Modell-Training verwendet werden. Sollten Sie bereits Databricks-Kunde sein, starten Sie am besten direkt mit Kapitel 14, »Status quo: Einsatz von Databricks Enterprise«, um sich einen Überblick über den parallelen Einsatz von Databricks und SAP Databricks zu verschaffen.

Informationskästen

Um Ihnen die Arbeit mit diesem Buch zu erleichtern, verwenden wir darin mehrere Orientierungshilfen. In den Informationskästen finden Sie Inhalte, die wissenswert und hilfreich sind, aber ein wenig abseits der Erläuterungen zum jeweiligen Thema stehen. Damit Sie diese Informationen besser einordnen können, haben wir die Kästen mit den folgenden Symbolen gekennzeichnet:

Achtung

[!] Mit diesem Symbol warnen wir Sie vor häufig begangenen Fehlern oder potenziell auftretenden Problemen.

Hinweis

[»] In Kästen, die mit diesem Symbol gekennzeichnet sind, finden Sie Informationen zu weiterführenden Themen oder wichtigen Inhalten, die Sie sich merken sollten.

Tipp

[+] Mit diesem Symbol haben wir Tipps und Hinweise aus der Berufspraxis markiert, die praktische Empfehlungen geben und Ihnen die Arbeit erleichtern können.

Uns ist bewusst, dass es am Markt sehr viele unterschiedliche Perspektiven, Meinungen und Erfahrungen gibt, wie ein »modernes Informationssystem« konzipiert, implementiert und erweitert werden sollte. Im Rahmen unserer Projekte beobachten wir immer wieder, wie unterschiedlich unsere Kunden agieren, definieren, priorisieren, abwägen und entscheiden. Daher laden wir Sie, liebe Leserinnen und Leser, gerne zu einer offenen Diskussion und Erfahrungsaustausch ein.

Danksagung

Unser gemeinsamer Dank gilt allen, die uns bei diesem Projekt unterstützt und sich stets die Zeit für ein Sparring und kritisches Hinterfragen genommen haben:

Janina Schweitzer und Eva Wigger

Herzlichen Dank für Ihre Kontaktaufnahme und die Möglichkeit, dieses Buch schreiben zu dürfen. Wir hoffen sehr, dass das Lektorat unserer Texte Ihre Zeit und Nerven nicht allzu sehr strapaziert hat.

Judith Jäger, Fabian Rösch, Markus Büßelmann, Hanife Durmus, Malte Constantinescu, Julian Schatz, Rani Abder-Razzag, Hatice Yasar

Ein großer Dank gilt euch. Neben der täglichen Projektarbeit bei unseren Kunden, den vertrieblichen Terminen und der stetigen Themenentwicklung habt ihr uns immer mit euren Erfahrungen und Lösungen aus Projekten versorgt und so vielfältige und belastbare Informationen in dieses Buch mit eingebracht. Darüber hinaus habt ihr für die nötige technische Tiefe gesorgt und Formulierungen und Aussagen auf Herz und Nieren geprüft.

TEIL I

Komponenten der SAP Business Data Cloud

Kapitel 1

Einführung in die SAP Business Data Cloud

Seit Jahren werden ROI-Modelle entwickelt, Formeln verfeinert und neue Parameter einbezogen etc., um den Nutzen bzw. die Rendite einer Investition in ein neues Tool zu quantifizieren und damit eine Entscheidung zu formalisieren. Worauf kommt es aber am Ende an? Unserer Meinung nach: Auf gute (Projekt-)Kommunikation, das (Vor-)Leben einer Datenkultur und eine hohe User-Akzeptanz. Das ist ein Prozess und kein Projekt.

Die *SAP Business Data Cloud* (SAP BDC) ist die neue Plattform von SAP, die Services für das Management von Daten, die Durchführung von Analysen, die Unterstützung von Planung sowie die Nutzung von Machine Learning (ML) und künstlicher Intelligenz (KI) zusammenzubringt. Wir beginnen in Abschnitt 1.1, »Einführung in die Architektur der SAP BDC«, mit der grundlegenden Beschreibung der SAP BDC hinsichtlich des Verwendungszwecks und Funktionsumfangs. In Abschnitt 1.2 positionieren wir die SAP BDC als Plattform im Kontext von Data Warehouse, Big Data und KI. Anschließend betrachten wir in Abschnitt 1.3 die technologische Basis der SAP BDC, die SAP Business Technology Platform (SAP BTP). In Abschnitt 1.4, »Mit der SAP BDC Daten in Kontext bringen«, lassen wir die technischen Themen hinter uns und widmen uns den Daten und der Notwendigkeit, ein Umdenken in Richtung Datenprodukte und Datenkultur anzuregen. In Abschnitt 1.5, »SAP Business AI: Agenten im Einsatz«, betrachten wir SAP Business AI und dessen Mehrwerte in Verbindung mit der SAP BDC. Da der Einsatz von KI nicht immer unumstritten ist, betrachten wir in Abschnitt 1.6 das Thema Ethik und Recht im Kontext von KI. Abschließend erläutern wir in Abschnitt 1.7 die Notwendigkeit einer gemeinsamen Sprache in der Analytics-Welt und inwiefern die SAP BDC hier einen wichtigen Beitrag leistet.

1.1 Einführung in die Architektur der SAP BDC

Die SAP BDC ist eine Plattform mit einem umfassenden und wachsenden Funktionsumfang sowie unterschiedlichen Komponenten, auf die wir in diesem Abschnitt eingehen. Technologisch basiert die SAP BDC auf der *SAP Business Tech-*

nology Platform (SAP BTP). Wie in Abbildung 1.1 dargestellt, bildet die SAP BDC das Bindeglied zwischen SAP- und Nicht-SAP-Applikationen und SAP Business AI. Transaktionale Systeme wie SAP S/4HANA, SAP SuccessFactors etc. und alle anderen Nicht-SAP-Systeme erzeugen und verändern mit jeder Transaktion und jedem Prozess Daten. Diese Daten stehen der SAP BDC zur Weiterverarbeitung zur Verfügung und werden dort i. d. R. nach fachlichen oder prozessualen Kriterien organisiert und an *SAP Business AI*, die Schicht mit KI-Agenten, die mit den in der SAP BDC bereitgestellten Daten arbeitet (siehe Abbildung 1.1), weitergegeben. Wie Sie der Abbildung entnehmen können, gehören *Datenprodukte* zu den zentralen Funktionen der SAP BDC. Sie sind die Voraussetzung, um KI in allen Fachbereichen wertschöpfend einsetzen zu können. Daher werden wir in diesem Buch immer wieder auf sie eingehen.

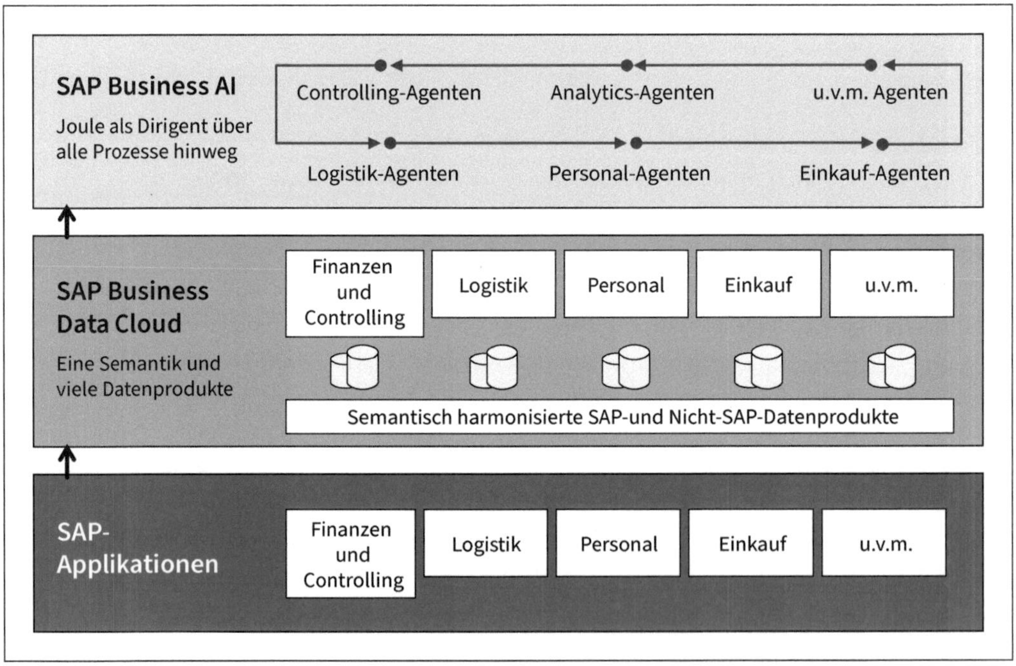

Abbildung 1.1: Einbettung der SAP BDC

SAP wird für alle Fachbereiche, Prozesse und Applikationen sogenannte *SAP-Datenprodukte* anbieten – vorgefertigte Datenmodelle, die Analysen mit KI-Unterstützung etc. beinhalten. Zum Start der SAP BDC sind erste SAP-Datenprodukte für die Bereiche Finanzen und Supply Chain verfügbar. Weitere Datenprodukte aus anderen Bereichen sind angekündigt, und es ist davon auszugehen, dass diese für alle Bereiche und SAP-Komponenten entstehen werden. Auf diese gehen wir in Kapitel 5, »Datenprodukte und Object Store«, Kapitel 9 »Intelligent Applications« und Kapitel 17, »Status quo: Kundeneigene Datenprodukte«, näher ein.

Kernkomponenten

Die SAP BDC vereint die Integration, Verarbeitung, Modellierung und Bereitstellung von Daten. Im Fokus steht dabei die Erstellung von Datenprodukten, die von beliebiger Komplexität und Aggregation sein können. Allen, die schon länger in der Welt der *Business Intelligence* (BI) zu Hause sind, wird bewusst sein, wie wichtig die Verwendung von harmonisierten Datenmodellen ist, um unternehmensweit verteilte Daten in einen sauberen betriebswirtschaftlichen Kontext (*Semantik*) zu bringen. Die SAP BDC ermöglicht dies durch vielfältige Funktionen, auf die wir in diesem Buch eingehen. In Summe soll damit die Erhöhung der Datenreife eines Unternehmens nicht technologisch, sondern primär methodisch unterstützt werden, um KI mehrwertstiftend, d. h. basierend auf guter Datenqualität, einzusetzen.

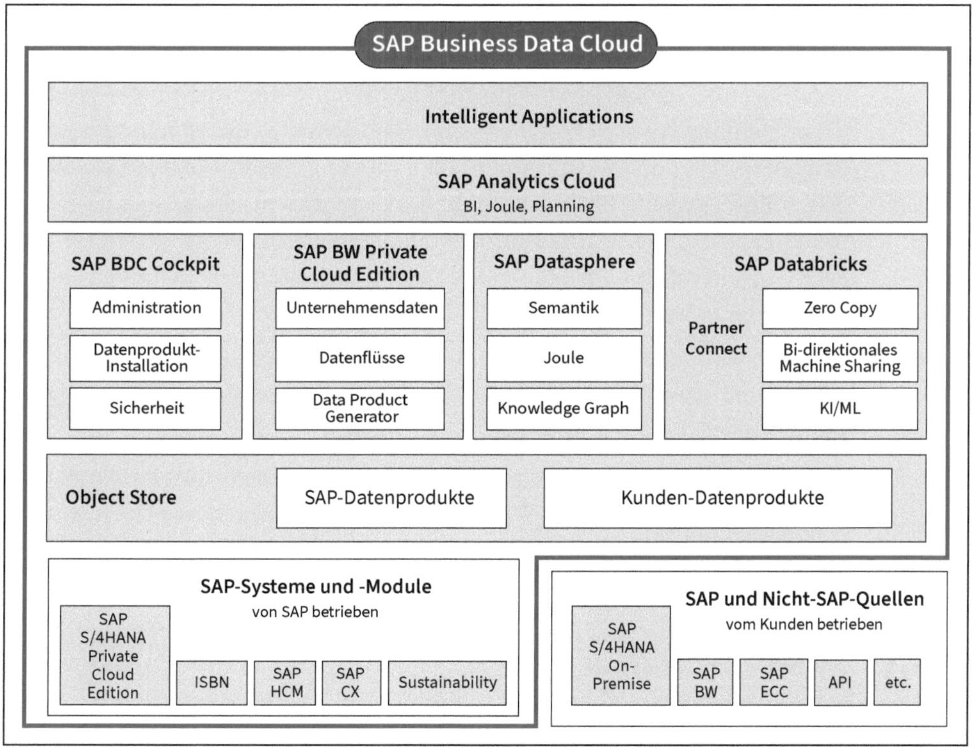

Abbildung 1.2: Die Komponenten der SAP BDC

Im Zentrum der SAP BDC befinden sich vier Softwarelösungen (siehe Abbildung 1.2):

- SAP Datasphere als Data-Warehouse- und Data-Lake-Lösung
- SAP Analytics Cloud für die Visualisierung und Analyse von Daten sowie zur Unterstützung von Planungsprozessen, wie bspw. Finanz-, Vertriebs- oder HR-Planung
- SAP BW in einer Private Cloud Edition (PCE)

- SAP Databricks als neue Komponente in der SAP-Analytics-Welt
- Object Store als Speicherort aller Datenprodukte
- Intelligent Applications

Die Ebene der Quellsysteme sowie Systeme in der Peripherie klammern wir hier zunächst aus.

Lizenzierung

Diese Einzelkomponenten (SAP Datasphere, SAP Analytics Cloud und SAP BW) werden nicht mehr separat lizenziert, sondern mit einer einheitlichen, verbrauchsorientierten und jährlichen Lizenzmetrik berechnet. Der Vorteil dieser Metrik ist, dass Unternehmen nun bspw. keine konkrete Anzahl an Planungs-Usern für SAP Analytics Cloud mehr definieren und lizenzieren müssen, sondern ihre SAP-BDC-Lizenzkapazitäten in Zukunft flexibler und bedarfsgerechter auf die benötigten Funktionen aufteilen können.

In der SAP BDC können Unternehmen Daten aus SAP- und Nicht-SAP-Systemen zusammenführen, vereinheitlichen und den Fachbereichen in harmonisierten Datenmodellen (in SAP Datasphere) zur Verfügung stellen. Auf diese Weise soll eine solide und reife Datengrundlage für Geschäftsentscheidungen bereitgestellt werden, so wie es in den Einzelkomponenten in der Vergangenheit jeweils auch der Fall war. Zudem bildet diese Datengrundlage die Basis für den Einsatz KI-basierter Agenten, Analysen und Anwendungen.

SAP Analytics Cloud

SAP Analytics Cloud visualisiert die Unternehmensdaten, unterstützt bei deren Analyse und kann mithilfe der verfügbaren Planungsfunktionen unternehmensweite Planungsprozesse unterstützen.

Wir achten darauf, in Projekten sehr eng mit den Fachbereichen zusammenzuarbeiten. Dabei legen wir großen Wert darauf, dass die Fachbereiche frühzeitig lernen, Storys zu erstellen. Alle Anwenderinnen und Anwender sollen so schnell wie möglich mit SAP Analytics Cloud vertraut gemacht werden.

[»]

Mehrwert durch Dashboards

Bunte Dashboards sind harte Arbeit, denn aussagekräftige SAP Analytics Cloud Storys benötigen eine Top-Datenqualität und Beschreibungen zum betriebswirtschaftlichen Kontext. Der dafür notwendige Aufwand in der Datenbereitstellung wird regelmäßig unterschätzt. Gleichzeitig stiftet dieser Mehraufwand aber einen deutlichen Mehrwert für die Unternehmen, denn plötzlich entstehen neue Erkenntnisse darüber, was an welcher Stelle im Unternehmen noch nicht sauber funktioniert.

SAP Analytics Cloud wird durch die SAP BDC nicht ersetzt, sondern als eigenständiges Produkt weiterentwickelt. Existierende Tenants werden in die SAP BDC überführt.

Der Dreh- und Angelpunkt der SAP BDC ist *SAP Datasphere*. Hier werden die harmonisierten Datenmodelle definiert, die Semantik hergestellt und die Datenzugriffe gesteuert.

SAP Datasphere

> **Umbenennung**
> SAP Datasphere kam bereits Ende 2019 als *SAP Data Warehouse Cloud* auf den Markt und wurde Anfang 2023 in SAP Datasphere umbenannt.

Auch SAP Datasphere wird nicht durch die SAP BDC ersetzt, sondern als deren Kernbestandteil weiterentwickelt. Ebenso werden bereits existierende Tenants in die SAP BDC überführt.

SAP BW PCE

Bei der in der *Private Cloud Edition* (PCE) gehosteten Option können ältere SAP-BW-Systeme eine neue Heimat finden und eine Wartungsverlängerung von 2027 auf 2030 erhalten. Dies kann für Unternehmen eine interessante Variante sein, um

- Modernisierungsdruck von der Analytics-Landschaft zu nehmen und sich um andere dringendere Projekte zu kümmern,
- SAP-BW-Daten bzw. -Objekte technisch in Datenprodukte umzuwandeln, die dann für KI-Anwendungsfälle genutzt werden können, und
- sich mehr Zeit nehmen zu können, um SAP BW sukzessive durch SAP Datasphere zu ersetzen.

SAP Databricks

SAP Databricks bringt ML- und KI-Funktionalität in die SAP BDC und ermöglicht die Integration von Nicht-SAP-Daten mit SAP-Daten auf einer SAP-Datenplattform. Beide Aspekte sind essenziell, um Unternehmen eine 360-Grad-Sicht auf Daten, egal welcher Herkunft, zu geben.

Integration von Nicht-SAP-Daten

Insbesondere diese Integration schließt eine Lücke aus der Vergangenheit. Die Anbindung und Integration von Nicht-SAP-Daten, bspw. in ein SAP-BW-System, war im Vergleich zu anderen Datenplattformen aufwendiger, wenn wir uns das InfoObject-Konzept von SAP BW vor Augen führen. Der Weg von SAP-Daten in andere Plattformen war technologisch gesehen weniger aufwendig. Allerdings ging beim Einfügen von Datenmodellen und Ähnlichem in flache Tabellen leider häufig ein großer Teil des fachlichen Kontexts (also der Semantik) verloren, der im Zielsystem aufwendig wieder nachgebaut werden musste.

Object Store

Wie können Sie nun auf diese Datengrundlage und damit auf die Datenprodukte zugreifen? Dies ermöglicht der *Object Store* (siehe Abbildung 1.3), auf den wir in Abschnitt 5.4 noch tiefer eingehen. Grundsätzlich wird zwischen SAP-Datenprodukten (werden von SAP ausgeliefert und verantwortet) und kundeneigenen Datenprodukten (werden vom Kunden verantwortet) unterschieden.

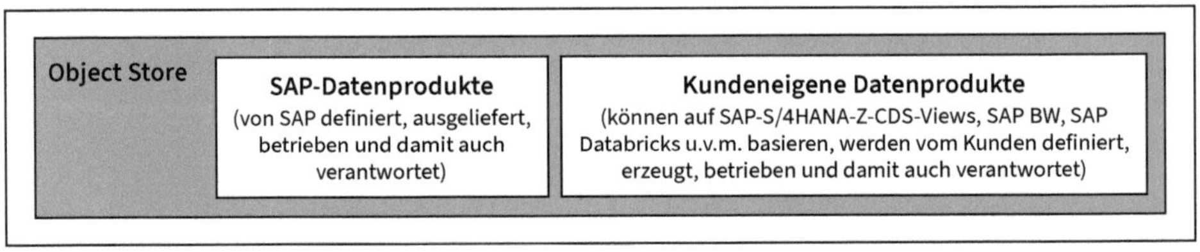

Abbildung 1.3: Object Store

Die Anwenderinnen und Anwender der SAP BDC können mithilfe des Data Catalog auf die im Object Store gespeicherten und publizierten Datenprodukte zugreifen. Ein *Data Catalog* (dt. Datenkatalog) unterstützt Unternehmen dabei, die unterschiedlichen Typen von Datenprodukten zu verwalten und die datenkonsumierenden Anwendungen (Analysen, Applikationen, KI-Agenten, Dashboards, Planungsmodelle etc.) konsistent und zuverlässig mit Daten zu versorgen. Die dafür notwendige hochgradige Vernetzung der Daten erfolgt mithilfe des *Knowledge Graphs*, auf den wir in Abschnitt 5.5.2, »SAP Knowledge Graph«, eingehen. Ein weiterer interessanter Vorteil des Object Stores ist, dass dieser er potenziell Kostenvorteile erzielen kann. In der Vergangenheit haben wir mit SAP-BW/4HANA- und SAP-HANA-nativen Data-Warehouse-Kunden häufig über die Kategorisierung von Daten in »cold«, »warm« und »hot« gesprochen, um die Kostenbelastungen auf der SAP-HANA-Datenbank gering zu halten, da die Lizenzkosten auf Speicher bzw. Volumen basierten. Das kontinuierliche Datenwachstum sowie die weitverbreitete DHW-Methodik (mehrere Layer, ggf. Corporate Memory) führten vorher meist zu steigenden Kosten, wenn parallel kein konsequentes und kontinuierliches Aufräumen durchgeführt wurde.

[!]

Data Tiering Optimization

Hot, *warm* und *cold* ist eine Klassifizierung von Daten aufgrund ihrer Zugriffshäufigkeit. Häufig verwendete Daten sind »hot« und sollten daher schnell und direkt verfügbar sein, was i. d. R. teuer ist. Selten verwendete Daten sind »cold« und sollten daher kostengünstig gespeichert und ggf. ausgelagert werden.

Mit dem Object Store, der auf SAP HANA Data Lake Files basiert, bietet die SAP BDC eine recht kostengünstige Datenspeicherungsoption, die es zuvor mit der SAP-HANA-Datenbank nicht gab.

Datenökosystem

Zum Zeitpunkt der Drucklegung dieses Buches sind zwei Partner zur SAP BDC hinzugekommen: Databricks und Snowflake. Es ist anzunehmen, dass weitere Partner diesem Beispiel folgen werden. Ferner bietet die SAP BDC bereits die Möglichkeit, führende Partner wie Collibra, Confluent und DataRobot nativ zu integrieren. Dies ermöglicht es vielen Unternehmen, parallel betriebene Daten-,

KI- und weitere analytische Software-Komponenten besser mit SAP-Daten zu integrieren. Perspektivisch können diese Komponenten auch durch den hohen Funktionsumfang der SAP BDC abgelöst werden.

Intelligent Apps

Intelligent Apps sind vorgefertigte Analyse- und KI-Anwendungen, die auf Datenprodukten basieren. Ein vorschneller Vergleich dieser Apps mit dem seit Jahren bekannten SAP BW Business Content ist unbedingt zu vermeiden. Die Apps beinhalten alles, was von der Datenextraktion bis zur Story inklusive KI-Funktionen benötigt wird. Sie werden SAP als vollständig verwalteter Service zur Verfügung gestellt.

KI-Agenten

Mithilfe von *KI-Agenten* lassen sich einzelne Aufgaben automatisieren. Je besser und reifer die zugrundeliegenden Daten, desto leistungsfähiger kann die KI für das Unternehmen wirken. Klassische Beispiele für solche Aufgaben sind Betrugserkennung, Risikobewertung oder Kundensegmentierung.

SAP BDC Cockpit

Mithilfe des *SAP BDC Cockpit* lässt sich die SAP BDC administrieren. Intelligent Apps und Datenprodukte können ausgewählt, installiert und publiziert werden. Des Weiteren werden Instanzen wie SAP Analytics Cloud, SAP Datasphere usw. verwaltet und miteinander verbunden.

Nachteil der Cloud?

Die SAP BDC ist ein Cloud-Produkt. Für Unternehmen und Institutionen, die eine On-Premise-Strategie verfolgen oder verfolgen müssen, besteht zurzeit nur eine sehr eingeschränkte Möglichkeit, von der SAP BDC zu profitieren. In diesem Fall gilt es, zu beobachten und abzuwarten, ob es bspw. zukünftig eine »based-in-Germany«-Variante der SAP BDC gibt. So könnten zumindest der Datenschutz gewährleistet und die Verwendung von Daten außerhalb des eigenen Unternehmens ermöglicht werden.

Nachteil Kunden-Semantik?

Es ist nicht so, dass es Unternehmen in der Vergangenheit nicht geschafft hätten, reife Datenmodelle, aussagekräftige Berichte und eigene Semantik in Kennzahlen und ETL-Prozesse zu bringen. Es gibt also bereits eine Vielzahl kundenindividueller Datenprodukte. In diesen Fällen kann man davon ausgehen, dass die SAP-Datenprodukte wenig oder gar keinen Mehrwert liefern und damit auch die Intelligent Apps in ihrer ausgelieferten Form keine Vorteile bieten. Erst durch die Einbindung bzw. den Austausch gegen kundenindividuelle Datenprodukte könnten sie ihre Vorteile entfalten.

Wie beschrieben wurden zum Start der SAP BDC mit Databricks, Collibra und Co. bereits einige Partner berücksichtigt. Mit weiteren Partnern darf sicherlich gerechnet werden; ob aber für alle Anwendungsfälle am Markt eine gute Integration ermöglicht wird, bleibt abzuwarten.

Die klassischen SAP-BW-Entwickler und -Entwicklerinnen werden sich mit dem relationalen Modellierungsansatz von SAP Datasphere auseinandersetzen müssen. Selbst bei Verwendung der SAP-BW-PCE-Variante und des SAP-BW-basierten *Data Product Generator* wird SAP BW perspektivisch durch SAP Datasphere in der SAP BDC ersetzt werden.

Fazit

Die SAP BDC ist aufgrund ihrer Offenheit, des Datenprodukt-Denkens und der KI-Funktionalitäten ein neuer Ansatz und verfolgt das Ziel, eine entscheidende Position in der Datenstrategie von Unternehmen einzunehmen – als zentrale Plattform für alle Daten, Planung, Analysen, ML und KI. Im Folgenden haben wir die Vorteile der SAP BDC noch einmal für Sie zusammengefasst:

- Klassische BW-Kunden können die bisherigen Mehrwerte ihrer Systeme beibehalten, auf eine neue, moderne Plattform bringen und mit KI veredeln.
- Aufwändige Integrationsszenarien zwischen mehreren Analytics-Lösungen und die damit i. d. R. einhergehenden redundanten Datenhaltungen können eliminiert werden.
- Mit den Datenprodukten und dem Data Catalog kann das oft vernachlässigte organisatorische Thema der Datenverantwortung (Data Governance, Data Mesh) einen neuen Schub erhalten und sich wesentlich stärker in der Unternehmensorganisation verankern, was wiederum die Datenreife und damit die Aussagekraft eingesetzter KI verbessert.
- Fachbereiche und IT-Abteilungen können deutlich näher zusammenrücken – weil sie nur noch über Datenprodukte sprechen und nicht mehr über Infoobjekte, Felder oder Attribute.

1.2 Analytics mit SAP im Kontext von Big Data und KI

Die Bedeutung von Big Data

In den vergangenen Jahren hat die Bedeutung von Big Data erheblich zugenommen. Big Data steht – kurz gesagt – für umfangreiche und komplexe Datenmengen, die durch ihre Vielfalt und die Geschwindigkeit der Verarbeitung charakterisiert sind. Die Technologien zur Verarbeitung von Big Data haben in der Folge eine rasante Entwicklung durchlaufen. Während man sich früher primär mit strukturierten Daten in relationalen Datenbanken beschäftigt hat, sorgten das Internet und die digitale Kommunikation für einen exponentiellen Anstieg des Datenvolumens. Neue innovative Technologien wie Hadoop und NoSQL-Datenbanken sind entstanden, und der Anteil an Cloud-Computing-Plattformen hat erheblich zugenommen, da diese es den Unternehmen ermöglichen, große Datenmengen effizient zu verarbeiten und zu analysieren.

Was ist Big Data?

Big Data bezieht sich auf Datensätze, die zu groß oder zu komplex sind, um mit herkömmlichen Datenverarbeitungsanwendungen bewältigt zu werden. Die Merkmale von Big Data, bekannt als die drei Vs (Volume, Variety, Velocity), beschreiben das Volumen der Daten, die Vielfalt der Datenquellen und die Geschwindigkeit, mit der die Daten generiert und verarbeitet werden. Anders als traditionelle Daten, die oft strukturiert und in relationalen Datenbanken gespeichert sind, umfasst Big Data auch unstrukturierte und semi-strukturierte Daten wie Texte, Bilder und Videos. Die Analyse von Big Data ermöglicht daher neue bzw. andere und tiefere Einblicke in Daten, die in Entscheidungen in allen Branchen einfließen können.

Big-Data-Technologie

Die effiziente Verarbeitung und Speicherung großer Datenmengen setzt den Einsatz spezialisierter Technologien voraus, wie bspw. das zuvor angesprochene Hadoop. Diese Software erlaubt die verteilte Speicherung und Verarbeitung umfangreicher Datensätze über mehrere Rechner hinweg.

Cloud Computing

Cloud-Dienste wie AWS, Google Cloud und Azure stellen skalierbare Infrastrukturen für die Verarbeitung und Speicherung großer Datenmengen bereit. Durch *Cloud-Computing* können Unternehmen ihre Datenressourcen flexibel und wirtschaftlich einsetzen. Die Kombination von Big Data und Cloud-Technologien vereinfacht daher die Verwaltung und Verarbeitung umfangreicher Datenbestände.

Datenanalyse

Datenanalyse bezeichnet den systematischen Einsatz statistischer und logischer Methoden, um Daten zu beschreiben, zu visualisieren, zusammenzufassen und zu bewerten. Dabei kommen unterschiedliche Ansätze und Techniken zum Einsatz, wie die deskriptive, die diagnostische, die prädiktive und die präskriptive Analyse. Während deskriptive Analysen darauf abzielen, vergangene Ereignisse zu verstehen, konzentrieren sich diagnostische Analysen auf die Identifikation ihrer Ursachen. Prädiktive Analysen ermöglichen die Vorhersage zukünftiger Entwicklungen basierend auf historischen Daten. Präskriptive Analysen geben Handlungsempfehlungen, die von der Analyse vergangener Ereignisse bis zur Prognose kommender Trends reichen.

KI und ML

Die Kombination von künstlicher Intelligenz (KI) und Machine Learning (ML) mit Big-Data-Analysen transformiert die Verarbeitung und Interpretation von Daten grundlegend. Diese Technologien ermöglichen die Entwicklung fortschrittlicher Modelle, die große Datenmengen effektiv analysieren und wertvolle Erkenntnisse daraus gewinnen können.

Bedeutung von KI und ML

KI umfasst eine breite Palette von Technologien, die Maschinen in die Lage versetzen, Aufgaben zu übernehmen, die normalerweise menschliche Intelligenz erfordern, wie bspw. Mustererkennung, Sprachverarbeitung oder Entscheidungsfindung. *ML*, ein zentraler Bereich der KI, beschreibt die Fähigkeit von Computern, selbstständig aus Daten zu lernen und sich kontinuierlich zu verbessern, ohne dass sie explizit programmiert werden müssen. Insbesondere im Zusammenhang mit Big Data sind diese Technologien von großem Nutzen, da sie in der Lage sind, komplexe und umfangreiche Datensätze zu analysieren und dabei Muster sowie Zusammenhänge zu erkennen, die für menschliche Analysten kaum erfassbar wären.

Anwendungsfälle von Big Data, KI und ML

Die Einsatzmöglichkeiten der drei Disziplinen Big Data, KI und ML sind äußerst vielfältig und bieten in zahlreichen Bereichen bedeutende Mehrwerte. Hier nur eine kleine, aber sicherlich schon oft beschriebene Auswahl:

- im Finanzwesen, bspw. zur Risikobewertung oder Betrugserkennung
- im Gesundheitssektor, u. a. zur Früherkennung von Erkrankungen
- im Handel, bspw. zur Kundensegmentierung und Personalisierung von Werbekampagnen
- in der Logistik, bspw. zur Optimierung von Lieferketten und des Bestandsmanagements

Was lieferte SAP bisher?

Früher waren Kunden darauf angewiesen, verschiedene Einzellösungen miteinander zu kombinieren, um vergleichbare Ergebnisse zu erzielen: ein Data Warehouse (DWH) für SAP-Daten, ein Data Lake für Big Data, separate BI-Tools für Analysen und ggf. externe Anwendungen für KI-Modelle. Ein Markt für Datenintegrations- und Konnektorlösungen entstand und bot dieser Kundengruppe passende Lösungen. Viele Unternehmen haben dadurch eine ganze Reihe von unterschiedlichen Tools für ähnliche Anwendungsfälle im Einsatz. Diese Fragmentierung führte häufig zu isolierten Datensilos, einem hohen Integrationsaufwand, höheren Kosten und inkonsistenten Daten. Mit der SAP BDC bricht SAP nun diesen Markt der Drittanbieter auf. Es bleibt abzuwarten, wie sich dies auswirken wird, da anzunehmen ist, dass nicht alle Unternehmen, bspw. öffentliche Einrichtungen, vollständig in die Cloud wechseln werden bzw. dies zurzeit aus legaler Perspektive nicht dürfen.

Was liefert SAP nun mit der SAP BDC?

Die SAP BDC wird von SAP als strategische Plattform und nicht als isoliertes Tool positioniert. Sie verfolgt die Vision einer vollständig integrierten Daten- und KI-Plattform. Sie ermöglicht es Unternehmen, Datensilos und getrennte Lösungen wie Data Warehouses, Data Lakes sowie separate BI- oder KI-Tools zu eliminieren und alle Bestandteile in die SAP BDC zu überführen. Es bleibt abzuwarten, wie sich dies auf den Markt der Drittanbieter auswirken wird. Die SAP BDC ermöglicht eine einheitliche, semantische Ebene, die Daten aus SAP-Anwendungen (z .B. SAP S/4HANA, SAP SuccessFactors, SAP Integrated Business Planning etc.) sowie aus externen Quellen integriert. Dadurch entsteht methodisch gesehen eine nahtlose Verbindung zwischen operativen Geschäftsprozessen, Analytics und KI. Technologisch wird dies dadurch untermauert, dass die SAP BDC ein zentraler Bestandteil der SAP BTP und eng mit SAP Business AI verknüpft ist. Aus Datensicht ist mit der SAP BDC, die den Zugang zu allen relevanten Daten ermöglicht, auch die Tür für KI-Anwendungen wie Joule geöffnet.

Big Data mit SAP

Die SAP BDC markiert einen grundlegenden Paradigmenwechsel. Die bisher dominierende In-Memory-Datenbank SAP HANA, die in den letzten Jahren das zentrale Element jeder SAP-Lösung darstellte, ist nun nicht mehr die zentrale Option für die Datenspeicherung. Stattdessen bietet die SAP BDC mit dem

Object Store eine branchenübliche und kosteneffizientere Alternative und kooperiert, wie SAP Datasphere, mit Partnern wie Collibra, Confluent und DataRobot.

Databricks

Die SAP BDC vereint die datenbasierte Semantik mit der Expertise von Databricks im Bereich Data Engineering. In der Plattform sind Technologien von Databricks integriert, die speziell für Data Engineering, ML und KI entwickelt wurden. Diese Einbindung ermöglicht Kunden eine ganzheitliche Lösung für sämtliche Anwendungsfälle im Bereich Data & Analytics und könnte der Hebel zum Erfolg der SAP BDC sein.

Fazit

Die SAP BDC ist die strategische Antwort von SAP auf die Frage, was eine Datenplattform in der heutigen Zeit und für die Zukunft bieten muss, um funktional alles von der Datenintegration bis zur Nutzung von KI anzubieten.

1.3 Die SAP BTP als Basis

In diesem Abschnitt geht es um die SAP BTP als Basis für die SAP BDC. Die SAP BTP bildet das technologische Fundament für die SAP BDC und ermöglicht die Integration, Erweiterung und intelligente Nutzung von Unternehmensdaten.

1.3.1 Einführung in die SAP BTP

Die SAP BDC verfolgt das Ziel, Unternehmensdaten aus unterschiedlichen Systemen zu harmonisieren und governance-konform und skalierbar bereitzustellen. Die technologische Grundlage hierfür bildet die SAP BTP.

Cloudnatives Architekturmodell

Die *SAP BTP* ist nicht nur eine Infrastrukturplattform, sondern eine integrierte Technologieumgebung, die Datenmanagement, Integration, Anwendungsentwicklung, Analytics und KI in einem konsistenten, cloudnativen Architekturmodell vereint. Ohne diese Plattform wäre die Realisierung einer konsolidierten, unternehmensweiten Datenarchitektur mit operativer und analytischer Nutzung nicht möglich.

Die SAP BTP ist eine standardisierte und offene Plattform für das SAP-Partnernetz, die Funktionen in den Bereichen Anwendungsentwicklung, Datenmanagement, Analysen, ML und KI bietet. Sie integriert die *SAP Intelligent Suite*, bildet die Grundlage der Industry Cloud und unterstützt Unternehmen bei der Transformation ihrer Geschäftsprozesse. Sie ermöglicht den Betrieb von Geschäftsanwendungen in Multi-Cloud-Umgebungen und verbessert die Möglichkeiten, Daten in Wertschöpfung zu verwandeln, indem diese in bestehende IT-Landschaften integriert und SAP-Lösungen erweitert werden können.

Die SAP BTP kann sowohl als Treiber von SAP-Anwendungen als auch von Innovationen gesehen werden. Außerdem bietet sie Standardisierung in der Anwendungsentwicklung, Möglichkeiten zur Datenanalyse, Integrationswerkzeuge sowie Zugriff auf ML und KI.

Unternehmensweite Nutzung von Daten

Durch die Zusammenarbeit mit Partnern im Partnernetz kann die SAP BTP Integrationen, Datenmodelle und vieles Weitere bieten, um mögliche Risiken zu minimieren und gleichzeitig Lösungen zu schaffen. Insbesondere in einer Zeit, in der Daten eine immer wichtigere Rolle spielen, fördert sie die unternehmensweite Nutzung von Daten.

SAP formuliert die folgenden Hauptcharakteristika, die die SAP BTP auszeichnen:

- **Vereinheitlicht**
  Die SAP BTP soll die Basis für alle SAP-Technologien bilden, um geschäftliche Herausforderungen effizient zu bewältigen. Sie bietet eine geeignete Benutzeroberfläche, effiziente Integration und eine Zusammenarbeit zwischen den Cloud-Diensten.
- **Geschäftsorientiert**
  Die SAP BTP optimiert die Geschäftsergebnisse, indem sie den Fokus auf Anwendungen und Prozesse legt. Das standardisierte Datenmodell der Plattform hilft Unternehmen, datengestützte Erkenntnisse zu gewinnen und die Datenintegration zu automatisieren.
- **Offen**
  Die SAP BTP kann auf diversen Cloud-Infrastructure-as-a-Service-Stufen (IaaS) laufen und unterstützt auch Open-Source-Projekte.

1.3.2 Vorteile der SAP BTP

Plattformarchitektur

Ein wesentlicher Vorteil der SAP BTP ist ihre integrierte Plattformarchitektur. Unternehmen müssen keine isolierten Einzellösungen mehr kombinieren, sondern erhalten eine technologisch abgestimmte Umgebung für Entwicklung, Integration, Datenmanagement und Analytik. Diese Harmonisierung reduziert Komplexität und Implementierungsaufwand.

Bereitstellung

Ein weiterer Vorteil ist die cloudnative Skalierbarkeit. Ressourcen können elastisch angepasst werden, wodurch sowohl kleine Pilotprojekte als auch unternehmensweite Rollouts effizient unterstützt werden. Gleichzeitig ermöglicht das Plattformmodell eine schnelle Bereitstellung neuer Funktionen und regelmäßige Updates, ohne dass aufwendige Systemmigrationen erforderlich sind.

Die SAP BTP unterstützt zudem das Prinzip der *Side-by-Side-Erweiterung*. Erweiterungen werden dabei außerhalb des Kernsystems entwickelt und über APIs angebunden. Dadurch bleibt bspw. SAP S/4HANA updatefähig und stabil.

Integration

Ein bedeutender Mehrwert liegt in der integrierten Daten- und KI-Funktionalität. Mithilfe von SAP HANA Cloud, SAP Datasphere und SAP AI Core können Unternehmen Daten konsolidieren und analysieren sowie intelligente Modelle in ihre Geschäftsprozesse integrieren. Das schafft eine datengetriebene Entscheidungsgrundlage und ermöglicht den Einsatz aktueller KI-Anwendungen.

Sicherheits- und Identitätsmanagement

Darüber hinaus gewährleistet die Plattform ein konsistentes Sicherheits- und Identitätsmanagement. Zentrale Zugriffskontrollen, Rollenmodelle und Identity Services sorgen für Governance und Compliance – auch in komplexeren IT-Landschaften.

Einsatz der SAP BTP in der SAP BDC

Die SAP BTP fungiert als technologische Basis und Innovationsschicht innerhalb der SAP BDC. Während die SAP BDC eine harmonisierte, geschäftssemantische Datenebene bereitstellt, liefert die SAP BTP die infrastrukturellen, integrativen und operativen Fähigkeiten, um diese Daten nutzbar zu machen.

Funktionen

Zu den zentralen Funktionen der SAP BTP für die SAP BDC gehören die folgenden:

- Bereitstellung von Laufzeitumgebungen für Erweiterungen und intelligente Anwendungen
- Integration von SAP- und Nicht-SAP-Systemen
- Orchestrierung von Datenflüssen und Events
- Betrieb von KI- und ML-Workloads
- Sicherstellung von Security, Identitätsmanagement und Governance

Strategischer Enabler

Sie sollten die SAP BTP deshalb nicht nur als Plattform zur Entwicklung neuer Anwendungen ansehen, sondern als strategischen Enabler für eine durchgängige Daten- und Prozessarchitektur. Die SAP BTP verbindet operative Systeme wie SAP S/4HANA mit analytischen, datengetriebenen und KI-gestützten Szenarien innerhalb der SAP BDC.

Ein wesentlicher Mehrwert der SAP BDC liegt in der semantischen Harmonisierung von Daten. Diese erfolgt nicht nur technisch, sondern auch geschäftsorientiert. Die SAP BTP unterstützt diesen Prozess bspw. durch die Integration standardisierter Domänenmodelle, die Nutzung des SAP One Domain Models oder durch event-basierte Synchronisation. Die Datenharmonisierung gewährleistet außerdem, dass Objekte systemübergreifend konsistent definiert sind und dass KI-Modelle mit verlässlichen Daten operieren. In Verbindung mit SAP Datasphere entsteht eine Data-Fabric-Architektur, die Daten aus operativen Systemen, analytischen Plattformen und KI-Services integriert.

SAP BTP vs. SAP Datasphere

Die SAP BTP wird häufig fälschlicherweise mit SAP Datasphere gleichgesetzt. Allerdings verfolgen beide unterschiedliche Ziele. SAP Datasphere dient primär als Daten- und Semantikplattform und legt den Fokus auf die strukturierte und semantische Darstellung von Datenmodellen. Mit SAP Datasphere können Sie u. a. Daten integrieren, harmonisieren und modellieren. Die SAP BTP ist die übergeordnete Plattform, auf der SAP Datasphere betrieben wird und in der es eingebettet ist.

Databricks

Im Rahmen moderner Datenarchitekturen gewinnt die Integration von Lakehouse-Technologien wie Databricks zunehmend an Bedeutung. SAP Databricks ergänzt die SAP BDC um hochskalierbare Data-Engineering- und Machine-Learning-Funktionalitäten. Während Databricks also als Analyseumgebung fungiert, sorgt die SAP BTP für die Einbettung dieser Fähigkeiten in das operative SAP-Ökosystem und übernimmt somit die Integrations- und Orchestrierungsschicht. Sie gewährleistet so, dass Daten aus den SAP-Systemen strukturiert dargestellt und Sicherheits- und Governance-Vorgaben eingehalten werden.

1.3.3 Funktionen der SAP BTP

Technologische Fähigkeiten

Die SAP BTP vereint zentrale technologische Fähigkeiten in einer integrierten Cloud-Plattform. Sie unterstützt Unternehmen dabei, Geschäftsprozesse zu erweitern, Daten intelligent zu nutzen, Systeme zu integrieren und Innovationen zu beschleunigen. Sie bietet Unternehmen die Möglichkeit, sich fortwährend ändernden Geschäftsprozessen anzupassen. Realisiert wird dies, indem bestehende Systeme kontinuierlich erweitert und neue Unternehmensfähigkeiten implementiert werden.

Kernbereiche

Die Funktionen der SAP BTP lassen sich in die folgenden Kernbereiche unterteilen:

- Anwendungsentwicklung
- Automatisierung
- Integration
- Data & Analytics
- KI

SAP Discovery Center

Die zur Verfügung stehenden Cloud Services sind im *SAP Discovery Center* aufgeführt. Das SAP Discovery Center stellt Ressourcen und Werkzeuge bereit, um Kunden bei der Suche nach einer SAP-BTP-Lösung zu unterstützen. Außerdem werden hier Referenzarchitekturen und Implementierungsleitfäden veröffentlicht.

SAP Accelerator Hub

Der *SAP Business Accelerator Hub* ist eine Art Anlaufstelle, um Kunden in Projekten zu unterstützen. Die Kunden erhalten hier gezielt Zugriff bspw. auf Best Practices oder Leitfäden.

[»]

SAP Business Accelerator Hub für beschleunigte Implementierung

Der SAP Business Accelerator Hub ist eine Plattform, die vorkonfigurierte Geschäftsprozesse, Integrationen und Erweiterungen bereitstellt. Diese können verwendet werden, um die Implementierung von SAP-Lösungen zu beschleunigen und den Wert für das Unternehmen zu maximieren.

Die Funktionen werden in der Public Cloud umgesetzt und die Infrastruktur kann über diverse Cloud-Anbieter (z. B. Amazon Web Services oder Google Cloud) realisiert werden. Somit ist eine Multi-Cloud-Strategie möglich und die Funktionen können skalierbar in mehreren Rechenzentren zur Verfügung gestellt werden.

Integration von Partnerservices

Vielleicht setzen Sie in Ihrem Unternehmen Services außerhalb der SAP BTP ein und fragen sich nun, wie Sie diese Dienste anderer Anbieter anbinden können. SAP bietet auch für Partnerservices Funktionen wie Automatisierung und Optimierung von Geschäftsprozessen. Nachdem die SAP BTP eingeordnet wurde, folgt nun die Erläuterung ihrer Kernbereiche.

SAP BTP Services

Wir haben Ihnen eine Liste der führenden SAP BTP Services zusammengestellt, sortiert nach Kernbereichen:

- **Anwendungsentwicklung**
  - SAP Build Apps
  - SAP Build Work Zone
  - SAP Business Application Studio
- **Automatisierung**
  - SAP Build Process Automation
  - SAP Task Center
- **Integration**
  - SAP Integration Suite
  - SAP Event Mesh
- **Data & Analytics**
  - SAP Analytics Cloud
  - SAP Datasphere
- **KI**
  - SAP AI Core
  - SAP AI Launchpad

Im Folgenden werfen wir einen genaueren Blick auf die Kernbereiche und ihre jeweiligen Werkzeuge.

Anwendungsentwicklung

Im Bereich der Anwendungsentwicklung stellt die SAP BTP moderne Werkzeuge für die Entwicklung cloudnativer Anwendungen bereit. Unternehmen können sowohl klassische Pro-Code-Ansätze als auch Low-Code- oder No-Code-Technologien nutzen. Mit dem *SAP Cloud Application Programming Model* oder *SAP Build Code* lassen sich skalierbare Geschäftsanwendungen entwickeln, während *SAP Build Apps* eine schnelle Erstellung von Anwendungen durch Fachbereiche ermöglicht. Die Plattform unterstützt containerbasiertes Deployment,

API-basierte Architekturen sowie DevOps- und CI/CD-Prozesse. Dadurch können Innovationen schnell umgesetzt werden.

Automatisierung Ein zentrales Ziel der SAP BTP ist die Automatisierung von Geschäftsprozessen. Mit *SAP Build Process Automation* können Workflows modelliert, manuelle Aufgaben digitalisiert und repetitive Tätigkeiten durch Robotic Process Automation (RPA) automatisiert werden. Diese Automatisierungsfunktionen tragen zur Effizienzsteigerung bei, reduzieren Fehlerquellen und erhöhen die Prozessgeschwindigkeit. Gleichzeitig ermöglichen sie eine transparente Überwachung und Steuerung von Abläufen über Systemgrenzen hinweg. Durch die Kombination von RPA und SAP Build Process Automation wird eine End-to-End-Lösung für Geschäftsprozessmanagement und -automatisierung geschaffen. Dieser Einsatz reduziert manuelle Prozesse.

Integration Die Integrationsfunktion der SAP BTP sorgt für die nahtlose Verbindung von SAP- und Nicht-SAP-Systemen. *SAP Integration Suite* bietet Werkzeuge für API-Management, Ereignisverarbeitung und Prozessintegration. Über vorgefertigte Integrationsinhalte und Konnektoren können Anwendungen, Datenquellen und Services schnell angebunden werden. *SAP Event Mesh* ermöglicht mit ereignisbasierten Architekturen zudem eine reaktive und skalierbare Systemkommunikation. Dadurch entsteht eine konsistente, vernetzte IT-Landschaft.

Im Folgenden wollen wir Ihnen insbesondere das Side-by-Side-Erweiterungsmodell vorstellen und erläutern, welche Rolle es für die SAP BDC spielt.

Das *Side-by-Side-Erweiterungsmodell* ist ein zentrales Architekturprinzip der SAP BTP. Es beschreibt die Erweiterung bestehender SAP-Kernsysteme – wie SAP S/4HANA – durch externe, cloudnative Anwendungen, ohne dass dabei Kernsystem selbst modifiziert werden muss.

Anstatt Anpassungen direkt im ERP-System vorzunehmen, werden Erweiterungen als eigenständige Services auf der SAP BTP entwickelt und betrieben. Diese kommunizieren über APIs, Events oder OData-Schnittstellen mit den anderen Systemen. Dadurch bleiben die Kernsysteme stabil, während Erweiterungen bzw. Innovationen flexibel umgesetzt werden können.

Für die SAP BDC haben Side-by-Side-Erweiterungen die folgenden Vorteile:

- KI-Modelle aus SAP AI Core können als externe Services angebunden werden.
- Erweiterte Analytik- und Prognosefunktionen greifen auf Daten aus der SAP BDC zu.
- Prozesslogik kann ausgelagert und entkoppelt werden.
- Updates von SAP S/4HANA bleiben unabhängig von Erweiterungen.

Dieses Architekturprinzip ermöglicht eine klare Trennung zwischen stabiler Kernlogik und innovativen Erweiterungen. Gleichzeitig fördert es eine modulare, skalierbare und zukunftssichere Systemlandschaft.

Data & Analytics

Ein weiterer Kernbereich ist *Data & Analytics*. Mit *SAP HANA Cloud* bietet die Plattform eine leistungsfähige In-Memory-Datenbank für transaktionale und analytische Workloads. SAP Datasphere ergänzt diese Funktionen durch Data-Warehousing- und Datenintegrationsfähigkeiten. Unternehmen können Daten aus verschiedenen Quellen harmonisieren, modellieren und für analytische Anwendungen bereitstellen. In Verbindung mit SAP Analytics Cloud werden unternehmensweite Auswertungen, Planungsszenarien und Simulationen ermöglicht. So entsteht eine datengetriebene Entscheidungsbasis.

Auf weitere Aspekte von Data & Analytics gehen wir in den nachfolgenden Kapiteln dieses Buches näher ein.

Künstliche Intelligenz

Die SAP BTP integriert Funktionen für KI und Machine Learning (ML). Mithilfe von SAP AI Core und SAP AI Launchpad können Modelle entwickelt, verwaltet und produktiv eingesetzt werden. Vorgefertigte KI-Services ermöglichen Anwendungsfälle wie Prognosen, Klassifikationen oder Textanalysen. Die Integration von KI in Geschäftsprozesse unterstützt Unternehmen dabei, Prozesse intelligenter zu gestalten und neue Innovationspotenziale zu erschließen.

SAP AI Core

An dieser Stelle wollen wir Ihnen SAP AI Core als operative KI-Laufzeitumgebung vorstellen. *SAP AI Core* ist die zentrale Laufzeitumgebung für ML- und KI-Workloads innerhalb der SAP BTP. Technisch basiert SAP AI Core auf einer Architektur, die sich aus Containern und Kubernetes zusammensetzt. Diese ermöglicht die Ausführung, Skalierung und Verwaltung von KI-Modellen in einer cloudnativen Umgebung. Dabei unterstützt SAP AI Core sowohl SAP-eigene KI-Services als auch kundenspezifisch entwickelte Modelle. *SAP AI Launchpad* dient als Benutzeroberfläche und Orchestrierungsschicht für die von SAP AI Core verwalteten Modelle.

Funktionen von SAP AI Core in der SAP BDC

Innerhalb der SAP BDC übernimmt SAP AI Core die folgenden zentralen Funktionen:

- Orchestrierung von Trainings- und Inferenz-Workloads
- Integration externer ML-Frameworks (z. B. TensorFlow, PyTorch)
- Versionierung und Lifecycle-Management von Modellen
- Skalierbare Bereitstellung von KI-Services
- Integration in bestehende Geschäftsprozesse

Unternehmensdaten

In Verbindung mit harmonisierten Daten aus SAP Datasphere oder SAP HANA Cloud können KI-Modelle direkt auf konsolidierte, semantisch angereicherte Unternehmensdaten zugreifen. Dadurch wird sichergestellt, dass Vorhersagen,

Klassifikationen oder Optimierungsalgorithmen auf einer konsistenten Datenbasis operieren.

Gesamtsuite

Die sogenannten Suite-Qualitäten der SAP BTP stellen sicher, dass die verschiedenen Lösungen nicht isoliert nebeneinander existieren, sondern als integrierte, konsistente Gesamtsuite funktionieren. Ziel ist es, Komplexität zu reduzieren, Prozesse zu harmonisieren und Implementierungen zu beschleunigen.

Akzeptanz durch Wiedererkennung

Eine zentrale Suite-Qualität ist die nahtlose Benutzererfahrung. Durch SAP Fiori erhalten Anwender ein einheitliches Erscheinungsbild über alle SAP-Lösungen hinweg. Navigation, Design und Bedienungskonzept sind konsistent, wodurch der Schulungsaufwand reduziert und die Akzeptanz neuer Anwendungen erhöht wird. Ergänzend dazu sorgt ein konsistentes Sicherheits- und Identitätsmanagement für eine zentrale Benutzerverwaltung und einen unterbrechungsfreien Anmeldeprozess. Mit SAP Cloud Identity Services können Single-Sign-On-Szenarien realisiert und administrative Aufwände erheblich reduziert werden.

Holistische Sicht auf Aufgaben

Ein weiterer wichtiger Aspekt ist der zentrale Workflow-Eingang. Mit Lösungen wie SAP Task Center, SAP Mobile Start und SAP Build Process Automation wird eine standardisierte Sicht auf anstehende Aufgaben über verschiedene SAP-Systeme hinweg geschaffen. Dadurch erhalten Anwenderinnen und Anwender eine einheitliche Aufgabenübersicht, unabhängig davon, in welchem System ein Prozess initiiert wurde.

Systemübergreifende Semantik

Die Suite-Qualitäten umfassen darüber hinaus abgestimmte Domänenmodelle und Integrationsinhalte. Vordefinierter Integrations-Content im SAP Business Accelerator Hub sowie Konzepte wie das SAP One Domain Model, SAP Master Data Integration oder SAP Event Mesh erleichtern Integrationsprojekte erheblich. Durch diese Standardisierung wird eine konsistente semantische Basis geschaffen, die Systemgrenzen überwindet.

Fazit

Fassen wir also noch einmal zusammen: Die Funktionen der SAP BTP bilden ein integriertes Ökosystem für moderne Unternehmensarchitekturen. Sie verbinden Entwicklung, Integration, Data & Analytics und KI in einer skalierbaren Cloud-Umgebung. Dadurch können Unternehmen ihre Prozesse digitalisieren, Daten strategisch nutzen und Innovationen effizient vorantreiben. Die SAP BTP fungiert somit als technologisches Rückgrat für intelligente, vernetzte und zukunftsfähige Geschäftsmodelle.

1.4 Mit der SAP BDC Daten in Kontext bringen

»Daten sind das neue Öl«, »Daten sind der Schlüssel für Entscheidungen« – jeder hat solche Headlines schon häufiger gelesen. Trotz vieler Artikel, Blogs etc. zu dieser Thematik ist es für uns – und sicherlich auch für Sie – weiterhin eine tägliche Herausforderung, das Bewusstsein aller, die mit Daten arbeiten, zu schärfen und zu verdeutlichen, dass Daten im Kontext gesehen werden müssen. Dazu gehört auch, immer wieder auf Missstände in Prozessen hinzuweisen und nach Lösungen für Probleme im Umgang mit Daten zu suchen.

Wer trägt eigentlich die Verantwortung?

Ein IT-Leiter hat uns einmal gesagt: »Ich brauche die Daten nicht. Ich bin nur für die IT-Systemlandschaft verantwortlich.« Im Grunde genommen hat er Recht. Für das Personalwesen gibt es die Rolle des CHRO (Chief Human Resources Officer), für die Finanzen die Rolle des CFO (Chief Financial Officer). Die Rolle eines CDO (»D« steht hier für Data) ist jedoch noch selten zu finden, oder das »D« steht für Digitalisierung, was nicht immer Daten einschließt. In größeren Unternehmen treffen wir öfter auf Enterprise-Architekten, jedoch enden die Verantwortlichkeiten dieser Rolle in den meisten Fällen auf der Ebene der Applikationen bzw. der Software. Egal, wie ein Unternehmen organisiert ist – am Ende des Tages braucht es eine klare Rollendefinition, die festlegt, wer für welche Daten verantwortlich ist, d. h. eine Rolle, die Daten, Prozesse und Systeme umfasst und die Befugnis hat, diese auch zu ändern.

Wir verzichten an dieser Stelle auf theoretische Ausführungen und berichten in Kurzform über ein reales Problem eines Unternehmens. Man sollte meinen, dass es recht simpel ist, ein solches Thema im Griff zu haben, aber aufgrund reger Merger- und Acquisition-Aktivitäten kann man schon einmal den Überblick verlieren, wenn Prozesse und Verantwortlichkeiten nicht geklärt sind.

1.4.1 Kundenbeispiel: Data Governance

Master Data Governance Workshop

Es folgt ein einfaches, aber reales Kundenbeispiel. Für ein unternehmensweites zentrales Stammdatum soll die *Data Governance* erarbeitet werden. Es geht um das Stammdatum *Gesellschaft*, im Unternehmen auch *Legal Entity*, *Company Code*, *Reporting Unit* etc. genannt. Und damit sind wir auch schon beim ersten Problem: Es existieren viele Alias-Begriffe für ein und dasselbe Stammdatum – je nach Region, Funktion oder Unternehmensbereich.

Status quo unseres Beispiels

Das Unternehmen agiert weltweit in über 110 Ländern. Aufgrund einer Expansionsstrategie sind über 400 Gesellschaften zusammengekommen – mit teilweise mehr als zehn Gesellschaften pro Land, die jeweils unterschiedliche ERP-Systeme nutzen, in unterschiedlichen Business-Segmenten und Märkten operieren und sich natürlich in unterschiedlichen Post-Merger-Phasen befinden. Der CFO wünscht sich einen stets vollständigen und harmonisierten Management-Report. Er ist auf der Suche nach der Wahrheit und beschwert sich beim BI-Leiter, dass er keinen aktuellen Unternehmensüberblick erhält. Der BI-Leiter, der mittlerweile vier unterschiedliche BI-Lösungen im Unternehmen einsetzt, startet mit einer Stammdatenabfrage:

1. Die Legal-Abteilung sendet eine Liste mit allen Gesellschaften, Beteiligungen, Shareholder-Informationen und vielen Datumsinformationen.

2. Die Finanzabteilung sendet ebenfalls eine Liste mit allen Gesellschaften in allen Ländern sowie Währungsinformationen.
3. Das Controlling steuert eine Zuordnung der Gesellschaften und deren Anteile je Business-Segment und Region bei.
4. Die HR-Abteilung nutzt eine anonymisierte Liste aller Mitarbeitenden nach Organisationseinheiten, inklusive Rentnern und Betriebsräten.
5. Die IT-Abteilung sendet eine Liste mit der Anzahl von Usern pro Software und Gesellschaft.

Die vermeintlich einheitlich gelieferten Informationen in allen Einzellisten sind:

- Legal Entity Code
- Legal Entity Name
- Land
- Währung
- Legal Entity Status

Eine kurze Analyse liefert leider die Erkenntnis, dass lediglich 23 Prozent der 5 × 404 Zellen eine hundertprozentige Übereinstimmung aufweisen. Außerdem ist jede Abteilung der Ansicht, dass sie das Master-Excel besitzt und mit allen anderen Abteilungen darüber im Austausch steht. Dem ist aber nicht so. Ein zweitägiger Workshop mit allen Listen-Lieferanten wird kurzerhand einberufen.

Workshop, Teil 1

Im ersten Teil des Workshops soll Klarheit über die Anzahl der operativen Gesellschaften gewonnen werden. Dazu wurden sämtliche Einträge nacheinander durchgegangen. Das sind die Ergebnisse:

- Identifiziert wurden u. a. nicht operative Einheiten (Betriebskindergärten) sowie geschlossene, unterjährig gekaufte oder verkaufte Gesellschaften.
- In dieser Diskussion wurde die Notwendigkeit weiterer Status- und Typisierungsattribute identifiziert und definiert. Die Fachabteilungen haben ganz unterschiedliche Sichtweisen auf den Status einer »Legal Entity«.
- Der ISO-Code 3 für Länder ist zukünftig der Standard bzw. die zentrale Referenz und damit unternehmensweit verbindlich.
- Das Feld für »Währung« wird präzisiert und in »lokale Währung« und »funktionale Währung« aufgeteilt sowie mit zusätzlichen Informationen zu Umrechnungsverfahren in die Konzernwährungen EUR und USD versehen.

Workshop, Teil 2

Im zweiten Teil des Workshops soll Klarheit über die Hauptattribute, die für alle Beteiligten essenziell sind, gewonnen werden. Diese Hauptattribute erfordern eine hundertprozentige Datenqualität. Das sind die Ergebnisse:

- Neben den oben aufgeführten Informationen wurden wider Erwarten einige neue Attribute definiert, u. a. *Legal Entity Type* sowie diverse Status-Felder, um die unterschiedlichen Sichten von Finance, Legal und HR zu berücksichtigen.

- Das Konzept der Zeitabhängigkeit wurde allen Fachabteilungen erläutert und ebenfalls als essenziell definiert.

Workshop, Teil 3

Im dritten Teil des Workshops soll Klarheit über alle weiteren Attribute gewonnen werden. Es werden weitere Informationen gesammelt, die ebenfalls von den Fachabteilungen benötigt werden, aber nicht für alle gleichermaßen wichtig oder interessant sind. Es wurden 34 weitere Attribute identifiziert, definiert, und es wurde geklärt, wer an den jeweiligen Informationen interessiert ist und wer für deren Qualität verantwortlich ist.

Workshop, Teil 4

Im vierten Teil des Workshops soll Klarheit über die *Data Governance* gewonnen werden. Die Darstellung aller Attribute nach Verantwortlichkeiten wurde gemäß Abbildung 1.4 gemeinsam erarbeitet und half allen Beteiligten, ein gemeinsames Bild und Verständnis über folgende Fragestellungen zu erhalten:

- Welche Information (Attribut) wird mit welcher Wichtigkeit von wem benötigt?
- Wie lautet die fachliche Definition jedes einzelnen Attributs und welche Ausprägungen kann dieses jeweils enthalten?
- Wo werden zurzeit welche Informationen von wem und wann gepflegt?

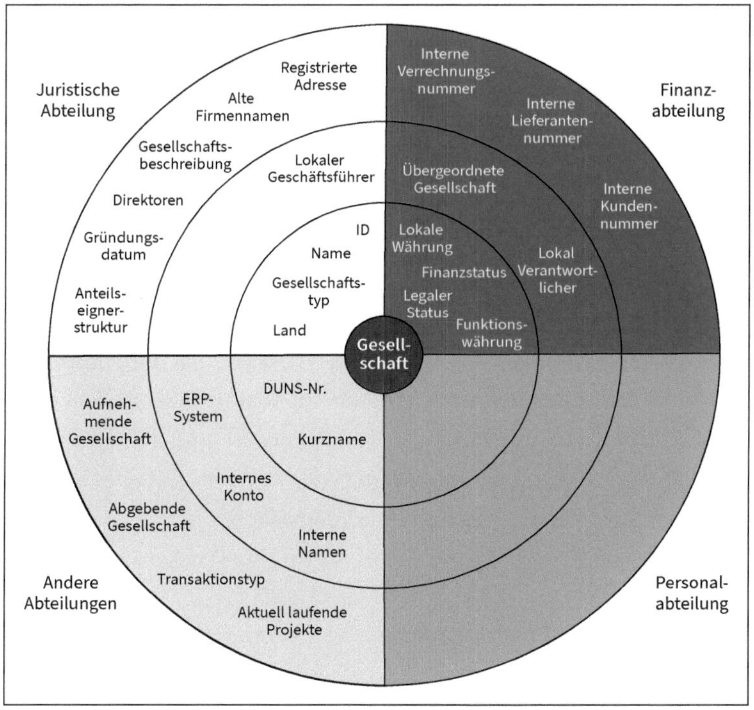

Abbildung 1.4: Attribute gruppiert nach Relevanz und Fachbereich

Ergebnisse des Workshops

Als Ergebnis des Workshops wurde Klarheit über das Stammdatum »Legal Entity« gewonnen:

- Rollen wurden definiert (Data Owner, Data Steward(s)) und Personen zugeordnet.
- Der Stammdatenpflege-Prozess wurde über die Fachabteilungen hinweg definiert und verteilt.
- Das führende System wurde definiert und auch die Data Stewards aus anderen Abteilungen erhalten Zugriff.
- Es besteht Einigkeit über das führende IT-System für das Stammdatum inklusive einer RACI-Matrix, die zeigt, wer welche Informationen verantwortet.
- Es gilt, IT-Schnittstellen so anzupassen, dass die relevanten Attribute in allen führenden IT-Systemen zur Verfügung gestellt werden. Nachgelagerte Systeme werden entsprechend erweitert.
- Ein Data Catalog wird initiiert und im Intranet zur Verfügung gestellt.

Das Datenprodukt »Legal Entity« wurde somit definiert, noch bevor es die SAP BDC gab.

Fazit

Dieses sehr einfache Beispiel verdeutlicht, dass Daten nur dann nützlich sind, wenn ihr Kontext und Inhalt allen klar sind und wenn der Datenqualität vertraut werden kann. Aus unserer Sicht besteht daher die zwingende Notwendigkeit, dass jedes Unternehmen seine Daten beschreibt, analysiert und kennt.

1.4.2 Der Weg zum datengetriebenen Unternehmen

Die Erkenntnis aus dem Fazit unseres Kundenbeispiels ist im Grunde nichts Neues und unter dem Begriff *Metadaten-Management* schon seit langer Zeit bekannt, wurde jedoch vermutlich thematisch überwiegend in der IT verortet. Es ist offensichtlich, dass eine schwache Datenkompetenz Ihre Transformation zu einer datengesteuerten Organisation behindert. Wir sind daher überzeugt, dass die SAP BDC mit ihren Datenprodukten und dem *Data Catalog* die Grundlage dafür schafft, Ihren Anwenderinnen und Anwendern zu helfen, die Bedeutung der Daten und deren Verwendung im fachlichen Kontext besser zu verstehen.

Doch wie kann ein Unternehmen sicherstellen bzw. daran arbeiten, sich zu einem datengetriebenen Unternehmen zu entwickeln? Im Folgenden gehen wir auf die aus unserer Sicht vier wichtigsten Handlungsfelder ein:

- Data Sharing
- Data Governance
- Data Fabric
- Datenkompetenz

Data Sharing als Grundgedanke

Der Catalog der SAP BDC soll sicherstellen, dass Datenkonsumenten aller Qualifikationsstufen – vom Berichtskonsumenten bis zum Data Scientist – die richtigen Daten im optimalen Format finden und unternehmensweit verwenden können. Die Datenproduktverantwortlichen, die Daten als Produkte verwalten und allen Personen im Unternehmen zur Nutzung bereitstellen, fördern damit die Wiederverwendung, was wiederum die allgemeine Effizienz erhöht, manuelle Doppelarbeiten verhindert und damit perspektivisch Kosten einspart.

Data Governance als Basis

Der methodische Schlüssel dazu ist *Data Governance*. Unabhängig davon, wo sich Daten befinden, sind eine effiziente Datennutzung, Datenverfügbarkeit, ein unternehmensweites Verständnis der Daten, Datenqualität und Datenverantwortlichkeit die Hebel, um eine hohe Vertrauenswürdigkeit zu erreichen. Ohne Data Governance wird es aus unserer Sicht für kein Unternehmen möglich sein, datengesteuert zu arbeiten, qualitativ hochwertige Entscheidungsunterstützung zu erhalten und KI sinnvoll und wertschöpfend einzusetzen. Die Kunst besteht unserer Ansicht nach darin, Data-Governance-Prozesse non-invasiv und sukzessive über eine Datenkultur zu etablieren, anstatt eine 100-seitige Data-Governance-Richtlinie vorzugeben.

Data Fabric als Vehikel

Das allgemeine Ziel einer *Data Fabric* ist es, sicherzustellen, dass die richtigen Personen zur richtigen Zeit auf qualitativ hochwertige Daten für beliebige Berichts- und Analysezwecke zugreifen können. Die Voraussetzung dafür ist, dass sämtliche relevanten Daten aus allen Systemen sauber integriert, harmonisiert, korrekt und stets aktuell zur Verfügung gestellt werden. Dieses große Ziel haben alle Datenarchitektur-Ansätze gemein, egal, ob sie auf Hub-and-Spoke, Kimball, Sternschema oder sonstigen Ansätzen basieren. Was sind also die zentralen Punkte einer Data Fabric, die diese von anderen Ansätzen unterscheiden? Der Fokus liegt auf einem einheitlichen und demokratischen Datenzugriff, d. h.:

- Der Speicherort der Daten darf verteilt sein.
- Der Zugriff soll in Echtzeit erfolgen.
- Die »Integration« der verteilten Daten soll hoch automatisiert sein.

Die folgenden Vorgehensweisen sind hinderlich für eine Data Fabric:

- Daten redundant halten, was u. a. ETL-Prozesse verlängert, Datenspeicherkosten erhöht, Datenhaltungskonzepte innerhalb des Data Warehouses erfordert (historische Daten, Archivdaten, Wiederherstellung, etc.)
- Datentransformationen in Schichten persistieren
- Daten aus unterschiedlichen Quellen physisch integrieren (siehe Abbildung 1.5)

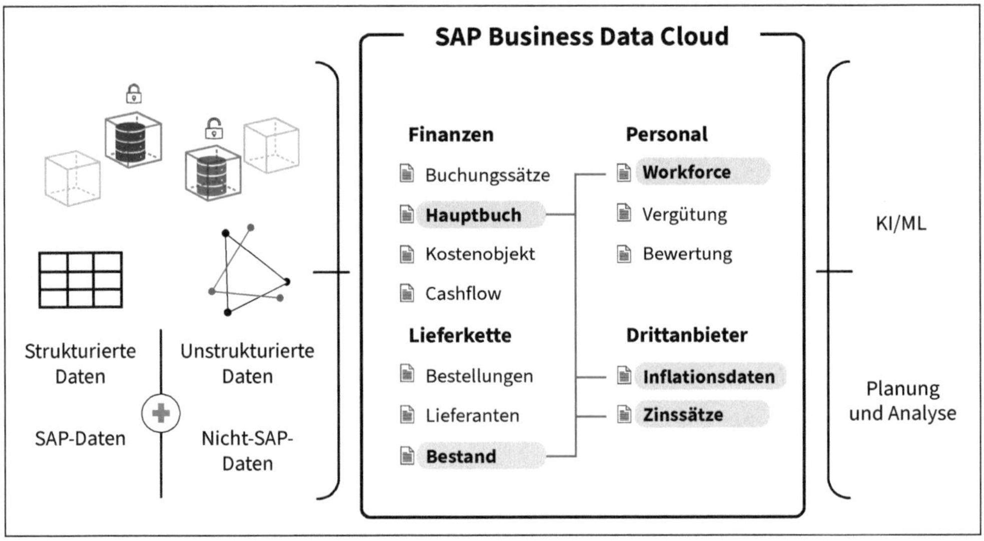

Abbildung 1.5: Daten aus verschiedenen Quellen in der SAP BDC verbinden

Im Vergleich zu SAP BW positioniert sich die SAP BDC deutlich näher am Data-Fabric-Ansatz. Sie öffnet sich daher mehr und mehr dem Markt und verfolgt den offeneren BI-Industrie-Standard, um letztendlich auch die Schwächen der Vergangenheit zu überwinden.

Der eben erwähnte demokratische Datenzugriff in einer Data Fabric vernachlässigt jedoch nicht die Aspekte der Datensicherheit und -vertraulichkeit. Die SAP BDC beinhaltet alle grundlegenden Funktionen, um Berechtigungen intelligent zu steuern bzw. mit guten methodischen Ansätzen sicherzustellen.

Datenkompetenz als zwingende Notwendigkeit

Kommen wir nun zum letzten der weiter vorne aufgeführten Handlungsfelder, der Datenkompetenz. Haben Sie in Ihrem Unternehmen schon einmal eine Umfrage durchgeführt und den Mitarbeitenden die folgenden Fragen gestellt?

- Wie gut können Sie mit Daten umgehen?
- Wie effektiv können Sie Daten nutzen?
- Wie schätzen Sie Ihre eigene Datenkompetenz ein?

Vermutlich hat nur ein eher kleiner Teil von Ihnen je an einer solchen Umfrage teilgenommen bzw. darüber nachgedacht, welche Skala, Antwortoptionen oder Messgrößen dafür überhaupt infrage kommen könnten. Bei solchen Umfragen ist auch immer davon auszugehen, dass die Befragten grundsätzlich zur Selbstüberschätzung neigen können. Daher kann es zu großen Diskrepanzen kommen zwischen der Einschätzung der eigenen Datenkompetenz und dem, was Mitarbeitende bei datenbasierten Entscheidungen an Datenkompetenz eigentlich erfüllen müssten, sowie den Standards, die auf unternehmensweiter Ebene erwartet werden.

[!]

Datenkompetenz ist nicht verhandelbar

Ein gewisses Maß an Datenkompetenz ist eine nicht verhandelbare Notwendigkeit für Mitarbeitende auf allen Ebenen eines Unternehmens.

Was ist Datenkompetenz?

Genauso, wie Sie dieses Buch lesen, d. h. den Text lesen und die Inhalte analysieren, oder durch das Schreiben von Texten ggf. auch eigene Ideen kommunizieren können, kann eine datenkompetente Person Daten lesen, ihre Bedeutung analysieren und Ideen und Erkenntnisse über diese Daten an andere Menschen weitergeben. Dazu gehören jedoch noch weitere Kompetenzen, wie zum Beispiel

- statistische und mathematische Kompetenzen (wie Median, Durchschnitt, Standardabweichung, Korrelation vs. Kausalität etc.),
- ein Verständnis dafür, wie große Datenmengen verarbeitet, erstellt und mit anderen Daten verbunden sowie nach Bedarf gefiltert, sortiert, bereinigt oder erweitert werden,
- Dateninterpretation, d. h. die Fähigkeit, den fachlichen Kontext bzw. Anwendungsfall, auf dem die Daten beruhen, zu beschreiben (inklusive möglicher Konsequenzen durch Entscheidungen),
- Interpretieren von Grafiken, Diagrammen und Visualisierungen (aus diesem Grund ist das Autorenteam ein großer Verfechter des Ansatzes des International Business Communication Standard (*IBCS*) und legt großen Wert auf maximal drei bis vier Templates für SAP-Analytics-Cloud-Storys im Reporting und in der Planung),
- kritischer Umgang mit Daten, d. h. die Fähigkeit, einzelne Ausreißer zu erkennen und generell die Grenzbereiche der Datenausprägungen im Blick zu behalten und ggf. zu analysieren, sowie das
- Kommunizieren von Berichts- und Analyse-Ergebnissen durch empfängerorientiertes Storytelling (an ggf. weniger datenkompetente Empfänger) auf Basis verständlicher und nachvollziehbarer Botschaften und Argumente.

[!]

Datenkompetenz ist eine Jobvoraussetzung

Datenkompetenz ist aus unserer Sicht nicht nur die Pflicht oder das Privileg derer, die in Unternehmensentscheidungsprozesse involviert sind, sondern eine grundlegende Jobvoraussetzung für alle im Unternehmen. Denn jeder kommt mit Daten in Berührung und erzeugt oder verändert Daten durch das eigene Handeln oder Wirken. Ohne diese Kompetenz bei Mitarbeitenden besteht die Gefahr, dass dem Unternehmen viele weiße Flecken und Unklarheiten darüber bleiben, welche Daten fehlen oder unwissentlich existieren und welche Auswirkungen diese auf das Geschäft haben.

Datenkompetenz aufbauen

Der Aufbau von Datenkompetenz ist ein langfristiges und visionäres Projekt. Es bedarf der Schaffung einer Datenkultur, was durch Technologie und Software, wie bspw. die SAP BDC, unterstützt wird, maßgeblich jedoch erst durch Methodik und Mindset in den Köpfen aller Mitarbeitenden entsteht. Eine Datenkultur muss täglich (vor)gelebt werden.

Gemeinsame Sprache schaffen

Der Startpunkt ist aus unserer Sicht eine gemeinsame Sprache, d. h. eine wirklich unternehmensweite Definition und ein gemeinsames Verständnis sowie die Verwendung zentraler Begriffe. Daher legen wir großen Wert auf den Data Catalog in der SAP BDC sowie bereits seit Jahren auf den Aufbau, die Beschreibung und die Publikation von Storys inkl. beschreibender Informationen in SAP Analytics Cloud.

Parallel dazu empfehlen wir eine Lernkultur, d. h. ein Angebot an Schulungsformaten, um Lernende passend abzuholen und so Wissen zu vermitteln. Aus unserer Erfahrung können wir sagen, dass der Erfolg dieser Ansätze i. d. R. nicht über Zielvereinbarungen in Mitarbeitergesprächen zu erreichen ist. Verpflichtende Basistrainings sind ein adäquates Mittel. Gute Erfahrungen und Fortschritte werden i. d. R. über Gamification-orientierte Ansätze erzielt, d. h., es werden in Form von Badges, Leveln usw. Belohnungen verteilt und Abzeichen erlangt, wodurch auch der interne Wettbewerb und der Spaß ein wenig gefördert werden. Wir empfehlen, diesen Ansatz in eine ggf. durch den Vorstand initiierte Kampagne einzubetten, damit dieser mit gutem Beispiel vorangeht.

[!]

Gamification muss zum Ziel führen

Bei aller Freude an Gamification-Aktionen: Die Badges und Level sollen echte Kompetenzen vermitteln, die durch Tests und ggf. sogar externe Zertifizierungen unterstützt werden.

In einer Welt, in der immer mehr Daten entstehen, genutzt und verteilt werden und mithilfe von KI in Entscheidungsprozesse einfließen sollen, muss die Datenkompetenz in Unternehmen und bei allen Mitarbeitenden gegeben sein.

Reifegrade

In weniger reifen Analytics-Architekturen sowie in Unternehmen mit einer geringen Reife in der Datenkultur wurden Daten aus Systemen – auch aus DWH-Systemen – in der Vergangenheit sehr häufig noch exportiert und mit Excel weiterverarbeitet. Auch heute wird uns in Gesprächen immer wieder die Frage gestellt, ob es auch einen »Export-nach-Excel-Knopf« gibt. Da schrillen dann bei uns sofort die Alarmglocken.

Reifegrad von Mitarbeitenden

Aus unserer Sicht ist die Mindestreife einer modernen Datenkultur gegeben, wenn die Daten in Berichten, Storys und Analysen so aufbereitet sind, dass die Auswertung dort stattfindet, wo die Daten bereitgestellt werden – und zwar ausnahmslos. Ist dies nicht der Fall, sind entweder die Auswertungen nicht auf die

Konsumenten und Analysten ausgerichtet oder die Konsumenten und Analysten müssen geschult werden.

Mit der SAP BDC soll es unserer Ansicht nach aber noch deutlich darüber hinausgehen. Die Replikation und die redundante Speicherung von Daten sowie das Festschreiben von Geschäftslogiken in den Daten sollten so weit wie möglich vermieden werden. Stattdessen setzen wir darauf, die Daten dort zu belassen, wo sie entstehen, und mithilfe flexibler Modellierungen dafür zu sorgen, dass die Auswertung und Anwendung der fachlichen Logiken live auf den Daten erfolgt. Dies wird u. a. aus Performance-Gründen nicht immer möglich sein, ist aber ein wichtiges Paradigma der heutigen Zeit.

Fazit

Daten ohne Kontext liefern keine Informationen. Informationen ohne Datenkompetenz auszuwerten, wird nur im Glücksfall zu einer positiven betriebswirtschaftlichen Entscheidung führen.

1.5 SAP Business AI: Agenten im Einsatz

Im privaten Kontext haben wir KI-Systeme längst in unseren Alltag integriert. Sei es bei der intelligenten Bildbearbeitung von Fotos oder bei der Suche auf Google – überall werden uns KI-generierte Rückmeldungen zur Verfügung gestellt. Daher liegt die Vermutung nahe, dass die Verwendung von KI auch im geschäftlichen Kontext präsent ist.

Joule und SAP Business AI

SAP entwickelt sich in diese Richtung schon seit Jahren weiter, insbesondere mit der Veröffentlichung und Einführung von *Joule* im September 2023. Joule basiert auf generativer KI und kann über natürliche Sprache bedient werden. Es ist in das gesamte Cloud-Portfolio integriert. Für Joule können Geschäftsdaten aus SAP- und Nicht-SAP-Systemen verwendet werden. Das Tool ist über *SAP Business AI* erreichbar. Basierend auf der SAP BTP unterstützt SAP Business AI sowohl strukturierte Daten aus ERP-Systemen als auch unstrukturierte Daten aus Dokumenten oder E-Mails. Ein wesentlicher Vorteil für Anwenderinnen und Anwender ergibt sich durch die Prozessautomatisierung mit SAP Business AI. Es bietet KI-gestützte Funktionen, die Muster erkennen, bspw. in Bestellungen, Finanztransaktionen, Lagerbewertungen usw. Dadurch können Routineaufgaben, von der Rechnungsprüfung über das Bestandsmanagement bis zur Budgetplanung, automatisch durchgeführt werden.

Predictive Analytics

Daneben stellt auch *Predictive Analytics* ein Kernfeature von SAP Business AI dar. Mithilfe KI-gestützter Analysen sollen Trends frühzeitig vorausgesagt, Engpässe in Lieferketten antizipiert und Absatzentwicklungen prognostiziert werden können. Da eine vollständige Integration im Cloud-Portfolio existiert, können die Vorhersagen über SAP S/4HANA direkt in operative Dashboards eingebaut werden. Mit *AI Foundation* sollen Modelle trainiert, getestet und sogar in die bestehenden Systeme integriert werden können. In Abbildung 1.6 sehen Sie die beschriebene Struktur.

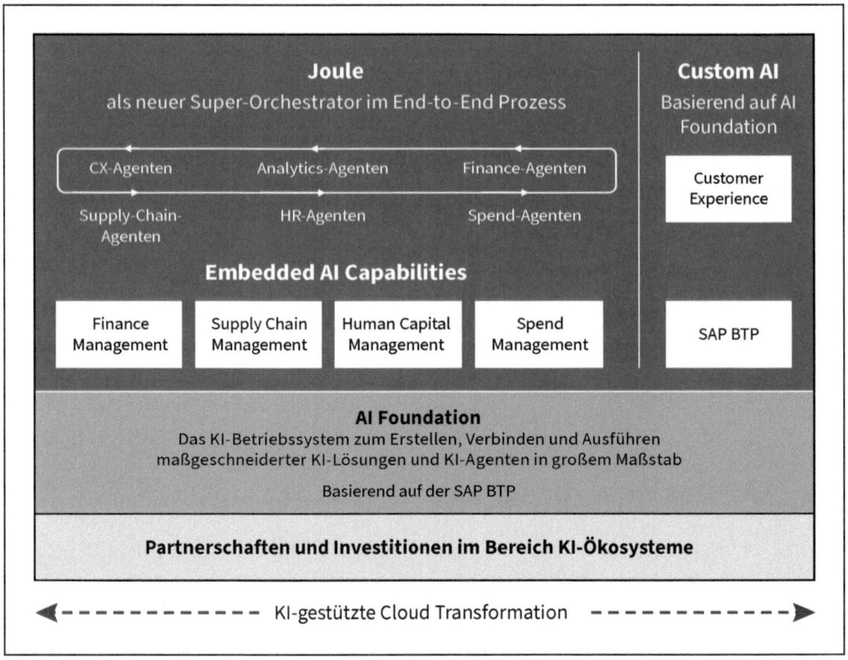

Abbildung 1.6: Portfolio von SAP Business AI

Damit wir uns dem Thema KI und Agenten wirklich fundiert nähern können, sollten wir zuvor einen kurzen Exkurs wagen und klären, was wir von KI-Agenten eigentlich erwarten können – und was nicht.

Definition eines Agenten

Was genau sind eigentlich *KI-Agenten*? KI-Agenten sind Systeme, die als fähig angesehen werden, ihre Umgebung wahrzunehmen, über diese zu reflektieren und passende Maßnahmen zu ergreifen, um ein vordefiniertes Ziel zu erreichen. Seit 1993 existieren sie bereits – zumindest in der Literatur. Beschrieben sind sie dort mit einer Reihe von Handlungsoptionen, die sie gezielt einsetzen, um bestimmte Veränderungen in ihrer Umgebung oder in sich selbst herbeizuführen. Das klingt schon sehr nach Agentic AI und selbstbestimmender, autonomer KI. Aber so weit sind wir noch nicht. Hier geht es eher um Systeme, die in der Lage sind, kausale Veränderungen in ihrer Umgebung zu bewirken. Agenten verarbeiten Informationen aus ihrer Umgebung und passen ihr Verhalten entsprechend an. Allerdings nicht willkürlich. Die Anpassung des Verhaltens aufgrund von Veränderungen in der Umwelt erfolgt, um ein bestimmtes Ziel zu erreichen. Sie sind hoch autonom – aber eben nur im Rahmen der Erfüllung ihrer spezifischen Aufgabe.

Arten von KI-Agenten

Es gibt verschiedene Arten von KI-Agenten:

- Einfache Reflex-Agenten
- Modellbasierte Reflex-Agenten
- Zielorientierte Agenten
- Nutzenorientierte Agenten
- Lernende Agenten

Einfache Reflex-Agenten

Einfache Reflex-Agenten sind die grundlegendste Form von KI-Agenten. Stellen Sie sich ein Fließband vor: Der Reflex-Agent stoppt das Fließband, sobald die Sensoren ein Hindernis erkennen. Diese Agenten folgen also dem Wenn-dann-Prinzip.

Modellbasierte Reflex-Agenten

Modellbasierte Reflex-Agenten sind schon etwas komplexer und besitzen ein Gedächtnis. Sie merken sich, was in ihrer Umgebung geschieht, und passen ihre Handlung entsprechend an, d. h. sie reagieren nicht ausschließlich auf den unmittelbaren Reiz von außen. Nehmen wir wieder ein Beispiel aus der Fertigung: Der Roboter verfügt über ein internes Modell, in dem die Position eines Werkstückes auf dem Fließband hinterlegt ist. Durch Sensoren wie Kameras und Bildverarbeitung erkennt der Agent, dass sich das Werkstück auf dem Förderband verschoben hat. Daraufhin wird reflektiert und die Position des Roboterarms entsprechend angepasst.

Zielorientierte Agenten

Zielorientierte Agenten repräsentieren gewünschte Ergebnisse und bewerten Aktionen danach, ob sie das System diesen Zielen näherbringen. Anstatt sofort zu reagieren, planen diese Agenten Aktionssequenzen und passen sie an, sobald Hindernisse auftreten. Diese Planung ermöglicht Flexibilität und unterstützt komplexeres Verhalten über längere Zeiträume hinweg. Ein klassisches Beispiel für einen zielorientierten Agenten ist ein GPS-Navigationssystem: Es erreicht das Ziel, in diesem Fall die Adresse, unter Berücksichtigung von Staus, persönlichen Präferenzen und Zeitfaktoren – immer variabel angepasst an sich verändernde Umweltsituationen.

Nutzenorientierte Agenten

Nutzenorientierte Agenten erweitern die Fähigkeiten zielorientierter Agenten um eine qualitative Komponente, d. h., es wird berücksichtigt, wie gut eine Entscheidung das gewünschte Ergebnis unterstützt. Sie verwenden Kosten-Nutzen-Funktionen, um die Entscheidungsfindung zu optimieren und diejenige mit dem höchsten erwarteten Nutzen auszuwählen. Betrachten wir als Beispiel die Benutzerzufriedenheit: Hier kann ein solcher Agent basierend auf früherem Benutzerverhalten Empfehlungen auswählen, die mit der höchsten Wahrscheinlichkeit sowohl zu einem Kauf als auch zu Benutzerzufriedenheit führen.

Lernende Agenten

Lernende Agenten: Diese Art von Agenten zeichnet sich durch ständige Weiterentwicklung aus. Ohne auf die technische Implementierung einzugehen, lässt sich Folgendes zusammenfassen: Diese Agenten beobachten die Konsequenzen ihrer Handlungen und bewerten, ob das Ergebnis erfolgreich war. Basierend auf dem Ergebnis optimieren sie anschließend ihr Verhalten immer weiter. So können sie sich an komplexe oder unvorhersehbare Umgebungen anpassen, die sich nicht durch explizite, feste Regeln modellieren lassen. Ein solcher Agent könnte beispielsweise ein autonomes Fahrzeug steuern, indem er Bremsstrategien und Reaktionsmuster für verschiedene Witterungsbedingungen wie Schnee, Eisregen, Frost oder Nebel aus den Daten realer Fahrten ableitet.

Herausforderungen von KI-Agenten

Das klingt schon nach viel Kompetenz. Kombinieren wir nun noch spezialisierte Agenten miteinander, erhalten wir Multi-Agenten-Systeme. Auch diese sind nicht weiter ausgereift als einzelne Agenten, können jedoch komplexe Aufgaben effizienter lösen. Problematisch wird es, wenn um Ressourcen konkurriert wird, denn dann können in Multi-Agenten-Systemen auch widersprüchliche Aktionen, inkonsistente Zustände und unbeabsichtigtes Verhalten auftreten. Wozu genau Agenten fähig sind, hängt also auch von ihrer technischen Konzeption ab.

Was könnnen KI-Agenten nicht?

KI-Agenten haben auch Grenzen. Nicht umsonst sind wir noch einige Schritte von Artificial General Intelligence (AGI) entfernt. KI-Agenten haben kein Verständnis für die Daten, die sie verarbeiten – zumindest nicht im menschlichen Sinne. Sie basieren auf Wahrscheinlichkeiten und Berechnungen, nicht auf Verständnis, geschweige denn Bewusstsein.

Ein einfaches Beispiel: KI-Agenten können nicht zuverlässig zwischen legitimen Nutzeranfragen und versteckten Angriffsanweisungen unterscheiden, weshalb sie bspw. anfällig für Prompt-Injections sind. Sie besitzen keine belastbare Weltkenntnis, die sie selbstständig verifizieren könnten. Sie erzeugen Entscheidungen und Texte probabilistisch und können dabei plausible, aber dennoch falsche Ergebnisse, sogenannte *Halluzinationen*, liefern. Auch zu Kreativität sind diese Modelle nicht fähig, obwohl ihnen oft Gegenteiliges zugeschrieben wird. Sie generieren Inhalte basierend auf vorhandenen Mustern, können jedoch keine echten, neuen Ideen entwickeln.

KI-Agenten sind auch nicht automatisch revisionssicher: Ohne geeignete Kontrollen können Zahlen falsch interpretiert, Belege »erfunden«, Prozessschritte übersprungen oder implizite Annahmen getroffen werden. Es werden also Anfragen zu beantwortet, ohne dass die KI den Geschäftskontext zu versteht oder legal verantwortlich ist. Dies ist ein wichtiger Aspekt insbesondere in Bezug auf Governance und Compliance, denn KI-Agenten können keine Verantwortung übernehmen – weder organisatorisch noch rechtlich. Deshalb können sie auch keine Fachabteilungen, kein internes Kontrollsystem und auch keine Managemententscheidungen ersetzen.

Damit wird auch klar, dass KI-Agenten kein einheitliches Produktversprechen sind, sondern ein Spektrum aus Fähigkeiten und Risiken. Oft gibt es eine Lücke zwischen dem, was Marketingunterlagen suggerieren, und dem, was im Alltag tatsächlich zuverlässig funktioniert – und genau diese Lücke entscheidet darüber, ob ein Agent im Unternehmen produktiv eingesetzt werden kann oder zum Compliance- und Qualitätsrisiko wird. In der Praxis setzt sich daher weniger die Vision von einer vollautonomen KI durch, sondern vor allem von Agenten, deren Aufgaben klar begrenzt sind, deren Ergebnisse prüfbar bleiben und die sich in bestehende Prozesse, Rollen- und Berechtigungskonzepte einfügen. Vor diesem Hintergrund lohnt sich ein Blick darauf, wo Unternehmen KI-Agenten heute bereits real einsetzen.

KI-Agenten sind in 56 Prozent der Unternehmen im Kundenservice und Support integriert, in immerhin 39 Prozent im Operations-Betrieb – und damit in mehr als jedem dritten Unternehmen. Akzeptanz und Verteilung zwischen den Branchen variieren jedoch stark. Für uns ist aber auch deutlich: Das Vertrauen in KI-Agenten ist in der Datenanalyse und Generierung von Insights am stärksten. Das zeigen sowohl unsere anekdotische Evidenz als auch Analysen aus Forschung und Wirtschaft.

Mit SAP Business AI setzt SAP genau an dieser Bewegung aus der Wirtschaft an und bereitet mit Joule den Weg für KI-Agenten in SAP.

Was können SAP-Agenten?

SAP positioniert Joule als generativen KI-Copiloten, der direkt in SAP-Anwendungen eingebettet ist und Anwenderinnen und Anwender über natürliche Sprache bei Aufgaben in den Kernfunktionen (z. B. Finance, HR, Procurement, Supply Chain, Service) unterstützt. Dabei geht es um kontextbezogene Vorschläge und die Ausführung konkreter Arbeitsschritte innerhalb von Geschäftsprozessen – idealerweise auf Basis der in SAP vorhandenen Daten und Prozesslogik.

Joule-Agenten erweitern dieses Prinzip: Sie sollen bei Aufgaben assistieren und diese in definierten Grenzen auch über mehrere Prozessschritte hinweg orchestrieren, also bspw. Informationen zusammenführen, Entscheidungen vorbereiten, Aktionen anstoßen und Ergebnisse zurückmelden – und das auch über Systemgrenzen hinweg in SAP- und Nicht-SAP-Landschaften.

Joule Studio

Während Joule als Nutzeroberfläche bzw. KI-Zugang in den Anwendungen fungiert, dient *Joule Studio* als Bau- und Verwaltungsumgebung, um Joule im Unternehmen zu erweitern und zu individualisieren. Als Teil von SAP Build, erlaubt Joule Studio Organisationen, eigene Joule-Skills (z. B. wiederverwendbare Fähigkeiten/Automationen) und eigene Joule-Agenten (z. B. rollen- oder prozessspezifische Agenten) zu erstellen, zu testen, auszurollen und zu steuern. Hierbei besteht der Anspruch, Agenten an definierte Aktionen zu koppeln, an den Unternehmenskontext anzubinden und so in kontrollierbare Prozessketten einzubetten.

Joule in verschiedenen Anwendungen

In SAP S/4HANA Cloud kann Joule typischerweise bei der Orientierung in SAP Fiori, beim Auffinden passender Apps sowie beim schnellen Einordnen und Zusammenführen von Prozessinformationen, etwa bei Bestellungen oder Lieferungen, helfen.

In *SAP SuccessFactors* liegt der Schwerpunkt auf HR-nahen Anwendungsfällen. Beispiele hierfür sind das Beantworten von Fragen zu HR-Vorgängen, das Navigieren in die richtigen Bereiche oder das Anstoßen einfacher, geführter Aktionen.

In *SAP Ariba* wird Joule insbesondere im Spend-Kontext (z. B. Guided Buying, Guided Sourcing und Supplier Management) genutzt, um Beschaffungs- und Lieferantenprozesse zugänglicher zu machen und Entscheidungen vorzubereiten.

In *SAP Concur* zielt Joule auf Reise- und Spesenprozesse ab, etwa indem es Mitarbeitende beim Verständnis von Richtlinien, beim Vervollständigen von Reports oder bei typischen Rückfragen im Travel-&-Expense-Alltag unterstützt.

Ergänzend dazu adressiert SAP mit *SAP Joule for Developers* auch die Entwicklungsseite: Hier soll Joule Entwicklerinnen und Entwicklern in SAP-nahen Umgebungen (z. B. SAP Build/Entwicklungskontext) unterstützen, etwa durch Erklärungen, Vorschläge und die beschleunigte Erstellung wiederkehrender Artefakte.

Was Joule noch nicht leisten kann

Gleichzeitig zeigt sich in der Praxis, dass Joule nicht überall in gleichem Maße verfügbar oder durchgängig nutzbar ist – und dass zwischen Vision und Rollout oft noch Lücken bestehen. Ein Beispiel hierfür sind Analytics-Szenarien, in denen zwar KI-gestützte Insights erzeugt werden, Joule aber nicht zwangsläufig als durchgängige, in jeder Oberfläche direkt aufrufbare Assistenz bereitsteht, wie es etwa in SAP Analytics Cloud der Fall ist. Noch deutlicher ist die Abgrenzung in klassischen On-Premise-Landschaften: Viele Joule-Funktionen und Agenten-Szenarien stehen zuerst (und teils ausschließlich) für Cloud-Produkte zur Verfügung, sodass Unternehmen mit starker ECC-/On-Premise-Nutzung die Neuerungen nicht in gleicher Form erhalten. Hinzu kommen Sprach- und lokale Grenzen (z. B. Fallback auf Englisch, je nach Unterstützung) sowie generelle Rollout-Realitäten: Joule-Funktionen sind häufig use-case-, modul- oder programmabhängig und werden gestaffelt ausgerollt. Damit entsteht ein Bild, in dem Joule bereits in mehreren SAP-Produktlinien einen sichtbaren Mehrwert liefert, aber noch nicht als einheitlich verfügbare Agentenschicht über alle SAP-Oberflächen, Systemvarianten und Prozesse hinweg existiert.

Was kann SAP Business AI?

SAP Business AI ist der Sammelbegriff für SAPs KI-Portfolio, das KI-Funktionen direkt in Geschäftsprozesse und SAP-Anwendungen einbettet. Es umfasst dabei drei zentrale Wirkebenen:

- *Embedded AI* – also KI-Szenarien, die innerhalb einzelner SAP-Produkte (z. B. in Finance, HR, Procurement oder Supply Chain) konkrete Teilaufgaben unterstützen, etwa Klassifikation, Prognosen, Vorschläge oder Automatisierungsschritte.
- *Joule* als einheitliche, natürliche Sprachschnittstelle, die Anwenderinnen und Anwender über verschiedene Anwendungen hinweg begleitet und Aufgaben schneller zugänglich macht.
- *AI Foundation* auf der SAP BTP als technologische Plattform, um KI im Unternehmen zu entwickeln, zu erweitern und zu betreiben – inklusive Governance, Security und Integration in bestehende Systemlandschaften. Dazu gehören etwa Funktionen wie der zentrale Zugang zu Modellen über den *Generative AI Hub*, die Dokumentenverarbeitung mit *SAP Document AI* sowie Werkzeuge zur Erstellung und Verwaltung von Joule-Skills und Agenten (Joule Studio/Agent- und Skill-Builder).

Das Zielbild ist somit eine KI, die Prozesse im Kontext der SAP-Prozesslogik und Ihrer Unternehmensdaten ergänzt und kontrolliert beschleunigt.

Zusammenfassung

Wenn wir uns SAP Business AI anschauen, bietet es mit AI Foundation ein Tool, um Frameworks und Governance-Funktionen bereitzustellen und auf deren Grundlage unternehmensfähige KI-Agenten zu erstellen. SAP Business AI stellt sicher, dass KI zuverlässig und nachvollziehbar ist und durch die Einhaltung der Governance auch sicher bleibt. Joule bietet Ihnen eine Vielzahl von Optionen, um Mehrwert für Ihr Unternehmen zu schaffen. Allerdings bedarf es an der einen oder anderen Stelle noch der Erweiterung durch SAP.

1.6 Ethik und Recht im Kontext von KI

Die Einführung cloudbasierter Datenplattformen wie der SAP BDC bringt neue Anforderungen mit sich, wenn es um den bewussten Umgang mit Daten geht. Insbesondere im Kontext der KI ergeben sich neue ethische und rechtliche Fragestellungen, ob und wie weit datengetriebene Automatisierungen und entscheidungsunterstützende KI-Agenten im Firmenalltag integriert werden können und sollen.

Stellenwert ethischer Fragestellungen

In der Vergangenheit haben sich Unternehmen lange Zeit auf Transformationsprozesse und die Optimierung von Speicherstrukturen fokussiert. Erst im Laufe der letzten Jahre wurden die Informationsflüsse so gestaltet, dass sich ihre Auswirkungen auf unternehmerische Entscheidungen immer deutlicher zeigten. Hinzu kam, dass insbesondere Kundenerfahrungen im Rahmen des Customer Relationship Management (CRM) immer wichtiger wurden. So gewann die Auseinandersetzung mit ethischen Prinzipien im Kontext von Daten zunehmend an Bedeutung.

Die Aufgabe eines *Datenmodells* ist es, Annahmen darüber zu treffen, welche Daten relevant sind und in welcher Beziehung diese Daten zueinander stehen. Somit enthalten diese Annahmen implizite oder explizite Werturteile. Ein Datenmodell zur Kundensegmentierung kann bspw. strategische Priorisierungen widerspiegeln, die für ein Kundensegment Benachteiligungen mit sich bringen können.

Föderiertes Datenmanagement

Die SAP BDC ermöglicht ein föderiertes Datenmanagement, bspw. durch Spaces und Datenprodukte. SAP Datasphere wird aufgrund des großen Modellierungsumfangs eine besondere Bedeutung zugemessen. Denn die Art und Weise, wie ein Datenmodell erstellt wird und eine Semantik erhält, bestimmt die Logik für automatisierte Systeme. Daher besteht eine ethische Herausforderung darin, die Entscheidungen hinter der Modellierung so transparent zu gestalten, dass diese zu jeder Zeit überprüft werden können.

Verlässliche KI

Außerdem nimmt der Einsatz von KI-gestützten Analyse- und Entscheidungsverfahren zu. Die Empfehlungen und Aktionen der Systeme, die bspw. bei der Bildung von Prognosemodellen oder Risikobewertungen unterstützen, können in einem Unternehmen zu weitreichenden Veränderungen führen – und damit geht Verantwortung einher. Denn Unternehmen müssen nicht nur einen reibungslosen Ablauf der Technologien ermöglichen, sondern auch dafür sorgen, dass die Systeme niemanden diskriminieren oder intransparente Entscheidungen treffen, wie es bspw. in einer Black Box der Fall ist. Gerade in der SAP BDC, in der Daten aus verschiedenen Quellen konsolidiert werden, ist dies eine besondere Herausforderung.

1.6.1 Ethik und KI-Systeme

Ethik als Bestandteil einer nachhaltigen Datenstrategie

Wie Unternehmen das Thema Ethik in ihrem Unternehmen umsetzen, bleibt ihnen überlassen. Für eine Vielzahl der Unternehmen ist Ethik noch eine nachgelagerte Problematik oder sie haben eine Compliance-Abteilung eingerichtet, die sich damit auseinandersetzen soll. Was diese Unternehmen jedoch nicht beachten, ist, dass die Integration ethischer Prinzipien einen strategischen Erfolgsfaktor darstellen kann. Das bedeutet u. a., dass ethische Fragen direkt im Datenproduktlebenszyklus berücksichtigt werden können. Bei Unsicherheiten sollte auf ein Bewertungsgremium zurückgegriffen werden, das Richtlinien bereitstellt. Insbesondere, wenn domänenübergreifend Modelle entstehen, sind transparente Dokumentationen für die Modellierung sinnvoll.

Im Zuge der Digitalisierung entstehen häufig neue Herausforderungen und Chancen, insbesondere im Hinblick auf die Einhaltung der Transparenzpflicht gegenüber Mitarbeitenden und die Vermeidung von Diskriminierung. In diesen Fällen können Schulungen und Sensibilisierungsmaßnahmen helfen, den Fach- und IT-Abteilungen einen korrekten Umgang zu ermöglichen. Deshalb sollten

Unternehmen die ethische Verantwortung aktiv wahrnehmen. Damit stärken sie nicht nur das Vertrauen in ihre Prozesse, Handlungen und Entscheidungen, sondern reduzieren auch rechtliche und reputative Risiken.

KI in der SAP BDC

KI ist ein zentraler Bestandteil von Unternehmensarchitekturen. In der SAP BDC ermöglicht sie die Analyse und Auswertung heterogener Datenbestände. Im Anschluss können Prognosen und Empfehlungen ausgegeben werden. Dieser immer weiter zunehmende Wettbewerbsvorteil bringt allerdings auch Risiken mit sich.

Kritik an KI-Ergebnissen

Ein Nachteil von KI-Systemen ist, dass sie keine eigenen Wertedimensionen haben, sondern auf Basis von Zielgrößen oder Lernverfahren versuchen, einen optimalen Nutzen zu erzielen. Daher sollten die Ergebnisse von KI-Systemen stets kritisch hinterfragt werden – insbesondere im Rahmen der SAP BDC, in der Daten aus vielen Quellen zusammengeführt werden. Zwar bietet die SAP BDC den Anwenderinnen und Anwendern Flexibilität und Skalierbarkeit, birgt aber gleichzeitig die Gefahr, dass Ergebnisse, bspw. aus SAP Databricks, eine verzerrte oder inkonsistente Datenbasis schaffen. Im schlimmsten Fall könnte eine bestimmte Personengruppe, bspw. im Personalmanagement, benachteiligt werden.

In den letzten Jahren hat daher das Konzept der Fairness im Kontext der KI immer weiter an Bedeutung gewonnen. Die Literatur sieht keine klassische Definition für diesen Begriff vor.

Fairness im KI-Kontext

Grundsätzlich wird dabei zwischen vier Arten von Fairness unterschieden:

- *Gruppenfairness* zielt darauf ab, verschiedene Gruppen gleich zu behandeln.
- *Individuelle Fairness* beruht darauf, ähnliche Individuen gleichzubehandeln.
- *Kausale Fairness* berücksichtigt, dass Änderungen des geschützten Merkmals nicht unbegründet kausal zu anderen Entscheidungen des Modells führen.
- *Dynamische Fairness* zielt darauf ab, Unfairness zu vermeiden, die durch (unbeabsichtigte) Rückkopplungseffekte über die Zeit hinweg entsteht.

Darüber hinaus gibt es vier Fairness-Kriterien, die eingehalten werden sollten:

- **Demographic Parity**
  Entscheidungen sollten unabhängig von Merkmalen getroffen werden.
- **Equal Opportunity**
  Das Treffen einer positiven Entscheidung sollte für alle Gruppen bei gleicher Ausgangslage identisch sein.
- **Predictive Parity**
  Die Vorhersagegenauigkeit eines Modells sollte für alle Gruppen gleich sein.

- **Counterfactual Fairness**
  Entscheidungen bleiben gleich, auch wenn sich ein sensibles Attribut hypothetisch ändert.

Verzerrungen in KI-Systemen vermeiden

Ein kritischer Punkt bei der SAP BDC ist die Modellierung von Datenprodukten. Diese werden immer wieder verwendet und dienen oftmals als Grundlage unterschiedlicher KI-Anwendungen. Problematisch ist dabei, dass sich eine einmal eingeschlichene Verzerrung, ein sogenannter *Bias*, schnell im ganzen Unternehmen verbreitet. Ein Bias kann in verschiedenen Phasen des Lebenszyklus von KI-Systemen auftreten.

- **Auswahl von Daten:** Unrepräsentative oder unvollständige Daten. Dies führt automatisch zu einer Benachteiligung bestimmter (bspw. unterrepräsentierter) Gruppen.
- **Modellierung der Daten:** Implizierung falscher Werte aus den Verfahren, z. B. aus Klassifikationen mit künstlichen neuronalen Netzen (KNN).
- **Feature Engineering:** Variablen, die indirekt sensitive Merkmale widerspiegeln.
- **Modelltraining und -optimierung:** Optimierung auf Zielgrößen, die die Fairness-Aspekte nicht berücksichtigen.

Transparenz in der Entscheidungsfindung

Ein weiteres zentrales Element ethisch korrekter KI-Systeme ist deren *Transparenz*. Es muss zu jeder Zeit nachvollziehbar sein, wie das System eine Entscheidung getroffen hat. Wichtig zu wissen ist zudem, dass dies nicht nur aus ethischer Sicht, sondern auch aus rechtlicher Perspektive sehr relevant ist. Man spricht daher von erklärbarer KI (*Explainable AI*, XAI). In der SAP BDC sollen sogenannte Erklärbarkeitsinformationen eingesetzt werden. Das sind u. a. Metadaten von Datenprodukten, die die Transparenz sicherstellen. In Kapitel 4, »SAP Databricks: Datenaustausch und KI«, erfahren Sie, wie mit SAP Databricks Änderungen verfolgt werden können, bspw. mit einer Lineage Analysis. Generell kann die Dokumentation von Trainingsdaten, Modellannahmen und möglichen Einschränkungen für mehr Nachvollziehbarkeit bei den Anwenderinnen und Anwendern sorgen.

Fairness in KI-Systeme integrieren

Vielleicht fragen Sie sich nun, wie eine Umsetzung der Fairness konkret in Ihrem Unternehmen aussehen kann. Wir haben daher die folgenden Tipps für Sie zusammengefasst, wie Sie klar definierte Governance-Strukturen schaffen können:

1. Legen Sie zunächst klare Fairness-Ziele und -Kriterien fest, die zu Ihrem Unternehmen passen.
2. Bestimmen Sie einen Zyklus, indem Sie die Modelle auf mögliche Verzerrungen überprüfen.

3. Erstellen Sie ein Protokoll, in dem Modellierer und Programmierer ihre Arbeiten dokumentieren, sodass genau nachverfolgt werden kann, wann und wie Entscheidungen getroffen wurden.
4. Versuchen Sie, möglichst viele verschiedene Personen in die Fairness-Governance einzubinden, um die organisatorische Verankerung auszudehnen. Dies lässt sich gut umsetzen, indem Sie bspw. Data Owner, Data Steward und Fachbereiche miteinbinden.

Die Fairness von KI-Anwendungen ist ein zentrales Qualitätsmerkmal und ein wichtiger Bestandteil in jeder verantwortungsvollen Datenarchitektur. Insbesondere in der SAP BDC kommt der bewussten Gestaltung fairer Modelle eine besondere Bedeutung zu. Dabei sollten Sie Fairness nicht nur als rein technisches Problem betrachten, sondern als wichtigen Bestandteil Ihrer Daten- und KI-Strategie. Die Integration in die Governance-Strukturen hilft dabei, leistungsfähige und gesellschaftlich verantwortbare KI-Systeme zu entwickeln.

1.6.2 Rechtliche Rahmenbedingungen

Die Anforderungen des Datenschutzrechtes, insbesondere der Datenschutz-Grundverordnung (DSGVO), bilden zusammen mit dem EU AI Act einen umfassenden Rechtsrahmen für den Einsatz von KI. Insbesondere der EU AI Act schafft Regulierungen für die KI. Unternehmen müssen somit mehr Transparenz, Nachvollziehbarkeit und Verantwortlichkeiten im Umgang mit KI-Systemen und deren Produkten schaffen. In diesem Abschnitt informieren wir Sie über die wesentlichen Rahmbedingungen für den Einsatz von KI in der SAP BDC.

DSGVO in der SAP BDC

Die DSGVO bildet die zentrale Rechtsgrundlage für den Umgang mit personenbezogenen Daten. Zwar wird in der SAP BDC vorwiegend mit aggregierten Daten gearbeitet, jedoch gibt es auch Szenarien, in denen personenbezogene Daten verarbeitet werden, wie bspw. im Personalwesen. Wesentliche Grundprinzipien der DSGVO sind die folgenden:

- **Zweckbindung:** Daten dürfen nur für festgelegte, eindeutige und legitime Zwecke verarbeitet werden.
- **Datenminimierung:** Daten dürfen nur für den jeweiligen Verarbeitungszweck erhoben und verarbeitet werden.
- **Transparenz und Informationspflicht:** Betroffene Personen müssen über Art, Umfang und Zweck der Verarbeitung informiert werden.
- **Recht auf Widerspruch und nicht automatisierte Entscheidungen:** Personen dürfen der Verarbeitung ihrer Daten widersprechen und haben ein Anrecht auf menschliches Eingreifen, gerade bei ausschließlich automatisierten Entscheidungen.

Datenverantwortlichkeit

In Bezug auf die SAP BDC bedeutet dies, dass es eine klare Rollendefinition geben sein muss, die festlegt, wer für die Daten verantwortlich ist, wer sie einsehen darf usw. Außerdem muss die Nachvollziehbarkeit der Datenherkunft gewährleistet sein, wie es mit der Data Lineage umgesetzt wird. Zwar unterstützt SAP mit einem feingranularen Berechtigungskonzept, dennoch sind Sie als Unternehmen verpflichtet, die Prüfung rechtlicher Konzepte selbst vorzunehmen.

Viele Unternehmen setzen mittlerweile KI ein, um Entscheidungen automatisiert zu treffen. Hier stellt sich die Frage, wer für Fehlentscheidungen oder Schäden haftet. Aus den vorherigen Abschnitten haben Sie vielleicht bereits entnommen, dass auch Verzerrungen, fehlerhafte oder diskriminierende Modelle und unrepräsentative Trainingsdaten problematisch sind. Daher sollten Sie unbedingt versuchen, diese Risiken zu minimieren. Der erste Schritt dabei ist, den Modellentwicklungsprozess zu dokumentieren oder die Datenwertschöpfungskette klar zu definieren und mit Verantwortlichkeiten zu versehen. Weiterhin kann der Einsatz von Auditierungstools und die Planung regelmäßiger Modellprüfungen helfen. Zuletzt sollten Sie nicht vergessen, dass der Einsatz von menschlichen Mitarbeitenden bei kritischen Entscheidungen unabdingbar ist.

KI-Systeme haben Risikoklassen

Der EU AI Act lag erstmals 2023 als Gesetzesvorschlag vor. Er soll einen Ordnungsrahmen für KI-Systeme bieten, das Vertrauen in KI fördern und Risiken minimieren. Darin werden KI-Systeme in vier Risikoklassen kategorisiert:

1. Verbotene KI-Systeme, die fundamentale Rechte verletzen.
2. Hochrisiko-KI-Systeme, die in sensiblen Bereichen eingesetzt werden.
3. Begrenztes Risiko – bei Systemen mit Interaktionspflicht.
4. Minimales Risiko – bei freier Nutzung der Systeme ohne spezifische Anforderungen.

Pflichten durch den EU AI Act

Somit erlegt der EU AI Act den Unternehmen verschiedene Pflichten auf, die zu beachten sind. So müssen etwa bei Hochrisiko-KI-Systemen bspw. Konformitätsbewertungen durchgeführt werden, es gibt verpflichtende Risiko- und Impact-Analysen sowie die Pflicht, Überwachungsmechanismen zu protokollieren.

Bei der SAP BDC und deren KI-Anwendungen kann von der Hochrisiko-Kategorie gesprochen werden, da bspw. Mitarbeiterbewertungen möglich sind und automatisierte Entscheidungsfindung eingesetzt werden kann. Unternehmen, die über die SAP BDC KI-Modelle entwickeln, müssen sich daher auf Dokumentationspflichten, Prüfprozesse und Zertifizierungsanforderungen einstellen.

Rechtliche Konformität bedeutet nicht zwangsläufig gesellschaftliche Akzeptanz. Zwar existieren rechtliche Anforderungen, deren Einhaltung wir unbedingt empfehlen, allerdings reichen diese Regularien nicht aus, um alle ethischen Fragestellungen abzudecken. Wir empfehlen Ihnen daher einen holistischen Ansatz, bei dem Sie ethische und rechtliche Perspektiven komplementär betrachten und über die notwendige Compliance hinausgehen.

1.7 Eine gemeinsame Sprache finden in der SAP BDC

SAP Business Warehouse

Vor der Nutzung der cloudbasierten analytischen SAP-Landschaft – zuerst SAP Data Warehouse Cloud, jetzt SAP Datasphere und zukünftig die SAP BDC – wurde Data Warehousing in SAP Business Warehouse (SAP BW) betrieben. Sobald über technische Konzepte gesprochen wurde, wurde hier sofort »SAP-Sprech« angewendet. So wurden bspw. Stammdaten in Infoobjekten abgelegt. Ein *Infoobjekt* war für Nicht-SAP-BW-Entwicklerinnen und -Entwickler ein abstraktes Objekt, das vieles kann; die Unterscheidung von Anzeigeattributen und Navigationsattributen, Referenzobjekten oder auch transitiven Attributen, machte ein solches Objekt schwer erfassbar. SAP-BW-Entwicklerinnen und -Entwickler hingegen hatten jedoch genau hier sehr viele Möglichkeiten und verstanden, dass im Hintergrund von SAP BW automatisch verschiedene Tabellen und Views angelegt und verwaltet wurden. Sie mussten sich somit keine Gedanken darüber machen, wie sie Zeitscheiben in die Stammdaten schreiben, sondern haben immer genau ihren Zeitraum an das Infoobjekt geschrieben; und der Attributsänderungslauf (der in früheren SAP-BW-Versionen gesondert ausgeführt bzw. mit SAP BW/4HANA beim Datenladen implizit durchgeführt wurde) hat die Zeitscheiben automatisch neu geschnitten und fachlich korrekt ermittelt.

Advanced Data Storage Object

Wenn Daten in SAP BW abgelegt wurden, dann geschah das im *Data Storage Object* bzw. in einem BW/4HANA advanced Data Storage Object, kurz *aDSO*, bzw. einem *Infoprovider*. All diese Begriffe sind entweder von SAP selbsteingeführte Begriffe oder aber – wie im Falle des Infoproviders – Begriffe, die von unterschiedlichen Herstellern unterschiedlich genutzt und interpretiert werden.

Anpassung an den Standard

Mit der Einführung von SAP Datasphere rückte SAP davon ab, eigene Begriffe einzuführen, und bediente sich allgemeiner Begriffe und deren Einordung in das Toolset. So legt man bspw. Tabellen und Views in SAP Datasphere an, gibt ihnen eine semantische Verwendung und bleibt so in der Sprache einfach, adaptierbar und vor allem allgemeingültig. Die genaueren Modellierungen und Details zur Implementierung finden Sie in Kapitel 2, »SAP Datasphere als Kern der SAP Business Data Cloud«.

SQLScript

In SAP BW ist die zentrale Programmiersprache *ABAP*, und mit der Möglichkeit von AMDP (ABAP Managed Database Procedure) kann man auch SQLScript verwenden. Und hier haben wir die Gemeinsamkeit beider neuer Welten: eine gemeinsame Sprache. Das ist die technische Komponente, die Einsteiger in die SAP BDC, erfahrene SAP-BW-Experten oder aber – und das ist wichtig – alle anderen SQL-basierten Data-Warehouse-Entwicklerinnen und -Entwickler gemeinsam haben. Alle können diese Sprache verstehen.

[»]

SQLScript

SQLScript ist ein SQL-Dialekt, der von SAP speziell für die SAP-HANA-Datenbank entwickelt wurde – mit dem Ziel, Geschäftslogik direkt in der Datenbank zu verarbeiten, ohne die Daten erst zum Applikationsserver transferieren zu müssen.

Python für Data Science

Zusätzlich wurde mit *Python* eine weitere (Programmier-)Sprache in die SAP-Analytics-Welt eingeführt, die nicht nur in SAP Datasphere Einzug gehalten hat, sondern auch für SAP Databricks ein wichtige zentrale Sprache darstellt. Sie ist nicht SAP-spezifisch, sondern ein Quasistandard im Bereich Data Science. Auch hier ist die Öffnung von SAP hin zu anderen Standards erkennbar.

LSA++

Architekturen waren in der On-Premise-Welt mit SAP BW sehr SAP-zentriert und hatten einen eigenen Sprachgebrauch. Layered Scalable Architecture++ (*LSA++*) ist der Name der Architektur, die layerbasiert mit sehr viel SAP-Sprache, aber auch den bereits erwähnten technischen Objekten in SAP BW implementiert wurde. Mit diesen Begriffen stieß man jedoch außerhalb der SAP-Analytics-Welt auf wenig Verständnis.

Business Data Fabric

SAP hat sich daraufhin mit SAP Datasphere und der Einführung des Paradigmas »Business Data Fabric« geöffnet und eine weitere Sprache wiederverwendet. *SAP Business Data Fabric* vernetzt Daten virtuell und behält deren Geschäftskontext bei, ohne sie physisch kopieren zu müssen. Dies ermöglicht einen direkten, nahtlosen Zugriff auf konsistente Daten für Analysen im gesamten Unternehmen.

SAP Business Data Fabric beschreibt die Art und Weise, wie mit den Daten umgegangen wird. Zusätzlich ist es aber durch die flexible Datenplattform möglich, einen Data Mesh zu implementieren und eine Data-Lakehouse-Architektur aufzusetzen oder weitere Paradigmen zu implementieren – und zwar passgenau für jedes Unternehmen und jede Organisationsstruktur sowie passend zum vorhandenen Skillset und basierend auf einer offenen Datenplattform.

Datenprodukte

Die bisher beschriebenen Sprachelemente beziehen sich sehr stark auf den technischen Teil und gar nicht auf die fachlichen Definitionen und Begriffe im Umgang mit Daten. Jeder Anwenderin und jedem Anwender fällt direkt auf, dass auch SAP nun von *Datenprodukten* spricht. In Kapitel 5 »Datenprodukte und Object Store« werden die Datenprodukte und ihre Definition in der SAP BDC näher beschrieben. Es wird schnell ersichtlich, dass sie mit der allgemeinen Definition anderer Nicht-SAP-Technologien nicht völlig deckungsgleich sind. In den wesentlichen Punkten und Gütemerkmalen übernimmt SAP jedoch die allgemeine Definition des Datenproduktbegriffes. Dadurch wird eine Zusammenarbeit ohne SAP-Know-how auf der fachlichen Ebene möglich, sodass die gesamte Organisation Teil einer Datenstrategie bzw. eines Datenprojektes sein kann.

Die Datenprodukte werden dabei als quellsystemorientiert bzw. abgeleitet bezeichnet, um technisch versierten Anwenderinnen und Anwendern eine direkte Einordnung zu ermöglichen. Allerdings bedient sich SAP ebenso der Medaillon-Architektur und ihrer Definitionen.

[«]

Medaillon-Architektur

Die *Medaillon-Architektur* ist ein Datenmanagement-Design, das Daten schrittweise durch drei logische Ebenen veredelt, um ihre Struktur und Qualität kontinuierlich zu verbessern:

- *Bronze* speichert die Rohdaten im Originalformat (»as-is«).
- *Silber* bereinigt und filtert die Rohdaten und integriert sie für die Analyse.
- *Gold* liefert hochgradig kuratierte, aggregierte Datenprodukte, die direkt für Business Intelligence und maschinelles Lernen optimiert sind.

Die Wiederverwendung der Begriffe ermöglicht es Enterprise-Architekten oder Domain-Ownern, sich mit einer einheitlichen Begriffsdefinition über Daten, Datenströme und Insights auszutauschen.

Data Product Studio

In Abschnitt 5.3, »Data Product Studio«, wird erläutert, wie man in Data Product Studio mit unterschiedlichen Rollen und Verantwortung gemeinsam an der Erstellung von Datenprodukten arbeiten kann. Wichtig ist hierbei, dass die SAP BDC ganzheitlich über alle Services hinweg genutzt wird: SAP Datasphere bildet das Herzstück, während SAP BW PCE (Private Cloud Edition) sowie alle SAP-OEM-Versionen – wie SAP Databricks oder SAP Snowflake – konzeptionell in die Erstellung und Herleitung von Datenprodukten mit eingebunden werden. SAP-OEM-Versionen sind von Drittanbietern entwickelte Softwarelösungen, die im Rahmen einer Partnerschaft mit SAP optimiert und nahtlos in SAP-Systeme integriert werden, um deren Funktionalität zu erweitern und spezifische Anforderungen wie Datenanalyse und Cloud-Integration zu erfüllen.

Mit der Veröffentlichung der SAP BDC – und der damit verbundenen Öffnung von SAP hin zu einer allgemeinen Sprachverwendung sowie der Erweiterung der Implementierungsmöglichkeiten für verschiedenste Architekturen – ebnet SAP den Weg in eine neue Evolutionsstufe der Datenplattformen. Die möglichen Implementierungsformen und Vorteile der SAP BDC gegenüber herkömmlichen Systemen stellen wir Ihnen in Teil II des Buches vor.

1.8 Zusammenfassung

In diesem Kapitel haben wir Ihnen die SAP BDC als strategische Daten- und Analyseplattform vorgestellt. Sie verbindet Datenmanagement, Analytics und Planung sowie KI- und ML-Funktionen auf einer gemeinsamen technologischen Basis: der SAP BTP. Darüber hinaus haben wir die zentralen Bestandteile der SAP BDC wie SAP Datasphere, SAP Analytics Cloud, SAP BW und SAP Databricks beleuchtet, aber auch Komponenten wie den Object Store, Datenprodukte und Intelligent Apps. Ziel der SAP BDC ist es, Daten aus SAP- und Nicht-SAP-Systemen in einen konsistenten und fachlichen Kontext zu bringen, um so eine solide und belastbare Grundlage für Analysen, Planungen und KI-Anwendungen zu schaffen.

Wir haben in diesem Kapitel aber auch bewusst herausgearbeitet, dass der eigentliche Mehrwert einer solchen Plattform nicht allein in ihrer Technologie liegt. Entscheidend sind vielmehr eine saubere Datenbasis, klare Verantwortlichkeiten, eine gelebte Data Governance sowie eine Datenkultur, die von den Fachbereichen und der IT gemeinsam getragen wird. Was bleibt, ist die zentrale Erkenntnis: Daten sind nur dann wertvoll, wenn ihr Kontext, ihre Qualität und ihre Verantwortlichkeiten transparent sind.

Die Einordnung der SAP BDC in den größeren Kontext von Big Data und KI verdeutlicht den Anspruch der Plattform, Datensilos, getrennte Analysewerkzeuge und isolierte KI-Lösungen stärker zusammenzuführen. Mit diesem Kapitel haben wir also aufgezeigt, dass die SAP BTP als technologische Basis dient, welche Integrations-, Entwicklungs-, Automatisierungs- und KI-Funktionen liefert, die notwendig sind, damit die SAP BDC überhaupt wirksam betrieben und erweitert werden kann.

Die SAP BDC steht somit für einen offenen, datenproduktorientierten und KI-fähigen Ansatz, der Unternehmen dabei unterstützen soll, ihre Datenarchitektur technologisch zu modernisieren und zugleich organisatorisch weiterzuentwickeln. Sie ist ein Hebel für mehr Datenreife, eine bessere Zusammenarbeit zwischen Fachbereichen und IT sowie eine tragfähige Grundlage für datengetriebene Entscheidungen.

Kapitel 2
SAP Datasphere als Kern der SAP Business Data Cloud

Die Literatur zu SAP Datasphere ist noch recht übersichtlich, da das Produkt als Nachfolger für SAP Data Warehouse Cloud eingeführt wurde, das wiederum erst seit 2019 als Software-as-a-Service-Lösung (SaaS) verfügbar ist. Daher zielt dieses Kapitel darauf ab, Ihnen die Kernelemente und grundlegenden Aspekte von SAP Datasphere als Data Warehouse as a Service (DWaaS) zu erläutern.

Fragmentierte Datenquellen

In unserer datengetriebenen Wirtschaft stellen Informationen einen der wichtigsten Wettbewerbsfaktoren dar. Unternehmen generieren und verarbeiten täglich enorme Mengen an Daten aus den unterschiedlichsten Quellen – von Enterprise-Resource-Planning-Systemen (ERP) und Customer-Relationship-Management-Systemen (CRM) über Internet-of-Things-Geräte (IoT) bis hin zu externen Plattformen. Folglich besteht die zentrale Herausforderung darin, diese fragmentierten Datenquellen so miteinander zu verbinden, dass sie nicht nur technisch zugänglich, sondern auch betriebswirtschaftlich sinnvoll nutzbar werden. An dieser Stelle setzt die SAP BDC an, die als übergreifende Plattform für Datenintegration, -modellierung und -nutzung fungiert.

Rückgrat von SAP BDC

Im Zentrum der SAP BDC steht wiederum SAP Datasphere als Data Warehouse, wie wir im Folgenden ausführen werden. SAP Datasphere bildet das Rückgrat der SAP BDC und dient als zentrale Schicht für Datenmanagement und Governance sowie zur semantischen Modellierung. Als cloudbasierte Lösung verbindet SAP Datasphere die Stabilität klassischer Data-Warehouse-Ansätze mit der Flexibilität moderner Data-Fabric-Architekturen. Dadurch wird eine nahtlose Brücke zwischen operativen SAP-Systemen und analytischen Plattformen geschlagen.

An diesem Punkt könnte Sie bereits die Frage beschäftigen: Was genau ist SAP Datasphere? In Abschnitt 1.1, »Einführung in die Architektur der SAP BDC«, haben Sie bereits eine kurze Einordnung erhalten. Nachfolgend widmen wir uns SAP Datasphere etwas ausführlicher.

Aufbau dieses Kapitels

In diesem Kapitel analysieren wir SAP Datasphere als Kernkomponente der SAP BDC. Abschnitt 2.1 führt in die Architektur von SAP Datasphere ein. Zu Beginn beschreiben wir dazu die technische Basis. Hierzu gehören der Zugriff auf Daten aus unterschiedlichen Quellsystemen, Optionen zur Datenhaltung bzw. Virtualisierung sowie die Anbindung an nachgelagerte Consumption-Systeme. Ergänzend betrachten wir die programmatische Architektur. In diesem Zusammenhang beleuchten wir auch die Sicherheits- und Governance-Perspektive: Identitäten, Berechtigungen, Zugriffskontrollen sowie Nachvollziehbarkeit und Compliance-Anforderungen beeinflussen die Architektur und müssen daher frühzeitig berücksichtigt werden.

Funktionsumfang

Darauf aufbauend folgt in Abschnitt 2.2 ein Überblick über den Funktionsumfang, um die wesentlichen Bausteine und Begriffe einzuordnen und eine gemeinsame Basis für die vertiefenden Abschnitte zu schaffen. Dieser Überblick dient als Orientierung dafür, welche Funktionen in welchen Phasen eines typischen Datenlebenszyklus in SAP Datasphere eingesetzt werden.

Datenintegration

In Abschnitt 2.3 wird die Datenintegration detailliert vertieft. Im Mittelpunkt stehen Prinzipien und Auswahlkriterien für Integrationsansätze in hybriden und heterogenen Datenlandschaften, die zugrundeliegende Konnektivitätsarchitektur (engl. Connectivity) sowie die Umsetzung über die relevanten Integrationsartefakte. Orchestrierung, Monitoring und Automatisierung werden dabei als Bestandteile eines stabilen Betriebs behandelt, einschließlich Leitplanken, die Governance-Anforderungen in Integrationsprozessen absichern.

Datenmodellierung

In Abschnitt 2.4 beginnen wir mit einer Einführung in die Grundkonzepte der Datenmodellierung und beleuchten, wie SAP Datasphere eine Brücke zwischen technischen Datenstrukturen und geschäftsorientierten Modellen schlägt. Wir betrachten die semantische Modellierung, die Rolle der Spaces in SAP Datasphere als Governance-Instrument sowie Modellierungsansätze von SAP Datasphere.

Data Consumption

In Abschnitt 2.5 konzentrieren wir uns auf das Thema Data Consumption als abschließenden Bestandteil von SAP Datasphere. Dazu gehören grundlegende Consumption-Prinzipien, relevante Schnittstellen und Protokolle sowie typische Zielsysteme innerhalb und außerhalb des SAP-Umfelds. Ergänzend werden Berechtigungsaspekte in der Consumption erläutert, damit Datenzugriff und Compliance konsistent zwischen Plattform und konsumierenden Anwendungen umgesetzt werden können.

2.1 Die Architektur von SAP Datasphere

SAP Datasphere

SAP Datasphere ist ein DWaaS-Tool von SAP und wurde im März 2023 als Nachfolger von SAP Data Warehouse Cloud vorgestellt. Basierend auf der SAP Business Technology Platform (SAP BTP) verfolgt SAP Datasphere eine Business-Data-Fabric-Architektur (siehe hierzu auch Abschnitt 1.1, »Einführung in die Architektur der SAP BDC«). Diese wiederum konzentriert sich darauf, eine integrierte, semantisch reichhaltige Datenschicht über der zugrundeliegenden Datenlandschaft bereitzustellen. Dies spiegelt sich in der Integration bestehender Nicht-SAP-Quellen sowie cloudbasierter Quellen in die SAP-HANA-Plattform wider. So wird ein nahtloser und skalierbarer Zugriff auf Daten ohne zwingende Duplikation ermöglicht, während der geschäftliche Kontext und die inhärente Logik intakt bleiben.

Architektur als Zielbild

Dieser Abschnitt bietet Ihnen einen Überblick über die Architektur von SAP Datasphere. Diese Architektur ist für die Bereitstellung, Verarbeitung und Nutzung von Daten über Systemgrenzen hinweg relevant. Als vereinfachtes Zielbild wird meist ein Szenario mit *SAP S/4HANA Public Cloud Edition* als primärem Quellsystem herangezogen. In der Praxis sind die Ausgangslagen jedoch meist heterogener Natur. Dennoch eignet sich dieses Zielbild, um die Grundprinzipien zu erläutern.

Ein Beispiel-Szenario für die Architektur

In dem in Abbildung 2.1 gezeigten Szenario werden die notwendigen Daten in SAP S/4HANA Cloud gespeichert. SAP Datasphere baut auf dieser Datenbasis auf. Über diverse Konnektoren kann folglich auf die in der angebundenen Cloud liegenden Daten zugegriffen werden. Daneben können weitere SAP- und Nicht-SAP-Systeme angebunden werden, um Daten aus verschiedenen Bereichen in SAP Datasphere zu importieren. SAP Datasphere besitzt eine eigene SAP HANA Cloud, in der die Daten nach dem Abruf persistiert und verarbeitet werden. Nach der Modellierung und semantischen Anreicherung, Manipulation und Aufbereitung werden die erstellten Modelle in der in SAP Datasphere inhärenten SAP HANA Cloud persistiert.

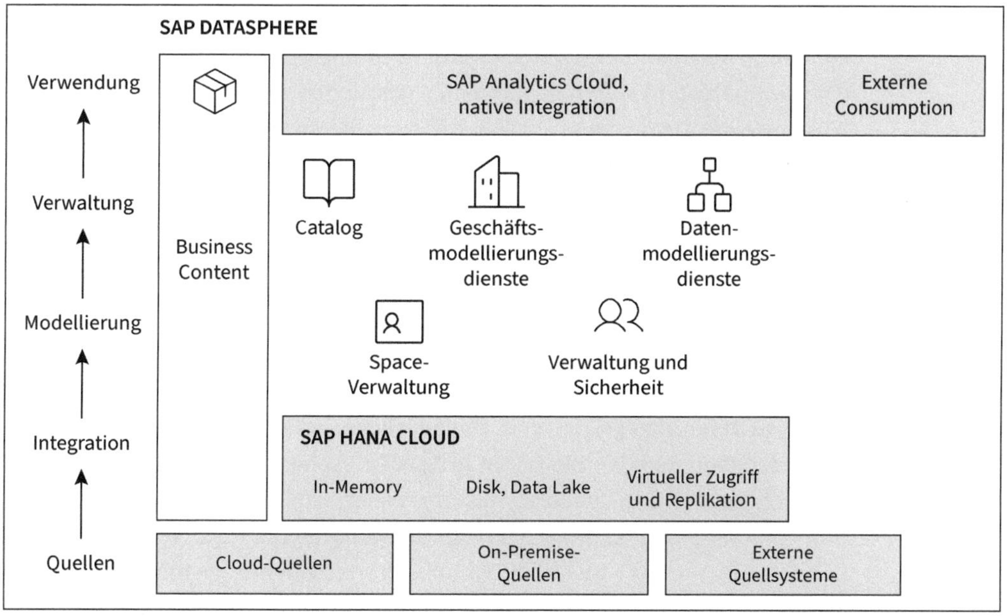

Abbildung 2.1: Überblick über die Architektur von SAP Datasphere

Um auf die neuen Modelle in SAP Datasphere zuzugreifen, können Visualisierungs- und Reporting-Tools sowie andere Module angebunden werden. Diese greifen föderiert auf die Daten aus SAP HANA Cloud (dem Object Store oder Remote-Tabellen) zu und können unter Umständen auch wieder in diese zurückschreiben, wie etwa beim Seamless Planning.

Nachdem wir diese stark vereinfachte Darstellung der Interaktion von SAP Datasphere mit anderen Systemen verstanden haben, können wir nun eine Unterscheidung zwischen der technischen und der programmatischen Architektur anstellen. Unter *programmatischer Architektur* verstehen wir hier die Architektur im Programm selbst, also wie SAP Datasphere in sich strukturiert und aufgebaut ist. Die *technische Architektur* beschreibt hingegen ihre technischen Komponenten und deren Zusammenspiel.

Fragen zur technischen Architektur

Um die technische Architektur zu verstehen, klären wir in diesem Abschnitt die folgenden drei Fragen:

1. Wie wird in SAP Datasphere auf Daten zugegriffen?
2. Wie werden Daten in SAP Datasphere gespeichert?
3. Welche Anbindungsmöglichkeiten besitzt SAP Datasphere?

2.1.1 Datenzugriff

Anbindungen an Datenbanken

Beginnen wir mit der Frage, wie SAP Datasphere auf Daten zugreift. Die technische Architektur in SAP Datasphere basiert auf einer internen SAP-HANA-Cloud-Datenbank. An dieses System können SAP BW7.x, SAP BW/4HANA, die SAP-HANA-Datenbank sowie ein SAP-S/4HANA-System angebunden werden. Dabei können sowohl cloudbasierte als auch On-Premise-Datenbanken, die von SAP oder Drittanbietern stammen können, angebunden werden. Ebenso ist die Anbindung eines Data Lakes möglich, der sowohl von SAP als auch von anderen Anbietern zur Verfügung gestellt werden kann. Daneben existieren zahlreiche Konnektoren. SAP versucht auch an dieser Stelle diejenigen Systeme einzubinden, die nicht inhouse erstellt oder verwaltet werden. Über diese Konnektoren können daher SAP- und Nicht-SAP-Systeme als Datenquellen an SAP Datasphere angeschlossen werden.

Zugriff auf Daten

Nachdem SAP Datasphere in die Systemlandschaft eingebunden wurde und somit auf die Daten aller angebundenen Systeme Zugriff hat, bleibt die Frage, wie auf diese Daten zugegriffen wird. Um eine konsolidierte und zentrale Datenbasis zu schaffen, werden die Daten in SAP Datasphere »gepullt« (von engl. »to pull«; dt. ziehen). Das bedeutet, dass das Zielsystem (SAP Datasphere) eine Anfrage an das Quellsystem stellt, welches die Daten dann zur Verfügung stellt. Durch Datenreplikation werden Daten aus verschiedenen Systemen in SAP Datasphere zentralisiert. Dies erspart Unternehmen aufwendige Datenzusammenführungen, um Auswertungen zu erstellen. Da der Zugriff auf die bestehenden Daten im Quellsystem erfolgt, werden Kosten gespart und der zeitliche Aufwand reduziert. Darüber hinaus werden Daten nicht notwendigerweise persistiert, was die Datenqualität zusätzlich steigern kann, da keine doppelten oder veralteten Datensätze entstehen.

Data Federation

Aber zurück zur technischen Architektur. Wir haben festgestellt, dass sich SAP Datasphere an eine Vielzahl von sowohl SAP- als auch Nicht-SAP-Systemen anschließen lässt, wodurch relevante Daten nicht in SAP Datasphere repliziert werden müssen. Der Datenzugriff folgt also dem *Data-Federation-Prinzip*, d. h., die Daten bleiben in ihrer ursprünglichen Quelle und werden in Echtzeit (oder nahezu in Echtzeit) abgerufen. So bleibt die Datenhoheit gewahrt, und es wird eine flexible sowie effiziente Datenverarbeitung ermöglicht. Sollte es notwendig werden, können Sie Ihre kombinierten Ansichten im internen Speicher ablegen. Dies wird als *Datenpersistenz* bezeichnet. Weitere Informationen hierzu finden Sie in Abschnitt 2.3, »Datenintegration«, in dem wir ausführlich auf die Möglichkeiten, Einsatzzwecke und -szenarien der Datenintegration eingehen.

Pull-Requests

Üblicherweise werden über Pull-Requests Daten vom Zielsystem im angebundenen Quellsystem angefragt. Die Daten bleiben lediglich bis zur Persistenz im Quellsystem vorhanden.

Damit kommen wir zur zweiten Leitfrage: Wie werden Daten in SAP Datasphere gespeichert?

2.1.2 Datenspeicherung

Datenspeicherung

SAP Datasphere nutzt SAP HANA Cloud als zugrundeliegende Datenbankschicht für die persistente Speicherung von Daten, die in SAP Datasphere repliziert, transformiert oder modelliert werden. Abhängig vom Integrationsmuster werden Daten entweder dauerhaft in dieser Datenbankschicht abgelegt oder zur Laufzeit aus den Quellsystemen abgerufen.

Speicherung mit einem Data Lake

Zusätzlich kann ein Data Lake in die Gesamtlösung eingebunden werden. Dadurch erweitert sich die Speicherarchitektur um einen kosteneffizienten, skalierbaren Bereich für große Datenmengen und für Datenformate, die typischerweise nicht in einer In-Memory-orientierten Datenbank persistiert werden. Im Kontext von SAP Datasphere wird ein integrierter, objektbasierter Speicher häufig als *Object Store* bezeichnet. Was genau darunter zu verstehen ist, erfahren Sie in Abschnitt 5.4, »Object Store«.

Business-Data-Fabric-orientierte Grundarchitektur

Für den Betrieb von SAP Datasphere ist ein Data Lake nicht zwingend erforderlich. In diesem Kapitel liegt der Schwerpunkt deshalb auf den Speicheroptionen innerhalb der Business-Data-Fabric-orientierten Grundarchitektur. Gleichzeitig ist zu beachten, dass Data-Lake- bzw. Object-Store-Konzepte im Kontext der SAP BDC eine größere Rolle spielen können, da sie das Spektrum an Speicher- und Verarbeitungsszenarien erweitern. Auf diese Einordnung kommen wir am Ende dieses Abschnitts zurück.

In SAP Datasphere lassen sich drei grundsätzliche Ansätze unterscheiden:

1. *Persistente Speicherung*: Daten werden in der SAP-HANA-Cloud-Schicht von Datasphere abgelegt (z. B. replizierte Tabellen, transformierte Zieltabellen, persistierte Modelle).
2. *Virtuelle Nutzung* (föderiert/virtualisiert): Daten bleiben in der Quelle und werden zur Laufzeit abgefragt; Ergebnisse werden bei Bedarf weiterverarbeitet.
3. *Hybride Ansätze*: Teile der Daten oder Zwischenergebnisse werden persistiert, andere Teile werden föderiert genutzt.

Im Folgenden ordnen wir diese Ansätze den typischen Speicherkomponenten zu:

- SAP HANA Cloud für persistente, strukturierte Daten
- Data Lake als skalierbarer Roh-/Massenspeicher
- Object Store als objektbasierter Speicher für Data-Tiering/ablageorientierte Szenarien

SAP HANA Cloud

Die SAP-HANA-Cloud-Schicht in SAP Datasphere ist der zentrale Speicher- und Verarbeitungsbereich für strukturierte Daten, modellierte Artefakte und analytische Abfragen. Persistenz in SAP HANA Cloud wird typischerweise genutzt, wenn

- Daten aus Quellsystemen repliziert oder als Zieltabellen geladen werden,
- Transformationen und Berechnungen dauerhaft materialisiert werden sollen oder
- semantische Modelle und analytische Views auf stabilen, performant abfragbaren Strukturen aufsetzen sollen.

SAP HANA Cloud basiert auf dem Schema einer relationalen Datenbank und verfügt über eine In-Memory- sowie eine spaltenbasierte Architektur. Der In-Memory-Speicherplatz ist jedoch vergleichsweise kostenintensiv. Gleichzeitig ist Persistenz nicht in jedem Fall notwendig oder sinnvoll. Je nach Datenvolumen, Aktualitätsanforderung und Transformationsbedarf können eine föderierte Nutzung oder eine hybride Lösung besser geeignet sein. SAP HANA Cloud ist zudem nicht für große und unstrukturierte Daten geeignet. Hier setzt die Lösung über einen Data Lake bzw. den Object Store an.

Data-Lake-Speicher

Der *Data Lake* dient als hochskalierbarer Speicher großer Datenmengen und unterstützt sowohl unstrukturierte Formate (z. B. JSON, XML, Log-Dateien, Sensordaten) als auch semi-strukturierte und relationale Daten.

Im Zusammenspiel mit SAP Datasphere wird ein Data Lake häufig als Ablage für Rohdaten oder als kosteneffiziente Ergänzung zur SAP-HANA-Cloud-Persistenz verwendet. Typische Szenarien sind:

- Ablage von Daten aus externen Quellen (z. B. Log- oder Sensordaten) in ihrer ursprünglichen Form
- spätere Einbindung in SAP Datasphere zur Modellierung, Anreicherung oder Kuratierung
- Nutzung als Datenbasis für rechenintensive Analysen oder Data-Science-Verarbeitung (je nach Gesamtarchitektur)

Die Daten aus einem Data Lake können später in SAP Datasphere eingebunden und dort modelliert, transformiert oder angereichert werden. Für rechenintensive Analysen und KI-/ML-Szenarien wird der Data Lake direkt als Datenquelle verwendet. Dabei profitieren Anwenderinnen und Anwender von der engen Integration mit der SAP HANA Cloud Engine: Daten können entweder über Virtualisierung (über Query Federation) in SAP Datasphere genutzt oder bei Bedarf in die SAP-HANA-In-Memory-Datenbank persistiert werden, um eine höhere Performance bei komplexen Analysen zu erreichen. Technisch zeichnet sich der Data Lake durch horizontale Skalierbarkeit und kosteneffiziente Speicherung aus, da Daten unabhängig vom In-Memory-Speicher der SAP-HANA-Datenbank abgelegt werden. Gleichzeitig ist er durch die native Einbettung in SAP Datasphere über Open-SQL- und ODBC-/JDBC-Schnittstellen flexibel für externe Tools und moderne Big Data Frameworks zugänglich.

Technische Einschränkungen des Data Lakes

Diese Architektur bringt allerdings auch technische Einschränkungen mit sich. Abfragen gegen den Data Lake sind im Vergleich zur SAP-HANA-In-Memory-Verarbeitung langsamer, insbesondere bei komplexen Joins oder Aggregationen. Deshalb empfiehlt sich für komplexe Abfragen häufig eine hybride Architektur: Rohdaten werden zunächst im Data Lake gespeichert, für explorative Analysen genutzt und anschließend gezielt in SAP HANA übernommen, wenn eine hohe Performance oder Integration in semantischen Geschäftsmodellen von SAP Datasphere erforderlich ist.

Existiert ein Data Lake außerhalb von SAP Datasphere und ist an diese angebunden, muss die Transformationslogik zur Bereitstellung der gespeicherten Daten vorgelagert stattfinden. Hierzu bietet sich die Apache Spark Engine an, die für SAP Datasphere integriert ist und Transformation Flows als Objekte innerhalb von SAP Datasphere ausführen kann. Auch andere geeignete Processing Engines sind hierfür möglich. Anschließend werden die Daten über weitere Transformation oder Replication Flows in SAP HANA Cloud geladen (»gepullt«).

Object Store

Der Object Store wird innerhalb der technischen Architektur von SAP Datasphere als objektbasierter Speicher eingesetzt und dient primär der kosteneffizienten Verwaltung großer Datenmengen, die nicht permanent im hochperformanten In-Memory-Bereich von SAP HANA Cloud vorgehalten werden müssen. Typische Einsatzfelder sind:

- Ablage selten genutzter oder historischer Daten
- Data-Tiering für große Tabellenbestände
- archivierungsnahe Szenarien bei weiterhin notwendiger Zugriffsmöglichkeit

Logische Partitionen für effiziente Speicherauslastung

Die Integration erfolgt in der Regel über den *SAP Data Tiering Service*, der es ermöglicht, logische Partitionen von SAP-HANA-Tabellen transparent in den Object Store zu verschieben. Dabei handelt es sich häufig um historische Datensätze oder transaktionale Daten, die für Analysen weiterhin zugänglich sein müssen, aber nicht mehr regelmäßig abgefragt werden. Die Auslagerung reduziert den In-Memory-Footprint der SAP-HANA-Datenbank und senkt dadurch die Betriebskosten signifikant.

Wie der Object Store verwendet wird

Technisch basiert der Object Store auf einem objektbasierten Speicheransatz, der eine hohe Skalierbarkeit und eine einfache Handhabung großer Datenmengen gewährleistet. Daten liegen dort in einem für SAP HANA optimierten Format vor und können bei Bedarf über den SAP Data Tiering Service wieder in den Hauptspeicher verschoben oder direkt aus dem Object Store gelesen werden.

Archivierung und einfacher Datenzugriff

Für den Zugriff nutzt SAP Datasphere die Transparenzschicht des SAP HANA Data Tiering, sodass Anwendungen und Modelle weitgehend unverändert auf die ausgelagerten Daten zugreifen können. Der Object Store ist jedoch nicht für hochperformante oder komplexe Abfragen konzipiert. Stattdessen liegt der Fokus klar auf Archivierung und einfachem Datenzugriff. Performance-intensive Analysen oder Echtzeitszenarien sollten daher weiterhin im In-Memory-Bereich von SAP HANA Cloud ausgeführt werden, während der Object Store für historische und selten genutzte Datenbestände vorgesehen ist.

[»]

Der Object Store verändert die Architektur

Der Einsatz des Object Stores verändert die Architektur insbesondere im Hinblick auf die Einbettung der SAP BDC von einer Business-Data-Fabric- hin zu einer Data-Lakehouse-Architektur.

Hybride Architekturen

Die Kombination dieser Speichertechnologien ermöglicht den Aufbau *hybrider Architekturen*, die Skalierbarkeit, Performance und Kosteneffizienz vereinen. Typische Szenarien sehen vor, dass Rohdaten aus operativen Systemen zunächst im Data Lake abgelegt und dort transformiert oder modelliert werden. Für analytische Workloads, die hohe Anforderungen an Verarbeitungsgeschwindigkeit oder Integration in semantische Modelle stellen, werden relevante Daten in SAP HANA Cloud repliziert. Historische oder selten genutzte Daten werden aus SAP HANA in den Object Store ausgelagert, wodurch der In-Memory-Footprint reduziert wird. Durch Query Federation, Pushdown-Optimierungen und Partition-Pruning können Abfragen sowohl auf Data-Lake- als auch auf Object-Store-Daten effizient ausgeführt werden, ohne dass redundante Kopien erforderlich sind. Caching-Mechanismen innerhalb von SAP HANA Cloud, kombiniert mit verteilten Abfrageplänen, ermöglichen dabei Echtzeitanalysen selbst auf großen Datenbeständen. Somit gewährleistet die hybride Architektur eine optimale Balance zwischen Performance, Kosten, Skalierbarkeit und Flexibilität, während sämtliche Datenkategorien – von Rohdaten über Analysemodelle bis hin zu archivierten Datensätzen – zentral und konsistent in SAP Datasphere verwaltet werden.

Architekturverschiebung zum Data Lakehouse

Damit haben wir die technischen Speicheroptionen von SAP Datasphere eingeordnet. Nun bleibt noch zu klären, wie sich die Business-Data-Fabric-Architektur durch den Einsatz eines Data Lakes oder Object Stores zu einer Data-Lakehouse-Architektur wandelt und welche technischen Unterschiede sich daraus ergeben.

Ursprung: Data Fabric

SAP Datasphere wurde ursprünglich als *Business Data Fabric* konzipiert. Das bedeutet, dass der Fokus auf der Bereitstellung einer einheitlichen, semantisch angereicherten Sicht auf alle Datenquellen liegt, ohne dass die Daten physisch verschoben werden müssen. Mittels *Datenföderation* (engl. Data Federation) kann SAP Datasphere auf Daten in SAP HANA Cloud, im Object Store oder im Data Lake zugreifen und diese in zentralen Modellen nutzen. So entsteht eine konsistente, geschäftsorientierte Sicht auf die Daten – unabhängig vom Speicherort. Sobald ein Data Lake oder ein Object Store in die Architektur integriert wird, erweitert sich die Lösung zu einer Data-Lakehouse-Architektur.

Data Lake, Lakehouse oder Object Store?

Der Data Lake ermöglicht die Speicherung sehr großer Mengen unstrukturierter oder semi-strukturierter Daten, die aus externen Quellen wie IoT-Geräten oder operativen Systemen stammen. Der Object Store dient der kosteneffizienten Ablage älterer, seltener genutzter Daten aus SAP HANA Cloud. Zusammen mit SAP HANA Cloud, in der die häufig abgefragten und analytisch komplexen Daten verbleiben, entsteht so eine *hybride Speicherarchitektur*. Die Data-Lakehouse-Architektur ergänzt die reine Business Data Fabric um eine physische Speichermöglichkeit und ein Data Tiering. Aktive Daten verbleiben in SAP HANA Cloud, während ältere oder seltener genutzte Daten im Rahmen eines konfigurierten Data-Tiering- oder Lifecycle-Management-Konzepts in den Object Store oder den Data Lake verschoben werden. Gleichzeitig bleiben die Daten weiterhin logisch Teil der gleichen Modelle und können über SAP Datasphere für Analysen genutzt werden.

Unterschiede der Lösungen

Technisch unterscheiden sich die Lösungen vor allem in der Komplexität ihrer Integration in das System, in der Persistenz und in der Datenhaltung: Die Business Data Fabric setzt auf Virtualisierung und föderierte Abfragen, während das Data Lakehouse zusätzlich die physische Speicherung großer Datenmengen in verschiedenen Tiers ermöglicht. Da der Object Store als interner Data Lake in SAP Datasphere existiert und somit durch seine SAP-Zuordnung näher integriert ist, muss hier keine separate *Datentransformationslogik* angewendet werden. Die Daten liegen folglich für den Konsum aufbereitet im Object Store bereit. Bei einem an SAP Datasphere angebundenen Data Lake eines Drittanbieters ist hingegen eine ausgelagerte Transformationslogik notwendig, die sich je nach Umfang und Aufwand auf die Performanz auswirken kann. Die Entscheidung über die Verwendung von Data Lakes wird auch durch wirtschaftliche Interessen beeinflusst, da auch diese je nach Anbieter, Größe und Integrationstiefe unterschiedliche Ausprägungen besitzen.

2.1.3 Anbindung an Consumption-Systeme

Anbindung an Consumption-Systeme

Damit haben wir nun zwei unserer drei Fragen beantwortet. Es bleibt zu klären, welche Anbindungsmöglichkeiten es in der vorgestellten SAP-Datasphere-Architektur gibt. SAP Datasphere stellt für die Consumption der Daten verschiedenste Optionen bereit. *Data Consumption* erfolgt bspw. über BI-Tools, SQL, APIs, Data Science Clients, Data Marketplace und direkte App-Integration. SAP versucht hier, allen Ansprüchen gerecht zu werden, und ermöglicht Live- sowie OData-Verbindungen zu SAP Analytics Cloud. Über das existierende Add-in für Microsoft Excel kann sogar eine Live-Verbindung zu diesem häufig verwendeten Tool aufgebaut werden. PowerBI, Tableau, Qlik und zahlreiche weitere Apps, Tools und Clients können über OData, ODBC/JDBC, SQL und REST-API an SAP Datasphere zur Data Consumption angebunden werden. Aufgrund der weniger starken Integration stellen sie jedoch keine Live-Verbindung zur Datengrundlage her.

SAP Databricks und andere KI-/ML-Möglichkeiten

Data Scientists und ML-Entwicklerinnen und -Entwickler können mithilfe von Python- und R-Clients wie dem SAP Datasphere Python SDK direkt auf die in der Plattform gespeicherten Daten zugreifen. Wie wir in Kapitel 4, »SAP Databricks: Datenaustausch und KI«, sehen werden, stellt die SAP BDC hierfür eine solide Lösung bereit. Das zuvor umständlichere Zugreifen auf Daten aus anderen Systemen über den SAP HANA Client entfällt, da dies durch SAP Databricks bereits integriert wird. Dies erleichtert die Erstellung individueller Analysen und Modelle sowie deren Umsetzung in produktive Anwendungen. Ein weiterer Vorteil dieser Architektur ist die einfache Integration mit gängigen Entwicklungsumgebungen wie Jupyter Notebooks. Dadurch können beliebte ML-Frameworks wie TensorFlow oder Scikit-learn nahtlos (weiter)verwendet werden, um Modelle zu trainieren und zu testen oder Scoring-Prozesse durchzuführen.

SQL-Schnittstellen

SQL-basierter Zugriff ermöglicht die Nutzung von Datenmodellen über SQL-Endpoints. Damit können relationale Analyse-Tools, ETL-Pipelines und klassische Reporting-Werkzeuge problemlos angebunden werden. APIs und Data Services bieten mit OData-Services und REST-APIs programmatischen Zugriff und ermöglichen die Integration in Cloud-Anwendungen, Custom Apps oder andere Erweiterungsszenarien. Embedded Scenarios verbinden SAP S/4HANA Embedded Analytics und andere SAP-Anwendungen, um operative Dashboards direkt in Business-Prozesse zu integrieren. Eine detaillierte Erläuterung der Möglichkeiten zur Verwendung Ihrer Daten finden Sie in Abschnitt 2.5, »Data Consumption«.

[+]

Data Consumption leicht gemacht

SAP Datasphere unterstützt mehrere Wege für den Datenkonsum: SAP-nahe Analytics-Szenarien lassen sich über entsprechende Integrationsarten anbinden, während Drittanbieter-Tools typischerweise über Standardschnittstellen wie OData, ODBC/JDBC, SQL oder REST integriert werden. Für Data-Science- und ML-Szenarien kommen häufig client- und notebookbasierte Zugriffe zum Einsatz, die im SAP-BDC-Kontext insbesondere über SAP-Databricks-Architekturen ergänzt werden können.

2.1.4 Programmatische Architektur

Bisher haben wir gesehen, wie SAP Datasphere auf Daten zugreift, wie Daten gespeichert und Modelle für Consumption-Systeme bereitgestellt werden. Uns fehlt also noch das Wissen darüber, wie SAP Datasphere intern strukturiert ist und wie Objekte, Zuständigkeiten und Entwicklungsabläufe innerhalb der Plattform organisiert werden. In Abbildung 2.2 greifen wir die zuvor beschriebene Architektur bezüglich des Datenzugriffs und der Data Consumption auf. In diesem Abschnitt widmen wir uns dem mittleren Teil der Abbildung. Dort sehen Sie einen Space, der als organisatorischer Rahmen dient und in dem Daten, Modelle, Berechtigungen und Entwicklungsobjekte gebündelt sind. Innerhalb des Spaces wird zwischen dem Bereich des Business Builders und dem des Data Builders unterschieden. Abbildung 2.2 verdeutlicht den Entwicklungsablauf in SAP Datasphere: Daten werden zunächst technisch angebunden und im Data Builder modelliert, fachlich beschrieben und schließlich in konsumierbaren Modellen bereitgestellt. Gegebenenfalls erfolgt auch eine Übergabe an den Business Builder zur fachlichen Beschreibung und Aufbereitung für Consumption-Modelle.

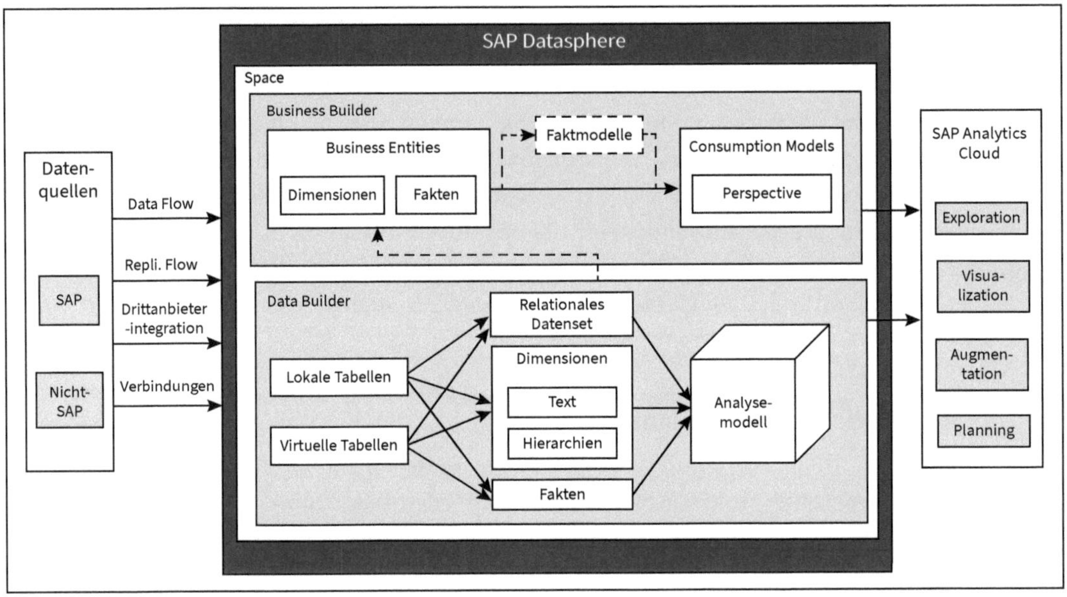

Abbildung 2.2: Datenfluss vom Quellsystem bis zur SAP Analytics Cloud

Tenantstrategie

SAP Datasphere verfolgt einen cloudnativen Ansatz, der Flexibilität, Skalierbarkeit und Sicherheit in den Vordergrund stellt. Im Zentrum steht dabei eine Struktur, die sogenannte Tenants verwendet, um auf der Plattform eine Abgrenzung der Daten verschiedener Kunden zu gewährleisten. Ein *Tenant* ist ein logisch abgeschlossener Bereich in einem Rechenzentrum, der die Trennung der Kundendaten sicherstellt. Ein Kunde erhält einen Test- und einen Produktiv-Tenant, die in der Regel identisch konfiguriert, jedoch voneinander separiert sind. Die Tenant-Objekte stellen dabei sicher, dass die Daten eines bestimmten Kunden streng von denen aller anderen Kunden auf der Plattform getrennt sind. Dabei kann eine Single- oder Multi-Tenant-Strategie verfolgt werden, wobei im Standard zwei voneinander getrennte Tenants (Entwicklung/Test und Produktion) verwendet werden, sodass die Inhalte zwischen diesen transportiert werden müssen. Auf diese Weise bietet jeder Tenant eine isolierte Umgebung mit unabhängigen Ressourcen und ermöglicht es, den Entwicklungsprozess von der Nutzung des Produktionssystems zu trennen.

Multi-Tenant-Konzept

Das *Multi-Tenant-Konzept* in SAP Datasphere ermöglicht es Unternehmen, mehrere Tenants zu lizenzieren und diese für die typische Trennung zwischen Entwicklung, Test und Produktion einzurichten. Dabei wird jeder Tenant individuell konfiguriert, sodass physisch getrennte Systeme mit unterschiedlichen Konfigurationen verwendet werden können. Das heißt, ein Entwicklungs-Tenant kann kleiner und dementsprechend kostengünstiger konfiguriert werden als ein produktiv genutzter Tenant. Die Rechenleistung skaliert dabei mit der Größe des jeweiligen Tenants. Die Verwendung von zwei oder mehreren

Tenants wird als Mehrmandantenstrategie bezeichnet. Bei dieser Strategie muss jedoch berücksichtigt werden, dass in dem Tenant, der zur Entwicklung verwendet wird, nicht alle Datensätze vorliegen müssen und folglich nicht auf aktuellen Datensätzen operiert wird. In der Praxis führt dies in der Regel nicht zu einem Informationsverlust, ermöglicht jedoch ein schnelleres Testen neuer Logiken und Modelle.

Space-Konzept

Der Zugriff auf SAP Datasphere erfolgt über einen Benutzer-/Identity Provider (z. B. über den Identity Authentication Service). Dieser identifiziert sich gegen den Tenant und erhält so Zugriff über die ihm zugewiesenen Rollen und Berechtigungen. In SAP Datasphere selbst wird eine Space-Struktur verwendet, die in Abbildung 2.2 durch den dunkel hinterlegten Bereich angedeutet wird. Innerhalb von SAP Datasphere wird jeder Anwenderin und jedem Anwender ein separater Bereich zur Arbeit zugewiesen. Dieser Bereich wird als *Space* bezeichnet. Ein Space ist demnach ein isolierter, sicherer Arbeitsbereich innerhalb von SAP Datasphere, der einem oder mehreren Benutzern oder einer Benutzergruppe zugeordnet ist. Er bildet das Fundament für alle Tätigkeiten rund um Datenintegration, -modellierung und -bereitstellung.

Isolation für Datensicherheit

Durch die Isolation des Bereichs sind die Daten nur innerhalb des Spaces zugänglich, es sei denn, sie werden explizit für andere Spaces oder Systeme freigegeben. Spaces bieten somit eine klare Trennung von Verantwortlichkeiten, Datenquellen und Benutzergruppen und erlauben eine strukturierte Organisation und logische Abgrenzung von Daten, Systemverbindungen, Benutzern und Ressourcen – getrennt nach Themen, Projekten oder Fachbereichen. Jedes Team, Projekt oder jede Abteilung kann in einem eigenen Space autark arbeiten – sicher, übersichtlich und unabhängig.

Domänenprinzip

Da Spaces virtuelle, abgeschlossene Bereiche repräsentieren, können sie als Partitionierung des Tenants verwendet werden, wobei die zugelassenen Benutzer und Rollen je Space verwaltet, Speicher- und Rechenkapazitäten dediziert zugewiesen und unterschiedliche Quellsysteme angebunden werden können. Gemäß diesem *Domänenprinzip* kann jedem Space ein eigener Speichertyp zugewiesen werden. Für SAP Datasphere sind dies die SAP-HANA-Datenbank (Disk und In-Memory) oder die SAP-HANA-Data-Lake-Dateien (Datei-Spaces), wobei sich diese in ihren Anwendungsbereichen unterscheiden. Mit ersterer werden Festplatten- und Arbeitsspeicher vergeben. Zudem können Prioritäten gesetzt und beschränkt werden. Ebenso kann für einzelne Prozesse festgelegt werden, wie viel Speicherplatz und welche Anzahl an Threads ihnen zur Verfügung stehen. Spaces eignen sich für performante, transaktionale und analytische Datenverarbeitung. *Datei-Spaces* sind speziell dafür konzipiert, Rechenressourcen bereitzustellen, um große Datenmengen effizient zu erfassen, zu verarbeiten und anschließend kostengünstig im Object Store von SAP Datasphere abzulegen.

Space Management

Die Verantwortung für das *Space Management* obliegt den Space-Administratoren. Ihnen steht für jeden Space eine spezielle Übersicht zur Verfügung, die Informationen über den Status, die Speichernutzung, die Benutzer und die Anzahl der Datenmodelle bereitstellt. Der sogenannte *Space-Monitor* enthält darüber hinaus weitere wichtige Informationen zur Speichernutzung eines Spaces, bspw. zur Disk- und In-Memory-Nutzung, Schema- und Tabelleninformationen sowie zahlreiche Visualisierungen und Filteroptionen.

Speicher- und Rechenkapazitäten

Die dedizierte Zuweisung von Speicher- und Rechenkapazitäten kann Fluch und Segen zugleich sein. Einem Space sollten stets nur die Ressourcen zugeordnet werden, die für dessen Betrieb benötigt werden. Überdimensionierte Spaces belasten das System unnötig und erschweren das Management. Das Space-Monitoring unterstützt dabei, genutzte und ungenutzte Kapazitäten auf einen Blick zu identifizieren und zu korrigieren.

Auslastung der Speicher

Spaces mit hoher Last können gezielt optimiert werden, indem Prioritäten angepasst sowie Thread- und Memory-Limits definiert werden. Dadurch lässt sich gleichzeitig die Überladung des Systems verhindern, was wiederum die Übersichtlichkeit, Wartbarkeit und Testbarkeit erleichtert. Hierfür ist ein regelmäßiger Prüf- und Bereinigungsprozess wichtig: Nicht benötigte Spaces sollten idealerweise nach Abschluss eines Projekts gelöscht oder archiviert werden. So wird unnötiger Speicher freigegeben und die Ordnung im System gewahrt. Zusätzlich hilft eine Datenklassifikation: »Heiße« Daten gehören in den Arbeitsspeicher, »warme« auf die Festplatte und »kalte« in einen Data Lake. So bleibt das System effizient und skalierbar. Welcher Klasse die vorliegenden Daten angehören, kann bequem aus dem Space-Monitor übernommen werden.

Best Practice für Spaces

SAP stellt für die Verwendung von Spaces eine Best Practice vor, bei der ein zentraler IT-Space, ein Berechtigungs-Space (engl. Permission Space) und ein Administrations-Space eingerichtet werden. Diese dienen dazu, die Governance sicherzustellen und die Administration sowie die *Datenzugriffskontrolle* (engl. Data Access Control, DAC) zu separieren. Die genannten Spaces haben unterschiedliche Ziele und Möglichkeiten, überschneiden und ergänzen sich jedoch auch. Ihr Einsatz erfolgt daher in der Regel in Kombination. So haben Unternehmen einen breiten Spielraum für die Organisation ihrer Space-Struktur.

Administrationsbereich vs. Administrations-Space

Hier gilt es nun jedoch zu differenzieren, was der Administrations-Space eigentlich ist. Dieser ist nämlich zwingend vom Administrationsbereich zu unterscheiden, in welchem die Administratoren durch Hinzufügen, Löschen oder Bearbeiten der Benutzer Zugriff auf die Verwaltung von Benutzerkonten haben (weitere Informationen hierzu finden Sie in Abschnitt 2.1.5, »Governance«).

Administrations-Space

Im *Administrations-Space* befinden sich vor allem Aufgaben rund um Systemintegration und Monitoring für die hinzugefügten Benutzer. Dazu zählen insbesondere der Aufbau von Verbindungen zu externen Systemen und Datenbanken sowie das Monitoring in SAP Datasphere, einschließlich der Bereitstellung von Monitoring Views sowie Audit- und Log-Dateien (weitere Informationen hierzu finden Sie ebenfalls in Abschnitt 2.1.5, »Governance«).

Berechtigungs-Space

Der *Berechtigungs-Space* innerhalb von SAP Datasphere ist speziell darauf ausgelegt, die Zugriffsrechte und Berechtigungen auf Objekte, Daten und Arbeitsbereiche innerhalb der Plattform zu verwalten. Während der Administrations-Space für die übergreifende Administration von SAP Datasphere hinsichtlich Systemintegration, Monitoring und Logs verantwortlich ist, konzentriert sich der Berechtigungs-Space auf die feingranulare Steuerung der Berechtigungen, um sicherzustellen, dass Benutzer nur auf die Inhalte zugreifen können, die sie benötigen. Dies ist die Hauptaufgabe des Berechtigungs-Spaces. In SAP Datasphere erfolgt die Steuerung der Berechtigungen auf Datenebene über Datenzugriffskontrollen. Diese sind Teil der Security und Governance und werden daher in Abschnitt 2.1.5 näher beschrieben. Mit der Verwendung eines Berechtigungs-Spaces wird ein zentralisierter Ansatz verfolgt, da ausschließlich die zu diesem Space zugewiesenen Benutzer bzw. Administratoren Zugriff auf die Tabellen und Datenzugriffskontrollen für alle *Line-of-Business-Bereiche* (LoB-Spaces) haben. Autorisierungsmaßnahmen wie die Absicherung von Views (z. B. über Datenzugriffskontrollen) sind grundsätzlich auch in anderen Spaces möglich, jedoch empfiehlt es sich häufig, zentrale Governance-Aspekte in einem Space zu bündeln.

Zentralisierter IT-Space

Neben den beiden vorgestellten Spaces schlägt SAP noch einen dritten Space vor, den *zentralisierten IT-Space* (engl. Centralized IT-Space). In diesem können Verbindungen zu mehreren Quellen wie SAP S/4HANA, SAP BW, SAP SuccessFactors, SAP Concur, Salesforce, Google BQ usw. eingerichtet werden. Die Daten werden als Remote-Tabellen oder replizierte Tabellen bereitgestellt und im Data Builder modelliert. Relevant sind hier hauptsächlich globale Datenmodelle und Datenquellen. In der Regel wird der zentralisierte IT-Space von der IT-Abteilung verwendet, um sicherzustellen, dass Daten standardisiert bereitgestellt und verwaltet werden. So können Datenintegrität und -qualität über die gesamte Plattform hinweg gewährleistet werden. Das so verringerte Risiko inkonsistenter oder redundanter Daten trägt sowohl zur Governance als auch zur Compliance bei. Nach erfolgter Standardisierung der globalen Daten werden die Berechtigungstabellen aus dem Berechtigungs-Space verwendet, um Berechtigungen auf die erzeugten Daten, Tabellen und Sichten (engl. *Views*) einzurichten. Diese können dann wiederum an den oder die entsprechenden LoB-Spaces zur weiteren Modellierung geteilt werden.

Zusammenhang der drei Spaces

Während der Administrations-Space für die globale Verwaltung der Umgebung zuständig ist, wird im Berechtigungs-Space die detaillierte Vergabe von Zugriffsrechten gesteuert. Dem gegenüber steht der zentralisierte IT-Space, der als operative Schnittstelle zwischen den Datenquellen und den Modellierungen durch die LoBs fungiert.

[+]

SAP Best Practice zu Spaces

Die Best Practice zu Spaces wurde von SAP bewusst offen gestaltet. Die hier vorgestellte Struktur kann und sollte an die jeweiligen Unternehmensbedürfnisse angepasst werden.

Layer-Architektur

Zur internen Architektur von SAP Datasphere gehört neben dem Prinzip der Tenants und Spaces auch eine nicht explizit vorgegebene *Layer-Struktur*. Im Gegensatz zur LSA++-Struktur in SAP BW/4HANA gibt es in SAP Datasphere keine definierte Layer-Architektur, die die Verwendung von Objekten und mögliche Arbeitsschritte vorgibt. Auch wenn SAP keine konkreten Vorgaben macht, wird dennoch empfohlen, denselben mehrschichtigen Modellierungsansatz wie in SAP BW/4HANA zu verfolgen. Abbildung 2.3 zeigt die vorgesehene Aufteilung nach Layern: operative Datenspeicherebene (*Inbound Layer*) und Harmonisierungsebene (*Harmonization Layer*), Propagierungsebene (*Propagation Layer*) und Reporting-Ebene (*Reporting Layer*) – jeweils für drei Beispiel-LoBs.

Inbound Layer

Der *Inbound Layer* dient als Eingangsschicht, die größtenteils Daten aus CDS-Views sowie Remote-Tabellen aus SAP S/4HANA Cloud und anderen Quellsystemen verwendet. Hier ist eine 1:1-Integration zwischen den Quelltabellen und den Views sinnvoll, um eine schnellere Datenübertragung zu gewährleisten. Zudem werden im Inbound Layer keine Datenmanipulationen vorgenommen, insbesondere werden keine `JOIN`-, `UNION`- oder `WHERE`-Klauseln verwendet. Filter und Projektionen sollten nur dann eingesetzt werden, wenn dies notwendig ist; weitere Operationen zur Datenmanipulation sollten vermieden werden. Hintergrund ist die möglicherweise problematische Weitergabe (Pushen) der Operationen ans Quellsystem, wodurch die Verarbeitungseffizienz beeinflusst wird. Standardmäßig finden Sie in diesem Layer Ihre (Remote-)Tabellen, Daten- und Replikationsflüsse (engl. Data Flow und Replication Flow) sowie Aufgabenketten (engl. Task Chain).

Harmonization Layer

Der *Harmonization Layer* wird zur Behebung von Qualitätsproblemen, für Datentypanpassungen und für eine einheitliche Datenverarbeitung in der gesamten SAP Datasphere verwendet. Bspw. werden die Eingangsdaten mit einer gemeinsamen Semantik versehen, in Projektionen werden eindeutige Umbenennungen von Spalten vorgenommen und konstante Filter gesetzt. Die erstellten Views sind wiederverwendbar und können zur weiteren Modellierung bereitgestellt werden.

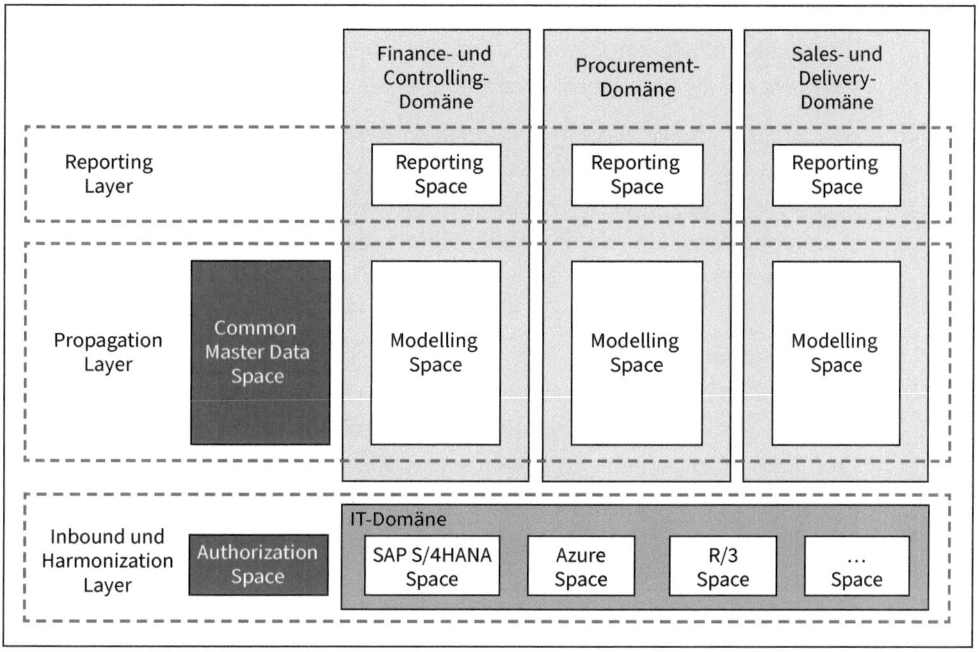

Abbildung 2.3: Space-Aufteilung mit Layern

Ziel ist es, die Datenkonsistenz über alle Bereiche hinweg sicherzustellen. Typischerweise finden Sie in diesem Layer Ihre relationalen Datensätze in grafischen und SQL-Views.

Propagation Layer

Im *Propagation Layer* findet die eigentliche Modellierung der Daten im Sinne der Erzeugung und Kombination von Datenmodellen statt. Joins, Unions, Berechnungen, Aggregationen und dynamische Filter werden an diesem Punkt verwendet. Gemäß der Best Practice von SAP werden hier Dimensions-, Text- und hierarchische Views modelliert. Da in diesem Layer die Implementierung der (Business-)Logik erfolgt, ist er auch der umfangreichste. Auch hier finden Sie wieder grafische und SQL-Views, dieses Mal jedoch als Dimensionen, Fakten, Hierarchien (engl. Hierarchy), Hierarchien mit Verzeichnis (engl. Hierarchy with Directory) und Texte. Genauere Erläuterungen hierzu können Sie in Abschnitt 2.4.2, »Semantische Modellierung: Semantic Usage, Fakten, Dimensionen, Texte, Hierarchien«, nachlesen.

Reporting Layer

Im *Reporting Layer* werden die Fakten-Views des Propagation Layers verwendet, um einheitliche Analysemodelle für die Consumption in SAP Analytics Cloud oder anderen Tools zu schaffen. Der Reporting Layer dient als Konsumierungsschicht für Frontendsysteme. Mittels DACs können basierend auf dem Benutzerzugriff zusätzliche Berechtigungsbeschränkungen eingerichtet werden.

Optionale Layer in der Best Practice

Neben der vorgestellten Best-Practice-Layer-Architektur können Sie für Ihre Zwecke weitere Layer einfügen, beispielsweise für die Historisierung Ihrer Daten. SAP schlägt ebenfalls optional die Erweiterung durch einen Corporate Memory Layer oder einen Outbound Layer vor. Je nach Ziel sollten diese eingesetzt werden, um die Performance weiter zu verbessern.

Zur programmatischen Struktur gehören außerdem der Data Builder und der Business Builder. Da im Business Builder die Modelle des Data Builders verwendet werden, beginnen wir mit dem Data Builder und erläutern Ihnen dessen Funktionsweise. Eine detaillierte Beschreibung der Prozesse für den Data Builder finden Sie in Abschnitt 2.4, »Datenmodellierung«.

Data Builder

Der *Data Builder* in SAP Datasphere wird verwendet, um Daten zu modellieren und diese zur weiteren Verwendung bereitzustellen. In ihm werden die Datenaufnahme, -aufbereitung und technische Modellierung innerhalb eines Spaces abgedeckt. Im Data Builder finden wir also unsere zuvor beschriebene Space-Architektur wieder. Über die in Abschnitt 2.1.1, »Datenzugriff«, beschriebenen Verbindungen werden die Daten in den Space geladen. Im Data Builder erfolgt dann die Transformation der Daten.

[»]

ETL und ELT

Häufig verwenden wir die Abkürzung *ETL*, die für *Extract, Transform, Load* steht. SAP Datasphere verwendet jedoch das ELT-Prinzip. Der Hauptunterschied zwischen diesen beiden Prinzipien liegt in der Verarbeitung der Daten. Mit ELT können auch unstrukturierte Daten in ein Data Warehouse geladen werden, die erst anschließend verarbeitet werden. Bei ETL erfolgt die Transformation dagegen vor dem Laden in ein Data Warehouse auf einem sekundären Verarbeitungsserver, was erhebliches Vorwissen der Programmierer erfordert und kosten- sowie zeitintensiver ist als ELT-Prozesse.

Verbindungen im Data Builder

Im Data Builder werden die angelegten Verbindungen verwendet, um Daten aus den Quellen zu extrahieren, zu laden und zu transformieren, bspw. über Data Flows und Replication Flows inklusive Delta Load und anderer Lademöglichkeiten. Im Anschluss erfolgen die technische Modellierung und Vorbereitung, wobei Daten kombiniert, gefiltert, aggregiert und angereichert werden, um daraus Views und Tabellen als stabile Datenbasis zu bauen. Der Data Builder verfügt über einen Data Viewer, mit dem nach den Transformationen eine Vorschau der Daten möglich ist. Dadurch erhöhen sich Transparenz und Analysemöglichkeiten. Auch die Data Lineage unterstützt diese Merkmale, indem sie eine grafische Darstellung der Tabellen und Views sowie ihrer Abhängigkeiten zueinander bietet.

Business Builder

Der *Business Builder* ist die Modellierungsebene, in der aus technisch vorhandenen Objekten eine fachlich konsumierbare Sicht erstellt wird, also Semantik, wiederverwendbare Fachobjekte, Kennzahlenlogik und Konsum-Modelle für Analysen. Hier werden die Data-Builder-Objekte kombiniert, verfeinert und mit weiteren Informationen angereichert, um zielgerichtete Artefakte für den Konsum bereitzustellen. Die technischen Tabellen und Views werden in Business-Objekte übersetzt und so strukturiert, dass Anwenderinnen und Anwender sie verständlich interpretieren können. Während im Data Builder die technische Modellierung der Daten stattfindet, wird im Business Builder eine fachliche Perspektive eingenommen.

[!]

Der Business Builder wurde abgekündigt!

Die Weiterentwicklung des Business Builders wurde eingestellt. Zwar steht er weiterhin zur Verfügung, jedoch stellt SAP keine Ressourcen mehr für die weitere Entwicklung bereit. Stattdessen empfiehlt SAP die Verwendung des Analysemodells (engl. Analytic Model) im Data Builder.

2.1.5 Governance

Das Berechtigungskonzept

Wir haben bereits mehrfach das Berechtigungskonzept angesprochen und auch den Begriff »Governance« verwendet, insbesondere im Zusammenhang mit dem Administrations-Space und dem Berechtigungs-Space. Nach der Einführung in die grundlegende Architektur von SAP Datasphere widmen wir uns diesem Thema im Folgenden gezielt und untersuchen, wie Data Governance und die Sicherheitsarchitektur in SAP Datasphere umgesetzt werden.

Cloud-Secured Environment

SAP Datasphere ist eine Software-as-a-Service-Lösung (SaaS), weshalb die Möglichkeiten der Datenmanipulation, entsprechend dem Rollen- und Berechtigungskonzept begrenzt sind. Administrations- und Eingriffsmöglichkeiten sind bewusst so gestaltet, dass sie sich an dieses Konzept binden. Dadurch wird verhindert, dass sich Sicherheits- und Organisationsregeln umgehen lassen. Gleichzeitig wird sichergestellt, dass Governance von Beginn an sauber konzipiert wird. Wer Zugriff auf Daten und Funktionen erhält, wird also nicht über technische Workarounds definiert, sondern über klar zugewiesene Rechte.

Governance in SAP Datasphere

Governance in SAP Datasphere bezeichnet die Gesamtheit aus Regeln, Verantwortlichkeiten, Prozessen und technischen Leitplanken, die eine sichere, nachvollziehbare und kontrollierte Bereitstellung sowie Nutzung von Daten innerhalb der Plattform gewährleisten. Sie umfasst die folgenden Aspekte:

- **Verantwortung**
  Wer darf was und wer ist für welche Inhalte verantwortlich?

- **Kontrolle und Nachvollziehbarkeit**
  Wer hat was verwendet, geändert oder veröffentlicht (committet)?
- **Standardisierung**
  Bspw. bei Namenskonventionen, Freigabeprozessen und Qualitätskriterien.
- **Schutz und Compliance**
  Zugriff, Trennung von Aufgaben und Auditierbarkeit.

In der Regel werden somit die folgenden vier Kernziele der Governance verfolgt:

- sichere Datenbereitstellung
- Trennung von Verantwortlichkeiten
- klare Lebenszyklen für Datenprodukte
- Transparenz und Vertrauen

Da SAP Datasphere explizit auf Self-Service und Kollaboration ausgelegt ist, muss berücksichtigt werden, dass Fachbereiche Daten nur dann nutzen dürfen, wenn dabei keine Sicherheits- oder Qualitätsstandards verletzt werden. Doch wie genau wird das in SAP Datasphere umgesetzt? Das wollen wir Ihnen in diesem Abschnitt zeigen.

Autorisierungsmodell

Rollen, Privilegien und Verantwortungsgrenzen

Praktisch wird Governance in SAP Datasphere vor allem dadurch umgesetzt, dass jede relevante Aktion an Rollen, Berechtigungen und klar abgegrenzte Verantwortungsbereiche gebunden ist. Der wichtigste Gedanke dabei ist: Governance entsteht nicht erst am Ende durch Dokumentation oder manuelle Freigaben, sondern wird in der Plattformarchitektur selbst erzwungen. Über Berechtigungen wird konsequent gesteuert, wer Daten anbinden, modellieren, teilen oder konsumieren darf. Diese Berechtigungen sind wiederum an die organisatorische Struktur (Tenant und Spaces) gekoppelt. Dadurch wird das Thema Governance zu einem festen Bestandteil der alltäglichen Arbeit in SAP Datasphere.

Governance auf Tenant-Ebene

Auf Tenant-Ebene beginnt diese Umsetzung mit der *Identitäts- und Rollensteuerung*. Hier wird geregelt, welche Personen überhaupt in die Umgebung gelangen dürfen und welche globalen Fähigkeiten sie besitzen, bspw. ob sie administrative Tätigkeiten ausführen oder zentrale Einstellungen verwalten dürfen oder ob sie ausschließlich fachlich konsumieren. SAP Datasphere versteht Rollen als Bündel aus spezifischen Rechten, im SAP Datasphere-Kontext auch *Privilegien* genannt. *Rollen* bestehen aus Privilegien und Berechtigungsstufen, die definieren, welche Aktionen ein Benutzer überhaupt ausführen kann. Auf dieser Ebene entscheidet sich somit sehr früh, ob Governance sauber eingehalten wird, bspw. indem nicht jede Person, die Modellierungsaufgaben ausführt, automatisch auch administrative Rechte erhält.

Spaces als Leitplanke der Governance

Eine weitere wichtige strukturelle Leitplanke zur Umsetzung der Kernziele der Governance sind Spaces. In SAP Datasphere sind sie mehr als reine Ablageorte und bilden organisatorische sowie sicherheitsrelevante Grenzen. In einem Space entstehen Modelle, Data Flows und semantische Schichten. Über den Space wird auch geregelt, wer dort arbeiten und wer Daten konsumieren darf. Spaces sind somit ein Governance-Werkzeug, um Teams, Domänen oder Projekte voneinander abzugrenzen, Verantwortlichkeiten sichtbar zu machen und dennoch Zusammenarbeit zu ermöglichen. Gerade in Umgebungen mit Self-Service-Anspruch ist diese Trennung entscheidend, da sie verhindert, dass Modellierung, Veröffentlichung und Konsum ungesteuert ineinanderlaufen.

Funktionsbezogene Governance

An die spacebasierte Abgrenzung schließt die funktionsbezogene Governance an. Bestimmte Tätigkeiten erfordern nicht nur Zugang zum Space, sondern auch die passenden Privilegien für Funktionen und Apps. Dadurch entsteht eine sehr präzise, technisch erzwungene Form der Governance. Selbst wenn sich ein Benutzer im richtigen Space befindet, kann er bestimmte Aktionen, wie bspw. das Anlegen von Verbindungen, das Publizieren von Objekten usw., nur dann durchführen, wenn seine Rolle diese Privilegien tatsächlich enthält. In der Praxis führt dies dazu, dass Rollen sauber auf Aufgabenprofile zugeschnitten werden können, z. B. **Space Owner**, **Data Engineer**, **Data Consumer** oder **Security Admin**. Dadurch ist Governance nicht davon abhängig, ob sich Personen richtig verhalten, sondern davon, ob sie die entsprechenden Rechte besitzen.

Verbindung zu den SAP Best Practices

Die bereits beschriebenen SAP-Best-Practice-Spaces (Administrations-Space, Berechtigungs-Space und zentralisierter IT-Space) sind genau wegen der umfangreichen Governance so wirkungsvoll, da sie diese Governance-Prinzipien organisatorisch abbilden. Der Administrations-Space bündelt die tenantweiten, übergreifenden Aufgaben für zentrale Richtlinien, Systemintegration, Monitoring und Audit-Informationen. Der Berechtigungs-Space trennt davon die feingranulare Steuerung, d. h. die Definition und Pflege der Berechtigungstabellen, Zugriffskontrollen sowie die zentrale Durchsetzung sensibler Datenzugriffe über alle LoBs hinweg. Der zentralisierte IT-Space reduziert Redundanzen, indem er Datenquellen und globale, standardisierte Modelle zentral bereitstellt. So wird verhindert, dass jede Domäne dieselben Quellen unterschiedlich interpretiert, was zudem die Kosten von SAP Datasphere reduziert. Zentrale Governance und Sicherheitsregeln bleiben kontrolliert, während fachliche Bereiche trotzdem eigenständig modellieren und konsumieren können.

Integration des Benutzer- und Berechtigungsmanagements in das Audit-Log ab Q2 2026

Ab Q2 2026 können durch die Integration von Benutzer- und Berechtigungsmanagement-Events (z. B. CRUD auf User, Rollen, Privilegien und Zuweisungen) in das Audit-Log, alle Aktivitäten mit Einfluss auf Benutzerzugriffe und -berechtigungen im System effizient nachvollziehbar protokolliert werden. Diese Innovation steht in SAP-Datasphere-Tenants, die vor Version 2021.03 bereitgestellt wurden, möglicherweise nicht zur Verfügung .

Lebenszyklus von Daten und Objekten

Ein weiterer Baustein ist der Lebenszyklus von Inhalten. In einer SAP-Datasphere-Umgebung entstehen Assets typischerweise zunächst in der Entwicklung und werden dann – je nach Reifegrad – geteilt oder veröffentlicht. Governance legt fest, wann etwas als Entwurf gilt, wann Inhalte für andere Teams freigegeben werden dürfen und wann Datenprodukte als kuratiert und stabil gelten. Dadurch wird verhindert, dass unfertige oder nicht abgestimmte Artefakte in den Konsum gelangen. Gleichzeitig sorgt ein klarer Freigabe- und Veröffentlichungsprozess dafür, dass sich Self-Service und Verlässlichkeit nicht widersprechen: Konsumentinnen und Konsumenten erhalten eine Umgebung, in der sie sich auf die bereitgestellten Daten verlassen können, während Entwicklerinnen und Entwickler weiterhin flexibel arbeiten können.

Data Access Controls

Data Security bis auf Datensatzebene

Governance reicht in der Praxis nicht nur bis zur Frage »Darf jemand in diesem Space arbeiten?«, sondern wird häufig auch auf Datenebene relevant. In vielen Szenarien müssen Daten je nach Nutzergruppe unterschiedlich sichtbar sein, etwa nach Region, Buchungskreis oder Organisationseinheit. Governance in SAP Datasphere bedeutet deshalb auch, Zugriffe so zu gestalten, dass die Plattform nicht nur Spaces schützt, sondern auch Dateninhalte. In SAP Datasphere wird diese Anforderung über die bereits beschriebenen *Datenzugriffskontrollen* (engl. Data Access Controls, DAC) bzw. über zeilenbasierte Zugriffskonzepte umgesetzt. Dabei wird definiert, welche Datensätze ein Benutzer tatsächlich sehen darf, selbst wenn er technisch Zugriff auf ein Modell hat. Dies ist besonders wichtig, wenn sensible Informationen, personenbezogene Daten oder finanzrelevante Kennzahlen verarbeitet oder Datenprodukte domänenübergreifend genutzt werden.

Kriterien über Zuordnungstabellen

DACs arbeiten dabei mit Kriterien, die in einer Tabelle oder View gepflegt werden, in der SAP Datasphere User IDs einem oder mehreren Berechtigungskriterien zugeordnet werden. Wird eine DAC auf ein Objekt angewendet, werden die Datensätze entsprechend gefiltert.

Im Kontext der SAP BDC wird dieser Mechanismus auch als Standard zur Absicherung intelligenter Anwendungen (engl. Intelligent Applications, bzw. *Intelligent Apps*) verwendet, wobei zeilenbasierte Sicherheit dort über DACs in SAP Datasphere umgesetzt wird.

Auditability und Compliance

Audit Logs: Lesen und Ändern nachvollziehen

Auditability bedeutet, nachvollziehen zu können, wer welche Aktionen zu welchem Zeitpunkt ausgeführt hat. SAP Datasphere stellt hierfür Audit Logs als Protokolle von Lese- oder Änderungsaktionen bereit. Space-Administratoren können Audit Logs für Lese- oder Änderungsaktionen in einem Space aktivieren. Die Auswertung erfolgt über Audit Views, die einem Space zugeordnet und anschließend im Data Builder analysiert werden können. In der Praxis lassen sich Audit Logs beispielsweise nutzen, um Zugriffe auf sensible Daten nachzuvollziehen, Änderungen an Objekten zu prüfen oder im Rahmen von Compliance-Anforderungen nachzuweisen, welche Benutzer bestimmte Aktionen durchgeführt haben. Administratoren können Audit Logs zudem verwalten, etwa um Aufbewahrungs- und Speicheranforderungen umzusetzen oder um nicht mehr benötigte Protokolldaten zu löschen und dadurch Speicher freizugeben.

Compliance als Betriebs- und Prozessaufgabe

Um die rechtlichen Anforderungen an Data Protection und Privacy zu erfüllen, reichen technische Maßnahmen allein nicht aus. Für Compliance sind daher neben Rollen- und Rechtekonzepten auch eine sichere Systemoperation, eine angemessene Protokollierung und geeignete organisatorische Prozesse erforderlich.

Kontinuität statt einmaliger Konzeption

Eine SAP-Datasphere-Umgebung bleibt nur dann sauber, wenn Governance nicht als einmaliges Projekt verstanden wird, sondern als kontinuierlicher Prozess. Dazu gehören regelmäßige Reviews von Space-Mitgliedschaften und Rollen, die Bereinigung verwaister Inhalte, die Kontrolle von Freigaben und die Überwachung von Systemaktivitäten.

Monitoring als Unterstützung für Nachvollziehbarkeit

Monitoring in SAP Datasphere erfolgt typischerweise über Monitoring-Tools bzw. Apps, Logs, Views und ggf. spezielle Datenbankanalysebenutzer, die für Analyse- und Überwachungszwecke vorgesehen sind. Für Debugging und Analyse können spezielle Benutzer angelegt und Audit- und Monitoring-Informationen über geeignete Views ausgewertet werden. Sobald Monitoring Views und Metadaten spaceübergreifend sichtbar gemacht werden, entsteht ein eigener Schutzbedarf. Denn wer Zugriff auf Monitoring-Inhalte erhält, sieht potenziell auch Metadaten und Objektdefinitionen. Das Monitoring-Konzept ist deshalb Teil der Governance und muss in das Rollen- und Space-Konzept integriert werden. Weitere Informationen zum Monitoring finden Sie in Abschnitt 2.3.5, »Orchestrierung und Betrieb«.

Governance schafft eine einheitliche Sprache

Damit Governance nicht bei Zugriff und Freigabe endet, sondern auch Vertrauen und Wiederverwendung fördert, spielen Kuratierung und Auffindbarkeit der Inhalte eine wichtige Rolle. In der Praxis bedeutet das: Datenprodukte sollten nicht nur existieren, sondern auch verständlich sein, d. h. sie sollten klare Benennungen, Beschreibungen, Zuständigkeiten und idealerweise eine nachvollziehbare Herkunft (Lineage) aufweisen. Je stärker eine Organisation auf Self-Service setzt, desto wichtiger wird diese Form von Governance, da sie Fehlinterpretationen reduziert und verhindert, dass verschiedene Teams dieselben Inhalte mehrfach und inkonsistent erstellen. Governance schafft somit eine gemeinsame Sprache und macht nachvollziehbar, welche Objekte offiziell sind, was schließlich einen wichtigen Hebel für die Qualität darstellt.

2.2 Funktionsumfang

In diesem Abschnitt betrachten wir den Funktionsumfang von SAP Datasphere als Landkarte ihrer Fähigkeiten innerhalb der SAP BDC. Ziel ist es, ein gemeinsames Verständnis dafür zu schaffen, welche Funktionsbausteine die Plattform umfasst, welche Aufgaben sie im Datenlebenszyklus übernimmt und wie diese Bausteine zusammenspielen, bevor wir in den folgenden Abschnitten die Themen Datenintegration, Modellierung und Consumption im Detail vertiefen.

SAP Datasphere als Schnittstelle

Im Mittelpunkt steht dabei die Rolle von SAP Datasphere als verbindende Schicht zwischen Datenzugang, Datenaufbereitung, semantischer Anreicherung und kontrollierter Bereitstellung. SAP Datasphere kombiniert Funktionen, die in klassischen Architekturen häufig auf mehrere Werkzeuge verteilt sind: die Anbindung und Bereitstellung heterogener Datenquellen (virtuell oder persistent), die Orchestrierung wiederholbarer Datenprozesse, die Modellierung technischer und fachlicher Sichten sowie Mechanismen zur Governance und zur Absicherung des Datenzugriffs. Dadurch entsteht eine Umgebung, in der Daten sowohl technisch verfügbar werden als auch als nachvollziehbare, wiederverwendbare Datenprodukte mit klar definiertem Kontext genutzt werden können.

Inhalt dieses Abschnitts

Auf dieser Grundlage gliedert sich dieser Abschnitt in mehrere Funktionsbereiche: Wir starten mit der Datenintegration in Abschnitt 2.2.1. Darauf aufbauend ordnen wir das Space Management in Abschnitt 2.2.2 als organisatorische und technische Grundstruktur ein. In Abschnitt 2.2.3 finden Sie eine Einordnung der Datenmodellierung. Anschließend betrachten wir in Abschnitt 2.2.4 die Semantik und in Abschnitt 2.2.5 die Analysemodelle als Brücke zwischen technischen Strukturen und fachlich eindeutigen Konsumobjekten. Danach folgen die Themen Business Modelling (Abschnitt 2.2.6), Consumption (Abschnitt 2.2.7), Automatisierung und Orchestrierung über Aufgabenketten (Abschnitt 2.2.8) und Self-Service (Abschnitt 2.2.9) als Querschnitt der Funktionen aus dem operativen SAP-Datasphere-Alltag. Abschließend ordnen wir die Themen Transport (Abschnitt 2.2.11) und Metadatenmanagement (Data Catalog und Lineage/Impact) (Abschnitt 2.2.10) ein, da diese Funktionen die Zusammenarbeit zwischen Teams und Tenants unterstützen und damit den Übergang von der Entwicklung zur produktiven Nutzung absichern.

Datenlebenszyklus

Um den Funktionsumfang von SAP Datasphere strukturiert einordnen zu können, ist es hilfreich, die Plattform nicht anhand einzelner Apps oder Menüpunkte zu beschreiben, sondern anhand der Fähigkeiten, die sie im Datenlebenszyklus bereitstellt (siehe Abbildung 2.4).

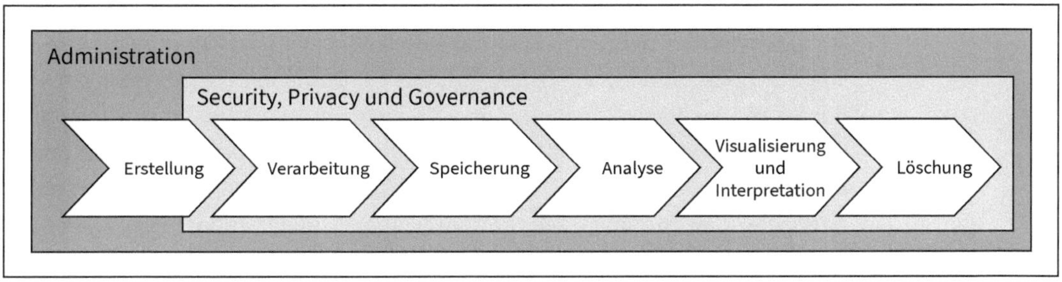

Abbildung 2.4: Datenlebenszyklus

Anhand dieser Phasen lassen sich die zentralen Funktionsblöcke von SAP Datasphere verorten. Wichtig dabei ist: Einige Fähigkeiten, insbesondere Administration, Security und Privacy sowie Governance, wirken über mehrere Phasen hinweg.

2.2.1 Datenintegration

Erstellungsphase

In der Phase der Erstellung geht es zunächst darum, Daten aus operativen Quellsystemen überhaupt erst verfügbar zu machen. Hier steht in SAP Datasphere vor allem die *Datenintegration* im Vordergrund: die Anbindung von SAP- und Nicht-SAP-Quellen, der Zugriff über Konnektoren sowie die Entscheidung zwischen virtueller Föderation, Replikation und Persistenz. Diese Fähigkeit ist die Grundlage dafür, dass Daten nicht nur technisch erreicht, sondern auch kontrolliert in die Plattform eingebracht werden können. SAP Datasphere ermöglicht das Anlegen und Betreiben von Verbindungen zu Quellsystemen, inklusive Cloud- und On-Premise-Szenarien. Technisch relevant sind die je nach Quelltyp unterstützten unterschiedlichen Anbindungswege, etwa über Cloud-Konnektoren für On-Premise-Zugriffe oder über einen Data Provisioning Agent (engl. DPA) für bestimmte Replication- bzw. Remote-Table-Szenarien. Auf Basis dieser Verbindungen werden Integrationsaufgaben wie Replication Flows aufgesetzt, die durch Scheduling in regelmäßigen Abständen Daten laden können.

Governance in der Integration

Flankierend spielen hier bereits Administration, Data Protection und Privacy eine Rolle, da Konnektivität vorbereitet, überwacht und abgesichert werden muss (z. B. Benutzer, Verbindungen, sichere Zugriffe). Auch Data Governance beginnt faktisch schon hier, da Metadaten aus Quellen, erste Klassifizierungen und die Basis für spätere Nachvollziehbarkeit (über die Data Lineage) mit der Datenanbindung entstehen. Weitere Informationen zur Datenintegration finden sich in Abschnitt 2.3, »Datenintegration«.

2.2.2 Space Management

Speicherphase

In der Speicherphase geht es weniger um das Ablegen, als um das organisierte Bereitstellen von Daten und Modellen in einer Plattformstruktur. Hier ist *Space Management* der prägende Funktionsblock: Spaces schaffen abgegrenzte, sichere Arbeits- und Bereitstellungsräume für Domänen, Teams oder Anwendungsfälle, inklusive Zuweisung von Ressourcen, Priorisierung sowie Monitoring und Logging auf Space-Ebene. Damit verknüpft ist die Administration, da der tenantweite Betrieb (User, Policies, Monitoring, Wartung) sicherstellen muss, dass Speicherung skalierbar, stabil und nachvollziehbar bleibt. Gleichzeitig ist diese Phase ein Schwerpunkt für Data Protection und Privacy, da Zugriffe typischerweise hier operationalisiert werden (Rollen, Rechte, sichere Konnektivität, Auditing). Data Governance wird in der Speicherung besonders sichtbar, sobald Assets als »publizierbar« betrachtet werden: Metadatenpflege, Beschreibung, Klassifizierung und das gezielte Positionieren als vertrauenswürdige Datenbasis für andere Benutzer.

2.2.3 Datenmodellierung

Aufbereitung, Transformation, Harmonisierung

Sobald Daten zugänglich sind, werden sie durch *Datenmodellierung* in eine Form gebracht, die für Analysen und Datenprodukte verwendbar ist. SAP Datasphere stellt dafür im Data Builder grafische Modellierungswerkzeuge sowie SQL- und Datenfluss-Editoren bereit, um Transformationen, Harmonisierung und Kombinationen umzusetzen.

Je nach Architekturentscheidung werden dabei auch Replikations- und Transformationsschritte der Datenintegration weitergeführt (z. B. Anreicherung oder fortlaufende Aktualisierung). Ergänzend werden Data Protection und Privacy in dieser Phase konkret, wenn Transformationsobjekte bereits so gestaltet werden, dass spätere Zugriffsbeschränkungen (z. B. fachliche Sichten, Filterlogik) über DACs möglich sind.

Data Governance wirkt hier über klare Definitionen, konsistente Benennungen und die Grundlage dafür, dass spätere Katalogeinträge nicht nur irgendeine View, sondern ein nachvollziehbares und vertrauenswürdiges Asset beschreiben.

2.2.4 Semantik

Bedeutung der Semantik

In der Praxis liegt eine der größten Herausforderungen moderner Datenlandschaften weniger in der technischen Verfügbarkeit von Daten, als in deren einheitlicher Bedeutung. Begriffe wie Umsatz, Marge, Auftragseingang oder Kunde sind in Organisationen häufig unterschiedlich definiert – je nach Quellsystem, Fachbereich oder Bericht. Selbst wenn alle Beteiligten auf dieselben Daten zugreifen, können bereits kleine Unterschiede bei Filtern, Aggregationen oder Zuordnungen dazu führen, dass Kennzahlen nicht vergleichbar sind. Eine Datenplattform wird daher erst dann wirklich skalierbar, wenn sie nicht nur Daten bereitstellt, sondern auch deren Interpretation standardisiert.

SAP Datasphere adressiert diese Problematik, indem die technische Modellierung um Mechanismen ergänzt wird, die eine fachlich konsumierbare Sicht ermöglichen. *Semantik* bedeutet in diesem Kontext:

- Kennzahlen erhalten definierte Berechnungslogiken und Aggregationsregeln.
- Dimensionen und Stammdaten werden als wiederverwendbare Strukturen aufgebaut.
- Hierarchien und Texte sorgen für eine einheitliche Navigation und Darstellung.
- Modelle werden so bereitgestellt, dass Analyse- und Reporting-Tools sie konsistent interpretieren können.

Die semantische Schicht ist eng mit mehreren Funktionsbereichen verknüpft: Sie setzt auf der Modellierung auf, wirkt direkt in der Governance – bspw. bei Freigaben, Berechtigungen und der kontrollierten Bereitstellung – und ist Voraussetzung für einen leistungsfähigen Catalog, der der Auffindbarkeit und dem Verständnis dient. Aus diesem Grund wird die Semantik in den folgenden Kapiteln immer wieder auftauchen, jedoch aus unterschiedlichen Perspektiven.

Semantik beginnt in der Modellierung

Ein zentraler Fehler in vielen BI-Architekturen besteht darin, die Geschäftslogik erst in den Frontend-Systemen zu definieren. Jede Story, jedes Dashboard und jedes Excel-Template enthalten dann eigene Berechnungen, Filter und Definitionen. Das führt zu redundanter Logik, erschwert die Governance und macht Ergebnisse schwer überprüfbar. SAP Datasphere verfolgt demgegenüber den Ansatz, fachliche Logik möglichst nah an der Datenbasis zu verankern, also in den Modellen, die als Grundlage für den Konsum dienen. Dabei ist es wichtig, die Rolle der Semantik sauber von der rein technischen Aufbereitung zu trennen. Während vorbereitende Schritte Standardisierung und Harmonisierung sicherstellen (z. B. Datentypen, Schlüssel, Umbenennungen), beantwortet die semantische Schicht die Frage: »Was bedeutet diese Information im Geschäftskontext?« Dadurch wird ein Modell erklärbar, wiederverwendbar und auditierbar.

2.2.5 Analysemodell

In SAP Datasphere werden semantische Modelle typischerweise so gestaltet, dass sie für die Konsumenten eine stabile und verständliche Einheit darstellen. In vielen Projekten übernimmt diese Rolle ein *Analysemodell* (engl. Analytic Model), das auf technisch modellierten Views aufsetzt und die fachliche Interpretation strukturiert abbildet. Die Konsumenten erhalten keine Vielzahl technischer Views, sondern kuratierte, fachlich eindeutige Zugriffspunkte, die sich in Reporting- und Analytics-Werkzeugen wiederverwenden lassen.

Semantik als Voraussetzung für Self-Service

Die semantische Schicht schafft die Grundlage für ein gemeinsames Verständnis von Daten. Damit allein ist jedoch nicht sichergestellt, dass Daten im Alltag schnell und zielgerichtet nutzbar werden. In vielen Organisationen entsteht ein Spannungsfeld zwischen zentraler Bereitstellung durch die IT und dem Bedarf der Fachbereiche: Analysen müssen kurzfristig angepasst, neue Fragestellungen geprüft oder zusätzliche Datenquellen eingebunden werden können. Self-Service bedeutet in diesem Kontext nicht, dass jeder Nutzer beliebige Daten-Pipelines bauen soll, sondern dass Fachanwender innerhalb klarer Leitplanken Daten finden, verstehen und in begrenztem Umfang aufbereiten können, um schneller zu Erkenntnissen zu gelangen.

Korrekte Semantik für Self-Service

Gerade weil SAP Datasphere Self-Service-Ansätze unterstützt, ist Semantik unerlässlich. Fachbereiche können nur dann eigenständig arbeiten, wenn die bereitgestellten Datenobjekte verständlich und verlässlich sind. Ohne semantische Standards entsteht Self-Service willkürlich: Teams bauen dieselben Kennzahlen mehrfach, verwenden unterschiedliche Definitionen und schaffen so parallele Datenwelten. Mit einer sauberen semantischen Grundlage wird Self-Service hingegen kontrollierbar. So können Fachanwender auf kuratierte Modelle aufbauen, ohne die zugrunde liegende Logik immer wieder neu interpretieren zu müssen.

2.2.6 Business Modelling

Analysephase

In der Analysephase verschiebt sich der Fokus von der technischen Aufbereitung hin zur fachlichen Nutzbarkeit. Hier ordnet sich vor allem das *Business Modelling* ein: SAP Datasphere unterstützt eine semantische, multidimensionale Modellierung sowie Self-Service-Funktionen, mit deren Hilfe fachliche Strukturen (Dimensionen, Kennzahlen, Hierarchien) konsistent definiert und überprüfbar gemacht werden. Dadurch wird festgelegt, wie Daten interpretiert werden sollen – unabhängig davon, aus welchen Quellen sie stammen. Technisch bedeutet das in SAP Datasphere vor allem, dass die fachliche Interpretation der Daten in Analysemodellen abgebildet wird. Ein Analysemodell ist dabei als multidimensionales Modell in Sternschema-Logik zu verstehen, das auf einem Fakt (oder einem anderen Analysemodell) basiert und um Dimensionen erweitert wird. Dadurch wird die fachliche Sicht (Kennzahlen, Dimensionen, Filter/Variablen) als wiederverwendbare Semantik definiert – unabhängig davon, wie die Daten zuvor technisch integriert und transformiert wurden. In dieser Phase ist Data Governance besonders relevant, da Begriffe und KPIs dafür sorgen, dass Analysen domänenübergreifend vergleichbar bleiben.

2.2.7 Consumption

Visualisierugsphase

In der Visualisierungsphase steht die Bereitstellung für Konsumenten im Mittelpunkt. Dies ist die Domäne der *Consumption*: die Integration über Live-Verbindungen mit Frontend-Anwendungen wie SAP Analytics Cloud (typischerweise über Analysemodelle) und Microsoft Excel sowie die Bereitstellung über OData/APIs für Anwendungen und weitere Tools. Zusätzlich sind Szenarien über ODBC/JDBC und entsprechende Benutzer-/Schemakonzepte möglich, je nachdem, wie ein Tool technisch angebunden werden kann.

Data Governance in der Consumption

Der entscheidende Punkt ist hier weniger die Darstellung selbst, sondern die Fähigkeit, Datenprodukte und semantische Modelle so auszuliefern, dass sie konsistent genutzt werden können. Business Modelling wirkt in dieser Phase weiter, da die semantische Schicht sicherstellt, dass Kennzahlen und Dimensionen in Berichten richtig verstanden werden. Data Protection und Privacy sind hier erneut kritisch, da sich Governance- und Sicherheitsentscheidungen beim Konsum wiederfinden müssen: Wer sieht was, wie wird Zugriff protokolliert, und wie wird verhindert, dass sensible Daten unkontrolliert exportiert werden?

2.2.8 Aufgabenketten

Aufgaben

Damit die Datenintegration im Betrieb zuverlässig funktioniert, werden Ausführungen als Aufgaben behandelt. Eine *Aufgabe* (engl. Task) steht für einen konkret startbaren Integrationsschritt, wie z. B. das Ausführen eines Flows oder eines Replikationslaufs, und wird im *Datenintegrationsmonitor* (engl. Data Integration Monitor) zentral ausgeführt, geplant und überwacht. In dieser Applikation laufen Status, Laufhistorie, Protokolle und typische Betriebsaktionen zusammen, wodurch aus Modellierung wiederholbare, kontrollierbare Abläufe werden.

Wiederholbarkeit und Steuerung

In SAP Datasphere werden operative Schritte der Datenintegration als Aufgaben ausgeführt, wie etwa das Replizieren von Remote-Tabellen, das Persistieren von Views oder das Ausführen von Data Flows und Replication Flows. Aufgaben können einzeln gestartet werden, typischerweise werden sie jedoch zu *Aufgabenketten* (engl. Task Chains) zusammengefasst, um eine definierte Reihenfolge, Abhängigkeiten und Wiederholbarkeit herzustellen. Aufgabenketten ermöglichen somit eine prozessuale Steuerung, die über einmalige Ausführung hinausgeht und insbesondere für produktive Daten-Pipelines relevant ist. Aufgabenketten lassen sich dabei nicht nur als lineare Sequenz verstehen. Sie können verschachtelt (engl. Nesting für Verschachtelung) und in definierten Szenarien auch geteilt werden, wodurch sich wiederverwendbare Prozessbausteine aufbauen lassen, bspw. durch Standardketten für Initialladung, Delta Load oder Persistenzschritte.

Planen von Aufgabenketten

Ein zentraler Automatisierungshebel ist die *Planung* (engl. Scheduling). SAP Datasphere unterstützt mithilfe der Planungsfunktion des Datenintegrationsmonitors das zeit- oder intervallbasierte Ausführen von Datenintegrationsaufgaben, einschließlich Aufgabenketten. Damit kann die Plattform Aufgaben im Auftrag der Benutzer ausführen, ohne dass Ausführungen manuell angestoßen werden müssen. Für fortgeschrittene Anforderungen gibt es Planungsvarianten, bspw. mittels Cron-Ausdrücken, um komplexere Zeitpläne abzubilden.

Überwachung und Steuerung von Prozessabläufen

Um Intransparenz in produktiven Umgebungen durch Automatisierung zu vermeiden, verwendet SAP Datasphere Monitoring-Funktionen. Der Datenintegrationsmonitor, der zur Überwachung und Steuerung von Prozessabläufen dient, ist in Abbildung 2.5 zu sehen. Der Systemmonitor zur Überwachung der Spaces wird in Abschnitt 2.3.5, »Orchestrierung und Betrieb«, erläutert. In vielen Landschaften existieren zudem bereits etablierte Steuerungslogiken, etwa im Kontext der SAP BW Bridge. Hier können SAP-BW-Bridge-Prozessketten innerhalb einer Aufgabenkette ausgeführt und die entsprechenden Läufe ebenfalls über den Datenintegrationsmonitor überwacht werden. Eine weitere Möglichkeit ist die Ausführung von API-Aufgaben innerhalb von Aufgabenketten, die sich nach der Ausführung in der Monitoring-Ansicht der jeweiligen Aufgabenketten nachvollziehen lassen.

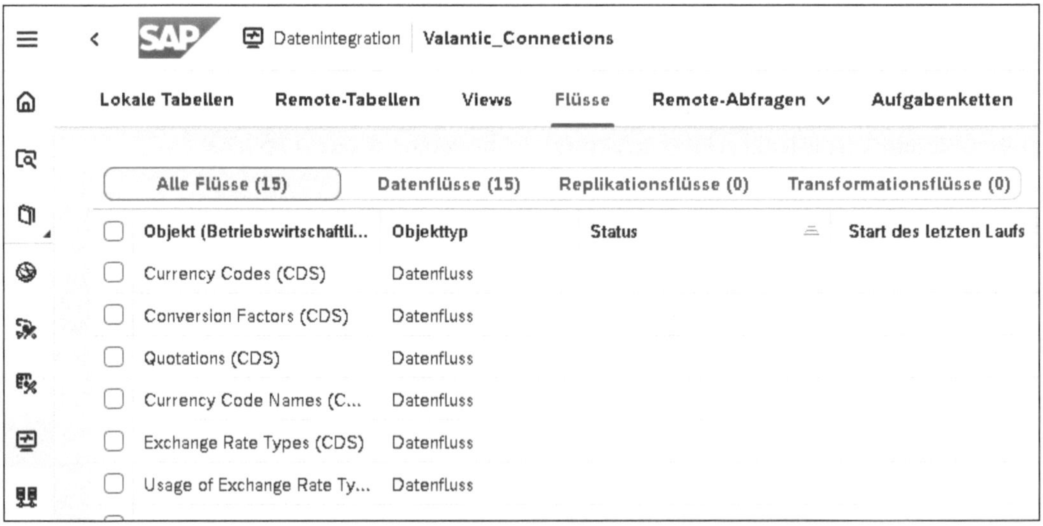

Abbildung 2.5: Ansicht im Datenintegrationsmonitor von SAP Datasphere

Automatisierung außerhalb der UI

Für operative Szenarien, in denen Automatisierung in Skripte und DevOps-Prozesse integriert werden soll, stellt SAP ein Programm zur Verfügung, das über die Befehlszeile (engl. Command Line Interface, *CLI*) bedient werden kann. Nutzer mit entsprechender Integratorrolle können Aufgaben und Aufgabenketten über die CLI steuern und verwalten. Damit wird Automatisierung nicht ausschließlich als UI-Funktion verstanden, sondern kann abhängig von Rollen und Berechtigungen auch in standardisierte Betriebsprozesse eingebettet werden.

2.2.9 Self-Service

Automatisierung und Orchestrierung

Self-Service und Kollaboration entfalten ihren Nutzen erst dann nachhaltig, wenn wiederkehrende Datenprozesse verlässlich, reproduzierbar und nachvollziehbar ausgeführt werden können. In SAP Datasphere wird diese Anforderung über Orchestrierungsmechanismen adressiert, die einzelne Integrations- und Persistenzschritte zu steuerbaren Abläufen bündeln, sowie über zentrale Monitoring-Funktionen, die Status, Laufzeiten und Fehler transparent machen. Im Zentrum dieser Funktionen steht der Datenintegrationsmonitor, über den Nutzer mit entsprechenden Rollen Datenintegrationsaktivitäten planen, ausführen und überwachen können.

2.2.10 Data Catalog

Während Automatisierung und Orchestrierung Stabilität in die Prozesse bringen, wächst die Anzahl der Objekte, Läufe und Abhängigkeiten in der Umgebung. Um in dieser wachsenden Landschaft Auffindbarkeit, Kontext und Abhängigkeitsanalysen sicherzustellen, wird das Metadatenmanagement mit dem *Datenkatalog* (engl. *Data Catalog*) und *Lineage/Impact* als komplementärer Funktionsblock verwendet.

Catalog und Marketplace

Die Basis für Wiederverwendung ist zunächst die Auffindbarkeit. In SAP Datasphere können Sie Datenprodukte und Assets im Data Catalog suchen und verschiedene Filteroptionen verwenden, um Inhalte nach Kategorien und Eigenschaften einzugrenzen. Auch hier wird die Governance nicht vernachlässigt. Um den Data Catalog befüllen und lesen zu können, müssen verschiedene Rollen vergeben werden – je nach gewünschter Berechtigungstiefe sind das **Catalog Administrator** oder **Catalog User** in Kombination mit den Rollen **DW Viewer** oder **DW Modeler**.

Metadaten zusammenführen

Über die *Asset-Detailansicht* werden technische und fachliche Metadaten zusammengeführt, also Beschreibungen, Eigenschaften und weitere zur Interpretation nützliche Informationen. Data Catalog Assets können außerdem durch die Bearbeitung von Namen/Beschreibungen sowie durch Klassifizierungs- und Kuratierungsmechanismen wie Tags, Glossary Terms und KPIs (Key Performance Indicators) angereichert (engl. enriched) und verwaltet werden. Die Glossary Terms entstammen dem Glossar (engl. Glossary). Abbildung 2.6 zeigt eine Übersicht der Suche innerhalb des Data Catalogs.

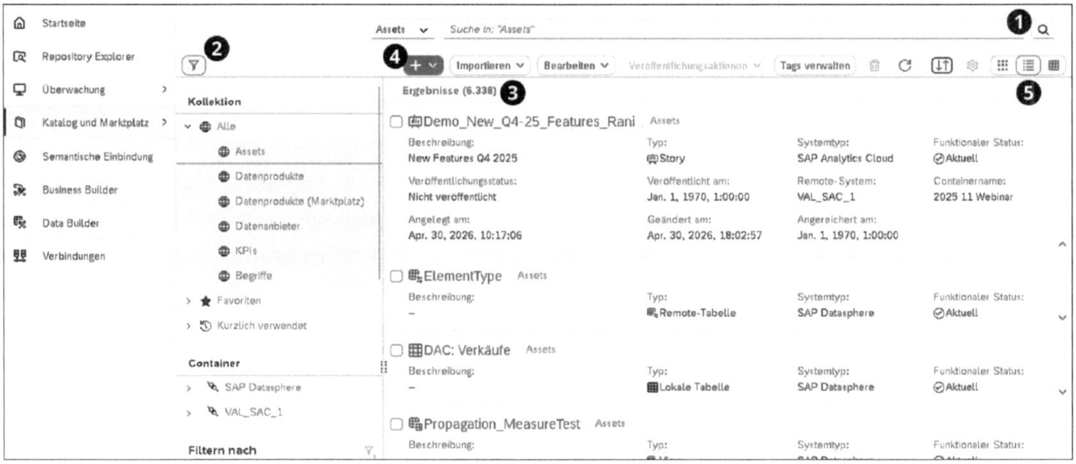

Abbildung 2.6: Ansicht des Data Catalogs

Im Data Catalog sind u. a. die folgenden Funktionen vorhanden:

❶ Suche

❷ Filterbereichseinstellungen

❸ Ergebnisse

❹ Aktionssymbolleiste zur Anlage, Bearbeitung etc.

❺ verschiedene Anzeigeoptionen

Mechanismus für kuratierte Inhalte

Damit auch im Data Catalog nur korrekte und vollständige Elemente sichtbar sind, ist eine kontrollierte Veröffentlichung wichtig. So wird beim Publizieren von Assets, Terms und KPIs festgelegt, welche Inhalte Catalog-Nutzern zur Suche zur Verfügung stehen. Unfertige Elemente werden somit bewusst nicht verfügbar gemacht.

Lineage- und Impact-Analyse

Den Elementen des Data Catalogs steht auch eine Abhängigkeitsanalyse zur Seite. Die Lineage zeigt den Anwenderinnen und Anwendern, woher die Assets stammen, also aus welchen Modellen sie erstellt wurden, während die Impact-Analyse zeigt, wo sie weiterverwendet wurden. In der Darstellung werden – je nach Objekt – Quellen, Transformationsschritte, Endzustände und abhängige Objekte sichtbar. Bei KPIs und Terms zeigt der Abschnitt **Abhängige Objekte** die Referenzen an.

Kontrollierte Wiederverwendung

Sobald Inhalte auffindbar, kuratiert und in ihren Abhängigkeiten transparent sind, können Sie zum nächsten Schritt übergehen: die kontrollierte Wiederverwendung über Team- und Domänengrenzen hinweg. SAP Datasphere bietet dafür Mechanismen zur Bereitstellung und Veröffentlichung im Data-Catalog-/Marketplace-Kontext sowie Funktionen zum Teilen und zum Übergang zwischen Umgebungen. Das Data Sharing Cockpit wird sowohl für Aufgaben rund um Marketplace/Datenprodukte als auch für die Transport- bzw. Import-/Export-Mechanismen für den Umgebungswechsel zwischen Tenants verwendet.

Data Sharing Cockpit

Das *Data Sharing Cockpit* ist der zentrale Einstiegspunkt für datenanbieterbezogene Aufgaben. Es ist gemeinsam mit dem verbraucherzentrierten Data Catalog und Marketplace vollständig in SAP Datasphere integriert und dient unter anderem dazu, Datenprodukte zu verwalten und zu veröffentlichen sowie Lizenzen und providerrelevante Einstellungen zu steuern. Als Datenanbieter haben Sie zahlreiche Möglichkeiten zur Veröffentlichung Ihrer Datenprodukte, da verschiedene Versionen für den Data Catalog und Marketplace existieren: öffentlich, privat, mitwirkend bei anderen Datenanbietern und (tenant)intern. Dabei kann jedes Datenprodukt in verschiedenen Kontexten gleichzeitig veröffentlicht werden.

[+]

Data Sharing Cockpit in SAP Datasphere

Die Möglichkeiten, die Ihnen das Data Sharing Cockpit bietet, sowie die Punkte, die es bei der Verwendung zu beachten gilt, würden den Rahmen dieses Buches sprengen. Für weiterführende Informationen zu diesem Thema empfehlen wir daher die Seiten von SAP, bspw. unter: *http://s-prs.de/v1134101*.

2.2.11 Transport

Transport zwischen Tenants

Neben den inhaltlichen Teilen im Data Catalog und Marketplace ist in realen Systemlandschaften, die eine Mehr-Tenant-Strategie verfolgen (wie in Abschnitt 2.1.4, »Programmatische Architektur«, beschrieben), der Transport zwischen Entwicklungs- und Produktions-Tenant notwendig. Hierzu stellt SAP Datasphere die *Transport App* bereit. Über einen privaten Cloud-Speicherbereich können Administratoren oder Space-Administratoren Inhalte in Paketen exportieren und importieren.

[!]

Was wird tatsächlich importiert und exportiert?

Beim Transport zwischen Tenants werden keine Daten transferiert. Die exportierten Inhalte betreffen ausschließlich die Objektdefinitionen.

Transport zwischen Spaces: CSN/JSON und die CLI

Auch in Spaces lassen sich Inhalte exportieren und importieren. Hierzu können CSN-/JSON-Dateien aus dem Space exportiert werden, die ebenfalls die Definitionen der jeweiligen Objekttypen enthalten. Der Import erfolgt auf gleiche Weise. Auch hier ist das Transportieren von Daten nicht möglich. Eine weitere Methode zum Im- und Export ist die CLI. Hierfür sind jedoch umfangreiche Berechtigungen und fundiertes Wissen erforderlich, um korrekte Ergebnisse zu erreichen. Da dieses Vorgehen nicht dem Standard entspricht und für die meisten Leserinnen und Leser nicht relevant sein wird, verzichten wir an dieser Stelle auf eine ausführliche Erläuterung der Vorgehensweise und verweisen stattdessen auf die entsprechende Dokumentation unter: *http://s-prs.de/v1134102*.

Datenprodukte, Sharing und Distribution

Ein wichtiger Teil von SAP Datasphere im Kontext der SAP BDC und der Consumption sind Datenprodukte. Diese werden jedoch in Kapitel 5, »Datenprodukte und Object Store« detaillierter betrachtet. Dort finden Sie auch weitere Informationen zum Data Catalog (siehe Abschnitt 5.1). Alle genannten Komponenten sind in SAP Datasphere verortet und Teil Ihrer SAP-Datasphere-Funktionen, sofern Ihre SAP-Datasphere-Tenant-Landschaft Teil einer SAP-BDC-Formation ist.

[»]

Verknüpfung von Datenprodukten und Catalog-Metadaten ab Q3 2026

Ab Q3 2026 soll es mit SAP Datasphere möglich sein, Datenprodukte im Data Marketplace mit Catalog-Metadaten aus SAP Datasphere anzureichern, sie mit KPIs und Business Terms zu verknüpfen und durch kontextspezifische Tags leichter auffindbar zu machen. Dadurch können reichhaltige interne und externe Datenprodukte geschaffen werden, um das Verständnis für deren Inhalte zu verbessern sowie ihre Auffindbarkeit zu erhöhen.

2.2.12 Zusammenfassung

Zusammenfassung der Funktionalitäten

Sie haben nun den Funktionsumfang von SAP Datasphere als zusammenhängendes Set an Fähigkeiten kennengelernt, das den Weg von der Bereitstellung über die fachliche Nutzbarkeit bis zur kontrollierten Nutzung abdeckt. Im Kern lassen sich die behandelten Funktionen wie folgt bündeln:

- **Datenintegration**: Datenintegrationsaktivitäten werden zentral über den Datenintegrationsmonitor geplant, ausgeführt und überwacht. Ausführungen werden dort als Aufgaben sichtbar, inklusive Status-/Substatus-Logik. Wiederkehrende Abläufe werden zu Aufgabenketten zusammengefasst und über Planung zeit- oder intervallbasiert betrieben.
- **Datenmodellierung**: Die technische Aufbereitung und Modellierung erfolgt im Data Builder als stabile Grundlage, die je nach Objekt direkt für Analytics Clients exponiert werden kann.
- **Business Modelling**: Die fachliche Nutzbarkeit wird im Semantic Layer durch semantische Modellierung adressiert – in der Praxis typischerweise über Analytic Models, die eine konsistente Interpretation von Kennzahlen und Dimensionen unterstützen.

- **Consumption**: Modelle und Daten werden für Konsumenten bereitgestellt (z. B. Analyse-Clients). Entscheidend ist dabei, dass die semantische Schicht den Konsum konsistent macht und Governance-/Sicherheitsentscheidungen beim Exponieren wieder auftauchen.
- **Space Management**: Die organisatorische Strukturierung und der Betrieb in Domänen-/Team-Kontexten erfolgen über Spaces, wodurch Verantwortlichkeiten und Skalierung überhaupt erst praktikabel werden.
- **Administration**: Tenantweite Betriebs- und Administrationsfunktionen bilden den Rahmen für eine sichere und stabile Integrations- und Modellierungsarbeit, inklusive Rollen-/Berechtigungslogik als technische Leitplanke.
- **Data Protection und Privacy**: Schutzanforderungen werden unter anderem über DACs zur zeilenbasierten Filterung vorbereitet und umgesetzt. Sie sind insbesondere vor der Bereitstellung für Konsumenten relevant.
- **Data Governance**: Governance wird operativ sichtbar, sobald Inhalte auffindbar, kuratiert und kontrolliert veröffentlicht werden müssen. Der Data Catalog liefert Kontext (Asset Details) und unterstützt Anreicherungen (Glossary Terms, Tags, KPIs). Mittels Impact-und -Lineage-Analyse werden Abhängigkeiten transparent, was wiederum als Basis für Wiederverwendung und sichere Änderungen dient.
- **Self-Service und Zusammenarbeit** (als Querschnitt): Self-Service wird möglich, wenn Fachanwenderinnen und -anwender auf verständliche, kuratierte Assets zugreifen können, statt Logik in jedem Frontend neu zu definieren. Dies wird durch Semantik, Kuratierung und klare Bereitstellungspunkte gestützt.
- **Teilen und Lifecycle-Übergänge**: Auf Provider-Seite bündelt das Data Sharing Cockpit Aufgaben rund um Datenprodukte im Zusammenspiel mit dem Data Catalog und Marketplace. Für den Übergang zwischen Entwicklungs- und Produktiv-Tenant unterstützt die Transport App den paketierten Im- und Export zwischen Tenants.

Einordnung in die Business-Data-Fabric-Architektur

Diese Bündelung der Funktionen lässt sich direkt als Umsetzung der Business Data Fabric einordnen: SAP Datasphere besitzt damit eine Datenmanagement-Architektur, die eine integrierte, semantisch reichhaltige Datenschicht über verteilte Datenlandschaften bereitstellt. Genau dafür braucht es Integration und operativen Betrieb, technische und fachliche Modellierung und Semantik, Governance und Privacy als Leitplanken sowie kontrollierte Bereitstellung und Wiederverwendung über Domänen und Umgebungen hinweg.

2.3 Datenintegration

Die Datenintegration bildet die technische Grundlage, auf der SAP Datasphere ihrer Funktion als zentrale Datenmanagement-Schicht in hybriden Landschaften gerecht wird. Daten aus SAP- und Nicht-SAP-Quellen sollen kontrolliert angebunden, wahlweise virtuell nutzbar gemacht oder persistent übernommen, anschließend operational betrieben (Scheduling/Monitoring) und letztendlich als belastbare Datenbasis für Modellierung und Consumption bereitgestellt werden.

Wann werden Daten wie genutzt?

Die zentralen Leitfragen dieses Abschnitts lauten: Wann werden Daten virtuell (föderiert) verwendet, wann repliziert und persistiert verwendet, und wie wird das stabil betrieben? SAP Datasphere stellt dafür unterschiedliche Integrationsobjekte bereit, die je nach Verbindungstyp (engl. Connection Type) als Funktion verfügbar sind:

- Remote Tables (für Föderation und optionale Remote-Table-Replikation)
- Replication Flows, Data Flows und Transformation Flows
- Aufgaben und Aufgabenketten zur Orchestrierung
- Datenintegrationsmonitor zur Ausführung und Überwachung

End-to-End-Kette der Datenintegration

Die Datenintegration lässt sich in SAP Datasphere als End-to-End-Kette betrachten:

1. **Konnektivität bereitstellen**: Anlegen und Validieren von Verbindungen im Space; Auswahl eines Verbindungstyps mit den unterstützten Features (z. B. Remote Tables, Replication Flows und Data Flows).
2. **Datenzugriff herstellen**: Import von Remote Tables für föderierten Zugriff; optional Replikation zur Performance-Entkopplung.
3. **Daten übernehmen/aktualisieren**: Replikation über Replication Flows oder Remote-Table-Replikation (je nach Quelle/Verbindungstyp), inklusive wiederholbarer Läufe.
4. **Transformation und Laden**: Ausführung von Daten Flows bzw. Transformation Flows zur Harmonisierung und Zieltabellenbefüllung.
5. **Orchestrierung und Betrieb**: Zusammenfassen von Einzelschritten in Aufgabenketten, Planung (inkl. Cron) und Monitoring über den Datenintegrationsmonitor.
6. **Automatisierung außerhalb der UI**: Steuerung über CLI bzw. REST-APIs; Integration externer Aufrufe über API-Aufgaben in Aufgabenketten.

Abschnitt 2.3.1 beschreibt die Bereitstellung der Konnektivität und damit die technische Grundlage für den Zugriff auf unterschiedliche Quellsysteme. Abschnitt 2.3.2 zeigt, wie über Remote Tables ein Datenzugriff hergestellt wird und welche Integrationsmuster sich daraus ableiten. In Abschnitt 2.3.3 geht es um die Übernahme und Aktualisierung von Daten über Replikationsmechanismen. Abschnitt 2.3.4 behandelt die Transformation und das Laden mithilfe von Data Flows und Transformation Flows. Abschnitt 2.3.5 widmet sich der Orchestrierung und dem Betrieb, insbesondere Aufgaben, Aufgabenketten, Planung und Monitoring. Abschnitt 2.3.6 ordnet die Datenintegration in das Rollen-, Berechtigungs- und Governance-Konzept ein. Abschnitt 2.3.7 zeigt schließlich, wie Integrationsprozesse außerhalb der Benutzeroberfläche über CLI, REST-APIs und API-Aufgaben automatisiert werden können. Die Zusammenfassung in Abschnitt 2.3.8 bündelt die wichtigsten Aussagen und ordnet die Integrationsoptionen nochmals in den Gesamtzusammenhang ein.

2.3.1 Konnektivität bereitstellen

Heterogenität in der Quellsystemlandschaft

In realen Systemlandschaften sind Datenquellen verteilt: Cloud-Systeme (z. B. SAP S/4HANA Cloud), On-Premise-Systeme in privaten Netzwerken, Datenbanken von Drittanbietern sowie Storage-Ziele. SAP Datasphere adressiert diese Heterogenität über ein verbindendes Prinzip: Konnektivität wird standardisiert über Verbindungen modelliert und Integrationsobjekte (Remote Tables/Flows) hängen an diesen Verbindungen. Welche Integrationswege verfügbar sind, ist damit eine Frage des Verbindungstyps und der unterstützten Funktionen.

Aus technischer Sicht lassen sich drei grundlegende Integrationsprinzipien unterscheiden:

- **Virtualisierung/Föderation** (Remote Access): Daten verbleiben in der Quelle und werden beim Abfragezeitpunkt über Remote Tables gelesen.
- **Replikation/Persistenz**: Daten werden nach SAP Datasphere kopiert (z. B. über Replication Flows oder Remote-Table-Replikation), um Performance, Stabilität oder Historisierung zu ermöglichen.
- **Transformation und Laden**: Daten werden über Flows verarbeitet, kombiniert und in Zieltabellen geschrieben (Data Flows/Transformation Flows).

[!]

Wichtige Unterschiede zwischen den Integrationsprinzipien

Persistenz, Replikation und Föderation sind verschiedene Ansätze, um auf Daten zuzugreifen – es sind keine Synonyme. Virtualisierung beschreibt, wie Daten logisch bereitgestellt werden, unabhängig davon, wo sie physisch liegen.

Exkurs zu Replikation, Persistenz, Föderation und Virtualisierung

Beim *Replizieren* werden Daten (z. B. Tabellen, Dateien, Datenbanken) auf mehrere Knoten bzw. Systeme verteilt. Dabei werden physische Kopien der Daten auf anderen Systemen erzeugt. Beim *Persistieren* geht es darum, flüchtige Daten (z. B. aus dem Arbeitsspeicher) in dauerhafte Speicherbereiche (z. B. Festplatte, SSD, Datenbank) zu schreiben. Ziel ist es hier, Daten langfristig zu speichern. Bei der *Datenföderation* werden die benötigten Inhalte unmittelbar aus der Quelle gelesen – virtuell, ohne eine Kopie oder dergleichen anzulegen. Bei der *Virtualisierung* handelt es sich um eine logische Abstraktionsschicht, die Daten über Views, virtuelle Tabellen oder Modelle bereitstellt, ohne dass die Ergebnisse zwingend physisch materialisiert werden.

Häufig entstehen jedoch kombinierte Muster, in denen zuerst Daten übernommen bzw. aktualisiert werden (Replikation) und anschließend eine getrennte Weiterverarbeitung erfolgt (über Transformation Flows), um Laufzeiten, Verantwortlichkeiten und Fehlerbilder sauber zu trennen.

Konnektivitätsarchitektur

Der Einstiegspunkt jeder Datenintegration in SAP Datasphere ist die *Verbindung* (engl. Connection). Verbindungen werden pro Space angelegt und definieren den abgesicherten Zugriff auf Remote-Systeme (Applikationen, Datenbanken, Speicher). Entscheidend ist der Verbindungstyp, denn er steuert, welche Funktionen im Space verfügbar sind. Typischerweise sind das Remote Tables, Replication Flows, Data Flows, Modellimporte sowie je nach Quelle weitere Optionen (z. B. API-Aufgaben). Der Verbindungstyp legt also bspw. fest, ob Remote Tables importiert werden können oder ob Replication Flows für die Quelle unterstützt werden. Da Integrationsobjekte von der Verbindung abhängig sind, entscheidet der Verbindungstyp auch darüber, ob später föderierter Zugriff möglich ist, ob eine Replikation vorgesehen ist und ob Flows direkt auf Quellen zugreifen können.

Hybride Landschaften

In hybriden Landschaften (Cloud-to-Cloud vs. Cloud-to-On-Premise) wird die Konnektivität häufig durch zusätzliche Komponenten ergänzt. Für Quellen in privaten On-Premise-Netzen kommt *SAP Cloud Connector* als On-Premise-Komponente zum Einsatz, um SAP Datasphere Zugriff auf Systeme und freigegebene Ressourcen im Kundennetz zu ermöglichen. Dabei werden in SAP Cloud Connector relevante Systeme und verfügbare Ressourcen explizit definiert, sodass der Zugriff kontrolliert erfolgen kann. In Cloud-to-On-Premise-Szenarien wird SAP Cloud Connector im Zusammenhang mit unterschiedlichen Anwendungsfällen in Abhängigkeit vom jeweiligen Verbindungstyp verwendet. Dazu gehört insbesondere die Voraussetzung, dass die On-Premise-Systeme in SAP Cloud Connector korrekt abgebildet und freigegeben sind.

Grundlage der Datenbereitstellung

Auf Ebene der Datenbereitstellung kommen in SAP Datasphere zwei SAP-HANA-Technologien zum Einsatz: SAP HANA Smart Data Access (*SDA*) und SAP HANA Smart Data Integration (*SDI*). SDA ist auf Remote Access (virtuellen Zugriff) ausgerichtet. Dabei bleiben die Daten in der Quelle und Abfragen werden zur Laufzeit föderiert ausgeführt. Als Datenbereitstellungsoption wird hier **Direct** verwendet. SDI ist ein Framework, das neben Föderation insbesondere auch Datenbewegung (z. B. Replikation) unterstützt. SDI wird in Verbindungen verwendet, die den Data Provisioning Agent (DPA) als Datenbereitstellungsoption nutzen.

Der Data Provisioning Agent (*DPA)* ist eine Komponente von SDI. Er stellt die agentenbasierte, sichere Konnektivität zwischen der Datenbank des SAP Datasphere Tenants (bzw. SAP HANA) und On-Premise bzw. weiteren Quellen bereit und ist damit die Laufzeitbasis für SDI-Szenarien, die Adapter und Datenübertragung benötigen. In der Praxis heißt das: Wenn ein Verbindungstyp den Zugriff oder die Replikation über SDI realisiert, muss ein DPA installiert, konfiguriert und angebunden sein, bevor entsprechende Integrationsobjekte stabil betrieben werden können.

Data Provisioning Agent

SDA ist das Standardmittel für Remote Access und wird bevorzugt, wenn Daten nicht physisch übernommen werden sollen und die Laufzeitabhängigkeit vom Quellsystem akzeptabel ist. SDI (mit DPA) wird eingesetzt, wenn die Anbindung eine agentenbasierte Technik erfordert oder wenn Replikation über Remote-Table-Replikation vorgesehen ist. Remote-Table-Replikation ist somit an SDI-basierte Verbindungen gebunden und steht nicht für SDA-basierte Remote Tables zur Verfügung. Ergänzend können – abhängig vom Verbindungstyp – auch Replication Flows genutzt werden. Einzelne Verbindungstypen unterstützen Replikation sowohl über Remote Tables via DPA als auch über Replication Flows, sodass die konkrete Integrationsart stets im Zusammenspiel aus Verbindungstyp und Architekturziel festgelegt wird.

2.3.2 Datenzugriff herstellen

Remote Tables als Basis für föderierten Zugriff

Remote Tables werden aus einer Verbindung importiert. Standardmäßig werden die Daten dabei nicht repliziert. Das heißt, dass die Daten bei jeder Nutzung über Föderation aus dem Remote-System gelesen werden. Dieses Muster ist dann naheliegend, wenn die Quelle leistungsfähig erreichbar ist und die Daten bewusst am Ursprung belassen werden sollen. Mit dem Import wird der Datenzugriff technisch hergestellt. Die Aktualität ist jedoch unmittelbar an die Quelle gekoppelt. Gleichzeitig hängt die Laufzeit stärker vom Netzwerk, der Quellverfügbarkeit und der Pushdown-Fähigkeit ab. Für föderierte Szenarien existieren Optimierungsmechanismen, wie etwa die Möglichkeit, Statistiken für Remote Tables zu erzeugen, um die Ausführung föderierter Abfragen zu unterstützen.

Integrationsmuster

Für die Umsetzung von Datenintegration in SAP Datasphere stehen somit mehrere Integrationsmuster parallel zur Verfügung. Diese Muster unterscheiden sich vor allem darin, ob die Daten zur Laufzeit in der Quelle verbleiben (föderiert) oder physisch in SAP Datasphere übernommen werden (repliziert/persistiert) und wo Transformationen ausgeführt werden. Eine belastbare Auswahl orientiert sich daher an Kriterien wie Aktualität, Performance, Betriebsfähigkeit, Transformationsbedarf und Datenvolumen.

Methoden der Musterwahl

Eine Entscheidungsgrundlage für die Musterwahl ist der Verbindungskontext selbst. Nicht jede Quelle ist für dauerhaften föderierten Zugriff geeignet. So wird bspw. für einzelne Verbindungstypen Remote Access explizit als ungeeignet eingestuft, und stattdessen werden dafür vorrangig Remote Tables für die Replikation verwendet. Ein Beispiel ist die SuccessFactors-Anbindung, bei der Remote Tables nicht für Live-Abfragen vorgesehen sind, sondern als Grundlage für die Replikation dienen. Somit ist die Auswahl der Integrationsmethode in der Praxis häufig zweistufig: Zuerst grenzt der Verbindungstyp die technisch sinnvollen Wege ein, danach entscheidet der Anwendungsfall anhand von Aktualität, Performance, Transformationsbedarf und Betriebsanforderung. Wenn Remote Access nicht ausreicht oder bewusst entkoppelt werden soll, folgt als nächster Schritt die physische Übernahme bzw. die fortlaufende Aktualisierung über Replikation.

2.3.3 Daten übernehmen und aktualisieren

Replikation und Persistenz

Für Performance-Entkopplung, Stabilität oder lokale Weiterverarbeitung werden Daten in SAP Datasphere kopiert. Dafür existieren zwei relevante Wege:

- **Remote Table Replication:** Kopie von Remote-Tabelleninhalten in eine Local Table, inklusive Monitoring
- **Replication Flows:** wiederholbare Replikationsprozesse mit definierten Load Types, inklusive Initial only und Initial and Delta

Remote-Table-Replication und Replication Flows unterscheiden sich in ihrer Zielsetzung. Die *Remote-Table-Replikation* adressiert eher einzelne, kontrolliert replizierte Datasets, während Replication Flows als eigenes Objekt für Replikationsszenarien mit Load-Type-Steuerung und breiterer Operationalisierung geführt werden.

Replication Flows im Detail

Replication Flows dienen dazu, mehrere Daten-Assets aus einer Quelle in eine Zielumgebung zu kopieren und, sofern Quelle und Ziel dies unterstützen, Änderungen inkrementell als Delta zu übernehmen. Damit sind sie ein zentrales Integrationsartefakt, wenn Datenbestände initial übernommen und anschließend dauerhaft aktualisiert werden sollen. Replication Flows werden im Data Builder innerhalb eines Spaces angelegt und benötigen eine vorbereitete Verbindung zur Quelle und zum Ziel.

Voraussetzungen für Replikations-Pipelines

Für das Anlegen, Bearbeiten und Löschen von Flows werden Berechtigungen benötigt, die Zugriff auf den Space und relevante Funktionsbereiche ermöglichen: allgemeiner Zugriff auf Data-Warehouse-Funktionen, Zugriff auf Remote-Objekte sowie CRUD-Rechte im Data Builder und für Space-Objekte. Zum Ausführen und Einplanen kommen zusätzliche Berechtigungen für Datenintegration (Läufe und Planung) hinzu. Entscheidend ist, dass sowohl Entwurfszeit- als auch Laufzeitrechte vorhanden sind.

Quellen

Als Quellen kommen typischerweise extraktionsfähige CDS-Views, ODP-Objekte sowie Tabellen mit Primärschlüssel in Frage. Quellen ohne Primärschlüssel sind nur in klar abgegrenzten Fällen nutzbar, da Delta-Mechanismen und Upsert-Semantik eine eindeutige Identifikation benötigen.

Quell-Container

Innerhalb der Quellen ist die technische Einordnung der *Container* wichtig, da diese die oberste Organisationsebene darstellen, in der Quellobjekte gefunden und ausgewählt werden. Bei CDS-View-Entitäten ist der Container typischerweise **SQL_SERVICE**, bei Standard-CDS-Views der CDS-Stammordner, bei Datenbanktabellen das Schema und bei SLT-Szenarien eine Massenübernahme-ID. Für die Delta-Replikation aus bestimmten Datenbankquellen kann es zusätzlich erforderlich sein, dass ein Schema existiert, das dem in der Verbindung verwendeten Benutzer entspricht, da dort interne Objekte für die Delta-Replikation abgelegt werden.

Replication Flow anlegen

Im Data Builder wird zunächst ein neuer Replication Flow erstellt. Danach werden die Quellverbindung und der Quellcontainer gewählt und die gewünschten Quellobjekte hinzugefügt. Anschließend werden im Eigenschaftenbereich grundlegende Metadaten gepflegt (betriebswirtschaftlicher Name, technischer Name und Paketzuordnung für Transportzwecke). Im Anschluss wird die Zielverbindung samt Zielcontainer festgelegt und die Ziel- bzw. Ausführungseinstellungen werden geprüft. Abschließend werden pro Replikationsobjekt ladetypbezogene Eigenschaften, Projektionen sowie ggf. objektspezifische Einstellungen angepasst.

Delta-Szenarien

Für Delta-Szenarien ist das Delta-Intervall von zentraler Bedeutung. Es definiert den Rhythmus, in dem Änderungen aus der Quelle ins Ziel übertragen werden. Das nächste Intervall startet erst, nachdem das vorherige vollständig abgearbeitet wurde, wodurch Laufzeit und Änderungsvolumen die effektive Aktualität beeinflussen. Bei ODP-Quellen ist das Delta-Intervall als fester Wert von einer Stunde vorgegeben; bei CDS-Views kann es hingegen manuell angepasst werden – der Standard liegt hier bei 30 Minuten.

Ziele

Weitere Einstellungen betreffen die Zieldatenhaltung und die Datentypabbildung. Die Funktion **Alles vor dem Laden löschen** steuert, ob Zielinhalte vor einem Lauf gelöscht werden. Bei lokalen Tabellen bedeutet dies, dass der Inhalt entfernt wird, die Struktur jedoch erhalten bleibt und anschließend neu befüllt wird. Andernfalls werden neue Datensätze ergänzt und geänderte Datensätze per Upsert aktualisiert. Für ABAP-basierte Quellen ist der Inhaltstyp relevant: **Vorlagentyp** übernimmt die Datentypen der Quelle in die Zielstruktur, **Nativer Typ** kann abweichende Zieltypen nutzen. Für Datei-Spaces kommt optional die Funktion **Daten automatisch zusammenführen** hinzu. Dabei werden eingehende Deltas über eine Zusammenführungsaufgabe in die lokale Zieltabelle überführt.

Aktivierung und Ausführung

Nach dem Speichern wird der Replication Flow aktiviert. Die Aktivierung stellt das Objekt in der Laufzeitumgebung bereit und löst Validierungen aus, die Konfigurationsfehler frühzeitig sichtbar machen. Erst danach kann der Replication Flow ausgeführt werden.

Im Betrieb werden Replication Flows entweder ad hoc gestartet oder über Monitorfunktionen geplant und in übergeordnete Abläufe eingebunden. Nach einem Lauf wird der Laufstatus aktualisiert, wodurch detaillierte Informationen im Flow Monitor einsehbar sind. Bei technischen Unterbrechungen ist ein automatischer Neustart an der Fehlerstelle wichtig, um die Replikation ohne vollständigen Neuaufbau fortzuführen.

Für die Wartbarkeit in Mehr-Tenant- und Mehr-Space-Umgebungen ist es außerdem relevant, dass Replication Flows als Objektdefinitionen transportiert bzw. exportiert und importiert werden können. Da Verbindungsinformationen spaceabhängig und nicht Teil des Exports sind, müssen im Ziel-Space passende Verbindungen vorhanden sein, damit importierte Replication Flows lauffähig sind.

Technische Grenzen

Eine zentrale Grenze ist die maximale Anzahl von 500 Replikationsobjekten pro Replication Flow. Strukturelle Änderungen an Quellobjekten werden nicht kontinuierlich mitgeführt. In der Praxis wird bei Schemaänderungen häufig das betroffene Objekt aus dem Flow entfernt, der Flow aktiviert, das Objekt erneut hinzugefügt und anschließend gezielt neu geladen.

Datentyp- und Objektgrenzen

Datentyp- und Objektgrenzen sind in der Praxis ebenfalls wichtig. Spalten mit Large Objects (BLOB/CLOB) werden nicht repliziert und die Benutzeroberfläche schließt solche Spalten automatisch aus. Für die Performance und Kapazitätsplanung ist es entscheidend, wie Replication Flows parallelisieren. Große Replikationsobjekte werden während der Erstdatenübernahme automatisch in Partitionen unterteilt. Die parallele Verarbeitung wird durch Thread-Grenzen zur Quelle und zum Ziel gesteuert. Standardmäßig liegen diese Grenzen bei 16 Threads und sind nach erfolgreicher Aktivierung anpassbar. Zwar können höhere Threadzahlen den Durchsatz erhöhen, sie erhöhen jedoch auch die Ressourcenlast und können andere Integrationsläufe im Tenant beeinträchtigen. Durch die Replikation ist die Datenbasis lokal in SAP Datasphere verfügbar und kann unabhängig von der Verfügbarkeit der Quelle weiterverarbeitet werden.

2.3.4 Transformation und Laden

Wenn neben der Übernahme auch Transformationen wie Joins, Filtern, Ableitungen (engl. derived für abgeleitet; hier verwendet für berechnete Spalten oder Formeln, also neue Felder und Spalten, die aus bereits existierenden abgeleitet werden) und das Schreiben in lokale Zieltabellen im Vordergrund stehen, kommen Data Flows bzw. Transformation Flows zum Einsatz. Beide sind ausführbare Objekte, die sich operational betreiben lassen (Läufe/Planung/Einbindung in Aufgabenketten) und im Betrieb über Monitoring- und Lauf-Informationen nachvollziehbar werden. Gleichzeitig unterscheiden sie sich darin, welche Quellarten sie adressieren, wie Transformationen modelliert werden und welche Laufzeiteigenschaften zur Verfügung stehen.

Kombinationsmuster

Ein in SAP Datasphere vorgesehenes Kombinationsmuster trennt dabei bewusst die Übernahme und Aktualisierung von der Weiterverarbeitung: Replication Flows übernehmen die fortlaufende Datenbereitstellung (inkl. Delta), während Transformation Flows die Transformation und das Schreiben von lokalen Tabellen in lokale Tabellen übernehmen. Dadurch lassen sich Verantwortlichkeiten, Laufzeiten und Fehlerbilder oft klarer trennen, als wenn die gesamte Logik in einem einzigen Objekt gebündelt wird.

Data Flows

Data Flows ermöglichen das Bewegen, Transformieren und Laden von Daten in einer grafischen Modellierungsumgebung. Quellen werden aus dem Source Browser per Drag and Drop in das Diagramm gezogen. Anschließend können die Daten über Operatoren kombiniert und umgeformt werden, bevor das Ergebnis in eine Zieltabelle geschrieben wird.

Berechtigungen für Data Flows

Für die Arbeit mit Data Flows sind Berechtigungen auf den Space erforderlich, die den Zugriff auf Data-Warehouse-Funktionen und Remote-Objekte, das Anlegen und Pflegen von Flows sowie das Erstellen und Verwalten von Space-Objekten abdecken. Damit ein Flow nicht nur modelliert, sondern auch ausgeführt und eingeplant werden kann, sind zusätzlich Ausführungs- und Planungsberechtigungen für die Datenintegration notwendig. In der Praxis wird diese Kombination häufig durch Rollenvorlagen wie **DW Modeler** und **DW Integrator** abgedeckt.

Transformationen im Data Flow

Im Kern eines Data Flows steht die Transformation entlang einer Kette von Operatoren. Für das Zusammenführen zweier Datensets werden Joins verwendet (`INNER`, `LEFT_OUTER`, `RIGHT_OUTER`). Wenn Datensets mit identischem Schema zusammengeführt werden sollen, wird der **Union**-Operator eingesetzt, optional als **Union All**, um doppelte Datensätze zu vermeiden. Für die Spaltenebene steht die Projektion zur Verfügung (Spalten hinzufügen, entfernen, umbenennen, sortieren, berechnete Spalten erstellen). Filter lassen sich als Ausdrücke definieren. Für aggregierte Kennzahlen wird die Aggregation eingesetzt (`SUM`, `AVG`, `MIN`, `MAX`, `COUNT`). Ergänzend steht der Script-Operator zur Verfügung, der eingehende Daten mithilfe von Python transformiert und als strukturierte Ausgabe an den nächsten Operator weitergibt. Dabei wird die Eingabe als Pandas DataFrame bereitgestellt und es muss wieder ein DataFrame zurückgegeben werden, dessen Spaltennamen, Datentypen und Reihenfolge zur definierten Ausgabestruktur passen. Da das Skript Daten abhängig von der Tabellengröße in mehreren Batches verarbeiten kann, sind Operationen, die zwingend die vollständige Tabelle im Speicher voraussetzen, bspw. das Deduplizieren von Datensätzen, in diesem Kontext nicht möglich.

Ziel des Data Flows

Ein Data Flow schreibt sein Ergebnis ausschließlich in eine lokale Tabelle im SAP Datasphere Repository. Innerhalb eines Data Flows existiert genau eine Zieltabelle. Beim Schreiben steuert der Modus, wie Daten angewendet werden: `APPEND`, `TRUNCATE` oder `DELETE`. Im `APPEND`-Modus kann optional per `UPSERT` nach einem Primärschlüssel aktualisiert werden. Wird kein passender Primärschlüssel gefunden, werden die neuen Datensätze angehängt (engl. to append). Lokale Tabellen mit aktivierter Delta Capture lassen sich als Quelle verwenden, jedoch nicht als Ziel. Für virtuelle Zieltabellen sind zudem bestimmte Schreibvarianten eingeschränkt.

Kein Delta Load in Data Flow

Ein wesentliches Merkmal des Data Flows ist die fehlende Delta-Verarbeitung. Wenn aus externen Quellen deltaorientiert geladen werden soll, wird stattdessen der Replication Flow verwendet. Für den Betrieb bedeutet das: Data Flows sind typischerweise initiale bzw. batchorientierte Ladevorgänge, bei denen vollständige oder periodische Läufe Zieltabellen nach gewähltem Modus aktualisieren.

Bei der Ausführung sind Laufzeitbesonderheiten zu berücksichtigen. Ein Data Flow verwendet während des Laufs einen technischen Benutzer. Wenn die Quellviews oder zugrunde liegende Views **SESSION_CONTEXT** verwenden, kann das zu falschen oder leeren Ergebnissen führen. Ebenso können DACs auf Quellviews bewirken, dass während der Flow-Ausführung keine Daten gelesen werden, wodurch wiederum falsche oder fehlende Ergebnisse entstehen.

Transformation Flows

Transformation Flows sind darauf ausgelegt, Daten aus einer oder mehreren lokalen Tabellen zu laden, Transformationen (z. B. Joins) anzuwenden und das Ergebnis in eine Zieltabelle zu schreiben. Im Betrieb können Transformation Flows ausgeführt, geplant oder in Aufgabenketten eingebunden werden. Zusätzlich können über die Funktion **Run with Settings** Abhängigkeiten und konsumierte Entitäten innerhalb des Flows explorativ untersucht werden. Als Laufzeitmerkmal kann der Laufmodus über die Einstellungen »Performance-Optimiert« und »Memory-Optimiert« gesteuert werden, um Abwägungen zwischen Laufzeit und Speicherverbrauch zu beeinflussen.

[!]

Womit können Transformation Flows arbeiten?

Transformation Flows sind die bevorzugte Wahl für Transformationen, da sie mehr Möglichkeiten zur Datenmanipulation bieten als Data Flows. Transformation Flows können jedoch nur auf Daten transformieren, die sich bereits in SAP Datasphere befinden. So können beispielsweise auch keine Views als Quelle benutzt werden, die auf Remote-Tabellen basieren.

Einstellungen in Transformation Flows

Transformation Flows ermöglichen das Transformieren von Daten in einer grafischen und SQL-basierten Modellierungsumgebung. Nach entsprechender Auswahl werden die Quellen aus dem Source Browser per Drag and Drop in das Diagramm gezogen. Anschließend werden die Daten über Operatoren kombiniert und umgeformt. Hierfür stehen Filter, Projektionen, Berechnungen und Joins zur Verfügung. Aggregationen, wie im Data Flow beschrieben, sind nur möglich, wenn in der Zieltabelle die Delta-Erfassung deaktiviert ist. Der Transformationsknoten vom Typ **View Transform** ist ein technisches Element des Transformation Flows und keine eigenständige View mit dem Namen »Transform«. Dieser Knoten lässt sich nicht umbenennen; für die Zieltabelle ist eine Umbenennung jedoch möglich, sofern keine bestehende View als Ziel verwendet wird. Eine Zieltabelle kann neu angelegt oder durch eine bereits vorhandene View ersetzt werden. Ist in der Quelle eine Delta-Erfassung eingerichtet, kann diese im Ziel ebenfalls aktiviert werden. Wird eine bereits existierende View als Ziel verwendet, müssen die Spalten gemappt werden.

Ziel des Transformation Flows

Ein Transformation Flow erzeugt eine lokal persistierte Tabelle, die dann im Data Builder als Grundlage für Views, Fakten und Dimensionen sowie später für Analysemodelle dient. Dadurch werden Modellierung und Consumption von komplexen Laufzeitberechnungen in Views entkoppelt. Die Modellierung setzt dann auf einer stabilen Schicht auf, die durch geplante Läufe aktualisiert werden kann.

Technische Voraussetzungen

Transformation Flows werden operational als Aufgaben behandelt. Für die Planung von Aufgaben (und damit auch Transformation-Flow-Läufen) ist die Rolle **DW Integrator** erforderlich, damit der Planungsdienst Aufgaben im Auftrag ausführen kann. Für bestimmte Objekte wird zusätzlich eine Viewer- oder Modeler-Rolle benötigt. Wenn die Delta-Verarbeitung genutzt wird, muss die Quelle Delta-Capture-konform sein und der Betrieb sollte die typischen Fehlerbilder (z. B. Abbruch/Rollback) berücksichtigen. Das Abbrechen eines Laufs mit Rollback kann zu doppelten Datensätzen in der Zieltabelle führen. Wird diese Tabelle als Quelle in einem anderen Transformation Flow verwendet, kann der Lauf aufgrund doppelter Delta-Datensätze fehlschlagen. Um dieses Problem zu lösen, muss ein Watermark Reset durchgeführt werden. Unter Umständen ist dann eine erneute Erstladung der Daten erforderlich.

2.3.5 Orchestrierung und Betrieb

Arten möglicher Aufgaben

Neben flowbezogenen Aufgaben existieren spezialisierte Aufgabenobjekte für typische Betriebsanforderungen: API-Aufgaben binden externe Aufrufe in den Ablauf ein und Benachrichtigungsaufgaben (engl. Notification Tasks) ergänzen die Kette um Benachrichtigungen, um bei definierten Ereignissen Informationswege in den Betrieb zu integrieren. Dadurch lässt sich eine Integrationskette sowohl technisch ausführen als auch organisatorisch betreiben, ohne deren Orchestrierung aus dem Monitor herauszulösen.

Planung

Wiederkehrende Ausführungen werden über *Planungen* (engl. Schedules) eingerichtet. Dabei wird festgelegt, wann Aufgaben (z. B. Remote-Table-Replikationen, Persistenzläufe, Data Flows, Replication Flows oder Aufgabenketten) automatisch gestartet werden. Für einfache Zeitpläne genügt eine kalenderbasierte Definition, für komplexere Muster steht eine Planung auf Basis von Cron-Ausdrücken zur Verfügung. Da geplante Ausführungen technisch automatisiert stattfinden, laufen sie als Systemausführung im Auftrag des Benutzers. Dafür ist eine passende Berechtigungszuordnung relevant, sodass Aufgaben autorisiert im Benutzerkontext ausgeführt werden dürfen.

Mit der zunehmenden Zahl an Integrationsobjekten wird der Betrieb schnell zur eigentlichen Herausforderung: Läufe müssen nachvollziehbar sein, Fehler müssen reproduzierbar und bis zur Ursache zurückverfolgbar sein, und Engpässe dürfen nicht erst auffallen, wenn nachgelagerte Prozesse bereits ins Leere laufen. In SAP Datasphere bündelt der bereits mehrfach genannte Datenintegrationsmonitor diese Betriebsaufgaben: Ausführungen werden zentral sichtbar gemacht, Status werden konsistent ausgewiesen, und zu jedem Lauf stehen Detailinformationen und Protokolle bereit, um Probleme gezielt einzugrenzen.

Datenintegrationsmonitor als zentrale Betriebsoberfläche

Der Datenintegrationsmonitor dient daher als einheitlicher Einstiegspunkt, um Datenintegrationsobjekte auszuführen, geplante Läufe nachzuverfolgen und abgeschlossene Läufe historisch auszuwerten. Im praktischen Betrieb lässt sich durch die Übersicht schrittweise bis in die technische Detailanalyse hineinzoomen: von der Liste der Läufe über den konkreten Laufkontext (Zeitpunkt, Trigger/Schedule, Space- und Objektbezug) bis hin zu Laufdetails und Logs für die Fehleranalyse.

Fehlerbehandlung

Die Fehlerbehandlung (engl. Troubleshooting) folgt dabei typischerweise einer festen Routine. Bei einer fehlerhaften Ausführung wird zunächst geprüft, ob der Fehler systemisch (z. B. temporäre Nichtverfügbarkeit einer Quelle) oder modellierungsbedingt (z. B. inkonsistente Metadaten, ungültige Zuordnung, Schemaabweichung) ist. Anschließend wird anhand der Laufdetails entschieden, ob ein erneuter Lauf sinnvoll ist oder ob zuerst die Konfiguration angepasst werden muss. Um die Betriebsstabilität weiter zu gewährleisten, müssen die Ressourcenanforderungen beim Start von Aufgaben berücksichtigt werden. Das gleichzeitige Starten vieler Aufgaben kann zu Verzögerungen führen, weshalb Laufzeiten verteilt werden sollten und die Systemauslastung über die Monitoring Views regelmäßig kontrolliert werden sollte.

Monitoring

Das *Monitoring* in SAP Datasphere erfolgt über die vom Administrator angelegten Datenbankanalysebenutzer. Im *Systemmonitor* können die Performance überwacht sowie speicher- und aufgabenbezogene Probleme spaceübergreifend identifiziert werden. Zu sehen sind hier Status, Speicherauslastung, Erstellungsdatum, zugewiesener und verwendeter Speicher, Nutzer des Spaces, Systemanbindungen und enthaltene Tabellen. Im Systemmonitor werden Spaces dargestellt (siehe Abbildung 2.7). Der Status des Spaces lässt sich hier als **Integer** ablesen. Weitere Status sind »kalt«, »kritisch«, »gelöscht« und »gesperrt«. Sie geben jeweils Auskunft über die Speicherauslastung der Spaces.

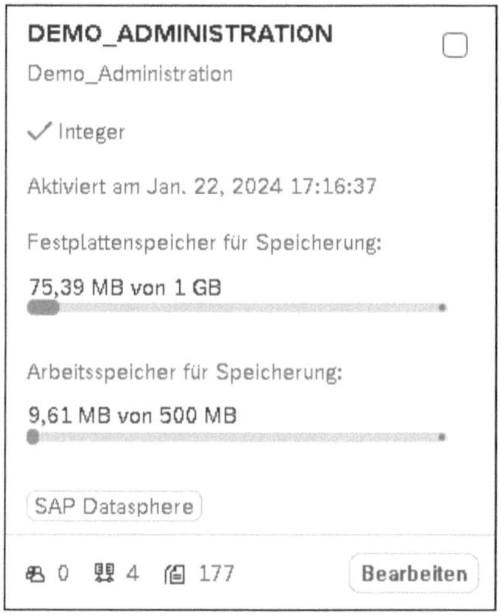

Abbildung 2.7: Auszug aus dem Systemmonitor

Aufgabenüberwachung im Monitoring Space

Neben der Überwachung der Spaces im Systemmonitor lassen sich die Aufgaben auch separat überwachen. Hierzu muss zunächst ein Monitoring Space eingerichtet werden. In den sogenannten *Monitoring Views* werden alle Aufgaben angezeigt, die aktuell ausgeführt werden oder kürzlich abgeschlossen wurden. Dabei ist außerdem zu sehen, welche Fehler aufgetreten sind, wie lange die Ausführung gedauert hat und wie viele Systemressourcen – insbesondere Arbeitsspeicher und Speicherplatz auf der Festplatte – für die Ausführung einer Aufgabe verwendet wurden.

Fehlerursachen und -überwachung

Die beiden häufigsten Gründe für Fehler und Abbrüche bei der Ausführung von Aufgaben sind unzureichender Arbeitsspeicher und fehlende Berechtigungen. Um den Speicherverbrauch zu verringern und Speicher für intensive Aufgaben bereitzustellen, kann die View-Partitionierung verwendet werden. Eine andere Option sind elastische Rechenleistungsknoten. Diese können für Spaces angelegt werden, um ihnen zusätzliche Ressourcen zuzuweisen und so Spitzenlasten zu übernehmen bzw. auszugleichen. Auch deren Auslastung kann im Systemmonitor überwacht werden. Weitere Details zu Anweisungen finden Sie in den Anweisungsprotokollen. Dort können beispielsweise die Startzeit, die Dauer in Millisekunden sowie die maximale Speicherauslastung für SAP HANA sowie die in SAP HANA beanspruchte CPU-Zeit angezeigt werden.

Detaillierte Überwachungsfunktionen

DW-Administratoren haben außerdem Zugriff auf die zugrunde liegenden SAP HANA Monitoring Views, die wiederum den Systemmonitor mit Daten versorgen. Über diese Views haben Administratoren Zugriff auf weitere Eigenschaften, die für die Effizienz der Spaces relevant sein können. So können beispielsweise Spaces, die bestimmte Schwellenwerte, wie etwa die CPU- oder Speicherauslastung, übersteigen, separat in der Überwachung angezeigt werden. Die Protokolle von SAP-HANA-Multi-Dimensional-Services-Abfragen (MDS-Abfragen) können ebenfalls im Systemmonitor in den Anweisungsprotokollen eingesehen werden. Die zusätzlichen Daten, die Sie aus den SAP HANA Monitoring Views erhalten, können für Analysen und zur Visualisierung in SAP Analytics Cloud verwendet werden. Hierzu ist es erforderlich, mindestens einen oder maximal zwei Spaces für die Überwachung festzulegen. Die auf diese Spaces zugelassenen Benutzer haben dann Zugriff auf alle Metadaten und Objektdefinitionen aller Spaces. Daher ist ein dediziertes Sicherheitskonzept für die Verwendung dieser Monitoring Views notwendig. Für typische operative Überwachungsszenarien sollten allerdings vorrangig die rollenbasierten Monitoring-Apps von SAP Datasphere genutzt werden, während der Datenbankanalysebenutzer insbesondere für weiterführende Analysen sowie für Trace- und Debugging-Zwecke vorgesehen ist.

Monitoring Views auswerten

Monitoring Views in SAP Datasphere können über das Content-Netzwerk bereitgestellt werden. Sie basieren auf **V_EXT**-Views und werden zur Vorbereitung und für die Verwendung in einer Story in SAP Analytics Cloud genutzt. Als Voraussetzung müssen der Zugriff auf einen SAP Monitoring Content Space aktiviert und das Paket **Technical Content: Aufgaben Monitoring** aus dem Content-Netzwerk importiert sein. In verschiedenen Views sind dann unter anderem die folgenden Daten sichtbar:

- Aufgaben-Eigenschaften wie Dauer und Ausführungsstatus
- diverse Kennzahlen zum Zählen von Aufgaben
- alle Meldungen, die während der Überwachung der Datenintegration auftreten
- Fehlercodes

Monitoring von Aufgabenketten

Aufgabenketten werden im Monitor als orchestrierte Ausführung mit Abhängigkeitslogik interpretiert (weitere Informationen hierzu finden Sie in Abschnitt 2.2.8, »Aufgabenketten«). Entscheidend ist die Transparenz darüber, welcher Schritt innerhalb der Kette aktuell läuft, welcher Schritt fehlgeschlagen ist und welche Vorläufe bereits erfolgreich waren. Praktisch impliziert das eine Abhängigkeit der Aufgabenkette von der zuvor ausgeführten Aufgabe. Im Betrieb kann ein Fehler in einem früheren Schritt Folgeobjekte blockieren oder nachgelagerte Schritte mit falschen Voraussetzungen starten lassen. Eine korrekte Implementierung ist daher zwingend notwendig (Informationen zur korrekten Modellierung finden Sie in Abschnitt 2.4.5, »Weitere Funktionen im Data Builder«).

Monitoring von Remote-Table-Replikation

Für Szenarien, in denen Daten über Remote Tables genutzt oder repliziert werden, ist eine laufzeitnahe Sicht auf den Replikationszustand relevant. Wichtig sind hier insbesondere Aktualitätsindikatoren (wann zuletzt repliziert/aktualisiert wurde) sowie Statusinformationen und Fehlermeldungen, falls die Replikation nicht wie erwartet fortschreitet. Selbst wenn eine Remote-Table-Anbindung korrekt eingerichtet ist, können Netzwerkbedingungen, Berechtigungen, Quellverfügbarkeit oder Metadatenänderungen zu Warnungen und Fehlern führen. Das Monitoring dient dann dazu, den Zustand früh zu erkennen und die Ursache entlang der üblichen Kette zu prüfen.

Monitoring von Flows

Flows werden im Monitor über Läufe, Laufstatus und Laufdetails operationalisiert. Dabei sind drei Dinge besonders wichtig:

- Schnelle Einordnung, ob ein Lauf noch aktiv ist, erfolgreich beendet wurde oder fehlgeschlagen ist.
- Direkter Zugriff auf Logs und Detailinformationen, um die Fehlerstelle zu lokalisieren (Quelle, Transformation, Zielschritt).
- Eine Historie, um Muster zu erkennen, z. B. wiederkehrende Fehler (sortiert nach einer bestimmten Uhrzeit), Laufzeitspitzen nach Datenwachstum oder Probleme nach Änderungen an Quelle/Ziel.

Auf dieser Grundlage lassen sich Planungen anpassen, Läufe staffeln oder Flows in kleinere Einheiten zerlegen, wenn Komplexität und Datenvolumen wiederholt zu instabilen Ausführungen führen.

> **Mehr Informationen zum Monitoring**
> Für weiterführende Informationen zum Monitoring empfehlen wir Ihnen die SAP-Help-Seiten unter *https://help.sap.com/docs/*

2.3.6 Governance-Leitplanken für die Datenintegration

Die Datenintegration in SAP Datasphere ist durchgängig über rollenbasierte, spacegebundene Berechtigungen gesteuert. Dadurch wird festgelegt, wer Konnektivität bereitstellt, wer Integrationsobjekte modelliert, wer Läufe produktiv betreibt und wer Automatisierungsschnittstellen nutzen darf. *Anwendungsbereichsrollen* (engl. Scoped Roles) bündeln diese Privilegien im Space-Kontext und trennen somit die Verantwortlichkeiten zwischen Administration, Modellierung und Betrieb. Weitere Informationen zu Rollen und Privilegien finden Sie in Abschnitt 2.1.5, »Governance«.

Konnektivität steht unter Administrationskontrolle

Verbindungen werden typischerweise zentral bereitgestellt und anschließend in Spaces genutzt. Für die Arbeit mit Remote-Objekten ist ein Space-Zugriff auf Verbindungen über das entsprechende Privileg erforderlich. Dadurch wird verhindert, dass Benutzer ohne Freigabe auf externe Quellen oder Ziele zugreifen.

Ausführung und Planung von Integrationsläufen

Das Anlegen und Ändern von Integrationsobjekten erfordert typische Builder- und Space-Objektprivilegien, während Läufe und Planungen zusätzlich über Datenintegrationsprivilegien abgesichert sind. Das Planen selbst ist somit ein eigener Betriebszugriff. Die in der Praxis häufig verwendeten Rollenvorlagen kombinieren diese Privilegien (z. B. **DW Modeler** und **DW Integrator**), ohne sie automatisch allen Benutzern zuzuschreiben.

Delegation

Geplante Läufe und automatisierte Aufgaben werden als wiederkehrende Systemausführung im Nutzerkontext verstanden. Daraus folgt, dass nur Rollen mit Planungsrechten produktive Zeitpläne erzeugen dürfen. Gleichzeitig benötigt der Tenant eine saubere Regelung, in wessen Auftrag und mit welchen Rechten Jobs ausgeführt werden (inkl. Zustimmung/Autorisierung für automatische Ausführung). Dies unterstützt die Auditierbarkeit, da Planung, Ausführung und Ergebnisse konsistent einem Berechtigungskontext zugeordnet bleiben.

Governance für CLI und REST-APIs

Modellierungsobjekte und Aufgaben über die CLI werden an Integrationsrollen und die entsprechenden Privilegien gebunden. Damit lässt sich CI-/CD-nahe Automatisierung realisieren, ohne das Berechtigungsmodell zu umgehen. Für die Nutzung der Aufgaben-REST-APIs gilt derselbe Grundsatz, sodass Aufrufe zum Erstellen, Steuern und Überwachen von Aufgaben die gleichen Berechtigungen erfordern, die auch für die Ausführung und Einsicht in Laufdetails vorgesehen sind.

2.3.7 Integration außerhalb der UI

Produktive Datenintegration lässt sich nicht ausschließlich über eine grafische Oberfläche betreiben, wenn Abläufe in Aktivierungen (engl. Deployment), Release-Zyklen oder externe Trigger eingebunden werden sollen. Dafür stehen neben der appbasierten Bedienung zwei technische Zugriffswege zur Verfügung: CLI (Command Line Interface) für die skriptfähige Ausführung in Automationsumgebungen und REST-APIs für die Integration in externe Orchestrierung und Self-Service-Portale. Beide Wege greifen auf dieselben Artefakte der Datenintegration (Aufgaben, Aufgabenketten und die auszuführenden Objekte) zu und sind an Rollen, Privilegien und Space-Berechtigungen gebunden, damit die Ausführung, Planung und Einsicht in Laufdetails kontrolliert erfolgen kann.

Aufgaben und Aufgabenketten über CLI steuern

Über die SAP Datasphere CLI können Integrationsobjekte und Betriebsaktionen ohne UI in wiederholbaren Skripten ausgeführt werden. Damit lassen sich typische DevOps-Muster abbilden, bspw. das automatisierte Anstoßen von Läufen nach einem Transport bzw. einer Aktivierung, die kontrollierte Ausführung in definierten Spaces, sowie das Einbinden in CI-/CD-Pipelines. Die CLI eignet sich insbesondere für Bereiche, in denen Abläufe deterministisch ablaufen müssen und Protokollausgaben (Exit Codes, Logs) direkt in Pipeline Monitoring und Pipeline Alerting überführt werden sollen. In der Praxis bedeutet das: Aufgaben oder Aufgabenketten werden gestartet und können auch in ihren Laufzuständen überprüft und in standardisierte Betriebsroutinen eingebettet werden. Voraussetzung ist, dass der aufrufende Benutzer die für die Ausführung und Planung erforderlichen Berechtigungen für die Datenintegration innerhalb des jeweiligen Spaces besitzt.

Aufgaben über REST-APIs verwalten

REST-APIs ermöglichen die Steuerung von Integrationsabläufen aus externen Systemen heraus, bspw. aus einem zentralen Planer, einem ITSM-Prozess, einem DataOps-Portal oder einer eventgetriebenen Architektur. Dadurch können Ausführungen nicht nur durch fixe Zeitpläne, sondern gezielt durch Ereignisse (z. B. »Datei eingetroffen«) ausgelöst werden. Die Nutzung der Aufgaben-REST-APIs folgt denselben Governance-Prinzipien, die auch in der UI gelten: Das Ausführen und Einplanen sowie das Nachvollziehen von Laufdetails und Logs erfordern entsprechende Rollen und Privilegien. Somit bleibt konsistent geregelt, wer produktive Läufe starten, Planungen setzen und Einsicht in Fehlermeldungen und Laufhistorien erhalten darf.

API-Aufgaben in Aufgabenketten

API-Aufgaben erweitern Aufgabenketten um einen generischen Integrationsschritt für die Kommunikation mit externen Diensten. In einer Aufgabenkette lassen sich somit neben datenbezogenen Schritten (z. B. Flows oder Replikationen) auch technische Übergaben modellieren, wie etwa das Triggern eines Downstream-Prozesses, das Anstoßen einer externen Verarbeitung oder das Informieren eines Betriebsdienstes. Die API-Aufgabe wird, wie andere Aufgaben, in die Kette eingefügt und in die Sequenz eingebunden, sodass Abhängigkeiten explizit bleiben. Erst wenn vorgelagerte Schritte erfolgreich abgeschlossen sind, erfolgt der API-Aufruf. Umgekehrt kann ein nicht erfolgreicher API-Schritt die Aufgabenkette stoppen oder, abhängig von der gewählten Fehlerbehandlung, in einen definierten Fehlerpfad führen (siehe Abschnitt 2.4.5, »Weitere Funktionen im Data Builder«). Dadurch entsteht eine Orchestrierung, die sowohl Datenbewegung automatisiert als auch Schnittstellen- und Betriebsaktionen in denselben kontrollierten Ablauf integriert. Entscheidend ist auch hier die Governance: Die Ausführung erfolgt im Kontext eines berechtigten Benutzers bzw. der vorgesehenen Ausführungsidentität, sodass die API-basierte Automatisierung den gleichen Berechtigungsrahmen nutzt wie die übrigen Integrationsschritte.

2.3.8 Zusammenfassung

SAP Datasphere stellt die Datenintegration als durchgängiges System bereit, das von der Anbindung bis zum produktiven Betrieb reicht. Am Anfang steht die Konnektivität über Verbindungen, die je nach Topologie durch Komponenten wie SAP Cloud Connector oder DPA ergänzt werden. Auf dieser Basis werden Daten entweder virtuell über Remote Tables genutzt oder physisch nach Datasphere übernommen, um Verfügbarkeit, Performance und Entkopplung vom Quellsystem zu erreichen.

Integrationsmuster Für die eigentliche Integrationsausprägung stehen mehrere Muster nebeneinander: Föderation über Remote Tables, Replikation über Replication Flows oder Remote-Table-Replikation (je nach Quelle und Verbindungstyp) sowie Transformation und Laden in lokale Zieltabellen über Data Flows. Damit lässt sich eine klare End-to-End-Kette abbilden, einschließlich der Entscheidung, wann Daten zur Laufzeit in der Quelle verbleiben und wann sie repliziert oder persistiert werden.

Aufgaben und Aufgabenketten Damit Integration produktiv wird, braucht sie Operationalisierung. Diese wird über Aufgaben und Aufgabenketten umgesetzt: Einzelschritte werden ausführbar gemacht, in Ketten sequenziert und über Planung wiederholbar betrieben. Der Datenintegrationsmonitor bildet dabei die zentrale Betriebsoberfläche für Ausführung, Status, Historie und Logs und ermöglicht so Transparenz über laufende, geplante und fehlgeschlagene Läufe sowie deren Ursachenanalyse.

Governance Governance-Leitplanken stellen sicher, dass Konnektivität, Ausführung, Planung und Automatisierung konsequent an Rollen und Privilegien gebunden bleiben und damit in Multi-Team-Umgebungen kontrollierbar und auditfähig betrieben werden können.

Abschließend sehen Sie in Abbildung 2.8 eine Übersicht über die Abfragemöglichkeiten zur Datenintegration in SAP Datasphere. Die BW Bridge behandeln wir detailliert in Kapitel 3, »SAP Business Warehouse oder SAP BW/4HANA, Private Cloud Edition«.

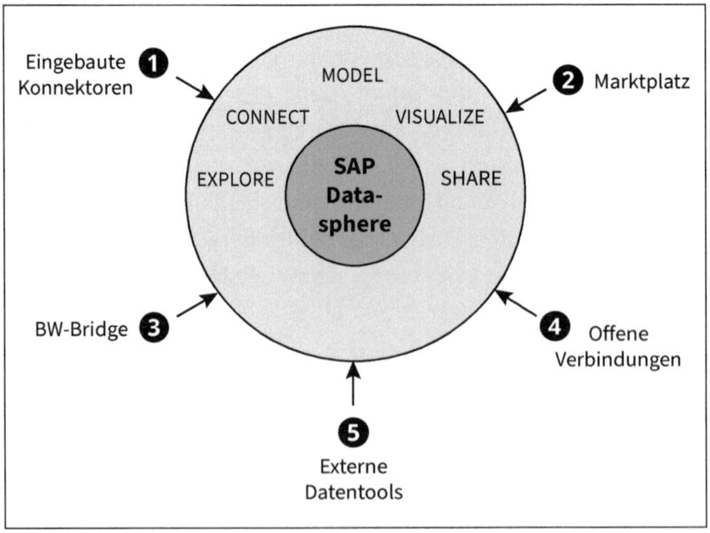

Abbildung 2.8: Datenverbindungen zu SAP Datasphere

Ihnen stehen folgende Optionen zur Verfügung:

❶ **Eingebaute Konnektoren**: SAP Datasphere bietet bereits out of the box vorhandene Verbindungsmasken zu gängigen Quellsystemen (SAP und Nicht-SAP).

❷ **Marktplatz**: Es können kuratierte Datenprodukte anderer (und führender) Unternehmen für eigene Auswertungen gekauft und genutzt werden. Es sind kostenlose und kostenpflichtige Assets vorhanden.

❸ **BW-Bridge**: Die BW Bridge ist eine spezielle Verbindungsart zu einem bestehenden BW-System, die es erlaubt, aufwändig entwickelte Objekte in SAP Datasphere nutzbar zu machen.

❹ **Offene Verbindungen**: Die Open-Connectors-Anbindung von SAP Datasphere ermöglicht die Verbindung von Nicht-SAP-Produkten über REST-basierte APIs. Mehr als 170 Konnektoren stehen zur Verfügung.

❺ **Externe Datentools**: Externe Daten können über SQL-Interfaces von außen in SAP Datasphere integriert werden. SAP Data Services oder SAP Data Intelligence sind Beispiele dafür.

2.4 Datenmodellierung

Die *Datenmodellierung* in SAP Datasphere verfolgt das Ziel, technische Datenstrukturen in fachlich konsumierbare, semantisch angereicherte Datenprodukte zu überführen. Im Mittelpunkt steht dabei der Data Builder als Modellierungswerkzeug. Darin reichern Modelliererinnen und Modellierer Objekte mit Semantik an, kombinieren sie und stellen sie anschließend über Analysemodelle (engl. Analytic Models) für unterschiedliche Consumption-Kontexte bereit. Mehr Informationen zur Consumption finden Sie in Abschnitt 2.5, »Data Consumption«. Die folgenden Unterabschnitte führen schrittweise durch die Datenmodellierung in SAP Datasphere. Abschnitt 2.4.1 stellt die Grundlagen des Data Builders vor und erläutert grafische Views, SQL Views sowie zentrale Eigenschaften von Views. Abschnitt 2.4.2 behandelt die semantische Modellierung mit Fakten, Dimensionen, Texten, Hierarchien, semantischen Typen und Assoziationen. In Abschnitt 2.4.3 wird der Modellierungsansatz entlang der Layer-Architektur beschrieben – vom Inbound Layer bis zum Reporting Layer. Abschnitt 2.4.4 veranschaulicht diesen Ansatz anhand eines praktischen Beispiels mit grafischen Views. Abschnitt 2.4.5 ergänzt weitere Data-Builder-Funktionen wie bspw. Tabellen, ER-Modelle, Intelligente Suche, DACs und Aufgabenketten. Abschnitt 2.4.6 fasst die wichtigsten Modellierungsartefakte zusammen und ordnet sie in den Gesamtprozess der Datenbereitstellung für Consumption-Systeme ein.

2.4.1 Grundlagen des Data Builders

Für die fachliche Aufbereitung von Daten werden im Data Builder Views als zentrale Modellierungsartefakte eingesetzt. Je nach Komplexität der Logik entsteht eine View entweder als grafische View (engl. Graphical View) mit grafischer Modellierung oder als SQL View mit einem frei formulierten SQL Statement bzw. SQLScript-Ansatz. In der grafischen Variante wird die Abfrage schrittweise über Quellen, Joins, Unions und darauf aufbauenden Operatoren visuell modelliert. Die vom System erzeugte SQL-Logik bleibt dabei jederzeit nachvollziehbar, da sich die generierte SQL-Anfrage je Knoten anzeigen und für die weitere Nutzung kopieren lässt.

Grafische View

In einer *grafischen View* wird die Struktur typischerweise über wenige, klar abgegrenzte Operatoren geschärft: Filter reduzieren Datenmengen über SQL-Ausdrücke, Projektionen steuern Umbenennung, Reihenfolge und Ausschluss von Spalten, berechnete Spalten kapseln wiederverwendbare Ableitungen, und Aggregationen (`SUM`, `COUNT`, `MIN`, `MAX`) bündeln Kennzahlen inklusive optionaler `HAVING`-Bedingungen. Diese Operatoren lassen sich gezielt pro Quelle oder Join einsetzen, wodurch sich die Logik gut lesbar in kleine, überprüfbare Schritte zerlegen lässt. Durch die Benennung der einzelnen Knoten wird die Übersichtlichkeit und Nachvollziehbarkeit weiter verbessert.

SQL View

Wenn die fachliche Logik stärker SQL-getrieben ist, bspw. durch komplexere Join-/Union-Konstrukte, konsequente Alias-Nutzung oder SQLScript als Table Function, bietet sich eine *SQL View* an. Dort wird entweder eine Standard-Query auf Basis von `SELECT`-Klauseln erstellt oder bei prozeduraler Logik SQLScript verwendet. Auch bei diesem Ansatz bleibt das Modellierungsziel gleich: Benötigte Spalten werden gezielt gewählt, Logik wird eindeutig ausgedrückt und das Ergebnis so vorbereitet, dass es später in konsumierenden Artefakten weiterverwendet werden kann.

SQL View vs. grafische View

Es gibt keine explizite Vorgabe oder Best Practice dafür, wann ein grafischer und wann ein SQL View verwendet werden sollte. Daher möchten wir Ihnen an dieser Stelle eine Gegenüberstellung der beiden Optionen bieten, damit Sie eine geeignete Auswahl für Ihre Anwendungsfälle treffen können.

Vor- und Nachteile von SQL Views

SQL Views sind für (SQL-)Entwicklerinnen und Entwickler einfach zu verwenden, wenn die Struktur der Quelle bekannt ist. Die separate Entwicklung der Zieldefinition ist hier erforderlich, weshalb SQL beherrscht werden muss und Datenbankwissen eine Voraussetzung ist. Anschließend ist die Entwicklung jedoch leicht zu bewältigen, da in diesen Views SQL-Funktionalitäten (fast) vollständig zur Verfügung stehen und die Wiederverwendung bekannter SQL-Fragmente möglich ist. Nachteilig ist jedoch der Aufwand bei der Wartung: Hier muss vor Anpassungen der gesamte Code verstanden werden, was abhängig von der Qualität des Codes sowie der Erfahrung und dem Wissen des Programmierers eine komplexe Aufgabe darstellen kann. Ohne Kommentare kann ein Code schwer zu warten sein, sodass bei Fehlern eine vollständige Neumodellage erforderlich sein kann. Auch die Prüfung von Zwischenergebnissen ist hier umständlicher, da einzelne Coding-Strecken separat getestet werden müssen.

KI-gestützte Werkzeuge können heute dabei helfen, SQL-Code zu erklären, zu kommentieren, zu optimieren oder Fehlerquellen schneller zu identifizieren. Sie ersetzen jedoch nicht das fachliche Verständnis des Datenmodells und der beabsichtigten Logik. Vor Anpassungen muss weiterhin nachvollzogen werden, welche Annahmen im Code stecken, welche Objekte betroffen sind und ob Änderungen die fachliche Interpretation der Daten verändern.

Vor- und Nachteile von grafischen Views

Grafische Views bieten eine Low-Code-/No-Code-Umgebung, die auch für nicht aus der IT stammende Mitarbeitende schnell zu erlernen ist. Logiken können per Drag and Drop implementiert werden und Kenntnisse über die Schemadefinition der Quellen sind keine Voraussetzung für den Start der Modellierung. Das senkt die Anfangshürden und macht Ergebnisse schneller sichtbar. So können einfache Logiken schnell implementiert und einzelne Abschnitte gekapselt werden. Ebenso können nach jeder Operation Zwischenergebnisse angezeigt und gefiltert werden. Insbesondere die Lineage ist in grafischen Views ein positiver Aspekt, da die Herkunft der Spalten visualisiert und bis zur Quelle zurückverfolgt werden kann. Technisch stoßen grafische Views jedoch an ihre Grenzen: So sind Fenster-Funktionen (engl. Window Functions) nur eingeschränkt möglich und auch spezielle SQL-Befehle und Aggregationen sind nicht immer verfügbar.

Views aufeinander aufbauen lassen

Die Wahl zwischen grafischer View und SQL View ist also von Ihren Anforderungen und Grundvoraussetzungen abhängig. In der Regel erweisen sich grafische Views für die meisten Logiken als schnelle und wartbare Variante. Sie sind jedoch in ihren Funktionalitäten limitiert. Es ist grundsätzlich möglich, zwischen grafischen Views und SQL Views zu wechseln und sie als Grundlage füreinander zu verwenden, sollten beispielsweise die Funktionalitäten grafischer Views nicht ausreichen.

Eigenschaften in Views

Unabhängig vom Editor wird die View anschließend über Eigenschaften wie die semantische Verwendung (engl. Semantic Usage) inhaltlich eingeordnet und bei Bedarf für die externe Nutzung freigegeben. Für analytische Szenarien kann zusätzlich der analytische Ausführungsmodus aktiviert werden, um die Optimierung des SQL-Plans zu unterstützen. Dies trägt insbesondere bei Union-Logik zur Verbesserung der Performance bei und optimiert die Ressourcenauslastung, sodass eine effizientere Verarbeitung großer Datenmengen möglich ist. Nach dem Speichern und Deployen stehen Statusinformationen sowie Zeitstempel zur letzten Bereitstellung zur Verfügung, was die Nachvollziehbarkeit im Lebenszyklus der Artefakte unterstützt.

Ein weiterer Bestandteil der Semantik ist der Lebenszyklus der Modelle (siehe Abbildung 2.9). In der Praxis werden die Status verwendet, um das Verschwinden von Spalten, wechselnde Datenstrukturen oder sogar das Verschwinden ganzer Modelle zu verhindern.

Abbildung 2.9: Lebenszyklus des Release-Status

Release-Status richtig verwenden

In der Praxis wird der Release-Status nur selten verwendet. Daher verzichten wir an dieser Stelle auf eine detaillierte Beschreibung und verweisen stattdessen auf die SAP Community und das SAP Help Portal.

2.4.2 Semantische Modellierung: Semantic Usage, Fakten, Dimensionen, Texte, Hierarchien

Semantik entsteht nicht erst bei der Visualisierung, sondern wird bereits beim Modellieren festgelegt (siehe Abschnitt 2.2, »Funktionsumfang«). Der zentrale Hebel dafür ist die semantische Verwendung. Damit erhält jede Entität eine fachliche Rolle, die festlegt, wie sie in Analytik-Kontexten interpretiert und wiederverwendet werden kann. Die entsprechenden Möglichkeiten sind Fakt, Dimension, Text, relationales Datenset und Hierarchie sowie als Sonderfall eine Hierarchie mit Verzeichnis. Diese Klassifikation trennt messbare Sachverhalte (Transaktionsdaten) von beschreibender Stammdatensicht und ergänzt beides um sprachabhängige Bezeichnungen (Texte) sowie Drill-Down-Strukturen (Hierarchien).

Wichtige Begriffe

Ein *Fakt* bündelt die Kennzahlen, die analysiert werden sollen, und bildet damit den Ausgangspunkt für konsumierbare analytische Szenarien. Mindestens eine Kennzahl ist erforderlich; alles Weitere dient der Einbettung in den fachlichen Kontext, etwa über Assoziationen zu Dimensionen und Textentitäten. Als *Attribute* sind im Gegensatz dazu alle nicht als Kennzahlen markierten Spalten bezeichnet. Sie tragen Identifikatoren (z. B. Dimensionsschlüssel), beschreibende Merkmale oder unterstützende Informationen und werden in Fakten typischerweise genutzt, um die Verbindung zu Dimensionen herzustellen.

Analytisches Datenset und Fakten

Seit 2023 ist die semantische Verwendung »Analytisches Datenset« veraltet. Sie wird durch Fakten ersetzt, die nun als Basis für Analysemodelle verwendet werden.

Assoziationen werden verwendet, um semantische Beziehungen zwischen Entitäten anzulegen. Abbildung 2.10 zeigt, welche Bedingungen für Assoziationen gelten. Die Attribute der Quellentitäten dienen hier als Fremdschlüssel. Sie stehen zu einem oder mehreren Schlüsseln der assoziierten Dimension in Verbindung. Ebenso müssen alle Schlüsselattribute aus der Dimension einem Attribut der Quellentität zugeordnet werden, sofern diese ein Fakt oder eine weitere Dimension ist, da alle Schlüsselspalten der Zieldimension mit Attributen der Quelldimension assoziiert werden müssen.

Assoziationen

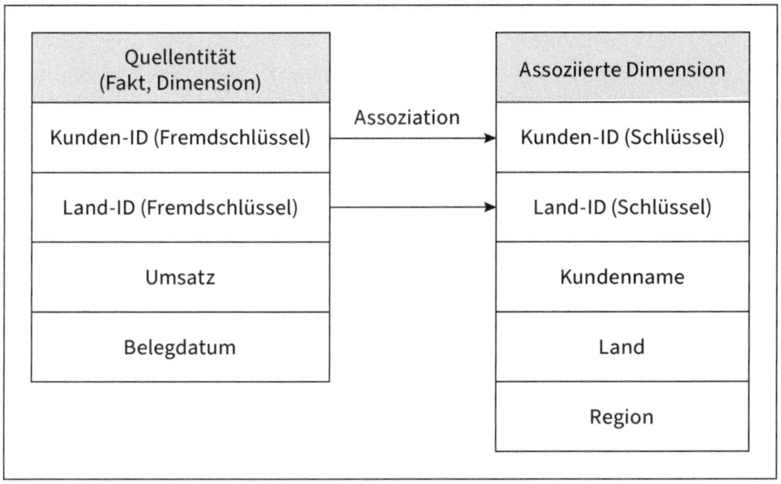

Abbildung 2.10: Veranschaulichung von Assoziationen

Für *Hierarchien mit Verzeichnissen* müssen die Attribute dem Primärschlüssel der Zieldimension zugeordnet werden. Textassoziationen werden verwendet, um Attribute in verschiedenen Sprachen abbilden zu können. Auch bei Textassoziationen müssen alle Schlüsselspalten des Zielobjekts einem Attribut des Quellobjekts zugewiesen werden. Ausnahmen bilden lediglich Zeit- und Sprachspalten, die nicht zwingend gemappt werden müssen sondern anhand der Benutzereinstellungen automatisch abgeleitet werden.

Eine *Dimension* liefert die fachliche Struktur zur Einordnung der Kennzahlen (engl. Measures). Sie besteht aus Stammdaten, Kategorien und Merkmalen, die Gruppierungen und Filter ermöglichen. Damit diese Struktur stabil referenzierbar bleibt, werden Schlüsselspalten als eindeutige Identifikatoren festgelegt. Ergänzend werden Attribute als *Characteristics* geführt, also als fachliche Eigenschaften, die im späteren Analysemodell verwendet werden. Damit die Dimension auch in mehrsprachigen Szenarien verlässlich passende Bezeichnungen liefert, werden Textobjekte modelliert. Diese enthalten sprachbezogene Strings inklusive Sprachkennzeichen und Schlüssel, sodass Attribute aus Dimensionen oder Fakten sauber übersetzt bzw. gelabelt werden können.

Dimensionen bilden fachliche Struktur

Semantische Typen

Für eine konsistente Interpretation reicht die Einordnung in Fakt, Dimensionen und Text jedoch nicht aus. Relevant ist auch die Bedeutung einzelner Spalten. Hier kommen *semantische Typen* (engl. Semantic Types) ins Spiel: Kennzahlen werden bspw. als **Betrag mit Währung** oder **Menge mit Einheit** typisiert, während zugehörige Attribute als **Währungscode** bzw. **Mengeneinheit** geführt werden. Die Verknüpfung erfolgt über die Text-/Assoziationen-Angabe. Zusätzlich existieren semantische Typen für Text und Sprache sowie zahlreiche Zeit- und Datumsarten, sodass sowohl fachliche Zeitbezüge als auch sprach- und geobezogene Informationen eindeutig kenntlich gemacht werden können. Diese saubere Trennung von Kennzahlen und Attributen sowie die eindeutige Typisierung (Währung, Einheit, Zeit) verhindern Missinterpretationen bei Aggregation, Anzeige und Konvertierung.

Hierarchien für organisatorische Struktur

Hierarchien werden im Modell verankert, sobald eine Dimension mehr als flache Gruppierungen benötigt, bspw. für Drilldown/Drillup entlang organisatorischer Strukturen oder Produkt- und Kontenbäume. Hierarchien können direkt in Dimensionen als Parent-Child oder Level-based definiert werden. Bei Parent-Child müssen Parent- und Child-Spalte eindeutig festgelegt werden, wobei das Child-Attribut als Schlüssel geführt wird. Über *Hierarchie-Assoziationen* wird die Hierarchie an die Dimension angebunden, indem Dimensionsschlüssel auf die Child-Key-Attribute der Hierarchie gemappt werden. So wird Drill-Down als wiederverwendbare Navigationslogik im Modell etabliert.

Hierarchien mit Verzeichnis

Wenn Hierarchien heterogen sind, also aus mehreren Knotenarten aus unterschiedlichen Dimensionen bestehen, oder mehrere Hierarchievarianten verwaltet werden müssen, kommt die *Hierarchie mit Verzeichnis* (engl. *Hierarchy with Directory*) ins Spiel. Dabei existiert neben der eigentlichen Parent-Child-Struktur eine Verzeichnis-Dimension, die die verfügbaren Hierarchien identifiziert und benennt. Hierarchie- und Verzeichnis-Entität sind wiederum über eine *Assoziation* verbunden. Diese Struktur ist in Abbildung 2.11 dargestellt. Man trifft sie häufig an, wenn Hierarchien aus Quellsystemen wie SAP S/4HANA oder SAP BW übernommen werden und unterschiedliche Knotentypen sauber getrennt, eindeutig identifiziert und korrekt aggregiert werden sollen.

Ergebnis der korrekten Semantik

Das Ergebnis dieser Modellierung ist eine Semantik, die explizit in Entitäten, Schlüsseln, Typen und Assoziationen steckt. Fakten liefern Kennzahlen, Dimensionen liefern die fachliche Einordnung, Textentitäten liefern sprachfähige Bezeichnungen und Hierarchien liefern die Navigationslogik. Alles ist so definiert, dass unterschiedliche Analysemodelle und Konsumenten dieselben Strukturen identisch interpretieren können.

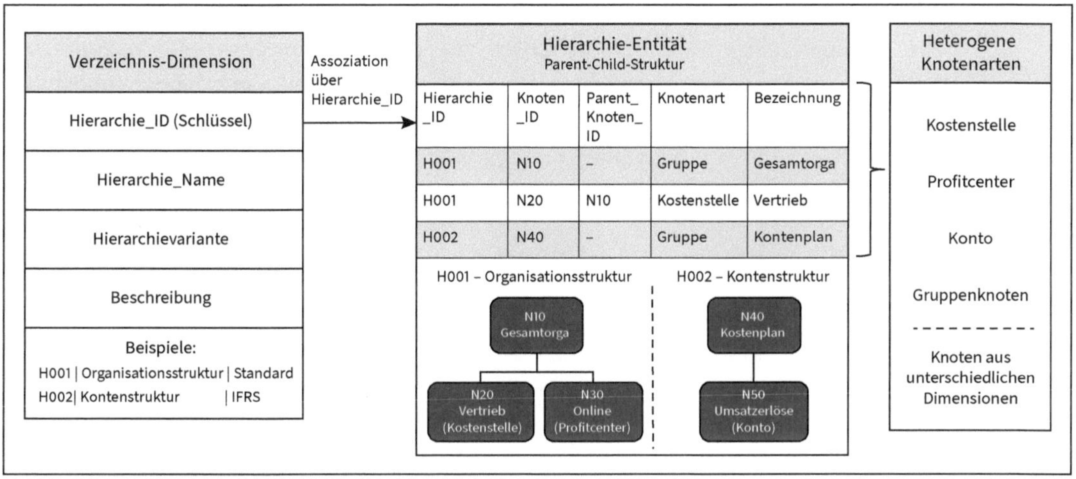

Abbildung 2.11: Hierarchie mit Verzeichnis

2.4.3 Modellierungsansatz entlang der Layer-Architektur

In Abschnitt 2.1.4, »Programmatische Architektur«, haben Sie bereits die von SAP empfohlene Layer-Architektur bestehend aus Inbound Layer, Harmonization Layer, Propagation Layer und Reporting Layer kennengelernt. Dabei wird der Inbound Layer bewusst roh und stabil gehalten und verschiebt Standardisierung in eine wiederverwendbare Harmonisierungsschicht, bündelt fachliche Ableitungen in der Propagation und stellt im Reporting eine konsumierbare, performante Semantik bereit. Das Ergebnis ist ein Modell, das wartbar bleibt, die Wiederverwendung fördert und trotzdem die Anforderungen an Performance und Governance erfüllt. Doch was genau passiert in den einzelnen Layern?

Was passiert im Inbound Layer?

Technisch gesehen beginnt der Inbound Layer dort, wo entschieden wird, ob Daten virtuell, durch Remote Tables und Datenföderation, oder repliziert, durch Snapshot- und Echtzeit-Replikation, bereitgestellt werden. Für operative Aktualitätsanforderungen eignen sich Remote Tables, solange sich das Datenvolumen über frühe Filter bzw. Variablen sauber begrenzen lässt. Für komplexe Logik, stabile Performance und wiederholte Nutzung wird repliziert. Entscheidend ist dabei, wie viel der Logik in Richtung Quelle gepusht wird: `JOIN/UNION/WHERE` in föderierten Views können je nach Adapter nicht zuverlässig in die Quelle verlagert werden, wodurch im Extremfall komplette Tabellen in der Plattform verarbeitet werden. Deshalb bleibt die Inbound View bewusst 1:1 zur Quelle, mit minimaler Projektion und Filtern nur dort, wo sie nachweislich wirken (idealerweise bereits auf Remote-/Replicated-Tabellen). Ergänzend gehören in diesen Layer auch Betriebsaspekte wie das Aktualisieren von Remote-Tabellen-Statistiken, das Überprüfen von SQL-Statements über Monitoring (ob Filter wirklich im `SELECT` landen) sowie das Auswählen passender Replikationsmodi (beispielsweise Snapshots für selten geänderte Stammdaten). Für Massendaten und Delta-Fähigkeit kommen Replication Flows mit Parallelisierung und konfigurierbaren Delta-Intervallen zum Einsatz. Für komplexere ETL-/ELT-Anforderungen bieten Data Flows nur begrenzt Transformationen, lassen sich bei Engpässen in Aufgabenketten jedoch sequenziell aufteilen.

[»]

Data Flows oder eine Kombination aus Replikation und Transformation?

SAP propagiert einen Standard aus Replication Flow und Transformation Flow für das Laden und Transformieren aus Quellen. Gründe hierfür sind die verbesserte Konnektivität von Replication Flows und deren Delta-Fähigkeit sowie die größere Bandbreite an Transformationen in Transformation Flows im Vergleich zu Data Flows. Zum Zeitpunkt der Drucklegung dieses Buchs (Juni 2026) können Data Flows ohne Verlust weiterverwendet werden.

Was passiert im Harmonization Layer?

Im Harmonization Layer wird aus einer technisch korrekten Entität eine stabile, wiederverwendbare Entität. In der Praxis heißt das: Spalten werden gezielt ausgewählt (kein `SELECT *`), Datentypen werden konsistent gemacht, fachliche Feldnamen werden vereinheitlicht (z. B. werden unterschiedliche Company-Code-Bezeichner harmonisiert), konstante Filter werden definiert und die Basis für spätere Semantik wird gelegt. Sobald Joins nötig sind, werden sie in dieser Schicht mit Blick auf Ausführungspläne modelliert: Join-Kardinalitäten werden explizit gesetzt, Join-Typen werden bewusst gewählt (`INNER` vs. `LEFT OUTER`) und Filter werden so platziert, dass sie Datensätze früh reduzieren (z. B. `WHERE` im Join-Kontext). Deduplikation erfolgt bevorzugt über Aggregationsknoten, und bei Negativmengen ist `NOT EXISTS` oft robuster als `NOT IN`. Für die Governance werden DACs so modelliert, dass die Join Mappings vollständig sind und ihre Wirkung über **View as User** überprüfbar bleibt.

Was passiert im Propagation Layer?

Im Propagation Layer entsteht die Business-Logik mit Joins, Unions, berechneten Spalten, Aggregationen und dynamischen Filtern. Diese werden so kombiniert, dass daraus getrennte, wiederverwendbare Bausteine für Fakten, Dimensionen, Texte und Hierarchien entstehen. Kleine, fokussierte Views sind wartbarer und performanter, weshalb eine Entzerrung der Modellierung auch in diesem Layer erfolgen kann. So wandern etwa komplexe Logiken bei Bedarf in SQL Views, während grafische Views für überschaubare Kompositionen und eine bessere Nachvollziehbarkeit geeignet sind. Performanceseitig kann in dieser Schicht die Entscheidung für Persistenz sinnvoll sein: Bei komplexen, speicherintensiven Verarbeitungsketten ist es oft sinnvoller, Intermediate-Persistenzen einzuziehen (z. B. auf einer aggregierenden Zwischen-View), statt nur das Top-Objekt zu persistieren. Persistenzen können partitioniert werden, um den Speicherbedarf zu senken – vorausgesetzt, die Partitionierungsfilter lassen sich in die Quelle pushen (was bei bestimmten Adaptern jedoch nur eingeschränkt möglich ist). Außerdem greifen hier die Betriebsregeln der Persistenz: Views sind je nach Status virtuell, persistiert oder partiell persistiert. Persistenzen können außerdem bei Aktivierung und Strukturänderungen oder bei Änderungen an DACs zurückgesetzt werden. Persistenzläufe lassen sich zudem planen und überwachen. Zur technischen Validierung werden Laufzeitstatistiken (Peak Memory, Laufzeiten, Anzahl von Quellen/Remote Tables) genutzt und bei Bedarf der Ausführungsplan bzw. der View Analyzer zur gezielten Optimierung verwendet.

Was passiert im Reporting Layer?

Im Reporting Layer entsteht Konsumierbarkeit typischerweise über Analysemodelle als zentrale Consumption-Entität. Kennzahlen und Attribute werden bewusst schlank gehalten. Variablen ermöglichen parametrisierte Analysen, und analytische Funktionen – wie eingeschränkte Kennzahlen (engl. Restricted Key Figures, RKF) und berechnete Kennzahlen (engl. Calculated Key Figures, CKF), Ausnahmeaggregationen (engl. Exception Aggregations), Währungsumrechnungen und zeitabhängige Dimensionen (engl. Time-dependent Dimensions) – werden dort gebündelt, wo sie fachlich hingehören. Technisch wichtig ist der semantische Typ: Dimensionen, Texte und Hierarchien werden bevorzugt über Assoziationen angebunden. Existieren für ein Objekt mehrere Assoziationen, muss in der Modellierung eine Auswahl getroffen werden, welche Assoziation verwendet werden soll. In SAP Datasphere werden Assoziationen gegenüber Joins bevorzugt, da sie wiederverwendbarer und performanter sind. Eine Assoziation wird einmal zentral definiert und steht dann automatisch in allen Analysemodellen zur Verfügung. Dadurch wird die wiederholte, redundante Anlage von Joins vermieden. Die Verknüpfung wird nur dann ausgeführt, wenn ein Anwender aktiv Daten aus der assoziierten Tabelle abfragt. Dies beschleunigt die Auswertung erheblich.

Analysemodelle im Reporting Layer

Analysemodelle dienen als konsumierbare Semantik direkt über einem Fakt. Damit sind sie im Reporting Layer verortet und stellen die letzten Objekte vor der Consumption durch bspw. SAP Analytics Cloud dar.

[!]

Abweichende Terminologie

Um sich der Terminologie von SAP Analytics Cloud anzunähern, werden in Analysemodellen einige Begriffe anders verwendet als in den (Fakten-) Quellen. Eingabeparameter in Fakten werden in Analysemodellen den Variablen zugeordnet. Attribute, die nicht assoziiert sind, heißen in Analysemodellen *Faktenquellenattribute*; Attribute, die assoziiert werden, heißen in Analysemodellen *Dimensionen*.

Eingabeparameter vs. Variablen

Auch wenn es zunächst so scheint, als würden diese Unterschiede nur die Terminologie betreffen, so liegen hier dennoch technische Unterschiede vor. In der Praxis heißt das für Sie: Variablen können mit Werten befüllt, aber auch ohne Auswahl weitergereicht werden. Die Behandlung von Eingabeparametern ist jedoch nicht optional – sie müssen befüllt werden. Zudem können Variablen automatisch befüllt werden.

Die Basis der Analysemodelle bilden die Analysemodelle selbst zusammen mit Fakten. Einen Ausschnitt eines Analysemodells sehen Sie in Abbildung 2.12.

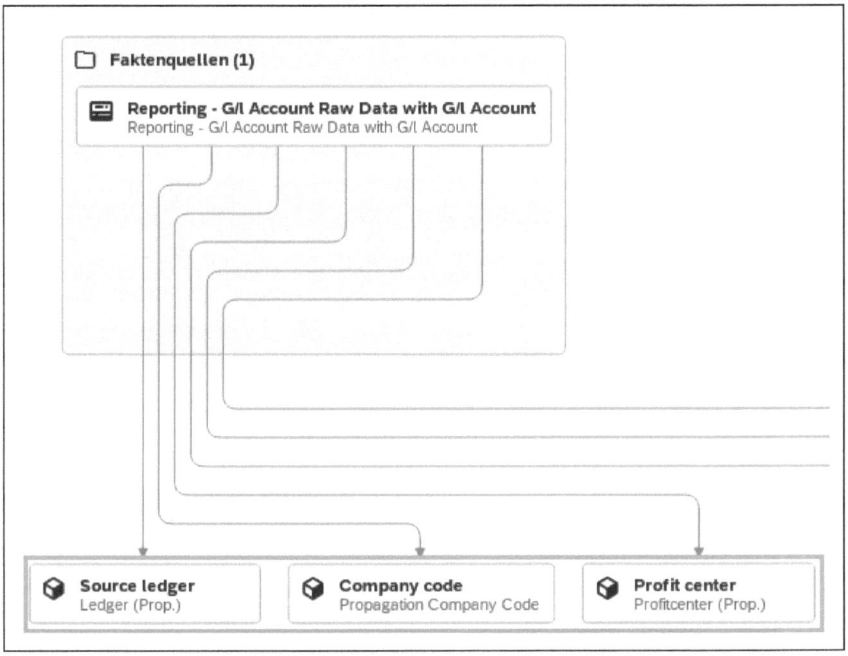

Abbildung 2.12: Beispiel für ein Analysemodell mit Fakt und Dimensionen

Die eingerahmten Tabellen sind die Dimensionen, die in der Quelle des Analysemodells (dem Fakt) assoziiert werden.

2.4.4 Beispiel für einen Modellierungsprozess mit grafischen Views

In diesem Abschnitt modellieren wir ein Beispiel.

Daten importieren

Remote-Tabelle importieren

Zunächst benötigen wir die Quelltabelle. Diese erhalten wir über die Verbindungen. Die folgenden Schritte zeigen, wie Sie im Data Builder den passenden Space öffnen und die benötigte Remote-Tabelle über eine bestehende Verbindung importieren:

❶ Über das Icon [Icon] gelangen Sie in den Data Builder. Hier finden Sie alle Spaces, für die Sie Berechtigungen besitzen. Durch Auswahl des für Sie relevanten Spaces gelangen Sie zu der Ansicht in Abbildung 2.13

❷ Hier sehen Sie den von Ihnen ausgewählten Space.

❸ Über das Importieren-Icon [Icon] öffnet sich ein Dropdown-Menü, über das Sie verschiedene Formate importieren können. Für unser Beispiel wählen wir den Import einer Remote-Tabelle.

❹ Hier wählen wir den Import einer Remote-Tabelle.

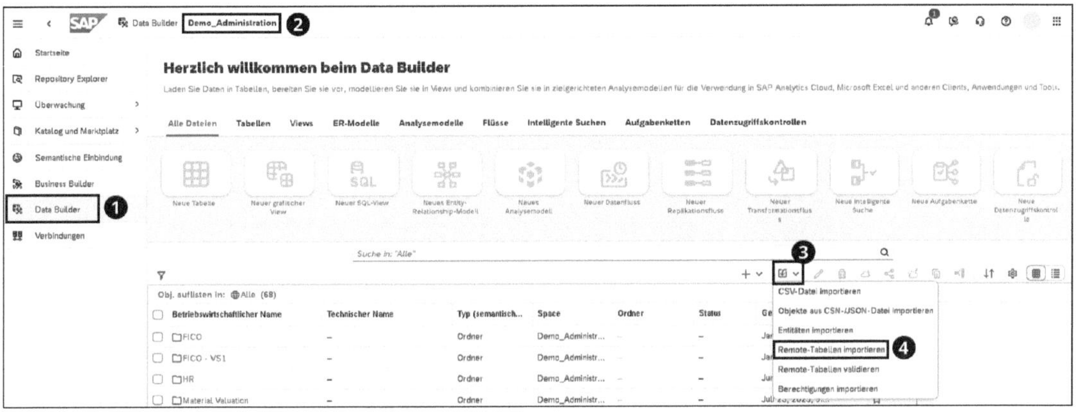

Abbildung 2.13: Ansicht im Data Builder

Verbindung auswählen

Nach der Auswahl von **Remote-Tabellen importieren** gelangen wir in die Ansicht aus Abbildung 2.14. Hier wählen wir unsere Verbindung aus und wechseln anschließend durch einen Klick auf **Nächster Schritt** zur Auswahl der Quellobjekte.

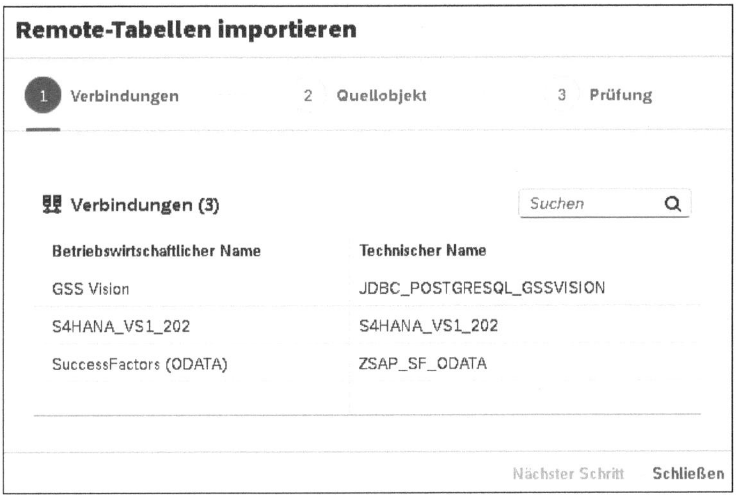

Abbildung 2.14: Remote-Tabelle importieren

Tabelle auswählen

In der Ansicht der Quellobjekte (siehe Abbildung 2.15) können wir nun unsere (in diesem Fall) ABAP-Tabelle suchen – entweder durch Suchen des Namens oder durch Auswahl in der Hierarchie, wie in Abbildung 2.15 links zu sehen ist. Mittig werden uns dann alle zur Verfügung stehenden Tabellen angezeigt und wir können unsere gewünschte Tabelle auswählen und durch einen Klick auf **Nächster Schritt** zur Ansicht in Abbildung 2.16 bzw. Abbildung 2.17 gelangen.

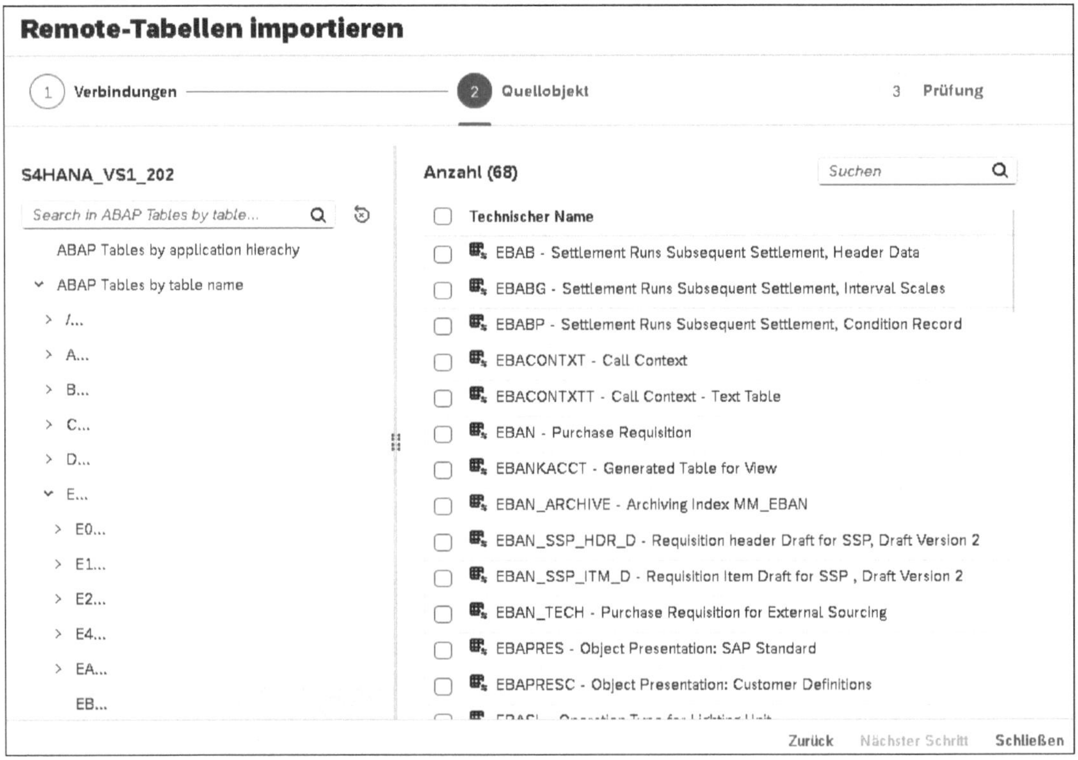

Abbildung 2.15: Quellobjekte auswählen

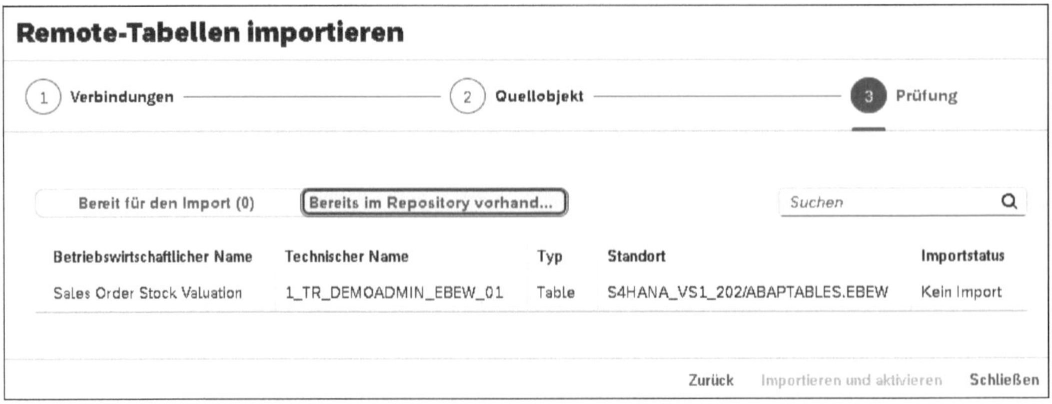

Abbildung 2.16: Ansicht bei bereits importierten Tabellen

In Abbildung 2.16 sehen wir unsere Auswahl entweder unter **Bereit für den Import** oder unter **Bereits im Repository vorhanden**. Im zweiten Fall wurde die Tabelle bereits importiert. Daher befinden wir uns im gleichnamigen Reiter und können die Tabelle nicht erneut importieren und aktivieren. Abbildung 2.17 zeigt die Darstellung unter **Bereit für den Import**.

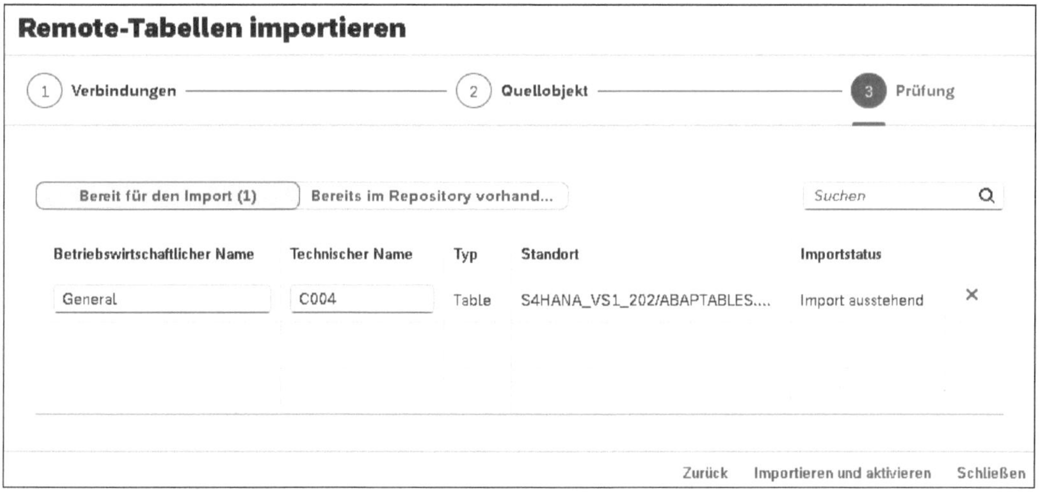

Abbildung 2.17: Ansicht zum neuen Import einer Remote-Tabelle

Namen vergeben

Wie in Abbildung 2.17 zu sehen ist, kann hier ein betriebswirtschaftlicher und ein technischer Name vergeben werden. Der technische Name kann für die Inbound-Tabelle nicht mehr korrigiert werden. Daher sollten Sie sich bereits hier mit den entsprechenden Namenskonventionen vertraut gemacht haben. Mit einem Klick auf **Importieren und aktivieren** wird die Tabelle in Ihren Space importiert. Der Importstatus lautet dann **Import erfolgreich**. Damit haben wir die Datenquelle in den Inbound Layer importiert.

Nun beginnt die eigentliche Modellierung im Data Builder. Da es keine explizite Vorgabe zur Verwendung von grafischen oder SQL Views gibt, wählen wir hier die grafische View als Low-Code-Umgebung.

Daten vorbereiten

Modellierung im Harmonization Layer

In der neuen Ansicht finden wir auf der linken Seite im Dateienverzeichnis (engl. Repository) die verfügbaren Quelldateien (siehe Abbildung 2.18).

Wir wählen die Tabelle aus, die wir eben importiert haben, da wir diese harmonisieren und anschließend teilen wollen. Wir ziehen sie per Drag and Drop in die freie Fläche.

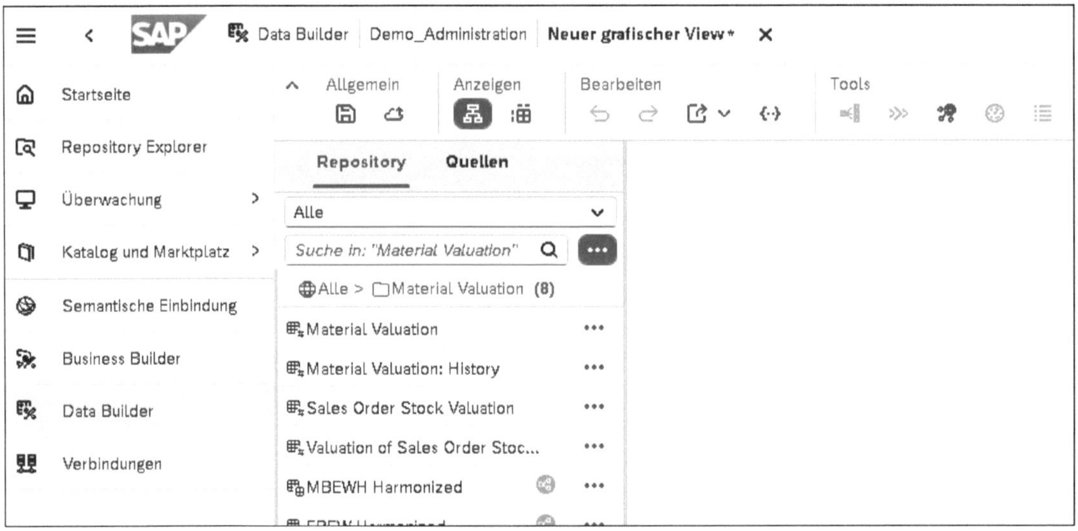

Abbildung 2.18: Ansicht des Repositorys

Namenskonvention vergeben

In Abbildung 2.19 sehen wir die View-Eigenschaften. Hier werden dann die Namenskonventionen für den betriebswirtschaftlichen und den technischen Namen vergeben. Soll das Modell einem Paket zugeordnet werden, kann dies ebenfalls direkt über das entsprechende Dropdown-Menü ausgewählt werden.

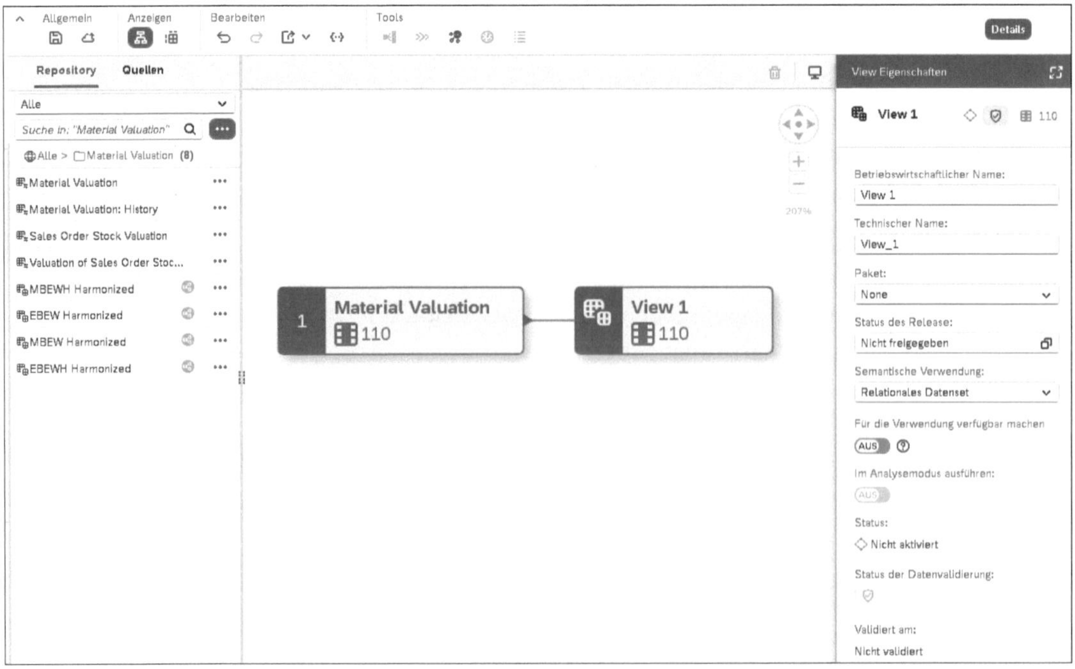

Abbildung 2.19: View-Eigenschaften einrichten

Es folgt der Status des Releases. Wenn Sie die KI-Funktionen innerhalb von SAP Datasphere verwenden, können Sie die semantische Verwendung für Ihr Modell sowie für dessen Spalten generieren lassen. Andernfalls können Sie die Einstellungen selbst vornehmen. Da wir uns hier im zweiten Layer (Harmonization Layer) befinden, haben wir in der View keine Geschäftslogiken implementiert. In diesem Fall bleiben wir in der semantischen Verwendung daher bei einem relationalen Datenset.

Nachdem wir alle Einstellungen vorgenommen haben, wird die grafische View gespeichert, aktiviert und anschließend validiert. Sie wird durch einen Klick auf das Aktivieren-Icon gleichzeitig gespeichert und aktiviert (engl. deployed). Nachdem die View aktiviert wurde, können wir sie über das Validieren-Icon validieren. Im unteren Bildschirm öffnet sich die Ansicht aus Abbildung 2.20. Hier klicken wir auf **Validieren**.

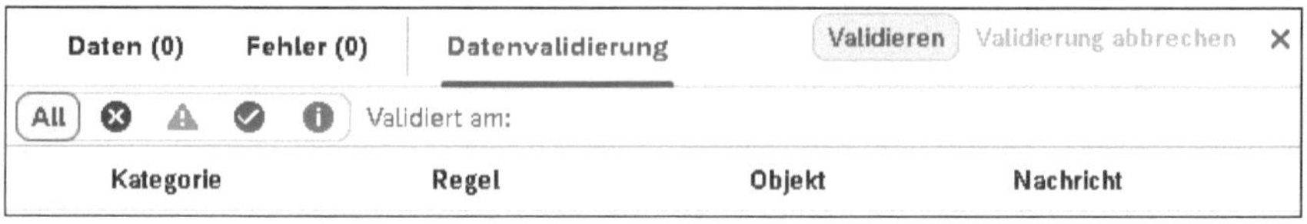

Abbildung 2.20: Vorschau der Datenvalidierung

Diese View kann im nächsten Layer als Quelle weiterverwendet werden. Dazu muss sie in den entsprechenden Space geteilt werden. Hier richten wir uns nach der in Abschnitt 2.1.4, »Programmatische Architektur«, beschriebenen Architektur und teilen die Layer in die entsprechenden Spaces auf. Inbound Layer und Harmonization Layer liegen im **Administration**-Space. Geteilt werden die Modelle des Harmonization Layers in unserem Beispiel in den LoB-Space **Procurement**.

Teilen einer View in einen anderen Space

Dazu müssen wir die View teilen: Im Data Builder wählen wir die View aus und wählen das Teilen-Symbol () in der Funktionsleiste. Es öffnet sich das Dialogfenster zum Teilen einer View (siehe Abbildung 2.21).

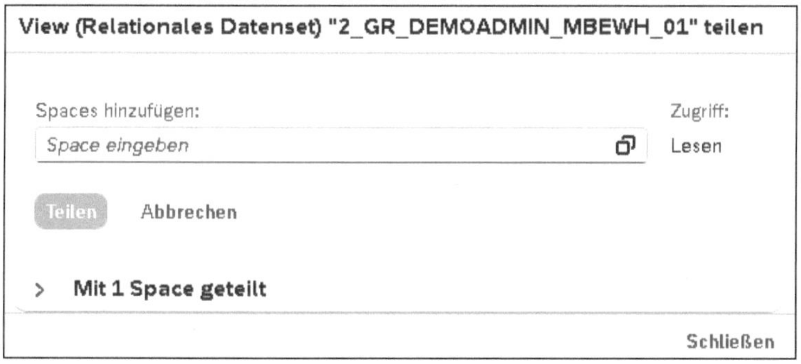

Abbildung 2.21: Ansicht zum Teilen einer View

Modellieren im Data Builder

Hier wählen wir dann den entsprechenden Space aus und teilen die View. In der Übersicht des Data Builders wechseln wir daher nun auch den Space. Im LoB-Space implementieren wir die Geschäftslogiken, um später das Analysemodell darauf aufzubauen und dieses für das Reporting an SAP Analytics Cloud freizugeben.

Einstellungen in Fakten

Wir wählen also erneut eine neue grafische View über das Icon (Tooltip: **Neuer grafischer View**) aus. Der technische und der betriebswirtschaftliche Name werden gemäß der Namenskonvention für den dritten Layer vergeben. Die semantische Verwendung kann hier ebenfalls unter Umständen KI-gesteuert generiert werden. Da wir uns nun im Propagation Layer befinden, wählen wir bei der Erstellung in der semantischen Verwendung **Fakt** aus. Nun stehen uns die folgenden Funktionen für die Modellierung zur Verfügung:

- (Tooltip: **Filtern**)
- (Tooltip: **Spalten umbenennen/ausschließen (Projektionen)**)
- (Tooltip: **Berechnete Spalten**)
- (Tooltip: **Aggregationen**)
- (Tooltip: **Vorschlag Join**)
- (Tooltip: **Datenvorschau**)

Zusätzlich kann die Analyse der Auswirkung und Herkunft (engl. Impact and Lineage Analysis) verwendet werden, sobald die View aktiviert wurde.

Filter in grafischen Views

Die Operatoren können benannt werden, damit sie innerhalb der Lineage einfacher identifiziert werden können. In Abbildung 2.22 sehen Sie einen *Filter*. Für den **Ausdruck** steht eine Untermenge des in SAP HANA Cloud verwendeten SQL-Script-Dialekts zur Verfügung. Welche Funktionen unterstützt bzw. nicht unterstützt werden, können Sie in der SAP-Dokumentation unter *http://s-prs.de/v1134103* nachschlagen.

Abbildung 2.22: Ansicht eines Filters

Mit einem Klick auf **Validieren** wird die syntaktische Richtigkeit sichergestellt, was insbesondere bei der manuellen Eingabe der Spaltennamen relevant sein kann. Der Reiter **Funktionen** stellt eine Auswahl an SQL-Funktionen bereit, über den Reiter **Spalten** können die existierenden Spaltennamen ausgewählt werden, um Fehler bei der Übertragung der Namen zu verhindern. Unter **Sonstige** finden sich Standardoperatoren der SQLScript-Syntax wie `AND/OR/LIKE` etc. Hier werden auch Eingabeparameter angezeigt (die Sie unter **Parameter** finden), sofern diese in der Ziel-View definiert wurden. In der Regel werden Eingabeparameter zur Vorfilterung von Daten verwendet und um dynamische Abfragen in Analysen bspw. für verschiedene Planszenarien durchspielen zu können. Nach diesem Knoten lassen sich noch Projektionen, Berechnungen und Aggregationen durchführen sowie im Gegensatz zu den SQL-Views auch eine Datenvorschau der Zwischenschritte verwenden. Die Datenvorschau zeigt eine Auswahl der in der View enthaltenen Spalten und ihrer Werte. Diese können je Spalte gefiltert werden, was bei der Fehlersuche hilfreich sein kann.

Projektionen in grafischen Views

Projektionen werden verwendet, um die Nomenklatur von Spalten anzupassen. Auf diese Weise lassen sich sowohl der betriebswirtschaftliche als auch der technische Name ändern. Darüber hinaus können Spalten ausgeblendet werden. Werden jedoch Schlüsselspalten ausgeblendet, können in darauf aufbauenden Views Probleme bei der Validierung auftreten, da die eindeutige Schlüsselbedingung (engl. Key Constraint) verletzt werden kann. Auf Projektionen können Filter, Berechnungen, Aggregationen sowie eine Datenvorschau ausgewählt werden.

Berechnete Spalten in grafischen Views

Über *berechnete Spalten* kann die bereits bestehende SQLScript-Syntax der existierenden Spalten manipuliert werden und es können neue Spalten hinzugefügt werden. Hier sind komplexe Berechnungen bis hin zu (eingeschränkten) Fensterfunktionen möglich. Neben der Nomenklatur können hier auch der Datentyp geändert und die Länge eingestellt werden.

Im Anschluss wird der Ausdruck für die Berechnung erstellt. Für die Erstellung des SQLScript-Ausdrucks stehen die gleichen Funktionalitäten wie bei Filtern zur Verfügung.

[!]

Wann ist Validierung notwendig?

Bei Filtern ist das Validieren des verwendeten Ausdrucks optional. Bei Berechnungen ist die Validierung des Ausdrucks hingegen zwingend erforderlich. Wird die Maske der ausgewählten Spalte verlassen, werden Änderungen sonst verworfen und müssen erneut eingestellt werden.

> [»]
> **SAP-Best-Practices-Nomenklatur**
> Die SAP Best Practices sehen für den (technischen) Namen einer berechneten Spalte die Verwendung des Präfixes »CM_« (für »Calculated Measure«) vor, um in den folgenden Schritten einen Überblick über manipulierte und selbsterstelle Spalten zu behalten. Für Dimensionen wird das Präfix »CD_« (für »Calculated Dimension«) empfohlen.

Aggregat-Funktionen in grafischen Views

Aggregationen werden verwendet, um verschiedene Formen von Berechnungen einzurichten. Verständlicherweise sind nur Spalten für Aggregationen auswählbar, die einen numerischen semantischen Typ, wie bspw. **Integer64**, besitzen. In diesen Spalten können `SUM`-, `COUNT`-, `MIN`- und `MAX`-Aggregationen durchgeführt und zusätzlich `HAVING`-Klauseln eingestellt werden. Letztere werden verwendet, um Daten vor der Aggregation zu filtern. Der hier zu erstellende SQLScript-Ausdruck kann ebenfalls mithilfe vorgeschlagener Funktionen, einer Liste der vorhandenen Spalten, eingestellter (Eingabe-)Parameter und sonstiger Operatoren erstellt werden. Gleichzeitig werden die Spalten, für die keine Aggregation eingestellt wird, in der inhärenten `GROUP-BY`-Klausel verwendet, um die Ergebnisse entsprechend den eindeutigen Kombinationen von Werten der Attribute in der `GROUP-BY`-Klausel zusammenzufassen. Aggregate eignen sich daher gut für die Datendeduplikation. In der SQL-Vorschau können Sie sich den erzeugten Code anzeigen lassen und so mögliche Fehler leicht erkennen und korrigieren.

Vorgeschlagene Join-Partner in grafischen Views

Nun existiert die *Join-Vorschlagsoption* in der Liste der Datenmanipulationsmöglichkeiten. Hier werden die Joins vorgeschlagen, die in den Assoziationen angelegt wurden. Sie werden als Vorschlag für wiederholbare, nicht neu einzustellende Joins verwendet. Sind keine Assoziationen in der Quelle vorhanden, werden an dieser Stelle auch keine Joins vorgeschlagen.

Data Preview in grafischen Views

Die letzte Auswahl der Liste ist die Data Preview bzw. *Datenvorschau*. Hier können unterhalb der grafischen Modellierungsoberfläche die Daten nach Ausführung des ausgewählten Knotens eingesehen werden. Eine Ansicht der Datenvorschau sehen Sie in Abbildung 2.23.

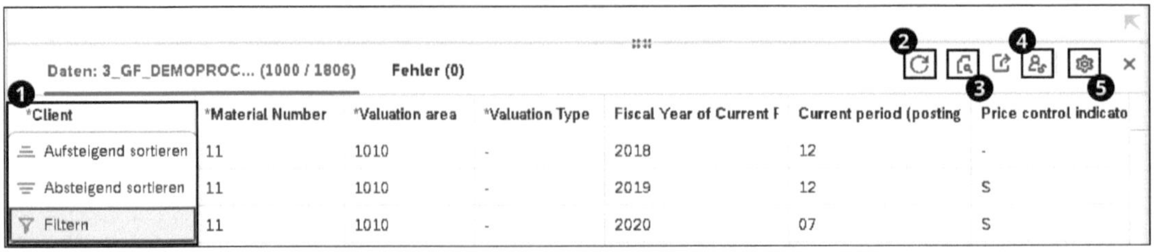

Abbildung 2.23: Ansicht der Datenvorschau

In der Datenvorschau stehen Ihnen die folgenden Funktionen zur Verfügung:

❶ Durch Auswahl einer Spalte öffnet sich ein Dropdown-Menü, in dem Sie bspw. Filter einstellen können, die die Ansicht der Daten temporär manipulieren. Dies vereinfacht das Testen und Auffinden von Fehlern im Vergleich zu SQL-Views maßgeblich.

❷ Über das Icon können Sie die Datenansicht aktualisieren.

❸ Über das Icon gelangen Sie in die SQL-Vorschau. Diese betrachten wir am Ende dieses Abschnitts genauer.

❹ Über das Icon können Sie eine DAC für einen bestimmten Benutzer im aktuellen Space simulieren.

❺ In den Spalteneinstellungen, die Sie über das Icon erreichen, können Sie die sichtbaren Spalten ein- und ausblenden, was besonders bei einer großen Menge von Attributen relevant ist.

Lineage- und Impact-Analyse

In der grafischen View kann über das Icon (Tooltip: **Analyse der Auswirkungen und der Herkunft**) die Lineage der jeweils ausgewählten Quelle eingesehen werden. Hier hat man auch die Möglichkeit, sich die Abhängigkeitsanalyse anzuschauen. Sie gibt Auskunft darüber, welche weiteren Tabellen, Views, Dimensionen, Flows usw. von den Daten der Quelle beeinflusst werden.

Joins in grafischen Views

Eine andere Option, die nicht offensichtlich für Modelliererinnen und Modellierer zur Verfügung steht, sind eigene Joins und Unions. Nachdem in der grafischen View die erste Quelle hinzugefügt wurde, können Sie selbstständig die damit zu verbindende nächste Datenquelle auswählen, über die erste Quelle ziehen und dort halten. Es öffnet sich eine Auswahl, in der Sie über die Verbindungsart entscheiden können (siehe Abbildung 2.24). Bei der Auswahl eines Joins können Sie anschließend verschiedene Einstellungen vornehmen.

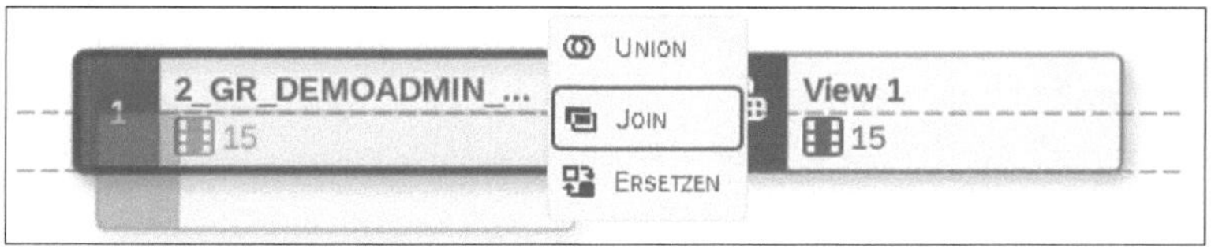

Abbildung 2.24: Join- und Union-Auswahl

Die SQL-Spezialisten unter Ihnen werden sich hier leicht zurechtfinden, da Ihnen alle SQL-typischen Join-Arten zur Verfügung stehen (siehe Abbildung 2.25):

- **Cross**
- **Vollständig**
- **Inner**
- **Links**
- **Rechts**

Einstellungen für Joins

Sie können hier auch auswählen, ob im Join bereits die Duplikate entfernt werden sollen. Setzen Sie dazu das Kennzeichen bei **Eindeutige Werte**, damit nur eindeutige Werte in das Ergebnis übernommen werden (siehe Abbildung 2.25). Wenn Sie das Kennzeichen nicht setzen, können Sie Duplikate in einem nachgelagerten Filter- oder einem Aggregationsknoten entfernen.

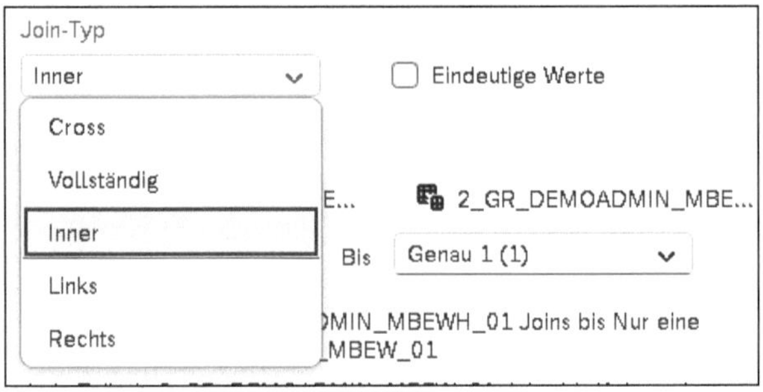

Abbildung 2.25: Join-Einstellungen

In den Join-Einstellungen können Sie die Kardinalitäten des Joins angeben. Dies optimiert die Datenbankabfrage und kann zu Performance-Verbesserungen führen. Eine falsche oder fehlende Auswahl kann hier allerdings zu Fehlern im Ergebnis führen. Die Angabe der Kardinalität wird in den SQL-Code übernommen und verbessert die Performance Ihrer Modellierung. Elementar für Ihren Join jeder Art (ausgenommen Cross-Join) ist zuletzt das Mapping der Attribute, das festlegt, welche Datensätze miteinander kombiniert werden. SAP Datasphere findet hier meist selbstständig den richtigen Join-Partner; Sie sollten das Mapping aber stets überprüfen und ggf. korrigieren oder erweitern.

[!]

Ohne Kardinalitäten können falsche Ergebnisse auftreten

Bei der Verwendung von Joins ist es möglich, dass die Ergebnisse nicht korrekt berechnet werden. Daher ist die Verwendung von Kardinalitäten nicht nur aus Performance-Gründen sinnvoll, sondern auch, um die Richtigkeit der Ergebnisse sicherzustellen.

Unions in grafischen Views

Für Unions stehen zwei Optionen zur Verfügung: **Union** und **Union All**. **Union All** ist im Allgemeinen performanter, da Duplikate hier nicht zur Laufzeit entfernt werden und in der Ausgabe enthalten bleiben. **Union** hingegen entfernt Duplikate vor der Ausgabe des Ergebnisses, weshalb diese Operation unter Umständen ressourcenintensiver ist. Hier sei noch anzumerken, dass ein **Union**-Knoten an letzter Stelle der Kombination von Datenquellen stehen sollte, sodass keine nachfolgenden Join-Operationen erfolgen.

[!]

Worauf muss bei der Reihenfolge von Joins und Unions geachtet werden?

In der Dokumentation zu SAP Datasphere finden sich Hinweise auf mögliche Fehler bei der Verwendung von Joins *nach* einem Union. In der Praxis waren zum Zeitpunkt der Drucklegung dieses Buchs (Juni 2026) keine technischen Probleme in diesem Zusammenhang bekannt.

Weitere Einstellungen in grafischen Views

Mit den Joins und Unions haben wir alle Manipulationsoperatoren behandelt. Somit bleiben noch die Einstellungen im Ergebnis-View. Wie in jeder Ansicht sind hier ein betriebswirtschaftlicher und ein technischer Name zu vergeben, ebenso wie der Status des Releases, der jedoch erst nach dem ersten Aktivieren gesetzt werden kann (siehe hierzu Abschnitt 2.4.1, »Grundlagen des Data Builder«). Anschließend muss die semantische Verwendung angelegt werden. Nun stehen noch einige weitere Optionen zur Verfügung.

Kennzahlen in grafischen Views

Üblicherweise enthält jeder Fakt mindestens eine *Kennzahl*. Diese wird in alle darauf aufbauenden Fakten vererbt und final in den Analysemodellen verwendet. Kennzahlen stellen die quantifizierbaren, numerischen Spalten eines Datenmodells dar, die für Berechnungen und Aggregationen verwendet werden. Um ein Attribut in eine Kennzahl umzuwandeln, kann es entweder einfach per Drag and Drop in den Kennzahlenbereich verschoben oder über die Menüpunkte am Attribut als Kennzahl eingestuft werden. Anschließend werden für die Kennzahl der Datentyp, der Aggregationstyp und der geforderte semantische Typ angegeben (siehe hierzu auch »semantische Typen« in Abschnitt 2.4.2, »Semantische Modellierung: Semantic Usage, Fakten, Dimensionen, Texte, Hierarchien«). Zum Abschluss der semantischen Definition wird über das Icon noch ein Attribut ausgewählt, das den komplementierenden Semantiktyp enthält.

Eingabeparameter in grafischen Views

Als Nächstes folgen die *Eingabeparameter*. Über diese können Daten entsprechend den Eingaben in den Parametern vorgefiltert werden. Insbesondere in Verbindung mit DACs lassen sich so sinnvolle Vorfilterungen für Fachabteilungen erstellen, ohne relevante Daten auszublenden. Eingabeparameter fordern den Benutzer zur Befüllung auf. Diese Befüllung wird an die entsprechenden Filter und Berechnungen weitergegeben und ermöglicht so eine dynamische Filterung von Views. In Abbildung 2.26 sehen Sie einen angelegten Eingabeparameter, der für ein Datum vorbereitet ist. Über das +-Icon können Sie einen neuen Eingabeparameter anlegen. Es folgen die typischen Benennungen und weitere Optionen je nach Datentyp. Da es 18 verschiedene Datentypen zur Auswahl gibt, verzichten wir an dieser Stelle auf weitere Details und verweisen stattdessen für weitere Informationen auf die SAP-Dokumentation.

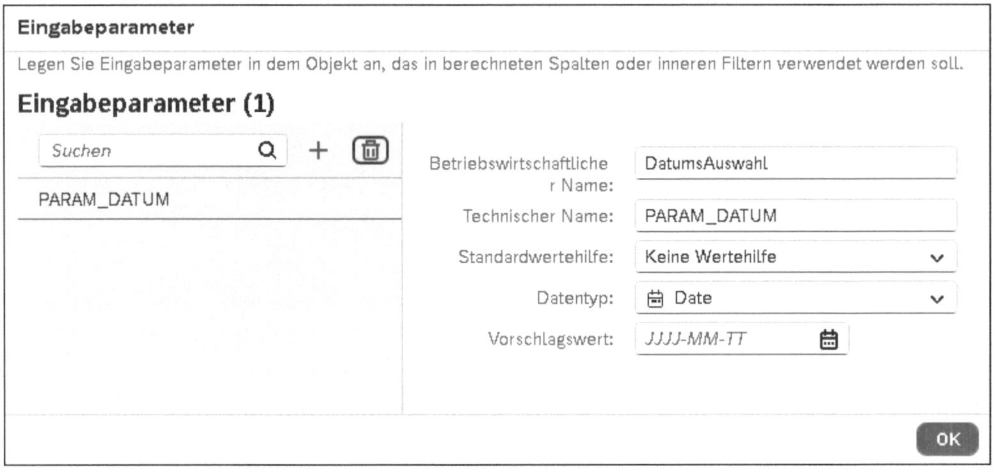

Abbildung 2.26: Eingabeparameter erstellen

[!]

Eingabeparameter müssen verwendet werden

Alle angelegten Eingabeparameter müssen mindestens einmal im View verwendet werden, andernfalls erhalten Sie Fehler in der Validierung Ihres Modells.

Datenpersistenz in grafischen Views

In der Eingabemaske zu den grafischen Views folgt die (Daten-)Persistenz. Ist diese eingerichtet, sind die Daten schnell zugänglich und lokal verfügbar. Da Views in SAP Datasphere zunächst virtuell sind, wird deren Ergebnis bei jedem Zugriff zur Laufzeit berechnet. Je nach Komplexität (Joins, Aggregationen, Assoziationen) und Quelltyp kann die Laufzeit dadurch steigen, insbesondere wenn im Hintergrund föderierte Zugriffe oder große Datenmengen verarbeitet werden müssen. Das Persistieren der Daten löst diese Laufzeitberechnung ab. Das Ergebnis der View wird materialisiert und als persistierte Datenbasis innerhalb der Plattform abgelegt, sodass nachfolgende Abfragen nicht mehr die komplette View-Logik erneut ausführen müssen. Im *View Analyzer* lassen sich die Informationen zum Persistenzlauf abrufen. Hier erhalten Sie Aussagen zur Speichergröße und zum Status der Persistenz. Damit die Daten bei einer Anfrage auch aktuell sind, benötigen Sie ein Aktualisierungskonzept. Ein persistiertes Modell ist nur dann fachlich verlässlich, wenn klar ist, wann und wie häufig es aktualisiert wird. Hierfür wird Datenpersistenz betrieblich als Datenintegrationsaufgabe behandelt und kann manuell ausgeführt oder geplant werden.

Assoziationen in grafischen Views

Anschließend werden Assoziationen angelegt. Dabei können die verbundenen Attribute entweder direkt angelegt oder nachträglich in der Übersicht der Attribute hinzugefügt werden.

DAC in grafischen Views

Um eine Datenzugriffskontrolle in einem View anzulegen, müssen Sie zuvor eine DAC-Tabelle korrekt hinterlegt haben. Ist dies der Fall, können Sie die DAC-Tabelle in Ihrem View hinterlegen. Die Datenvorschau ist dann erst nach Aktivierung der View möglich.

Geschäftszweck in grafischen Views

Nun haben Sie die Möglichkeit, den Geschäftszweck Ihrer View zu beschreiben. Hier wird üblicherweise die wirtschaftlich-semantische Dokumentation festgehalten und eine Zuweisung der Verantwortlichkeit für die View vorgenommen.

Zuletzt können die abhängigen Objekte in den Modelleigenschaften angezeigt werden und ggf. Fehler in der Lineage identifiziert werden. Abbildung 2.27 zeigt, wie korrekte abhängige Objekte in der Übersicht angezeigt werden.

Abbildung 2.27: Ansicht abhängiger Objekte in den Modelleigenschaften

Nach Fertigstellung der Modellierung bleiben noch einige Besonderheiten zu erläutern, die für die Korrektheit, Nachvollziehbarkeit und Weiterverwendung des Modells von Interesse sind. Die erste dieser Besonderheiten ist die Validierung.

Datenvalidierung in grafischen Views

Um ein Modell zu validieren, klicken Sie auf die Ziel-View oder navigieren Sie aus der Quelle heraus ins freie Feld. Sie gelangen dann in die Ansicht aus Abbildung 2.28.

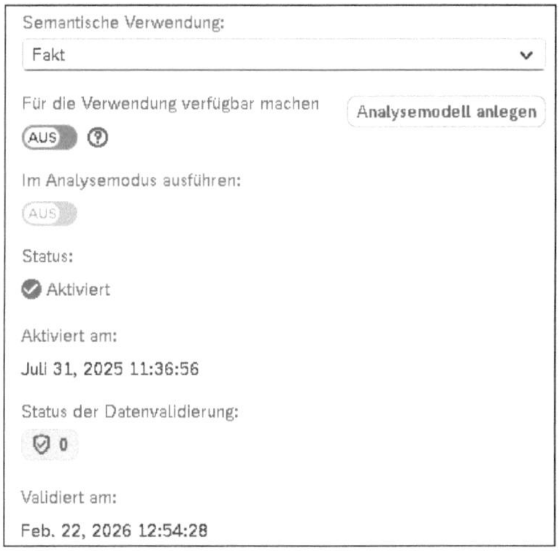

Abbildung 2.28: Ansicht zur Validierung

Wir sehen hier Informationen zum semantischen Typ, zum Status, zur Publikation und zur Datenvalidierung. Durch einen Klick auf das Icon erhalten Sie eine Vorschau der Datenvalidierung, die Sie wiederum durch erneutes Klicken auf **Validieren** (siehe Abbildung 2.29) triggern müssen.

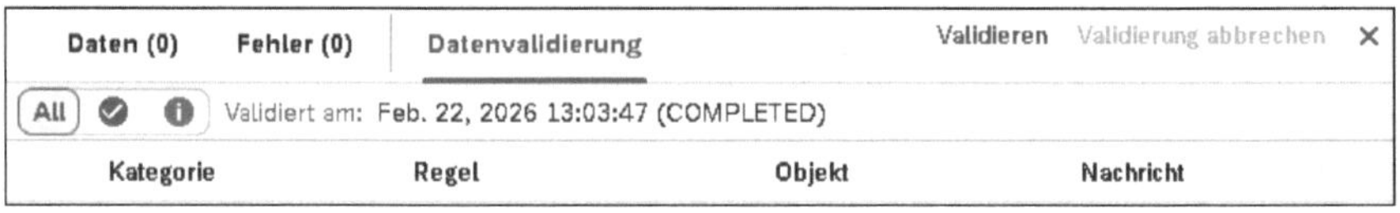

Abbildung 2.29: Beginn der Validierung

Anschließend erhalten Sie eine Rückmeldung zu Fehlern, Warnungen oder einer erfolgreichen Validierung. Bei Fehlern und Warnungen können die auf dem Modell aufbauenden Analysen fehlerhaft sein. Diese sollten daher immer korrigiert werden.

> **Fehler werden weitergereicht**
> Eine fehlerhafte Validierung verhindert keine Verwendung der Modelle in Analysemodellen und Analyse-Tools wie SAP Analytics Cloud. Fehlerhafte Modellierungen werden nicht an der Fortschreibung in Reporting-Tools gehindert.

SQL-Vorschau in grafischen Views

Die *SQL-Vorschau*, die Sie über das Icon unter ❸ in Abbildung 2.23 erreichen, liefert den vom System generierten SQL-Code zum jeweiligen Modell. Entwicklerinnen und Entwickler können so nachvollziehen, wie die Engine die Daten verarbeitet, und Modellierungsfehler identifizieren. Wichtig zu beachten ist, dass der erzeugte Code nicht optimal ist, durch den Optimizer aber später für die SAP-HANA-Datenbank optimiert wird.

Analysemodell für Consumption

Analysemodelle

In Abbildung 2.28 sehen Sie außerdem die Option, ein Analysemodell mit dem Button **Analysemodell anlegen** direkt aus dem Fakt heraus zu erstellen. Dabei öffnet sich eine neue View zur Erstellung eines neuen Analysemodells. Wie bereits in Abschnitt 2.4.3, »Modellierungsansatz entlang der Layer-Architektur«, erwähnt, sind Analysemodelle die semantische Schicht vor der Consumption, die in Auswertungstools wie SAP Analytics Cloud erfolgt. Analysemodelle selbst dienen jedoch ebenfalls als Grundlage für Analysemodelle. Grundsätzlich können bei einem Analysemodell folgende Eigenschaften bearbeitet werden:

- technischer und betriebswirtschaftlicher Name
- Kennzahlen
- Dimensionen

- Strukturelemente
- Variablen
- Datenzugriffskontrollen
- Filter
- abhängige Objekte

Kennzahlen aus Fakten

Während die Namen keiner Erklärung bedürfen, finden wir unter den Kennzahlen einige Optionen. Kennzahlen, die im zugrunde liegenden Fakt eingestellt wurden, werden hier ebenfalls unter den Kennzahlen aufgeführt. Attribute aus dem Fakt finden sich in den Dimensionen. Weitere Kennzahlen lassen sich nur über das Erstellen einer neuen Kennzahl in das Modell einfügen.

Kennzahlen im Analysemodell

In einem Analysemodell werden Kennzahlen so vorbereitet, dass sie in der Consumption einheitlich funktionieren. Zunächst wird festgelegt, welche Kennzahlen aus dem zugrunde liegenden Fakt überhaupt Bestandteil des Modells sind. Die damit verbundene Begrenzung des Umfangs führt dazu, dass Konsumenten mit einem definierten Satz an Kennzahlen arbeiten können, und nicht erst die relevanten Spalten aus allen verfügbaren Spalten filtern müssen. Im nächsten Schritt wird die fachliche Interpretation der Kennzahlen abgesichert. Dazu gehören vor allem Semantik und Aggregationsverhalten: Betragskennzahlen werden als **Betrag mit Währung** und Mengen als **Menge mit Einheit** geführt, jeweils mit der zugehörigen Währungs- bzw. Einheiteninformation. Dadurch werden Anzeige und Verarbeitung in den konsumierenden Frontends konsistent.

Arten von Kennzahlen im Analysemodell

Auf dieser Basis können Kennzahlenvarianten im Analysemodell gebildet werden, ohne dass die Fakten-View jedes Mal erweitert werden muss. In SAP Datasphere werden die folgenden Optionen je nach fachlicher Anforderung eingesetzt:

- **Berechnete Kennzahl** für Formeln auf Basis vorhandener Kennzahlen
- **Eingeschränkte Kennzahl** für Kennzahlen mit fest eingebauten Einschränkungen (Filterlogik)
- **Anzahl eindeutiger Kennzahlen** für eindeutige Zählungen
- **Umrechnungskennzahl** für definierte Umrechnungen (z. B. Währung)
- Für Bestands- und Stichtagswerte wird außerdem mit **Bestandskennzahl** (engl. Non-Cumulative Measures) gearbeitet, damit Zeitbezüge nicht über Summen verfälscht werden.

Dimensionen im Analysemodell

Dimensionen bilden die Achsen, entlang derer Kennzahlen ausgewertet werden. In der Praxis werden Dimensionen aus Attributen des Fakts abgeleitet oder über Assoziationen angebunden. Relevant ist dabei die konsistente Nutzung von Stammdaten, Texten, Hierarchien und Schlüsseln. Dimensionen sind daher der

Teil des Modells, der Navigation, Filterbarkeit und Drilldown-Strukturen in den Consumption-Systemen vorbereitet.

Strukturelemente im Analysemodell

Strukturelemente sind ein Werkzeug, um im Analysemodell eine vordefinierte fachliche Gliederung abzubilden, die in Consumption-Systemen als optionale, wiederverwendbare Struktur verfügbar wird. Typisch ist das für Kennzahlenstrukturen, bspw. wenn eine Auswertung immer wieder in derselben Logik (Plan/Ist/Abweichung, Umsatz/Kosten/Marge, interne Rechenlogik) aufgebaut werden soll.

Im Analysemodell können dabei Strukturen definiert und über Mitglieder (engl. Structure Members) gefüllt werden. Unterschieden wird hierbei unter anderem zwischen berechneten und eingeschränkten Strukturelementen. Die so vordefinierte Logik liegt dem Analysemodell zugrunde und wird (sofern es sich nicht um ein Hilfsstrukturelement handelt) an das Consumption-System weitergegeben. Somit liegt die Logik in jedem darauf aufbauenden Bericht vor und muss nicht wiederholt für Dimensionen neu erstellt werden. Strukturelemente sind jedoch kein Ersatz für saubere Basiskennzahlen im Fakt. Sie dienen als zusätzliche, kuratierte Darstellungsschicht.

Strukturen wiederverwendend einsetzen

Eine mögliche Verwendung dieser Strukturen lässt sich am Beispiel eines HR-Reportings veranschaulichen. In einem Analysemodell könnten bspw. der Headcount je Kostenstelle, das durchschnittliche Gehalt je Position, der Anteil von Mitarbeitenden mit Behinderungen usw. modelliert werden. Hier kann nun eine Struktur zum Geschlecht angelegt werden, also etwa männlich, weiblich, non-binär, divers. Im Reporting kann diese Struktur dann ausgewählt werden und die Auswertung wird für alle angelegten Kennzahlen übernommen. Dies kann die Fehleranfälligkeit reduzieren, bringt aber auch einige Einschränkungen mit sich.

Kollisionsbehandlung von Strukturelement und Kennzahl

Durch die Verwendung von berechneten Strukturelementen und Kennzahlen kann es zu Konflikten in der Berechnung kommen. Hierzu ist die Konfiguration der Kollisionsbehandlung einzurichten, die entweder der Berechnung bzw. Formel der Kennzahl oder der des Strukturelements den Vorrang gibt. Ein Beispiel für einen Konflikt sehen Sie in Tabelle 2.1.

	Verkäufer	Rückläufer	Rückläufer in %
Nord	200	10	5 %
Süd	400	50	12,5 %
Summe	600	60	10 oder 17,5 %?

Tabelle 2.1: Beispiel zur Notwendigkeit von Kollisionsbehandlung

Wann sind Strukturelemente sinnvoll?

Strukturen sparen Zeit und sorgen für Konsistenz in Berechnungen und Darstellungen, da nicht für jede Kennzahl eine Formel oder Berechnung angelegt werden muss. Sie sind für ein passgenaues Reporting gedacht, können aber unter Umständen zu Kollisionen führen. Wenn Sie wiederkehrende Strukturen in Ihrem Reporting verwenden, lohnt es sich, den Einsatz von Strukturelementen in Erwägung zu ziehen.

Variablen im Analysemodell

Variablen sind im Analysemodell der Mechanismus, um Werte zur Laufzeit vorzugeben. Sie werden im Consumption Layer typischerweise als Prompt sichtbar (z. B. Zeitraum, Buchungskreis, Region) und steuern dann Filter oder eingeschränkte Kennzahlen und Strukturelemente. Hier steht Ihnen wieder eine Vielzahl an Optionen zur Verfügung:

- Standardvariablen
- zeitbezogene Variablen
- Variablen für eingeschränkte Kennzahlen
- Filtervariablen
- Referenzdatumsvariablen
- abgeleitete Variablen

Das Ziel von Variablen ist die Vorfilterung von Daten im Consumption-System. Hier müssen Werte für die Variablen gesetzt werden, bevor die Daten vollständig abgerufen werden können. Das Setzen von Variablen kann dabei auf drei Arten erfolgen:

- manuelle Eingabe
- Ableiten des Werts
- Dynamischer Standard

Bei abgeleiteten Werten wird eine *Lookup-Entität* (d. h. eine beliebige Tabelle oder View) verwendet. So kann bspw. die Währung eines Landes nachgeschlagen werden, was für Benutzer die Bedienbarkeit erleichtert, wenn das Land bekannt, aber der Währungscode unbekannt ist. Die Kapselung reduziert zudem den Aufwand bei Änderungen und erleichtert somit die Wartbarkeit. Der dynamische Standard bewirkt im Wesentlichen dasselbe, wobei die Berechnung bzw. Ableitung des Wertes beim dynamischen Standard vor der Variableneingabeaufforderung erfolgt. Bei abgeleiteten Werten findet die Berechnung daher erst nach Eingabe der Variable statt.

Filter im Analysemodell

Filter im Analysemodell werden verwendet, um den Datenumfang für den Konsum standardisiert einzuschränken. Pro Analysemodell ist nur ein Filter möglich. Dieser globale Filter wirkt als feste Einschränkung des Modells und ist somit ein Governance- und Qualitätswerkzeug, da Konsumenten automatisch mit einem fachlich vorgesehenen Ausschnitt arbeiten, ohne dass jede Auswertung diese Einschränkung erneut definieren muss.

[!]

Filter richtig verwenden

In der Modellierungslogik ist es sinnvoll, Filter bewusst zu platzieren: fachlich stabile Einschränkungen als globale Filter im Analysemodell, dynamische Einschränkungen über Variablen sowie technische Vorfilterungen in Views (Inbound/Harmonization/Propagation Layer), sofern damit Pushdown, Performance oder Datenqualität abgesichert werden.

DACs im Analysemodell

Neben den fachlich motivierten Filtern braucht es Sicherheitsmechanismen, die unabhängig von der konkreten Auswertung greifen. Dafür werden auch in Analysemodellen DACs verwendet. Bevor ein Analysemodell zur Consumption freigegeben wird, sollte geprüft werden, welche DACs greifen, wie das Default-Verhalten aussieht und ob Variablen oder Filter die DAC-Logik ergänzen oder unbeabsichtigt einschränken.

[»]

Häufige Fehler mit Filtern

Ein häufiger Fehler ist die Vermischung von fachlichen Filtern und Zugriffskontrollen. Filter steuern die fachliche Sichtbarkeit, DACs steuern die Berechtigungssichtbarkeit. Beide können zusammen eingesetzt werden, sollten jedoch im Modell klar getrennt dokumentiert werden.

Abhängige Objekte im Analysemodell

Ein Analysemodell hängt von Fakt-Views, Dimensionen, Assoziationen, sowie ggf. persistierten Zwischenschichten, DAC-Tabellen oder weiteren Analysemodellen ab. Im Abschnitt der abhängigen Objekte werden eben diese Objekte angezeigt. Dies lässt sich grafisch jedoch besser im Tool zur Impact- und Lineage-Analyse nachvollziehen (siehe Abbildung 2.30).

Data Pipeline Analyzer

Eine wichtige Funktion von SAP Datasphere ist daher die Impact- und Lineage-Analyse. Daneben stellt SAP Datasphere auch den *Data Pipeline Analyzer* bereit. Beide dienen dazu, den Ursprung und die Weiterverwendung von Modellen transparent zu steuern und Abhängigkeiten deutlich zu machen. Abbildung 2.31 zeigt ein Beispiel aus dem Data Pipeline Analyzer, den Sie über das Icon [»] in jeder View öffnen können. Hier sehen Sie den Ursprung und die Abhängigkeiten vom Analysemodell bis zur Verbindung mit dem Quellsystem.

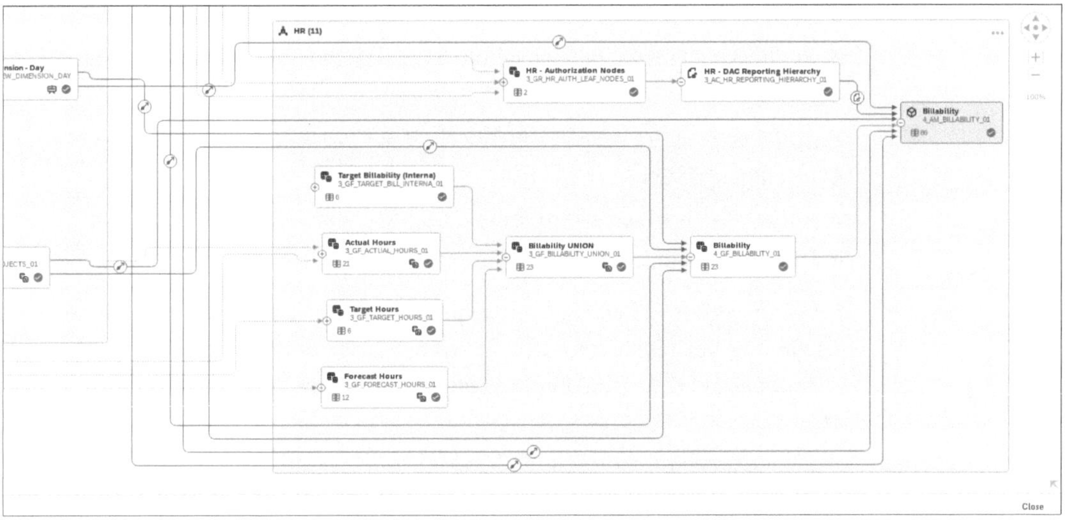

Abbildung 2.30: Ausschnitt aus der Impact- und Lineage-Analyse für ein Analysemodell

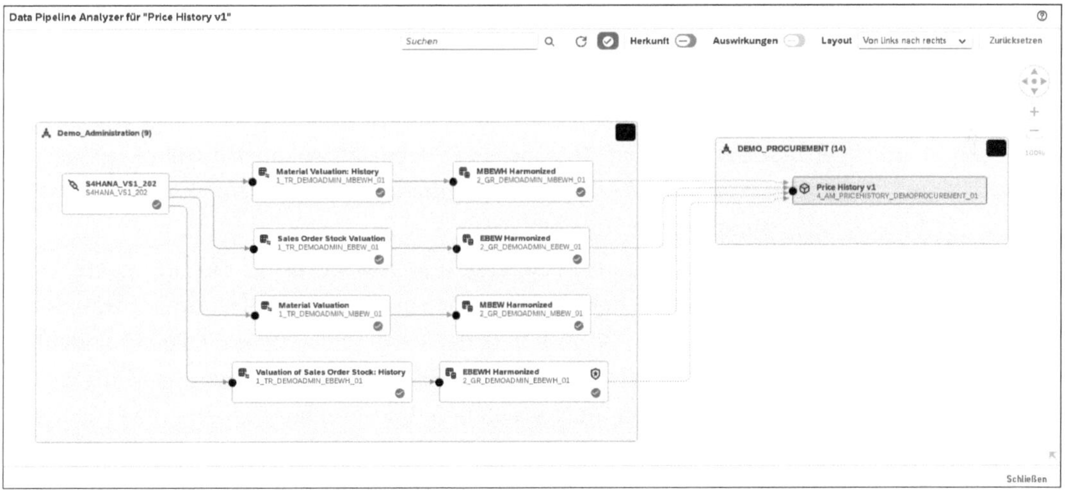

Abbildung 2.31: Data Pipeline Analyzer

2.4.5 Weitere Funktionen im Data Builder

Sie haben nun einen Einblick in die Datenmodellierung mithilfe grafischer Views erhalten. SAP Datasphere stellt darüber hinaus weitere Dateioptionen zur Verfügung, darunter:

- Tabellen
- SQL-Views
- ER-Modelle

- Data Flows (siehe Abschnitt 2.3.4, »Transformation und Laden«)
- Replication Flows (siehe Abschnitt 2.3.3, »Daten übernehmen und aktualisieren«)
- Transformation Flows (siehe Abschnitt 2.3.4, »Transformation und Laden«)
- Intelligente Suche
- Aufgabeketten (siehe Abschnitt 2.3.5, »Orchestrierung und Betrieb«)
- DACs (siehe Abschnitt 2.1.5, »Governance«)

Tabellen

Tabellen werden bspw. für Datenzugriffskontrollen angelegt. Sie erhalten technische und betriebswirtschaftliche Namen und können anschließend manuell oder über Data Flows und Replication Flows mit Spalten und Werten befüllt werden.

SQL-Views

In *SQL-Views* werden dieselben Optionen wie in grafischen Views bereitgestellt. Anstelle einer grafischen Low-Code-Modellierung wird hier auf den SAP-SQL-Standard zurückgegriffen, der mehr Optionen ermöglicht. Als Beispiel seien hier temporale Joins genannt. Sie ermöglichen die Verknüpfung von Transaktionsdaten mit zeitabhängigen Stammdaten basierend auf einem Gültigkeitszeitraum, was in grafischen Views nicht möglich ist.

ER-Modelle

Ein *ER-Modell* (Entity Relationship Model) ist ein Artefakt im Data Builder, mit dem Entitäten und deren Beziehungen dargestellt und gepflegt werden können. In der Regel handelt es sich dabei um Tabellen, Views und die dazugehörigen Assoziationen. Mit ER-Modellen findet keine weitere Modellierung statt. Sie werden lediglich zum Modellverständnis, zur Visualisierung, Dokumentation und Abstimmung verwendet.

Intelligente Suche

Eine Funktion, die bisher nicht angesprochen wurde, ist die *Intelligente Suche* (engl. Intelligent Lookup). Sie wird auch als »Join über eine semantische Beziehung« bezeichnet, was ihre Aufgabe widerspiegelt: Sollte keine eindeutige Schlüsselbeziehung zwischen den Join-Partnern bestehen, kann die intelligente Suche dennoch über exakten und unscharfen Abgleich sowie über verschachtelte Regeln einen Join herstellen.

Wie funktioniert die Intelligente Suche?

Für die Intelligente Suche werden, ähnlich wie bei einem Join, eine Input- und eine Lookup-Entität benötigt. Zudem muss eine Pairing- bzw. Ausgabespalte gewählt werden. Im Ergebnis finden sich alle Spalten der Input-Entität sowie die ausgewählten Ausgabespalten der Lookup-Entität wieder. Nun wird die erste Regel eingestellt. Im Allgemeinen findet mit jeder Regel eine Unschärfe statt: Zunächst werden exakte Ergebnisse mit eindeutiger Zuordnung gesucht, anschließend werden unscharfe Vergleiche (sogenannte *Fuzzy-Vergleiche*) angestellt. Um ein Ergebnis sehen zu können, muss die View immer erst aktiviert und ausgeführt werden. Anschließend werden in der Vorschau die Ergebnisse des Lookups angezeigt. Hier müssen die Zeilen mit mehreren Übereinstimmungen bearbeitet und manuell zugeordnet oder über weitere Regeln verarbeitet werden. In Abbildung 2.32 sehen Sie eine noch unvollständig zugeordnete Intelligente Suche, erkennbar an der ersten Regel und den 9 % unzugeordneten Datensätzen.

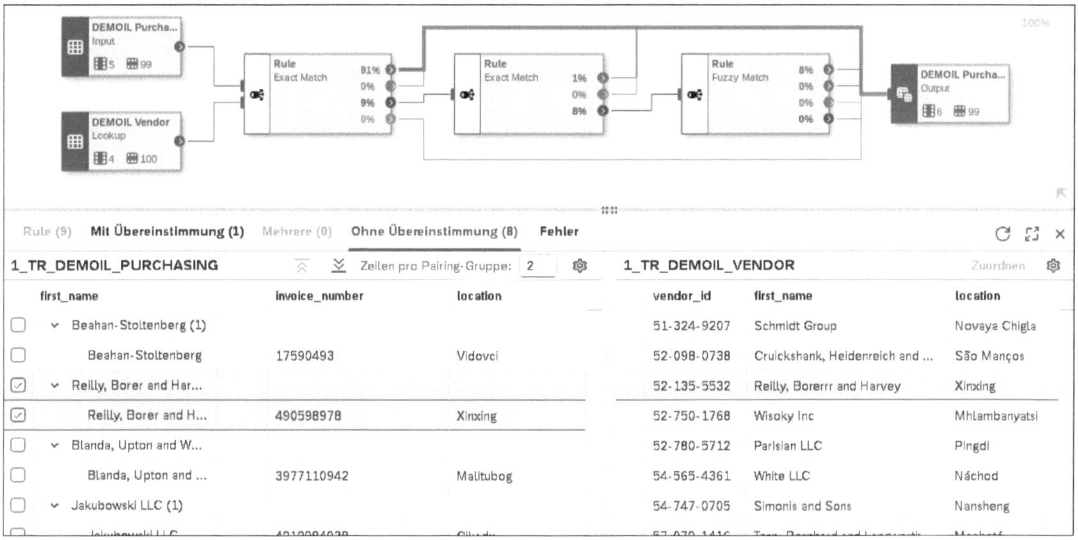

Abbildung 2.32: Intelligente Suche: Übersicht

Über einen unscharfen Abgleich (siehe Abbildung 2.33) werden Schwellenwerte für eine Übereinstimmung festgelegt. Hierbei können ausschließlich Strings und Zeichenketten abgeglichen werden; numerische Datentypen sind nicht möglich. Im Ergebnis können diejenigen Datensätze, die trotz des Abgleichs keinen Join-Partner gefunden haben, explizit ein- oder ausgeschlossen werden.

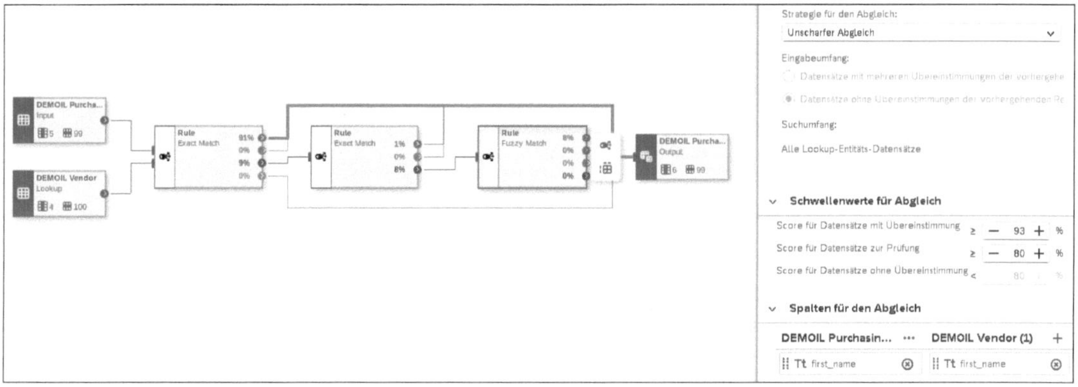

Abbildung 2.33: Intelligente Suche: Unscharfer Abgleich

Einschränkungen der Intelligenten Suche

Die durch eine Intelligente Suche erzeugte View kann nicht direkt zur Consumption exponiert werden. Hierzu muss eine weitere View als Zwischenschritt vor einem Analysemodell angelegt werden. Intelligente Suchen sind auch in einem

ER-Diagramm nicht verfügbar. Zudem können sie nicht in einen anderen Space geteilt werden.

DACs

DACs haben Sie bereits in Abschnitt 2.1.5, »Governance«, kennengelernt. Im Beispiel zur Modellierung haben wir beschrieben, dass zur Verwendung einer DAC in einer View eine DAC-Tabelle hinterlegt werden muss. An dieser Stelle möchten wir daher genauer betrachten, wie DACs umgesetzt werden.

Das Herzstück der DACs ist eine lokale Tabelle, in der die Berechtigungen der Benutzer gepflegt werden. Hierzu ist die SAP Datasphere User ID (in Form des Identity Providers) notwendig, die in einer der Spalten eingetragen werden muss. In einer weiteren Spalte wird die Information eingetragen, für die der Benutzer berechtigt sein soll.

Ein Beispiel für die Datenzugriffskontrolle

Sie haben eine View namens **Verkäufe** mit einer Spalte namens **Region** darin. Nun möchten Sie einem Mitglied Ihres Teams aber nur die Verkäufe seiner bzw. ihrer Region anzeigen lassen. Daher entscheiden Sie sich für eine DAC. Sie legen also eine lokale Tabelle an und nennen sie **DAC: Verkäufe**. Darin erstellen Sie eine neue Spalte für die User ID (die später als *Identifier Column* dient) und eine weitere für die Regionen (die als *Criteria Column* für Filterkriterien dient), also den Wert, auf dem Ihre DAC aufsetzt. Danach speichern Sie Ihre Tabelle und können dort nun manuell Werte eintragen. Sie pflegen also die User ID und die dazugehörige Region, bspw. EMEA, und speichern und aktivieren anschließend Ihre Tabelle.

In der Data-Builder-Übersicht legen Sie nun eine neue DAC an. Als Berechtigungsentität wählen Sie Ihre lokale relationale Tabelle **DAC: Verkäufe** (siehe Abbildung 2.34). Als Identifikatorspalte wählen Sie im Dropdown-Menü die User ID (siehe Abbildung 2.35). Speichern und aktivieren Sie auch diese Entität.

Abbildung 2.34: Neue Datenzugriffskontrolle einrichten

Abbildung 2.35: Berechtigungsentität auswählen

In der View **Verkäufe** wählen Sie in den Modelleigenschaften Ihres Ziels die DAC und fügen über das +-Icon [+] eine neue View hinzu (siehe Abbildung 2.36).

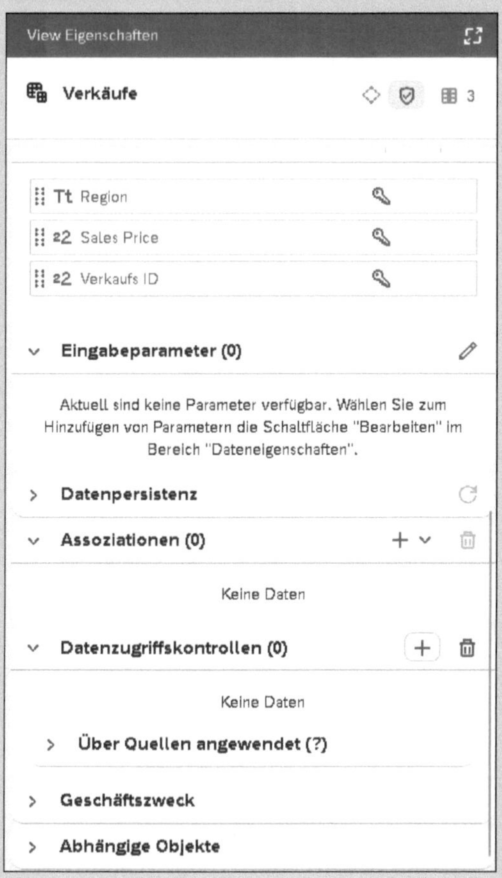

Abbildung 2.36: DAC in den Modelleigenschaften in die Ziel-View einfügen

Im Dialogfenster wählen Sie nun die von Ihnen soeben erstellte DAC aus (siehe Abbildung 2.37) und prüfen anschließend den Schlüssel, hier also die **Region**. Damit die Eingaben der DAC wirksam werden, muss Ihre View noch gespeichert und aktiviert werden.

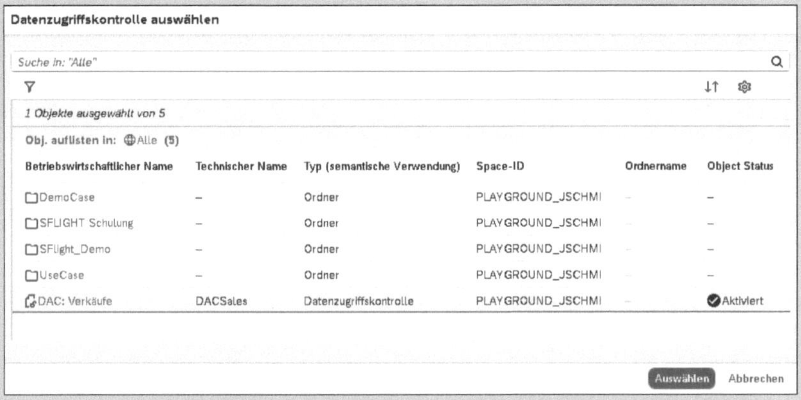

Abbildung 2.37: DAC in Ziel-View auswählen und aktivieren

Zuletzt müssen Sie die Criteria Column aus der **DAC:Verkäufe** auf den Eintrag (hier **Region**) in der Ziel-View mappen. Dies geschieht per Drag and Drop in der automatischen Ansicht beim Aktivieren der DAC (siehe Abbildung 2.38).

Abbildung 2.38: DAC mappen: Region auf Region mappen, um die DAC fertig einzurichten

Wie Sie sehen, besteht eine DAC aus mehreren Bausteinen. Zentral ist dabei die *Berechtigungsentität* (engl. Permissions Entity), die als Quelle für die Berechtigungsprüfung dient. Darauf aufbauend wird die eigentliche DAC als eigenständiges Objekt angelegt und anschließend auf Views oder Analysemodelle angewendet. Erst dieses Zusammenspiel sorgt dafür, dass die Filterlogik zur Laufzeit korrekt greift.

Identifier als User-ID- oder Identity-Provider-Attribute

Im einfachen Fall wird als Identifikator die SAP Datasphere User ID verwendet. Anstelle der User ID können auch Attribute aus dem Identity Provider als Identifikator dienen. Damit lassen sich Berechtigungen bspw. über organisatorische

Merkmale steuern, ohne dass für jeden einzelnen Benutzer explizite Einträge erstellt und gepflegt werden müssen. Technisch wird dies über eine zusätzliche Spalte abgebildet, die angibt, ob der Identifier eine User ID oder ein Custom Attribut ist.

Die im Beispiel verwendete Variante entspricht der Struktur **Einzelwerte**. Ein Benutzer erhält eine oder mehrere zulässige Ausprägungen (hier Regionen), und die View liefert genau die Datensätze, die zu diesen Ausprägungen passen. Weitere Strukturtypen sind die folgenden:

- **Operator** und **Werte**: Zusätzlich zu den Werten können Operatoren gepflegt werden, wodurch sich Berechtigungslogiken flexibler formulieren lassen (inkl. Kombinationen).
- **Hierarchie** sowie **Hierarchie mit Verzeichnis**: Für Berechtigungen entlang von Hierarchien (z. B. Organisationseinheiten oder Produktgruppen) kann die Berechtigungsprüfung so erweitert werden, dass nicht nur ein einzelner Knoten, sondern auch untergeordnete Elemente berücksichtigt werden.

DACs für Views und Analysemodelle

DACs lassen sich nicht nur auf grafische oder SQL Views, sondern auch auf Analysemodelle anwenden. Damit kann die zeilenbasierte Logik direkt auf der semantischen Schicht verankert werden. Bei Analysemodellen gilt es zu berücksichtigen, dass bestimmte Variablentypen die Zuordnung einer DAC auf Dimensionsattribute einschränken können. In solchen Fällen wird die DAC häufig auf einer vorgelagerten View umgesetzt, die als Quelle für das Analysemodell dient.

Optionen für Berechtigungsentitäten

Mit zunehmender Benutzerzahl führt die Pflege der Berechtigungstabellen schnell zu einem größeren Aufwand. Um dies zu umgehen, kann die Berechtigungsentität technisch auch eine View sein, die Berechtigungen aus einem führenden System (beispielsweise einem SAP-BW-System) übernimmt. Zudem ist für die Stabilität relevant, dass pro Benutzer nicht beliebig große Berechtigungslisten gepflegt werden, da dies die Ausführung der Filterlogik beeinflussen kann.

Aufgabenketten anlegen

Was zuletzt noch fehlt, ist die Modellierung von Aufgabenketten. In Abschnitt 2.2.8, »Aufgabenketten«, und Abschnitt 2.3.5, »Orchestrierung und Betrieb«, haben Sie bereits die Grundlagen sowie den Zweck von Aufgabenketten kennengelernt. Im Folgenden wollen wir uns noch einmal genauer ansehen, wie Sie eine Aufgabenkette anlegen und pflegen.

Wählen Sie dazu im Data Builder eine neue Aufgabenkette und ziehen Sie Ihr erstes Element in den grafischen Editor. Möglich sind Remote-Tabellen und Views, lokale Tabellen, intelligente Suchen, Data Flows, Replication Flows (Ladetyp **initial only**) und Transformation Flows. Ebenso können Nicht-Repository-Objekte wie SAP-HANA-Open-SQL-Schemaprozeduren und SAP-BW-Bridge-Prozessketten verwendet werden. Platzieren Sie die nächste Entität mittels Drag and Drop im Editor. Nun können Sie die Entitäten als voneinander abhängig oder als voneinander unabhängig modellieren. Unabhängig bzw. beliebig voneinander sind die Aufgaben, wenn wir sie mit einem blauen bzw. leeren Kreis verbinden (siehe Abbildung 2.39 ganz links). Die Aufgaben, die nach Erfolg miteinander verbunden sind (grüne Verbindung bzw. Häkchensymbol), werden ausgeführt, wenn die vorangegangene Aufgabe erfolgreich beendet wurde. Bei Fehlern (rote Verbindung bzw. Kreuzsymbol) werden die nachfolgenden Aufgaben nur ausgeführt, wenn bei der Ausführung ein Fehler aufgetreten ist und die Aufgabe nicht wie geplant beendet werden konnte. Sowohl »Erfolg« als auch »Fehler« sind voneinander abhängige Aufgaben innerhalb der Kette. Es ist sinnvoll bei abhängigen Aufgaben beide Optionen in der Kette zu bedienen.

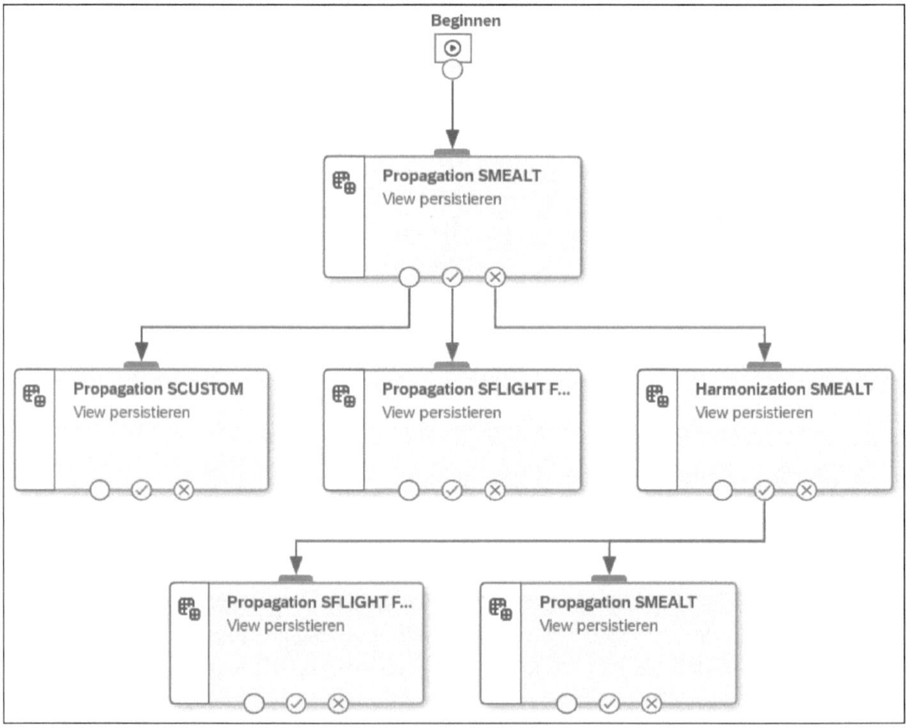

Abbildung 2.39: Aufgabenkette mit allen Optionen

Wenn alle Entitäten angeordnet sind, kann im Laufstatus noch ein Zeitplan eingerichtet werden, Eingabeparameter können befüllt und E-Mail-Benachrichtigungen können eingerichtet werden.

Meta-Aufgabenketten

Aufgabenketten lassen sich wie zuvor beschrieben auch ineinander verschachteln. Das bedeutet, dass eine Aufgabenkette durch eine weitere Aufgabenkette aufgerufen werden kann. Solche Modellierungen werden auch als *Meta-Aufgabenkette* bezeichnet. In einer Aufgabenkette existieren drei Ausführungsmodi: »beliebig«, »erfolgreich« und »fehlerhaft«. Meta-Aufgabenketten sind immer unabhängig voneinander als Steuerungselemente zu betrachten und stoßen lediglich den Lauf verschiedener Aufgabenketten an. Sie können daher als »beliebig« abgearbeitet werden.

2.4.6 Zusammenfassung

Wenn wir alle Artefakte, die Sie bisher in diesem Kapitel kennengelernt haben, noch einmal zusammenfassen und versuchen, sie in einen Kontext zu stellen, erhalten wir die Übersicht aus Abbildung 2.40. Hier sehen Sie die Artefakte des Data Builders ebenso wie ihre Operatoren und können sie entlang der Layer-Struktur einordnen.

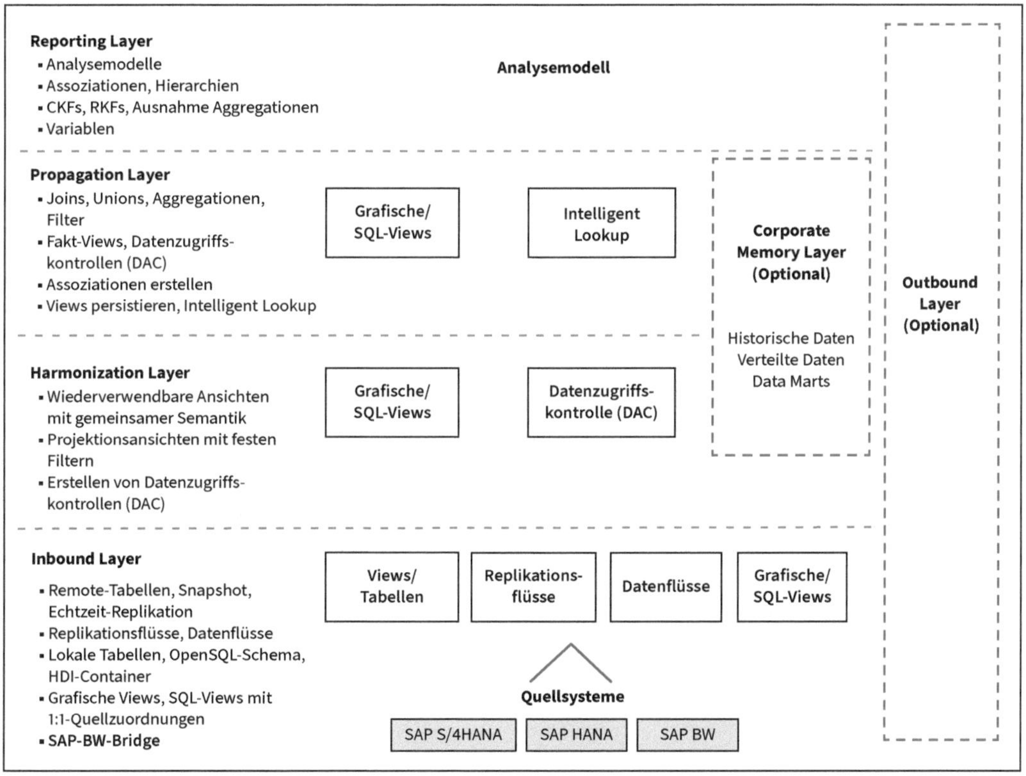

Abbildung 2.40: Schichtenmodell und Modellierung anhand der Layer-Architektur

Die in Abbildung 2.40 dargestellte Layer-Struktur ordnet die wichtigsten Artefakte und Operatoren des Data Builders entlang eines typischen Modellierungsprozesses ein. Die Darstellung ist dabei als Orientierung zu verstehen: Nicht jedes Projekt benötigt alle Artefakte, und je nach Architektur können einzelne Schritte zusammenfallen oder bewusst stärker getrennt werden. Grundsätzlich zeigt das Modell jedoch, wie aus angebundenen Quelldaten schrittweise harmonisierte, fachlich angereicherte und schließlich konsumierbare Analysemodelle entstehen.

Inbound Layer

Im Inbound Layer werden Quelldaten technisch in SAP Datasphere verfügbar gemacht. Typische Artefakte sind Remote Tables, lokale Tabellen, Open-SQL-Schemas, HDI-Container, Replication Flows, Data Flows sowie einfache grafische Views oder SQL Views mit möglichst direkter 1:1-Abbildung der Quelle. Das Ziel ist eine stabile Bereitstellung, nicht die fachliche Modellierung.

Harmonization Layer

Im Harmonization Layer werden Quellstrukturen vereinheitlicht. Dazu werden vor allem grafische Views und SQL Views genutzt, bspw. für Projektionen, Filter, Umbenennungen, Datentypanpassungen und konstante Einschränkungen. Der Layer schafft eine konsistente, wiederverwendbare Grundlage für die weitere Modellierung.

Propagation Layer

Im Propagation Layer entsteht die fachliche Logik. Hier werden Daten über Fact Views, persistierte Views oder Intelligent Lookups kombiniert, angereichert und in fachliche Zusammenhänge gebracht. Typische Operatoren sind Joins, Unions, Aggregationen, Filter und berechnete Spalten. Außerdem werden Assoziationen und DACs konkreten Views zugeordnet.

Reporting Layer

Im Reporting Layer werden die Daten konsumierbar gemacht. Zentrales Artefakt ist das Analysemodell, das Kennzahlen, Dimensionen, Hierarchien, Variablen und analytische Funktionen wie berechnete oder eingeschränkte Kennzahlen bündelt. Dieser Layer legt fest, wie Daten in Reporting- und Analysewerkzeugen interpretiert werden.

Corporate Memory Layer und Outbound Layer

Der optionale Corporate Memory Layer dient der langfristigen Ablage historischer Daten, verteilter Daten oder Data Marts. Der ebenfalls optionale Outbound Layer beschreibt die kontrollierte Weitergabe von Daten an andere Systeme oder Szenarien, etwa über Views, Tabellen, Replication Flows oder Data Flows.

Was nun noch fehlt, ist die Weiterverwendung der Daten in einem System für das Reporting, wie bspw. SAP Analytics Cloud. Diesem Thema widmen wir uns im folgenden Abschnitt 2.5, »Data Consumption«.

2.5 Data Consumption

Data Consumption beschreibt in diesem Kapitel den Weg, wie die in SAP Datasphere vorbereiteten Datenmodelle in Reporting-Systemen genutzt werden. Im Vordergrund steht dabei die Consumption durch SAP Analytics Cloud, also das Bereitstellen und Verwenden von Daten für Reporting, Analyse und Planung. Wir betrachten Consumption somit als letzten Abschnitt unserer Modellierungskette.

Wichtige Fragestellungen

Für die Consumption sind drei Fragestellungen entscheidend:

1. Soll der Zugriff live bzw. virtualisiert oder als Extrakt mit eigener Datenhaltung im Frontend erfolgen?
2. Soll ein semantisch kuratiertes Modell bereitgestellt werden oder eine eher rohe, technische Sicht, die erst im Reporting interpretiert werden muss?
3. Welche Performance- und Betriebsannahmen – wie bspw. Abhängigkeiten von Quellsystemen bei föderiertem Zugriff, Laufzeiten bei komplexen Modellen oder der Umgang mit Aktualität bei extrahierten Datenständen – werden damit getroffen?

Diese Fragestellungen ergeben sich direkt aus der Architektur der Datenbereitstellung in SAP Datasphere sowie aus dem Ziel, Kennzahlen und Dimensionen (assoziierte Attribute; siehe Abschnitt 2.4.3, »Modellierungsansatz entlang der Layer-Architektur«) in Auswertungen konsistent nutzbar zu halten.

Inhalt dieses Abschnitts

Damit diese Fragestellungen beantwortet und praktisch umgesetzt werden können, muss die Data Consumption in die technischen Schnittstellen und Zielsysteme eingeordnet werden. Die grundlegenden Consumption-Prinzipien und die Exponierung von Datenmodellen in SAP Datasphere werden in Abschnitt 2.5.1 behandelt. SQL- und Treiberzugriffe (ODBC/JDBC) und – soweit im Reporting-Kontext relevant – OData- und API-basierte Zugriffsmöglichkeiten bilden anschließend den Schwerpunkt von Abschnitt 2.5.2, in dem die relevanten Schnittstellen und Protokolle erläutert werden. Darauf aufbauend betrachten wir in Abschnitt 2.5.3, »Consumption-Möglichkeiten im Vergleich«, SAP-Consumption mit SAP Analytics Cloud als Beispiel und ordnen ergänzend weitere SAP-Consumer ein. Im Anschluss skizzieren wir, wie Nicht-SAP-BI- und Analytics-Tools angebunden werden, und welche typischen Abwägungen dabei gegenüber der eng integrierten SAP-Consumption entstehen. Abschließend greifen wir in Abschnitt 2.5.4 das Thema Berechtigungen und Governance in der Consumption auf, da sich hier entscheidet, ob DACs, Rollen und Freigaben so umgesetzt sind, dass Konsumenten nur die Daten sehen und verwenden, die sie sehen dürfen – unabhängig davon, über welches Reporting-System der Zugriff erfolgt. Abschnitt 2.6 ordnet ergänzend Datenprodukte, Sharing und Distribution in den weiteren Kontext von SAP Datasphere und SAP BDC ein.

2.5.1 Consumption-Prinzipien und Exponierung in Datasphere

Ein zentrales Merkmal der Consumption ist das semantisch reichhaltige Datenmodell – in der Regel als Analysemodell. Dimensionen, Hierarchien und transaktionale Strukturen werden hier so modelliert, dass sie in Reporting-Szenarien als Grundlage für konsistente Kennzahlen- und Dimensionsverwendung dienen. Bevor die einzelnen Zugriffswege betrachtet werden, lohnt sich ein Blick auf die grundlegenden Consumption-Prinzipien in SAP Datasphere. Die folgenden sechs Prinzipien dienen dem Ziel, Daten fachlich eindeutig zu modellieren, technisch passend zu exportieren und kontrolliert konsumierbar zu machen.

Prinzip 1 In der Praxis entsteht Konsistenz im Sinne einer *Single Source of Truth* dadurch, dass eine überschaubare Menge stabiler Consumption Assets definiert wird, auf die Reporting- und Analysewerkzeuge gezielt zugreifen. Dadurch wird vermieden, dass unterschiedliche Konsumenten eigene technische Zwischenobjekte oder abweichende Kennzahlenlogiken als Grundlage verwenden. In SAP Datasphere werden Daten für die Consumption als Analysemodelle und Views aus dem Data Builder oder als Perspektiven (engl. Perspectives) aus dem Business Builder bereitgestellt. Analysemodelle und Perspektiven sind für die Consumption automatisch exponiert. Views werden erst dann konsumierbar, wenn in den Modelleigenschaften der View der Toggle-Button **Für die Verwendung verfügbar machen** (engl. Expose for Consumption) aktiviert ist. Danach stehen sie unter anderem für OData sowie auch für ODBC/JDBC zur Verfügung. Analysemodelle, Perspektiven und Views unterscheiden sich in ihren Consumption-Pfaden: Analysemodelle werden vor allem über Live-Verbindungen und OData konsumiert, Perspektiven über Live-Verbindungen sowie Open SQL und Views nach expliziter Freigabe über OData und ODBC/JDBC.

Prinzip 2 Für Reporting- und Analyse-Anwendungsfälle bündelt das Analysemodell die analytisch relevante Struktur (Kennzahlen/Attribute, Dimensionen, Hierarchien und Texte) als konsumierbares Objekt. Gleichzeitig ist der bisher verbreitete Weg, Views mit der semantischen Nutzung **Analytisches Datenset** direkt per Live-Verbindung in SAP Analytics Cloud bzw. Excel zu konsumieren, als Workflow abgekündigt. Stattdessen ist die Migration auf Faktsemantik und die Exponierung über Analysemodelle vorgesehen.

Prinzip 3 Damit Analysetools Kennzahlen, Einheiten/Währungen, Datumsfelder, Texte und Hierarchien korrekt interpretieren, wird die Semantik bereits im Datenmodell fixiert:

- Die semantische Verwendung auf Objektebene (z. B. Fakt, Dimension, Hierarchie, Text, Relationales Datenset) strukturiert das, wofür ein Objekt gedacht ist.
- Die semantischen Typen/Beziehungen auf Spaltenebene (z. B. Menge und Einheit) stellen sicher, dass analytische Engines zusammengehörige Felder als Einheit behandeln und nicht als zufällige Spaltenkombination.

Diese Festlegung ist die Voraussetzung dafür, dass unterschiedliche Consumption-Werkzeuge dasselbe Modell möglichst einheitlich auswerten – insbesondere bei tiefen Strukturen mit Hierarchien, Texten und mehrstufigen Dimensionen.

Prinzip 4

Die Consumption-Architektur wird maßgeblich durch die Entscheidung geprägt, ob Daten live/virtualisiert oder als Extrakt mit Import genutzt werden:

- **Live Consumption**: Analysemodelle und Perspektiven werden über Live-Verbindungen konsumiert (z. B. in SAP Analytics Cloud); Daten verbleiben in SAP Datasphere, das Frontend arbeitet zur Laufzeit auf den exponierten Assets.
- **Import/Extrakt** (z. B. über OData in ein Modell): Wird eine View per OData für den Import genutzt, muss die View persistiert sein und Remote Tables in ihrer Lineage müssen nach SAP Datasphere repliziert sein. Damit wird der Extraktpfad zu einer bewussten Betriebs- und Datenhaltungsentscheidung.

Eine OData-Anfrage kann über das Icon (Tooltip: **OData-Anforderungen generieren**) in einem Analysemodell oder einer für die Verwendung verfügbaren View direkt erstellt werden. Die OData-Anforderungs-URL kann hier direkt kopiert oder die OpenAPI-Anforderung heruntergeladen werden. Zuvor sind entsprechend dem Modell die Variablen und Eingabeparameter vorzubefüllen.

Prinzip 5

Für die Exponierung nach außen sind zwei Zugriffsarten prägend:

- OData (Consumption APIs) für Clients/Tools/Apps, die OData konsumieren und sich über OAuth authentifizieren.
- ODBC/JDBC (Open-SQL-Schema) für Tools, die per SQL zugreifen. Hier wird der Zugriff über einen Datenbankbenutzer organisiert und Views müssen dafür exponiert sein.

Die Wahl der Schnittstelle wirkt sich direkt auf Modellierungsregeln aus, bspw. bei der Stabilität von technischen Namen, Parametrisierung/Variablen und erwarteter Filterbarkeit sowie auf die Governance (z. B. erlaubte Konsumenten, Netzwerk- und Zugriffsrestriktionen).

Prinzip 6

Consumption wird in SAP Datasphere über Spaces und Rollen operationalisiert (siehe dazu auch Abschnitt 2.1.5, »Governance«):

- Benutzer mit Standardrollen können Daten exponierter Spaces konsumieren. Für reine Konsumenten ohne Entwicklungsbedarf ist eine Consumer-Rolle vorgesehen (**DW Consumer Role Template**). Diese Rolle umfasst unter anderem die Privilegien **Data Warehouse Consumption** und **Space Files**.
- Vor dem Exponieren wird die zeilenbasierte Sicherheit über DACs berücksichtigt, damit die Datenzeilen abhängig von Benutzer- oder Identitätskriterien gefiltert werden können.

2.5.2 Schnittstellen und Protokolle

Technische Zugriffswege

Für die Consumption in SAP Datasphere sind drei technische Zugriffswege entscheidend, da sie definieren, wie ein Konsument das Datenmodell erreicht:

- Live Consumption über eine Live-Verbindung (typisch für analytische Nutzung)
- API-basierte Consumption über OData (typisch für Integration, Extrakte, Planning Loads und Dritttools)
- SQL-basierte Consumption über ODBC/JDBC mittels Open-SQL-Schema (typisch für Tools, die über Treiber auf eine Datenbank zugreifen)

Live-Consumption

Der Live-Pfad nutzt eine Live-Verbindung zwischen SAP Analytics Cloud und SAP Datasphere. In diesem Muster verbleiben die Daten in SAP Datasphere, während in SAP Analytics Cloud zur Laufzeit auf Analysemodelle und Perspektiven zugegriffen wird, um Storys und analytische Anwendungen zu erstellen. Für dieses Szenario sind in SAP Datasphere mindestens die Space-Zugriffsprivilegien für Consumption relevant (insbesondere **Data Warehouse Consumption** und **Space Files**), die über die DW-Consumer-Rolle oder andere Standardrollen abgedeckt werden. In SAP Analytics Cloud wird eine BI-Rolle benötigt, die das Erstellen von Inhalten erlaubt; zudem muss die Live-Verbindung zum SAP Datasphere Tenant vorhanden sein. Wichtig ist außerdem, dass Analysemodelle in SAP Analytics Cloud in Optimized Design Experience genutzt werden, da sie in Classic Design Experience nicht verfügbar sind.

SAP Analytics Cloud Add-in for Microsoft Excel

Ein spezieller Ableger dieses Live-Pfads ist die Consumption in Microsoft Excel über das SAP Analytics Cloud Add-in for Microsoft Excel. Microsoft Excel agiert dabei nicht als eigener SAP Datasphere Connector, sondern nutzt die SAP-Analytics-Cloud-Live-Verbindung und konsumiert ebenfalls Analysemodelle und Perspektiven aus dem Space. Der Authentifizierungs- und Berechtigungsrahmen entspricht daher dem Live-Szenario: Es werden Space-Consumption-Privilegien auf der SAP-Datasphere-Seite benötigt sowie eine passende Rolle in SAP Analytics Cloud.

OData-basierte Consumption über SAP Datasphere

Für API-basierte Consumption stellt SAP Datasphere OData-Schnittstellen bereit, die sowohl von SAP-Konsumenten als auch von Dritttools genutzt werden können, sofern diese OData konsumieren und sich über OAuth authentifizieren. OData wird dabei als strukturierte API-Oberfläche mit Catalog- und Asset-Zugriff verstanden. Über Catalog-Anfragen lassen sich Spaces und Assets ermitteln; anschließend werden Daten über analytische oder relationale Anfragen abgerufen. Im analytischen Pfad erfolgt der Zugriff auf Analysemodelle über eine Analytical-Anfrage (**consumption/analytical**); im relationalen Pfad werden Fakten, Dimensionen und Views über eine Relational-Anfrage (**consumption/relational**) konsumiert.

OAuth Client

OData Consumption setzt einen definierten Authentifizierungsrahmen voraus. Neben den Space-Consumption-Privilegien wird ein OAuth Client in SAP Datasphere benötigt, dessen Parameter (Client ID, Secret, Token URL usw.) vom konsumierenden Tool genutzt werden. Für Consumption in Dritttools ist der Authorization Code Flow) relevant. Dabei handelt es sich um ein OAuth-Verfahren, bei dem sich ein Benutzer interaktiv anmeldet und das konsumierende Tool anschließend ein Zugriffs-Token erhält, um die OData-Schnittstelle im autorisierten Kontext aufzurufen. Alternativ existieren auch Szenarien mit OAuth2-SAMLBearer Principal Propagation, abhängig vom Zweck des OAuth Clients (Interactive Usage vs. Technical User).

In der praktischen Nutzung ist OData vor allem dann wichtig, wenn ein Konsument Daten importiert oder ein Tool die Daten- und Metadatenebene getrennt verwendet. SAP Datasphere unterstützt hierzu die Generierung von OData-Anfragen direkt aus den Editoren heraus (siehe Abschnitt 2.5.1, »Consumption-Prinzipien und Exponierung in Datasphere«). Neben den bereits beschriebenen Datenanfragen können auch Service URLs und Metadaten erzeugt werden.

Ein Sonderfall bei der OData Consumption ist der OData-Mechanismus `$batch`. Damit können OData Clients grundsätzlich mehrere Einzelanfragen in einer gemeinsamen HTTP-Anfrage bündeln. In SAP Datasphere ist diese Nutzung jedoch eingeschränkt: Eine `$batch`-Anfrage darf nur eine einzelne `GET` -Anfrage enthalten; Mehrfachanfragen innerhalb eines Batches werden nicht unterstützt.

SQL-basierte Consumption über ODBC/JDBC und Open-SQL-Schema

Für Tools, die eine Datenbankverbindung erwarten, stellt SAP Datasphere einen SQL-Zugriff über ein Open-SQL-Schema bereit, das über einen Datenbankbenutzer angesprochen wird. In diesem Consumption-Pfad werden exponierte Assets – insbesondere Views, die für Consumption freigegeben sind – über ODBC/JDBC konsumiert. Für die Praxis bedeutet das: Ein Space-Administrator oder -Integrator stellt Zugang zu einem passenden Datenbankbenutzer/Open-SQL-Schema bereit, und das konsumierende Tool verbindet sich per Treiber mit den übergebenen Zugangsdaten.

Netzwerksicherheit

Zusätzlich ist dieser Pfad eng mit der Netzwerksicherheit verknüpft. Der Zugriff auf die Datenbank ist standardmäßig restriktiv, und externe IPv4-Adressen erhalten nur dann Zugriff, wenn sie in einer IP Allowlist freigeschaltet sind. Diese Allowlist wirkt als vorgelagerte Kontrolle, bevor überhaupt eine erfolgreiche ODBC-/JDBC-Session aufgebaut werden kann.

Auf der Client-Seite wird für ODBC/JDBC in der Regel der SAP HANA Client benötigt, da SAP Datasphere für den SQL-Zugriff kompatible Treiber nutzt. Praktisch wird damit ein klassisches Datenbank-Konnektivitätsmuster etabliert: Treiberinstallation, DSN-/Verbindungs-String, Netzwerkfreigabe über die Allowlist und anschließend Authentifizierung über den Datenbankbenutzer. Da der Zugriff über die IP Allowlist ermöglicht werden muss und dieser Schritt typischerweise außerhalb des Modellierungsteams liegt, kann dies den Verbindungsaufbau verhindern und so zu Fehlern in der Abfrage führen.

2.5.3 Consumption-Möglichkeiten im Vergleich

In diesem Abschnitt vergleichen wir die vorgestellten Optionen für die Consumption durch SAP- und Nicht-SAP-Systeme.

SAP-Consumption

Bei der Consumption durch SAP-Systeme ist die Live Consumption der Normalfall, da Reporting und Analyse in SAP Analytics Cloud typischerweise ohne Datenbewegung arbeiten sollen. SAP Datasphere stellt dafür die Analysemodelle und Perspektiven als konsumierbare Objekte bereit. Über eine Live-Verbindung werden diese genutzt, um Storys und analytische Anwendungen aufzubauen. Technisch relevant sind aufseiten von SAP Datasphere vor allem die Space-Zuweisung und die dafür vorgesehenen Consumption-Privilegien, über die der Zugriff auf die exponierten Daten gesteuert wird (siehe Abschnitt 2.5.2, »Schnittstellen und Protokolle«).

Live als Standard, OData als Ergänzung

Das gleiche Live-Muster wirkt auch für Microsoft Excel, wenn es über das SAP Analytics Cloud Add-in for Microsoft Excel genutzt wird: Excel hängt sich dabei an die SAP-Analytics -Cloud-Live-Welt und konsumiert aus SAP Datasphere über die SAP-Analytics-Cloud-Verbindung. Für SAP Datasphere entstehen dadurch keine Excel-Sonderobjekte, sondern es wird mit derselben Consumption-Bereitstellung wie für SAP Analytics Cloud gearbeitet.

OData bei Import/ Extrakt

OData kommt in der SAP-Consumption dort ins Spiel, wo bewusst importiert/extrahiert wird – insbesondere im Planungsumfeld. Wenn SAP Analytics Cloud Daten aus SAP Datasphere per OData in ein SAP-Analytics-Cloud-Modell lädt, dann handelt es sich dabei um einen Extraktpfad. Für SAP Datasphere bedeutet das eine konkrete technische Vorbereitung: Wird eine View konsumiert, muss sie persistiert sein, und Remote Tables in der Lineage müssen in SAP Datasphere repliziert vorliegen.

Consumption durch Nicht-SAP-Tools

Für Nicht-SAP-BI- und Analytics-Tools ist in SAP Datasphere in der Regel nicht die Live-Verbindung der primäre Anker, sondern die Frage: Erwartet das Tool API-/Service-Consumption oder SQL- Konnektivität?

OData und ODBC/JDBC als Hauptpfade

Wenn Tools wie Microsoft Power BI oder Tableau OData unterstützen oder wenn eine serviceorientierte Anbindung gewünscht ist, ist der OData-Pfad naheliegend. SAP Datasphere kann Daten über die OData API als Views oder Analysemodelle bereitstellen. Die Voraussetzung dafür ist, dass ein OAuth Client für die Authentifizierung genutzt wird. In SAP Datasphere muss deshalb ein passender OAuth Client eingerichtet und seine Parameter (Client ID, Secret, Token URLs) müssen an den Konsumenten übergeben werden.

[»]

Typische Fehler bei OData-Verbindungen mit Nicht-SAP Tools

Ein typischer Fehler ist hierbei nicht die technische Verbindung an sich, sondern ein OAuth-Setup, das nicht zum Konsumzweck passt, oder ein nicht konsistent dokumentierter Übergabepunkt für Client-Parameter.

Wenn ein Tool Datenbankzugriff erwartet oder Teams bewusst SQL als einheitliches Zugriffsparadigma wählen, ist ODBC/JDBC über Open-SQL-Schema der passende Pfad. Dafür braucht es in SAP Datasphere einen Datenbankbenutzer bzw. ein Open-SQL-Schema zum Space, der die konsumierbaren Objekte exponiert. Zusätzlich ist dieses Muster stark von Netzwerkfreigaben abhängig.

Data Science/ Advanced Processing

Für Data-Science- und Advanced-Processing-Szenarien ist die Fähigkeit, Daten programmatisch und wiederholbar zu beziehen, entscheidend. Hier ist OData besonders relevant, da SAP Datasphere darüber nicht nur Daten, sondern auch Metadaten zugänglich macht und weil sich Anfragen sauber parametrisieren lassen (Input-Parameter/Variablen im Request-Pfad, Query-Parameter wie `$select`/`$filter`, Paging über `@odata.nextLink`).

[«]

Limits für Advanced Workflows

SAP Datasphere definiert für OData Rate Limits (ca. 300 Requests pro Benutzer und Minute). Das beeinflusst, wie Extrakte gestapelt werden (größere Seiten, weniger Requests, sinnvolle Filter). Überschreitungen führen zur Ausgabe des Fehlercodes **http 429**.

ODBC/JDBC bleibt im Data-Science-Kontext relevant, wenn Teams eine SQL-basierte Exploration bevorzugen oder wenn Tools/Notebooks eine JDBC-/ODBC-Anbindung als Standard erwarten. In diesem Fall sind die gleichen technischen Vorarbeiten erforderlich wie bei Nicht-SAP-BI: Open-SQL-Schema/Datenbankbenutzer, IP Allowlist, Treiber/Client auf der Konsumentenseite. Der Vorteil ist ein sehr direktes SQL-Paradigma, der Preis sind die stärkeren administrativen und netzwerkbezogenen Abhängigkeiten.

Welcher Pfad für welche Systeme?

Für Consumption durch SAP-Systeme sind Live-Verbindungen die primäre Anlaufstelle. OData und ODBC/JDBC werden in der Regel ergänzend für Import/Extrakt und Planungsszenarien verwendet.

Für Consumption durch Nicht-SAP-Systeme sind OData oder ODBC/JDBC vorrangig, abhängig davon, wie das konsumierende Tool arbeitet und wie Governance und Netzwerkrahmen im Unternehmen gestaltet sind.

Für Data Science und Advanced Processing sind OData-Verbindungen für den parametrisierten, kontrollierten Abruf inklusive Metadaten und Paging relevant, ODBC/JDBC hingegen für SQL Workflows. Live-Verbindungen sind hier meist nachrangig. In diesem Zusammenhang möchten wir Sie gerne auf Kapitel 4, »SAP Databricks: Datenaustausch und KI«, verweisen. Da durch die Integration von SAP Databricks weitere Möglichkeiten zur Consumption im Data-Science-Kontext bereitgestellt werden, bspw. Zero Copy Sharing, erhalten Sie hier speziell zu diesen Themen detailliertere Informationen.

2.5.4 Berechtigungen und Governance in der Consumption

Governance über Spaces und Anwenderbereichsrollen

In SAP Datasphere bilden Spaces die zentrale Governance-Grenze: Berechtigungen werden so zugeschnitten, dass Benutzer typischerweise nur innerhalb der ihnen zugewiesenen Spaces arbeiten bzw. konsumieren können. Das ist für Consumption wichtig, da so kein globaler Datenzugriff entsteht. Zugriff entsteht auch hier durch Space-Zuweisung und die dazugehörige Rolle. In der Praxis wird dies über Anwenderbereichsrollen umgesetzt, die Privilegien gezielt für einen Space vergeben. Damit lassen sich Rollen so gestalten, dass Konsumentinnen und Konsumenten auf exponierte Daten zugreifen können, ohne Modellierungs- oder Administrationsfunktionen zu erhalten (siehe dazu auch Abschnitt 2.1.5, »Governance«).

Rollenmodelle für Konsumenten

Für reine Konsumenten, die SAP Datasphere nicht modellierend nutzen, sondern nur konsumieren, ist ein dediziertes Rollenprofil vorgesehen: das **DW Consumer Role Template**. Es bündelt genau die Privilegien, die für die Consumption exponierter Daten benötigt werden, insbesondere Data Warehouse Consumption (Zugriff auf exponierte Daten eines Spaces) und Space Files (Zugriff auf Space-Objekte, soweit für die Auswahl/Consumption erforderlich). Dieses Rollenprofil unterstützt somit das Least-Privilege-Prinzip für Reporting- und Analyseanwender, ohne ihnen Entwicklungsrechte zu geben.

Weitergabe von DACs

Das Rollenmodell wirkt unabhängig davon, ob der Konsum über Live-Verbindungen, OData oder SQL erfolgt. Sobald DACs im Spiel sind, wird die tatsächlich sichtbare Datenmenge zusätzlich auf der Identität basierend gefiltert (siehe Abschnitt 2.1.5, »Governance«, und Abschnitt 2.4.5, »Weitere Funktionen im Data Builder«). Die Filterung greift im Consumption-Kontext konsistent, da sie an die Benutzeridentität gekoppelt ist. Dadurch wird die Zugriffskontrolle nicht in jedem Frontend separat implementiert, sondern zentral in SAP Datasphere.

[!]

Reporting und Planung

Im Reporting mit Live-Verbindungen werden DACs aus SAP Datasphere übernommen. In der Planung muss eine Persistenz stattfinden, wodurch ein Bruch entsteht. Zugriffskontrollen müssen dann in SAP Analytics Cloud neu erstellt werden.

Governance für OData Consumption

Werden Daten über OData konsumiert, wird Governance über Benutzerrollen im Space sowie zusätzlich über OAuth Clients operationalisiert. In SAP Datasphere werden OAuth Clients durch Benutzer mit Administratorrechten angelegt und ihre Parameter an die Konsumenten (Clients/Tools/Apps) weitergegeben. Dabei erfüllt der OAuth Client einen Governance-Zweck, da er bestimmt, wie sich Konsumenten authentifizieren und ob ein technischer Benutzer mit eigenen Rechten genutzt wird oder eine interaktive Authentifizierung über den Benutzerkontext erfolgt.

Dadurch ist die OData Governance zweistufig:

1. Der Benutzer (oder der technische Client-Kontext) muss die entsprechenden Space-Consumption-Rechte besitzen.
2. Der Zugriff muss über einen sauber verwalteten OAuth Client erfolgen.

Wenn Nicht-SAP-Tools oder automatisierte Prozesse Daten konsumieren, sind diese Parameter besonders wichtig, da dann häufig kein Human-in-the-Loop greift und interaktiv authentifiziert, sondern ein Client dauerhaft Zugriff erhält.

Governance für SQL-Consumption

Für die SQL Consumption über ODBC/JDBC stehen ein Datenbankbenutzer/Open-SQL-Schema und eine Netzwerkfreigabe im Vordergrund. SAP Datasphere ermöglicht das Anlegen von Datenbankbenutzern in Spaces, um Open-SQL-Schemas für Tools bereitzustellen, die per ODBC/JDBC lesen oder schreiben. Dieser Benutzer ist somit ein Governance-Artefakt. Er repräsentiert eine Zugriffsmöglichkeit, die in der Regel außerhalb der normalen User-Nutzung liegt und daher besonders sauber verwaltet werden muss (Lebenszyklus, Verantwortlichkeit, Passwort- und Policy-Vorgaben). Die Absicherung über die bereits beschriebene IP Allowlist unterstützt die Sicherheit der Datenbank und steht als robuste Governance-Grenze sogar noch vor der Authentifizierung.

Nachvollziehbarkeit und Auditierbarkeit

In SAP Datasphere kann die Nutzung von Audit Logs als Kontrollinstrument für Compliance-Zwecke eingesetzt werden, um Lese- und Änderungsaktionen in der Datenbank zu überwachen und auszuwerten. Damit wird Consumption auch aus Governance-Sicht betreibbar, da Aktionen zuverlässig nachvollzogen werden können.

Praktische Leitlinie für Consumption Governance

Live-Consumption verlangt vor allem korrekt zugeschnittene Anwendungsbereichsrollen im Space und bei Bedarf auch DACs für zeilenbasierte Sicherheit. OData Consumption benötigt zusätzlich ein kontrolliertes OAuth Client Management (Zweck, Parameterweitergabe, Lebenszyklus), da der Zugriff technisch über den Client abgesichert wird. ODBC/JDBC Consumption verschiebt die Governance in Richtung Datenbankbenutzer/Open-SQL-Schema, zuzüglich einer IP Allowlist als Netzwerkgrenze, und erfordert damit eine enge Verzahnung von Datenplattform-, Netzwerk- und Operationsverantwortlichkeiten.

2.6 Zusammenfassung

SAP Datasphere als Kernkomponente der SAP BDC

In diesem Kapitel haben Sie SAP Datasphere als zentrale Komponente der SAP BDC kennengelernt. SAP Datasphere verbindet Datenintegration, technische Aufbereitung, semantische Modellierung, Governance und Data Consumption in einer cloudbasierten Plattform. Ziel ist es, Daten aus SAP- und Nicht-SAP-Systemen nicht nur technisch verfügbar zu machen, sondern sie auch fachlich verständlich, kontrolliert und wiederverwendbar bereitzustellen.

Architektur und Datenzugriff

Die Architektur von SAP Datasphere basiert auf dem Zusammenspiel technischer und programmatischer Komponenten. Technisch gesehen stehen die Anbindung heterogener Datenquellen, Datenföderation, Replikation und Persistenz im Mittelpunkt. Daten können virtuell aus Quellsystemen abgefragt, in SAP HANA Cloud gespeichert oder über Data-Lake- und Object-Store-Konzepte erweitert werden. Dadurch unterstützt SAP Datasphere virtuelle, persistente und hybride Architekturen, die je nach Anforderungen an Performance, Aktualität, Datenvolumen und Kosten eingesetzt werden können.

Programmatische Struktur und Governance

Intern arbeitet SAP Datasphere mit Tenants und Spaces. Tenants trennen Umgebungen für Entwicklung, Test und Produktion, während Spaces als isolierte Arbeitsbereiche für Teams, Projekte oder Fachbereiche dienen. Innerhalb der Spaces werden Daten angebunden, modelliert, berechtigt und für den Konsum vorbereitet.

Governance ist dabei fest in die Plattformarchitektur eingebettet. Rollen, Privilegien, Spaces, Datenzugriffskontrollen und Auditfunktionen legen fest, wer Daten einsehen, bearbeiten, modellieren oder konsumieren darf. DACs ermöglichen zeilenbasierte Zugriffsbeschränkungen, während Audit Logs und Monitoring-Funktionen Transparenz über Zugriffe und Änderungen schaffen.

Modellierung, Semantik und Funktionsumfang

Für die Modellierung wird eine mehrschichtige Struktur empfohlen, etwa mit Inbound Layer, Harmonization Layer, Propagation Layer und Reporting Layer. Diese Trennung unterstützt eine saubere Datenaufnahme, Harmonisierung, fachliche Modellierung und konsumierbare Bereitstellung.

Im Mittelpunkt der Datenmodellierung steht der Data Builder. Dort werden Daten aus angebundenen Quellen verarbeitet, kombiniert, harmonisiert und semantisch angereichert. Grafische Views und SQL Views ermöglichen unterschiedliche Modellierungsansätze, während Artefakte wie Tabellen, Data Flows, Replication Flows, Transformation Flows, Aufgabenketten und DACs den Modellierungsprozess ergänzen.

Besonders wichtig ist die semantische Modellierung. Fakten, Dimensionen, Texte, Hierarchien, semantische Typen und Assoziationen sorgen dafür, dass Daten fachlich verständlich und einheitlich interpretiert werden können. Analysemodelle bilden dabei den zentralen Übergang zur Consumption, da sie technische Modelle in kuratierte, fachlich eindeutige Zugriffsschichten überführen.

Data Consumption und Betrieb

Data Consumption beschreibt die Nutzung der integrierten und modellierten Daten in Analyse-, Reporting-, Planungs-, Integrations- oder Data-Science-Szenarien. SAP Analytics Cloud kann über Live-Verbindungen auf Analysemodelle in SAP Datasphere zugreifen. Auch Microsoft Excel kann über das SAP Analytics Cloud Add-in eingebunden werden.

Für weitere Nutzungsszenarien stellt SAP Datasphere OData-Schnittstellen, REST-APIs, SQL-Zugriff über ODBC/JDBC sowie Open-SQL-Schemas bereit. Dadurch können auch Drittanbieter-Tools wie Power BI, Tableau oder Qlik sowie individuelle Anwendungen angebunden werden. Für Data-Science- und KI-/ML-Szenarien ermöglichen Python- und R-Clients, das SAP Datasphere Python SDK, Jupyter Notebooks und SAP Databricks den programmatischen Zugriff auf Daten. Weitere Informationen hierzu finden Sie in Kapitel 4, »SAP Databricks: Datenaustausch und KI«.

Den produktiven Betrieb unterstützen Aufgabenketten, Scheduling und Monitoring. Der Data Catalog verbessert die Auffindbarkeit und Kuratierung von Datenprodukten, während Lineage- und Impact-Analysen Abhängigkeiten transparent machen. Transportfunktionen und Data Sharing unterstützen die kontrollierte Wiederverwendung und Überführung von Inhalten zwischen Umgebungen.

Kerngedanke

SAP Datasphere bildet somit das Rückgrat der SAP BDC. Die Plattform verbindet technische Datenintegration mit fachlicher Modellierung, Governance und kontrollierter Bereitstellung. Damit entstehen konsistente, semantisch angereicherte und wiederverwendbare Datenprodukte, die über verschiedene Tools, Schnittstellen und Fachbereiche hinweg genutzt werden können.

Kapitel 3
SAP Business Warehouse oder SAP BW/4HANA, Private Cloud Edition

In den vergangenen Jahren sind enorme Investitionen in die etablierten SAP-BW-Systeme geflossen. Das hatte überwiegend sehr reife Data-Warehouse-Lösungen zur Folge, die auf Kundenbedürfnisse zugeschnitten wurden und nun täglich von Fachbereichen genutzt werden. Dieser Datenschatz ist unverzichtbar und muss auch in der SAP BDC eine tragende Säule bleiben.

Logik und Wissen

Die SAP BDC adressiert die neuen Bedürfnisse nach Self-Service Analytics, Datenprodukten und künstlicher Intelligenz (KI). Mit Services wie SAP Datasphere und SAP Analytics Cloud bietet sie neue moderne Lösungen für die heutigen Anforderungen. Allerdings sind in SAP BW nicht nur die Unternehmensdaten der letzten Jahre gespeichert, sondern auch das Wissen des Unternehmens. Daher muss genau geprüft werden, wie sich nicht nur die Daten, sondern auch die Logik in die neue Welt überführen lassen.

In Abschnitt 3.1 gehen wir zunächst auf die Einführung der SAP BDC und die verschieden verfügbaren Versionen von SAP BW ein. Anschließend zeigen wir in Abschnitt 3.2, »Lift, Shift und Innovate«, auf, welche Optionen mit dem Standardmigrationspfad von SAP gewählt werden können. Abschnitt 3.3, »Hinweise für SAP-BW-On-Premise-Kunden«, beleuchtet die Kundensituationen, die nicht durch den SAP-Standardweg abgedeckt sind und ein anderes Vorgehen erfordern. In Abschnitt 3.4 und Abschnitt 3.5 erläutern wir diesbezüglich die Position von SAP BW Bridge bzw. Embedded SAP BW innerhalb der SAP BDC.

3.1 Einführung der SAP BDC und Versionen von SAP BW

SAP Business Warehouse

SAP Business Warehouse (SAP BW) wurde 1998 von SAP als eigenständige Business-Intelligence-Lösung für SAP-Kunden eingeführt. Damit wurde SAP-ERP-Kunden erstmals eine eigenständige Lösung für die Auswertungen von Daten angeboten. SAP BW bildet somit das zentrale Fundament für die analytische Datenplattform vieler SAP-orientierter Unternehmen. In SAP BW werden die Daten aus verschiedensten Quellsystemen gesammelt und harmonisiert und in den meisten Fällen auch historisiert. Da in SAP BW nicht nur die SAP-ERP-Daten, sondern auch viele andere Daten gesammelt werden, gilt SAP BW meist als die offizielle Wahrheit der Zahlen und somit – wie in der IT-Architektur auch gewünscht – als Single Source of Truth.

SAP BW als eigenständiges System

Mit der Separierung von SAP BW als eigenständiges System wurden auch die operative und die analytische Welt voneinander getrennt. So konnte nicht nur Last aus den operativen Systemen entfernt werden, sondern es wurde auch eine zentrale Stelle geschaffen, an der Business-Semantiken implementiert wurden. Damit wurde SAP BW zum Wissensträger im Unternehmen, sodass bspw. der Umsatz in SAP BW definiert und hier auch ausgewertet und persistiert wurde. Im Laufe der Zeit wurden so nicht nur wichtige Datenbestände aufgebaut, sondern auch zahlreiche Sonderregelungen und Definitionen in SAP BW implementiert. Dieses Wissen ist in dieser Dichte meist nur in SAP BW vorhanden. Der Funktionsumfang und die technische Reife haben sich seit den Anfängen mit SAP BW 1.2a im Jahr 1998 über viele Jahre und Versionen hinweg weiterentwickelt: von der NetWeaver-Plattform (2004) bis hin zur Nutzung der SAP-HANA-Datenbank im Jahr 2012 in SAP BW 7.3. In den folgenden Jahren wurde SAP BW kontinuierlich optimiert, bis schließlich im Jahr 2016 SAP BW/4HANA auf den Markt kam. Mit der Einführung von Cloud-Datenplattformen hat sich zwar der technische Rahmen geändert, der inhaltliche und organisatorische Wert ist jedoch gleichgeblieben.

Einführung der SAP BDC

Mit der Einführung der SAP BDC bietet SAP ein komplettes, cloudbasiertes Toolset an. In der SAP BDC ist SAP BW/4HANA, Private Cloud Edition enthalten, das den Funktionsumfang von SAP BW/4HANA On-premise beinhaltet. Zusätzlich gibt es den Data Product Generator für SAP BDC, auf den wir in Abschnitt 5.2.2 eingehen. Dieser ermöglicht das Replizieren der Daten in den Object Store der SAP BDC. Damit können die Daten von allen anderen Services genutzt und weiterverwendet werden.

SAP BW wird von über 16.000 Unternehmen eingesetzt und kann dabei in verschiedenen Versionen vorliegen:

- SAP BW 7.5 on Any DB
- SAP BW 7.5 on SAP HANA (Ihnen vielleicht auch bekannt als SAP BW 7.5 on HANA)
- SAP BW/4HANA

Dies sind die SAP-Versionen, die sich zum Zeitpunkt der Veröffentlichung der SAP BDC in der Wartung befinden. Zusätzlich gibt es eine nicht zu vernachlässigende Anzahl von Kunden, die noch auf einem älteren Release-Stand sind. Die Gründe hierfür sind vielschichtig. Meist ist das SAP-BW-System stark von der ERP-Strategie abhängig. Allerdings mussten wir oft feststellen, dass die Analytics-Architektur bei SAP-S/4HANA-Transformationen nicht immer in der benötigten Form betrachtet und einbezogen wird. Aus heutiger Sicht und mit Kenntnis der SAP BDC ergibt sich jedoch meist kein zwingender Mehrwert daraus, SAP BW auf den nächsten Release-Stand zu heben.

SAP BW/4HANA, Private Cloud Edition

Dies ändert sich nun maßgeblich mit der Einführung der SAP BDC und *SAP BW/4HANA, Private Cloud Edition*. Die Bereitstellung von Datenprodukten innerhalb der SAP BDC sowie die Möglichkeit, eine bestehende SAP-BW-Installation in die Cloud zu heben und so die neuen Datenprodukte mit bestehenden Implementierungen zu verbinden, bieten sofort sichtbare Mehrwerte. Diese ergeben sich u. a. aus der direkten Bereitstellung aller Daten für KI-Anwendungen, da die Daten in der Cloud vorhanden und somit auch für SAP Joule, SAP Databricks (siehe Kapitel 4, »SAP Databricks: Datenaustausch und KI«) und Co. verfügbar sind.

Wie dieser einfache Weg in die Cloud genau aussieht, zeigen wir in Abschnitt 3.2, »Lift, Shift und Innovate«. Zunächst wollen wir jedoch auf die Modellierung innerhalb von SAP BW eingehen und daraus die Optionen ableiten, die neben dem SAP-Standardvorgehen möglich sind.

3.1.1 Modellierung in SAP BW

Die Modellierung in SAP BW erfolgt anders als in SQL-basierten Data-Warehouse-Lösungen (DWH), wie z. B. SAP Datasphere. Im Folgenden stellen wir Ihnen die wichtigsten Elemente der Modellierung kurz vor. Dies ist später relevant, um die Nutzung des Data Product Generators für SAP BDC zu verstehen und um zu erkennen, welche Herausforderungen bei der Implementierung von SAP-BW-Datenflüssen in der SAP BDC bestehen können. Da es kein Eins-zu-eins-Mapping von SAP-BW-Objekten auf SAP-Datasphere-Objekte gibt, gehen wir nachfolgend die wesentlichen SAP-BW-Strukturen durch und beschreiben, wie diese in SAP Datasphere umgesetzt werden können.

Infoobjekt vom Typ »Merkmal«

Ein *Infoobjekt vom Typ »Merkmal«* repräsentiert semantisch eine Geschäftsentität, wie bspw. einen Kunden, ein Material oder eine Kostenstelle. Infoobjekte können Stammdaten, Texte und Hierarchien enthalten. Sie sind das zentrale Objekt, das später in InfoProvidern wiederverwendet wird. So werden Infoobjekte zentral genutzt, um viele Informationen an einem Ort zentral zu verwenden und sie später in einzelnen Datenmodellen wiederzuverwenden. In SAP BW/4HANA gibt es darüber hinaus die Option, ein Feld zu nutzen. Dieses enthält jedoch im Vergleich zu Infoobjekten keine weiterführenden Informationen, wie z. B. Texte für Stammdatenentitäten. Infoobjekte werden anschließend in SAP Datasphere in Views bzw. Tabellen mit der Semantik-Dimension überführt und ggf. um weitere Views und Tabellen anderer Semantik ergänzt.

Infoobjekt vom Typ »Kennzahl«

Ein *Infoobjekt vom Typ »Kennzahl«* wird genutzt, um Werte und Mengen zu definieren und zu modellieren. Neben der Festlegung der numerischen Darstellung werden auch Aggregation sowie Ausnahmeaggregationsverhalten, Einheit bzw. Währung festgelegt. Die Infoobjekte können anschließend in (Advanced) DataStore Objects (aDSO), InfoCubes oder Multi-/CompositeProvidern verwendet werden, um Kennzahlen zu implementieren. In Querys können dann die Eigenschaften genutzt werden, um komplexe Berechnungen durchzuführen oder auch einzelne Eigenschaften zu überschreiben. Kennzahlen werden in SAP Datasphere im Fakt-Modell bzw. Analytic Model definiert und weiterverwendet.

(Advanced) DataStore Object

Das *(Advanced) DataStore Object (aDSO)* ist das zentrale datentragende Objekt in SAP BW. Mit SAP BW/4HANA hat das Advanced DataStore Object noch mehr an Bedeutung gewonnen und erhielt weitere unterschiedliche Templates, wodurch die Modellierung noch weiter vereinfacht wurde. Ein aDSO ist eine Zusammenstellung aus Tabellen und Views und besitzt zahlreiche Standardfunktionalitäten, sodass eine Modellierung einfach durchgeführt werden kann. So wird ein aDSO bspw. mithilfe einer Transformation und eines Datentransferprozesses beladen. Über die Einstellungen kann anschließend festgelegt werden, wie der aktuelle Datenbestand erstellt werden soll und ob bestehende Daten überschrieben oder aufsummiert werden sollen. Diese und weitere Komfortfunktionen sind ein zentraler Bestandteil der Modellierung.

Eine pauschale Aussage darüber, wie dieses Objekt in SAP Datasphere ersetzt wird, ist nicht ohne Weiteres möglich. Wenn man es eins zu eins ersetzen möchte, wäre es in den meisten Fällen wahrscheinlich eine Tabelle mit der Semantik `Relationales Datenset`. Bei einer Remodellierung empfiehlt es sich, ein virtuelles Datenmodell mit Views zu erzeugen. Die Beladung des Datenmodells kann mithilfe von Datenflüssen realisiert werden.

InfoCube

Der *InfoCube* ist in älteren SAP-BW-Versionen das klassische Objekt, das für das Reporting beladen wurde. Er besteht aus Fakten- und Dimensionstabellen und stellt ein Stern- bzw. Snowflake-Schema dar. In der Regel wurde er für eine oder mehrere sehr ähnlich gelagerte Reporting-Anforderungen aufgebaut. Der InfoCube wurde selbst beladen, konnte aber die Infobjekte als Referenz nutzen, um Stammdaten nicht redundant zu halten. Mit der Einführung von SAP HANA wurden InfoCubes durch aDSOs ersetzt, die deutlich schneller und optimierter arbeiteten. InfoCubes können nicht eins zu eins in SAP Datasphere ersetzt werden, da sie datentragend sind und mindestens ein Star-Schema besitzen. Sie werden daher typischerweise durch Tabellen bzw. Views mit der Semantik `Fakt` und anschließend einem darauf aufbauenden analytischen Modell ersetzt.

MultiProvider

Ein *MultiProvider* ist die Zusammenführung mehrerer *InfoProvider* (InfoCubes, aDSO, Infoobjekte, etc.) die via Unions virtuell verknüpft werden. Somit wird die Möglichkeit geschaffen, verschiedene Datenmodelle miteinander zusammenzuführen, ohne die Daten ein weiteres Mal zu persistieren. MultiProvider stellen eine weitere Basis dar, auf der Querys definiert werden können. In SAP Datasphere werden MultiProvider analog zu InfoCubes typischerweise durch Views der semantischen Typen `Fakt` und `Analytic Model` abgelöst.

CompositeProvider

Der *CompositeProvider* ist der Nachfolger des MultiProviders und wurde mit SAP HANA eingeführt. Er kombiniert diverse Objekte in SAP BW zu einem einheitlichen Modell. Aufgrund seiner optimierten Arbeitsweise auf der SAP-HANA-Datenbank ermöglicht er außerdem die direkte Einbindung von *Calculation Views* (das sind Objekte, die direkt auf der SAP-HANA-Datenbank entwickelt werden). Durch die Erweiterung, dass neben der Union-Verknüpfung nun auch Join-Verknüpfungen möglich sind, bietet der CompositeProvider in SAP BW maximale Flexibilität bei der Modellierung. In der SAP Datasphere würde der CompositeProvider, analog zum MultiProvider, durch mehrere Views und analytische Modelle abgelöst werden. Hier wäre jeweils zu betrachten, ob eine Remodellierung sinnvoll ist, da durch den verstärkten Fokus auf virtuelle Modellierung in der SAP BDC auch weitere Synergien ermöglicht werden können. Einerseits wird die Datenpersistenz reduziert, da Daten nicht mehr redundant in verschiedenen Schichten gespeichert werden müssen, sondern über Views logisch kombiniert werden. Dies führt zu einer geringeren Datenhaltung und reduziert den Wartungsaufwand. Andererseits ermöglicht die Nutzung semantischer Views (z. B. Fakt- und analytische Modelle) eine klare Trennung von Datenbereitstellung und fachlicher Modellierung. Dadurch können Änderungen flexibler umgesetzt werden, ohne dass bestehende Datenstrukturen physisch angepasst werden müssen.

BW Query

Die *BW Query* definiert, welche Merkmale, Kennzahlen, Variablen, Filter, Ausnahmen und Bedingungen im Reporting zur Verfügung stehen. Eine BW Query kann auf einem Provider (CompositeProvider, MultiProvider, aDSO, InfoCube, Infoobjekt) basieren. Sie stellt somit die Kapselung zum Frontend, wie der SAP Analytics Cloud, dar. In einer BW Query können verschiedenste Funktionalitäten und Logiken implementiert werden, um auch den komplexesten fachlichen Anforderungen gerecht zu werden. Allerdings schränken manche Funktionalitäten die Wiederverwendbarkeit (Query als InfoProvider) ein. Eine aktuelle Auflistung der Einschränkung können Sie der SAP-Dokumentation (unter *http://s-prs.de/v1134104*) für den passenden Releasestand entnehmen.

Eine Query wird in SAP Datasphere durch ein analytisches Modell implementiert, in bestimmten Fällen ist auch eine Anpassung im Frontend-Tool, wie SAP Analytics Cloud, nötig.

Transformationen

Jeder Datenfluss enthält eine bestimmte Transformationslogik, die im Data Warehouse implementiert werden muss. In SAP BW geschieht dies innerhalb von *Transformationen*. Diese können in ABAP oder *SQLScript*, einem SAP-HANA-spezifischen SQL-Dialekt, geschrieben werden. ABAP-basierte Transformationen stellen eine Herausforderung für die Reimplementierung in SAP Datasphere dar. Die Logiken sind meist zeilenbasiert und es wird ABAP-typisch über die Daten in Schleifen iteriert. Außerdem kann die Logik zentral in Klassen ausgelagert und in einzelnen Transformationen wiederverwendet werden. Bei SQLScript-basierten Transformationen werden die Daten in den meisten Fällen bereits spaltenbasiert verarbeitet. Dies kommt somit der Verarbeitung in SAP Datasphere sehr nahe. Allerdings kann auch hier die Logik in Klassen ausgelagert werden, was ebenfalls eine Herausforderung darstellt.

Logik überführen

Diese Logikschritte müssen manuell oder mithilfe von Drittanbietertools bzw. KI überführt werden, damit sie einer reinen SQL-basierten Verarbeitung gerecht werden. Viele SQL-basierte Transformationen können in den meisten Fällen in SQL-basierte Views überführt werden. Allerdings muss bei den ABAP-basierten Transformationen eine Umformung in SQL-Logik erfolgen. Hierbei sollten Sie bedenken, dass zum einen die Logik nicht in Klassen ausgelagert werden kann, sondern Anpassungen in einzelnen, wiederverwendbaren Views ausgelagert werden müssen, und dass zum anderen das Entwicklungsparadigma hin zur virtuellen Modellierung eine Remodellierung verlangt.

Datentransferprozesse

Die virtuelle Datenmodellierung in SAP Datasphere bedingt auch einen weiteren wichtigen Punkt bei der Überführung von Daten aus SAP BW in die SAP BDC, nämlich die Orchestrierung von Datenladeprozessen. Im SAP BW werden die Orchestrierungen über *Datentransferprozesse* (DTP) und Prozessketten gesteuert. Ein DTP bestimmt, in welchen Gruppen (Batches) welche Daten zusammenhängend im Delta- oder Full-Verfahren prozessiert werden. Prozessketten haben dabei eine übergeordnete Rolle. Auch die Art und Weise, vor allem die Anzahl der persistenten Schichten, unterscheidet sich vom Modellierungsparadigma in SAP Datasphere (siehe Abschnitt 2.4, »Datenmodellierung«). Somit müssen die Modelle, wenn sie nativ implementiert werden sollen, in Teilen neu gedacht werden.

Prozessketten

Während ein Data Transfer Process (DTP) in SAP BW/4HANA jeweils einen einzelnen Ladeprozess von einer Quelle zu einem Ziel steuert, dienen Prozessketten dazu, komplette Abläufe von Lade- und Folgeprozessen zu automatisieren. In einer Prozesskette können mehrere DTPs parallel oder nacheinander ausgeführt werden, abhängig von ihren fachlichen und technischen Abhängigkeiten. Anschließend können weitere Schritte wie die Aktivierung von aDSOs, das Starten von Auswertungen oder technische Nacharbeiten angestoßen werden.

Zusätzlich ermöglichen Prozessketten ein zentrales Fehlerhandling, bspw. durch automatische Wiederholungen fehlgeschlagener Schritte oder das Versenden von Benachrichtigungen.

Überblick über das Mapping der Modellierung

In Tabelle 3.1 sehen Sie das Mapping der bisherigen SAP-BW-Objekte zu den entsprechenden Strukturen in SAP Datasphere. Die Tabelle zeigt, welche SAP-BW-Elemente (z. B. Infoobjekte, InfoProvider und Kennzahlen) in welche Objekte der SAP Datasphere überführt werden. Mithilfe dieser Tabelle können Sie eine transparente Zuordnung zwischen alter und neuer Welt schaffen, sodass fachliche Inhalte, Bezeichnungen und Strukturen nachvollziehbar bleiben und Anwenderinnen und Anwender schnell erkennen können, wo sie ihre bekannten Daten und Kennzahlen in SAP Datasphere wiederfinden.

SAP-BW-Objekte	Entsprechung in SAP Datasphere	Hinweis
Infoobjekte vom Typ »Merkmal«	Tabellen/Views mit der Semantik `Dimension` (inkl. ergänzende Views/Tabellen anderer Semantik)	SAP Datasphere kennt kein direkt vergleichbares Objekt. Diese Rolle übernehmen hier Views vom semantischen Typ `Dimension`: Sie bilden Stammdaten, Texte und Hierarchien ab und lassen sich wiederverwenden.
Infoobjekte vom Typ »Kennzahl«	Kennzahlen in Fakten-Views und analytischen Modellen	Kennzahlen werden in Fakten und analytischen Modellen definiert. Dazu gehören u. a. Aggregation, Semantik und Berechnung.
(Advanced) DataStore (aDSO)	– In der Regel Tabellen mit der Semantik `Relationales Datenset` – Remodellierung von zumeist virtuellen Datenmodellen oder hybriden Datenmodellen (Tabellen und Views) inkl. Datenflüssen zur Beladung	Hierzu gibt es in SAP Datasphere kein direktes Pendant, dass aDSO lässt sich jedoch durch lokale Tabellen ersetzen.
InfoCubes	Fakten-Views und darauf aufbauende analytische Modelle	Diese werden logisch als Fakten und Dimensionen nachgebaut und bilden so die Grundlage für analytische Modelle.
MultiProvider	Views mit der Semantik `Fakt` und darauf aufbauende analytische Modelle	Dieser wird in SAP Datasphere durch einen Union in einer View realisiert.
Composite-Provider	Mehrere Views (Join/Union) und analytische Modelle	Diese können durch mehrere Views oder analytische Modelle bereitgestellt werden.

Tabelle 3.1: Gegenüberstellung von SAP-BW-Objekten und SAP-Datasphere-Artefakten

SAP-BW-Objekte	Entsprechung in SAP Datasphere	Hinweis
BW Querys (Bex/BW Querys)	Analytische Modelle; ergänzend ggf. Logik im Frontend (z. B. SAP Analytics Cloud)	Das analytische Modell bildet die Query-Logik ab. Komplexe Logik kann tiefer im Modell oder in SAP Analytics Cloud (Variablen, Berechnungen, Bedingungen) abgebildet werden.
Transformation (ABAP)	SQL-basierte Views, Data Flows, ggf. weitere SQL-/Script-Logik	Mit SQL- und SQLScript-Transformationen können Daten transformiert werden. ABAP-Transformationen müssen in SQL remodelliert werden.
Datentransferprozesse (DTP)	Data Flows und Orchestrierung in SAP Datasphere/externen Tools	DTP-spezifische Semantik (Pakete, Delta-Mechanik) wird in Datasphere-Datenflüssen und ggf. im Quellsystem/CDC abgebildet.
Prozesskette	Orchestrierung via Data Flows in SAP Datasphere, Scheduling und ggf. externe Orchestrierung	Es gibt kein direktes Prozessketten-Objekt. Die Prozesslogik wird über Flow-Abhängigkeiten, Zeitpläne und externe Steuerung (z. B. SAP-BW-Bridge, Cloud Scheduler) modelliert.

Tabelle 3.1: Gegenüberstellung von SAP-BW-Objekten und SAP-Datasphere-Artefakten (Forts.)

3.1.2 Optionen für die Migration

Auswirkung des Paradigmenwechsels

Wie der letzte Abschnitt gezeigt hat, gibt es keinen direkten Weg, die Datenmodelle von SAP BW nativ eins zu eins in SAP Datasphere zu migrieren und somit in der SAP BDC native Services zur Verfügung zu stellen. Der Paradigmenwechsel erfordert daher ein Überdenken der alten SAP-BW-Datenmodelle, um diese inhaltlich, technisch und fachlich in SAP Datasphere abbilden zu können. Das ist aus unserer Sicht eher ein Vorteil als ein Nachteil, da unserer Erfahrung nach kaum Eins-zu-Eins-Migrationen von Datenmodellen angestrebt wurden. Dagegen war die Nachfrage nach einem Greenfield-Ansatz mit SAP Datasphere sehr groß und wurde als Chance gesehen, alte Zöpfe in SAP BW abzuschneiden – sogar bei manchen SAP-S/4HANA-Brownfield-Migrationen.

Generierung von SAP-Datasphere-Objekten aus SAP-BW-Datenflüssen ab Q4 2026

Die Roadmap sieht für Q4 2026 eine Assistenzfunktion vor, die aus SAP-BW-Datenflüssen entsprechende SAP-Datasphere-Objekte generiert und damit die Implementierung beschleunigt.

In größeren SAP-BW-Landschaften mit stabileren Datenmodellen und Reporting-Anforderungen gab es durchaus gegenteilige Meinungen zu diesem Paradigmenwechsel, da recht hohe Migrationsaufwände zu erwarten gewesen wären, nur um in die Cloud zu wechseln. Das mag damals auch ein Treiber für SAP gewesen sein, die SAP BW Bridge anzubieten, auf die wir später noch eingehen werden, sowie den Lift,-Shift-und-Innovate-Ansatz zu entwickeln.

3.2 Lift, Shift und Innovate

SAP sieht mit der Veröffentlichung der SAP BDC für SAP-BW-Bestandkunden den Weg »Lift, Shift und Innovate« vor, um deren On-Premise-Installation in die Cloud zu bringen. Dabei steht *Lift* für das Heben von SAP BW in die SAP BDC selbst. SAP BW wird dann zu SAP BW, Private Cloud Edition. *Shift* bezeichnet die Nutzung der SAP-BW-basierten Daten innerhalb der SAP BDC. *Innovate* meint die (schrittweise) Ablösung der Datenmodelle durch SAP-BDC-native Implementierungen, wie SAP Datasphere oder SAP Databricks. In diesem Abschnitt widmen wir uns der Reihe nach diesen drei Prozessen.

3.2.1 Lift

Für den Lift gibt es verschiedene Optionen. Es gibt verschiedene, sich in der Wartung befindliche Versionen von SAP BW (basierend auf SAP HANA), von denen aus direkte Migrationspfade in SAP BW, Private Cloud Edition führen (siehe Abbildung 3.1).

Wenn Sie SAP BW 7.5 on SAP HANA nutzen, stehen Sie als Anwendungsunternehmen vor der Entscheidung, ob Sie während der Migration auch direkt auf SAP BW/4HANA umsteigen oder zunächst auf dem aktuellen Versionsstand bleiben und zu einem späteren Zeitpunkt migrieren. Zudem sind weitere Bedingungen zu beachten. So sind bspw. der Release-Stand und auch die Ausgangsdatenbank wichtig. Im Einzelfall kann es also doch notwendig sein, ein Update bzw. Upgrade auf SAP BW 7.5 on SAP HANA durchzuführen.

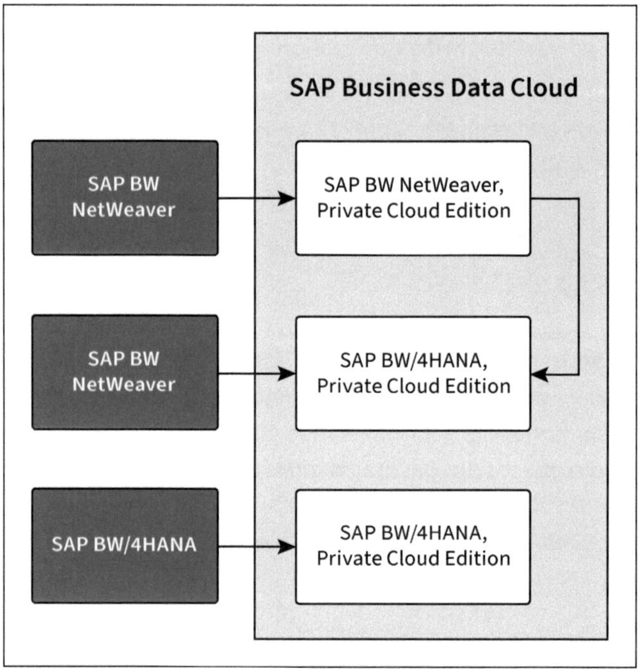

Abbildung 3.1: Migrationspfade für SAP BW

Migrationsweg in SAP BDC

Abbildung 3.2 stellt die geltenden Vorbedingungen für den jeweiligen Migrationsweg in die SAP BDC dar:

- SAP BW muss mindestens den Release-Stand 7.5 aufweisen.
- Die Applikation muss auf einer SAP-HANA-Datenbank betrieben werden.
- Als Mindestversionsstand für SAP BW 7.5 on SAP HANA ist das SPS 24 als Mindest-Release-Stand vorgeschrieben, für SAP BW/4HANA 2021 das Servicepack Level 04.

Falls die Systeme in ihrer Ausgangssituation nicht bereits die jeweiligen Versionsstände aufweisen, wird empfohlen, den höchstmöglichen Versionsstand zu wählen. Das erspart während der eigentlichen Migration das Einspielen einzelner Hinweise und ermöglicht einen reibungslosen Übergang in die Cloud.

Wartungssicherheit

Es zeigt sich also, dass der Weg in der SAP BW, Private Cloud Edition vordefiniert ist und von den meisten Installationen aus erfolgen kann. Der erste direkte Vorteil für SAP-BW-7.5-Kunden macht sich direkt bemerkbar: sie können ihr System nun bis 2030 unter Mainstream-Wartung betreiben. Für SAP BW 7.5 on SAP HANA On-Premise ist der Mainstream-Support ohne Mehrkosten nur bis 2027 garantiert.

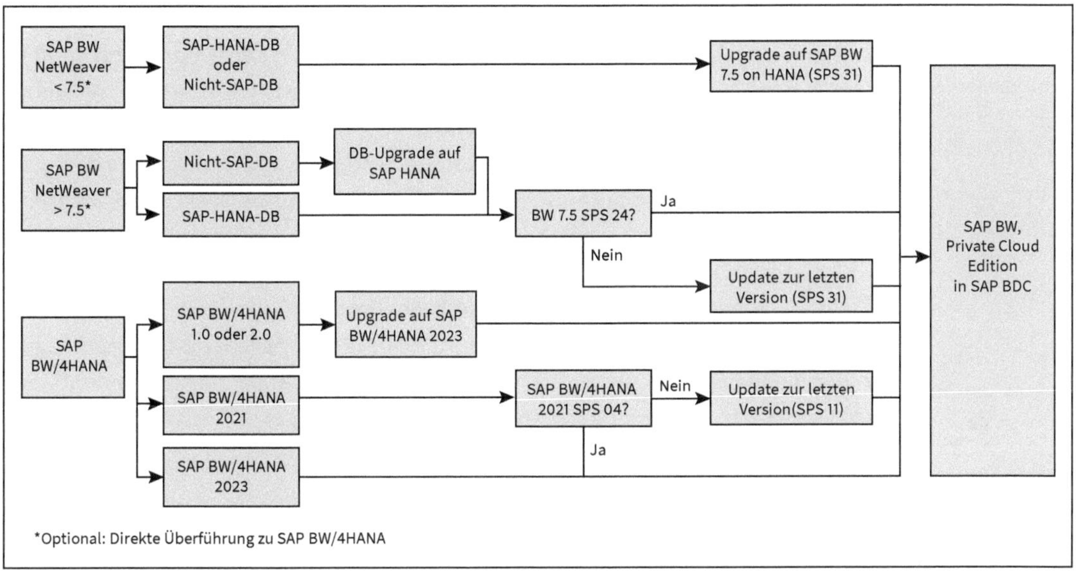

Abbildung 3.2: Detaillierter Migrationspfad

Diese Wartungssicherheit kann je nach individueller Kundensituation sehr wertvoll sein, z. B. wenn parallel einige Transformationsprojekte laufen, hohe SAP-BW-Abhängigkeiten bestehen oder Risiken für das Reporting oder die Planungsprozesse in SAP BW Integrated Planning (IP) vermieden werden sollen. All diese Punkte können gegen eine sukzessive SAP-Datasphere-Greenfield-Migration sprechen. Da die SAP BDC und ihre Module in Verbrauchseinheiten, sogenannten Capacity Units, abgerechnet werden, erkauft sich ein Kunde diese Sicherheit dann in Form von zusätzlichen Capacity Units in der SAP BDC.

[+]

Capacity Units und Roadmap

Wir empfehlen Ihnen, eine Roadmap zu entwickeln, die festlegt, wie lange und in welchem Umfang die SAP BW, Private Cloud Edition genutzt werden soll und wie sichergestellt wird, dass nach dem »Lift« mit »Shift« und »Innovate« die nächsten Schritte auch wirklich angegangen werden. Ohne Roadmap besteht die Gefahr, deutlich länger zusätzliche Capacity Units für SAP BW lizenzieren zu müssen.

Durch die Migration ist nun der nächste Vorteil nutzbar, den wir im folgenden Abschnitt beschreiben.

3.2.2 Shift

SAP BW Data Product Generator

Durch den Shift können SAP-BW-Kunden den Data Product Generator für SAP BDC nutzen. Dieser ermöglicht es, dass SAP-BW-Daten in der SAP BDC verfügbar gemacht werden – genauer gesagt, im Object Store von SAP Datasphere –, um sie für SAP Databricks, in SAP Datasphere usw. nutzen zu können. Durch dieses Teilen können die Daten direkt genutzt werden und müssen weder migriert, noch in SAP-BDC-nativen Services extra implementiert werden. Die Nutzung der Datenprodukte aus SAP BW wird in Abschnitt 5.3 beschrieben. Allerdings gibt es Unterschiede in der Handhabung des Data Product Generators für SAP BDC, je nachdem, welcher SAP-BW-Release-Stand bei Ihnen gegeben ist. Weiterhin gibt es eine Reihe von technischen Vorbedingungen, die in der SAP-Dokumentation beschrieben werden: *http://s-prs.de/v1134105*.

Infoobjekte, (Advanced) Data Store Objects, CompositeProvider, MultiProvider, InfoCubes und Querys können als Datenquelle für die Erzeugung von Datenprodukten mithilfe des Data Product Generators für SAP BDC verwendet werden. Sie haben die Möglichkeit, die Datenprodukterzeugung als Prozess (Datensubskription) in eine Prozesskette zu integrieren. So können Sie bspw. festlegen, dass die Daten in der SAP BDC unmittelbar nach der Aktualisierung der Daten in Ihrem BW-System erneuert werden. Alternativ lässt sich die Replikation auch auf einen Zeitraum mit geringer Systemlast legen, um mögliche Auswirkungen auf Ihr SAP-BW-System zu minimieren.

LocalTable pro InfoProvider im SAP-BW-Space

Für jeden InfoProvider, der Teil einer Subskription ist, wird in einem dedizierten SAP BW Space des SAP Datasphere Tenants eine *lokale Tabelle* (Datei) angelegt. Bei jeder Ausführung der Subskription werden die Daten des InfoProviders in diese *LocalTable* (Datei) geschrieben. Die LocalTable (Datei) enthält die wesentlichen Metadaten des InfoProviders wie Datentypen, Beschreibungen und Feldnamen. Sie kann anschließend, wie jede andere LocalTable in SAP Datasphere, für weiterführende Modellierungen verwendet werden. Darüber hinaus können Sie die LocalTables nutzen, um im SAP Datasphere Data Sharing Cockpit mit wenigen Schritten ein Datenprodukt zu erstellen.

Im Folgenden nutzen wir ein Beispiel von SAP, um den Prozess im System zu skizzieren. Zunächst muss im ausgewählten Provider über die Data Preview ins SAP BW/4HANA Cockpit gewechselt werden (siehe Abbildung 3.3).

Abbildung 3.3: Start der Erzeugung eines SAP-BW-Datenprodukts

Mit einem Klick auf die Kachel **Data Subscriptions** im SAP BW/4HANA Cockpit wird der Data Product Generator für SAP BDC gestartet (siehe Abbildung 3.4).

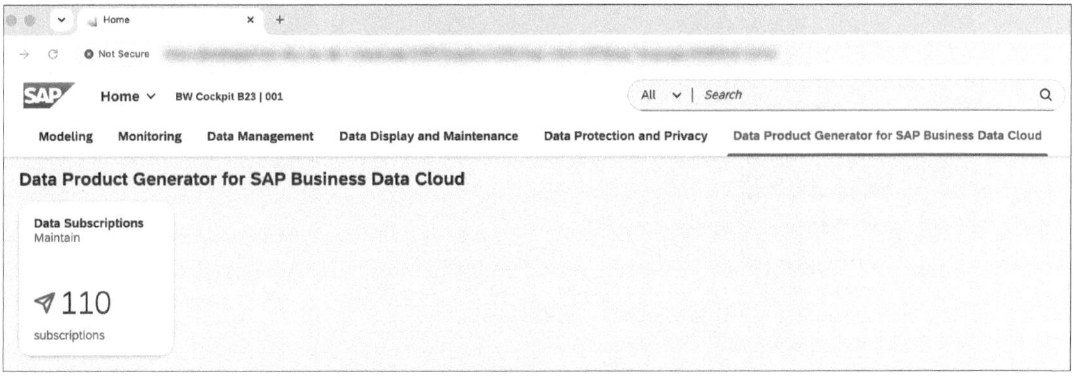

Abbildung 3.4: Data Product Generator für SAP BDC

Dort können alle bestehenden Datensubskriptionen angezeigt und bearbeitet werden. Mit einem Klick auf **Create** können Sie eine neue Datensubskription starten (siehe Abbildung 3.5).

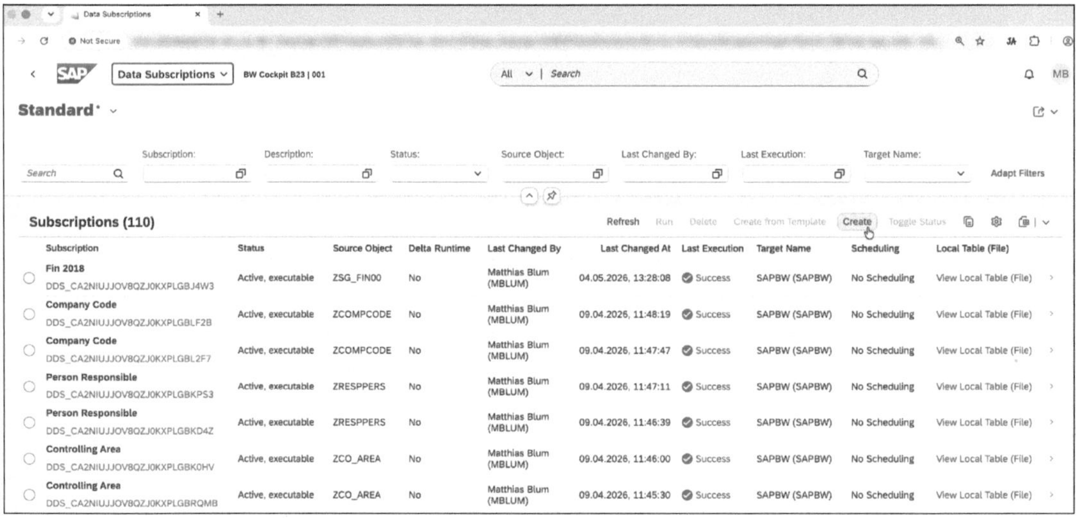

Abbildung 3.5: Datensubskription anlegen

Im Fenster für die Anlage werden auf dem Reiter **General** der technische Name, die Quelle und die Beschreibung benötigt. Anschließend müssen auf dem Reiter **Settings** im Feld **Execution Mode** der Ausführungsmodus (**Full**, **Delta** oder **Delta and Streaming**) und ggf. die Prozesskettenvariante (im Feld **Process Chain Variant**) sowie die Selektionsangaben (im Feld **Selectors**) angegeben werden (siehe Abbildung 3.6), bevor die Aktivierung der Datensubskription erfolgen kann (siehe Abbildung 3.7).

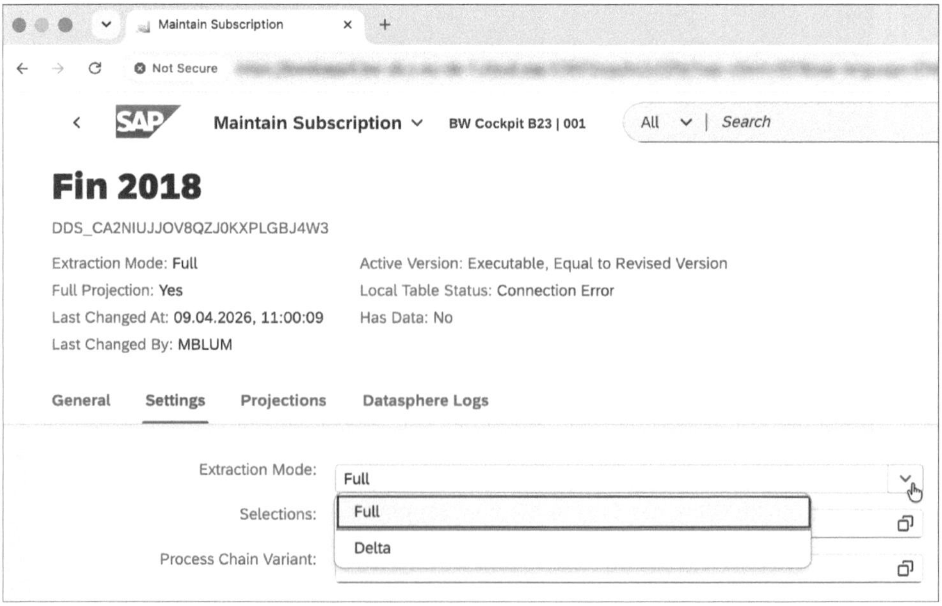

Abbildung 3.6: Ausführungsmodus

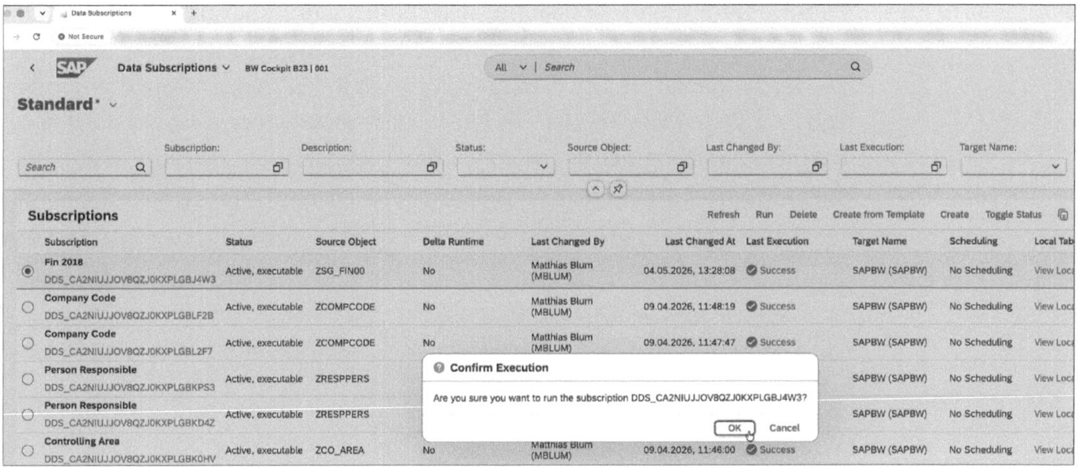

Abbildung 3.7: Aktivierung der Datensubskription

Im Anschluss kann im Data Builder der SAP Datasphere auf diese gelieferten Daten zugegriffen werden und sie können für die weitere Verwendung genutzt werden (siehe Abbildung 3.8).

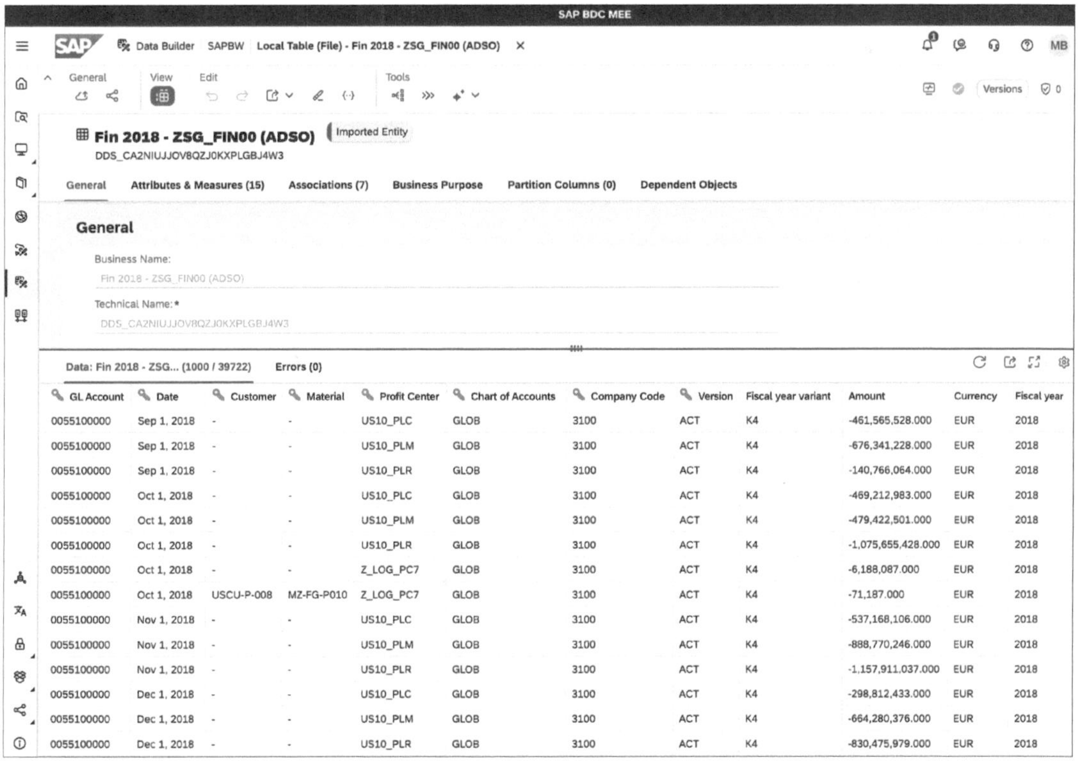

Abbildung 3.8: Die SAP-BW-Daten im Data Builder von SAP Datasphere

Publikation im Data Sharing Cockpit

Zu guter Letzt erfolgt die Publikation im Data Sharing Cockpit (siehe Abbildung 3.9). Wir empfehlen, direkt schon beim Sharing auf gute Metadaten zu achten. Im Idealfall haben Sie sich bereits im Vorfeld mit den Themen Data Governance und Data Ownership befasst und können sicherstellen, dass die Rechte, Pflichten und Erwartungshaltungen von IT und Fachbereichen für dieses Datenprodukt besprochen wurden.

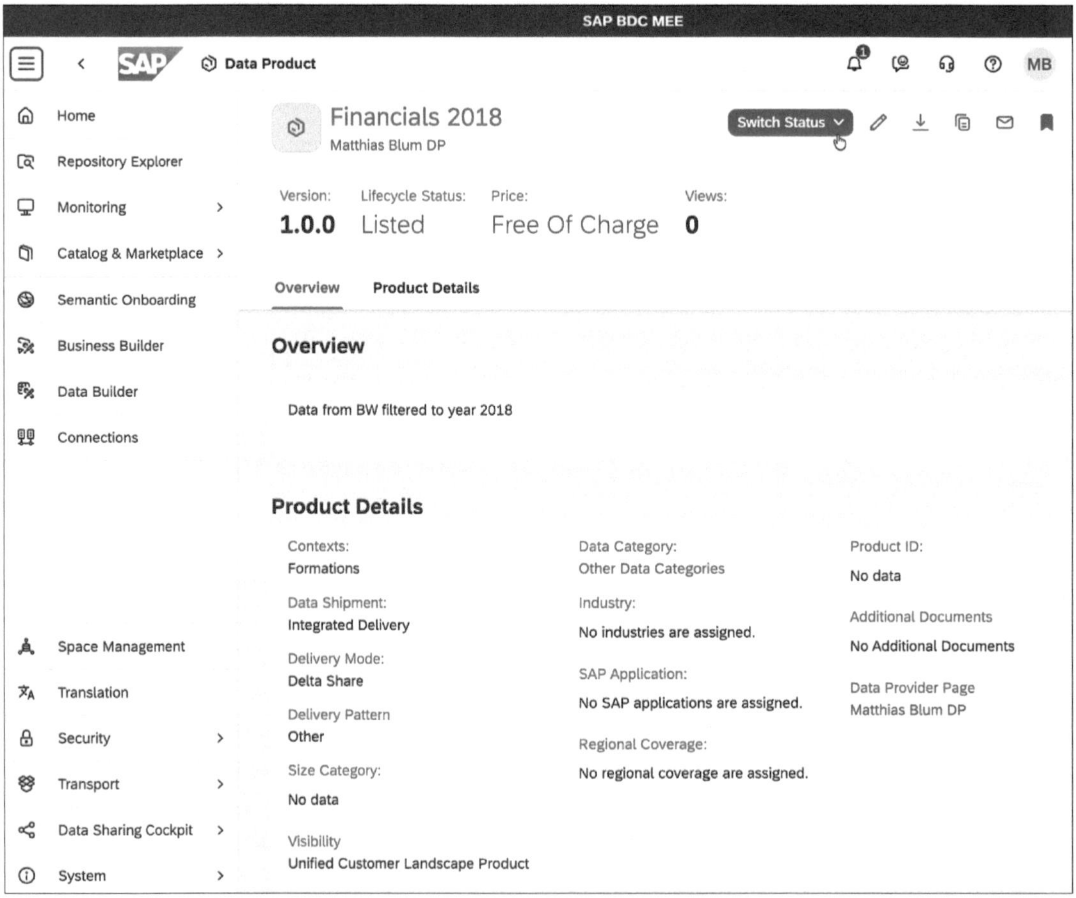

Abbildung 3.9: Das publizierte SAP-BW-Datenprodukt

Die Einbindung des SAP-BW-Datenprodukts erfolgt dann bspw. über eine View, die SAP Datasphere und SAP-BW-Daten miteinander verbindet (schematisch dargestellt in Abbildung 3.10). Damit ist die Grundlage dafür geschaffen, SAP-BW-Daten in SAP Datasphere zu hinterlegen und für weiterführende Use Cases rund um ML und KI, SAP Databricks, SAP Analytics Cloud usw. bereitzustellen.

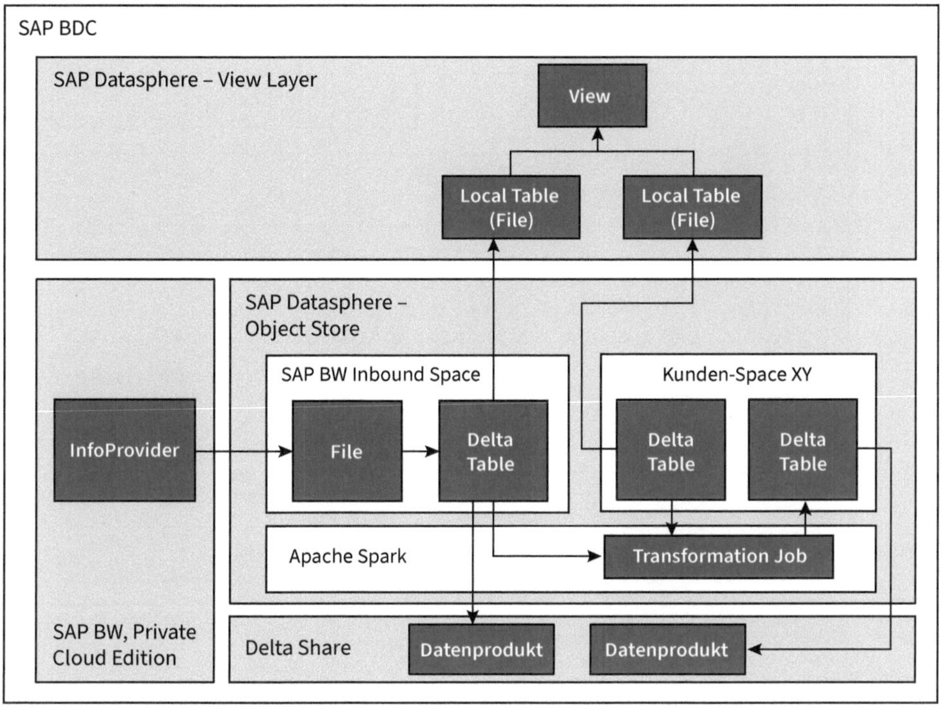

Abbildung 3.10: View über SAP-BW- und SAP-Datasphere-Daten

3.2.3 Innovate

In der Shift-Phase wurden Datenmodelle aus SAP BW, Private Cloud Edition in den Object Store repliziert und von dort aus in bestehende SAP-Datasphere-Modelle bzw. in neu entwickelte Datenmodelle integriert. Nach Abschluss der Shift-Phase können die Anwenderinnen und Anwender die SAP-BW-Daten nun auch in der SAP BDC nutzen.

Ablösung der SAP-BW-Strukturen

Die Innovate-Phase ist der letzte Schritt zur Modernisierung der Datenlandschaft. Im Kern geht es um die Ablösung der SAP-BW-Strukturen, die entweder durch von SAP verwaltete Datenprodukte (siehe Kapitel 5, »Datenprodukte und Object Store«) oder durch eigens erstellte Datenprodukte ersetzt werden. Abbildung 3.11 zeigt, wie in der Innovate-Phase Datenprodukte aus SAP BW durch von SAP verwaltete Datenprodukte oder eigens erstellte Datenprodukte abgelöst werden können.

Von SAP verwaltete Datenprodukte

Die Anzahl an von SAP verwalteten Datenprodukten ist noch sehr überschaubar. Bis dato sind sie nur für SAP S/4HANA Public Cloud, SAP S/4HANA, Private Cloud Edition, SAP SuccessFactors und SAP Customer Data Platform verfügbar, allerdings noch nicht für alle betrieblichen Funktionen.

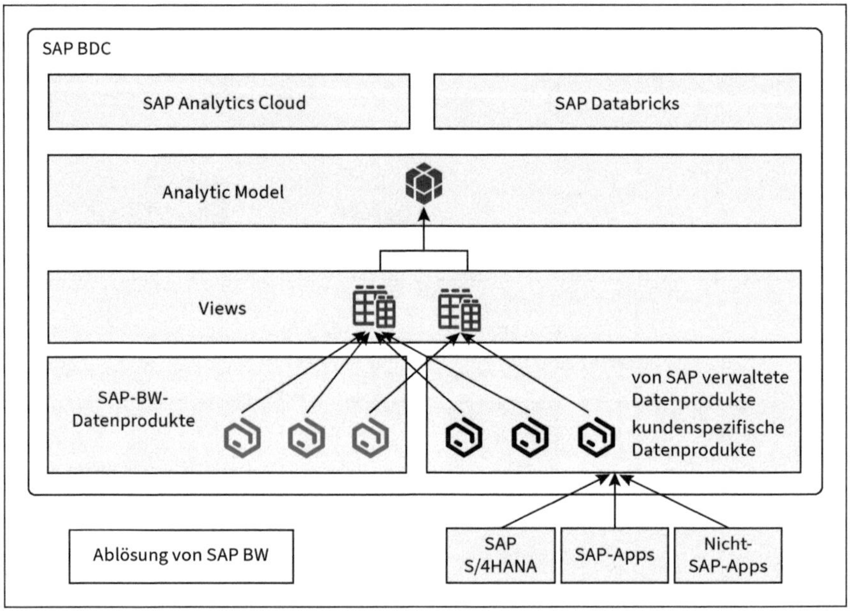

Abbildung 3.11: Ziel der Innovate-Phase

SAP-Kunden können jedoch davon ausgehen, dass sich das in Zukunft ändern wird und eine Fülle an von SAP verwalteten Datenprodukten bereitgestellt wird, die in Intelligent Apps eingebettet sein und für eine Vielzahl von Anwendungsfällen zur Verfügung stehen werden. Die Herausforderung wird darin bestehen, zu klären, ob bzw. inwieweit diese von SAP verwalteten Datenprodukte zu den kundenindividuellen Anforderungen passen bzw. inwieweit ein SAP-Modul im Standard beim Kunden im Einsatz ist und den Clean-Core-Ansatz verfolgt. Wir gehen davon aus, dass in Zukunft abgewogen werden muss, ob und in welchem Umfang Kunden die von SAP verwaltete Datenprodukte verwenden, also als Service aktivieren werden. Wir gehen davon aus, dass es eine Make-or-Buy-Entscheidung je Datenprodukt oder Intelligent App geben wird, bei der die folgenden Punkte bzw. Fragen berücksichtigt werden:

- Inwieweit entspricht ein von SAP verwaltetes Datenprodukt den unternehmerischen Anforderungen?
- Soll im Quellsystem näher an den Standard gerückt und damit der Abdeckungsgrad des von SAP verwalteten Datenprodukts erhöht werden?
- Soll das von SAP verwaltete Datenprodukt als Bestandteil des kundeneigenen Datenprodukts gesehen und eingebunden werden?
- Soll ein komplett kundeneigenes Datenprodukt bzw. eine kundeneigene Intelligent App erstellt und auch selbst betrieben werden?

Der Vorteil der Innovate-Phase besteht darin, dass der Übergang von SAP-BW-Anwendungsfällen in die neue Architektur schrittweise erfolgen kann. Allerdings muss dieser Weg auch wirklich gegangen werden, um die Zeit bis 2030 gut zu nutzen und die mittlerweile von SAP BW, Private Cloud Edition benötigten Capacity Units perspektivisch in mehrwertstiftende Anwendungen wie Planung mit SAP Analytics Cloud oder ML und KI mit SAP Databricks zu investieren.

Fazit zur Innovate-Phase

3.3 Hinweise für SAP-BW-On-Premise-Kunden

Cloud ist nicht immer möglich

Nicht alle Unternehmen können oder wollen kurzfristig in die SAP BDC investieren, sei es aufgrund branchenspezifischer Restriktionen (z. B. im Bereich Datenschutz) oder aufgrund wirtschaftlicher Unsicherheit. Trotzdem kann die Wartezeit aus unserer Sicht sinnvoll genutzt werden. Wie dies konkret aussehen kann, erläutern wir in den folgenden Unterabschnitten. Darin richten wir uns an Kunden mit On-Premise-betriebenen SAP-BW-Systemen und zeigen anhand verschiedener Konstellationen von SAP-Systemen, wie vorgegangen werden kann.

3.3.1 SAP BW und SAP Datasphere als SideCar

Empfohlenes Vorgehen mit SAP Datasphere

Kunden, die bereits eine SAP-Datasphere-Umgebung zum Testen, als Spielwiese oder für einzelne Anwendungsfälle im Einsatz haben, sollten diesen Weg unbedingt fortsetzen. Wir empfehlen, folgendermaßen vorzugehen:

- Neue Themen sollten nicht mehr in SAP BW, sondern direkt in SAP Datasphere umgesetzt werden.
- Die bestehenden Anwendungsfälle für SAP Datasphere sollten weiter ausgebaut und die ggf. zugrunde liegenden SAP-BW-Modelle und ETL-Prozesse sollten in kleinen Schritten abgelöst werden.
- Mit SAP Analytics Cloud auf SAP Datasphere sollte weiter vorangegangen werden, und die Anwenderinnen und Anwender sollten so weit befähigt werden, dass sie selbstständig Storys und Analysen erstellen können.
- SAP-BW-Modelle sollten sukzessive durch SAP Datasphere ersetzt werden.
- Das bestehende SAP-BW-System sollte von Altlasten befreit werden.

Wenn Sie je nach Fortschritt in SAP Datasphere einen Lift-Ansatz für die Zukunft in Betracht ziehen, sollten Sie veraltete SAP-BW-Objekte und -Strukturen modernisieren, um eine bessere Ausgangslange für den Lift zu schaffen. Kommt ein Lift-Ansatz nicht infrage, sollten Sie keine Aufwände in das Housekeeping stecken, sofern keine anderweitigen Probleme mit dem Datenvolumen, der Lade- oder der Reporting-Performance bestehen.

Je nach Größe, Komplexität und Abhängigkeiten von Projekten und Systemen kann sich dieser Prozess länger hinziehen.Wir sind jedoch überzeugt, dass es sich lohnt, auch in kleinen Schritten auf die neuen Technologien zu setzen und alte Zöpfe in SAP BW abzuschneiden.

3.3.2 SAP BW ohne SAP Datasphere, aber mit SAP Analytics Cloud

Empfohlenes Vorgehen ohne SAP Datasphere

Kunden, die noch keine SAP-Datasphere-Umgebung eingerichtet haben, aber in Richtung der SAP BDC gehen wollen bzw. werden, empfehlen wir, folgendermaßen vorzugehen:

- Nur wirklich kritische und zwingende Themen in SAP BW sollten umgesetzt werden, und es sollte darauf geachtet werden, keine alten Ansätze, Strukturen oder Objekte miteinander zu verflechten, sondern stattdessen schlanke Implementierungen durchzuführen.
- Mit SAP Analytics Cloud auf SAP BW sollte weiter vorangegangen werden, und die Anwenderinnen und Anwender sollten so weit befähigt werden, dass sie selbstständig Storys und Analysen erstellen können.
- Das bestehende SAP-BW-System sollte von Altlasten befreit werden.

Da SAP-BW-Versionen vor SAP BW/4HANA ihr Wartungsende im Jahr 2027 erreichen, wird die Zeit für einen Lift in die SAP BDC bzw. für deren Aufbau immer kürzer. Wir empfehlen daher dringend, veraltete SAP-BW-Objekte und -Strukturen zu modernisieren und somit eine bessere Grundlage für den Lift zu schaffen.

3.3.3 SAP BW/4HANA mit oder ohne SAP Datasphere, aber mit SAP Analytics Cloud

Empfohlenes Vorgehen mit SAP Analytics Cloud

Für Kunden, die sich aktuell in der Migration auf SAP BW/4HANA befinden oder diese bereits erfolgreich umgesetzt haben, ist ein Wartungsende derzeit noch kein Thema. Dies sollte jedoch keinesfalls als Freifahrtschein verstanden werden, sich nicht mit der SAP BDC auseinanderzusetzen. Denn Innovationen und Fortschritte sind nicht mehr in SAP BW/4HANA zu erwarten – die Nutzung von KI, ML und SAP Databricks erfolgt in der SAP BDC. Zugleich sorgt Seamless Planning für eine engere Integration von SAP Analytics Cloud und SAP Datasphere. Die Zukunft liegt somit in der SAP BDC. Wir haben Kunden, die SAP BW/4HANA aus guten Gründen (noch) im Einsatz haben, bspw. weil sie umfangreiche Planungsanwendungen (ehemals SAP BW-IP in SAP BW 7.5 on SAP HANA) oder die Konsolidierung mit BCS/4HANA (ehemals SEM-BCS) weiterhin in SAP BW nutzen (müssen). Trotzdem empfehlen wir Ihnen in diesem Fall, folgendermaßen vorzugehen:

- Mit SAP Analytics Cloud auf SAP BW/4HANA sollte weiter vorangegangen werden, und die Anwenderinnen und Anwender sollten so weit befähigt werden, dass sie selbstständig Storys und Analysen erstellen können.
- Das bestehende SAP-BW/4HANA-System sollte von Altlasten befreit werden, sofern noch vorhanden.
- Es sollte ein Weg gefunden werden, um die Datenkultur im Unternehmen weiterzuentwickeln und ein Datenprodukt-Denken zu etablieren – auch wenn dies »nur« Verantwortlichkeiten für einzelne SAP-Analytics-Cloud-Storys, InfoProvider oder Stammdaten betrifft.

3.4 Hinweise für SAP-BW-Bridge-Kunden

Begrenzter Funktionsumfang

Als Kunden von *SAP BW Bridge* werden diejenigen Unternehmen bezeichnet, die den Weg in die Cloud bereits (teilweise) gegangen sind. Die SAP BW Bridge dient, wie der Name schon sagt, als Brückentechnologie. SAP wollte mit der SAP BW Bridge eine Lösung anbieten, die SAP-BW-Kunden einen einfachen und schnellen Weg in SAP Datasphere ermöglicht.

Die SAP BW Bridge ist eine SAP-BW-Instanz, die innerhalb von SAP Datasphere läuft und einen begrenzten Funktionsumfang bereitstellt. In diesem Abschnitt wollen wir nicht die komplette Detailtiefe der SAP BW Bridge aufzeigen, da wir überzeugt sind, dass sie im Kontext der SAP BDC in Zukunft keine tragende Rolle mehr spielen wird. Daher beschränken wir uns hier nur auf ihre Grundzüge.

Kein OLAP

Man kann grob festhalten, dass die SAP BW Bridge den Funktionsumfang von SAP BW/4HANA hat. Allerdings fehlen die OLAP-Funktionen. Die Verwendung der SAP BW Bridge setzt voraus, dass bereits SAP BW 7.5 on SAP HANA oder SAP BW/4HANA verwendet wird. Die SAP BW Bridge hebt SAP BW in SAP Datasphere. Somit muss entweder SAP BW/4HANA vorliegen und eine Migration ist möglich, oder es wird von SAP BW 7.5 auf die SAP BW Bridge migriert. Dies verhält sich technisch wie eine Migration auf SAP BW/4HANA. Dieser Fall ist aber bei einer Vielzahl unserer Kunden nicht gegeben. Das bedeutet, dass dieselben Vorbereitungen nötig sind wie bei einer Migration nach SAP BW/4HANA. Einer der größten Kritikpunkte im Kontext der Einführung der SAP BDC besteht darin, dass eine Migration in SAP BW, Private Cloud Edition nun nicht mehr möglich ist.

Kernidee

Mit der SAP BW Bridge sollen die ETL-Prozesse, die zum Teil über Jahre hinweg in SAP BW entwickelt wurden, weitergenutzt werden. Die einzelnen Objekte, wie Querys, aDSOs oder CompositeProvider, sollen direkt abgegriffen und in der nachfolgenden Architektur weiterverwendet werden. Das heißt, dass die ETL-Prozesse in Spaces organisiert und die gelieferten Objekte in einen semantischen Kontext gebracht und dann via Catalog publiziert werden (siehe Abbildung 3.12). Allerdings werden diese Objekte leider in einen gesonderten Space innerhalb von SAP Datasphere transferiert. Dadurch entstehen sehr viele kleinteilige Objekte, sodass eine effiziente Modellierung meist nicht möglich ist.

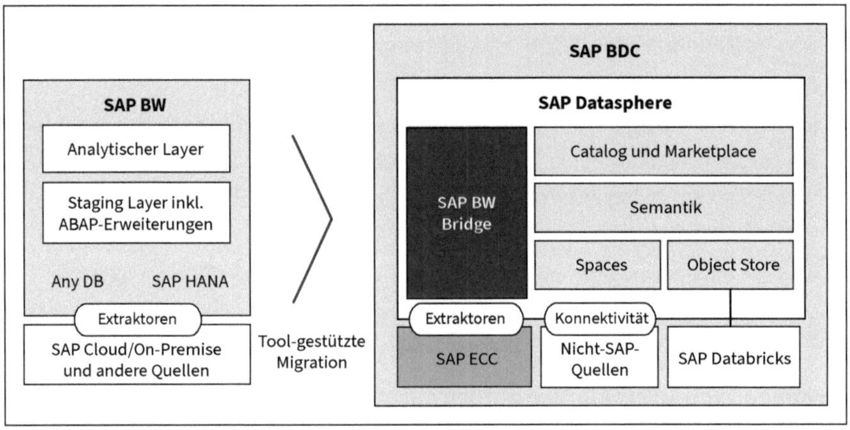

Abbildung 3.12: Die SAP BW Bridge im Kontext von SAP Datasphere

Der *Data Product Generator* von SAP BW, Private Cloud Edition adressiert diese Problematik, indem er Daten in den Object Store repliziert. Dadurch werden die Daten auch einfacher nutzbar.

Abschließend bleibt festzuhalten, dass Kunden, die sich für die SAP BW Bridge entschieden und diese bereits implementiert haben, ihren Weg der schrittweisen (manuellen) Migration (siehe Abschnitt 3.2.3, »Innovate«) weitergehen müssen und durch die SAP BDC keine direkte Erleichterung erfahren. Die SAP BW Bridge ist als Service in SAP Datasphere verfügbar.

[»]

SAP BW Bridge

Wenn Sie die SAP BW Bridge noch nicht implementiert haben, sollten Sie dringend darüber nachdenken, SAP BW, Private Cloud Edition als Ziel Ihrer Migration zu wählen, da diese einen deutlich größeren Funktionsumfang bietet, und der Data Product Generator für SAP BDC einen enormen Mehrwert bringen kann. Die SAP BW Bridge ist weiterhin als Service verfügbar, sie ist aber aus unserer Sicht nicht die beste Wahl, da sie von SAP nicht weiterentwickelt wird.

Fazit zur SAP BW Bridge

Aus unserer Sicht bietet die SAP BW Bridge nur wenige Vorteile für den Weg in die Cloud. Allerdings bestehen Zweifel, welchen Nutzen sie bei großen SAP-BW-Systemen bringt. Es ist außerdem zu überlegen, wie das rückstandslose Entfernen des SAP-BW-Bridge-Services aus SAP Datasphere perspektivisch erfolgen soll. Im Rahmen von Pilotprojekten haben wir festgestellt, dass sich der Einsatz von SAP BW Bridge nicht rentiert oder die Anforderungen der Kunden damit nicht adäquat abgedeckt werden können. Das Ergebnis dieser Pilotprojekte ist in der Regel, dass die Kunden mit einer Greenfield-Migration nach SAP Datasphere starten. Im Kontext der SAP BDC sehen wir keine Gründe mehr, die SAP BW Bridge einzusetzen, da sie kein Bestandteil der Innovationen in der SAP BDC ist.

3.5 Hinweise für Embedded-SAP-BW-Kunden

Embedded SAP BW

Eine nicht zu vernachlässigende Anzahl an Anwendungsunternehmen nutzt Embedded SAP BW in SAP ERP oder SAP S/4HANA (siehe unseren Use Case in Kapitel 13, »Status quo: Embedded SAP BW reicht nicht mehr aus«).

Diese SAP-BW-Version zeichnet sich dadurch aus, dass sie keine separate Installation benötigt, da die Bereitstellung über das SAP-ERP-System in einem separaten Mandanten geschieht (siehe Abbildung 3.13). Für unsere Kunden ist Embedded SAP BW auch preislich attraktiv, da es Bestandteil eines größeren SAP-Vertrags für SAP ECC oder SAP S/4HANA ist.

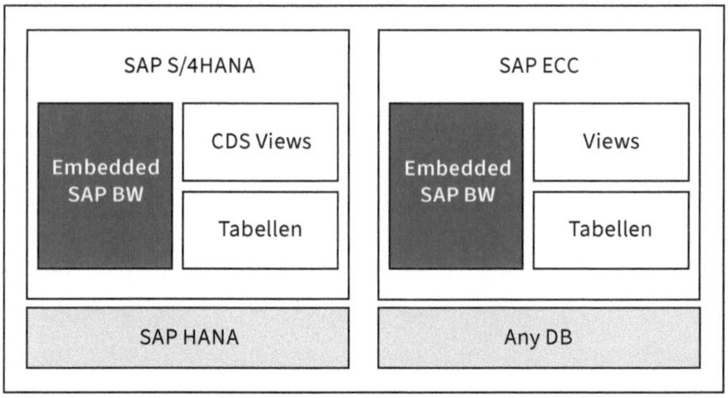

Abbildung 3.13: Varianten für Embedded SAP BW

Der Haupteinsatzgrund für Embedded SAP BW ist die virtuelle Datenmodellierung auf Basis bestehender ERP-Daten. Darüber hinaus dient es als Grundlage für Planungs- und Konsolidierungslösungen wie Embedded Business Planning and Consolidation in SAP S/4HANA oder SAP Integrated Business Planning.

Wenn Sie Embedded SAP BW jedoch aus Reporting-Gesichtspunkten bzw. aus Data-Warehouse-Sicht betrachten und den Weg in die SAP BDC beschreiten möchten, sollten Sie sich zuvor zwei grundlegende Fragen stellen:

- Welche Datenmodelle können nicht durch Embedded Analytics in SAP S/4HANA abgelöst werden?
- Welche Datenmodelle sollen aus Embedded SAP BW in die SAP BDC überführt werden?

Durch die Weiterentwicklung des SAP-S/4HANA-Systems und die stetig wachsende Anzahl verfügbarer CDS Views können viele Echtzeitanalysen auf Massendaten auch direkt in SAP S/4HANA durchgeführt werden, ohne dass ein separater SAP-Embedded-BW-Mandant genutzt werden muss. Für diese Reporting-Anforderungen können dann viele Synergien genutzt werden. So können bspw. Berechtigungen aus SAP S/4HANA direkt wiederverwendet und Standard-SAP-Fiori-Apps für die Auswertung genutzt werden. Außerdem entfällt hier die Datenbewirtschaftung und die Daten können direkt gelesen werden.

Kein direkter Migrationspfad

Allerdings wird es auch Datenmodelle geben, die komplexer sind und die in einem Data Warehouse Tool implementiert werden sollten. Da es jedoch im Gegensatz zu den anderen SAP-BW-Versionen (SAP BW 7.5 on SAP HANA und SAP BW/4HANA) weder einen direkten Migrationspfad in die SAP BW Bridge noch in die SAP BW, Private Cloud Edition gibt, werden sich Kunden mit großer Wahrscheinlichkeit für einen Greenfield-Ansatz in der SAP BDC entscheiden müssen. Datenmodelle, die in die SAP BDC überführt werden, müssen also mit einem Greenfield-Ansatz implementiert werden. Dadurch erhalten Anwenderinnen und Anwender aber auch die Möglichkeit, die Datenprodukte der SAP BDC zu nutzen und ihre Datenmodelle zu modernisieren (siehe Abschnitt 3.2.3, »Innovate«).

[»]

Embedded SAP BW

Aus rein technischer Sicht wäre es möglich, die Objekte aus Embedded SAP BW in ein SAP-BW/4HANA-System zu überführen. Dies wäre jedoch kein offizieller Migrationsweg und stellt daher eine Beratungslösung dar. Dieses Szenario ist nur zu empfehlen, wenn Sie die rein technische Migration schnell und ohne größeren Implementierungsaufwand umsetzen möchten. Eine Modernisierung findet dann im zweiten Schritt statt.

Fazit zu Embedded SAP BW

Aus unserer Sicht bietet der Einsatz von Embedded SAP BW nur wenige Vorteile. Im Kontext der SAP BDC bringt eine weitere Verwendung dieser Lösung keine Vorteile mehr, da Themen wie ML und KI, Seamless Planning und der Data Product Generator damit nicht umgesetzt werden können. Zwar wird Embedded SAP BW noch bis 2040 im Rahmen von SAP S/4HANA unterstützt, es ist aber definitiv kein strategisches Tool.

3.6 Zusammenfassung

Zusammenfassend möchten wir für dieses Kapitel die folgenden Punkte hervorheben:

- Kunden, die bereits SAP BW/4HANA einsetzen, sollten sich trotz der Sicherheit bis 2040 mit der SAP BDC auseinandersetzen und einen Weg in die Zukunft definieren.
- Kunden, die SAP BW on SAP HANA einsetzen, sollten sich zeitnah mit der SAP BDC auseinandersetzen und bewerten, welcher Pfad in Richtung der SAP BDC der richtige ist.
- Kunden, die ein älteres SAP-BW-System oder Embedded SAP BW nutzen, sollten sich sehr zeitnah mit der SAP BDC auseinandersetzen.
- Den Einsatz der SAP BW Bridge empfehlen wir nicht.

Jeder dieser Pfade eröffnet Ihnen die Möglichkeit, SAP Databricks künftig in Ihre Analytics-Umgebung mitaufzunehmen und somit ML- und KI-Funktionen zu nutzen. In Kapitel 4, »SAP Databricks: Datenaustausch und KI«, gehen wir daher ausführlich auf SAP Databricks ein.

Kapitel 4

SAP Databricks: Datenaustausch und KI

In der Wirtschaft bringen Daten und ein effizienter Umgang mit ihnen einen entscheidenden Wettbewerbsvorteil. Das Ziel vieler Unternehmen besteht daher nicht nur in der Persistierung dieser Daten, sondern vor allem in der Gewinnung wertvoller Erkenntnisse.

Während SAP-Systeme seit Jahren die Grundlage für diverse Unternehmensprozesse bilden, eröffnet die Plattform *Databricks* eine neue Dimension für Künstliche Intelligenz (KI) und Machine Learning (ML). Durch die im Mai 2025 durchgeführte Zusammenführung beider Welten in *SAP Databricks* wird ein neuer Maßstab für prozessorientiertes Handeln und innovative Datenintelligenz gesetzt.

In diesem Kapitel erfahren Sie, welche neuen Möglichkeiten sich mit SAP Databricks für die Datenverarbeitung und Analytics eröffnen. Wir zeigen Ihnen, wie sich SAP-Daten effizient in die Lakehouse-Architektur integrieren lassen und welche Performance-Vorteile Pipelines bieten. Praxisnah wird vermittelt, wie SAP-Daten für KI-Modelle, BI-Anwendungen oder weiterführende Analytics-Anwendungen nutzbar gemacht werden können. Nach der Lektüre dieses Kapitels werden Sie verstehen, wie Sie die Stärken strukturierter SAP-Prozesse mit der Flexibilität und Skalierbarkeit von SAP Databricks vereinen können, um Ihre Unternehmensdaten auf ein neues Level zu bringen.

In Abschnitt 4.1 lernen Sie die Kerneigenschaften von SAP Databricks sowie dessen Architektur kennen. Außerdem ordnen wir SAP Databricks in die SAP-Landschaft ein. In Abschnitt 4.2 thematisieren wir den Delta Share und besprechen die Verwendung von Datenprodukten in SAP Databricks. Abschnitt 4.3 beschreibt, wie Sie die SAP BDC mit möglichen Partnerplattformen verbinden können. In Abschnitt 4.4 stellen wir Ihnen den Unity Catalog vor und beschäftigen uns mit der Governance von SAP Databricks. Ab Abschnitt 4.5 wird es mit der Einführung von Notebooks in SAP Databricks deutlich praxisorientierter. Den Einsatz von SQL in Bezug auf SAP Databricks beleuchten wir in Abschnitt 4.6. Zum Abschluss geht es in Abschnitt 4.7 um Data Science und Mosaic AI sowie deren Umsetzung in SAP Databricks.

4.1 Kerneigenschaften von SAP Databricks

Einheitlicher Rahmen

Mit der Einführung der SAP BDC wurde SAP Databricks nativ verfügbar. Es ist nun standardmäßig in der SAP BDC enthalten. *SAP Databricks* schafft einen einheitlichen Rahmen für Datenmanagement und -analysen. Bislang mussten KI-Modelle in externen Systemen entwickelt werden. Nun besteht die Option, kuratierte SAP-Datenprodukte durch eine schnelle Datenextraktion und kurze Aufbereitungszeit in SAP Databricks zu nutzen, ohne die Daten kopieren zu müssen. SAP Databricks unterstützt die Entwicklung von KI-Modellen und -Anwendungen über die gesamte Prozesskette hinweg. Außerdem können SAP-Geschäftsprozesse mittels KI automatisiert werden. Dabei ist ein Zugriff auf SAP- und Nicht-SAP-Datenquellen möglich. Die Plattform stellt GenAI-Fähigkeiten bereit, sodass Unternehmen einen Wettbewerbsvorteil aus ihren Daten erzielen können. Die Umgebung ist kollaborativ und bietet erfahrenen Entwicklerinnen und Entwicklern viele Optionen, da bspw. Spark-Pipelines geschrieben oder SQL-Analysen ausgeführt werden können. Insbesondere die innovativen SQL-Analysen bieten die Möglichkeit, serverlos Einblicke in Echtzeit zu gewinnen.

Zusätzlich wird eine Vielzahl an Funktionen bereitgestellt. Eine dieser Funktionen ist *Delta Sharing*. Delta Sharing verzichtet auf Datenduplizierung, indem ein bidirektionaler Austausch zwischen SAP-Datenprodukten und dem bereits bestehenden Databricks-Lakehouse hergestellt wird. Die *Data-Lakehouse-Architektur* ermöglicht die Integration von strukturierten und unstrukturierten Daten. Die Verwaltung der Funktionen wird mittels eines *Unity Catalogs* realisiert. Dieser schafft die Grundlage für eine optimale Compliance, da die Datenlandschaft so an einem Ort gesteuert und überwacht werden kann.

In diesem Abschnitt lernen Sie zunächst die Architektur von SAP Databricks kennen. Anschließend erläutern wir die Entstehung von SAP Databricks, stellen Ihnen die Bausteine von SAP Databricks vor und zeigen Ihnen ein mögliches Ende-zu-Ende-Integrationsszenario.

4.1.1 Architektur und Verortung von SAP Databricks in der SAP BDC

Damit Unternehmen mit Daten und KI erfolgreich sein können, ist eine Architektur erforderlich, die es ermöglicht, Daten anzureichern. Die Architektur von SAP Databricks erfüllt diesen Anspruch und fügt sich nahtlos in die Architektur der SAP BDC ein. SAP Databricks wird von SAP verwaltet und bietet somit die Möglichkeit, geschäftsrelevante Daten im Rahmen von Data Science und Data Engineering zu erforschen.

ML-/KI-Modelle

SAP Databricks unterstützt die Bereitstellung von Daten an andere SAP-Anwendungen sowie die Implementierung aussagekräftiger ML-/KI-Modelle. Das vorherige Verfahren mit ausgelagerter Implementierung von KI-Modellen führte zu zusätzlichem Arbeitsaufwand und Qualitätsproblemen, da die Daten teilweise nicht live waren. Durch den Einsatz von SAP Databricks wird die bestehende SAP-Landschaft gezielt optimiert, indem die teilweise vorherrschende mangelhafte Datenqualität bekämpft und deutlich verbessert wird.

Datenprodukte

Die sich in der untersten Architekturschicht befindlichen *Datenprodukte* können mit SAP Databricks zunächst einmal geteilt werden. SAP verwaltet Datenprodukte und sorgt somit dafür, dass Kosten vermieden werden, die ansonsten bspw. im Zuge von Datenextraktionen anfallen würden.

Datenprodukte

SAP-Anwendungen sorgen durch vorkonfigurierte Datenprodukte mit von SAP bereitgestellten Inhalten für eine noch schnellere Wertschöpfung.

Datenmodelle

Im nächsten Schritt werden die Datenprodukte mittels KI erweitert und in die SAP BDC zurückgeführt (siehe Abschnitt 4.2.4). Dort können sie verwendet werden, um bspw. in Datenmodelle innerhalb von SAP Datasphere integriert und in SAP Analytics Cloud zu Reporting-Zwecken erweitert zu werden. Anwenderinnen und Anwender profitieren von dieser Möglichkeit, da so passende KI-Modelle direkt in den Geschäftsprozess integriert und zusätzlich um Drittanbieter-Daten erweitert werden können.

Python und SQL

In SAP Databricks können Daten interaktiv über Notebooks oder SQL-Editoren abgefragt werden. Dafür stehen Python und SQL als Programmiersprachen zur Auswahl. Die Daten werden in verschiedenen Formaten unterstützt.

Business-Data-Fabric

Wie Sie in Abbildung 4.1 sehen, lässt sich SAP Databricks im Business-Data-Fabric-Teil der SAP-BDC-Architektur verorten. Dabei spielen insbesondere Zero Copy und benutzerdefinierte KI/ML eine besondere Rolle. SAP Databricks wurde in den Business-Data-Fabric-Teil integriert, um bei der Prozessoptimierung zu unterstützen und eine Integration der KI-Funktionen direkt in bestehende SAP-Systeme zu ermöglichen.

Zero Copy

Zero Copy und benutzerdefinierte KI/ML sind zwei relevante Konzepte auf denen SAP Databricks basiert. *Zero Copy* zielt darauf ab, sämtliche Datenbewegungen und -replikationen zu vermeiden oder zumindest zu minimieren. Dies ist insbesondere im Rahmen der SAP BTP und der SAP BDC ein entscheidender Faktor, da oftmals sensible Daten in verschiedenen Anwendungen verarbeitet werden und diese somit in ihren Ursprungssystemen verbleiben. Zudem steigt die Effizienz, da stets auf Basis aktueller Daten operiert wird und somit keine Datenschiefstände zu befürchten sind.

Benutzerdefinierte KI-/ML-Modelle

Der Einsatz *benutzerdefinierter KI-/ML-Modelle* ermöglicht die Entwicklung maßgeschneiderter KI-Lösungen und -Modelle. Diese Modelle können von Unternehmen entwickelt bzw. auf entsprechende Geschäftsprozesse zugeschnitten werden. So kann der Einsatz generischer Modelle, die nicht gezielt an die Unternehmensprozesse angepasst wurden, vermieden werden.

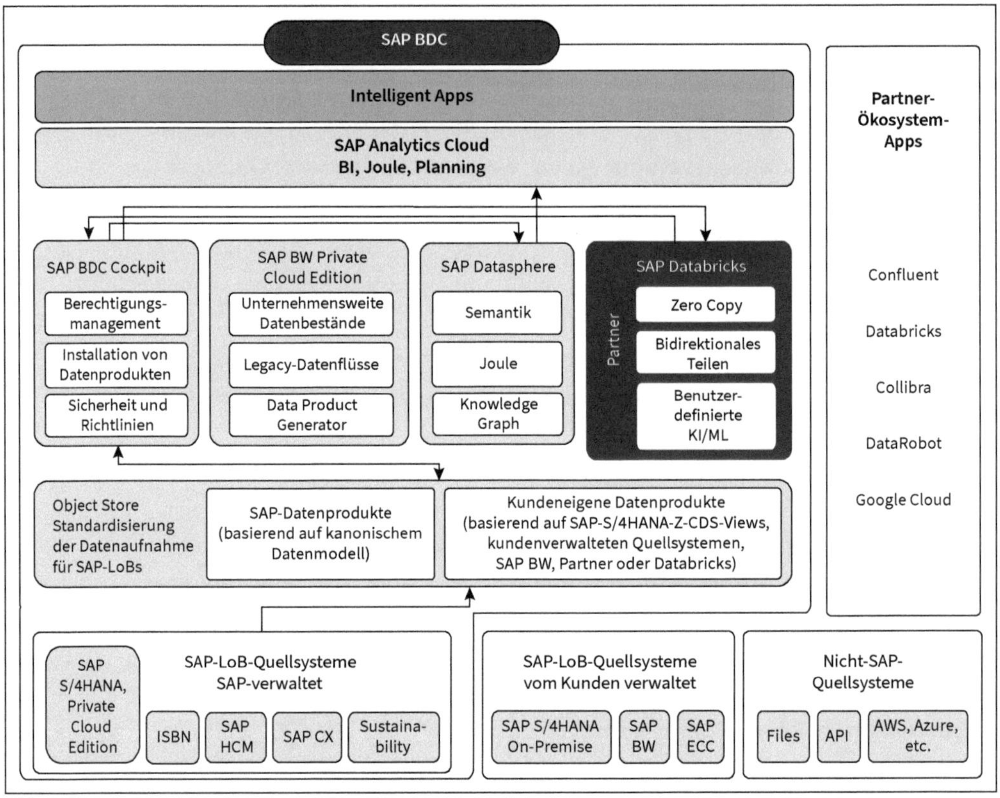

Abbildung 4.1: Architektur der SAP BDC mit SAP Databricks

Trainingsdaten

Im Rahmen der SAP BTP können diese benutzerdefinierten KI-/ML-Modelle in laufende Prozesse, wie bspw. in der Automatisierung, eingesetzt werden. Die Trainingsdaten der Modelle stammen direkt aus den SAP-Systemen und müssen aufgrund des Zero-Copy-Konzepts nicht vor der Verwendung exportiert werden. Außerdem sind diese Modelle in der Lage, Daten in Echtzeit zu konsumieren, sodass das Training bzw. die Modellanpassung in Echtzeit umgesetzt werden kann. Somit ermöglichen Zero Copy und benutzerdefinierte KI-/ML-Modelle eine effiziente KI-Integration für die Analyse und Verwendung von Echtzeitdaten.

4.1.2 Entstehung von SAP Databricks

Produktportfolio

SAP-Daten gelten in der Regel als strukturiert, geschäftskritisch und reglementiert. Databricks fokussiert sich hingegen auf andere Datenmengen, bspw. heterogene Daten, sowie auf verteilte Verarbeitung und agiert datengetrieben. Das Produktportfolio von Databricks wurde in Bezug auf den Daten- und KI-Bereich kontinuierlich erweitert. Ein zentraler Bestandteil war dabei die Weiterentwicklung der Lakehouse-Plattform war.

Die Anfänge von Databricks

Databricks wurde im Jahr 2013 gegründet und sollte zunächst als Plattform für Big Data und Machine Learning dienen. Das Kernelement war *Apache Spark* – ein Framework zur verteilten Datenverarbeitung. Da die Analytics-Plattform viele Funktionen vereinte, gewann Databricks schnell an Beliebtheit. So fand eine rasante Entwicklung von einem Tool für Big Data hin zu einer umfassenden Data-Science- und KI-/ML-Plattform statt. Im Jahr 2017 entwickelte sich Databricks weiter in Richtung Lakehouse. Weitere Informationen zu SAP Databricks Lakehouse finden Sie in Abschnitt 4.1.5. Kurz zusammengefasst vereint ein Lakehouse die Vorteile von Data Lakes, die zur Speicherung von Rohdaten dienen, mit denen eines Data Warehouses.

Der Delta Lake, auf den Databricks zurückgreift, verwaltet Daten mit ACID-Transaktionen. So haben bis 2020 immer mehr Unternehmen Databricks eingesetzt, um ihre großen Datenmengen zu verarbeiten und KI-/ML-Modelle auf ihnen zu trainieren. Seit 2021 gilt Databricks als eine der am schnellsten wachsenden Technologieplattformen, die stetig in die Einführung weiterer Funktionalitäten für Data Science und Machine Learning investiert. In vielen Unternehmensarchitekturen wird Databricks mittlerweile eingesetzt.

Weiterentwicklung

Während der Weiterentwicklung von Databricks standen folgende Themen im Fokus:

- Datenverarbeitung
- Data Warehousing
- Governance
- Business Intelligence
- KI

Kollaboration von SAP und Databricks

Insbesondere Kunden, die neben Databricks klassische SAP-Produkte wie SAP ERP einsetzen, zeigten Interesse an einer Kollaboration zwischen SAP und Databricks, um vertiefende und gewinnbringende Insights zu generieren. Dies liegt unter anderem daran, dass SAP-Daten für Unternehmensprozesse essenziell sind. Databricks verfügt über optimale Datenverarbeitungs- und KI-Funktionen. Allerdings stellte es lange eine Hürde dar, die Daten aus den SAP-Produkten auf eine externe Datenplattform zu übertragen. Dies ist darauf zurückzuführen, dass bislang umständliche ETL-Prozesse verwendet werden mussten, um die Daten für weitere Analysezwecke bereitstellen zu können. Mit der Planung und Entwicklung der SAP BDC wurde eine Möglichkeit geschaffen, die gewünschte Kollaboration zu realisieren.

Vorteile

Die zur SAP BDC zugehörige Databricks-Version wird als *SAP Databricks* bezeichnet. Databricks, von SAP losgelöst, ist unter *Databricks* bekannt. SAP Databricks bringt nun einige Vorteile mit sich. Dazu zählen die native Verarbeitung in Echtzeit und die zukünftige Vermeidung von aufwendigen Workarounds, die aus

Datenreplikation resultieren würden. Dadurch können die Daten dort genutzt werden, wo sie tatsächlich entstehen. Gleichzeitig können andere Speicheroptionen neben SAP HANA eingesetzt werden. Der größte Vorteil ist, dass der Geschäftskontext der Daten erhalten beleibt. Metadaten gehen bei einem Transfer nicht verloren. Zudem kann mithilfe des Unity Catalogs sichergestellt werden, dass die im Unternehmen definierten Geschäftsregeln für SAP-Daten eingehalten werden.

4.1.3 Bausteine von SAP Databricks

Mit der SAP BDC werden SAP-Geschäftsprozesse, analytische Workloads und KI-Anwendungen miteinander vereint. Dabei spielt insbesondere SAP Databricks eine zentrale Rolle. In diesem Abschnitt stellen wir Ihnen die wichtigsten technologischen Bausteine vor und erklären, warum SAP Databricks ein essenzielles Fundament für datengetriebene Innovationen ist.

Delta Sharing

Zunächst betrachten wir das Prinzip des Delta Sharings, eine der zentralen Innovationen der SAP-BDC-Architektur, genauer. Delta Sharing ist ein cloudbasiertes Protokoll zum sicheren Austausch von Live-Daten. Es ist ein direkter Zugriff auf Delta-Tabellen möglich, um eine Echtzeit-Datensynchronisation durchzuführen, ohne dabei einen Kopieraufwand zu erzeugen. Delta-Tabellen im SAP-BDC-Rahmen erfassen und speichern ausschließlich die Datenänderungen (wie Hinzufügungen, Aktualisierungen oder Löschungen) innerhalb eines definierten Zeitraums, um so effiziente Datenverarbeitung und Aktualisierungen zu ermöglichen.

Mit Databricks wird es möglich, unternehmensübergreifende Datenräume mit fein abgestuften Berechtigungen zu schaffen und dabei den Anforderungen der Daten-Governance gerecht zu werden. Durch Delta Sharing haben Unternehmen den Vorteil, dass Daten nicht mehr bewegt werden müssen, sondern lediglich geteilt werden können. Dadurch werden Komplexität und Kosten reduziert. Typische Integrationshürden klassischer ETL-Prozesse werden somit vermieden.

Datenprodukte

In diesem Abschnitt stellen wir Ihnen Datenprodukte vor. Diese können als wertschöpfende Dateneinheit definiert werden. In Kapitel 5, »Datenprodukte und Object Store« steigen wir tiefer in die Thematik ein und erläutern weitere Details zu Datenprodukten in der SAP BDC. Datenprodukte zeichnen sich dadurch aus, dass sie fachlich zu verschiedenen Themengebieten passen und eine gute Dokumentation sowie Versionierung aufweisen. Die Konsumierung von Datenprodukten kann über standardisierte Schnittstellen erfolgen. SAP Databricks ermöglicht durch seine Architektur und die native Unterstützung von Delta Sharing den einfachen Einsatz von Datenprodukten. Dabei ist der Delta Lake als Speicherschicht, der Unity Catalog als Governance-Schicht und Delta Sharing als Distributionsschicht zu verstehen. Unternehmen haben mit Datenprodukten die Möglichkeit, klar definierte, wiederverwendbare Datenbausteine zu erschaffen, die als Schnittstelle für Analytik, Reporting oder KI dienen können.

Entwicklungsfreiheiten

Mit den SQL-Möglichkeiten in SAP Databricks können Anwenderinnen und Anwender SQL-Abfragen ausführen, ohne sich um Cluster-Verwaltung, Skalierung oder Ressourcenallokation kümmern zu müssen. Damit wird eine Umgebung geboten, die den Komfort klassischer SAP-Systeme mit der Skalierbarkeit eines modernen Cloud-Backends vereint. Vorteile sind bspw. eine geringe Latenz beim Zugriff auf die Daten, ein automatisches Hoch- oder Runterskalieren nach Bedarf und ein nutzungsbasiertes Abrechnungsmodell.

SAP Databricks bietet Data Engineers umfassende Entwicklungsfreiheiten, darunter eine Pro-Code-Umgebung. Somit haben sie die Möglichkeit, Daten effizient zu bereinigen, zu transformieren und zu integrieren – unabhängig davon, wie komplex oder unstrukturiert die Quellen sind.

Feature-Engineering

Bislang setzte SAP auf vordefinierte ML-Bibliotheken wie Predictive Analytics Library (PAL). SAP Databricks nutzt hingegen eine große Bandbreite an Open-Source-Bibliotheken. Damit öffnen sich SAP-Systeme für KI-Anwendungen wie Anomalieerkennung, Risikobewertung oder Nachfrageprognosen. Innovativ ist außerdem, dass Feature Engineering über strukturierte und semistrukturierte Quellen hinweg möglich ist und Delta Lakes als Feature Store genutzt werden können. Zudem liefert SAP Databricks mit Mosaic AI eine integrierte Plattform für generative und klassische KI.

Neuerungen zu SAP Databricks in den Release Notes

Für SAP Databricks finden Sie die kommenden Releases nicht in der Roadmap. Zukünftige und bereits bearbeitete Neuerungen können Sie stattdessen den Release Notes entnehmen: *http://s-prs.de/v1134106*.

Mit Mosaic AI ist ein effizientes Fine-Tuning von generativen Modellen auf eigenen SAP-Daten möglich, während die Daten vollständig unter Kontrolle bleiben. Mit dem Mosaic AI Agent Framework eröffnen sich Ihnen weitere innovative Optionen. So wäre es bspw. möglich, KI-gestützte Unternehmensagenten einzusetzen, die automatisiert auf SAP-Daten zugreifen. Darüber hinaus kann generative KI im Unternehmenskontext eingesetzt werden, um bspw. Text- oder Code-Generierung zu unterstützen. Mit Mosaic AI Agent Frameworks wird eine Plattform geboten, die zur Erstellung und Orchestrierung von KI-Agenten eingesetzt werden kann.

Unternehmensagenten

Es können intelligente Unternehmensagenten erstellt werden, die auf die SAP-Daten zugreifen, versuchen, die dokumentierten Geschäftsprozesse zu verstehen, u. a. Datenprodukte konsumieren und auf Basis dieser Informationen schließlich sichere und kontrollierbare Entscheidungen treffen.

Abbildung 4.2 veranschaulicht die Fundamente von SAP Databricks. Die Kombination dieser Merkmale schafft einen intelligenten Datenraum, in dem Daten offen, teilbar und gemeinsam nutzbar sind. Datenprodukte helfen dabei, die Daten im Unternehmen nutzbar zu machen, während die serverlose Technologie die Entwicklung erleichtert. Mit KI, insbesondere mit Mosaic AI, können Unternehmensdaten in KI-Modelle eingebunden werden. *Mosaic AI* ist eine KI-Plattform von SAP Databricks, mit deren Hilfe Unternehmen eigene KI-Modelle entwickeln, anpassen oder einsetzen können. Auf Basis der Unternehmensdaten kann die KI bei Entscheidungen unterstützen.

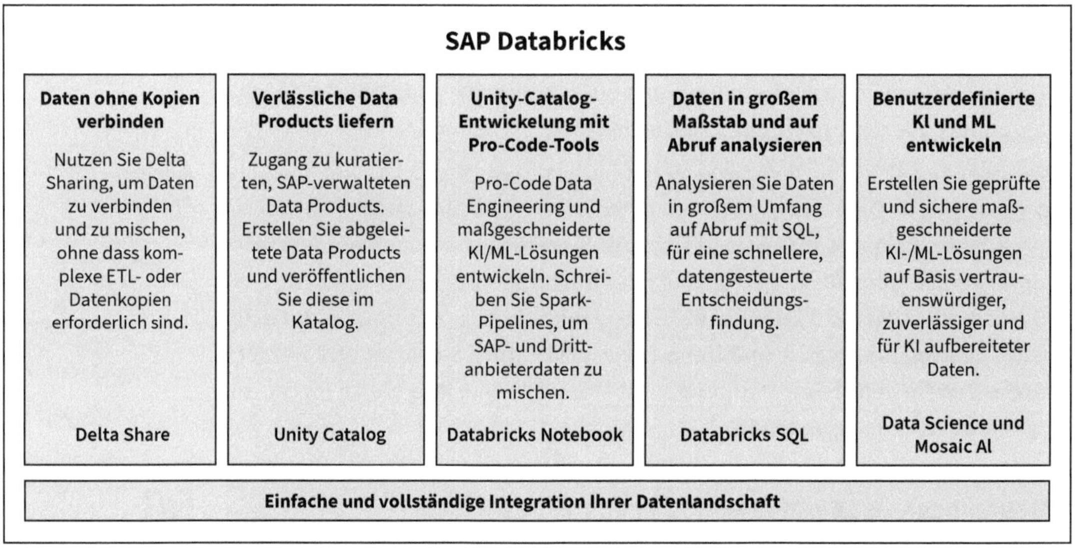

Abbildung 4.2: Die Bausteine von SAP Databricks

4.1.4 Berechtigungen

Berechtigungsmodell

Ein zentrales Element der SAP BDC ist die kontrollierte und sichere Nutzung von Daten, Analysen und KI-Funktionen. SAP Databricks setzt hierfür auf ein feingranulares, rollenbasiertes Berechtigungsmodell. Dieses Modell stellt sicher, dass Nutzerinnen und Nutzer, Anwendungen und KI-Agenten nur auf Daten und Funktionen zugreifen können, für die sie autorisiert sind.

Das Berechtigungskonzept in SAP Databricks folgt den folgenden Regeln:

- Jede Rolle erhält nur die minimale Anzahl an erforderlichen Rechten.
- Die Verwaltung der Rollen erfolgt im Unity Catalog.
- Die Vergabe der Rollen ist einheitlich und gilt somit auch für Notebooks, Data Science, KI etc.
- Jede Zugriffsentscheidung ist zu jeder Zeit auditierbar.

Weiterführende Informationen zu den Berechtigungen innerhalb von SAP Databricks finden Sie unter *http://s-prs.de/v1134107*.

Revisionssicherheit

Diese Prinzipien sind besonders für Unternehmen relevant, in denen Revisionssicherheit essenziell ist.

Nach der Bereitstellung von SAP Databricks müssen den Benutzern bestimmte Berechtigungen zugewiesen werden. Anstatt Rechte direkt zuzuweisen, können Sie diese auch Gruppen zuordnen. Die Benutzer erben die Rechte automatisch von ihrer Gruppenzugehörigkeit. Wir empfehlen dieses Vorgehen, um bspw. fachliche oder organisatorische Rollen erstellen zu können.

Governance und Compliance

Ein weiterer klarer Mehrwert ist die Durchsetzung von Governance und Compliance. Mithilfe der Gruppen können Sie Governance-Regeln konsistenter durchsetzen, um z. B. die Systeme Entwicklung, Test und Produktion zu trennen. Insbesondere KI-Agenten sollten nur die minimal notwendigen Rechte zugewiesen bekommen.

Berechtigungen werden objektbasiert vergeben und unterliegen der folgenden Hierarchie:

- Catalog
- Schema
- Tabelle/View
- Model

Die Verwaltung und das Teilen von Daten und Notebooks können direkt in SAP Databricks realisiert werden. Benutzer mit der Rolle **BD-Administrator** können SAP-BDC-Benutzer erstellen und Rollen sowie Berechtigungen verwalten.

Berechtigungsfelder

Die folgenden Berechtigungsfelder können aktiviert werden:

- **Create Catalog**
  Für das Anlegen neuer Catalogs. *Catalogs* dienen im Unity Catalog als organisatorische Einheit für Datenprodukte etc.
- **Create Share**
  Mit dieser Berechtigung können Benutzer Daten gemäß dem Delta-Sharing-Protokoll freigeben. Mit den Shares wird definiert, welche Tabellen oder Views für Konsumenten bereitgestellt werden.
- **Set Share Permission**
  Mit diesem Feld können Freigaben so konfiguriert werden, dass Konsumenten auf einer erweiterten Basis verwaltet werden können. Dieses Szenario ist insbesondere bei Multi-Tenant-Szenarien sehr hilfreich.
- **Use Provider**
  Mit diesem Feld kann auf weitere Datenanbieter zurückgegriffen werden.

- **Use Recipient**
  Empfänger definieren technische Endpunkte, an die Daten über Delta Sharing ausgeliefert werden.
- **Use Share**
  Mit dieser Berechtigung können Freigaben aktiv konsumiert und auf die darin bereitgestellten Tabellen zurückgegriffen werden.

4.1.5 SAP Databricks Lakehouse

Während SAP-Systeme für strukturierte Daten bekannt sind, verfolgt SAP Databricks einen anderen Ansatz und setzt auf eine Lakehouse-Architektur. Aus technologischer Sicht verbindet das Lakehouse-Konzept SAP und Databricks miteinander.

Data Warehouses

Bevor das Lakehouse-Konzept an Popularität gewann, waren die etablierten Architekturen Data Warehouse und der Data Lake. *Data Warehouses* wie SAP BW/4HANA oder SAP Datasphere fokussieren sich auf die Datenqualität, die Datenmodellierung und das anschließende Bereitstellen von Datenmodellen bspw. für betriebswirtschaftliche Zwecke. Allerdings bringen Data Warehouses auch Nachteile mit sich. Sobald sich ein Geschäftsprozess ändert oder neue Anforderungen aus den Fachbereichen entstehen, müssen die Datenmodelle angepasst werden. Außerdem sind insbesondere In-Memory-basierte Systeme in der Regel teuer. Bisher bestand ein wesentlicher Nachteil darin, dass Data Warehouses zwar auf Reporting optimiert wurden, der Fokus jedoch nicht auf ML und unstrukturierten Daten lag.

Data Lakes

Daher setzen viele Unternehmen im Big-Data-Umfeld sogenannte *Data Lakes* ein, um große Datenmengen kostengünstiger speichern zu können. Data Lakes bieten noch weitere Vorteile, wie bspw. die Persistierung verschiedenster Datenarten. In der Praxis haben sie sich jedoch nicht durchgesetzt, da insbesondere die mangelnde Datenqualität und die fehlenden Governance-Strukturen problematisch sind. Deshalb wurde nach einer Lösung gesucht, die sowohl die Governance und Datenqualität eines Data Warehouses als auch die Flexibilität und Skalierbarkeit eines Data Lakes bietet.

Lakehouse

Das *Lakehouse* kombiniert diese Funktionalitäten in einem Ansatz. SAP Databricks fokussiert sich auf dieses Modell und nutzt dafür den *Delta Lake*. Innerhalb des Lakehouses werden strukturierte und unstrukturierte Daten persistiert und es wird auf die Konsistenz sogenannter *ACID-Transaktionen* (Atomarität, Konsistenz, Integrität und Dauerhaftigkeit) geachtet. So können transaktionale Garantien erzeugt werden. Darüber hinaus ist ein direkter Zugriff für BI, Data Science und KI-/ML-Anwendungen möglich. Eine einheitliche Governance soll dabei ebenfalls vorhanden sein. Für SAP-Kunden bedeutet dies, dass sowohl

Rohdaten aus SAP-Systemen als auch Datenprodukte im selben Format abgelegt werden können.

Trennung von Speicher und Rechenleistung

Ein Lakehouse trennt Speicher und Rechenleistung voneinander, sodass Workloads, wie bspw. SQL-Abfragen oder das Training von KI-Modellen, eigene Compute-Ressourcen nutzen, ohne dass zuvor Daten persistiert und kopiert werden müssen. In der SAP BDC bedeutet dies, dass eine elastische Skalierung komplexer Anfragen möglich ist, Daten parallel verarbeitet werden können und auf User-Seite eine klare Kostenkontrolle gewährleistet ist, da die Compute-Ressourcen bedarfsorientiert genutzt werden.

Governance-Schicht

Eine weitere Stärke des Lakehouse-Ansatzes liegt in der konsolidierten Governance-Schicht. Aus einem technischen Speicherformat wird ein kontrollierbarer Unternehmensdatenraum. Der Unity Catalog ermöglicht eine einheitliche Zugriffskontrolle über alle Workspaces hinweg und bringt zentralisierte Rollen und Berechtigungen mit sich.

Workspaces

Workspaces dienen in SAP Databricks als zentrale, kollaborative Entwicklungsumgebung, in der Teams gemeinsam Datenanalysen, Machine-Learning-Modelle und Datenpipelines erstellen, verwalten und ausführen können.

Daten in Echtzeit einbinden

Mithilfe der Lineage kann verfolgt werden, wie sich Daten über Tabellen, Pipelines und Modelle hinweg verhalten. Daten aus SAP-Databricks-Delta-Lake-Tabellen können direkt über eine Echtzeitverbindung in virtuelle Remote-Modelle von SAP Datasphere eingebunden werden. Die eingebundenen Daten werden wiederum direkt in semantische Modelle integriert. So sind effiziente Echtzeitanalysen über Systemgrenzen hinweg möglich.

Der Integrationsprozess erfordert zunächst den Verbindungsaufbau. Zuerst muss mithilfe von Konnektoren (JDBC-Konnektivität mit Camel JDBC-Adapter) sowie Authentifizierungsmechanismen eine sichere Verbindung zwischen SAP Datasphere und SAP Databricks hergestellt werden. Im Anschluss müssen in SAP Datasphere virtuelle Tabellen konfiguriert werden, die auf die Live-Daten in SAP Databricks Delta Lake verweisen. Hierbei ist zu beachten, dass die Daten nicht physisch verschoben werden, sondern nur zur Laufzeit auf die Daten in SAP Databricks zugegriffen wird. Ein bestehendes Datenmodell kann mit diesen Daten angereichert werden. Sobald das Datenmodell fertiggestellt ist, kann es in SAP Analytics Cloud zur Erstellung von Dashboards und Berichten genutzt werden.

4.1.6 End-to-End-Integration: SAP Databricks, SAP Datasphere und SAP Analytics Cloud

End-to-End Integration

In diesem Abschnitt demonstrieren wir, wie SAP Databricks, SAP Analytics Cloud und SAP Datasphere zusammenarbeiten, um eine Business-Data-Fabric zu bilden. Vor dem Zusammenschluss von SAP und Databricks wurde bspw. auf die Bibliotheken APL (Automated Predictive Library) und PAL (Predictive Analytics Library) zurückgegriffen, um in Notebooks über einen HANA-Client KI-Modelle zu erstellen. Dieser Workaround kann jetzt durch die Integration von Databricks in die SAP BDC vermieden werden. Dafür kann ein Data-Provisioning-Agent (DP-Agent) eingesetzt werden.

Live-Daten verbinden

Folgen Sie dazu dieser Anleitung:

1. Installieren Sie den DP-Agenten.
2. Installieren Sie den SAP-Databricks-JDBC-Treiber.
3. Starten Sie den DP-Agenten neu.
4. Wählen Sie den Camel-JDBC-Adapter in SAP Datasphere aus und erstellen Sie eine Generic JDBC Connection. Eine Remote-Tabelle in SAP Datasphere zeigt schließlich auf eine SAP-Databricks-Tabelle.
5. Stellen Sie mithilfe der Datenvorschau sicher, dass der Datenzugriff erfolgreich ist.
6. Verbinden Sie die Live-Daten in einem Fact Model in SAP Datasphere.

Datenfluss

Die Architektur hierzu wurde bereits in Kapitel 2, »SAP Datasphere als Kern der SAP Business Data Cloud«, vorgestellt. Der zugehörige Datenfluss sieht folgendermaßen aus (siehe auch Abbildung 4.3):

❶ Zunächst muss eine Intelligent Application oder ein Data Package aktiviert werden.

❷ Mittels Datenreplikation werden die Datenprodukte in den BDC Object Store übernommen.

❸ Ein aktives Datenprodukt kann für SAP Databricks freigegeben werden und ist über eine Delta-Tabelle im Unity Catalog verfügbar.

❹ In SAP Databricks kann mithilfe von KI und ML ein angepasstes Datenprodukt erstellt werden. Dieses Datenprodukt kann über Delta Share ans SAP BDC Cockpit zurückgeteilt werden.

❺ Im Folgenden kann das neue Datenprodukt von SAP Datasphere konsumiert werden.

❻ In SAP Datasphere kann es in beliebige Datenmodelle eingebunden werden.

❼ Sie können die erstellten Datenmodelle zur Visualisierung bzw. weiteren Verarbeitung an SAP Analytics Cloud teilen.

In SAP Analytics Cloud können Sie diese dann verwenden, um bspw. Reports zu erstellen.

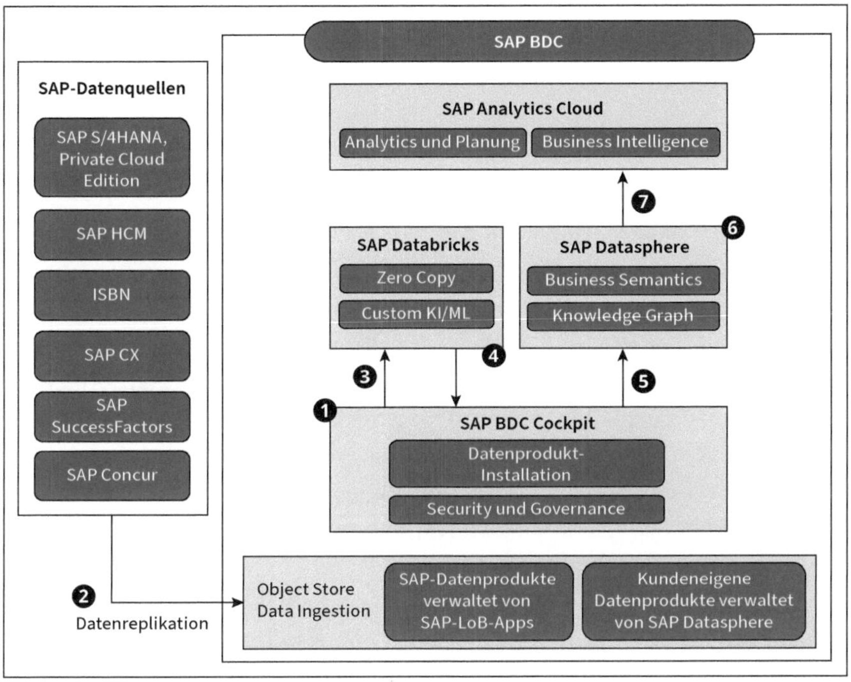

Abbildung 4.3: Datenfluss in SAP BDC

Weiterführende Informationen finden Sie unter *http://s-prs.de/v1134108*.

4.1.7 Abgrenzung von SAP Datasphere und SAP Databricks

Angesichts der Architektur der SAP BDC könnte die Frage aufkommen, wie sich SAP Datasphere und SAP Databricks voneinander abgrenzen lassen. SAP Datasphere und SAP Databricks sind beide leistungsstarke Plattformen für das Datenmanagement und die Datenanalyse. In diesem Abschnitt grenzen wir die beiden Plattformen voneinander ab.

SAP Datasphere

In den vorherigen Kapiteln dieses Buches wurde SAP Datasphere als Data Warehouse vorgestellt, das Unternehmensdaten integriert, über das Schichtkonzept hinweg verknüpft und aufbereitet. Ein wesentliches Ziel besteht dabei in der Bewahrung der Semantik. Insbesondere der Self-Service-Zugriff und die Self-Service-Modellierung von Daten im betriebswirtschaftlichen Kontext standen im Fokus von SAP.

Unterschiedliche Zielgruppen

Während SAP Datasphere sich an mehrere Benutzergruppen, wie bspw. End User und Data Engineers, richtet, fokussiert sich SAP Databricks auf eine schmale Anwendergruppe. SAP Databricks wird weitestgehend von Personen verwendet, die bereits Erfahrung im Umgang mit KI- und ML-Lösungen haben. In SAP Databricks besteht die Möglichkeit, eine Vielzahl von Datenarten zu integrieren, um daraus benutzerdefinierte KI- und ML-Lösungen zu entwickeln oder SQL-Ad-hoc-Analysen auszuführen. Dies erfolgt in einer Pro-Code-Entwicklungsumgebung.

4.2 Delta Share

Zero-Copy-Prinzip

Ein technologischer Baustein von SAP Databricks ist das Delta-Sharing-Protokoll, das auf dem *Zero-Copy-Prinzip* basiert. Dieses Prinzip ermöglicht es, lesenden Zugriff auf Daten zu erlangen, ohne diese physisch zu replizieren. Technisch gesehen handelt es sich um ein offenes cloudübergreifendes Datenfreigabeprotokoll, das einen Live-Datenaustausch zwischen Systemen und Plattformen ermöglicht. Sobald ein Datensatz in SAP Databricks bereitgestellt wurde, kann er in der SAP BDC für Analysen oder KI-Use-Cases verwendet werden. Einen Mehrwert liefern außerdem die zentrale Verwaltung genutzter Daten, die Erstellung von Datenprodukten (z. B. KI-Modellen) und deren Vertrieb sowie die datenschutzkonforme Datenhaltung in der Cloud.

Delta-Tabellen

Die Datenkonsumenten – bspw. die verschiedenen SAP-Systeme – greifen über Endpunkte direkt auf die Delta-Tabellen im Cloud-Speicher zu. Abfragen erfolgen dementsprechend live, was wiederum bedeutet, dass die Daten weder verschoben noch transformiert werden müssen. Relevante Daten können somit ohne Replikation oder Schnittstellen mit anderen Systemen geteilt werden. Auch bei SAP Databricks wurde dieses Konzept beibehalten. Diese Integration gibt Unternehmen die Möglichkeit, SAP-Daten aus Quellsystemen wie SAP S/4HANA oder SAP BW mithilfe von KI-Tools in SAP Databricks zu konsumieren.

Delta Sharing

Delta Sharing funktioniert folgendermaßen:

1. Ausgewählte Datenprodukte werden mit dem Zielsystem geteilt und können über das Delta-Sharing-Protokoll in Echtzeit verwendet werden.
2. Da SAP Databricks Delta Sharing nativ unterstützt, werden die Daten in einem Delta Lake live gehalten und können direkt für Analysen, ML-Modelle usw. verwendet werden.

[»]

Delta Sharing vs. Sharing innerhalb von SAP Datasphere

Das Prinzip des Delta Sharings ist nicht mit dem des Sharings innerhalb von SAP Datasphere gleichzusetzen.

Vielleicht haben Sie bemerkt, dass Delta Sharing somit die wesentlichen Anforderungen moderner Datenökosysteme erfüllt. Dazu zählt zunächst die Interoperabilität zwischen den verschiedenen SAP-Systemen und SAP Databricks. Bei

Bedarf können zudem andere externe Systeme einbezogen werden. SAP Databricks bringt außerdem eine gewisse Offenheit mit sich, da die Nutzung offener Speicherformate möglich ist. Die wichtigste erfüllte Hauptanforderung ist jedoch die minimierte Datenredundanz, da keine Kopiervorgänge nötig sind.

Vorteile des Delta Sharings

Delta Sharing bringt einige Vorteile mit sich. So ermöglicht es die Kombination der SAP-Daten mit SAP Databricks, insbesondere große Datenmengen effektiv zu analysieren. Da die Datenbewegung so gering wie möglich gehalten wird, findet eine Kostenreduktion statt, wodurch die Effizienz erhöht werden kann. Durch die Nutzung moderner Sicherheitsprotokolle beim Delta Sharing wird sichergestellt, dass nur autorisierte Personen Zugriff auf die Daten erhalten. Ein weiterer Vorteil ergibt sich bei der Zusammenarbeit. Gerade in interdisziplinären Teams können verschiedene Daten geteilt werden, ohne dass aufwendige Exportmechanismen implementiert werden müssen. Der Zugriff auf Daten aus verschiedenen Unternehmenssparten ermöglicht die Erstellung vollkommen neuer Datenanalysen und KI-Modelle. Ein entscheidender Faktor ist außerdem die Bereitstellung von Echtzeitdaten. Dadurch wird die Zeitspanne zwischen der Datengenerierung und der Verfügbarkeit in den Analysen so kurz wie möglich gehalten.

4.2.1 Benötigte Rollen beim Delta Sharing

Delta Sharing verwendet ein strukturiertes Berechtigungsmodell. Dieses Modell erlaubt es Unternehmen, Datenprodukte intern zu kontrollieren und bei Bedarf auch extern bereitzustellen. So wird sichergestellt, dass Governance-, Compliance- und Audit-Anforderungen erfüllt werden.

Datenprodukte

Damit Datenprodukte aus dem SAP BDC Catalog für SAP Databricks freigegeben werden können, werden bestimmte Berechtigungen benötigt. Für die Suche und das Teilen von Datenprodukten ist eine globale Rolle erforderlich, die folgende Privilegien garantiert (der Bindestrich (-) dient an dieser Stelle als Platzhalter für eine nicht benötigte Berechtigung):

- BDC Data Packages (-R-----) für den Zugriff auf die SAP BDC.
- Catalog Asset (-R-----) für den Zugriff auf den Catalog und um Objekte in den Assets und in der Datenprodukt-Sammlung anschauen zu dürfen.
- Cloud Data Product (-----S-) für das Teilen von Datenprodukten mit den Zielsystemen.

4.2.2 Verwendung von Datenprodukten in SAP Databricks

Sobald einem Benutzer die notwendigen Berechtigungen zugeteilt wurden, kann er Datenprodukte in SAP Databricks verwenden, abfragen, verarbeiten und transformieren. Neben den typischen Programmier- und Abfragesprachen wie SQL und Python können bspw. auch Scala und R genutzt werden, um verschiedenste KI-/ML-Projekte in Notebooks umzusetzen.

Administratorrolle zuweisen

Zunächst müssen einige Vorbereitungen getroffen werden, um die Datenprodukte in SAP Databricks verarbeiten zu können. Als Hauptbedingung muss der Benutzer die Administratorrolle besitzen. Führen Sie dazu die folgenden Schritte durch:

1. Zunächst müssen Sie den SAP Databricks Tenant zu SAP BDC Formation hinzufügen.
2. Anschließend können ein oder mehrere Data Packages aktiviert werden.
3. Nun erhalten Sie Zugriff auf den SAP Databricks Tenant.

Im Anschluss stehen Benutzern eine Vielzahl an Optionen in SAP Databricks zur Verfügung. Sie können auf Datenprodukte zugreifen, die aus dem Catalog heraus geteilt wurden. Dabei stellt SAP Databricks ein breites Toolset zur Verfügung. Sie können wiederum auch Datenprodukte an den SAP Datasphere Catalog verteilen. Im Folgenden sehen wir uns die Hauptfunktionen des Delta Sharings an.

Wie Sie in Abbildung 4.4 sehen, stellt ein SAP-System Daten bereit, die dem im SAP BDC Cockpit enthaltenen Catalog hinzugefügt werden. Mit diesem Catalog können der SAP Datasphere Catalog oder der SAP Databricks Unity Catalog gefüllt werden. Der Unity Catalog wird in Abschnitt 4.4 näher behandelt. Anhand des Symbols wird ersichtlich, in welche Richtung das Sharing umgesetzt werden kann.

Die Daten aus verschiedenen Quellsystemen befüllen den Catalog, der im SAP BDC Cockpit enthalten ist. Auf Basis dieses Catalogs können der SAP Databricks Unity Catalog sowie der SAP Datasphere Catalog befüllt werden.

Die aktivierten Packages können in SAP Databricks verwendet werden. Auf den Unity Catalog greifen im Anschluss die SAP Databricks Toolsets zu.

Hauptfunktionen des Delta Sharings

Mit diesem Wissen können wir die Hauptfunktionen des Delta Sharings in SAP BDC wie folgt zusammenfassen:

- Datenprodukte können mit SAP Databricks geteilt werden.
- In SAP Databricks erstellte Modelle und Analysen können in SAP-Systeme zurückgeführt werden.
- Die Daten können zwischen unterschiedlichen Cloud-Providern ausgetauscht werden.
- Bei Bedarf lassen sich Data-Mesh-Architekturen abbilden, da Domänen potenziell in der Lage sind, eigenständige Datenprodukte zu veröffentlichen.

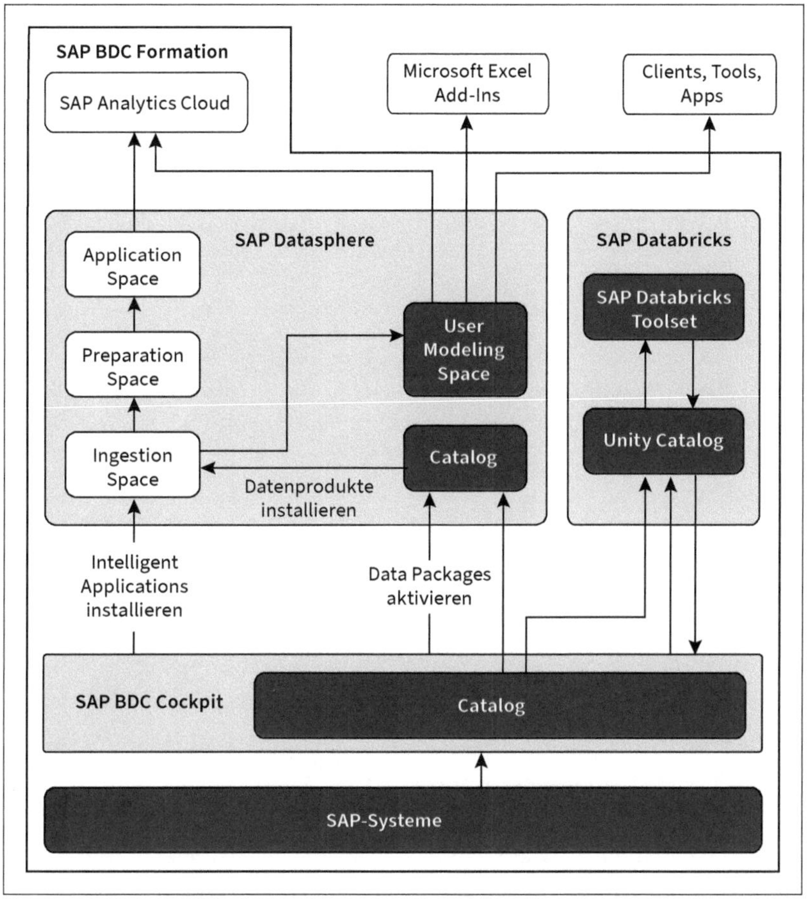

Abbildung 4.4: SAP Business Data Cloud – Überblick

4.2.3 Umsetzung des Sharings

In den vorherigen Abschnitten wurde die Architektur hinter dem Sharing erläutert. In diesem Abschnitt zeigen wir Ihnen, wie das Sharing umgesetzt wird. Damit Datenprodukte geteilt werden können, muss ein User über die notwendigen Berechtigungen verfügen. Die Datenprodukte können entweder direkt aus dem SAP BDC Catalog mit SAP Databricks geteilt werden oder es wird alternativ in SAP Databricks ein Catalog aus dem Delta Share erstellt, der mit den Datenprodukten verbunden ist. Wir beschreiben beide Möglichkeiten und beginnen mit der ersten.

Möglichkeit 1: SAP BDC Catalog

Gehen Sie folgendermaßen vor, um die Datenprodukte aus dem SAP BDC Catalog heraus mit SAP Databricks zu teilen:

1. Suchen Sie zunächst im SAP BDC Catalog nach dem Datenprodukt (siehe Abbildung 4.5). Sie können dabei Filter verwenden. Wichtig ist, dass das Datenprodukt geteilt werden kann. Dafür muss es den Status Shareable haben.

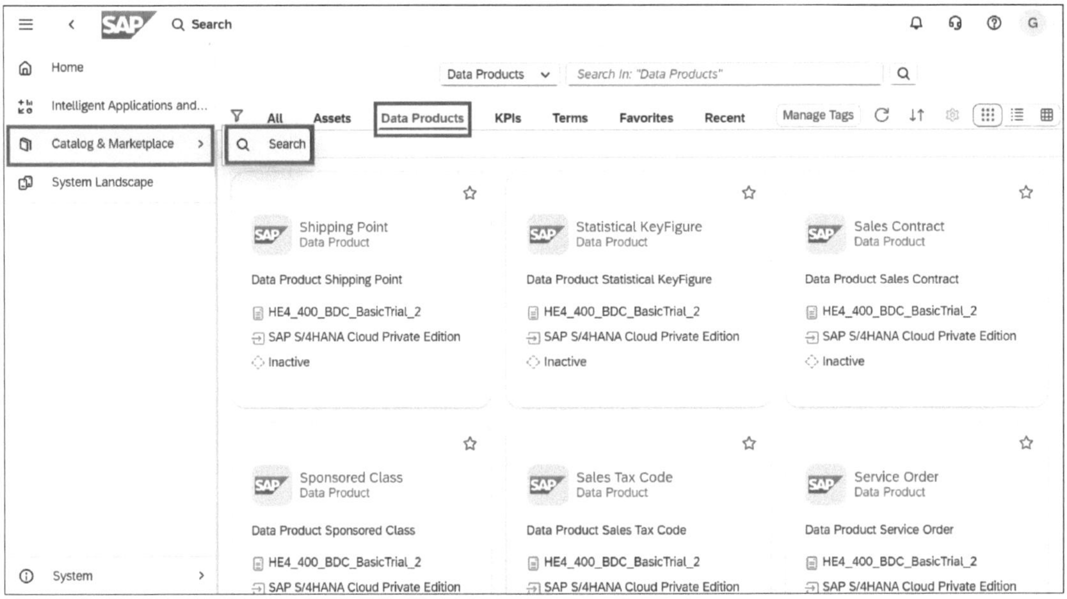

Abbildung 4.5: Ansicht im SAP BDC Catalog

2. Öffnen Sie die Detail-Seite des Datenprodukts.
3. Öffnen Sie mit einem Klick auf den **Share**-Button den Manage-Share-Access-Dialog (siehe Abbildung 4.6).

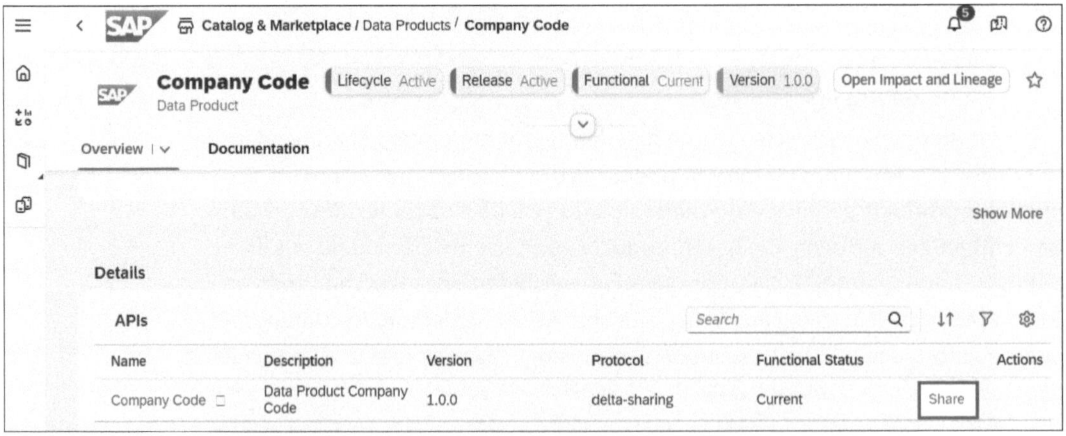

Abbildung 4.6: Den Manage-Share-Access-Dialog öffnen

4. Wählen Sie bei **Target System** das passende System aus. Klicken Sie auf den **Share**-Button (siehe Abbildung 4.7).

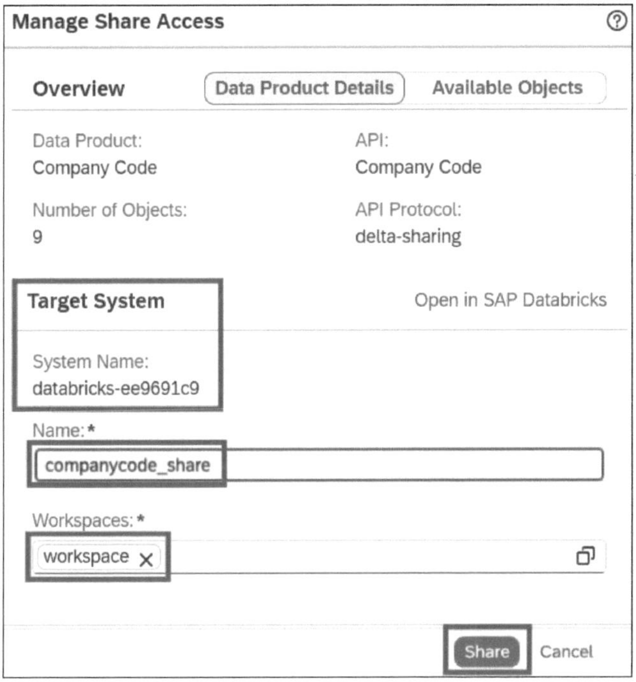

Abbildung 4.7: Auswahl für Share

Das Datenprodukt ist jetzt ausgewählt und der Status wurde aktualisiert. Der festgelegte Name kann nun nicht mehr verändert werden. Soll der Name im Nachhinein geändert werden, muss der Vorgang wiederholt werden.

Möglichkeit 2: Datenprodukt

Gehen Sie folgendermaßen vor, um den SAP Databricks Delta Sharing Catalog von einem Datenprodukt aus zu befüllen:

1. Stellen Sie zunächst sicher, dass Sie die Data-Product-Admin-Rolle besitzen und im SAP Databricks Metastore die Berechtigungen **USE PROVIDER** und **CREATE_CATALOG** besitzen.
2. Greifen Sie auf den SAP Databricks Workspace zu und öffnen Sie den Catalog Explorer.
3. Klicken Sie auf das Gear-Icon und wählen Sie **Delta Sharing** aus (siehe Abbildung 4.8).
4. Unter dem Reiter **Share with me** müssen Sie nun den passenden Provider zu dem Datenprodukt suchen und auswählen.
5. Wählen Sie **Create Catalog** aus und vergeben Sie einen Namen für den Catalog.

Sobald der Catalog erstellt wurde, wird er im Hauptmenü des Catalog Explorers in der **Shared**-Auswahl gelistet.

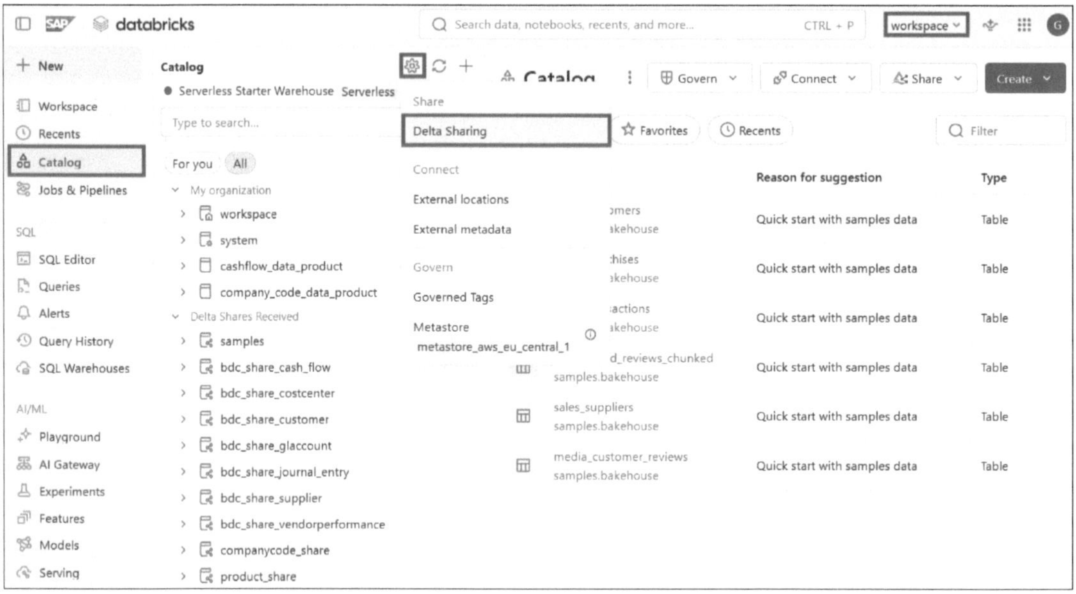

Abbildung 4.8: Delta Sharing Catalog

Sobald ein Delta Sharing Catalog auf Basis eines geteilten Datenprodukts erstellt wurde, können die Daten konsumiert, abgefragt, verarbeitet und transformiert werden. Dies erfordert jedoch bestimmte Berechtigungen. Um Daten eines Datenprodukts lesen zu können, muss der Benutzer vom Catalog Owner die Berechtigungen **USE CATALOG**, **BROWSE** und **SELECT** erhalten haben.

Eine Möglichkeit für die Verarbeitung der Daten besteht darin, eine Abfrage über die Daten in einem Python-Notebook zu realisieren. Dafür müssen Sie zunächst ein neues Notebook im SAP Databricks Workspace erstellen und Python als Programmiersprache auswählen. Anschließend können Sie **Serverless-Compute** aktivieren. Gerade für Python- oder R-Entwicklerinnen und -Entwickler ist es praktisch, dass die Daten direkt in SAP Databricks visualisiert werden können.

4.2.4 Zurückteilen der Daten in der SAP BDC

Die Integration von SAP Databricks in die SAP BDC ermöglicht nicht nur den Zugriff auf SAP-Daten für Analytics, Data Engineering und KI, sondern auch den Rückfluss von Daten, Modellen und Erkenntnissen zurück in SAP-Domänen. Dazu kann ein benutzerdefiniertes Datenprodukt erstellt und in SAP Datasphere für die Erstellung eines Datenmodells genutzt werden. Dieses neue Datenmodell kombiniert schließlich die SAP-Standarddatenprodukte mit dem benutzerdefinierten Datenprodukt.

Ergebnisse in Delta-Tabelle teilen

Im ersten Schritt müssen die Ergebnisse in einer Delta-Tabelle gespeichert werden. Sobald diese Delta-Tabelle im SAP Databricks Catalog enthalten ist, kann sie über Delta Share geteilt werden.

Sonderdateien

Wenn Sie ein Datenprodukt anlegen und in der SAP BDC publizieren möchten, müssen Sie zwei Sonderdateien mit Python-Code anlegen. Zunächst muss eine Open-Ressource-Discovery-Datei (ORD) generiert werden, um die Ressource und Funktionen des Datenprodukts zu beschreiben. Dieses von SAP entwickelte Protokoll kann von Datenanbietern verwendet werden, um Datenprodukte sowohl bereitzustellen als auch aufzusuchen. Zusätzlich ist eine Core-Schema-Notation-Datei (CSN) erforderlich, um die Datenproduktstruktur, d. h. Eigenschaften, Datentypen, Namen und Beziehungen, zu beschreiben.

Zugriff

Sobald Sie das neue Datenprodukt in SAP Databricks geteilt haben, können Sie in der SAP BDC darauf zugreifen und es in SAP Datasphere installieren und verwenden. Abbildung 4.9 zeigt, wie die Delta-Sharing-Maske in SAP Databricks aussieht. Sie müssen sich im Menüpunkt **Catalog** befinden und erhalten im **Catalog Explorer** eine Übersicht der geteilten oder erhaltenen Datenprodukte. Ebenso können Sie von hier aus neue Delta-Sharing-Berechtigungen anfordern oder Daten aktiv teilen (über den Button **Share data**).

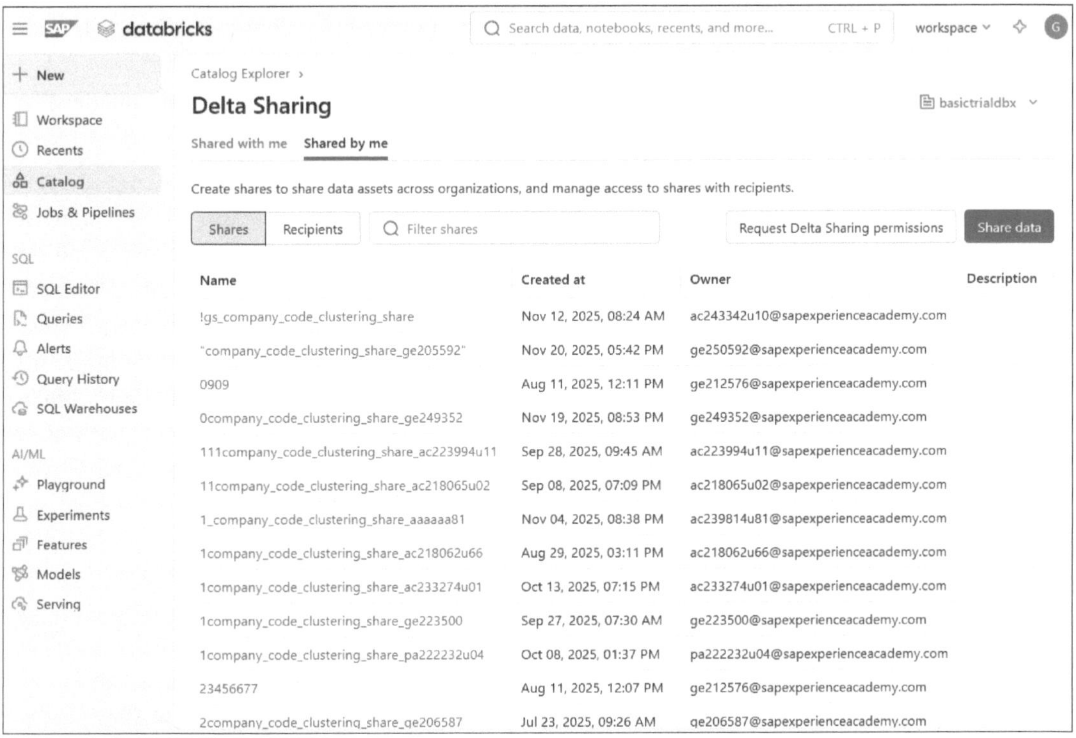

Abbildung 4.9: Catalog Explorer

4.3 Partnerplattformen mit der SAP BDC verbinden

Partnerintegration

Bevor wir uns weiter mit SAP Databricks beschäftigen, ist es für das Gesamtverständnis sinnvoll, zunächst den übergeordneten Kontext der Partnerintegration zu erläutern, da SAP BDC nicht als isolierte Einzellösung konzipiert ist, sondern als offenes Ökosystem, in dem strategische Technologiepartner eine integrale Rolle spielen. SAP verfolgt dabei bewusst einen Partner-First-Ansatz, um spezialisierte Plattformen nahtlos in die eigene Datenarchitektur einzubetten. Dies wird im Rahmen von SAP BDC Connect umgesetzt. *SAP BDC Connect* ist ein Service der SAP BDC, der sichere, bidirektionale Datenaustausche ohne Datenkopien zwischen der SAP BDC und Partnerplattformen wie Databricks Enterprise und Google BigQuery ermöglicht. SAP BDC Connect ist nicht für SAP Databricks erforderlich, da hier das Zero-copy-Sharing verwendet wird.

Im Rahmen dieser Partnerstrategie ist Databricks als strategischer Technologiepartner eng in die SAP BDC integriert. Wie bereits eingangs erwähnt, ist es das Ziel der Partnerschaft, moderne Data-Engineering-, ML- und KI-Workloads direkt mit geschäftsrelevanten SAP-Daten zu verbinden.

Architektur

Das Zusammenspiel erfolgt nicht als lose Kopplung, sondern als tief integrierte Architektur innerhalb der SAP BDC. Datenprodukte aus SAP-Systemen können kontrolliert und standardisiert in Databricks-Umgebungen genutzt werden, ohne dass die semantische Konsistenz oder Governance-Vorgaben verloren gehen. Gleichzeitig profitieren Unternehmen von offenen Standards und der Möglichkeit, Nicht-SAP-Daten in analytische Prozesse einzubinden.

SAP Analytics Cloud und SAP Datasphere

Die Integration mit den SAP-Komponenten erfolgt in der SAP BDC mit SAP Analytics Cloud und SAP Datasphere. In Abbildung 4.10 sehen Sie, wie SAP Analytics Cloud und SAP Datasphere in die SAP BDC eingebettet und die Daten mit den Partnersystemen verbunden sind. SAP Datasphere dient als semantisches Data Warehouse, das Datenmodelle, Datenprodukte und Metadaten zentral verwaltet und somit die Governance der Daten sicherstellt. SAP Analytics Cloud nutzt die Daten für Reporting, Dashboards, Planung und Vorhersagen und profitiert dabei von der zentralen semantischen Basis der SAP BDC. Die enge Verzahnung der SAP-Komponenten sorgt dafür, dass die Daten nicht nur gespeichert, sondern auch mit Geschäftssemantik angereichert und für analytische sowie operative Szenarien gleichermaßen nutzbar gemacht werden.

Prinzipien

Für SAP BDC Partner Connect sind folgende Prinzipien und Protokolle relevant, daher fassen wir sie hier schon einmal zusammen. Wir werden sie in den folgenden Abschnitten noch näher erläutern.

Zero Copy sorgt als Prinzip dafür, dass keine Datenkopien erzeugt werden müssen und stets mit aktuellen Daten gearbeitet werden kann. Dadurch fallen weniger Speicherkosten an und es erfolgt ein Zugriff auf Originaldaten.

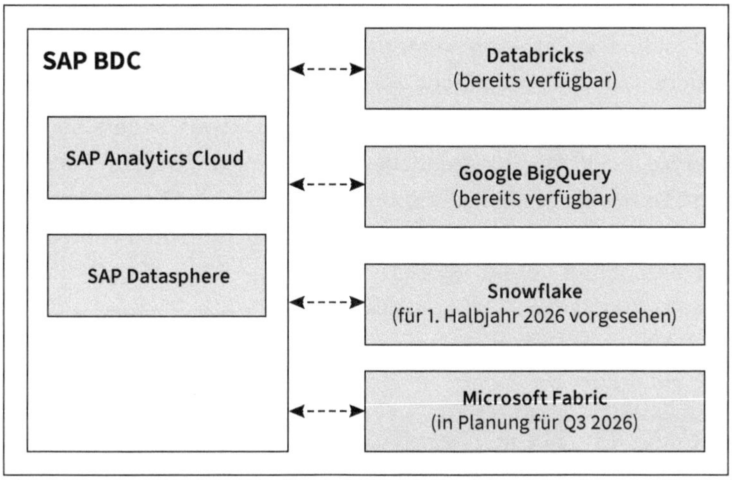

Abbildung 4.10: Integration von Partnern in der SAP BDC

Delta Share ist ein Protokoll für den sicheren Echtzeitdatenaustausch zwischen Systemen und Organisationen. Dadurch wird der Datenaustausch zentral steuerbar.

Open Resource Discovery (ORD) ist ein offenes Metadaten-Protokoll, mit dem sich Anwendungen und Services selbst beschreiben lassen. Es umgeht eine manuelle Dokumentation und schafft so mehr Überblick über vorhandene APIs und Datenprodukte. Die Metadaten umfassen Attribute wie Sichtbarkeit, Release-Status und Integrationsabhängigkeiten. In der Regel enthält das ORD-Protokoll einen Titel und eine Beschreibung des Datenprodukts.

Core Schema Notation (CSN) beschreibt die konkreten Metadaten, nicht aber die Daten selbst. So wird bspw. beschrieben, welche Tabellen es gibt, welche Felder sie haben und welche Typen sowie Beziehungen vorliegen.

Ein *Datenprodukt* setzt sich somit aus ORD und CSN zusammen (siehe Abbildung 4.11).

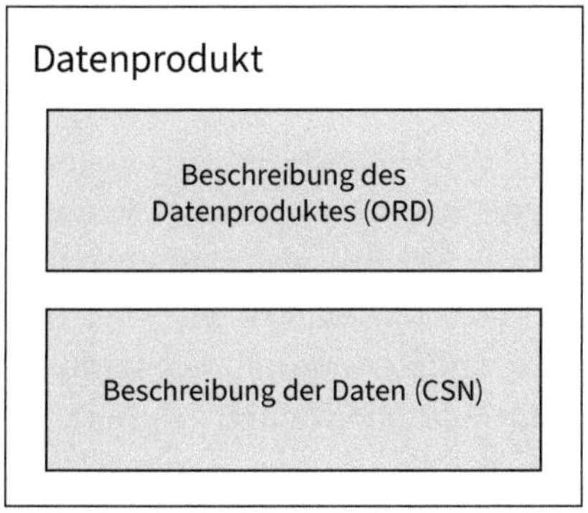

Abbildung 4.11: Zusammensetzung eines Datenprodukts

Standardisierte Integration

SAP BDC Partner Connect baut also auf diesen Prinzipien und Protokollen auf und bietet bidirektionale Zero-Copy-Sharing-Mechanismen an, um standardisierte Integrationen zu etablierten Cloud-Plattformen zu bieten.

Integrationsprozess

Je nach Partner-Tenant läuft der Integrationsprozess etwas anders ab. Zunächst müssen Sie in *SAP for Me* wesentliche Informationen über den Partner-Tenant pflegen, woraufhin ein Einladungslink generiert wird (❶). Diesen müssen Sie im Anschluss in den Partner-Tenant einfügen (❷). Letzterer kann dann zur Formation hinzugefügt werden (❸, siehe Abbildung 4.12).

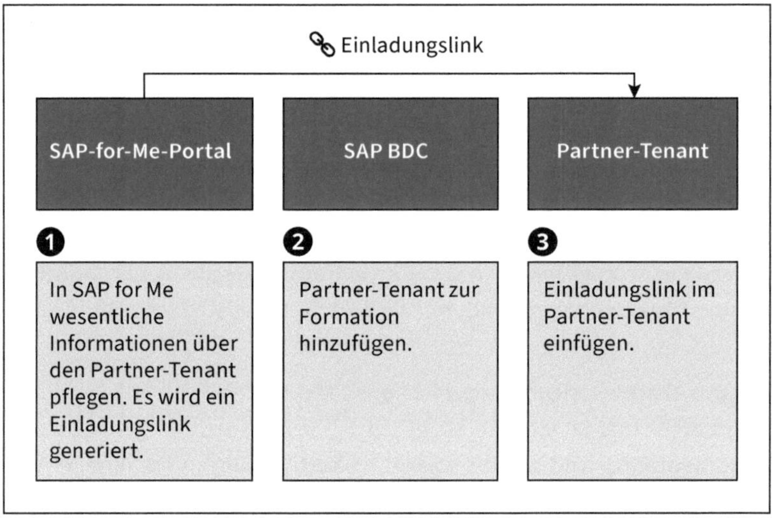

Abbildung 4.12: Integrationsprozess

Datenprodukte nutzen

Ziel ist es, die Datenprodukte nutzen zu können. Dafür müssen diese vom Partner-Tenant für die SAP BDC freigegeben werden. Hierzu müssen Sie diesen Schritten folgen:

1. Share (Open Resource Description) erstellen
2. CSN erstellen
3. Datenprodukt veröffentlichen

Nun sollten die Daten bidirektional zugänglich sein.

SAP Business Data Cloud Connect SDK

An dieser Stelle möchten wir *SAP BDC Connect SDK* erwähnen. SAP BDC Connect SDK ist eine Python-Bibliothek, die es externen Systemen – insbesondere SAP Databricks – ermöglicht, Datenprodukte mit der SAP BDC auszutauschen und freizugeben. Dazu müssen Sie lediglich einen SAP BDC Client erstellen und den Share (ORD) sowie die CSN-Datei erstellen bzw. updaten und das Datenprodukt freigeben oder stornieren. Die entsprechende Installation lautet: `pip install sap-bdc-connect-sdk`.

Die folgenden Partnerplattformen können Sie mithilfe des SAP BDC Partner-Connect Services mit der SAP BDC verbinden:

- *Databricks*
  Auf die Integration mit SAP Databricks und Databricks Enterprise gehen wir in Abschnitt 4.1.1, »Architektur und Verortung von SAP Databricks in der SAP BDC«, sowie in Kapitel 14, »Status Quo: Einsatz von Databricks Enterprise«, tiefer ein. Zusammenfassend lässt sich sagen, dass SAP-Datenprodukte direkt und ohne redundante Replikation über Zero Copy Sharing ausgetauscht werden können. Dadurch kann in Databricks auf semantisch harmonisierte SAP-Daten zugegriffen werden. Diese können für ML-Workloads, erweiterte Analysen oder Lakehouse-Szenarien genutzt werden.
- *GoogleBig Query*
  Über die SAP BDC Connect können semantisch reiche Daten aus der SAP BDC auch für Google BigQuery bereitgestellt werden. Wie bei den anderen Partnern wird dabei ein bidirektionaler Austausch ohne physische Kopien angestrebt, sodass BigQuery-Workloads direkt auf SAP-Daten zugreifen können. Dies ist insbesondere bei großen Analyse- und KI-Use-Cases von Vorteil.
- *Snowflake*
  Mit der Integration von Snowflake, die über Solution Extension realisiert wird, profitieren Kunden von einer skalierbaren Data Cloud. Mithilfe von SAP BDC Connect können Daten in Snowflake analysiert, kombiniert und für KI-Workloads genutzt werden, während gleichzeitig die zentrale Governance und die semantische Konsistenz erhalten bleiben. SAP BDC Connect für Snowflake ist auf AWS verfügbar, weitere Hyperscaler sollen folgen.
- *Microsoft Fabric*
  Ein weiterer strategischer Partner ist Microsoft Fabric. Über SAP BDC Connect for Microsoft Fabric wird ein bidirektionaler Zero-Copy-Datenaustausch ermöglicht, bei dem SAP-Datenprodukte direkt in Microsofts zentrale Datenplattform OneLake integriert werden können. Dadurch lassen sich SAP-Daten in Power BI, Foundry, Copilot und weiteren Fabric-Services nutzen, was insbesondere für BI- und KI-Szenarien wertvoll ist. Die allgemeine Verfügbarkeit ist für das dritte Quartal 2026 angekündigt.

SAP BDC Partner Connect schafft somit die Voraussetzung für ein modernes, skalierbares Daten- und KI-Ökosystem, das sowohl SAP-nativ als auch offen und multicloudfähig ist. Dies leistet einen großen Beitrag für die Entwicklung hin zu einer unternehmensweiten Data Fabric.

4.4 Unity Catalog

Governance-Komponenten

SAP Databricks umfasst eine Vielzahl von Governance-Komponenten. Dazu zählen der Unity Catalog, Datenzugriffsbeschränkungen, die Überwachung des Lakehouses, Delta Sharing und die Verbindung zu externen Daten. Der *Unity Catalog* ist eine hochgradige Governance-Lösung für Daten und KI auf der SAP-Databricks-Plattform. In diesem Abschnitt gehen wir genauer auf ihn ein.

Datenlandschaft

Der Unity Catalog unterstützt Sie dabei, Ihre Datenlandschaft einheitlich zu gestalten. Dadurch bietet sie eine optimale Compliance. An einem zentralen Ort kann die intelligente Governance sowohl für Daten als auch für KI-Modelle eingesetzt werden. Dieser Catalog unterstützt folgende Funktionen in Bezug auf Assets (Datenmodelle, Tabellen usw.):

- Steuerung
- Überwachung
- Teilen
- Entdecken

Abbildung 4.13 zeigt die Elemente des Unity Catalogs auf einen Blick. Der Unity Catalog ermöglicht das Auffinden, Teilen etc. von Tabellen, Files, Modellen, Notebooks und Dashboards. Wie Sie sehen, ist der SAP Databricks Unity Catalog die verwaltende Instanz zwischen Benutzern, Apps und Daten aus Drittsystemen. Insbesondere die Überwachung und Verfolgung der Verwendung von Tabellen und Modellen können somit den Entwicklungsaufwand deutlich reduzieren.

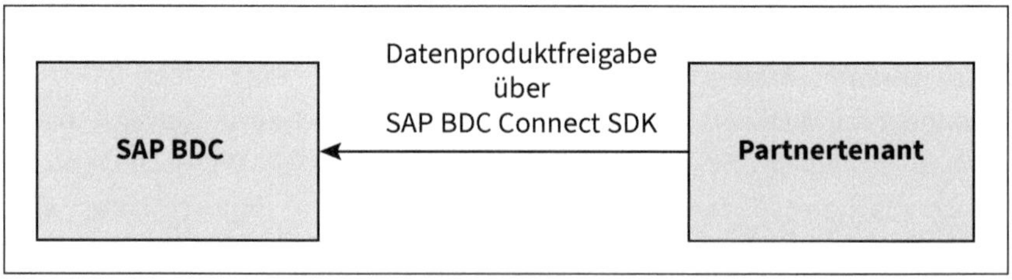

Abbildung 4.13: Elemente des Unity Catalogs

Qualitätsüberwachung

Der Unity Catalog kann für strukturierte und unstrukturierte Daten verwendet werden. Dadurch ergeben sich Vorteile wie der Zugriff der Qualitätsüberwachung auf ML-Modelle und Geschäftsmetriken. Eine zum Unternehmen passende Governance kann in vielen Bereichen, bspw. beim Datenzugriff, einen Mehrwert bieten. Darüber hinaus können Anwenderinnen und Anwender mittels integrierter KI einen Einblick in den geschäftlichen Kontext von Daten erlangen. So bieten integrierte Metainformationen die Möglichkeit, Daten aufzufinden und zu verstehen. Insbesondere die KI-gestützte Dokumentation und die

Suche in natürlicher Sprache nach Assets bieten einen deutlichen Mehrwert und reduzieren den Suchaufwand.

Delta-Sharing-Prinzip

Im vorherigen Abschnitt haben wir Ihnen das Delta-Sharing-Prinzip vorgestellt. Der Unity Catalog ist der Ort, an dem die Datenproduktstruktur virtuell mittels Delta Sharing eingelesen wird, ohne dass die Daten persistiert werden müssen. Dies ermöglicht es SAP Databricks, auf die Datenprodukte zuzugreifen.

Das Catalog-System ist nicht gänzlich neu. So existiert in SAP Datasphere seit Jahren ebenfalls ein Catalog. Dieser unterstützt User bei der Verwaltung von Assets und ist der Ort, an dem Datenprodukte installiert werden können. Insbesondere die Funktion **Impact and Lineage** ermöglicht es, schnell nachzuvollziehen, wo die spezifischen Assets ihren Ursprung haben und wie sie innerhalb des Datenmodells verwendet werden.

Domänenübergreifend

Vielleicht fragen Sie sich, welche Bedeutung der Unity Catalog für Ihr Unternehmen hat? Diese Frage möchten wir Ihnen gerne beantworten. In den letzten Jahren hat sich das Konzept der Datenhaltung innerhalb der Unternehmen deutlich verändert. Daten werden zunehmend domänenübergreifend genutzt, und der Unity Catalog bildet die Grundlage für Vertrauen in die Daten und innerhalb des Unternehmens. Des Weiteren sorgt eine geeignete Dokumentation dafür, dass die Daten so oft wie möglich wiederverwendet und bei Bedarf skaliert werden können. Somit ist der Umstieg auf Data Mesh eine Option. *Data Mesh* ist ein modernes Architektur- und Organisationskonzept für Daten in großen Unternehmen. Es ist weniger ein Tool und mehr ein Betriebsmodell für Daten.

Datenschutz

In Zeiten, in denen der Datenschutz stets berücksichtigt werden muss, sorgt der Catalog für Regelkonformität und schafft Transparenz, insbesondere über komplexe Datenflüsse hinweg. Doch nicht nur der Datenschutz ist in aller Munde, sondern auch das Thema KI. Mit dem Einsatz und der Nutzung des Unity Catalogs können Sie sicherstellen, dass KI auf kontrollierten und vertrauenswürdigen Daten basiert. In Abschnitt 4.4 sind wir bereits näher auf dieses Thema eingegangen. Sobald mehrere Personen auf dieselben Daten zugreifen, ist eine gute Kommunikation unabdingbar. Der Unity Catalog fördert daher die Kommunikation zwischen Fachbereichen, IT und Data Science.

Abbildung 4.14 zeigt den Aufbau des Catalogs. Innerhalb des Catalogs können Sie Objekte verwalten; die Buttons **Govern**, **Connect**, **Share** und **Create** stehen für weitere Aktionen zur Verfügung.

Der Unity Catalog führt die Governance von Daten und KI-Modellen in einer Plattform zusammen. Der Catalog verwaltet die folgenden Objekte:

- MLflow-Modelle
- Feature Stores
- Mosaic-AI-Modelle

- Evaluationsmetriken
- Versionen und Deployments

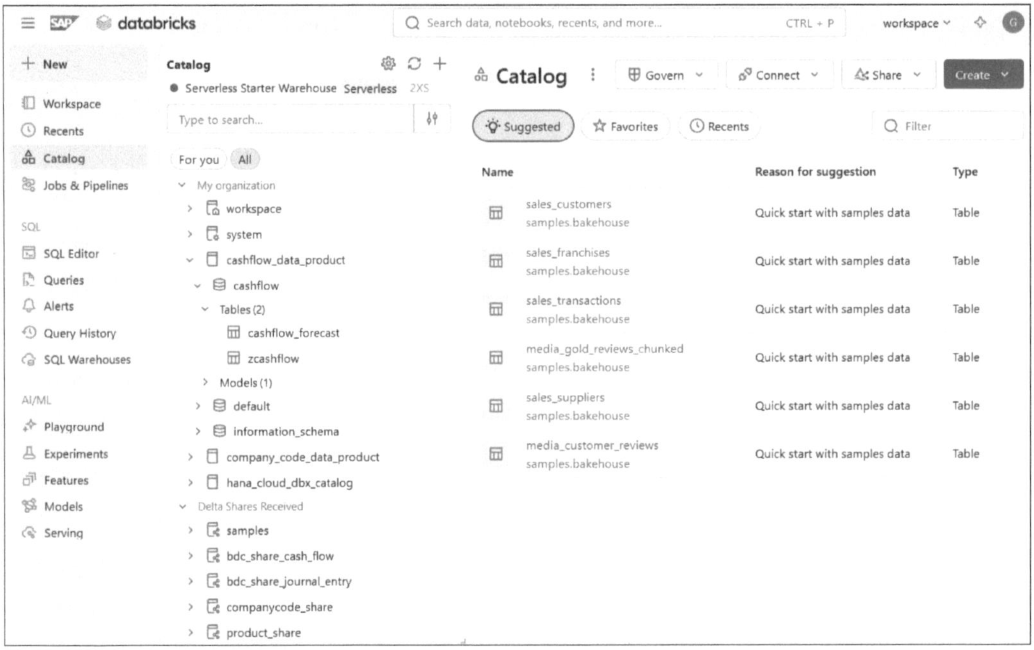

Abbildung 4.14: Funktionalitäten des Unity Catalogs

In diesem Abschnitt vertiefen wir die zentralen Bausteine des Unity Catalogs. Zunächst wird in Abschnitt 4.4.1 der Metastore als technische und organisatorische Grundlage des Unity Catalogs einschließlich seiner dreistufigen Struktur aus Catalog, Schema und Entitäten erläutert. Darauf aufbauend behandelt Abschnitt 4.4.2 die Objekt-Hierarchie und zeigt, wie Daten und Assets innerhalb dieser Struktur logisch gruppiert, verwaltet und mit granularen Berechtigungen abgesichert werden. Abschließend werden in Abschnitt 4.4.3 mit dem Catalog Explorer, dem Monitoring und der Data Lineage zentrale Funktionen für das Auffinden, Überwachen und Nachvollziehen von Daten- und KI-Assets vorgestellt.

4.4.1 Metastore im Unity Catalog

Organisation

Der Metastore organisiert Daten in einer dreistufigen Hierarchie: Kataloge, Schemas und Entitäten wie Tabellen, Views, Volumes und Modelle. Der Unity Catalog nutzt einen eigenen Metastore, der mit Apache Hive kompatibel ist und je nach Cloud-Plattform (z. B. AWS oder Azure) unterschiedlich gespeichert wird, etwa in einem S3-Bucket. Die Struktur des Metastores sieht folgendermaßen aus:

Kataloge: Die oberste Ebene, die Datenbestände organisiert und Zugriff basierend auf Berechtigungen wie **USE CATALOG** ermöglicht.

Schemas: Die zweite Ebene, die Tabellen und Ansichten enthält und durch **USE SCHEMA**-Rechte zugänglich ist.

Entitäten: Diese dritte Ebene umfasst:

- *Volumes*: Nicht-tabellarische Datenspeicherung mit Zugriff auf Dateien und Verzeichnisse.
- *Tabellen*: Tabellarische Datenstrukturen, für die **CREATE**, **SELECT** und weitere Rechte benötigt werden.
- *Views*: Schreibgeschützte Objekte mit dynamischen Berechtigungen auf Zeilen- und Spaltenebene.
- *Modelle*: Maschinelle Lernmodelle aus der MLflow Model Registry mit spezifischen Rechten wie **CREATE MODEL**.

Hierarchie

Die hierarchische Struktur des Metastores erleichtert die Organisation der Daten und ermöglicht eine detaillierte und flexible Zugriffskontrolle (siehe Abbildung 4.15).

Abbildung 4.15 zeigt den Metastore mit seinen drei Ebenen. Auf der ersten Ebene befindet sich der Katalog, aus dem die zweite Ebene – das Schema – abgeleitet werden kann. Auf der dritten Ebene befinden sich dementsprechend die Views, Tabellen und Volumes.

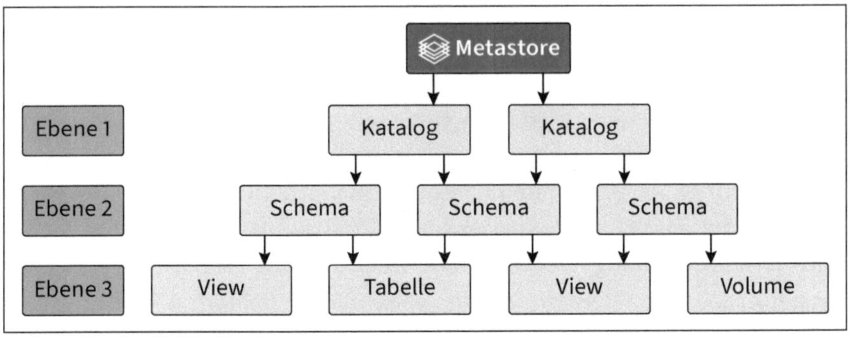

Abbildung 4.15: Struktur des Metastores

4.4.2 Objekt-Hierarchie

Der Unity Catalog führt eine klar strukturierte Objekt-Hierarchie ein. Diese bildet das strukturelle Rückgrat der Datenorganisation innerhalb der SAP BDC. Die Datenorganisation legt fest, wie Daten logisch abgelegt, verwaltet, gesichert und konsumiert werden. Beim Design der Hierarchie (Katalog – Schema – Entität) wurde darauf geachtet, dass sie sowohl zu sehr regulierten Unternehmensumgebungen als auch zu flexiblen, domänenorientierten Data-Mesh-Ansätzen passt. Außerdem ermöglicht diese Hierarchie, dass SAP- und Nicht-SAP-Daten in einer konsistenten Struktur zusammengeführt werden können, ohne dass die semantische Integrität von Geschäftsobjekten verloren geht.

Gruppierung

Ein Katalog repräsentiert die wichtigste logische Gruppierung im Unity Catalog. Gleichzeitig soll er die Governance-Grenzen streng definieren. Mögliche Fragestellungen, die im Zuge von Governance-Prozessen in Unternehmen aufkommen, sind:

- Wer ist für Daten verantwortlich?
- Wer darf Daten konsumieren, modellieren und veröffentlichen?
- Welche Compliance-Vorschriften gelten?

Schema

Innerhalb eines Katalogs kann ein Schema definiert werden, das als thematische oder funktionale Untereinheit dient. Typischerweise dient ein Schema zur Gruppierung von Datenprodukten, eingehenden SAP-Rohdaten usw. Damit lassen sich granulare Datenräume erstellen, die sowohl technologische als auch fachliche Verantwortlichkeiten widerspiegeln. Die unterste Ebene bilden Entitäten, also bspw. Tabellen und Views. In SAP Databricks Lakehouse sind diese Objekte eng mit der Delta-Lake-Technologie verknüpft und unterstützen bspw. ACID-Transaktionen oder die vollständige Lineage-Nachverfolgung.

Die klare Hierarchie und das granulare Berechtigungsmodell machen den Unity Catalog zur Governance-Schicht für Data Mesh in SAP-Umgebungen.

4.4.3 Catalog Explorer, Monitoring und Data Lineage

Die Funktionen rund um den Catalog Explorer, das Lakehouse Monitoring und die Data Lineage bilden gemeinsam eine wichtige Grundlage für Transparenz, Kontrolle und Nachvollziehbarkeit innerhalb der Datenplattform. Sie unterstützen nicht nur dabei, Daten und KI-Assets effizient zu finden und zu verwalten, sondern schaffen auch die Voraussetzungen für eine verlässliche Überwachung, eine sichere Einbindung externer Datenquellen und eine durchgängige Sicht auf Datenflüsse. Dadurch leisten sie einen wesentlichen Beitrag zu Datenqualität, Governance und Compliance in SAP Databricks.

Suchfunktion

Mit dem *Catalog Explorer* können Daten und KI-Assets aufgefunden werden. Der Explorer ist besonders dann hilfreich, wenn bspw. Schemadetails angezeigt werden sollen. Eine Tabellenvorschau zeigt einige Beispieldaten an; ebenso können Modelldetails und Entity Relationships angezeigt werden. Neben der Such- und Anzeigefunktionalität bietet der Catalog Explorer die Möglichkeit, den Unity Catalog und das Delta Sharing zu verwalten. Besonders hilfreich ist die Funktion, KI-generierte Kommentare zu Daten und KI-Objekten wie Katalog, Tabellen usw. hinzuzufügen. Der SAP-Databricks-Assistent kann Usern zudem weitere Einblicke in die Herkunft von Tabellen geben. Während der Catalog Explorer somit vor allem die Auffindbarkeit und inhaltliche Einordnung von Daten und KI-Assets unterstützt, richtet sich der Blick im nächsten Schritt stärker auf deren laufende Überwachung und Bewertung.

Überwachung von Daten und KI-Assets

Die Intention hinter SAP Databricks Lakehouse Monitoring besteht darin, die Qualität und Eigenschaften der Daten zu überwachen. Darüber hinaus kann die Effizienz von ML-Modellen und Model-Serving-Endpunkten untersucht werden. Das zugehörige Diagramm zeigt den Datenfluss durch Daten- und ML-Pipelines. Neben der Überwachung interner Daten- und Modellprozesse ist auch die kontrollierte Einbindung externer Datenquellen von zentraler Bedeutung, da diese häufig Bestandteil moderner Datenarchitekturen sind.

Verbindung zu externen Daten

Im Unity Catalog können externe Speicherorte konfiguriert werden. Diese können externe Tabellen enthalten. Ein streng definiertes Berechtigungskonzept gibt vor, welche Benutzer und Gruppen Zugriff auf diese Tabellen haben. Werden die Daten als schreibgeschützt definiert, kann eine Datenexfiltration verhindert werden. Letzteres wird erreicht, indem strenge Zugriffskontrollen, Netzwerksegmentierung und Verschlüsselungsmechanismen implementiert werden, die eine unbefugte Übertragung sensibler Informationen aus geschützten Systemen unterbinden. Sobald Daten aus unterschiedlichen internen und externen Quellen zusammengeführt, verarbeitet und weiterverwendet werden, gewinnt die transparente Nachverfolgung ihrer Herkunft und der einzelnen Verarbeitungsschritte zusätzlich an Bedeutung. An dieser Stelle setzt das Konzept der Data Lineage an.

Data Lineage

Data Lineage beschreibt in SAP den durchgängigen, nachvollziehbaren Weg von Daten – von ihrer Entstehung (z. B. in Quellsystemen wie SAP S/4HANA) über alle Transformations- und Integrationsschritte (z. B. in SAP BW/4HANA oder SAP Datasphere) bis hin zu Reports und Dashboards, sodass jederzeit ersichtlich ist, woher Daten stammen, wie sie verändert wurden und wo sie verwendet werden.

Ein wesentlicher Bestandteil moderner Datenarchitekturen ist die Fähigkeit, nachvollziehen zu können,

- woher die Daten stammen,
- wie sie verarbeitet wurden und
- welche Modelle sie benutzen.

Der Unity Catalog generiert Lineage automatisch für die folgenden Elemente:

- Tabellenabhängigkeiten
- Pipelines und Workflows
- SQL- und Notebook-Abfragen
- Modelltraining und Inferenz
- Delta-Sharing-Flüsse

Somit können regulatorische Nachweise erfüllt werden und der Data-Science-Prozess wird reproduzierbar. In SAP Datasphere ist die Data-Impact- und Lineage-Analysis bereits bekannt. Nun ist dieses Diagramm auch im Unity Catalog von SAP Databricks zu finden.

Nachdem mit dem Unity Catalog die Voraussetzungen für eine strukturierte Verwaltung, Überwachung und Nachverfolgung von Daten geschaffen wurden, richtet sich der Fokus im nächsten Abschnitt auf deren praktische Verarbeitung und Analyse. Dies erfolgt in SAP Databricks maßgeblich über Notebooks, die als zentrale interaktive Entwicklungs- und Arbeitsumgebung dienen.

4.5 Notebooks

Abfragen

In SAP Databricks können Daten unter anderem mittels Python und SQL abgefragt werden. *SAP Databricks Notebooks* bilden das Herzstück der interaktiven Entwicklungs- und Analyseumgebung innerhalb der SAP BDC. Sie verbinden die Flexibilität der Programmiersprache Python mit der Leistungsfähigkeit der Lakehouse-Architektur. Gleichzeitig bieten sie einen zentralen Workspace für Data Engineering, Data Science, KI-Anwendungen und explorative Analysen.

Ein *Notebook* ist ein interaktives, webbasiertes Dokument, mit dem Sie Code für Ihre Daten schreiben und ausführen, die Ergebnisse anzeigen und Code und Ergebnisse mit erläuterndem Text und Bildern an einem Ort kombinieren können.

Umfang

Für Unternehmen, die ihre SAP-Landschaft modernisieren möchten, sind Notebooks unverzichtbar. Damit lassen sich Daten bspw. aus SAP S/4HANA oder SAP Datasphere direkt einlesen, transformieren, analysieren und modellieren. Notebooks unterstützen die folgenden Sprachen:

- Python
- SQL
- Scala
- R

Entwicklungsumgebung

Abbildung 4.16 zeigt, wie ein solches Notebook aussehen kann. Sie können damit wie in herkömmlichen Entwicklungsumgebungen arbeiten. Gleichzeitig haben Sie den Vorteil, dass Sie den Code interaktiv ausführen und mit Kommentaren versehen können. Bei Bedarf können Visualisierungen direkt im Notebook ausgegeben werden.

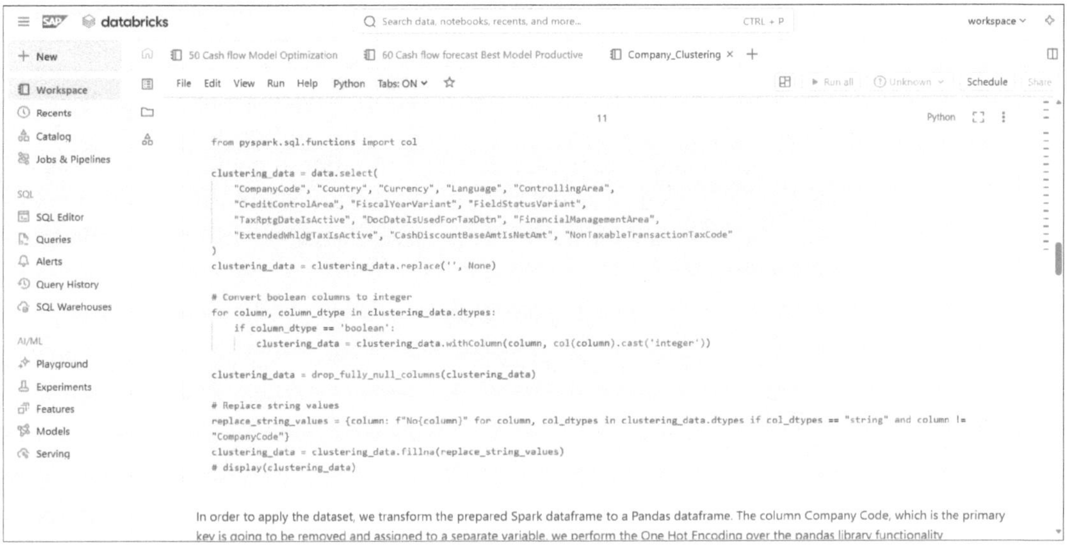

Abbildung 4.16: Notebook

4.5.1 Notebooks in der Anwendung

Mit Notebooks können Teams gleichzeitig an SAP-Analysen oder Datenprodukten arbeiten, ohne Versionskonflikte oder Datenverluste befürchten zu müssen. Ein entscheidender Vorteil ist die eingebaute Kollaboration. In den Notebooks kann in Echtzeit zusammengearbeitet werden; außerdem können für andere Teammitglieder Kommentare und Annotationen für Reviews hinterlassen werden. Die Revisionshistorie bietet die Möglichkeit, Änderungen nachzuverfolgen sowie Git zu integrieren, um die Softwareentwicklung weiter zu professionalisieren.

Datenanalyse

Mit SAP Databricks können Benutzer Notebooks für diverse Data-Science-Aufgaben erstellen. Die von Databricks bereitgestellten Plattformfunktionen ermöglichen die Arbeit mit SAP- und Nicht-SAP-Daten. Der in den Notebooks entwickelte Python-Code kann zugleich als Baustein für weitere Notebooks dienen. Ein Vorteil der Arbeit mit Notebooks liegt im Echtzeit-Co-Authoring, denn mittels automatischer Versionierung können sprachenunabhängig mehrere Personen parallel programmieren. Insbesondere die integrierte Datenvisualisierung bietet den Vorteil, dass Ergebnisse direkt visualisiert werden können.

Kollaboration und Versionierung

Somit können Entwicklerinnen und Entwickler unterschiedlichster Fachrichtungen interaktiv und kollaborativ an Projekten arbeiten. Im Rahmen der SAP BDC ist die Automatisierung von Datenpipelines eine Option, um zunächst die Datenextraktion, -transformation und -ladung und anschließend die Orchestrierung der Datenverarbeitung umzusetzen. Es existiert also ein breites Anwendungsfeld für Notebooks. Typische Anwendungsfälle sind bspw. die Validierung und Bereinigung, die Modellierung von Datenprodukten oder das Feature Engineering für KI-Modelle. Durch die interaktive Ausführung erhalten Entwicklerinnen und Entwickler unmittelbares Feedback zur Datenqualität, zum Modellverhalten oder zur Pipeline-Logik.

In der Praxis kann die Analyse von CRM-Daten die Kundensegmentierung unterstützen oder die Finanzanalyse verbessern, indem Umsatzprognosen auf Basis historischer Daten erstellt werden. Mit SAP Databricks können sich die User Ergebnisse schnell visualisieren lassen. Darüber hinaus können Links, Bilder und Kommentare in Markdowns eingebunden werden. Notebooks bieten die folgenden Funktionen:

- Visualisierungen in den Notebooks
- Interaktiver Python-Debugger
- Git-Ordner
- SAP-Databricks-Assistent
- Webterminal

Auch Notebooks und der SQL-Abfrage-Editor bieten einen Catalog Explorer. Dessen grundsätzliche Funktionalität wurde im vorherigen Abschnitt bereits näher erläutert. Die Grundidee bleibt dieselbe: User können damit Datenbankobjekte erkunden.

Notebook anlegen

Um ein neues Python-Notebook anzulegen, gehen Sie wie folgt vor:

1. Erstellen Sie ein neues Notebook, indem Sie auf den +-Button klicken, der sich oben links im SAP Databricks Workspace befindet (siehe Abbildung 4.17).

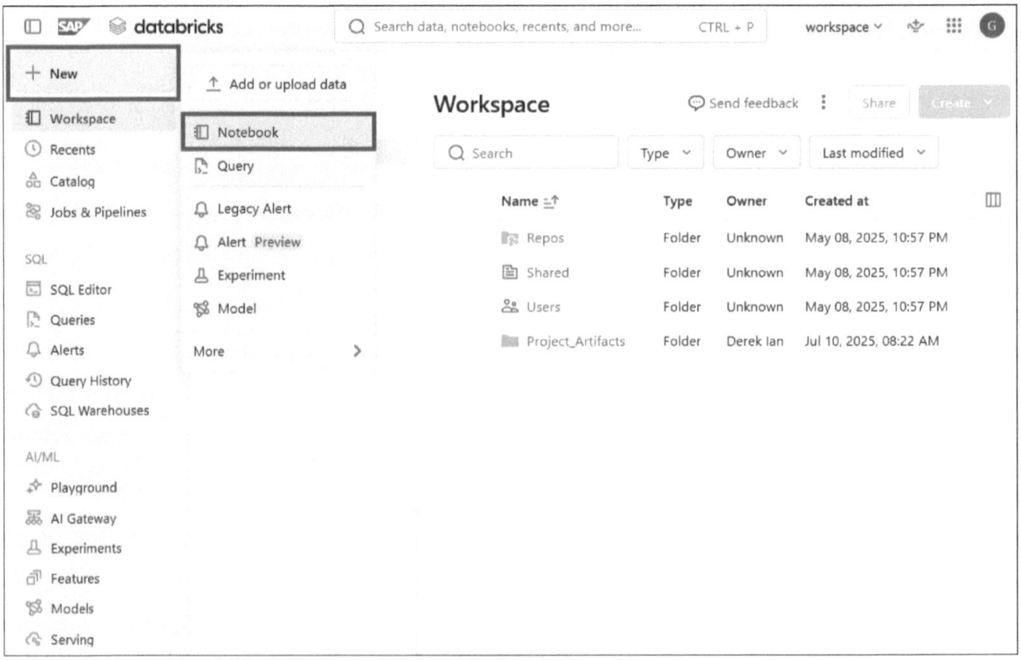

Abbildung 4.17: Neues Notebook erstellen

2. Wählen Sie die Programmiersprache für das Notebook aus (in unserem Beispiel **Python**).
3. Wählen Sie anschließend **Serverless** aus (siehe Abbildung 4.18).
4. Nun können Sie Abfragen in einer Notebook-Zelle eingeben und ausführen.

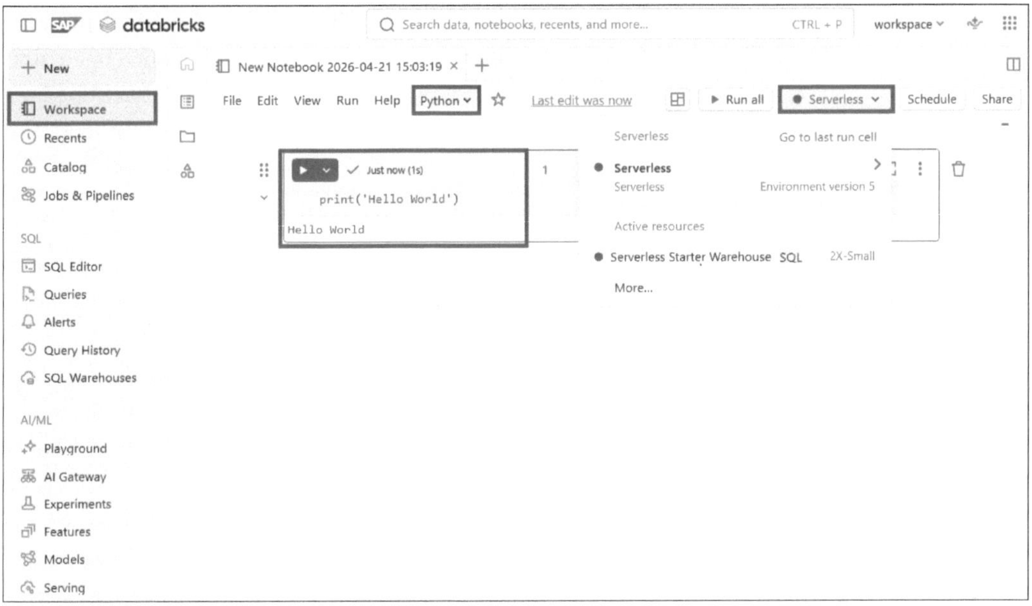

Abbildung 4.18: Eingabe im Notebook vorbereiten

Voraussetzungen für die Nutzung von Notebooks
Damit Daten abgefragt werden können, muss im Workspace der Unity Catalog aktiviert sein. Zusätzlich muss ein User über bestimmte Berechtigungen verfügen, um auf Rechenressourcen zugreifen zu können oder ggf. neue zu erstellen. Weitere Informationen finden Sie unter: *http://s-prs.de/v1134109*.

Integration in die Lakehouse-Architektur

Notebooks sind keine isolierten Werkzeuge, da sie direkt auf alle Kernkomponenten von SAP Databricks zugreifen. Dies ermöglicht End-to-End-Szenarien vom Rohdatenimport bis zum produktiven KI-Modell innerhalb einer konsistenten Umgebung. Notebooks interagieren mit den folgenden Instanzen:

- Delta Lake für die transaktionale Datenspeicherung
- Unity Catalog für Governance, Berechtigungen und Lineage
- Feature Store für ML-Modelle
- MLflow für Experimente und Modell-Versionierung
- Delta Sharing für den Zugriff auf SAP-Datenprodukte

4.5.2 Operationalisierung: Von Notebooks zu produktiven Pipelines

Operationalisierung

SAP Databricks Notebooks sind besonders für die explorative Entwicklung und prototypische Modellierung geeignet. Für den Produktivbetrieb werden sie in automatisierte und skalierbare Produktionsprozesse überführt. Dieser Übergang wird als *Operationalisierung* bezeichnet und spielt in der SAP BDC eine bedeutende Rolle, da SAP-Daten häufig in geschäftskritischen Prozessen verwendet werden. SAP Databricks bietet eine breite Palette an Werkzeugen und Mechanismen, mit denen sich aus dem Notebook-Code produktive Pipelines oder vollautomatisierte KI-Prozesse entwickeln lassen. Wiederverwendbare Workflows sind allerdings bislang nur in Databricks Enterprise verfügbar.

Jobs sind bislang ebenfalls nur in Databricks Enterprise verfügbar. Jedes Notebook kann in einen Databricks-Job überführt werden. Ein Job strukturiert die Ausführung als reproduzierbare Einheit. Zunächst muss das Notebook ausgewählt werden, das ausgeführt werden soll. Im Anschluss müssen für die Ausführung Parameter wie Zeitfenster oder Modellversionen definiert werden. Mit der Clusterkonfiguration werden die Ressourcen für die Ausführung festgelegt: entweder serverlos oder mit benutzerdefinierten Ressourcen. Die Ausführung eines Jobs kann bspw. ereignisbasiert oder per Batch erfolgen. Ebenso denkbar wäre eine Abhängigkeit von weiteren Jobs bzw. Pipelines.

Szenarien

In der Praxis sind folgende Szenarien möglich:

- Nächtliche Verarbeitung von Finanz- und Controlling-Daten
- Regelmäßige Berechnung von Kennzahlen und Datenprodukten
- Automatische Vorbereitung von Daten für SAP Analytics Cloud

Eine wesentliche Stärke der SAP Databricks Pipeline ist die Möglichkeit der serverlosen Ausführung. Dadurch entfällt das Management von Clustern vollständig. Da die meisten Daten aus SAP-Systemen periodisch verarbeitet werden und in der Regel speicherintensiv sind, bietet sich die automatische Skalierung an. Außerdem muss keine Wartezeit beim Start der Compute-Ressourcen eingeplant werden und die Kostenkontrolle erfolgt durch ein verbrauchsorientiertes Modell.

Wie bereits erwähnt, ist die Bereitstellung von Daten als Datenprodukt ein zentrales Element in der SAP BDC. Durch die Operationalisierung der Notebooks ist es möglich, neue Datenprodukte zu erzeugen und bestehende fortlaufend zu aktualisieren.

Monitoring

Vielleicht stellt sich Ihnen an diesem Punkt die Frage, wie es mit der Überwachung und Auditierung der Notebooks aussieht, da Datenprozesse häufig revisionspflichtig und geschäftskritisch sind. In diesem Fall haben wir gute Nachrichten für Ihr Unternehmen, da alle operationalisierten Notebooks und Pipelines vollständig überwacht werden. Es besteht die Möglichkeit, die Freigabe- und Berechtigungsänderungen einzusehen und sich die Logs ausgeben zu lassen. Ebenso können Sie die Laufzeit und die durch das Notebook erzeugten Kosten einsehen.

Während Notebooks vor allem für die Entwicklung, Analyse und Operationalisierung genutzt werden, erfolgt der direkte Zugriff auf bereitgestellte Daten in vielen Anwendungsfällen über SQL. Damit rückt im nächsten Abschnitt eine Technologie in den Fokus, die in SAP Databricks für Abfragen, Auswertungen und die Verwendung von Datenprodukten genutzt wird.

4.6 SQL

SQL spielt eine zentrale Rolle in der SAP BDC – insbesondere, wenn SAP Databricks als Lakehouse-Plattform integriert wird. Im vorherigen Abschnitt haben wir Ihnen die von SAP Databricks unterstützten Programmiersprachen vorgestellt. SQL ist und bleibt jedoch die wichtigste Schnittstelle für Fachanwenderinnen und Fachanwender sowie Data Engineers. Durch die serverlose Ausführung, die Delta-Lake-Unterstützung und die Governance des Unity Catalogs wird SQL zu einem hochperformanten und skalierbaren Werkzeug für die Analyse und Verarbeitung von SAP- und Nicht-SAP-Daten.

Standard-Compute-Engine

SAP Databricks verwendet für SQL eine Standard-Compute-Engine. Das bedeutet, dass das System die Infrastruktur verwaltet, die für die Ausführung von Code benötigt wird. Die Hauptfunktionen der Compute-Engine sind das Zero Management Overhead, bei dem die Plattform das Infrastrukturmanagement, wie bspw. die Ressourcenzuordnung, übernimmt, sowie die sofortige und elastische Skalierung. Der SQL-Editor überzeugt durch seine Benutzerfreundlichkeit, da er Funktionen wie Drag-and-Drop, Code-Vervollständigung und einen integrierten KI-Assistenten bietet. Häufig durchgeführte Abfragen können Sie einfach als bevorzugte Anweisungen speichern.

Abfragen

Über den SQL-Editor kann eine Verbindung zu SQL-basierten Warehouses hergestellt werden, wodurch die Arbeit mit SAP-Datenprodukten ermöglicht wird. Die SQL-Abfragen werden effizient zu Daten aus dem Lakehouse gestellt. Neben den Abfragen können verfügbare Daten durchsucht und Visualisierungen erstellt werden. Um die Daten über den SQL-Editor abfragen zu können, sind folgende Schritte notwendig:

1. Rufen Sie den SQL-Editor in der Seitenleiste des SAP Databricks Workspace auf.
2. Erstellen Sie eine neue SQL Query in dem Sie unter **Create new** auf **SQL Query** klicken (siehe Abbildung 4.19).
3. Wählen Sie anschließend unter **Connect** die Option **Serverless Starter Warehouse** als Rechenleistung aus (siehe Abbildung 4.20).

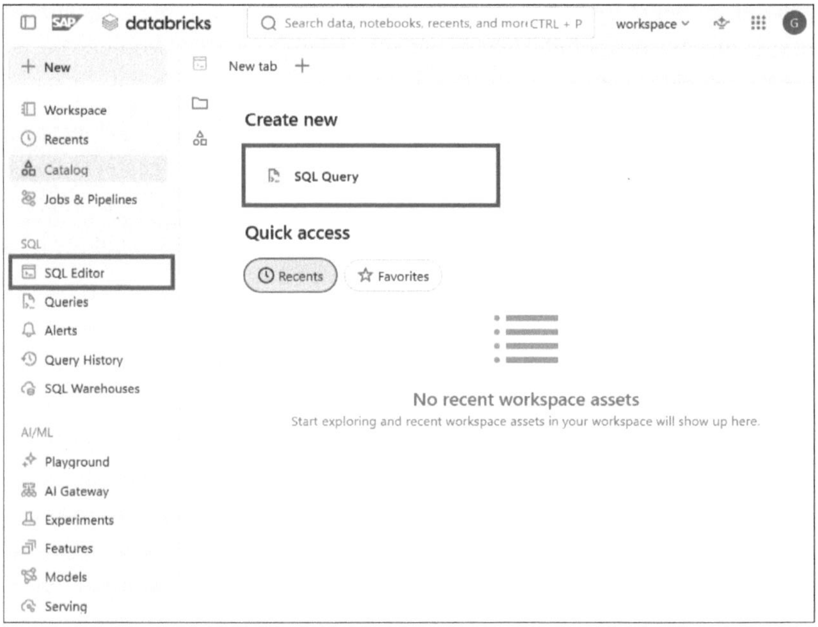

Abbildung 4.19: Erstellen einer neuen SQL Query

4. Geben Sie die Abfrage in die Texteingabe ein.
5. Klicken Sie auf **Run all**, um die Abfrage auszuführen.

Abbildung 4.20: SQL Query ausführen

In diesem Abschnitt zeigen wir auf, welche Rolle SQL innerhalb von SAP Databricks spielt. Zunächst beschreiben wir in Abschnitt 4.6.1 die architektonische

Einordnung von Databricks SQL, insbesondere das serverlose Ausführungsmodell, die Photon Engine, den Catalyst Optimizer sowie die Trennung von Storage und Compute. Anschließend erläutern wir in Abschnitt 4.6.2, wie SQL für Feature Engineering, die Bereitstellung von Datenprodukten und Self-Service Analytics eingesetzt wird.

4.6.1 Die Rolle von Databricks SQL in der Architektur von SAP Databricks

Serverloses Ausführungsmodell

Databricks SQL ist eine eigenständige, hochoptimierte Analyseschicht innerhalb der Lakehouse-Architektur. Im Zentrum steht das serverlose Ausführungsmodell, das Rechenressourcen dynamisch bereitstellt und skaliert. Eine manuelle Verwaltung durch die User ist nicht nötig. Die Architektur basiert auf den Kernkomponenten Photon Engine und Catalyst Optimizer sowie der Trennung von Storage und Compute.

Photon Engine

Die *Photon Engine* ist eine native, vektorbasierte Abfrage-Engine, die für SQL-Workloads optimiert ist. Gegenüber Spark zeigt diese Engine einen signifikanten Performancegewinn.

Catalyst Optimizer

Der *Catalyst Optimizer* ist ein regel- und kostenbasierter Query Optimizer, der in der Lage ist, SQL-Abfragen automatisch umzustrukturieren, um effiziente Ausführungspläne zu erzeugen.

Trennung von Storage und Compute

Der Kerngedanke der klaren Trennung von Storage und Compute ist, dass die Daten, die sich im Delta Lake befinden, während SQL-Abfragen auf temporär bereitgestellten Compute-Ressourcen ausgeführt werden.

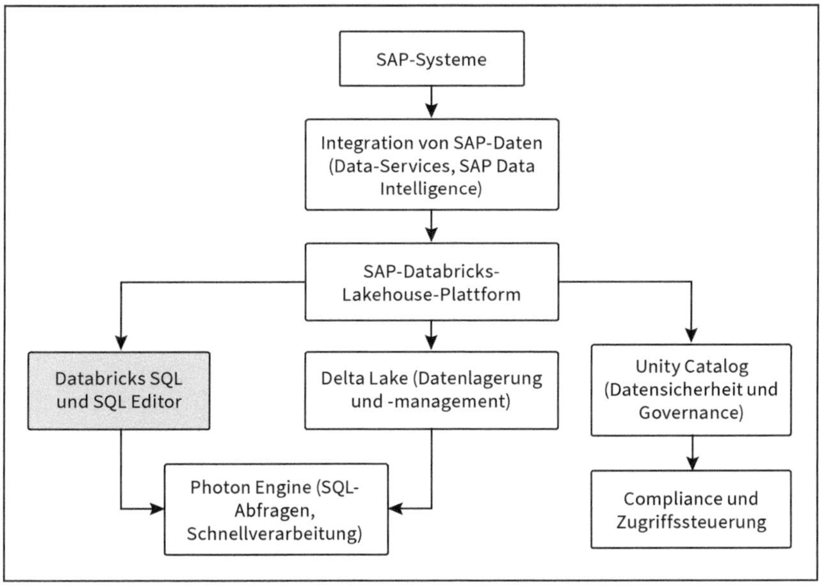

Abbildung 4.21: Die Rolle von Databricks SQL in der Architektur von SAP Databricks

Abbildung 4.21 zeigt die Zusammensetzung der Architektur von SAP Databricks und die Rolle, die Databricks SQL darin einnimmt. Aus verschiedenen SAP-Systemen fließen Daten in SAP Databricks zusammen. Dabei setzt sich SAP Databricks aus den verschiedenen bereits beschriebenen Hauptkomponenten zusammen, darunter Databricks SQL, ein Data Lake und der auf Delta Share basierende Unity Catalog. Grundsätzlich basiert SAP Databricks auf der Photon Engine.

4.6.2 Databricks SQL für Feature Engineering, Datenprodukte und Self-Service Analytics

SQL für Feature Engineering und Data Science

Auch im Bereich Data Science spielt SQL eine zentrale Rolle. Bevor Modelle trainiert werden können, müssen die Daten bereinigt, aggregiert und in eine geeignete Feature-Struktur überführt werden. Das Feature Engineering lässt sich weitestgehend mit SQL umsetzen. SQL-basierte Aufgaben in Data Science können Folgendes umfassen:

- Aggregation historischer Geschäftsdaten
- Berechnung statistischer Merkmale
- Ableitung fachbereichsspezifischer Kennzahlen

Die Features können in SAP Databricks Feature registriert und von ML-Modellen genutzt werden. SQL dient dabei als nachvollziehbare und auditierbare Grundlage für KI-Modelle. Insbesondere bei der Zusammenarbeit zwischen Fachbereichen und Data-Science-Teams gilt SQL in der Feature-Logik als transparent und leicht verständlich.

Über die Vorbereitung modellrelevanter Merkmale hinaus spielt SQL jedoch auch eine zentrale Rolle bei der strukturierten Bereitstellung und Nutzung von Daten im Sinne des Datenprodukt-Gedankens.

SQL und Datenprodukte

In den vorherigen Abschnitten wurden Datenprodukte als zentrales Architekturprinzip in der SAP BDC beschrieben. SQL ist dabei häufig die Implementierungssprache. Über Delta Sharing können Datenprodukte innerhalb der SAP BDC oder mit externen Konsumenten geteilt werden, ohne dass die Daten physisch gespeichert werden müssen. Ein Datenprodukt besteht typischerweise aus einer oder mehreren Delta-Tabellen bzw. Views. Außerdem existieren eine dokumentierte Semantik sowie definierte Qualitäts- und Aktualisierungsregeln. Mit dem Unity Catalog können klar geregelte Zugriffsrechte erteilt werden.

Mittels SQL lassen sich Rohdaten in konsumierbare, fachliche Views transformieren, wobei zusätzlich KPIs und Berechnungslogiken hinzugefügt werden können. Insbesondere kann SQL genutzt werden, um stabile Schnittstellen für Business Intelligence (BI) und KI-Anwendungen zu schaffen.

Wenn Daten auf diese Weise strukturiert, dokumentiert und abgesichert bereitgestellt werden, entsteht zugleich die Grundlage dafür, dass auch Fachbereiche stärker eigenständig mit Daten arbeiten können. Damit wird SQL zu einem wichtigen Enabler für Self-Service Analytics.

SQL als Enabler für Self-Service Analytics

Self-Service Analytics ist ein zentraler Aspekt moderner SAP-Datenarchitekturen. Ziel ist es, die Fachbereiche in die Lage zu versetzen, eigenständig Analysen durchzuführen, ohne auf komplexe Abläufe oder Datenprozesse angewiesen zu sein. Mit Databricks SQL können Anwenderinnen und Anwender eigene Abfragen durchführen.

SQL fungiert als gemeinsame Sprache zwischen IT und Fachbereichen. Data Engineers können SQL einsetzen, um Views und Datenprodukte zu definieren. Business User können dann auf diese zurückgreifen, ohne die technischen Hintergründe zu kennen. Somit können die Datenbereitstellung und der Datenkonsum voneinander getrennt werden. Databricks SQL ermöglicht eine konsistente Performance auch bei hoher Nutzeranzahl und bietet eine Integration seiner Ergebnisse in SAP Datasphere und SAP Analytics Cloud. Spalten- und zeilenbasierte Sicherheitsmechanismen sorgen dafür, dass sensible Daten geschützt werden und Nutzer nur die Daten sehen, die ihrer Rolle entsprechen. Dabei ist es egal, von welchem Tool aus sie auf die Daten zugreifen. Aus unserer Erfahrung führt der Einsatz von SQL zu einer höheren Datenakzeptanz in den Fachbereichen und zu einer Entlastung der IT-Teams.

Nachdem SQL in SAP Databricks als zentrales Werkzeug für den performanten Zugriff auf Daten, deren Aufbereitung sowie die Bereitstellung von Datenprodukten und Self-Service Analytics eingeordnet wurde, richten wir unseren Blick im nächsten Abschnitt auf weiterführende analytische und intelligente Anwendungsfälle. Mit Data Science und Mosaic AI geht es nun darum, wie die in der SAP BDC verfügbaren Daten für Modellierung, Prognosen und KI-gestützte Entscheidungsunterstützung genutzt werden können.

4.7 Data Science und Mosaic AI

Nachdem wir in den vorherigen Abschnitten die Grundlagen der Datenverwaltung, Datenverarbeitung und SQL-basierten Analyse in SAP Databricks erläutert haben, richten wir nun den Fokus auf weiterführende analytische und KI-gestützte Anwendungsfälle. In diesem Abschnitt erfahren Sie, wie SAP Databricks innerhalb der SAP BDC für Data Science, Machine Learning und generative KI genutzt werden kann und welche Rolle Mosaic AI dabei spielt. Ziel ist es, Ihnen ein Verständnis dafür zu vermitteln, wie aus strukturierten Unternehmensdaten nicht nur Erkenntnisse gewonnen, sondern auch Modelle entwickelt, produktiv bereitgestellt und für intelligente, automatisierte Entscheidungen nutzbar gemacht werden können.

Data Science und Mosaic AI bilden das Fundament der Architektur für Data Scientists. Sie bieten Unternehmen die Möglichkeit, aus Daten nicht nur wertvolle Erkenntnisse zu gewinnen, sondern auch Entscheidungen zu automatisieren, Prozesse zu optimieren und weitere Wettbewerbsvorteile zu erlangen. SAP-Systeme sind reich an strukturierten Daten, wie bspw. Finanz-, Stamm- oder Bewegungsdaten. Ziel ist es, diese großen Datenbestände für das Modelltraining effizient nutzbar zu machen. Data Science ermöglicht es, in diesen Daten Muster oder Zusammenhänge zu erkennen, Prognosen und Simulationen durchzuführen, Risiken und Anomalien zu erkennen und Entscheidungsprozesse datenbasiert zu unterstützen.

ML-Lebenszyklus mit SAP Databricks

SAP Databricks stellt eine Data-Science-Umgebung bereit, die alle Phasen eines ML-Lebenszyklus abdeckt:

- Explorative Analyse in Notebooks
- Feature Engineering
- Modelltraining mit Frameworks (z. B. Scikit-learn, XGBoost, PyTorch etc.)
- Versionierung und Reproduzierbarkeit
- Deployment und Monitoring

Feature Engineering

Einer der wichtigsten Schritte in der Data Science ist das Feature Engineering. Es wird im Rahmen von SAP Databricks auf dem Lakehouse ausgeführt. Dabei können Aggregationen über gewisse Zeiträume hinweg erstellt werden, um bspw. eine Umsatzentwicklung oder Durchlaufzeiten zu untersuchen.

Beispiel

Abbildung 4.22 zeigt ein Beispiel für Feature Engineering, in diesem Fall einen Cashflow Forecast in SAP Databricks. Wie in Abschnitt 4.5, »Notebooks«, bereits beschrieben, können Visualisierungen direkt im Notebook erstellt werden. Dies kann bspw. im Rahmen von ML-Anwendungen erfolgen, um einen Forecast des Cashflows zu erstellen. Sie sehen zunächst den historischen Verlauf der Daten und dann im hinterlegten Bereich die Prognose für die zukünftige Entwicklung (siehe Abbildung 4.22).

Im SAP Databricks Feature Store können Features registriert, wiederverwendet und versioniert werden. Dies ist besonders nützlich, da bestimmte Features in mehreren Modellen zum Einsatz kommen und auf den jeweiligen Fachbereich zugeschnitten sein müssen.

In diesem Abschnitt vertiefen wir die Rolle von Data Science und Mosaic AI in SAP Databricks. Zunächst zeigen wir in Abschnitt 4.7.1, wie MLflow und MLOps den Lebenszyklus von Machine-Learning-Modellen unterstützen – von der Experimentverfolgung über die Versionierung bis hin zu Governance und Monitoring.

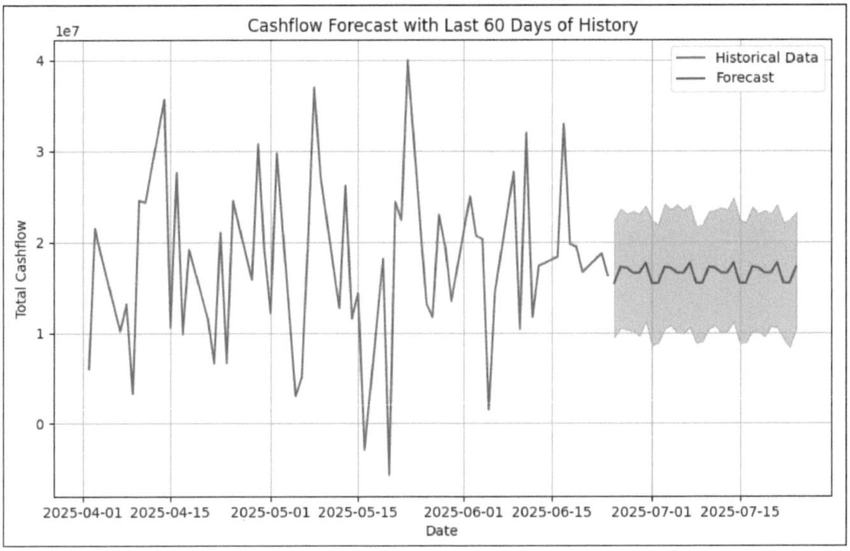

Abbildung 4.22: Cashflow Forecast

Anschließend erläutern wir in Abschnitt 4.7.2, wie Mosaic AI und Agent Tools generative KI, Large Language Models und Retrieval-Augmented Generation in die Unternehmensdatenplattform integrieren. Darauf aufbauend behandeln wir in Abschnitt 4.7.3 den Einsatz von KI-Agenten und Prozessintelligenz, insbesondere im Zusammenspiel mit Governance, Transparenz und Human-in-the-Loop-Ansätzen. Außerdem zeigen wir hier, wie trainierte Modelle mithilfe von SAP Databricks Model Serving produktiv, skalierbar und sicher in Geschäftsprozesse eingebunden werden können.

4.7.1 MLflow und MLOps

MLflow ist eine Open-Source-Plattform, die das Tracking von Experimenten und die Versionierung von Modellen ermöglicht. So können die jeweiligen Trainingsläufe verglichen werden, insbesondere, wenn mehrere Modelltrainings durchgeführt werden. Wenn Sie mehrere Modelle erstellt haben, können Sie die produktiven Modelle in der Model Registry verwalten.

SAP Databricks setzt auf eine vollständig verwaltete Version von MLflow, die robust im Unternehmenskontext eingesetzt werden kann. Mit dem Unity Catalog lässt sich ein governance-basiertes MLOps-Modell erstellen, das sicherstellt, dass ausschließlich freigegebene Modelle eingesetzt werden. MLOps steht für *Machine Learning Operations* und bezeichnet die Gesamtheit von Prozessen, Methoden und Tools, mit denen ML-Modelle zuverlässig entwickelt, reproduzierbar trainiert und getestet, automatisiert ausgerollt und im Betrieb überwacht, gewartet und verbessert werden können.

Ebenso wird für eine transparente Datenherkunft und Feature-Nutzung gesorgt. Somit können mögliche regulatorische Anforderungen erfüllt werden.

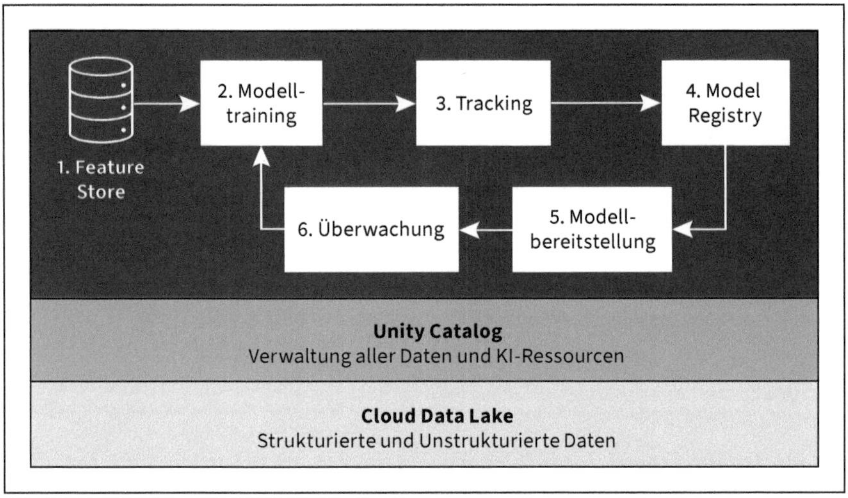

Abbildung 4.23: Von SAP Databricks verwalteter MLflow

Abbildung 4.23 zeigt, wie der ML-Modell-Lebenszyklus mit MLflow organisiert werden kann:

1. **Feature Store**
   Automatisierte Feature-Lookups von SAP Databricks vereinfachen die Integration und reduzieren Fehler.
2. **Modelltraining**
   Mit Mosaic AI können Modelle trainiert und Foundation-Modelle abgestimmt werden.
3. **Tracking**
   MLflow protokolliert Trainingsdaten wie Parameter, Metriken und Artefakte, um die Leistung von Modellen zu bewerten und zu vergleichen.
4. **Model Registry**
   Die im Unity Catalog integrierte MLflow Model Registry dient der zentralen Verwaltung, Versionierung und Freigabe von KI-Modellen und zugehörigen Artefakten, sodass diese unternehmensweit einheitlich organisiert, nachvollziehbar und wiederverwendbar sind.
5. **Modellbereitstellung**
   Mosaic AI Model Serving stellt Modelle über einen REST-API-Endpunkt bereit.
6. **Überwachung**
   Mosaic AI Model Serving erfasst automatisch Anfragen und Antworten, um Modelle zu überwachen und zu debuggen. MLflow ergänzt diese Daten durch Trace-Daten für jede Anfrage.

Disaster Recovery

Darüber hinaus erweitert SAP Databricks MLflow um zusätzliche Sicherheitsmaßnahmen. Während der Benutzer in der Open-Source-Version von MLflow eigene Sicherheitsvorkehrungen treffen musste und Disaster Recovery nicht möglich war, bietet SAP Databricks Sicherheitsmöglichkeiten und übernimmt die Disaster Recovery. *Disaster Recovery* bezeichnet die strategische Planung und Umsetzung von Maßnahmen, um IT-Systeme, Daten und Geschäftsprozesse nach einem Ausfall oder einer Katastrophe schnell wiederherzustellen und die Geschäftskontinuität sicherzustellen.

Verschlüsselung

SAP Databricks bietet für MLflow eine Verschlüsselung, bei der der Kunde die Schlüssel verwaltet. Zusätzlich integriert SAP Databricks das Mosaic AI Agent Framework sowie die Agent Evaluation, um die Entwicklung von KI-Agenten in MLflow zu unterstützen.

Automatisierungsfunktionen

SAP Databricks bietet außerdem integrierte Funktionen zur Automatisierung gängiger Workflows in MLflow. Eine bekannte Funktion zur Automatisierung von Workflows ist `ai_forecast()`. Diese automatisierte Zeitreihenprognose kann auf SAP-Datenprodukte angewendet werden, ohne dass spezifischer ML-Code hinzugefügt werden muss. Mathematisch basiert diese Funktion auf ARIMA, ETS, Prophet und XGBoost. User haben den Vorteil, dass sie die Prognosen mit SQL durchführen können, ohne selbst Code entwickeln zu müssen. Wenn eine Modellsteuerung oder -anpassung gewünscht wird, kann dies in Python-Notebooks realisiert werden. Dadurch kann das Modell genauer definiert und trainiert werden.

Der volle Mehrwert von Data Science und KI entfaltet sich, wenn die trainierten Modelle sowohl zuverlässig als auch sicher in produktiven Geschäftsprozessen eingesetzt werden können. SAP Databricks stellt hierfür die zentrale Laufzeitumgebung bereit.

Schnittstelle

Model Serving ist eine Schnittstelle zur Bereitstellung, Verwaltung und Abfrage von KI-Modellen. Sie arbeitet mit Echtzeit- und Batch-Inferenz. Damit ein Modell als REST-API verfügbar ist, muss es in Web- oder Client-Anwendungen integriert werden. Es können benutzerdefinierte Modelle verwendet werden, die mithilfe von XGBoost oder PyTorch erstellt wurden.

Anwendungsfälle

SAP Databricks Model Serving arbeitet serverlos. Das heißt, dass auch in diesem Fall die Compute-Ressourcen dynamisch bereitgestellt und automatisch skaliert werden. Typische Anwendungsfälle von SAP Databricks Model Serving sind die folgenden:

- Auswertung von Kundendaten in Echtzeit
- Planungsprognosen
- Anomalieerkennung
- KI-gestützte Entscheidungsunterstützung

Bislang wurden mit MLflow und MLOps vor allem die Prozesse rund um Training, Versionierung, Bereitstellung und Überwachung klassischer ML-Modelle betrachtet. Darauf aufbauend zeigt der folgende Abschnitt, wie Mosaic AI SAP Databricks um generative KI, LLMs und agentenbasierte Architekturen erweitert.

4.7.2 Mosaic AI und Agent Tools

Mosaic AI erweitert die klassische Data Science um generative KI, Large Language Models (LLMs) und agentenbasierte Systeme. Es ist vollständig in SAP Databricks integriert und folgt denselben Governance- und Sicherheitsprinzipien wie alle anderen Workloads. Generative KI sollte dabei nicht als isolierter Service betrachtet werden, sondern als integrierter Bestandteil der Unternehmensdatenplattform. Mosaic AI findet auf drei zentralen Ebenen statt:

- Training und Finetuning
- Inferenz und Serving
- Agenten und Retrieval-Augmented-Generation-Architekturen (RAG)

LLMs Ein zentraler Ansatz von Mosaic AI ist die sichere Nutzung generativer KI auf Unternehmensdaten. In der Praxis bedeutet dies, dass LLMs über SQL und Delta Lake auf strukturierte SAP-Daten zugreifen. Es ist möglich, unstrukturierte Inhalte wie Dokumente oder Logs zu verarbeiten. Allerdings unterliegen alle Zugriffe den Berechtigungen des Unity Catalogs.

RAG Vielleicht haben Sie in letzter Zeit gelegentlich etwas über sogenannte RAGs gehört. In Kapitel 5, »Datenprodukte und Object Store«, werden wir diese ausführlich besprechen. Ohne zu viel vorwegzunehmen, folgt hier eine kurze Einordnung: *RAGs* ermöglichen es, generative KI faktenbasiert einzusetzen. Dies ist insbesondere bei geschäftskritischen SAP-Daten von großer Bedeutung. Ein Vorteil besteht darin, dass die Daten im Lakehouse verbleiben und Modelle keinen unkontrollierten Zugriff auf Daten erhalten. Somit kann bei jeder Antwort zurückverfolgt werden, welche Datenquelle zur Beantwortung genutzt wurde.

Effizienz Mosaic AI und Agent Tools bieten eine zeiteffiziente Möglichkeit, Prototypen und benutzerdefinierte KI-Agentenfunktionen zu implementieren, die mit den SAP-Datenprodukten interagieren. *Agent Tools* sind spezialisierte Funktionen oder Schnittstellen, auf die ein KI-Agent zugreifen kann, um konkrete Aufgaben auszuführen – etwa Daten abfragen, APIs aufrufen, Workflows anstoßen oder externe Systeme steuern – und damit über reines Textverstehen hinaus aktiv in Anwendungen und Prozesse einzugreifen. Diese Tools führen zu einem weiteren Ausbau von Automatisierung und Entscheidungsintelligenz in den Unternehmen. So leistungsfähig Mosaic AI und Agent Tools auch sind, entsteht der Nutzen von KI in Unternehmen nicht automatisch durch den bloßen Einsatz der Technologie.

KI vs. Wirklichkeit

Die klassische Erwartung an KIs ist ein linearer Ablauf hinsichtlich Entwicklung, Einsatz und schließlich Wertschöpfung: Ein Unternehmen wendet eine KI auf seine existierenden Daten an und erhält dann auf scheinbar magische Weise einen Mehrwert oder Nutzen aus diesen Daten. Die Praxis sieht jedoch ganz anders aus.

Zwar verläuft der Prozess weiterhin linear (wenn auch mit der einen oder anderen Schleife zur Anpassung), jedoch ist der gesamte Prozess für den Einsatz und die Mehrwertgenerierung von bzw. durch KI weitaus komplexer (siehe Abbildung 4.24). Zunächst stehen im ersten Schritt die Datenbeschaffung und -auswahl im Fokus, während im zweiten Schritt das Data Engineering folgt. Dieser Schritt beschäftigt sich mit der Bereinigung, Normalisierung, dem Training usw. der Daten. Im dritten Schritt geht es schließlich um die Gewinnung von Erkenntnissen aus den Daten – hier erfolgen die Operationalisierung, die Entwicklung oder das Monitoring.

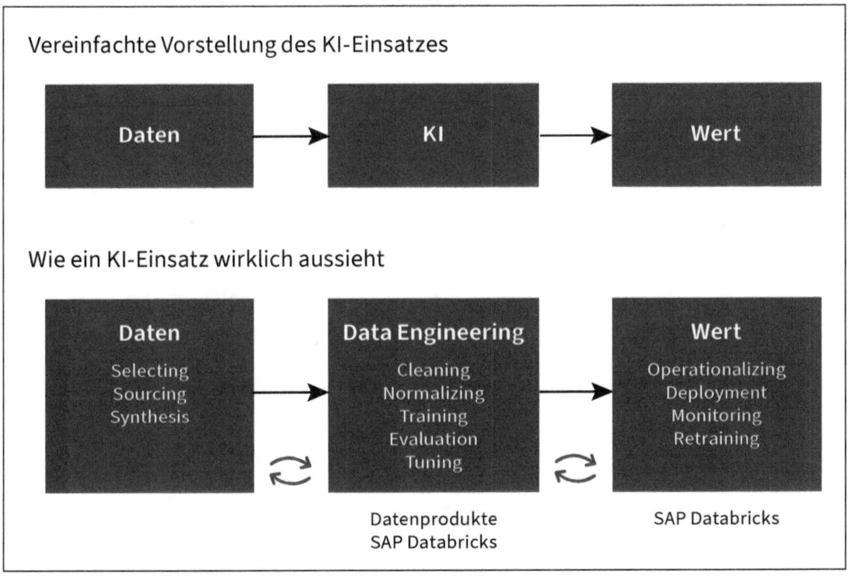

Abbildung 4.24: Vorstellung der normalen Entwicklung von KI

Eine sehr tragende Rolle spielen dabei SAP Databricks und SAP-Datenprodukte. Die Erstellung von Datenprodukten und die anschließende Weiterverarbeitung in SAP Databricks verbindet die aus den Unternehmen stammenden Daten mit der KI. So können auf Basis realer Daten passende Modelle entwickelt werden. Gerade weil der produktive Einsatz von KI in Unternehmen deutlich komplexer ist als erwartet, sind leistungsfähige technologische Bausteine erforderlich, die die einzelnen Schritte systematisch unterstützen. SAP Databricks stellt hierfür eine Reihe spezialisierter KI- und ML-Features bereit, die Unternehmen von der

Modellentwicklung über die Bereitstellung bis hin zur Überwachung und Governance von KI-Anwendungen begleiten.

KI-/ML-Features

Die folgenden Features stehen Ihnen zur Verfügung:

- *AI Playground* zum Testen der KI-Modelle (z. B. Eingabe von Inferenzparametern)
- KI-Funktionen (z. B. Textübersetzung)
- *Mosaic AI Gateway* zur Steuerung und Überwachung von generativer KI
- *Mosaic AI Model Serving* zur Bereitstellung von LLMs
- *Mosaic AI Vector Search* für eine abfragbare Vektorendatenbank
- *Lakehouse Monitoring* zur Datenüberwachung und Nachverfolgung der Modellvorhersagequalität und -abweichung
- *Mosaic AI Agent Framework* zum Erstellen und Bereitstellen von Agenten in Produktionsqualität (z. B. RAG-Anwendungen)
- *Mosaic AI Agent Evaluation* zur Bewertung von Qualität, Kosten und Latenz generativer KI-Anwendungen
- *AutoML* zur Vereinfachung des Prozesses der Anwendung von maschinellem Lernen auf Datensätze
- *Foundation Model Fine Tuning* zur Anpassung eines Foundation-Modells unter Verwendung eigener Daten, um dessen Leistung für spezifische Anwendungen zu optimieren
- *Unity Catalog* zur Verwaltung von KI-Assets, einschließlich Modellen und Experimenten

4.7.3 KI-Agenten und Prozessintelligenz

Mit der Einführung von Mosaic AI und dem Agent Framework in SAP Databricks entsteht eine neue Klasse intelligenter Systeme: *KI-Agenten*, die Daten analysieren und auf Basis dieser Daten interpretieren und bei der Entscheidungsfindung unterstützen. Diese Agenten stellen einen Paradigmenwechsel dar. Sie lösen statische Analysen ab und führen kontextbewusste, handlungsorientierte Intelligenz ein, die sich auf SAP-Geschäftsprozesse bezieht.

Anwendungsfälle

Bisher lieferten klassische BI-Systeme Kennzahlen, Berichte und Dashboards. Die Interpretation und Ableitung von Maßnahmen erfolgte durch Menschen. KI-Agenten unterstützen hingegen in vielerlei Hinsicht. Die Aufgabe von Agenten erklären wir ausführlich in Kapitel 5, »Datenprodukte und Object Store«, weshalb hier nur eine kurze Einordnung folgt. Zunächst werden die Daten klassisch analysiert und interpretiert. Aus diesen Daten können Muster oder Risiken erkannt, kontextualisierte Erklärungen geliefert und Handlungsvorschläge generiert werden. Bei Bedarf können die Agenten auch Entscheidungen fällen, Prozesse vorbereiten oder automatisiert anstoßen.

Architektur eines KI-Agenten in SAP Databricks

Ein KI-Agent in der SAP BDC basiert auf mehreren klar voneinander getrennten Komponenten. Diese Architektur stellt sicher, dass KI-Agenten nicht frei auf Daten zugreifen können, sondern sich strikt innerhalb der definierten Governance-Grenzen bewegen.

- **Daten- und Wissenszugriff**
  In dieser Schicht kann über SQL und den Delta Lake auf strukturierte SAP-Daten zugegriffen werden. Es stehen außerdem kuratierte Datenprodukte und möglicherweise unstrukturierte Daten, wie Dokumente oder Logs, zur Verfügung.
- **Retrieval-Schicht (RAG)**
  Hier werden gezielte Abfragen zu relevanten Daten durchgeführt. Für semantische Suchen können Embeddings verwendet werden, und Fakten werden mit Kontexten kombiniert.
- **Reasoning-Schicht (LLM)**
  Ziel ist es, Analysen, Zusammenfassungen und Ableitungen zu erzeugen. Das Ergebnis wird in natürlicher Sprache wiedergegeben, sodass Handlungsempfehlungen abgeleitet werden können.
- **Governance- und Kontrollschicht**
  Diese Schicht ist von großer Bedeutung, da sich hier die Unity-Catalog-Berechtigung befindet und eine vollständige Lineage einsehbar ist.

KI-Agenten können einen großen Mehrwert bieten, wenn sie mit Prozesswissen verknüpft werden. Die meisten Unternehmensprozesse sind standardisiert und folgen klaren Regeln. Dieses Wissen können die Agenten nutzen, um Prozessschritte zu interpretieren, Abweichungen von Soll-Prozessen zu erkennen und Ursachenanalysen durchzuführen.

Beispiel

Betrachten wir ein Beispiel aus dem Wareneinkauf. Der KI-Agent prüft die Lieferzyklen und stellt eine Verzögerung im Wareneingang fest. Die zentrale Frage lautet: Wie kann der Agent zu dieser Feststellung gelangen, um anschließend fundierte Handlungsempfehlungen auszusprechen? Die aktuellen Bestände wurden geprüft und im Anschluss daran wurde prognostiziert, welche Auswirkungen auf die Produktionspläne sich ergeben könnten. Daraus könnte der Agent ableiten, dass neue Lieferanten gesucht werden oder Mitteilungen versendet werden sollen, um zu kommunizieren, dass Verzögerungen bei der Auslieferung zu erwarten sind.

Human-in-the-Loop-Ansatz

Je nach Anwendungsgebiet kann nach dem *Human-in-the-Loop-Ansatz* gearbeitet werden. Bei diesem Ansatz dürfen die KI-Agenten keine unkontrollierten Entscheidungen treffen. Das heißt, sie geben lediglich Vorschläge, liefern Erklärungen und entwickeln mögliche Szenarien. Schließlich wird dem Menschen die Möglichkeit gegeben, Aktionen freizugeben. Insbesondere in regulierten Bereichen wie dem Finanz- oder Personalwesen ist dieser Ansatz geeignet, um das Vertrauen in und die Akzeptanz von KI zu steigern.

Governance und Transparenz

Der produktive Einsatz von KI-Agenten in geschäftskritischen Umgebungen setzt Transparenz voraus. KI-Systeme sollten nicht als intransparente Entscheidungsinstanzen gelten, sondern müssen in die bestehenden Governance-Strukturen des Unternehmens passen.

Rückverfolgbarkeit

Ein zentrales Prinzip ist die vollständige Rückverfolgbarkeit jeder Agentenaktion. Jede Aktion eines KI-Agenten – egal, ob Empfehlung oder Handlung – basiert auf klar definierten Datenquellen, Modellen und Regeln. Aus der Erfassung und Dokumentation kann jederzeit nachvollzogen werden, welche Daten verwendet wurden, welche Datenprodukte für Analysen genutzt wurden und welches Modell bzw. welche Modellversion eingesetzt wurde. Um diese Rückverfolgbarkeit zu gewährleisten, können Sie bspw. eine Modell-Lineage umsetzen. So können Sie bspw. fehlerhafte Ergebnisse gezielt untersuchen und die Auswirkungen von Datenänderungen analysieren.

Erklärbarkeit

Die Rolle eines Agenten kann über den Unity Catalog gesteuert werden. Ein Agent hat nicht automatisch globale Rechte. Durch die Kombination von Lineage, Versionierung, Berechtigungssteuerung und Auditierbarkeit sollen Agenten erklärbar werden.

4.8 Zusammenfassung

SAP Databricks erweitert die SAP BDC um skalierbare Data-Engineering- und ML-Funktionalitäten. Ziel ist es, große heterogene Datenmengen effizient zu verarbeiten, Analysen durchzuführen und KI-Modelle in Datenarchitekturen zu integrieren. Technisch basiert SAP Databricks auf einer verteilten Compute-Architektur mit Apache Spark und unterstützt Batch-, Streaming- und ML-Workloads. Ein Mehrwert liegt in der engen Integration mit SAP-Datenquellen wie SAP S/4HANA, SAP Datasphere und SAP HANA Cloud. So können über Konnektoren Daten konsistent in Lakehouse-Strukturen verarbeitet werden, ohne dass semantische Geschäftslogik verloren geht. SAP Databricks übernimmt somit innerhalb der SAP BDC die Rolle einer hochskalierbaren Analyse- und KI-Verarbeitungsschicht. Die Governance wird über den Unity Catalog umgesetzt. Zero Copy Sharing ermöglicht den Zugriff auf Daten an ihrem Speicherort, ohne sie physisch zu replizieren.

Kapitel 5
Datenprodukte und Object Store

Datenchaos war gestern. Heute schaffen Datenprodukte echten Mehrwert – qualitätsgesichert, verantwortet und sofort einsetzbar. In diesem Kapitel erfahren Sie, wie Sie mit Technologien wie dem Object Store große Datenmengen kostengünstig und trotzdem effizient ablegen können. Von den Grundlagen bis hin zu intelligenten Agenten und Knowledge Graphs – hier beginnt die Zukunft Ihrer Datenstrategie.

Datenprodukte bilden die Grundlage moderner, datengetriebener Wertschöpfung, indem sie strukturierte, qualitätsgesicherte und fachlich verantwortete Datensätze für unterschiedliche Anwendungsfälle bereitstellen. In Kombination mit einem skalierbaren Object Store sowie Datenprodukten aus SAP Databricks, einschließlich von SAP verwalteter Zero-Copy-Datenprodukte, lassen sich Informationen effizient integrieren – ohne redundante Datenhaltung oder komplexe Replikationsprozesse.

Wir beginnen dieses Kapitel daher in Abschnitt 5.1 zunächst mit einer Einordnung des Konzepts der Datenprodukte, zeigen, was unter einem Datenprodukt zu verstehen ist und wie Datenprodukte erstellt, klassifiziert und effektiv genutzt werden können. Anschließend nehmen wir in Abschnitt 5.2 eine Klassifizierung verschiedener Arten von Datenprodukten vor. Als Erstes stellen wir die von SAP verwalteten Datenprodukte vor, die als vorkonfigurierte Pakete bereitgestellt werden und sich schnell in bestehende Architekturen integrieren lassen. Ergänzend erläutern wir die Möglichkeit, mithilfe des Data Product Generators spezifische Datenprodukte für SAP BW zu erstellen. Dieser Generator ermöglicht es, Daten aus bestehenden SAP-Systemen gezielt aufzubereiten und im Kontext der jeweiligen Geschäftsanforderungen bereitzustellen. Darüber hinaus erfahren Sie, wie SAP Datasphere und SAP Databricks als flexible Plattformen dienen können, um individuelle und hochspezifische Datenprodukte zu generieren, die bspw. für KI-gestützte Analysen oder skalierbare Datenstrategien genutzt werden können.

Object Store

Abschnitt 5.3 thematisiert, wie Datenprodukte im Data Product Studio verwaltet werden und beschreibt außerdem, das Berechtigungsmanagement dafür funktioniert. Ein weiteres zentrales Thema des Kapitels ist der *Object Store*, den wir in Abschnitt 5.4 vorstellen. Er dient als zentrale Infrastruktur zur Speicherung, Verwaltung und Verknüpfung von Datenprodukten und ermöglicht es Unternehmen, Datenprodukte effizient bereitzustellen und gleichzeitig innovative Technologien wie Machine Learning, künstliche Intelligenz und Knowledge Graphs einzusetzen (siehe Abschnitt 5.5). Besonders hervorgehoben wird dabei das Konzept der *Zero-Copy-Architektur*, das es erlaubt, Daten ohne Kopien zwischen verschiedenen Systemen zu teilen und so maximale Effizienz und Konsistenz zu gewährleisten.

Datengetriebene Unternehmen

Abschließend widmen wir uns der Verbindung zwischen Datenprodukten und den modernen Anforderungen an datengetriebene Unternehmen. Unser Ziel ist es, Ihnen zu zeigen, welche technologischen Möglichkeiten die SAP-Welt Ihnen bietet und wie Sie sie in der Praxis einsetzen können, um Ihre Daten zu einem strategischen Erfolgsfaktor zu machen.

5.1 Einordnung von Datenprodukten

Einordnung

In den vorangegangenen Kapiteln haben wir den Aufbau und die Funktionsweise der SAP BDC sowie die zugrunde liegenden Technologien Schritt für Schritt erläutert. So haben wir bspw. die Bedeutung der SAP BTP als Basis für die Datenverarbeitung behandelt und den Ansatz, Daten in einen geschäftlichen Kontext zu bringen, näher beleuchtet. Darauf aufbauend haben wir SAP Datasphere in die SAP BDC eingeordnet. Somit wissen Sie bereits, dass die in SAP Datasphere aufbereiteten Daten für Analytics- und KI-Anwendungen zugänglich gemacht werden. Anschließend haben wir uns mit den Möglichkeiten zur Migration und Optimierung von Datenlandschaften durch Lösungen wie SAP BW/4HANA und SAP S/4HANA, Private Cloud Edition beschäftigt.

SAP Databricks

Ein weiterer wichtiger Schritt war die Betrachtung von SAP Databricks, das nicht nur als leistungsstarkes Tool für den Datenaustausch fungiert, sondern durch Funktionen und Systeme wie Delta Share, Notebooks und Mosaic AI die Grenzen von Datenanalyse und KI verschiebt. Mit diesen Werkzeugen und Architekturen wurde eine solide technische Grundlage geschaffen.

Daten als Rohstoff

Daten sind der Rohstoff des digitalen Zeitalters – das haben wir in den vorangegangenen Kapiteln immer wieder dargelegt. Doch die wahre Stärke liegt nicht nur darin, Daten zu sammeln, zu integrieren oder zu analysieren. Die eigentliche Frage ist: Wie können wir unsere aufbereiteten Daten langfristig verwenden, um einen echten geschäftlichen Mehrwert zu erzielen?

Bleiben wir bei unserer Rohstoffmetapher: Stellen Sie sich vor, Ihre Daten sind die Rohmaterialien Ihrer Fabrik. Dank der leistungsstarken Werkzeuge, die wir bisher betrachtet haben, können Sie diese Rohstoffe sammeln, transportieren und aufbereiten. Doch erst durch die richtige Verarbeitung entstehen daraus

Produkte mit einem klaren wirtschaftlichen Nutzen. Wenn wir uns nun von unserem kurzen Exkurs lösen, können wir dieses Prinzip leicht auf jedes datengenerierende Unternehmen übertragen. Eine erfolgreiche und strukturierte Arbeitsweise in komplexen Datenlandschaften basiert auf der Nutzung von Datenprodukten. Egal, ob es sich um ein KI-basiertes Modell, eine Datenvisualisierung oder ein datengestütztes Entscheidungsinstrument handelt – Datenprodukte sind der Schlüssel, um Daten aus der Theorie in die Praxis zu bringen.

In diesem Kapitel geht es nicht mehr nur um technische Grundlagen, sondern darum, wie Unternehmen Daten strategisch nutzen können, um sich Wettbewerbsvorteile zu sichern. Datenprodukte und der Object Store sind die Werkzeuge, die aus fragmentierten Daten eine Lösung erzeugen – eine Lösung, die Wissen schafft, Entscheidungen beschleunigt und Innovationen vorantreibt.

Definition

Der Begriff *Data Product* bzw. *Datenprodukt* ist ein Überbegriff, der auch außerhalb des SAP-BDC-Kontextes Verwendung findet. Je nach Anwendungsgebiet hat er allerdings unterschiedliche Bedeutungen. Im SAP-Bereich ist ein Datenprodukt eine sorgfältig aufbereitete, wiederverwendbare Datenlösung, die so gestaltet ist, dass sie vielfältige Geschäftsanforderungen optimal unterstützt. Es kombiniert qualitätsgesicherte Daten mit klarer Semantik, Governance und definierten Zugriffsmechanismen und wird als konsumierbare Einheit bereitgestellt.

Der Begriff wurde erstmals 2012 in dem Artikel »Data Scientist: The Sexiest Job of the 21st Century« von Thomas H. Davenport und D. J. Patil im Harvard Business Review erwähnt. Der Artikel, der in der Fachwelt auf breite Resonanz stieß, beschreibt die Arbeit eines Data Scientists und wie seine Arbeit Mehrwerte generiert. Ein zentraler Punkt ist dabei, wie Daten und deren Mehrwerte zukünftig behandelt bzw. gemessen werden können.

Data Mesh

Zhamak Dehghani beschrieb mit dem Begriff *Data Mesh* eine neue Art, mit Daten zu arbeiten. Sie führte damit nicht nur ein Architekturkonzept ein, sondern beschrieb auch, wie Organisationen dafür aufgebaut werden sollten. In diesem Konzept werden Daten als Produkte betrachtet, die bestimmte Kerneigenschaften besitzen, die wir im Folgenden näher beleuchten.

[+]

Weiterführende Informationen zu den Kerneigenschaften von Datenprodukten

Wenn Sie sich noch eingehender mit den Kerneigenschaften von Datenprodukten auseinandersetzen möchten, empfehlen wir Ihnen die beiden folgenden Lektüren:

- Data Mesh Principles and Logical Architecture (siehe *http://s-prs.de/v1134110*)
- Data Mesh: Delivering Data-Driven Value at Scale; (Dehghani, Z; 2022, O'Reilly Media)

Kerneigenschaften

Die Kerneigenschaften eines Datenprodukts sind die folgenden:

- Auffindbar (Discoverable)
- Verständlich (Understandable)
- Adressierbar (Addressable)
- Einheitlicher Zugriff (Natively accessable)
- Mehrwert aus sich selbst (Valuable on its own)
- Datenintegrität (Integrity)
- Interoperabel (Interoperable)
- Gut beschrieben (well described)
- Leicht nutzbar (Easily consumable)
- Sicherheit und Data Governance (Globally secure through Data Governance)

Im Folgenden gehen wir näher auf die einzelnen Eigenschaften ein.

Auffindbar (Discoverable)

Datenprodukte sollten schnell und ohne große Hürden *auffindbar* sein. Das bedeutet, dass an zentraler Stelle eine Beschreibung inklusive Metadaten verfügbar gemacht wird. Diese Informationen beinhalten u. a. die Domäne, die Herkunft und die Aktualität der Daten oder auch den Besitzer des Datenproduktes. Die technische Umsetzung des Ganzen kann bspw. durch einen Data Catalog erfolgen. Dieser ist in SAP Datasphere schon länger implementiert und wird nun mit der SAP BDC übergreifend zur Verfügung gestellt.

Verständlich (Understandable)

Ein Datenprodukt soll für alle Benutzergruppen *verständlich* und greifbar sein. Dazu muss es sowohl semantisch als auch syntaktisch beschrieben werden und eine Beschreibung seiner Beziehungen zu anderen Entitäten aufweisen. Dabei können auch Datenbeispiele genutzt werden, um den Anwenderinnen und Anwendern den Mehrwert des Datenproduktes näherzubringen. Die Herkunft der Daten und ob weitere Datenprodukte genutzt wurden, ist den Data Lineages zu entnehmen. Die Data Lineage wird in der SAP BDC nicht über ein externes Tool dargestellt, sondern durch die bekannten Funktionen aus SAP Datasphere. Entity-Relationship-Modelle (ER-Modelle) können hierbei einen zusätzlichen Mehrwert schaffen, um die Beziehungen einzelner Daten besser zu beschreiben. Wie das genau aussieht, erfahren Sie in Abschnitt 2.4.5.

Adressierbar (Addressable)

Ein Datenprodukt muss außerdem eindeutig *adressierbar* sein. Das bedeutet, dass es stets unter demselben Pfad bzw. derselben Referenz angesprochen werden kann. Sie müssen also davon ausgehen können, dass ein veröffentlichtes Datenprodukt über seinen gesamten Lebenszyklus hinweg unter demselben Namen erreichbar ist. Hierfür ist eine klare und verständliche Namenskonvention erforderlich, um den maximalen Mehrwert aus dem Business-Namen und dem technischen Namen ziehen zu können. Dieses Thema sollte eine zentrale Komponente Ihrer Data-Governance-Strategie sein.

Einheitlicher Zugriff (Natively accessable)

Der einfache und *einheitliche Zugriff* auf ein Datenprodukt ist elementar. Ziel ist es, dass nicht nur versierte IT-User Datenprodukte nutzen, sondern dass jede Benutzergruppe unabhängig von ihrem technischen Verständnis die Datenprodukte schnell und einfach adaptieren kann. So muss etwa ein Business User ein bereitgestelltes Datenprodukt mit geringem Aufwand um seine Datenprodukte erweitern können, auch wenn es nicht Teil seiner Domäne ist. Innerhalb der SAP BDC wird dies nahtlos mithilfe des Sharing-Konzepts umgesetzt. Die Datenprodukte können über das SAP BDC Cockpit direkt für weitere Domänen bzw. Spaces bereitgestellt werden. Durch den Object Store und die eingesetzten Zero-Copy- bzw. Delta-Share-Verfahren können die Datenprodukte auch einfach über Servicegrenzen hinweg geteilt werden. Mit SAP BDC Connect wurde eine weitere Schnittstelle implementiert, die auch das Teilen der Daten mit Services außerhalb der SAP BDC ermöglicht. SAP stellt mit dem Sharing-Konzept in der SAP BDC sowie den Zero-Copy- und Delta-Share-Verfahren genau die Möglichkeit bereit, die benötigt wird, um Datenprodukte innerhalb von SAP Datasphere über Space-Grenzen hinweg zu verteilen. Auch die Daten in den einzelnen Services können über den Object Store mit den anderen Services geteilt werden. Weitere Informationen dazu finden Sie in Abschnitt 5.4, »Object Store«.

Mehrwert aus sich selbst (Valuable on its own)

Datenprodukte sollen einen *Mehrwert aus sich selbst* für das Unternehmen generieren können. Ein Datenprodukt, das keinen Mehrwert bietet, sollte demnach auch nicht im System vorgehalten werden. Die regelmäßige Überwachung dieser Eigenschaft ermöglicht eine Reduzierung der genutzten Ressourcen und eine Minimierung des Wartungsaufwands. Ein typisches Beispiel hierfür sind historische Daten, die regelmäßig überprüft werden sollten. Aufgrund regulatorischer Anforderungen sind Unternehmen teilweise dazu verpflichtet, bestimmte Daten über einen längeren Zeitraum aufzubewahren. Aus der Analyse und Nutzung dieser aufbewahrten Daten lässt sich dann der konkrete geschäftliche Mehrwert ableiten. Allerdings sollte geprüft werden, ob für ein Reporting wirklich Daten aus den vergangenen Jahren benötigt werden.

Datenintegrität (Integrity)

Eine hohe *Datenintegrität* ist ein unbedingtes Muss für ein Datenprodukt. Stellen Sie sich vor, Sie bauen Ihr Datenprodukt auf bereits existierenden Datenprodukten auf. Durch die definierten Anforderungen an ein Datenprodukt haben Sie eine bestimmte Erwartung an ein verwendetes Datenprodukt. Stellt sich nun eine Inkonsistenz in einer Ihrer Quellen heraus, wird diese sich mit jeder weiteren Verwendung potenzieren. Dies würde sich dann auch auf Ihr Datenprodukt auswirken – ganz nach dem bekannten Sprichwort »Garbage in, Garbage out«.

Deshalb spricht man bei Datenprodukten auch von einem Lebenszyklus, und die Qualität der Datenprodukte sollte regelmäßig (am besten automatisiert) geprüft werden. Ein unterstützendes Hilfsmittel bei der Weiterentwicklung eines Datenproduktes ist die Versionierung. Ebenso sollten Mindestqualitätsstandards für Datenprodukte definiert und als Teil der Datenstrategie und -Governance zentral festgehalten werden. Mithilfe dieses Rahmenwerks können alle Besitzerinnen und Besitzer von Datenprodukten über Domänen hinweg zusammenarbeiten, ohne bei jeder Zusammenarbeit erneut bestimmte grundlegende Diskussionen führen zu müssen.

Interoperabel (Interoperable)

Für eine domänenübergreifende Zusammenarbeit ist es zwingend nötig, dass Datenprodukte zusammen integriert werden können, also *interoperabel* sind. Durch die Nutzung der SAP BDC und ihrer technischen Standards ist sichergestellt, dass sich die Datenprodukte über alle Lines of Business und Services innerhalb der SAP BDC gegenseitig konsumieren können. Wie in Kapitel 4, »SAP Databricks: Datenaustausch und KI«, beschrieben, sind auch die Catalogs zwischen der SAP BDC und SAP Databricks verknüpft, sodass Sie auf die Informationen aller Services Zugriff haben. Dies stellt sicher, dass Sie jedes Datenprodukt verstehen und mit ihm arbeiten können.

Gut beschrieben (well described)

Die Eigenschaft *well described* bedeutet, dass die Datenprodukte sehr gut beschrieben und entsprechend mit Semantiken angereichert sind, was auch den Punkt »Verständlich (Understandable)« wieder aufgreift. Dazu wird der Data Catalog genutzt, in dem dann bspw. auch der Data Provider (der mit der Besitzerin oder dem Besitzer eines Produktes verglichen werden kann) beschrieben wird. Auch die Data Lineage innerhalb der SAP BDC hilft bei der Beschreibung.

Leicht nutzbar (Easily Consumable)

Die Eigenschaft *leicht nutzbar* ist das Äquivalent der Eigenschaft »einheitlicher Zugriff« und greift auch die Adressierbarkeit auf.

Sicherheit und Data Governance (Globally secure through Data Governance)

Die Kerneigenschaft *Sicherheit und Data Governance* ist durch das bestehende Sicherheitskonzept gegeben. Allerdings sollten Sie auch hier das Sicherheitskonzept vollständig implementieren und bei jedem Datenprodukt die Berechtigungen berücksichtigen. Datenprodukte sollen die Zusammenarbeit ermöglichen, ohne dass eine direkte persönliche Abstimmung erforderlich ist. Die bisher aufgezählten Eigenschaften, wie bspw. Interoperabilität, sind dafür unabdingbar. Da jedoch alle Nutzerinnen und Nutzer Datenprodukte integrieren können, muss sichergestellt werden, dass nur diejenigen Personen bzw. Benutzergruppen Zugriff auf Datenprodukte und deren Daten haben, die ihn benötigen. Dies muss durch ein zentrales Sicherheitskonzept gewährleistet werden. Die SAP BDC stellt in ihren einzelnen Services passgenaue Berechtigungsimplementierungen bereit, um sicherzustellen, dass Sie nur die Daten sehen, die für Sie bestimmt sind. Dafür werden in SAP Datasphere bspw. Data Access Controls genutzt.

Die Eigenschaft »Mehrwert aus sich selbst«, ist in unserem Verständnis von SAP-BDC-Datenprodukten bereits implizit enthalten und wird daher nicht gesondert hervorgehoben. Allerdings ist sie in der technischen Umsetzung im System nicht direkt verankert. Sie können natürlich überlegen, ob Sie Daten über den

Marketplace verkaufen möchten, jedoch ist das nicht der Mehrwert, der initial angedacht war. Die SAP BDC unterstützt Sie durch die Monitoring-Funktionalitäten dabei, Datenprodukte hinsichtlich ihrer Nutzung zu bewerten und so auch den Mehrwert des Produktes zu bestimmen. Dafür ist es wichtig, dass Sie in Ihrer Organisation die Begriffe und die Eigenschaften in einer Datenstrategie festhalten und im Unternehmen implementieren.

Fazit zu SAP-Datenprodukten

Mit der Einführung der Datenprodukte in der SAP BDC hat SAP einen weiteren Schritt gemacht, um sich der allgemeinen Analytics-Welt zu öffnen. Die Sprache wird damit über Abteilungen hinweg einheitlich, und die Bedeutungen und Diskussionen setzen kein SAP-spezifisches Wissen mehr voraus. Begriffe wie Infoobjekt oder Composite Provider werden vereinfacht und unter dem Begriff Datenprodukt zusammengefasst. Durch die gemeinsame Sprache wird die Zusammenarbeit von IT und Business-Anwenderinnen und Anwendern sowie von SAP- und Nicht-SAP-Anwenderinnen und -Anwendern erleichtert.

5.2 Die verschiedenen Arten von Datenprodukten

Sie wissen nun, was ein Datenprodukt ist. In diesem Abschnitt möchten wir Ihnen nun die verschiedenen Arten von Datenprodukten in der SAP BDC vorstellen. Grundsätzlich lassen sich Datenprodukte in SAP-Datenprodukte und kundeneigene Datenprodukte einteilen.

Kundeneigene Datenprodukte

Die von SAP verwalteten Datenprodukte werden in Abschnitt 5.2.1 genauer beschrieben. *Kundeneigene Datenprodukte* sind Datenprodukte, die basierend auf den von SAP verwalteten Datenprodukten gebaut oder aber von Anfang an eigenständig oder in SAP Datasphere oder SAP Databricks modelliert werden. Aus SAP BW, Private Cloud Edition replizierte Datenprodukte werden ebenfalls den kundeneigenen Datenprodukten zugeordnet.

Zusätzlich gibt es noch zwei weitere Arten von Datenprodukten, die hier kurz erwähnt werden sollen: Von Partnern verwaltete Datenprodukte und Drittanbieter-Datenprodukte.

Drittanbieter-Datenprodukte

Drittanbieter-Datenprodukte sind vergleichbar mit von SAP verwalteten Datenprodukten. Der Unterschied besteht lediglich darin, dass nicht SAP, sondern ein Partner, wie bspw. valantic, das Datenprodukt erstellt. Dieses kann dann – genauso wie SAP-verwaltete Datenprodukte – in kundeneigene Datenprodukte integriert werden.

Drittanbieter-Datenprodukte unterscheiden sich von anderen Arten von Datenprodukten dadurch, dass sie nicht in der SAP BDC des Kunden modelliert oder installiert, sondern vom jeweiligen Anbieter des Datenproduktes zur Verfügung gestellt werden. Das bedeutet, dass der Drittanbieter in seiner Umgebung Daten sammelt und diese dann in Datenprodukte überführt. Diese können, wie Sie es aus SAP Datasphere bereits kennen, über den Marketplace in SAP Datasphere integriert werden. Dort können Sie Datenprodukte kaufen, und es gibt auch kostenlose Daten, die Sie nutzen können. Im Anschluss wird das fertige Drittanbieter-Datenprodukt für Sie im Space Ihrer Wahl bereitgestellt. Da auch diese Datenprodukte die Eigenschaften besitzen, die wir in Abschnitt 5.1, »Einordnung von Datenprodukten«, aufgeführt haben, können Sie sie direkt verwenden und sind auch über die Aktualität der Daten informiert. Dieser einfache Weg der Integration externer Daten ist ein klarer Mehrwert für Unternehmen, die auch auf Data-as-a-Service-Angebote zurückgreifen möchten.

Um das Design von Applikationen bzw. größeren Datenmodellen besser zu strukturieren, unterscheidet SAP zwischen verschiedenen Arten von Datenprodukten (siehe Abbildung 5.1).

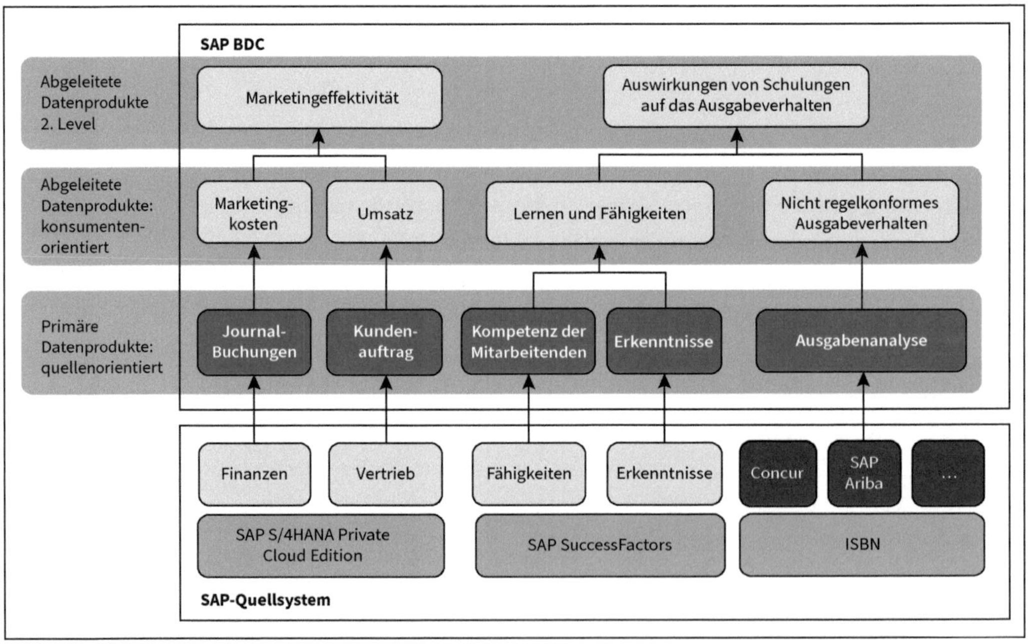

Abbildung 5.1: Verschiedene Arten von Datenprodukten

Zum einen gibt es sogenannte *Primary Data Products*, auch *Raw-Data Products* genannt. Diese Datenprodukte sind quellenorientiert, d. h., dass sie der Schnittstelle zum Quellsystem sehr ähnlich sind. Bei einem SAP-S/4HANA-System sind sie bspw. ein Ebenbild der bereitgestellten CDS View. Sie repräsentieren dabei die Originaldaten aus dem Quellsystem und basieren auf keinem weiteren Datenprodukt.

Im Gegensatz dazu basieren sogenannte *Derived Data Products* auf anderen Datenprodukten und besitzen Business-Logiken, um für die Domäne bzw. die Anwenderinnen und Anwender einen Mehrwert zu generieren. Dies kann je nach Anwendungsfall in einem mehrstufigen Modell erfolgen. Je nach Schachtelung kann hier dann auch von dem jeweiligen Level sprechen gesprochen werden, das in Abbildung 5.1 zu sehen ist. Ein Derived Data Product stellt auch den frühesten Zeitpunkt dar, um Daten aus verschiedenen Systemen zusammenzuführen.

5.2.1 Von SAP verwaltete Datenprodukte

Sie kennen nun also bereits die verschiedenen Arten von SAP-verwalteten Datenprodukten, bspw. aus SAP Datasphere oder SAP Databricks. Doch wie genau sehen SAP-verwaltete Datenprodukte aus?

Wichtig zu wissen ist, dass *von SAP verwaltete Datenprodukte* nur für Cloud-Produkte von SAP genutzt werden können. Der Grund dafür ist, dass SAP das Management, d. h. die Beladung und das Lifecycle Management der Datenprodukte, übernimmt. Die Persistenz der von SAP verwalteten Datenprodukte findet in einem gesonderten Bereich des Foundation Services statt. Hier haben Sie als Anwenderin bzw. Anwender nur lesenden Zugriff, damit die Managed Services von SAP betrieben werden können.

Da SAP die Datenprodukte weiterentwickelt, wird auch hier die Versionierung genutzt. So können Sie als Anwenderin bzw. Anwender entscheiden, ob Sie zur neuen Version wechseln oder bei der aktuell installierten Version bleiben möchten.

Auffinden der von SAP verwalteten Datenprodukte

SAP stellt unter *https://api.sap.com/dataproducts* eine Übersicht aller veröffentlichten Datenprodukte zur Verfügung. Hier können Sie sehen, welche Datenprodukte für welches Quellsystem zur Verfügung stehen. Die Datenprodukte wurden hier auch zu sogenannten *Data Packages* zusammengefasst. Ein solches Paket ist eine Gruppierung semantisch zusammenhängender bzw. ähnlicher Produkte und soll eine schnellere Installation gewährleisten.

Data Packages

Im SAP BDC Cockpit können Sie auch die verfügbaren Data Packages basierend auf Ihrer Systemlandschaft ansehen. Wählen Sie dazu den Menüpunkt **Intelligent Applications and Data Packages** (siehe Abbildung 5.2).

Intelligent Application

Nach der Installation einer Intelligent Application werden die dazugehörigen Data Packages automatisch aktiviert. Eine manuelle Aktivierung ist dann nicht mehr notwendig.

Data Package manuell aktivieren

Zwar werden Data Packages, die zu einer Intelligent Application gehören, mit deren Installation automatisch eingerichtet, sie können jedoch auch unabhängig von Intelligent Applications installiert werden. Im Folgenden zeigen wir Ihnen, wie Sie Data Packages manuell aktivieren. Wählen Sie dazu in der Ansicht aus Abbildung 5.2 das gewünschte Data Package aus, um zu der dazugehörigen Detailseite zu gelangen. Neben den Eigenschaften finden Sie dort die Option, das Data Package zu aktivieren. Sobald das Data Package aktiviert ist, kann es in SAP Datasphere dem passenden Space zugeordnet werden.

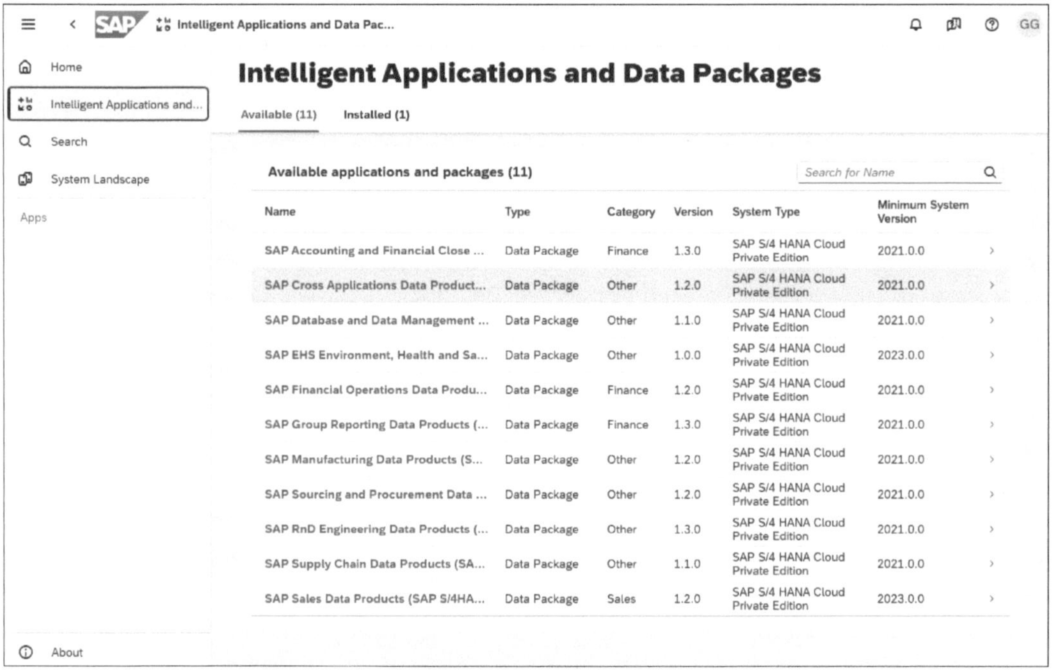

Abbildung 5.2: Datenprodukte im SAP BDC Cockpit

Wichtig hierbei ist, dass die von SAP verwalteten Datenprodukte über SAP BDC Foundation zur Verfügung gestellt werden. Daher muss in SAP Datasphere manuell eine Zuordnung zum Space erfolgen.

SAP Datasphere

In SAP Datasphere muss der Administrator zunächst einen oder mehrere Spaces dazu berechtigen, Datenprodukte bereitzustellen. Dies geschieht unter dem Menüpfad **System • Konfiguration • Business Datenprodukte**.

Danach können Sie die Datenprodukte aus dem Data Catalog installieren. Hierzu wird der Wizard **Import Entities** genutzt (siehe Abbildung 5.3). Im ersten Schritt legen Sie den Ziel-Space fest.

Im nächsten Schritt können Sie die Art und Weise des Imports festlegen. In der Regel wird hier der direkte Zugriff über den Link **Remote Table** genutzt, um Redundanzen zu vermeiden.

Data Packages im Space

Nun stehen die Datenprodukte des Data Packages im Space zur Verfügung und können genutzt werden, um kundeneigene Derived Data Products zu implementieren.

[»] Mehrfachimporte von Datenprodukten

Da ein Datenprodukt mehrfach in verschiedene Spaces importiert werden kann, sollte im Space-Konzept berücksichtigt werden, inwiefern Datenprodukte in Spaces importiert oder geteilt werden dürfen.

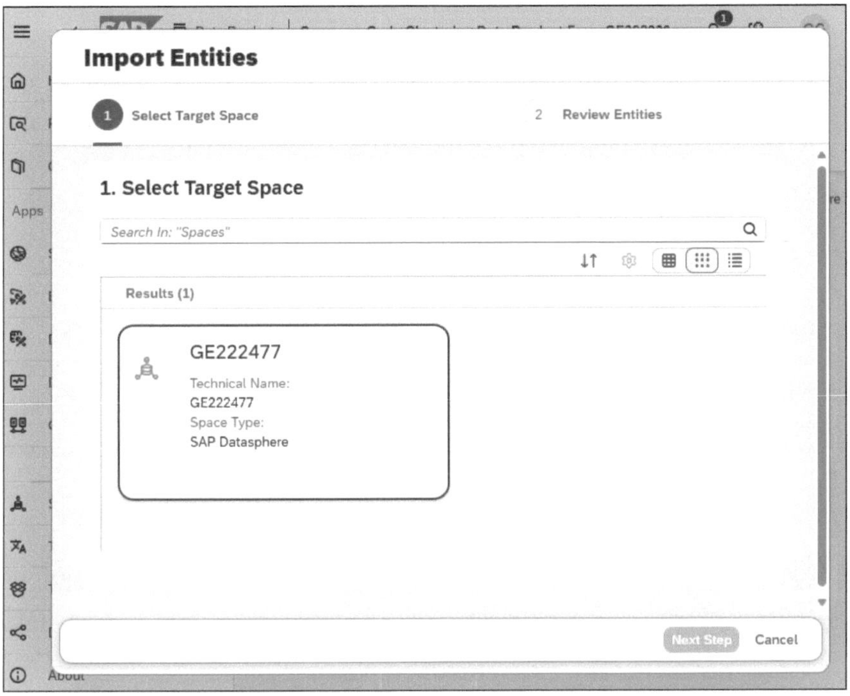

Abbildung 5.3: Data Packages importieren

SAP hat mit den von ihnen verwalteten Datenprodukten eine Möglichkeit geschaffen, Daten aus den jeweiligen Line-of-Business-Applikationen (LoB-Applikationen) schnell und einfach in die SAP BDC zu integrieren. Das Versprechen von SAP, die Datenprodukte zu verwalten und stetig weiterzuentwickeln, ist ein deutlicher Vorteil bei Projekten. Bei der Neueinführung einer SAP-LoB-Applikation kann die Nutzung der Daten der erste Schritt sein.

Die bisher besprochenen Eigenschaften gelten allgemein für Datenprodukte. Mit den Datenprodukten von SAP verhält es sich allerdings ein wenig anders. Tabelle 5.1 zeigt, dass SAP für seine Datenprodukte auf den ersten Blick nur einen Teil der beschriebenen Eigenschaften berücksichtigt. Allerdings werden auch Eigenschaften zusammengefasst.

Business Data Sets

Unter dem Punkt *Business Data Sets* beschreibt SAP, dass ein Datenprodukt aus mehreren unterschiedlichen Datenmengen bestehen kann. Dazu können Stammdaten, transaktionale Daten, Konfigurationsdaten oder Metadaten gehören. Diese müssen jedoch zwingend semantisch abgestimmt sein. Dieser Punkt greift die Eigenschaften »Interoperabel (Interoperable)« und »Adressierbarkeit (Addressable)« auf. Hier ist es wichtig, von Anfang an die Zusammenarbeit in den Blick zu nehmen und zu überlegen, wie ein Standard so implementiert werden kann, dass domänenübergreifend gearbeitet werden kann.

Business Data Sets	Well described	Easily Consumable	Discoverable
Enthalten Stammobjekte, Transaktionsobjekte, Transaktionsentitäten, analytische Datensätze, Konfigurationsdaten und verwandte Informationen – mit einem Fokus auf semantische Abstimmung.	Metadatenbeschreibungen, die mit Semantik angereichert sind, um ein klareres Verständnis und eine bessere Struktur zu ermöglichen.	Zugriff über einfache SaaS-Methoden, die Integration für Datenmodellierung, BI-Tools und Data-Engineering-Tools ermöglichen.	Leicht zu entdecken über einen SAP-Datenprodukt-katalog.

Tabelle 5.1: Eigenschaften der SAP-Datenprodukte

5.2.2 Datenprodukte aus dem Data Product Generator für SAP BW

Data Product Generator

Der *Data Product Generator* ist eine Funktionalität, die ausschließlich in SAP BW, Private Cloud Edition zur Verfügung steht. Damit wird Kunden, die sich für einen Lift von SAP BW in die SAP BDC entschieden haben, eine einfache Möglichkeit für die Integration der SAP-BW-Daten in die SAP BDC geboten. Ziel ist es dabei, die SAP-BW-Daten innerhalb der SAP BDC analog zu anderen Datenprodukten zur Verfügung zu stellen. Im Folgenden erklären wir Ihnen, wie Sie SAP-BW-Daten mithilfe des Data Product Generators in der SAP BDC bereitstellen können.

Im Data Product Generator der SAP BW, Private Cloud Edition wählen Sie **Subscription**, wenn Ihr Objekt als dauerhaft konsumierbares Datenprodukt bereitgestellt werden soll, das von anderen Systemen (z. B. SAP Datasphere oder die SAP BDC) abonniert und wiederverwendet werden kann. Damit wird das Datenprodukt in einen geregelten Lebenszyklus mit Governance, Versionierung und kontrolliertem Zugriff eingebettet, statt nur als einmaliger technischer Export zu dienen. Diese Subscription wird pro InfoProvider angelegt. In Abbildung 5.4 sehen Sie, dass die Konfiguration recht übersichtlich gestaltet ist. Im Feld **Source Name** (Quelle) wählen Sie den verfügbaren InfoProvider aus.

Quelle

Dabei können folgende Objekte als Quelle genutzt werden:

- (Advanced) Data Store Object
- Infoobjekt
- Queries (als InfoProvider)
- Composite Provider
- InfoProvider
- MultiProvider

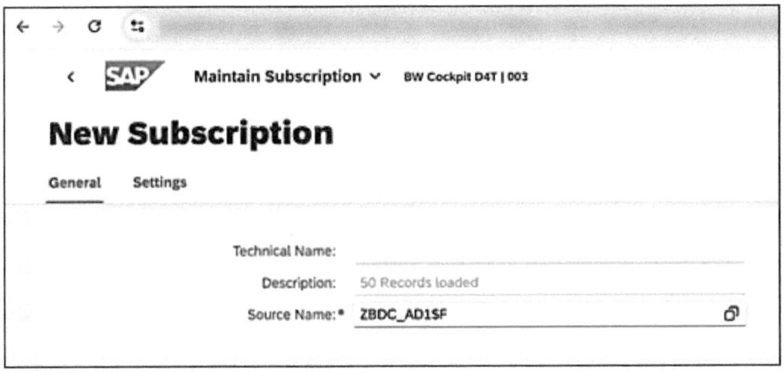

Abbildung 5.4: Data Product Generator

Im nächsten Schritt wählen Sie im Reiter **Settings** die Ausführungsart (**Full**, **Delta** oder **Delta und Streaming**) aus. Dadurch legen Sie fest, wann SAP BW die Daten in den Object Store pushen soll.

SAP-BW-Aufnahme-Space

Die Daten werden dann in einer lokalen Tabelle im *SAP-BW-Aufnahme-Space* abgelegt. Dieser Space wird während der Konfigurationsphase von SAP BW (also während der Lift-Phase) angelegt.

Der Space, in dem die lokale Tabelle erstellt wird, ist ein dedizierter SAP BW File Space, in dem die Tabellen schreibgeschützt angelegt werden. Deshalb wird die Tabelle in weitere Spaces geteilt, um mit den Daten weiterarbeiten und sie ggf. anpassen zu können (siehe Abbildung 5.5). Dort können Sie dann mit diesen Datenprodukten weiterarbeiten.

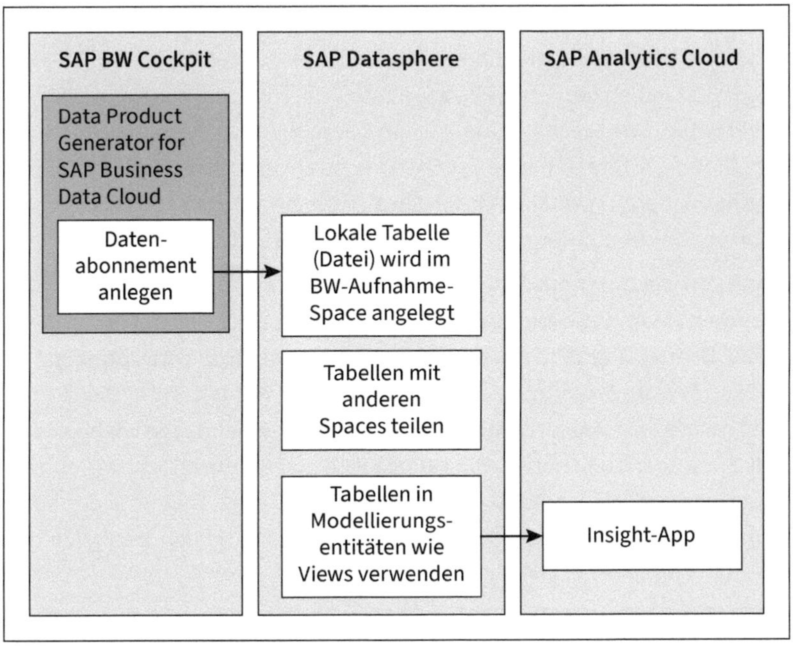

Abbildung 5.5: Datenfluss im Data Product Generator

Die Nutzung des Data Product Generators erlaubt es, die Daten per Push-Verfahren zu übertragen. Dies hat den Vorteil, dass Sie durch die Orchestrierung aus SAP BW sicherstellen können, dass dort alle Ladeprozesse verarbeitet wurden. Im Vergleich zur Integration der SAP-BW-Daten mit SAP BW Connection oder dem SAP-BW/4-Modellimport, bei dem die Daten von SAP Datasphere angefordert werden, ist so im Regelfall ein konsistenter Datenbestand verfügbar. Die Anforderung von SAP Datasphere kann aktuell nur über zeitliche Regeln eingeplant werden. Dadurch können Sie nicht automatisiert auf einen Verzug in der SAP-BW-Beladung reagieren.

Der Data Product Generator bietet Ihnen somit die Möglichkeit, ein integriertes und abgestimmtes Szenario mit SAP BW, SAP Datasphere und/oder SAP Databricks zu implementieren.

Namenskonventionen

Beachten Sie dabei, dass ein Datenprodukt, das mithilfe des Data Product Generators entsteht, nicht allen in Abschnitt 5.1 aufgeführten Anforderungen genügt. Der technische Name der lokalen Tabelle ist generiert und folgt damit nicht den Namenskonventionen. Darüber hinaus sind nicht alle Metainformationen und Beschreibungen vorhanden, wie wir es von SAP-Datenprodukten gewohnt sind. Da die SAP-BW-Daten hier jedoch als Raw-Datenprodukt anzusehen sind, kann dies vernachlässigt werden. Bevor die Daten Business-Anwenderinnen bzw. -Anwendern zur Verfügung gestellt werden, werden sie im Regelfall in ein Derived Datenprodukt überführt.

5.2.3 Datenprodukte aus SAP Datasphere

Historie der Datenprodukte in SAP Datasphere

Datenprodukte in der SAP Datasphere sind für Sie als Anwenderin bzw. Anwender der SAP BDC neben den von SAP verwalteten Datenprodukten das meistverwendete Produkt. Wie Sie in Kapitel 2, »SAP Datasphere als Kern der SAP Business Data Cloud«, erfahren haben, ist SAP Dataspere das Herz der SAP BDC. Da SAP Datasphere bereits seit einigen Jahren als Service auf dem Markt ist, gab es dort schon vor der Einführung der SAP BDC Datenprodukte.

Data Provider

Bisher konnten die Datenprodukte in SAP Datasphere über den Data Provider geteilt werden. Als Anwenderin bzw. Anwender konnten Sie sich mit einem SAP-Datasphere-User als Data Provider registrieren und zwischen den Optionen Public Provider, Private Provider oder Internal Provider wählen. Mit Public Provider ist hier der externe Anbieter von Datenprodukten gemeint, den wir bereits in Abschnitt 1.4 beschrieben haben. Der Private Provider wird erst sichtbar, sobald Sie eine entsprechende Einladung erhalten haben. Ein Internal Provider kann nur intern Daten verteilen. Bei allen drei Arten ist das Vorgehen bezüglich des Datenprodukts jedoch das gleiche.

[+]

Weitere Informationen zu Provider-Typen

Eine detaillierte Darstellung der verschiedenen Provider-Typen würde den Rahmen dieses Buches sprengen. Weiterführende Informationen und eine detaillierte Anleitung dazu finden Sie unter *http://s-prs.de/v1134111*.

Akquisition

Bevor Sie das Datenprodukt jedoch teilen können, muss zunächst die Datenbasis modelliert werden. Nach der Akquisition der Daten und der Modellierung innerhalb von SAP Datasphere (siehe Abschnitt 2.3) stellt Ihnen SAP Datasphere eine Entität (View, Tabelle oder Analytic Model) zur Verfügung, die ein Datenprodukt darstellt. Dieses Datenprodukt wird wie bisher in SAP Datasphere über den Marketplace veröffentlicht.

5.2.4 Datenprodukte aus SAP Databricks

Foundation Service

Die Modellierung mit SAP Databricks haben wir bereits in Kapitel 4, »SAP Databricks: Datenaustausch und KI«, beschrieben. SAP Databricks bietet darüber hinaus Funktionalitäten, die sich nicht über SAP Datasphere abbilden lassen. In den meisten Fällen konsumieren Sie daher in SAP Databricks ein Datenprodukt, das durch SAP Datasphere bzw. die SAP BDC über den Foundation Service bereitgestellt wird. Weitere Möglichkeiten, um selbst Daten in SAP Databricks zu integrieren, sind die Nutzung von REST-APIs oder manuelle Daten-Uploads.

Datenprodukte mit SAP Databricks teilen

Um Datenprodukte mit SAP Databricks zu teilen, navigieren Sie zum SAP BDC Cockpit, wählen über das Menü links **Catalog & Marketplace** aus und klicken auf das Lupen-Icon. Wie in Abbildung 5.6 dargestellt, wählen Sie anschließend im oberen Teil des Bildschirms im Dropdown-Menü zunächst **Data Products** aus.

Danach können Sie im mittleren Textfeld das gesuchte Datenprodukt eingeben, in diesem Fall **Company Code**. Mit einem Klick auf das Lupen-Icon führen Sie die Suche aus. Auf dem Bildschirm sind dann nur noch Kacheln sichtbar, die mit dem Begriff »Company Code« verknüpft sind. Sobald Sie eine Kachel anklicken, gelangen Sie in die Detailansicht für das jeweilige Datenprodukt. Im Abschnitt **Details/APIs** wird dann ein **Share**-Button angezeigt, falls Sie die nötigen Berechtigungen besitzen (siehe Abbildung 5.7).

Delta Share

Nach dem Klick auf **Share** können Sie einen Namen eingeben, der dann den Delta Share in SAP Databricks repräsentiert. Achten Sie auch hier wieder auf die Einhaltung einer Namenskonvention, um einen reibungslosen Ablauf zu gewährleisten. Zusätzlich wählen Sie noch einen Workspace aus, der genutzt werden soll. Mit einem Klick auf **Share** wird das Datenprodukt nun mit SAP Databricks geteilt.

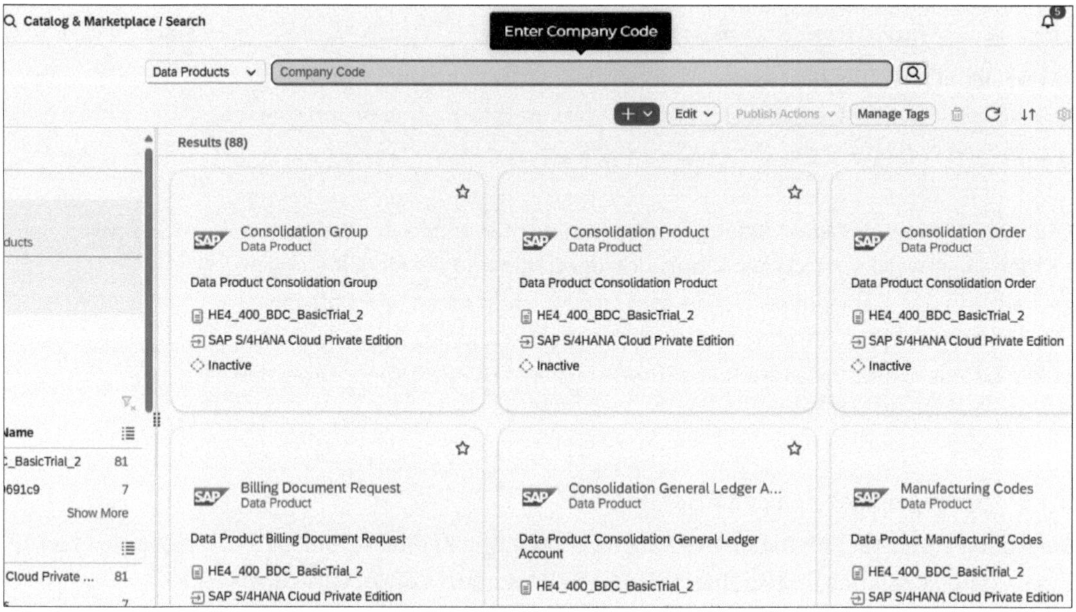

Abbildung 5.6: Catalog-Suche

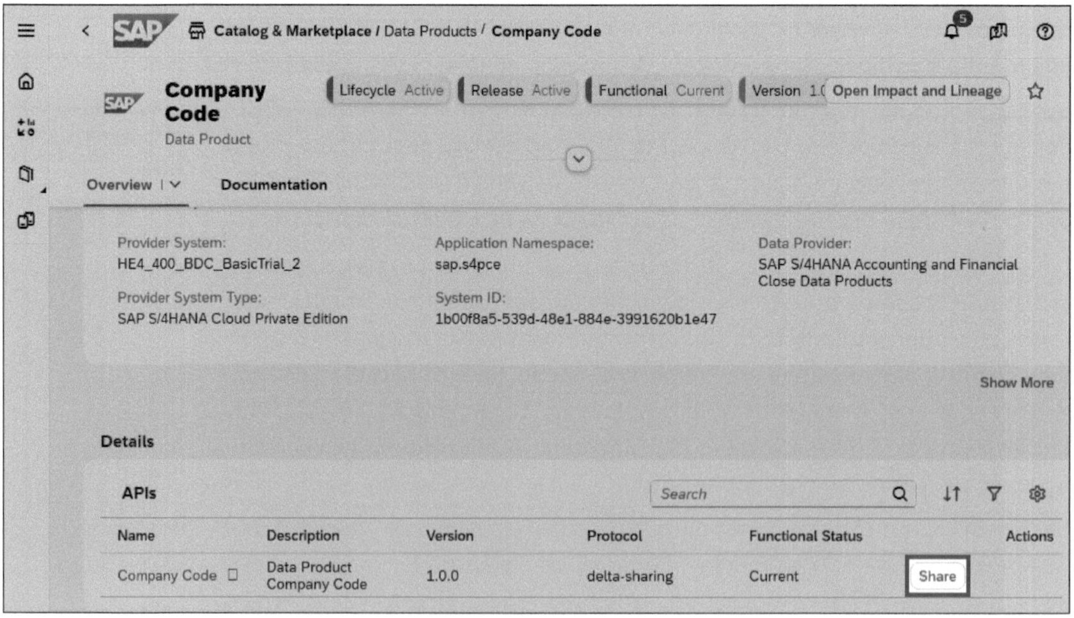

Abbildung 5.7: Teilen von Datenprodukten

Nun können Sie die Daten in SAP Databricks wie in Kapitel 4, »SAP Databricks: Datenaustausch und KI«, beschrieben bearbeiten. Sobald Sie mit der Verarbeitung fertig sind, können Sie das Datenprodukt nun wieder in der SAP BDC global verfügbar machen. Hierzu öffnen Sie die modellierte Tabelle. Abbildung 5.8 zeigt die Sicht auf das Tabellenobjekt. In der rechten oberen Ecke finden Sie einen **Share**-Button. Klicken Sie darauf und wählen Sie im sich öffnenden Dropdown-Menü den Eintrag **Share via Delta Sharing** aus (siehe Abbildung 5.8).

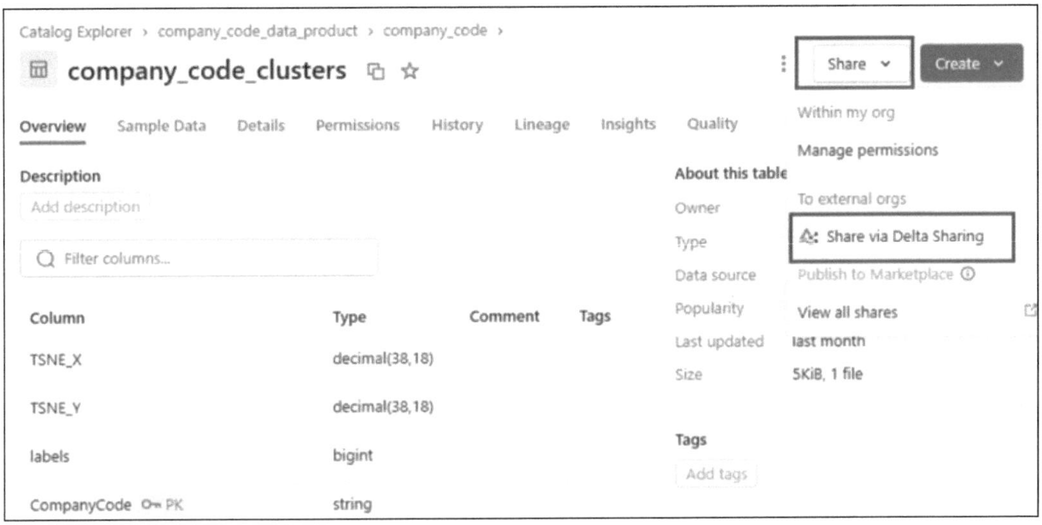

Abbildung 5.8: Datenprodukt aus SAP Databricks teilen

Es öffnet sich ein Dialog, der die Details für das Sharing darstellt (siehe Abbildung 5.9). Wählen Sie in der ersten Auswahlmöglichkeit die Variante **Create a new share with the table** aus. Als Namen wählen Sie einen passenden Namen gemäß Ihrer Namenskonvention. Im Feld **Recipients** wählen Sie Ihre SAP-BDC-Instanz aus, in unserem Fall **sap-business-data-cloud**.

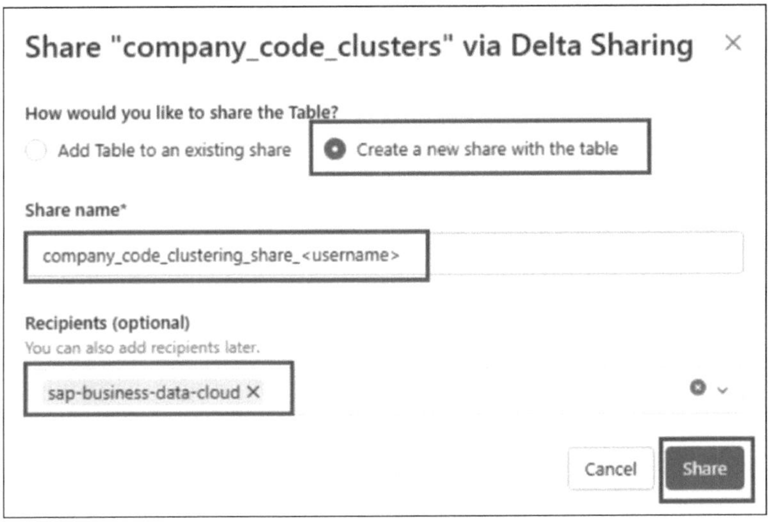

Abbildung 5.9: Dialog für das Teilen eines Datenprodukts in SAP Databricks

Wenn Sie nun im Dialog auf den **Share**-Button klicken, werden die Daten geteilt und sind dann im Data Catalog in SAP Datasphere und in der SAP BDC verfügbar.

Wie Sie sehen, sind die Datenprodukte gerade bei der Zusammenarbeit mit SAP Databricks elementar. Es ist ein einfaches und probates Mittel, um die Daten zwischen den Services zu verteilen – im Gegensatz zu hybriden Szenarien oder einer externen SAP-Databricks-Enterprise-Instanz, bei denen je nach Setup deutlich mehr Integrationsschritte nötig sind.

5.2.5 Zusammenfassung und Einordnung der Datenprodukte in die SAP BDC

Auf einen Blick

Mit der Einführung der Datenprodukte in die SAP BDC öffnet sich SAP einem neuen Nutzerkreis. Anwenderinnen und Anwender müssen bei Weitem nicht mehr so viel SAP-spezifisches Wissen mitbringen, um mit der SAP BDC zu arbeiten. Durch die Definition von Datenprodukten besitzen Daten, die in der SAP BDC vorliegen, die folgenden Eigenschaften:

- verständlich beschrieben
- auffindbar für die Anwenderinnen und Anwender
- einfach konsumierbar
- qualitätsgesichert
- berechtigungsgesichert
- aktuell

Self-Service Tool

Diese Vereinfachung ermöglicht die Nutzung der SAP BDC als Self-Service Tool. Die Beschreibung der Daten ermöglicht die Nutzung der Derived Data Products ohne technisches Vorwissen. Zudem wird ersichtlich, aus welchen Quellen die Daten stammen und wie sie transformiert und angereichert wurden. Stellen Sie sich vor, Sie sind Controllerin bzw. Controller und haben Ihre Ist-Daten (Financials aus SAP S/4HANA) mit einem KI-Spezialisten geteilt. Dieser konnte aufgrund der Beschreibung des Datenprodukts im Data Catalog die Daten ohne weitere Absprache verarbeiten und Ihnen basierend auf externen Marktdaten einen Forecast für die kommenden Jahre in SAP Databricks berechnen. Durch ein Sharing aus SAP Databricks und die Beschreibung des resultierenden Datenprodukts können Sie nun den Forecast und Ihre Ist-Daten zusammen mit weiteren Plandaten aufbereiten und eine vollumfängliche SAP-Analytics-Cloud-Story erstellen. So können in Ihrem Unternehmen datengetriebene Entscheidungen getroffen und ein Self-Service-getriebenes Data Warehousing betrieben werden.

Data Contract

Allerdings wird bei diesen Optionen auch deutlich, dass es sich hier nicht nur um eine neue technische Plattform handelt, sondern dass die flexiblen Möglichkeiten auch ein klares Zusammenarbeitsmodell und eine Datenstrategie erfordern. So ist im Data-Vault-Ansatz auch vom »Data Contract« die Rede. Der *Data-Vault-Ansatz* ist ein Modellierungsansatz für Data Warehouses, der Daten in drei Bausteine unterteilt: *Hubs* (Geschäftsschlüssel, z. B. Kunde, Auftrag etc.), *Links* (Beziehungen zwischen diesen Schlüsseln, z. B. Kunde–Auftrag) und *Satellites* (beschreibende Attribute und Historie, z. B. Name, Status, Beträge etc.). Dadurch wird das Modell besonders änderungsfreundlich, gut historisierbar und skalierbar, da neue Attribute, Quellen oder Beziehungen meist durch zusätzliche Satellites oder Links ergänzt werden können, ohne dass bestehende Strukturen umgebaut werden müssen. Der *Data Contract* beschreibt die Pflichten der für das Datenprodukt verantwortlichen Person. Hierzu gehören u. a. die Sicherstellung der Struktur, der Datenqualität und der Aktualität – also jener Eigenschaften, die für Datenprodukte bereits beschrieben wurden. Im Data Contract werden außerdem die Nutzungsbedingungen festgehalten, sodass sich Konsumierende und Besitzerinnen bzw. Besitzer auf die Zusammenarbeit einigen können. Mit Inkrafttreten des Data Contracts kann das oben geschilderte Szenario zwischen Controllerin und KI-Spezialist in die Realität umgesetzt werden.

Namenskonventionen

In diesem Abschnitt wird darüber hinaus deutlich, dass Namenskonventionen und Space-Konzepte zunehmend wichtiger werden. Da Sharing über Service- bzw. Systemgrenzen hinweg arbeitet, sollte eine einheitliche Sprache gefunden werden, um eine nahtlose Nutzung über alle Services hinweg zu gewährleisten. Die SAP BDC stellt somit nicht nur die nächste technologische Stufe im Analytics-Umfeld dar, sondern birgt auch eine nicht zu unterschätzende organisatorische Chance und Herausforderung.

Angereicherte Datenprodukte zu Utilities-Billing-Stammdaten ab Q2 2027

Die Roadmap der SAP BDC sieht für Q2 2027 vor, dass semantisch angereicherte Datenprodukte zu den Utilities-Billing-Stammdaten (also zu den Tarif- und Preisdaten) aus SAP S/4HANA Utilities bereitgestellt werden, um moderne, flexible Analytics-Szenarien zu unterstützen und Analyse sowie Reporting für Abrechnungsprozesse in der Versorgungsbranche zu ermöglichen.

5.3 Data Product Studio

Die SAP-BDC-Roadmap sieht für Q3 2026 die Verfügbarkeit des Data Product Studio in der SAP BDC vor. Damit soll ermöglicht werden, eigene primäre Datenprodukte aus SAP-Datasphere-Tabellen oder auf Basis veröffentlichter Interface-Datenprodukte zu erstellen, zu versionieren und in unterschiedlichen Formationen zu aktivieren. Damit können Sie ab Q3 2026 Ihre eigenen Daten in die

Datenproduktlandschaft der SAP BDC einbringen und diese Daten als standardisierte Datenprodukte publizieren. Ab diesem Zeitpunkt lassen sich intelligente Anwendungen über die SAP Datasphere mit kundenspezifischen Daten anreichern, die von Quellen außerhalb der SAP BDC kommen. Das Data Product Studio ist also zum Zeitpunkt der Drucklegung dieses Buches noch nicht verfügbar.

Schauen wir uns nun die Eckdaten des Data Product Studios genauer an, das in das SAP BDC Cockpit eingebettet ist. In der Entwurfsphase eines Datenprodukts existiert keine Laufzeitbegrenzung. Durch definierte Domänen erfolgt die Datenfreigabe ausschließlich kontrolliert. Es gibt Pro- und Low-Code-Tools zur Unterstützung verschiedener Personas.

Rolle des Data Product Studios

Das *Data Product Studio* wird als zentrale Design-Time-Umgebung innerhalb der SAP BDC positioniert. Es ermöglicht die Erstellung, Modellierung, Versionierung und Operationalisierung von Datenprodukten. Dafür muss nicht zwingend die Oberfläche von SAP Datasphere oder SAP Databricks genutzt werden. Das Studio bietet die Möglichkeit zur Definition von Schemata und Transformationen, zur Verwaltung von Metadaten und Lineage, zur domänenbasierten Governance, zur Integration von SAP- und Drittquellen sowie zur Unterstützung SQL-basierter Transformationen. Dabei fungiert das Studio als übergreifende Designschicht, während die Laufzeitumgebung (wie SAP Datasphere oder SAP Databricks/Databricks Enterprise) die Ausführung übernimmt.

Data Products Studio vs. Data Product Generator

Das Data Product Studio ist nicht mit dem Data Product Generator zu verwechseln. Der *Data Product Generator* ist ein BW-spezifisches Werkzeug, das bestehende BW-Objekte in SAP Datasphere überführt. Das Data Product Studio ist hingegen ein übergreifendes, strategisches Design Tool innerhalb der SAP BDC, das nicht auf SAP BW beschränkt ist und eine breitere Governance- und Modellvision verfolgt.

Architekturprinzip

Ein zentrales Architekturprinzip des Data Product Studios ist die domänenbasierte Organisation. Datenprodukte werden in Domänen und Subdomänen strukturiert – mit klar definierten Rollen wie **Domänen-Besitzer**, **Datenprodukt-Entwickler**, **Lebenszyklus-Manager** etc. Dieser Ansatz schafft Verantwortlichkeit und Transparenz sowie die Möglichkeit zur kontrollierten Weiterentwicklung (siehe Abschnitt 5.3.2, »Berechtigungen in Data Product Studio«).

In Kapitel 4, »SAP Databricks: Datenaustausch und KI«, haben wir Ihnen das Prinzip des Zero Copy Sharings vorgestellt. Auch Datenprodukte können über Zero Copy Sharing konsumiert werden, wodurch proprietäre Abhängigkeiten vermieden werden. Das Data Product Studio adressiert ein zentrales Problem moderner Datenarchitekturen, wie z. B. die unkontrollierbare Vervielfältigung von ETL-Prozessen und isolierte Datenmodelle. Um fragmentierte Views und inkonsistente Transformationslogik zu vermeiden, versucht SAP, die Nutzung von produktzentrierten Datenmodellen zu fördern. Mit dem Data Product Studio können somit sowohl Standardinhalte als auch individuelle Geschäftslogik integriert und langfristig skalierbar gemacht werden. Diese Datenprodukte schaffen die Grundlage dafür, dass sie bspw. plattformunabhängig oder für KI- und ML-Anwendungen in SAP Databricks eingesetzt werden können. Somit bietet das Data Product Studio die Möglichkeit, Datenprodukte zu erstellen, die nicht nur SAP-intern konsumierbar sind. Die Nutzung von Zero Copy Sharing ermöglicht zudem Interoperabilität, sodass die Datenprodukte bspw. auch in Drittanbieter-Analytics-Tools genutzt werden können.

Voraussetzung für Intelligent Applications

Weiterhin lässt sich festhalten, dass Data Product Studio als Voraussetzung für die in diesem Kapitel ebenfalls thematisierten Intelligent Applications gesehen werden kann. Die Anwendungen bauen auf standardisierten Datenprodukten auf, die ein konsistentes Domänenmodell sowie KI-kompatible Strukturen besitzen. Ohne Datenprodukte wäre keine skalierbare KI-First-Strategie möglich.

Bisher wurde häufig der konzeptionelle Ansatz verfolgt, insbesondere den ETL-Prozess pipelinebasiert umzusetzen. Mit dem Data Product Studio findet eine Evolution in Richtung produktzentrierter Datenbereitstellung statt. Das bedeutet, dass keine individuellen ETL-Projekte mehr für einzelne Use Cases benötigt werden und die Datenprodukte beliebig oft wiederverwendet werden können. Ein zentraler Punkt ist hierbei ebenfalls, dass eine unkontrollierte Vervielfältigung von Views somit nicht mehr möglich ist.

In der Architektur der SAP BDC sind Datenprodukte eine zentrale, konsumierbare Komponente. SAP teilt dabei keine Tabellen, Views oder Datenmodelle, sondern stellt strukturierte, versionierte und semantisch angereicherte Datenprodukte bereit.

Bündelung

Ein *Datenprodukt* bündelt Rohdaten, Geschäftslogik, Metadaten, Zugriffskontrollen und APIs in einem standardisierten Format. *Primary Data Products* repräsentieren dabei quellenspezifische, von SAP verwaltete Datenartefakte (z. B. Journal Entries aus SAP S/4HANA). Sogenannte *Derived Data Products* bauen auf mehreren Datenprodukten auf und liefern geschäftsrelevante Erkenntnisse für analytische Fragestellungen. Während Primary Data Products quellennah und systemorientiert sind, sind Derived Data Products konsumorientiert und fachlich modelliert. Sie sind beide in der Harmonisierung zu verorten.

Trennung

Ein wesentliches Merkmal des Data Product Studios (siehe Abbildung 5.10) ist die Trennung zwischen der Design-Time-Umgebung (dem Data Product Studio) und der Runtime-Umgebung (SAP Datasphere, SAP Databricks/SAP HANA Cloud). Das Studio modelliert und versioniert die Datenprodukte, die vor der Weitergabe in einer Beta-Version getestet werden können. Dabei wird eine Datenproduktdefinitionsdatei in einem ausgewählten Runtime-System bereitgestellt. Das *Runtime-System* ist das System, in dem das Datenprodukt gehostet werden soll und in dem die Datenproduktartefakte verteilt werden. Verfügbare Runtime-Systeme sind bspw. SAP Datasphere oder Foundation Services.

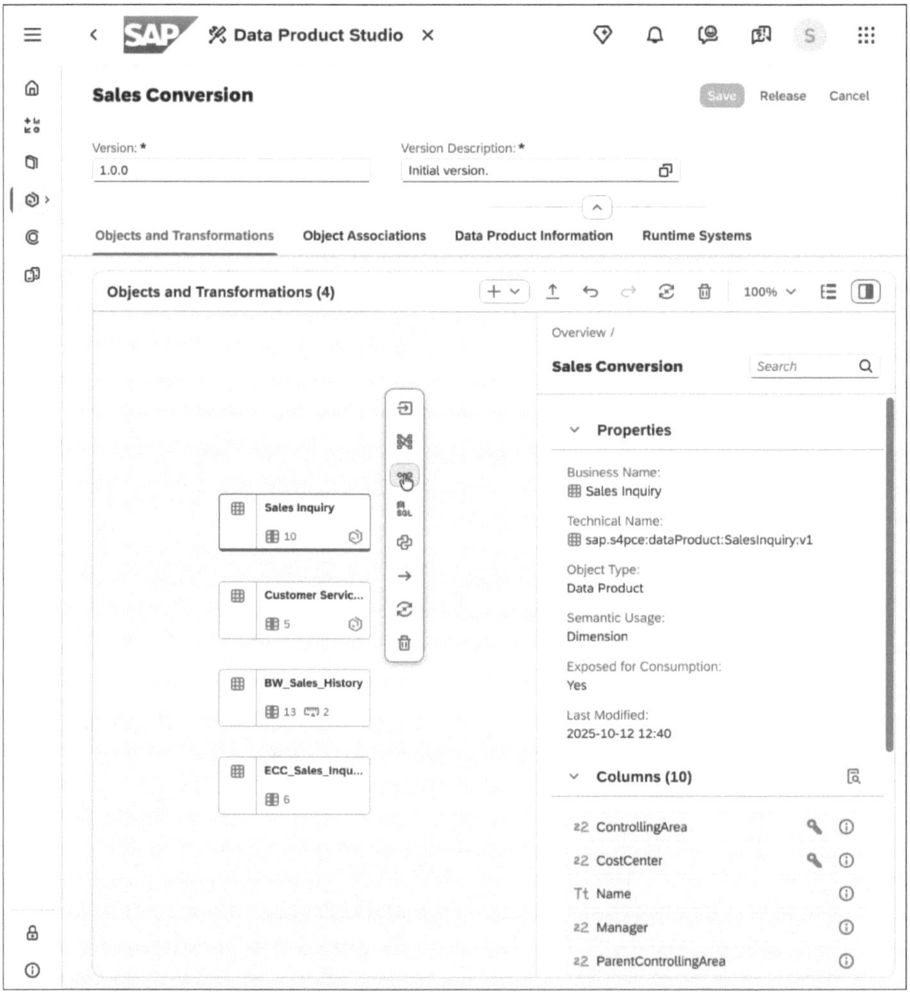

Abbildung 5.10: Data Product Studio

Governance Es ist auch möglich, die Datenproduktversionen in mehreren Runtimes bereitzustellen. Somit dient das Data Product Studio als Einstiegspunkt für die Erstellung, Konfiguration und Bereitstellung neuer Datenprodukte. Zudem können Beschreibungen hinzugefügt werden, während die Ausführung der Transformation in der jeweiligen Runtime erfolgt. Die Governance wird hingegen zentral verwaltet und ist damit unabhängig vom physischen Speicherort. Im nächsten Abschnitt betrachten wir detailliert, wie Datenprodukte mit Data Product Studio entwickelt werden können, und gehen dabei besonders auf die Themen Verwaltung und Versionierung ein.

5.3.1 Datenprodukte mit Data Product Studio entwickeln

Das Data Product Studio ist Teil der umfassenden Transformation von SAP – weg von herkömmlichen Tabellen, Reports, CDS Views und BW InfoProvidern hin zu Datenprodukten, API-basiertem Konsum und produktorientierter Datenarchitektur. Die Konfiguration der Datenprodukte bietet eine Vielzahl von Möglichkeiten. So können Sie bspw. SAP-verwaltete Datenprodukte durch Hinzufügen eigener Quellen anpassen oder sie um benutzerdefinierte Datenprodukte bzw. zusätzliche Entitäten erweitern. Um sich die Entwicklung zu erleichtern, können Sie Datenproduktvorlagen nutzen, um eigene Datenprodukte zu erstellen. Diese Vorlagen enthalten vordefinierte Metadatenstrukturen.

Falls Sie bereits selbst entwickelte Datenprodukte im Einsatz haben, können Sie die bestehenden Arbeiten übertragen und wiederverwenden. Die Datenprodukte werden dann auf bestehenden Stacks wie SAP BW oder SAP Datasphere aufgebaut. Die Daten aus SAP- oder Drittanbieterquellen werden direkt mit den Datenprodukten verbunden und harmonisiert. Anschließend können Sie die Daten mit einem Datenökosystem teilen. So maximieren Sie Ihre bestehenden und zukünftigen Investitionen.

Verwaltung

Die Verwaltung der Datenprodukte erfolgt direkt in Data Product Studio. Die Datenprodukte gehören in der Regel Domänen, die vollständigen Zugriff auf diese besitzen und den Zugriff verwalten. Daher sollten stets stabile Datenproduktversionen bereitgestellt werden, wenn Sie die Datenprodukte für analytische Anwendungsfälle verwenden wollen. Ein wichtiger Faktor ist der Lebenszyklus der Datenprodukte. Dieser muss in diesem Fall von Ihnen in der SAP BDC kontrolliert werden – von der neuesten Version bis zum Stilllegen.

Versionsmanagement

Daher empfehlen wir, stets den Überblick über die verschiedenen Versionen eines Datenprodukts zu behalten. Wenn Updates verfügbar sind, sollten diese ohne Ausfallzeiten für die Datenkonsumenten durchgeführt werden. Um sicherzustellen, dass die Updates erfolgreich sind, sollten sie vorab in mehreren Laufzeitsystemen getestet werden. Bei Bedarf muss ansonsten zu älteren Versionen gewechselt werden. Veraltete Versionen können Sie als Basis für neuere Versionen nutzen und anschließend aus dem Betrieb nehmen.

Die richtigen Daten für ein Datenprodukt

Vielleicht fragen Sie sich jetzt, wie und wo Sie die richtigen Daten für ein Datenprodukt finden können. Sie können über die Katalogfunktion nach neuen Entitäten oder Datenprodukten suchen und diese anschließend auf Metadatenebene importieren. In der Regel eignen sich Primary Data Products und Entitäten aus dem SAP Datasphere Object Store am besten.

Besonders praktisch ist, dass die Daten transformiert werden können. Die Entwicklerin bzw. der Entwickler eines Datenprodukts kann zwischen zwei Werkzeugen wählen. Die entsprechende Modellierungsoberfläche bietet einen Überblick über alle Objekte, Operatoren und resultierenden Datenprodukteinheiten. Die folgenden Werkzeuge stehen hierbei zur Verfügung:

- **Datenvereinheitlichungsdienst**
  Zum Zuordnen, Transformieren und Abgleichen von Daten in einem regelbasierten Ansatz, der auf eine Zielstruktur hinarbeitet.
- **Transformations-Tools**
  Zum Erstellen und Verfeinern von Daten hin zu einer Zielstruktur unter Verwendung von SQL-Skripten oder grafischer Modellierung.

Der Einsatz grafischer Modellierung führt dazu, dass die Komplexität fortgeschrittener Workflows und Programmierung verborgen wird, ähnlich wie es aus SAP Datasphere bekannt ist.

Nachdem wir Ihnen die verschiedenen Modellierungsmöglichkeiten in Data Product Studio erläutert haben, erfahren Sie im folgenden Abschnitt (5.3.2, »Berechtigungen in Data Product Studio«), welche Domänen- und Berechtigungskonzepte sowie Rollen (Personas) für die Nutzung und Verwaltung von Datenprodukten relevant sind.

5.3.2 Berechtigungen in Data Product Studio

Domänen und Berechtigungen

In diesem Abschnitt werden die in Data Product Studio verfügbaren Domänen-, Rollen- und Berechtigungskonzepte beschrieben. Diese bilden die Grundlage für die strukturierte Verwaltung und den sicheren Zugriff auf Datenprodukte.

Domänen repräsentieren die Organisationen, die Datenprodukte besitzen. Die Datenprodukte müssen zunächst einer Domäne zugewiesen werden, um sie überhaupt konsumierbar zu machen. Eine *Domäne* ist ein übergeordnetes Konzept, das sowohl für die Produktion von Datenprodukten in Data Product Studio als auch für die Konsumperspektive dient. Eine Domäne kann die Bereitstellungsdomäne, die Kundendomäne oder sogar beides gleichzeitig sein. Benutzer können innerhalb einer Domäne unterschiedliche Rollen innehaben, z. B. **Domäneneigentümer**, **Datenverwalter** etc. Hier gilt es zu beachten, dass Domänen eine hierarchische Struktur aufweisen und dass eine Domäne Entscheidungen im Namen einer Subdomäne treffen darf.

Personas und Berechtigungen

Die folgenden Rollen und Berechtigungen stehen Ihnen für Data Product Studio zur Verfügung:

- **Business Data Cloud Admin**
  Er darf Domänen und Subdomänen erstellen und besitzt entsprechende Berechtigungen, um Benutzern im SAP BDC Cockpit Berechtigungen zuzuweisen.

- **Domäneninhaber**
  Er darf Unterdomänen erstellen, Benutzern Berechtigungen für die jeweilige Domäne zuweisen, Datenprodukte seiner Domäne zuweisen sowie Datenprodukte einer anderen Domäne zuweisen.
- **Lifecycle-Manager**
  Er darf Datenprodukte freigeben, bewerten und löschen.
- **Datenproduktentwickler**
  Er darf alle Zugriffsanfragen in Bezug auf die jeweilige Domäne lesen und sie genehmigen, ablehnen oder bearbeiten. Weiterhin darf er ein Datenfenster definieren und Datenprodukte mit Partnerlösungen teilen.

Tabelle 5.2 zeigt die Rollen noch einmal auf einen Blick. Die meisten Berechtigungen besitzt der **Business Data Cloud Admin**.

Rolle	Aufgaben
Business Data Cloud Admin	– Domains/Subdomains erstellen – Privilegien für Benutzer des SAP BDC Cockpits zuweisen
Domain Owner	– Subdomains erstellen – Privilegien für Benutzer der Domain zuweisen – Datenprodukte einer Domain zuweisen – Datenprodukte einer anderen Domain neu zuweisen
Lifecycle Manager	– Ein Datenprodukt freigeben – Ein Datenprodukt außer Betrieb setzen – Ein Datenprodukt löschen
Data Product Developer	– Metadaten pflegen – Datenprodukte erstellen – Versionen von Datenprodukten bearbeiten – Entwurf eines Datenprodukts speichern – Ein Datenprodukt bereitstellen (Beta-Version)
Data Steward	– Alle Zugriffsanfragen für die Domain lesen – Zugriffsanfragen genehmigen/ablehnen – Zugriffsanfragen bearbeiten – Datenfenster definieren

Tabelle 5.2: Überblick über die Rollen in Data Product Studio

Nachdem wir Ihnen in diesem Abschnitt das Data Product Studio vorgestellt haben, werfen wir im nächsten Abschnitt einen Blick auf den Object Store und seine Möglichkeiten.

5.4 Object Store

Mit der SAP BDC vollzieht SAP einen konsequenten Schritt hin zu einer offenen, cloudnativen Datenplattform, deren Fundament ein zentraler Object Store bildet. Dieser *Object Store* ist nicht als isolierte Innovation zu verstehen, sondern als kontinuierliche Weiterentwicklung bestehender SAP-Datenarchitekturen, insbesondere des SAP HANA Data Lakes in SAP Datasphere.

SAP HANA Data Lake

Bereits mit der Einführung des SAP HANA Data Lakes wurde die klassische Trennung zwischen In-Memory-Persistenz und kostengünstigem, skalierbarem Sekundärspeicher aufgebrochen. Der *SAP HANA Data Lake* ermöglicht es, große Datenmengen des SAP-HANA-Speichers zu persistieren und dennoch per SQL zu adressieren. Die SAP BDC geht jedoch noch einen Schritt weiter: Der Object Store wird zur primären, serviceübergreifenden Persistenzschicht. Sein Ziel ist es, die Speicherung und den Abruf großer Datenmengen aus Anwendungen zu vereinfachen. Dabei bietet er eine sichere, hochverfügbare und skalierbare Lösung für die Verwaltung von Objekten.

Diese Entwicklung folgt einem klaren Paradigmenwechsel: weg von proprietären, systemgebundenen Speichermechanismen und hin zu offenen, standardisierten Cloud-Storage-Konzepten, wie sie sich in Hyperscaler-Ökosystemen etablieren.

SAP BTP

Technisch gesehen ist der Object Store in der SAP BDC ein verwalteter Service auf der SAP BTP, der den Zugriff auf Cloud-Speicherlösungen von Hyperscalern wie AWS S3 oder Google Cloud abstrahiert.

Position des Object Store

Die Position des Object Stores in der SAP BDC wird in Abbildung 5.11 deutlich. Der Object Store befindet sich innerhalb von SAP Datasphere und liegt unterhalb SAP HANA Cloud. Er kann verwendet werden, um Daten sowohl aus SAP BW als auch aus SAP Databricks zu konsumieren.

Kostenstruktur

Neben den technischen Vorteilen spielt auch die Kostenstruktur eine zentrale Rolle. Der Object Store ist im Vergleich zu klassischen Datenbankspeichern signifikant günstiger, hoch skalierbar und unabhängig von der Rechenleistung.

Mit der SAP BDC sinken die Speicherkosten deutlich. Außerdem wird teurer In-Memory-Speicher gezielt dort eingesetzt, wo er echten Mehrwert bringt, sodass Daten langfristig und kosteneffizient aufbewahrt werden können.

Industrieller Standard

Bemerkenswert ist dabei, dass SAP nicht versucht, das Rad neu zu erfinden. Anstatt proprietäre Speicherformate oder geschlossene Ökosysteme zu etablieren, folgt SAP bewusst dem industriellen Standard. Dazu gehören die folgenden Konzepte:

- Object Store
- offene Dateiformate
- SQL on Files
- Zero-Copy-Architekturen

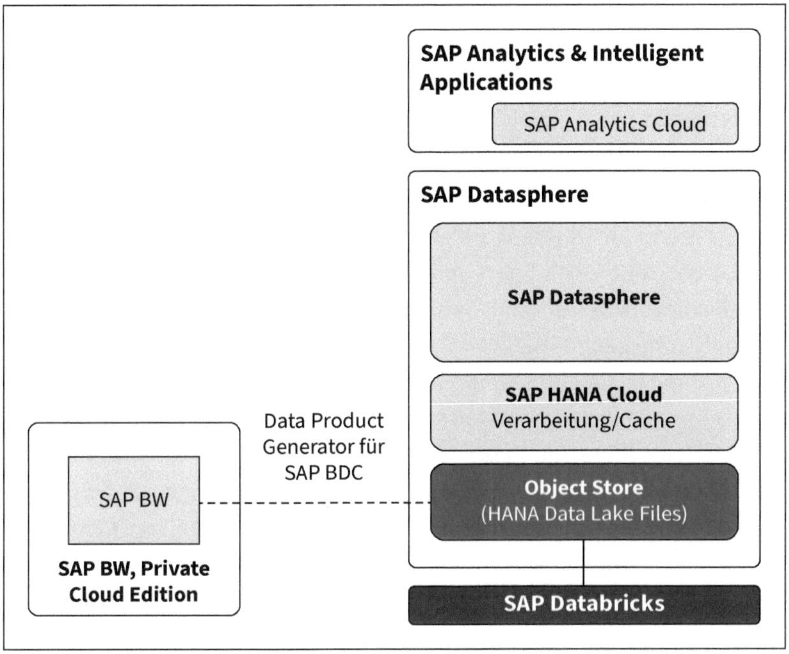

Abbildung 5.11: Der Object Store innerhalb der SAP-BDC-Architektur

Diese strategische Öffnung erhöht nicht nur die Investitionssicherheit für Kunden, sondern erleichtert auch die Integration mit Nicht-SAP-Technologien und Cloud-Ökosystemen. Im Folgenden betrachten wir die Funktionen des Object Stores, die Möglichkeit, mittels SQL auf Dateien im Object Store zuzugreifen sowie die Rolle von Zero Copy in diesem Zusammenhang.

5.4.1 Funktionen des Object Stores

Data Democracy

Bevor wir uns die technologischen Einzelheiten anschauen, möchten wir Ihnen noch kurz darlegen, warum der Object Store insbesondere für Business-Daten so interessant ist.

Die Entscheidung von SAP, den Object Store zu verwenden, folgt der Logik der *Data Democracy*. Stellen Sie sich vor, die Daten müssten erst mühsam durch komplexe ETL-Strecken in eine relationale Datenbank gepresst werden. Dabei würde der wesentliche Kontext der Rohdaten verloren gehen. Der Object Store ermöglicht es hingegen, die Single Source of Truth unverfälscht zu bewahren, und senkt gleichzeitig die Kosten für die Datenhaltung.

Eingangsschicht

Der Object Store dient als Eingangsschicht für die Bereitstellung großer Datenmengen. Das Laden der Daten kann über einen Replikationsfluss oder über den Data Product Generator der SAP BDC erfolgen.

Apache-Spark-Transformationsflüsse

Alternativ können die Daten mithilfe von Apache-Spark-Transformationsflüsse vorbereitet werden (siehe *http://s-prs.de/v1134112*). Wenn Sie sich für diesen Weg entscheiden, können die Tabellen in die Spaces von SAP Datasphere geteilt werden. Dort dienen sie dann als Quellen, bspw. für Views oder Analytic Models.

SAP Datasphere

Der Object Store ist in SAP Datasphere zu verorten (siehe Abbildung 5.12). Um ihn in Ihrer Systemlandschaft nutzbar zu machen, sind zunächst einige vorbereitende Schritte in SAP Datasphere erforderlich. Zunächst muss ein Benutzer mit Administratorrolle einen Space mit SAP-HANA-Data-Lake-Dateispeicher im Object Store anlegen. Dieser *Datei-Space* ist zum Laden und Vorbereiten großer Datenmengen vorgesehen. Befüllt wird dieser Speicher aus SAP BW, SAP BW/4HANA oder anderen Quellsystemen und Datenbanken. Das Laden kann über Replication Flows erfolgen, die Daten in lokale Tabellen laden. Dafür reicht eine klassische Modeler-Rolle. Die Daten werden anschließend in den Eingangspuffer einer lokalen Zieltabelle geschrieben. Damit Aktualisierungen an den Daten vorgenommen und die Daten sichtbar gemacht werden können, muss eine Task Chain für die Puffer-Zusammenführung angelegt werden.

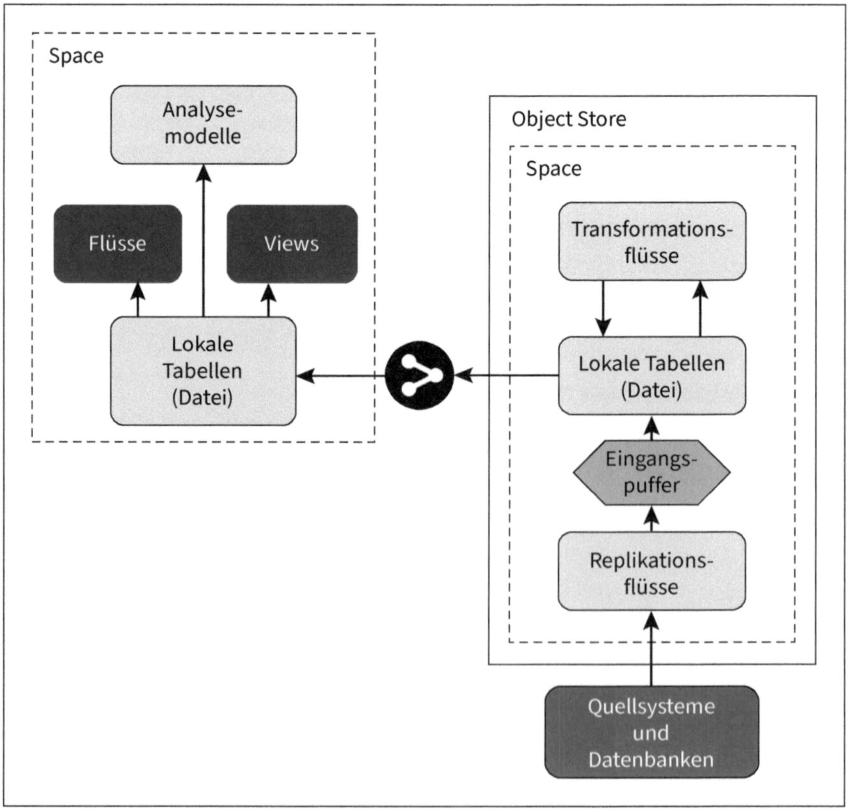

Abbildung 5.12: Konzeptioneller Aufbau des Object Stores

Die Daten aus SAP BW oder SAP BW/4HANA können direkt in lokale Tabellen geladen werden. Diese Tabellen können bei Bedarf über Transformationsflüsse angepasst werden. Die lokalen Tabellen aus dem Datei-Space können von dort aus in einen anderen Space geteilt werden. Die Tabellen können Sie in dem anderen Space nicht verändern, jedoch können Sie auf Basis dieser Tabellen weitere Flüsse bzw. Views anlegen.

Lokale Tabellen

Grundsätzlich sollten Sie wissen, dass SAP Datasphere zwei Typen von lokalen Tabellen zum Persistieren von Daten unterstützt (siehe auch *http://s-prs.de/v1134113*):

- *Lokale Tabellen* können auf der Festplatte oder im Arbeitsspeicher gespeichert und für die Delta-Erfassung verwendet werden. Diese Art von Tabelle kann nur in einem normalen Space angelegt werden. Dort findet die Persistierung auf der SAP-HANA-Datenbank statt.
- *Lokale Tabellen (Dateien)* werden in Dateien gespeichert und dienen dazu, große Datenmengen zu geringen Kosten zu speichern. Diese Art von Tabelle verwendet immer die Delta-Erfassung und kann nur in einem Datei-Space angelegt werden. Als Speicher dient der SAP-HANA-Data-Lake-Dateispeicher.

Cloud Connector in SAP Datasphere und SAP BDC

Seit Release 2026.12 ermöglichen ein Cloud Connector in SAP Datasphere und SAP BDC die Anbindung von Cloud Object Stores wie Amazon S3, Google Cloud Storage und Azure Data Lake für Replication Flows. Dadurch können Replication Flows Daten über einen TLS-Tunnel lesen oder schreiben, auch wenn die Cloud Object Stores keine öffentlichen Endpunkte besitzen.

Im Folgenden erfahren Sie, wie die Daten im Object Store mittels SQL gelesen werden können.

SQL on Files

Ein zentrales technisches Konzept des Object Stores in der SAP BDC ist *SQL on Files*. Dabei werden strukturierte und semistrukturierte Daten nicht mehr zwingend in ein klassisches Datenbankschema geladen, sondern verbleiben in offenen Dateiformaten direkt im Object Store. Moderne Query Engines unterstützen die folgenden Verarbeitungsarten:

- direktes Lesen per SQL
- selektives Scannen
- spaltenorientierte Verarbeitung

Abbildung 5.13 zeigt, wie SQL on Files konkret in der SAP BDC umgesetzt wird. Aus dem Object Store (einem eingebetteten Data Lake) können via Delta Share Daten in SAP Datasphere geteilt werden. Außerdem können die Daten für mögliche ML-Anwendungen direkt in den Unity Catalog von SAP Databricks geteilt werden.

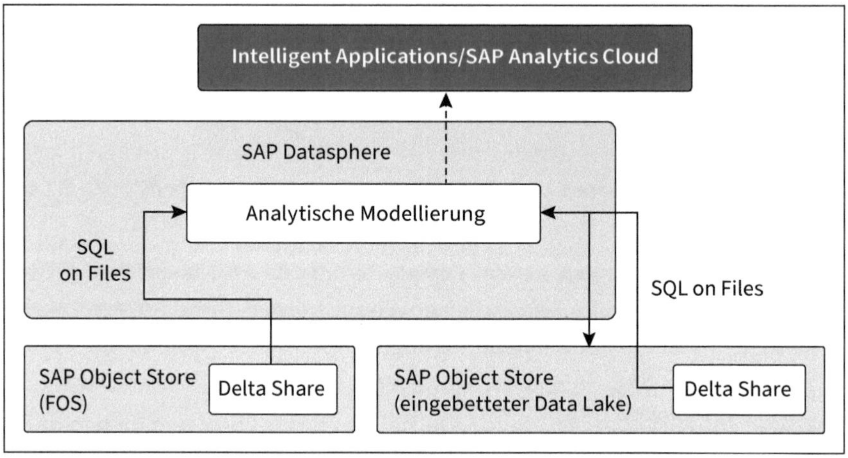

Abbildung 5.13: SQL on Files in der SAP BDC

Zero Copy

Damit entfällt in vielen Szenarien der klassische ETL-Schritt des physischen Kopierens von Daten. Dieses Prinzip wird als *Zero Copy* bezeichnet: Daten werden einmalig gespeichert und anschließend von mehreren Services genutzt, ohne repliziert zu werden.

In der SAP BDC bedeutet das konkret, dass SAP Datasphere, SAP Databricks und andere Analytics-Services auf dieselben Daten im Object Store zugreifen. Zwar nutzen sie jeweils andere Engines und Optimierungen, eine redundante Speicherung ist jedoch nicht erforderlich. Der Object Store fungiert als gemeinsamer Datenraum (Bucket) für SQL-fähige Files, der sowohl analytische als auch operative Zugriffsmuster unterstützt.

Der Object Store arbeitet außerdem nahtlos mit der SAP Integration Suite und anderen SAP-Lösungen zusammen. APIs und technische Komponenten ermöglichen eine einfache Integration in bestehende Anwendungen und Workflows.

Parquet Files

Ein weiterer wichtiger Baustein ist die Einführung und Übernahme des Konzepts der sogenannten *Parquet Files*. Parquet Files bündeln Daten, Metadaten und Strukturinformationen in einer transportierbaren Einheit und eignen sich für die Datenbereitstellung, die Voraggregation, die Langzeitarchivierung sowie den systemübergreifenden Austausch.

Mit der SAP BDC wurde dieses Konzept weiter professionalisiert und nativ in die SAP Datasphere integriert. Dort steht nun ein eigener Object Store Space zur Verfügung, der speziell dafür vorgesehen ist, Ressourcen, Datenpakete und große Datenmengen außerhalb des klassischen In-Memory-Kontexts abzulegen.

In diesem Zuge wurde auch das Data Tiering als separates Konzept abgelöst. Anstelle komplexer Regelwerke zur Verschiebung von Daten zwischen Speicherebenen gibt es nun eine klare Trennung zwischen Rechen- und Speicherschicht sowie eine native Nutzung des Object Stores für kalte, warme und geteilte Daten.

Bisher war *Data Tiering* in der traditionellen Architektur ein hierarchischer Prozess, bei dem die Daten je nach Zugriffshäufigkeit zwischen den Kategorien »Hot« (In-Memory), »Warm« (diskbasierte Tabellen) und »Cold« (Archiv) verschoben wurden. Beim klassischen Data Tiering sind die warmen Daten immer noch an die Rechenleistung eines Datenbankknotens gebunden. Wenn Sie mehr Speicher für warme Daten benötigen, müssen Sie oft auch mehr Rechenkapazitäten bezahlen. Außerdem sind Daten beim klassischen Data Tiering häufig an die Datenbank-Engine gekoppelt. Ein Zugriff von außen (bspw. durch ein Python-Skript) erfordert meist eine komplexe Schnittstelle zur Datenbank. Im Object Store liegen die Daten dagegen in einem offenen Format vor und können von SAP Datasphere sowie von anderen Cloud-Services direkt genutzt werden.

Nachdem wir uns mit der Funktionsweise des Object Stores vertraut gemacht haben, sehen wir uns an, wie genau die unstrukturierten Daten im Object Store verarbeitet werden können.

5.4.2 SQL on Files

Serverless SQL

Früher galt die Regel: Sobald Daten mit SQL abgefragt werden sollten, mussten sie sich innerhalb einer Datenbank befinden. Seitdem es jedoch *SQL on Files* (auch bekannt als *Serverless SQL*) gibt, ist es möglich, Daten direkt aus dem Object Store abzufragen.

Virtuelle Tabelle

Anstatt die Daten per ETL (Extract, Transform, Load) in SAP HANA zu laden, wird lediglich eine virtuelle Tabelle erstellt. Diese Tabelle enthält keine Daten, sondern nur Metadaten. Diese Metadaten enthalten Informationen darüber, wo die Dateien liegen, welches Format sie haben und wie ihre Struktur aussieht. Sobald also eine typische `SELECT` * FROM Tabelle-Abfrage gestellt wird, generiert die Engine der SAP BDC einen Ausführungsplan, der die Dateien im Object Store scannt, die relevanten Daten extrahiert und das Ergebnis an die Nutzerin bzw. den Nutzer zurückgibt.

Performance

Vielleicht fragen Sie sich jetzt, wie es um die Performance steht. SQL on Files nutzt moderne Techniken, um eine Performance zu erreichen, die nah an die von nativen Datenbanken herankommt:

- **Spaltenorientierung**

  SQL on Files arbeitet mit Formaten wie Apache Parquet. Da Parquet die Daten spaltenweise speichert, liest die SQL-Engine nur die Spalten des Object

Store, die im `SELECT`-Statement angefordert wurden. Das reduziert den Netzwerk-Traffic massiv.

- **Predicate Pushdown**

  Filter wie `WHERE Jahr = 2023` werden direkt an die File-Storage-Schicht weitergereicht. Nur die Dateiblöcke, die relevante Daten enthalten, werden dann überhaupt geladen.

- **Massiv parallele Verarbeitung**

  Die SAP BDC verteilt die Rechenlast auf viele kleine Instanzen, die gleichzeitig verschiedene Teile der Dateien im Object Store scannen.

Die Engine ist polyglott und kann verschiedene Formate aus dem Object Store lesen. Der Standard für SQL on Files ist in der Regel Parquet, aber auch JSON oder CSV sind möglich.

Rohdaten

Die Anwendungsfälle für SQL on Files sind unterschiedlich. Data Scientists können damit riesige Mengen an Rohdaten verarbeiten, ohne sich viele Gedanken über komplexe ETL-Prozesse machen zu müssen. Oftmals liegen historische Daten kostengünstig im Object Store. Damit diese Daten eingesetzt werden können, müssen sie via SQL on Files verwendet werden. In Abschnitt 5.1, »Einordnung von Datenprodukten«, haben wir Data Mesh bereits angesprochen. Auch in diesem Fall ist dieses Konzept relevant: Verschiedene Domänen können ihre Daten als Files im Object Store bereitstellen. Die IT kann diese Daten dann mittels SQL on Files bspw. zu einem unternehmensweiten Report zusammenfassen.

Tabelle 5.3 vergleicht SQL on Files und Native SAP HANA Files hinsichtlich Performance, Kosten, Datenvolumen und Flexibilität. Während SQL on Files vor allem durch geringe Kosten, hohe Flexibilität und ein nahezu unbegrenztes Datenvolumen überzeugt, bieten Native SAP HANA Files eine extrem schnelle, aber speichergebundene In-Memory-Performance zu höheren Kosten.

Merkmal	SQL on Files	Native SAP HANA Files
Geschwindigkeit	gut bis sehr gut – latenzabhängig	extrem schnell – Subsekunde
Kosten	sehr gering – Storage-Preis	höher – In-Memory-Preise
Datenvolumen	nahezu unbegrenzt – Petabytes	begrenzt durch RAM-Kapazität
Flexibilität	hoch – Schema on Read	gering – Schema on Write

Tabelle 5.3: Vergleich von SQL on Files und Native SAP HANA Files

Wir fassen unsere Erkenntnisse wie folgt zusammen: SQL on Files ist das Werkzeug, das den Object Store von einem passiven Archiv in eine aktive Datenbankerweiterung verwandelt. Es ermöglicht dem Unternehmen eine radikale Kostenoptimierung, indem nur die absolut kritischen Daten im teuren In-Memory-Speicher gehalten werden, während die Masse der Daten via SQL direkt im Object Store zugänglich bleibt.

Fazit

5.4.3 Zero Copy

Serviceübergreifende Datennutzung

In den vorherigen Abschnitten wurde *Zero Copy* bereits kurz angesprochen. Grundsätzlich steckt dahinter der Gedanke einer serviceübergreifenden Datennutzung. Die SAP BDC folgt hier explizit dem Architekturprinzip, das sich bereits in Databricks-Enterprise-Umgebungen etabliert hat. *Zero Copy Sharing* bedeutet, dass Daten physisch an ihrem Ursprungsort im Object Store (z. B. in einem S3-Bucket oder im SAP Datasphere Data Lake) verbleiben. Anstatt eine physische Kopie der Datei für einen anderen Benutzer oder ein anderes System zu erstellen, wird lediglich eine View angelegt oder das geteilte Objekt verwendet. Der Object Store übernimmt dabei die Rolle eines neutralen Austauschmediums zwischen Services:

- SAP Datasphere nutzt ihn für semantisch angereicherte Datenmodelle.
- SAP Databricks nutzt ihn für Advanced Analytics, Machine Learning und Data Engineering, weitere SAP-Services nutzen ihn für spezialisierte Auswertungen.

Physische Persistenz

Entscheidend ist dabei, dass die Services keine Datenkopien teilen, sondern eine gemeinsame physische Persistenz nutzen. Governance, Zugriffsrechte und Metadaten werden logisch verwaltet, während die eigentlichen Daten unverändert im Object Store verbleiben.

Produzenten

Die Produzentin bzw. der Produzent behält weiterhin die Hoheit über die Originaldaten. Die konsumierende Person sieht die Daten in Echtzeit und hat somit das Gefühl, als lägen diese in ihrem eigenen Space bzw. Workspace, obwohl sie nur auf das Objekt im Speicher der Produzentin bzw. des Produzenten zugreift. Technisch basiert das Sharing auf einer Kombination aus Metadatenmanagement und standardisierten Speicherformaten wie Apache Parquet und Delta Lake. Damit positioniert sich SAP klar in Richtung eines Lakehouse-ähnlichen Architekturmodells, ohne proprietäre Silos aufzubauen.

Cross-Platform Sharing

Innerhalb von SAP Datasphere und der SAP BTP kann Zero Copy auf verschiedenen Ebenen realisiert werden. Innerhalb von SAP Datasphere können Daten zwischen verschiedenen Spaces (z. B. HR und Finance) geteilt werden. Beim *Cross-Plattform Sharing* gewährt die SAP BDC einem externen System Lesezugriff auf die zugrunde liegenden Dateien.

Ein häufiges Bedenken bei Zero Copy betrifft die Sicherheit. Dabei kommen Fragen auf wie: »Wenn ich den Zugriff auf meinen Speicher teile, verliere ich dann die Kontrolle?« Die Architektur der SAP BDC verhindert genau dies durch *Identity Federation*. Hierbei kann noch einmal zwischen Just-in-Time-Authorization und Row-Level-Security unterschieden werden. Bei *Just-in-Time-Authorization* wird der Zugriff auf das Objekt erst in dem Moment autorisiert, in dem die Abfrage erfolgt. Identity Federation bietet Ihnen die folgenden Vorteile:

- **Storage-Kosteneinsparungen**
  Da keine Terabytes an Daten kopiert werden, entstehen keine zusätzlichen Speicherkosten für Redundanzen.
- **Single Source of Truth**
  Es gibt keine veralteten Kopien mehr und alle Beteiligten arbeiten immer auf dem aktuellen Stand der Daten im Object Store.
- **Echtzeitverfügbarkeit**
  Der langwierige Prozess des Datenladens entfällt – die Daten sind sofort nach Freigabe bei den Konsumierenden sichtbar.
- **Governance**
  Die Datenbesitzenden können den Zugriff jederzeit widerrufen; da die Daten den Object Store nicht verlassen, bleibt die Kontrolle zentralisiert.

Technische Perspektive auf Zero Copy

Um zu verstehen, wie Daten geteilt werden können, ohne sie zu kopieren, müssen sowohl die Anatomie eines Objekts als auch die Rolle der Metadaten verstanden werden.

Metadaten-Layer

Im Kern von Zero Copy steht die strikte Trennung zwischen den physischen Daten (den Bits und Bytes im S3- oder Azure-Bucket) und der logischen Beschreibung der Daten im Catalog. Die Daten liegen im Physical Layer in hochoptimierten, meist spaltenorientierten Formaten wie Apache Parquet vor. Der Metadaten-Layer speichert Informationen darüber, wo genau die Daten liegen, wie ihr Schema aussieht und wer genau Zugriff darauf hat.

Metadaten-Pointer

Wie bereits erwähnt, wird beim Zero Copy Sharing das Objekt nicht selbst dupliziert, sondern lediglich der Metadaten-Pointer im Katalog eines anderen Benutzers oder Systems registriert. Damit Zero Copy auch über Systemgrenzen hinweg funktioniert (z. B. zwischen SAP Datasphere und einer externen Snowflake-Instanz), ist eine standardisierte Form erforderlich. Die SAP BDC setzt auf moderne Tabellenformate wie Apache Parquet, um die benötigten Spalten effizient zu lesen, und Apache Iceberg/Delta Lake, um eine gewisse Datenbankintelligenz in den Object Store zu bringen. So können ACID-Transaktionen ebenso wie der Zugriff auf ältere Versionen gewährleistet werden. Zero Copy bietet zusammengefasst die folgenden Vorteile:

- Es ist keine Datenlatenz zu befürchten, da ein sofortiger Zugriff garantiert ist.
- Die Speicherkosten bleiben konstant, während sie früher mit jeder Kopie linear gestiegen sind.
- Die Datensouveränität ist optimal, da die Daten ihre Quelle nicht physisch verlassen.
- Neue Analysen können direkt auf Rohdaten erfolgen, wofür früher neue Pipelines benötigt wurden.

5.5 Künstliche Intelligenz

Definition

Dieser Abschnitt gibt Ihnen einen Einblick in die Funktionsweise der künstlichen Intelligenz (*KI*), die das Fundament für viele praktische Anwendungen bildet. KI entsteht nicht von allein, sondern basiert auf menschlichen Entscheidungen: Menschen definieren Ziele, wählen und labeln Daten, entwerfen Modelle und legen Rahmenbedingungen fest. Maschinelle Systeme (Algorithmen, Recheninfrastruktur) setzen diese Vorgaben dann um, lernen Muster aus Daten und unterstützen oder automatisieren Entscheidungen im Zusammenspiel mit dem Menschen.

Ziel

Das Ziel der KI besteht darin, das Optimum zu erreichen – unabhängig davon, in welchem Kontext sie eingesetzt wird. Wenn ein System rational handelt, versucht es, bestmöglich zu handeln. Ein weiteres Ziel besteht darin, menschliches Verhalten zu imitieren.

5.5.1 Machine Learning

Wir wollen uns nun mit einer speziellen Form der KI, dem Machine Learning (ML), auseinandersetzen. Bei *ML* leiten Systeme mithilfe von Algorithmen aus Daten Modelle ab, um auf deren Basis später Schlussfolgerungen ziehen zu können. Die Anwendungen sind dabei vielfältig. So lassen sich bspw. mithilfe der Assoziationsanalyse personalisierte Einkaufsvorschläge berechnen, wie sie etwa in Online-Shops vorkommen. Klassifikationsverfahren unterstützen bei der Lieferantenbewertung, während Regressionsverfahren oftmals für die Prognose von Umsätzen eingesetzt werden. ML hat das Potenzial, den Automatisierungsgrad von Prozessen und Produkten über alle Bereiche hinweg zu steigern. Dies kann die Prozess- und Produktqualität verbessern und sich positiv auf die Umsatzsituation der beteiligten Unternehmen auswirken.

Beim Machine Learning lernen Systeme also aus den ihnen gegebenen Daten. Innerhalb von ML gibt es wiederum drei verschiedene Arten des Lernens (siehe Abbildung 5.14), die wir im Folgenden beschreiben.

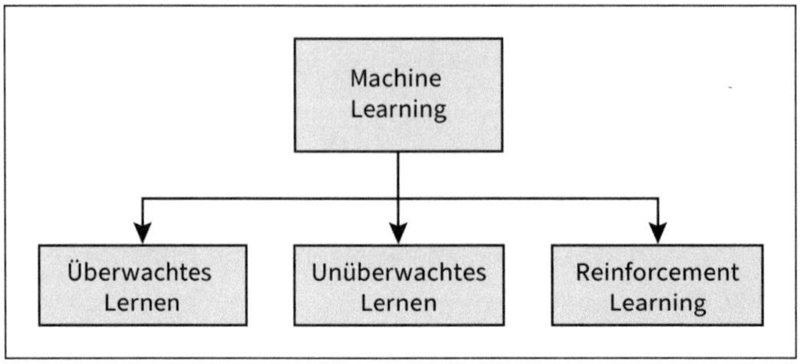

Abbildung 5.14: Kategorien von ML

Überwachtes Lernen

Das *überwachte Lernen* ist eine grundlegende Methode von ML, bei der der Algorithmus eigenständig Muster in Daten erkennt, wobei ihm eine Zielfunktion vorgegeben wird. Diese Art des Lernens lässt sich in mehrere Phasen unterteilen:

1. Zunächst müssen geeignete Trainingsdaten bereitgestellt werden. Diese Daten müssen erklärende Eingangsvariablen und abhängige Zielvariablen enthalten.
2. In der Modellbildungsphase berechnet ein Induktionsalgorithmus aus den Trainingsdaten ein Modell. Das berechnete Modell repräsentiert die Transformationsvorschrift zwischen Eingangsvariable und Zielvariable.
3. Nun beginnt die Testphase, in der die Güte des Modells bewertet wird. Eine sogenannte *Confusion-Matrix* erlaubt einen Vergleich zwischen berechneten und tatsächlich vorliegenden Zielvariablen und ermöglicht so die Bestimmung der Fehlerrate sowie der Genauigkeit des Modells.
4. Je nach Art der Zielvariable unterscheidet man dabei vor allem zwei Formen des überwachten Lernens:
   - die *Klassifikation*, bei der diskrete Klassen (z. B. »positiv/negativ«, »Kunde kauft / kauft nicht«) vorhergesagt werden,
   - die *Regression*, bei der kontinuierliche Werte (z. B. Preise, Mengen, Wahrscheinlichkeiten) geschätzt werden.
   - In der Produktivphase leitet anschließend ein Deduktionsalgorithmus mithilfe des Modells aus bekannten Eingangsvariablen unbekannte Zielvariablen ab.

Problemklassen

Klassifikation und *Regression* sind typische Problemklassen für das überwachte Lernen. Klassifikationsverfahren erlauben die Bestimmung diskreter Zielvariablen, während Regressionsverfahren kontinuierliche Zielvariablen berechnen. Ein Beispiel für überwachtes Lernen sind neuronale Netze. Bei Klassifikationen sind Entscheidungsbäume sehr bekannte Vertreter. Bekannte Algorithmen sind z. B. CART oder Random Forest.

Unüberwachtes Lernen

Beim Verfahren des *unüberwachten Lernens* wird auf das explizite Training verzichtet. Abgesehen von einigen Parametern (wie z. B. der Anzahl der Cluster K bei K-Means-Algorithmen) explorieren die Algorithmen die vorgelegten Daten und erzeugen eine Ausgabe. Diese Ausgabe kann als Modell weiterverwendet werden. Dieses Vorgehen wird als *deskriptive Modellbildung* bezeichnet. Bekannte Vertreter sind Cluster-Algorithmen wie K-Means oder DBSCAN. Grundsätzlich geht es dabei um das Finden eines Ähnlichkeitsmaßes. Dabei wird die Ähnlichkeit einer Punktmenge in einem n-dimensionalen Raum berechnet. Sogenannte Cluster sind Repräsentationen von Punkten, die nah beieinander liegen. Clustering wird bspw. zur Kundensegmentierung im Bereich Customer Relationship Analytics eingesetzt.

Reinforcement Learning

Reinforcement Learning (RL) beschreibt eine Methode des ML, bei der die ausführbaren Aktionen von einem erwarteten Nutzen abhängen. Ein Software-Agent steht in einer Interaktionsbeziehung mit einer Umgebung. Dieser Agent unterliegt dem sogenannten *Sens-Plan-Act-Muster*, d. h., der Agent liest innerhalb einer Iteration eine Beobachtung ein, plant eine Aktion und führt diese Aktion aus.

Reward

In der jeweils folgenden Iteration wird ein Reward eingelesen, mit dessen Hilfe die Umgebung die letzte Aktion bewertet. Über den Reward kann anschließend eine Strategie bewertet werden, die ein vorgegebenes Ziel optimiert. Eine Sequenz von Iterationen ergibt eine Episode.

Try and Error

Bei RL lernt der Agent durch das Try-and-Error-Verfahren. Wenn er eine Aktion ausführt, kann er dafür entweder bestraft oder belohnt werden. Je näher eine Aktion dem Ziel kommt, desto positiver fällt die Rückmeldung aus. Die Menge der positiven Rückmeldung führt zur Entwicklung einer optimalen Gewinnstrategie.

Merkmale

Im Gegensatz zum überwachten Lernen wird kein vorgegebener Input verwendet. RL lässt sich durch folgende Merkmale charakterisieren:

- Die Probleme sind klar definiert und abgeschlossen.
- Die Agenten bekommen keine direkte Vorgabe, wie sie agieren sollen.
- Anfangs wissen die Agenten nicht, wie sie Belohnungen maximieren sollen.

Mathematisch gesehen bilden Markov-Entscheidungsprozesse das Fundament für RL.

Beim Machine Learning lassen sich drei Hauptarten unterscheiden:

- Beim *überwachten Lernen* werden aus gelabelten Daten Vorhersagemodelle abgeleitet.
- Beim *unüberwachten Lernen* werden Strukturen und Cluster in unmarkierten Daten entdeckt.
- Beim *Reinforcement Learning* werden Strategien durch Belohnung und Bestrafung in einer sequenziellen Interaktion mit der Umgebung erlernt.

Aufbauend auf diesen Lernverfahren stellt sich nun die Frage, wie eine geeignete, semantisch angereicherte Datenbasis geschaffen werden kann. Genau hier setzt der SAP Knowledge Graph an, der im nächsten Abschnitt vorgestellt wird.

5.5.2 SAP Knowledge Graph

Heterogene Daten

Mit der zunehmenden Vernetzung von Geschäftsprozessen, Datenquellen und Analyseanwendungen steigt der Bedarf an Datenmodellen, die über klassische tabellarische Strukturen hinausgehen. Moderne Unternehmenslandschaften sind geprägt von heterogenen Daten, Abhängigkeiten und sich ständig verändernden Kontexten. Insbesondere in der SAP BDC gewinnt die semantische Verknüpfung von Informationen daher zunehmend an Bedeutung.

Architekturkonzept

Der SAP Knowledge Graph stellt in diesem Kontext ein zentrales Architektur- und Modellierungskonzept dar. Mit diesem Graph werden die Daten nicht isoliert, sondern als Netz aus Entitäten, Beziehungen und Bedeutungen repräsentiert. Dadurch entsteht eine einheitliche, kontextreiche Sicht auf Unternehmensdaten. Die Anwendungsfälle können sowohl analytischer als auch operativer Natur sein.

Definition

Der *SAP Knowledge Graph* ist eine Lösung, die die Data Fabric Ihres Unternehmens mit KI verknüpft, um präzise Antworten für den jeweiligen Kontext liefern zu können.

Einsatz von KI

Der SAP Knowledge Graph bildet eine zentrale Grundlage für den sicheren und effektiven Einsatz von KI in SAP-Systemlandschaften. Als semantische Datengrundlage stellt er sicher, dass KI-Anwendungen mit konsistenten, fachlich korrekten und kontextualisierten Informationen arbeiten. Dadurch wird verhindert, dass KI-Systeme halluzinieren, und es entsteht eine verlässliche Basis für fundierte Geschäftsentscheidungen.

[»]

Automatische Generierung eines Knowledge Graphs mit SAP HANA Cloud

In Zukunft wird SAP HANA Cloud automatisch einen Knowledge Graph für Datenbankobjekte aus Systemkatalogen und Artefakten generieren, um Tabellen, Views, Spalten und deren Beziehungen semantisch abzubilden. So werden Datenentdeckung und -exploration ohne manuellen Modellierungsaufwand beschleunigt, Use Cases für KI-Agenten (z. B. Discovery- und Data Agents) unterstützt und über Funktionen wie die Transformation in Property Graphs sowie die native RQX-zu-RQX-Federation eine performante, semantisch reiche Abfrage- und Analysebasis bereitgestellt werden.

Abbildung 5.15 zeigt die Kernkomponenten des Knowledge Graphs. Der Graph konsumiert Daten aus Datenquellen wie SAP S/4HANA oder der SAP BDC. Die verbundenen Daten können bspw. von Joule oder KI-Agenten aufgegriffen werden. Auf Basis von Geschäftsdaten können diese aktiv bei der Entscheidungsfindung helfen. Als Technologien kommen u. a. LLMs, GraphRAG und RDF zum Einsatz.

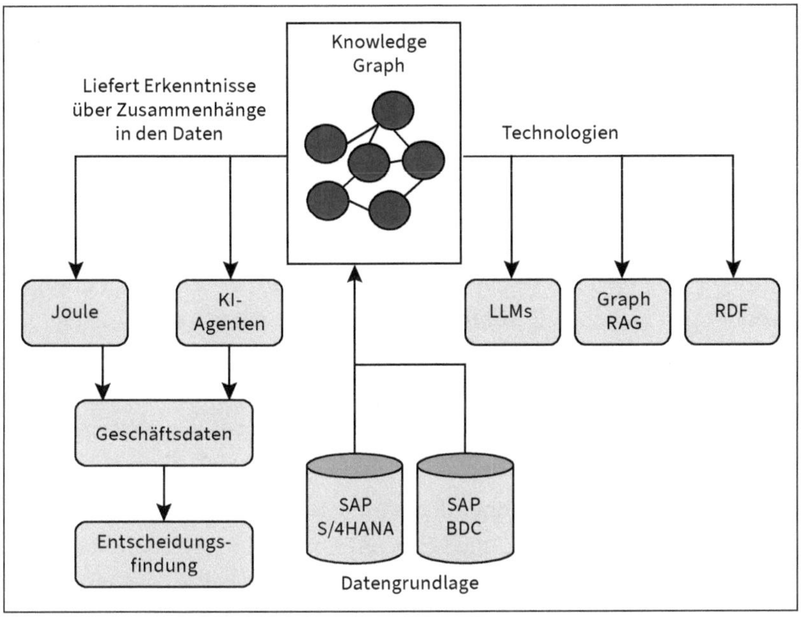

Abbildung 5.15: Funktionsweise des SAP Knowledge Graphs

Vorteile

Ein wesentlicher Vorteil des SAP Knowledge Graphs liegt in der Erweiterung des Fachwissens der Mitarbeitenden. In Kombination mit Joule ermöglicht der SAP Knowledge Graph die Verknüpfung von individuellem Domänenwissen mit aktuellen Geschäftsdaten und KI-gestützten Analysen. Nutzerinnen und Nutzer erhalten kontextbezogene, erklärbare Ergebnisse, die über reine Datenabfragen hinausgehen und Entscheidungsprozesse nachhaltig unterstützen.

Sicherheit

Gleichzeitig trägt der SAP Knowledge Graph zu einer höheren Sicherheit und geringeren Kosten bei der IT bei. SAP verwaltet den zugrunde liegenden Geschäftskontext zentral und proaktiv. Dadurch werden der Aufwand für die kundenspezifische Datenaufbereitung sowie weitere Data-Science-Aufwendungen reduziert. Die KI-Anwendungen greifen auf eine stabile Wissensbasis zu, ohne dass weitere Integrationsprozesse erforderlich sind.

Funktional ist der SAP Knowledge Graph direkt in den Kundendaten der SAP-Systeme verankert. Bei Interaktionen wird Joule der jeweilige fachliche Kontext zur Verfügung gestellt. Gleichzeitig wird sichergestellt, dass bei jeder Interaktion die am besten geeigneten Informationen genutzt werden. Nur so kann eine konsistente und zielgerichtete Nutzung der KI über diverse Geschäftsprozesse hinweg gewährleistet werden.

Flexible Exploration

Darüber hinaus ermöglicht der SAP Knowledge Graph eine flexible Exploration und einen intuitiven Datenzugriff. Die Abfragen können in natürlicher Sprache formuliert werden, um die Transaktionsdaten zu analysieren. Ein weiterer zentraler Aspekt ist der Zugriff auf Kundendaten über verschiedene SAP-Lösungen hinweg. Es können vorab konfigurierte Wissensgraphen für die SAP-Anwendungen bereitgestellt werden, sodass ein sofortiger Zugriff auf Daten und Metadaten per Spracheingabe möglich ist.

Der SAP Knowledge Graph fungiert somit als verbindendes Element zwischen Daten, Fachwissen und KI.

Grundprinzipien des Knowledge Graphs

Ziel des SAP Knowledge Graphs ist es, die Integration und das Verständnis komplexer Geschäftsdaten aus SAP-Systemen zu verbessern. Er stellt Bedeutungen und Beziehungen zwischen Entitäten her, und bietet damit die Grundlage für Large Language Models (LLMs). Sicher haben Sie schon einmal davon gehört, dass KI-Systeme auch halluzinieren können. Mit dem SAP Knowledge Graph kann dieses Phänomen deutlich reduziert werden, ebenso wie weitere Ungenauigkeiten.

Abfragen

Abfragen zum Graphwissen können in natürlicher Sprache erfolgen und auf strukturierte, tabellarische SAP- und Nicht-SAP-Anwendungen zugreifen. LLMs stoßen bei der Verarbeitung komplexer Formate oftmals an ihre Grenzen, insbesondere wenn domänenspezifisches Wissen verarbeitet werden soll. Eine weitere bekannte Herangehensweise sind sogenannte native *Retrieval-Augmented-Generation-Techniken* (RAG-Techniken). Diese basieren auf vektorisierten Daten. Das Problem bei diesen vektorisierten Daten ist, dass sie Beziehungen zwischen Entitäten nicht richtig erfassen können. Das kann zu Verständnisproblemen führen.

Lösungen

Der Knowledge Graph löst diese Problematik, indem LLMs in ein semantisches Modell eingebettet werden. Darüber hinaus werden Ansätze wie GraphRAG und vektorbasierte RAGs mit Geschäftsdaten, bspw. aus SAP Datasphere, integriert. Ein Knowledge Graph ist eine beeindruckende Technologie. Allein der SAP Knowledge Graph basiert auf 452.000 ABAB-Tabellen, 80.000 CDS Views und 7,3 Millionen Feldern.

Elemente

Ein Knowledge Graph beschreibt Wissen in Form eines gerichteten Graphen. Ein Graph umfasst die folgenden Elemente:

- *Entitäten* repräsentieren reale oder abstrakte Objekte, z. B. Kunden oder Produkte.
- *Beziehungen* verknüpfen die Entitäten miteinander und stellen die fachlichen Zusammenhänge dar.

- *Attribute* und *Metadaten* spezifizieren die Beziehungen zwischen den Entitäten.

Vielleicht fragen Sie sich nun, was der Unterschied zwischen einem Graphen und einem relationalen Datenmodell ist. Diese Frage ist berechtigt. Klassische relationale Datenbanken sind auf stabile Schemata, transaktionale Konsistenz und leistungsfähige Abfragen ausgelegt. An ihre Grenzen stoßen sie jedoch bei dynamischen Beziehungen oder zeitabhängigen Komponenten. Im Gegensatz zu einem klassischen relationalen Datenmodell steht bei einem Graphen nicht die Speicherung in Tabellen im Vordergrund, sondern die explizite Modellierung von Bedeutungen und Zusammenhängen. Das Wissen wird dabei nicht implizit über Joins rekonstruiert, sondern ist direkt im Datenmodell enthalten.

Erweiterung

In der SAP BDC werden relationale Speicher- und Verarbeitungskonzepte daher nicht ersetzt, sondern durch graphbasierte Modellierung erweitert. Der SAP Knowledge Graph fungiert als semantische Ebene über bestehenden Datenhaltungen und ermöglicht eine kontextuelle Interpretation der Daten.

Schemaflexibilität

Ein zentrales Merkmal von Knowledge Graphs ist die *Schemaflexibilität*. Neue Entitätstypen, Attribute oder Beziehungen können ergänzt werden, ohne dass bestehende Strukturen verändert werden müssen. Dies ist insbesondere in dynamischen Unternehmensumgebungen von Vorteil, in denen sich Geschäftsmodelle und der Bedarf an Informationen stetig weiterentwickeln.

Integration mit Analytics und KI

Ein wesentlicher Mehrwert des SAP Knowledge Graphs liegt in seiner Nutzbarkeit für Advanced Analytics und KI-Anwendungen. Durch die explizite Modellierung von Zusammenhängen können die Analysen nicht nur auf einzelne Kennzahlen, sondern auf vollständige Wissensgraphen zugreifen.

Anwendungsfälle

Die möglichen Anwendungsfälle sind dabei vielfältig, u. a. zählen dazu die folgenden:

- Ursachen- und Wirkungsanalysen entlang von Geschäftsprozessen,
- kontextbasierte Anomalieerkennung,
- semantische Suche über Domänengrenzen hinweg,
- Unterstützung von Large Language Models durch strukturierte Unternehmenskontexte.

In der SAP BDC ermöglicht der SAP Knowledge Graph den Übergang von rein deskriptiver Analyse hin zu erklärbarer und kontextsensitiver Intelligenz.

Mithilfe des SAP Knowledge Graphs kann einem KI-Agenten ein Kontext geliefert werden, in dem das Expertenwissen zu Geschäftsprozessen und Daten kodiert wird. Die Agenten können mithilfe der Kenntnisse über Geschäftsprozesse und Datenprodukte selbst komplexe Probleme lösen. Der Knowledge Graph ermöglicht es dem KI-Agenten, die nächsten korrekten Schritte zu erkennen und

Aufgaben transparent auszuführen. Auch bei der Entscheidungsfindung kann der KI-Agent helfen, indem er zunächst mögliche Lösungswege erarbeitet und bestimmte Wege priorisiert.

Governance

Ein weiterer Mehrwert des SAP Knowledge Graphs liegt in seiner Rolle für die Governance innerhalb der SAP BDC. Da die Entitäten eindeutig identifiziert und Beziehungen explizit modelliert werden können, entsteht eine transparente Sicht auf die Unternehmensdaten. Fachliche Objekte und ihre Eigenschaften mit ihren Abhängigkeiten sind klar definiert und maschinenlesbar beschrieben. Im Sinne der Governance können demnach Verantwortlichkeiten, Zuständigkeiten und die Herkunft von Daten eingesehen werden.

Data Lineage

Ähnlich wie SAP Datasphere unterstützt der SAP Knowledge Graph Funktionen wie Data Lineage, Impact-Analysen und Zugriffskontrollen. Dadurch können Änderungen an den Daten oder Modellen granular nachverfolgt werden. Zudem werden regulatorische Anforderungen innerhalb von Unternehmen besser eingehalten und die Steuerbarkeit von Datenprodukten und Analyseanwendungen steigt. Darüber hinaus schafft der SAP Knowledge Graph eine gemeinsame semantische Grundlage, die Missverständnisse zwischen IT- und Fachbereichen reduziert, und fördert somit auch die Zusammenarbeit zwischen diesen Bereichen. Während die IT für Skalierbarkeit und Sicherheit sorgt, können die Fachbereiche semantische Strukturen, Begriffe und Beziehungen definieren.

Domänenwissen nutzen

Zusätzlich können die Fachbereiche ihr Domänenwissen direkt in die Modellierung mit einbringen. Die domänenspezifischen Erweiterungen können zunächst isoliert entwickelt und später in den domänenübergreifenden Unternehmenskontext integriert werden.

Vielleicht einer der wichtigsten Beiträge des SAP Knowledge Graphs zur Governance ist die kontrollierte Erweiterbarkeit. Fachliche Konzepte, Entitätstypen und Beziehungen können iterativ ergänzt werden, ohne dass bestehende Datenmodelle und darauf aufbauende Anwendungen destabilisiert werden. Somit können Unternehmen flexibel auf neue Anforderungen oder Geschäftsmodelle eingehen.

5.5.3 Agenten

Selbstständigkeit

Der Begriff *Agent* stammt aus dem Lateinischen und leitet sich von »agere« ab, was soviel wie »handeln, tun« bedeutet. Agenten werden nicht dazu benutzt, vordefinierte Softwareprozeduren abzuarbeiten. Sie sollen vielmehr in der Lage sein, über einen gewissen Zeitraum hinweg selbstständig Aufgaben auszuführen.

Ein rationaler Agent ist bestrebt, ein optimales Ergebnis zu erzielen. Die rationalen Denkregeln werden während des Prozesses entwickelt. Dabei gibt es jedoch keine vollständige Rationalität, da nicht alle Alternativen messbar bewertet werden können. Grundsätzlich gilt: Je komplexer die Umgebung ist, desto schwieriger bis unmöglich ist es, das nachweisbare Optimum zu erreichen. Das Wissen bezieht der Agent in der Regel aus einer entsprechenden Datenbank. Er nimmt Situationen aus der Umwelt wahr – bspw. mittels Sensoren – und reagiert darauf. Diese Reaktion wird als Aktion definiert. Insgesamt wird das Verhalten eines Agenten durch die folgenden Faktoren geprägt:

- Wahrnehmungen
- Aktionen
- Ziele
- Umgebungen

Agentenentwürfe

Um die möglichen Aktionen zu ermitteln, kann auf einen von drei *Agentenentwürfen* zurückgegriffen werden:

- Der *nutzenbasierte Agent* wählt Aktionen nach optimalem Nutzen aus und erlernt Nutzenfunktionen für Zustände, wobei Teilerfolge berücksichtigt werden. Die Zustände der Umwelt sind dem Agenten bekannt.
- Der *Q-lernende Agent* erlernt eine Q-Funktion aus Aktionen und Werten. Diesem Agenten ist der erwartete Nutzen der Aktionen in einem Zustand bekannt, die Umgebung kann er jedoch nicht vollständig einsehen. Die Q-Funktion (Q(s,a)) schätzt, wie gut es ist, in Zustand (s) die Aktion (a) zu wählen – gemessen am erwarteten zukünftigen Gesamt-Reward (Belohnung).
- Der *Reflex-Agent* bildet Zustände direkt auf Aktionen ab.

Zusammenfassend lässt sich sagen, dass KI darauf abzielt, in unterschiedlichsten Kontexten rationale, nutzenmaximierende Entscheidungen zu treffen – sei es durch formale mathematische Optimierung, informatische Umsetzung oder die Nachbildung menschlichen Denkens und Handelns.

In der Praxis zeigt sich dabei, dass sich viele reale Fragestellungen als Optimierungsprobleme formulieren lassen, bei denen ein Agent aus möglichen Handlungsoptionen diejenigen auswählt, die den größten erwarteten Nutzen bringen.

5.6 Zusammenfassung

Die SAP BDC ist eine cloudnative Daten- und KI-Plattform, in deren Zentrum Datenprodukte, ein zentraler Object Store und Intelligent Applications stehen. Datenprodukte sind dabei die zentrale, konsumierbare Einheit. Sie bündeln Rohdaten und Geschäftslogik mit Semantik, Metadaten, Governance und Zugriffsrechten. Sie sind so gestaltet, dass sie auffindbar, verständlich, adressierbar, nativ zugreifbar, vertrauenswürdig, interoperabel und durch zentrale Data Governance abgesichert sind.

SAP unterscheidet zwischen Primary Data Products (quellennah, z. B. CDS Views aus SAP S/4HANA) und Derived Data Products (abgeleitet, harmonisiert und fachlich modelliert). Neben von SAP verwalteten Datenprodukten gibt es kundeneigene (Customer-managed Data Products), durch Partner verwaltete (Partner-managed Data Products) und Drittanbieter-Datenprodukte, die über den Catalog und den Marketplace integriert werden. Von SAP verwaltete Datenprodukte werden im Foundation Service betrieben, versioniert bereitgestellt und über Data Packages in SAP Datasphere Spaces importiert; für SAP BW steht der Data Product Generator zur Überführung von SAP-BW-Objekten zur Verfügung.

Data Product Studio ist die zentrale Design-Time-Umgebung der SAP BDC. Hier werden Datenprodukte domänenbasiert modelliert, versioniert und für verschiedene Runtimes (z. B. SAP Datasphere, SAP Databricks) bereitgestellt. Domänen, Rollen und ein Governance-Modell sorgen für Verantwortlichkeiten und eine kontrollierte Weiterentwicklung. Namenskonventionen und ein durchdachtes Space-Konzept sind entscheidend, um Redundanzen und eine unkontrollierte Vervielfältigung von Views zu vermeiden.

Der Object Store ist die zentrale Persistenzschicht und abstrahiert Hyperscaler-Storage (z. B. S3) mit offenen Dateiformaten wie Parquet. Über SQL on Files können Daten direkt im Object Store per SQL gelesen werden, ohne dass sie in klassische Datenbankschemata geladen werden müssen. Zero-Copy-Architekturen ermöglichen es, dass mehrere Services (SAP Datasphere, SAP Databricks etc.) dieselben Daten nutzen, ohne physische Kopien zu erzeugen. So entsteht eine kostengünstige, skalierbare Single Source of Truth mit klarer Governance und Zugriffssteuerung.

Darauf aufbauend liefert SAP mit Intelligent Applications KI-gestützte, vorkonfigurierte Anwendungen, die auf harmonisierten Datenprodukten und Business-Semantik aufsetzen und analytische, transaktionale und prädiktive Logik kombinieren. Die technische Basis hierfür bildet die AI Foundation mit SAP AI Core (Runtime), Generative AI Hub (Zugang zu LLMs) und SAP AI SDK. Ergänzend ermöglicht die SAP HANA Cloud Vector Engine eine Vektorsuche sowie Retrieval Augmented Generation, sodass LLMs mit aktuellen, fachlich korrekten Unternehmensdaten angereichert werden können.

Künstliche Intelligenz wird dabei als Zusammenspiel von menschlichen Entscheidungen und maschinellen Verfahren verstanden. Menschen definieren Ziele, Daten und Modelle, während Algorithmen daraus Muster lernen und Entscheidungen unterstützen oder automatisieren. Machine Learning als Teilgebiet umfasst überwachte, unüberwachte und verstärkende Lernverfahren – von

Klassifikation und Regression über Clustering bis hin zu Reinforcement Learning, bei dem Agenten über Belohnungen optimale Strategien erlernen. Somit verbindet die SAP BDC eine offene Datenplattform, produktzentrierte Datenmodelle und integrierte KI-Services zu einer Grundlage für datengetriebene, intelligente Anwendungen.

Produktvision der SAP BDC

Die Produktvision der SAP BDC sieht die Bereitstellung semantisch angereicherter Datenprodukte für SAP S/4HANA Utilities vor, die AMI-Ereignisse, BPEM-Klärfälle sowie Sperr- und Entsperrprozesse abdecken und damit moderne, flexible Analytics-Szenarien ermöglichen. Dadurch sollen Versorgungsunternehmen ihre branchenspezifischen Prozesse ganzheitlich in SAP BDC analysieren können, um so datengetriebene Entscheidungen entlang der gesamten Utilities-Wertschöpfungskette zu treffen.

Kapitel 6
SAP Analytics Cloud: Self-Service Reporting

Self-Service Reporting mit SAP Analytics Cloud verändert den Umgang mit Zahlen: Fachbereiche können Fragen direkt in Daten übersetzen, Zusammenhänge selbst nachvollziehen und auf einer gemeinsamen Datenbasis diskutieren – ohne Umweg über starre Reports, aber mit klaren Spielregeln für Qualität, Zugriff und Verantwortung.

Warum Self-Service?

Nicht erst mit der SAP BDC sind Begriffe wie »Self-Service« oder »Datendemokratisierung« aufgekommen. In den vergangenen Jahren sind die Anforderungen an Berichtswesen, Datenanalyse, -anreicherung und -modellierung gewachsen. Gleichzeitig sind sich Unternehmen des Werts ihrer Daten bewusst geworden, und wir können zunehmend Diskussionen beobachten, in denen versucht wird, einen Kompromiss zwischen Verlässlichkeit und Flexibilität zu finden. Einerseits sollen die isolierten Datensammlungen einzelner Fachabteilungen zu einem zentralen »Datenschatz« zusammengeführt werden. Andererseits möchten die Fachabteilungen Schnelligkeit und Flexibilität sowie Unabhängigkeit von IT-Kapazitäten in Bezug auf Berichte und Analysen erlangen. Die Diskussionen münden meist im Abwägen von Kontrolle und Flexibilität, werden aber selten konsequent zu Ende geführt. Die zentralen Themen dieser Gespräche beinhalten oft Fragen zu Technik und geeigneten Softwarelösungen. Seltener werden die dringlicheren Fragen eines adäquaten organisatorischen Aufbaus mit neuen Rollen und zugeordneter Verantwortung für einen bestimmten Teil der Unternehmensdaten gestellt.

Mit der neuen Verortung von SAP Analytics Cloud als Dienst der SAP BDC und neuen Konzepten zur Zentralisierung der Datenhaltung bei gleichzeitiger Unterstützung von flexibler und dynamischer Datenmodellierung und Berichtsentwicklung sind die (technischen) Weichen für Self-Service gestellt.

Aufbau dieses Kapitels

In Abschnitt 6.1, »Self-Service Reporting«, gehen wir zunächst auf die bisherige Entwicklung des Self-Service Reportings ein und erläutern, welche Rolle SAP Analytics Cloud hierbei übernehmen kann. Anschließend betrachten wir in Abschnitt 6.2, »Flexible Storys«, die zentrale Oberfläche für Berichte in SAP Analytics Cloud und welche Werkzeuge Ihnen für die Berichtserstellung zur Verfügung stehen. Da der Begriff »Analytics« mehr umfasst als nur die Erstellung von

Berichten, erläutern wir in Abschnitt 6.3, »Data Analyzer«, auch die Möglichkeiten zur Ad-hoc-Analyse in SAP Analytics Cloud. Ebenso zeigen wir Ihnen, wie Sie Berichte und Analysewerkzeuge miteinander verknüpfen können, um Anwenderinnen und Anwendern zu ermöglichen, auf datenbasierte Ursachensuche zu gehen. Im Anschluss beleuchten wir in Abschnitt 6.4, »Flexible Modellierung«, die Optionen für die Datenmodellierung in SAP Analytics Cloud. Abschließend erfahren Sie in Abschnitt 6.5, »Just Ask und KI-Unterstützung mit Joule«, wie Sie Ihr Reporting mithilfe von KI beschleunigen und vereinfachen können.

6.1 Self-Service Reporting

Der Begriff *Self-Service Reporting* im Kontext der Geschäftsanalytik (engl. Business Intelligence) wurde nicht erst mit der Einführung von SAP Cloud for Analytics, dem Vorgänger des heutigen Produkts SAP Analytics Cloud, geprägt. Die zunehmende Bedeutung von Business Intelligence und der Beginn erster Self-Service-Initiativen lassen sich rückblickend in den Jahren 2007 und 2008 verorten. In dieser Zeit fand eine Konsolidierung des Business-Intelligence-Marktes durch Akquisitionen von Oracle (Hyperion), IBM (Cognos) und SAP (Business Objects) sowie die Veröffentlichung von Power Pivot durch Microsoft statt. Die Finanzkrise, die im Jahr 2008 ihren Höhepunkt erreichte und branchenübergreifend einen Einschnitt darstellte, verstärkte mit Sicherheit die Nachfrage nach schnelleren Informationsbeschaffungsprozessen.

Klassisches Reporting

Bislang war die Entwicklung neuer Berichte ein langwieriger Prozess: Zunächst spezifizierten die Fachabteilungen ihre Anforderungen in ihrer jeweiligen Fachsprache. Danach wurden die Berichte nach und nach durch die IT-Abteilungen umgesetzt. Aufgrund der fachlich-technischen Sprachbarriere, fehlender Kapazitäten oder sich verändernder Anforderungen war die Umsetzung neuer Berichte jedoch ein iterativer Prozess und die produktive Nutzung somit erst nach mehreren Zyklen möglich. Dieses Vorgehen und die zugrunde liegende Problematik kommen Ihnen sicherlich bekannt vor und stellen je nach Grad der Datenaffinität im Unternehmen bzw. in den Fachabteilungen auch heute noch eine Herausforderung dar. Nun sind seit der Finanzkrise schon beinahe zwei Jahrzehnte vergangen und damit haben sich auch die Voraussetzungen in Bezug auf die technischen Möglichkeiten erheblich verändert.

6.1.1 Neue Benutzeroberflächen

Berichtserstellung aus dem Fachbereich heraus

Neue intuitive und grafische Benutzeroberflächen (siehe Abbildung 6.1) ermöglichen heute die Entwicklung von Berichten weitestgehend ohne Programmierkenntnisse und somit auch direkt aus den Fachabteilungen heraus. Bislang mussten nicht nur die Datenmodelle bspw. mittels SQL-Skripten programmiert, sondern auch die grafischen Oberflächen mittels verschiedener Skriptsprachen entwickelt werden. Dadurch waren Fachabteilungen sowohl für die Bereitstellung der Datengrundlage als auch für die eigentliche Berichterstellung häufig auf die IT-Abteilung angewiesen. Das änderte sich mit der Einführung von Softwarelösungen, die die Erstellung von Berichten durch Drag and Drop der einzelnen Berichtselemente ermöglichten. Einfache Berichte konnten nun erstmals auch ohne Programmierkenntnisse (engl. No-Code) erstellt werden. Auf diese Weise werden die IT-Abteilungen von routinemäßigen Berichtserstellungen entlastet und können sich stattdessen auf die Optimierung der Datenorchestrierung und strategische Projekte fokussieren. Für die Umsetzung spezieller Anforderungen sind zwar weiterhin Programmierkenntnisse erforderlich, allerdings zielen diese oft auf die Entwicklung eigenständiger Anwendungen ab, die in der Regel nicht den Großteil der Berichtsanforderungen in Unternehmen darstellen.

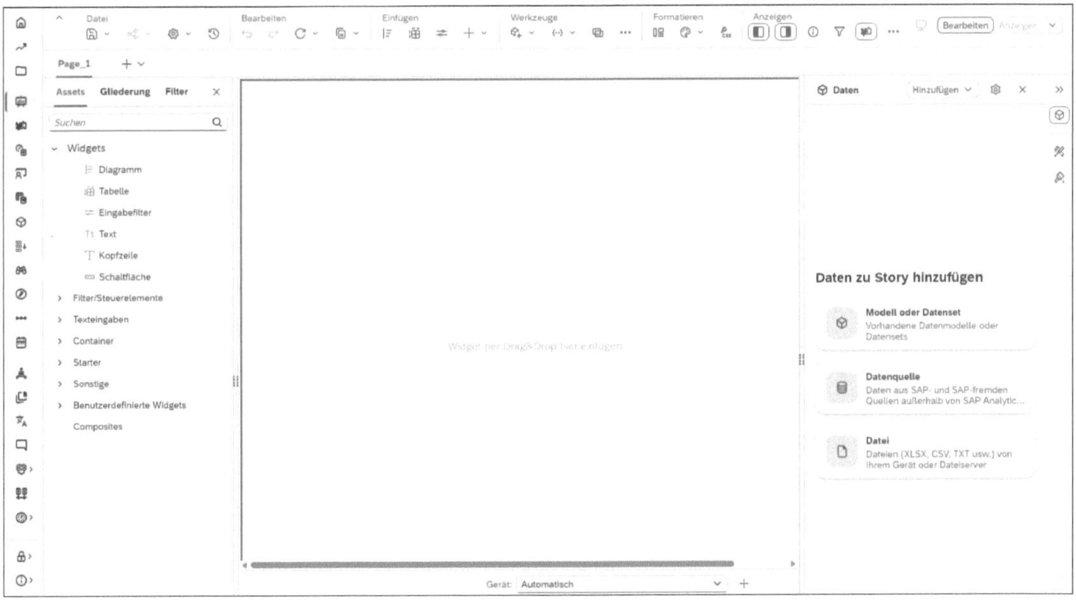

Abbildung 6.1: Benutzeroberfläche zur Berichtserstellung

6.1.2 Vorteile von Self-Service Reporting

Vorteile

Der wohl signifikanteste Vorteil liegt folglich in der deutlich schnelleren Berichterstellung aufgrund der Befähigung der Fachabteilungen. Während die Berichtserstellung in traditionellen Reporting-Architekturen Tage oder sogar Wochen in Anspruch nehmen kann, ermöglichen Self-Service Tools es den Anwenderinnen und Anwendern, Berichte (auf einer existierenden Datengrundlage) in kürzester Zeit selbstständig zu erstellen. Dadurch wird die Zeitspanne zwischen einer zu beantwortenden Fragestellung im Unternehmenskontext und der Entscheidungsfindung erheblich verkürzt. Zudem sind Fachbereiche in der Lage, schneller auf sich ändernde Geschäftsanforderungen zu reagieren.

Geschwindigkeit und Flexibilität

Mit der höheren Geschwindigkeit geht auch eine höhere Flexibilität und Anpassbarkeit der Berichte einher. Self-Service Reporting Software befähigt die Fachabteilungen, Berichte einfach zu modifizieren und zu personalisieren, ohne dass neue Anfragen an die IT-Abteilung gestellt werden müssen. Im Gegensatz zu den bisherigen starren, vordefinierten Berichten können Nutzerinnen und Nutzer ihre Berichte nun auf spezifische Fragestellungen und erweiterte Anforderungen zuschneiden, um in einer sich schnell verändernden Umwelt handlungs- und entscheidungsfähig zu bleiben.

6.1.3 SAP Analytics Cloud – Analytics ist mehr als Reporting

Reporting wird zu Analytics

SAP Analytics Cloud hat sich als ganzheitliche Analytics-Lösung etabliert, die Reporting, Planung und vorausschauende Analysen (engl. Predictive Analytics) in fachbereichsfreundlichen Oberflächen bereitstellt. Innerhalb dieses breiten Funktionsumfangs spielt Self-Service Reporting eine zentrale Rolle und wird in SAP Analytics Cloud um viele Aspekte ergänzt, die über die eigentliche Berichtserstellung hinausgehen. Das technische Fundament des Self-Service-Reporting-Ansatzes von SAP Analytics Cloud besteht aus mehreren Säulen.

Datenreplikation oder Echtzeitzugriff?

Zunächst erlaubt die Lösung zwei verschiedene Datenverbindungstypen. Einerseits ermöglichen sogenannte *Live-Datenverbindungen* den Echtzeitzugriff auf Daten aus verschiedenen Quellsystemen. Diese Verbindungsart ist insbesondere für standardisiertes, wiederkehrendes bzw. periodisches Berichtswesen geeignet. Die Datengrundlage ist in Bezug auf Dimensionalität und Kennzahlen konsistent und wird bspw. durch ein zentrales Datenlager (engl. Data Warehouse) bereitgestellt. Häufige Anwendungsfälle hierfür sind Managementberichte, die für die Unternehmenssteuerung relevante Kennzahlen abbilden. Es können aber auch ergänzende Berichte für das operative Geschäft sein, deren Datengrundlage Echtzeitdaten aus SAP S/4HANA oder anderen Fachabteilungsanwendungen mittels einer Live-Datenverbindung bilden. Für Ad-hoc-Analysen, die Erstellung von Prototypen oder Berichte mit sich ändernden Strukturen in Bezug auf Dimensionen und Kennzahlen gibt es zudem die sogenannten Importdatenverbindungen (siehe dazu auch Abschnitt 6.4, »Flexible Modellierung«).

Web-Oberflächen oder Excel Add-in?

Eine weitere zentrale Säule von SAP Analytics Cloud sind die Benutzeroberflächen. Im Gegensatz zu früheren Client-Anwendungen, die durch die Anwenderinnen und Anwender installiert werden mussten, ist SAP Analytics Cloud als Cloud-Anwendung über den Webbrowser erreichbar. Die intuitive Weboberfläche sowie eine Excel-Integration ermöglichen es Fachabteilungen, ohne Installation und intensive IT-Schulung schnell und eigenständig Analysen zu erstellen. Vordefinierte und leicht anpassbare Berichtspakete und Designvorlagen reduzieren zudem die Entwicklungsdauer und erleichtern den Einstieg in die Berichtserstellung.

6.2 Flexible Storys

Storys sind die zentrale Oberfläche

Die sogenannte *Story* ist das primäre Format bzw. Medium für Berichte und Analysen in SAP Analytics Cloud. Das Konzept der Storys basiert auf dem Gedanken der Datenvisualisierung mit narrativer Struktur (engl. Data Storytelling). Die zugrunde liegende Annahme ist, dass die Rohdaten zwar präzise Aussagen zulassen, sie können aber meist nur durch die jeweiligen Expertinnen und Experten der Fachabteilungen extrahiert werden. Nach der Bereitstellung der Rohdaten müssen diese für die Analyse segmentiert, aggregiert und aufbereitet werden. Die Storys in SAP Analytics Cloud zielen also darauf ab, Daten nicht nur in Excel-Tabellen und PowerPoint-Präsentationen darzustellen, sondern sie in eine datenbasierte Erzählung einzubetten. Mittels aussagekräftiger Visualisierungen und interaktiver Elemente sollen Trends und Muster ansprechend dargestellt werden.

6.2.1 Seitentypen in einer Story

Seitentypen und -formate

Eine Story wird häufig auch als *Bericht*, *Report* oder *Dashboard* bezeichnet und kann aus mehreren Seiten sowie einer Kombination verschiedenster Bausteine bestehen. Je nach angestrebtem Nutzungszweck und Zustellungsform der Story stellt sich zunächst die Frage nach der Wahl des Seitentyps. Soll die Story auf verschiedenen Bildschirmgrößen dynamisch skalieren und ggf. auch auf mobilen Endgeräten aufrufbar sein? Oder soll sie zur Erstellung eines Standardberichts dienen, der täglich automatisiert im DIN-A4-Format per E-Mail an eine bestimmte Empfängergruppe versandt wird? Das Anlegen einer neuen Story erfolgt über die Wahl des Seitentyps: »Flexible Seite« oder »Grafikseite«. Dies ist jedoch keine irreversible Entscheidung, da weitere Seiten mit unterschiedlichen Seitentypen angelegt werden können. Bestehende Seiten können außerdem dupliziert, gelöscht, in der Reihenfolge verschoben, kommentiert und umbenannt werden. Darüber hinaus können Seiten kopiert und in andere Storys eingefügt werden. Unabhängig vom Seitentyp können zudem diverse Formatierungs- und Gestaltungsoptionen angewendet werden.

Eine *Flexible Seite* erlaubt Ihnen die Erstellung einer beliebig großen Oberfläche mit einer Vielzahl genutzter Bausteine (siehe Abbildung 6.2). Sie können die Elemente in Arbeitsbereichen (engl. Lanes), Bereichen (engl. Panels) oder Fluss-Layout-Bereichen (engl. Flow Layout Panels) an einem Raster anordnen. Dieses Kernkonzept erlaubt eine logische Gruppierung von Inhalten, die auch bei Veränderung der Bildschirmgröße beibehalten wird, sowie eine adaptive Darstellung auf verschiedenen Geräten. Gruppierungsbereiche können in der Größe angepasst und mittels Drag and Drop angeordnet werden. Ebenso können Sie die Schriftgröße und das Verhalten bei sich ändernden Bildschirmgrößen steuern, um die Lesbarkeit der Inhalte auch auf mobilen Endgeräten zu gewährleisten. Dies ist einer der zentralen Unterschiede im Vergleich zu Grafikseiten.

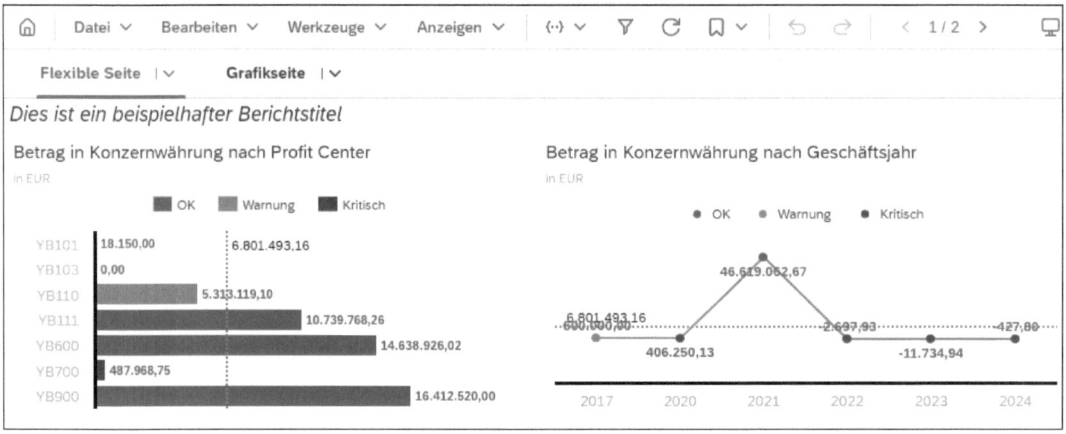

Abbildung 6.2: Flexible Seite angepasst an halbe Bildschirmbreite

Pixelgenaue Berichte auf der Grafikseite

Eine *Grafikseite* (engl. Canvas Page) zielt dagegen auf eine starre bzw. fixierte Darstellung mit pixelgenauer Positionierung der verschiedenen Bausteine ab (siehe Abbildung 6.3).

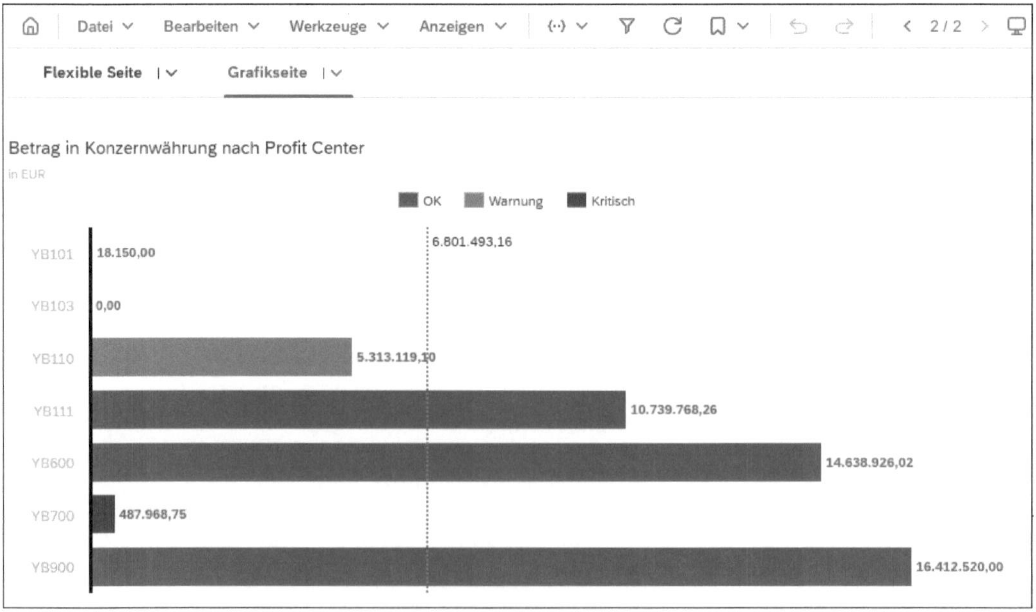

Abbildung 6.3: Eine Grafikseite passt sich im Standard nicht der Bildschirmauflösung an

Dabei lässt sich die Größe des Grafikbereichs auf bestimmte Dimensionen (angegeben in Pixeln) bzw. Formate (16:9) oder Dokumentformate (DIN A4, DIN A3 usw.) einschränken, um den Export und ggf. Versand der Story als PDF oder PPT vorzubereiten. Neben der Definition von Höhe und Breite sowie der Positionierung auf der x- und y-Achse durch Pixelangaben besteht auch die Möglichkeit, Größe und Position mit relativen Werten, also in Prozent der Bildschirmgröße, anzugeben. Auf diese Weise lässt sich die Seite auch zu einem gewissen Maß an unterschiedliche Bildschirmgrößen anpassen. Grafikseiten bieten ein hohes Maß an gestalterischer Freiheit auf einer weißen Leinwand ohne Vorgaben oder strukturelle Einschränkungen.

6.2.2 Elemente einer Story in SAP Analytics Cloud

Story-Elemente

Je nach Zweck und Empfängergruppe kann eine Story von einem starren, als PDF versandten Bericht bis hin zu einer interaktiven Analyse-Oberfläche sämtliche Anforderungen abdecken. Ähnlich verhält es sich mit den darin verwendeten Bausteinen: Von aggregierten Diagrammen bis hin zu detaillierten Tabellen und benutzerdefinierten Bausteinen (engl. Custom Widgets) für spezielle Anforderungen bietet eine Story vielfältige und flexible Möglichkeiten.

Im Bearbeitungsmodus einer Story sind im linken Seitenbereich (siehe Abbildung 6.4) sowie in der Symbol- bzw. Werkzeugleiste (engl. Toolbar) verschiedene Bausteine (engl. Widgets) verfügbar.

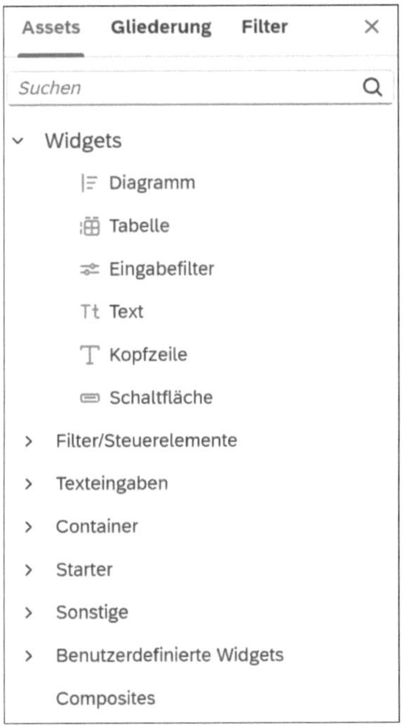

Abbildung 6.4: Linker Seitenbereich (Assets)

Die meistverwendeten Bausteine sind hier jeweils auf der obersten Menüebene verfügbar. Tabellen und die 21 verschiedenen Diagrammtypen stellen als datenvisualisierende Bausteine den Kern der Storys dar. Des Weiteren stehen zur Steuerung des darzustellenden Datenbereichs Filterobjekte zur Verfügung. Für Überschriften oder beschreibende Texte – z. B. für die zuvor erwähnte narrative Komponente – sind Kopfzeilen und Textfelder im Schnellzugriff verfügbar (siehe Abbildung 6.4). Sie finden hier außerdem weitere Kategorien von Elementen, die in Storys verwendet werden können. Diese bedürfen jedoch entweder einer Planungslizenz (Starter) oder fortgeschrittener Programmierkenntnisse (JavaScript), um sie mit entsprechender Logik in einer Story verwenden zu können. Lediglich im Bereich **Sonstige** verbergen sich weitere für den programmierfreien Einsatz nützliche Elemente wie Landkarten, Bildplatzhalter (bspw. für das Einfügen von Unternehmenslogos), Symbole und Formen (als Vektorgrafiken).

Auch eine Vielzahl an Visualisierungsformen steht für die Berichtserstellung zur Verfügung, darunter Balken-/Säulen- und Liniendiagramme, Kreis- und Wasserfalldiagramme sowie Darstellungsformen aus der statistischen Analyse wie Boxplot oder Histogramm (siehe Abbildung 6.5).

Abbildung 6.5: Chart-Typen im rechten Seitenbereich (Builder)

Weitere Diagrammtypen in SAP Analytics Cloud ab Q3 2026
Für Q3 2026 sind weitere Diagrammtypen wie Sankey Chart, Funnel Chart und Gauge Charts für SAP Analytics Cloud geplant.

6.2.3 Das Builder-Menü in einer Story

Das Builder-Menü

Die Visualisierungsformen aus Abbildung 6.5 können per Drag and Drop platziert und anschließend im *Builder* konfiguriert werden. Der Builder im rechten Seitenbereich ist das zentrale Element zur Strukturierung und Konfiguration von Bausteinen in SAP Analytics Cloud. Nachdem die zugrunde liegende Datenquelle ausgewählt wurde, wählen Sie einen Diagrammtyp aus den Optionen, die Sie in Abbildung 6.5 sehen können. Dieser erscheint dann im Feld **Derzeit ausgewähltes Diagramm**. Je nach Diagrammtyp können Sie nun die **Diagrammausrichtung** wählen. In unserem Beispiel haben wir **Horizontal** gewählt (siehe Abbildung 6.6). Anschließend können Sie im Builder die grundlegende Einstellung für die darzustellenden Daten vornehmen.

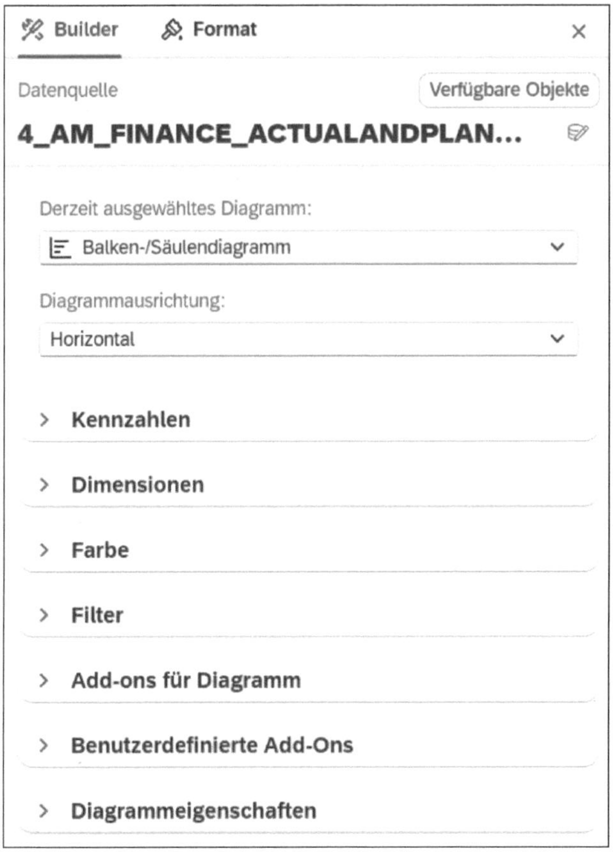

Abbildung 6.6: Builder-Menü

Die darzustellende *Kennzahl* ist die zentrale Einstellung, die alle Diagrammtypen gemeinsam haben.

In den meisten Diagrammen erfolgt im nächsten Schritt die Auswahl einer oder mehrerer *Dimensionen*, um die zuvor ausgewählte Kennzahl nach verschiedenen Merkmalen wie Region, Monat oder Produktgruppe zu analysieren.

Bei den meisten Diagrammtypen stehen außerdem Farbeinstellungen zur Verfügung, die es erlauben, eine Farbpalette auszuwählen oder anzulegen und einzelnen Dimensionsausprägungen Farben zuzuordnen. Diese Einstellung wird standardmäßig auch für andere Diagramme derselben Story übernommen, kann bei Bedarf aber auch deaktiviert werden.

Filtereinstellungen im Builder

Ein weiterer wichtiger Funktionsbereich im Builder sind die Filtereinstellungen. Diese ermöglichen es, Diagramme und Tabellen auf einzelne Dimensionsausprägungen, wie z. B. einen Geschäftsbereich oder ein Jahr, einzuschränken. In den Filtereinstellungen kann zwischen zwei verschiedenen Filterarten unterschieden werden: Elementfilter und Bereichsfilter.

Innerhalb der *Elementfilter* können Dimensionsausprägungen als Einzel- oder Mehrfachauswahl sowie als positive oder negative Auswahl (Ausschlussfilter) definiert werden. Das bedeutet, dass Sie entweder gezielt einzelne oder mehrere Elemente aktiv einschließen oder aber die Filterlogik umkehren und Elemente (wie z. B. interne Kunden in einer Umsatzauswertung) ausschließen können, anstatt alle Elemente bis auf eines aktiv auszuwählen. Ebenso ist es möglich, Hierarchien sowie Hierarchieknoten und Blattelemente für die Filterung zu verwenden.

Bereichsfilter sind insbesondere dann hilfreich, wenn bestimmte Nummernbereiche (z. B. Materialnummern) ein- oder ausgeschlossen werden sollen. Sie werden auch *Bedingungsfilter* genannt. Der weitaus häufigere Verwendungszweck für Bereichsfilter ist jedoch vermutlich der dynamische Bereichsfilter, der sich insbesondere für Datumsfilter eignet. Mit dieser Variante kann ein Filter für unterschiedliche Granularitäten (wie Tag, Monat, Quartal oder Jahr) mit Rückschau, Vorausschau oder einem Versatz (engl. Offset) definiert werden, etwa für den aktuellen Monat, den Vormonat, das aktuelle Jahr oder die letzten zwölf Monate.

Weitere Einstellungen für die Darstellungsform und Analysefunktionen können im Abschnitt **Diagrammeigenschaften** konfiguriert werden (siehe Abbildung 6.7). Dazu gehören einerseits Optionen wie die **Nullunterdrückung**, also das Ausblenden von Zeilen oder Spalten, die ausschließlich Nullwerte oder leere Zellen enthalten. Andererseits können die Position von Summen- oder Hierarchieknotenwerten (am Anfang, am Ende oder ausgeblendet) sowie die Gruppierung von Restwerten bei der Sortierung nach Rangfolgen (wie »Oberste 5« oder »Unterste 5«) gewählt werden.

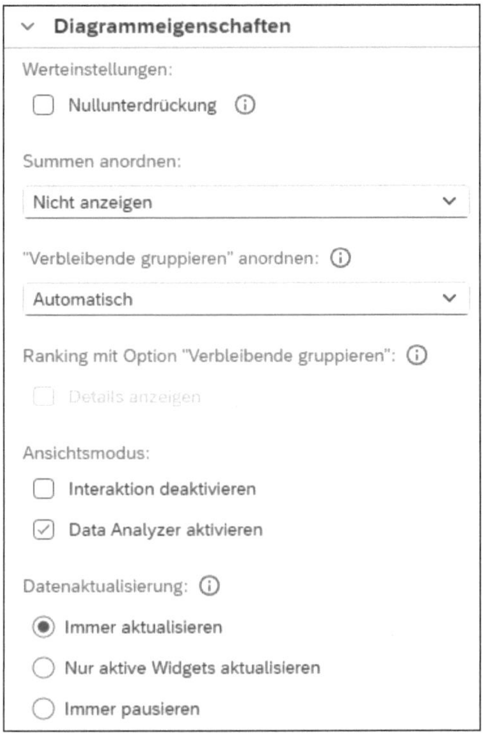

Abbildung 6.7: Diagrammeigenschaften

Eine der spannendsten Funktionen ist jedoch vermutlich die Option **Data Analyzer aktivieren**. Damit wird im Kontextmenü des Diagramms die Option eingeblendet, den Data Analyzer in einer neuen oder der aktuellen Registerkarte des Browsers zu öffnen (siehe Abbildung 6.8). Dabei wird der angezeigte Datenkontext – d. h. alle Filter des gerade dargestellten Diagramms (oder der dargestellten Tabelle) – für die weitergehende, flexible Analyse im Data Analyzer übernommen.

Data Analyzer – das flexible Analysewerkzeug in SAP Analytics Cloud

Mit dem *Data Analyzer* können berechtigte Anwenderinnen und Anwender Ad-hoc-Analysen erstellen, die sowohl auf importierten Daten als auch auf Live-Verbindungen zu SAP S/4HANA, SAP BW/4HANA, SAP HANA und SAP Datasphere basieren. Die Kernfunktionen des Data Analyzers umfassen die Datenexploration per Drag and Drop von Dimensionen und Kennzahlen, Filter und Variablen sowie benutzerdefinierte Berechnungen.

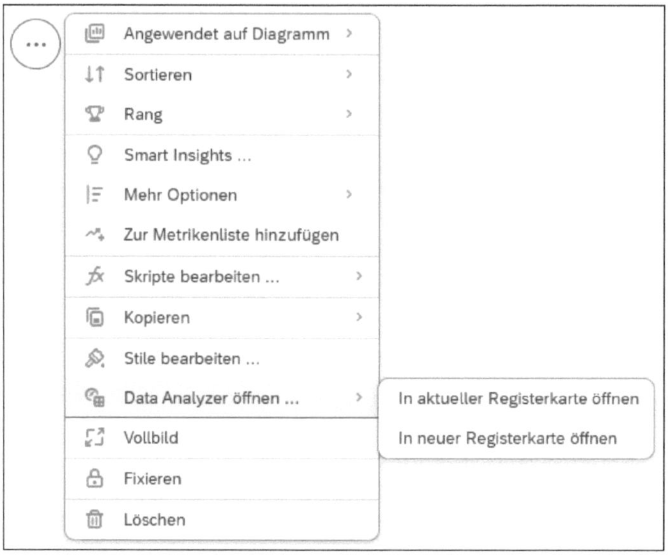

Abbildung 6.8: Data Analyzer öffnen

Zusatzfunktionen für Diagramme

Sowohl über den Builder als auch über die Kontextmenüs der Diagramme und Tabellen können zudem sogenannte *Zusatzfunktionen* (engl. Add-ons) aktiviert und konfiguriert werden. Dazu gehören bspw. Abweichungen zwischen einzelnen Dimensionsausprägungen oder Schwellenwerte, die hier ohne jegliche Programmierkenntnisse definiert werden können. Zu den am häufigsten verwendeten Zusatzfunktionen zählen vermutlich Abweichungen, Schwellenwerte und die Referenzlinie.

Die *Abweichung* (engl. Variance) in SAP Analytics Cloud ist eine Funktion, mit der sich die Differenz zwischen zwei Kennzahlen, verschiedenen Zeitperioden oder Versionen (z. B. Ist vs. Plan) visualisieren lässt. Eine Stärke hierbei ist die Flexibilität bei der Konfiguration. So können bspw. Varianzen für zwei beliebige Kennzahlen erstellt werden, auch wenn diese nicht im Basisdiagramm angezeigt werden. Wie Sie Abbildung 6.9 entnehmen können, sind die Darstellungsformen vielfältig: Abweichungen können als separate Balken, als Datenbezeichner oder integriert als Überlagerung (in Balkendiagrammen) im ursprünglichen Chart angezeigt werden. Auch die Darstellung als absolute oder relative Abweichung sowie die Invertierung der Farben können im Menü konfiguriert werden.

Schwellenwerte zeigen Handlungsbedarf

Schwellenwerte sind visuelle Elemente in Diagrammen und Tabellen, mit denen sich auf schnelle Weise sichtbar machen lässt, wo sich ein dargestellter Wert im Verhältnis zu bestimmten Zielwerten oder zu einem Wertebereich befindet. Sie ermöglichen es, auf einen Blick zu analysieren, welche Daten einen bestimmten Schwellenwert überschreiten und welche nicht.

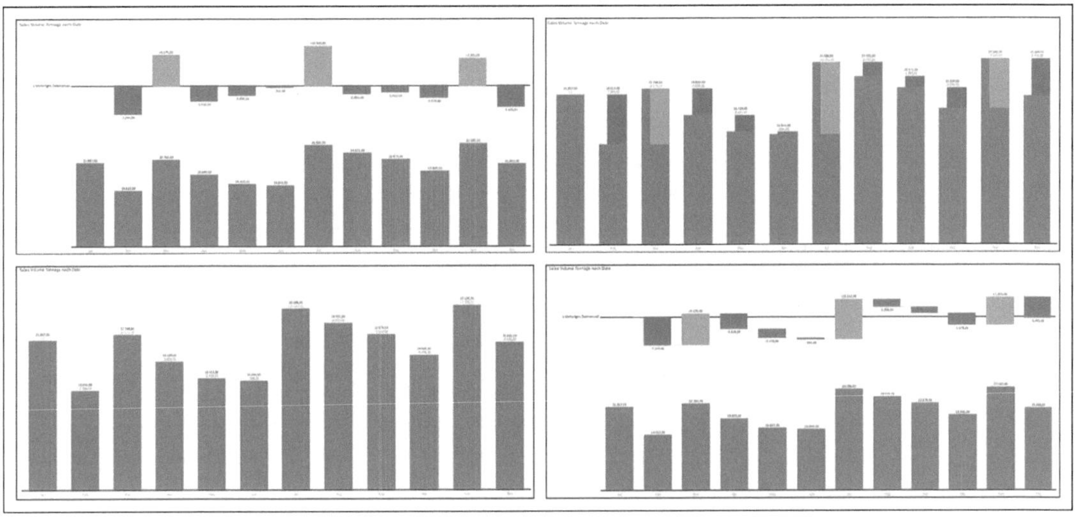

Abbildung 6.9: Beispiel für Darstellungsformen der Abweichungen

SAP Analytics Cloud bietet verschiedene Visualisierungsoptionen für Schwellenwerte, die je nach Analyseziel und Präferenz gewählt werden können. Ein zentrales Konzept bei der Nutzung von Schwellenwerten ist die bedingte Formatierung. Es können mehrere Schwellenwertbereiche definiert und jeweils mit einer eigenen Farbe versehen werden. Dies ermöglicht bspw. eine Ampellogik, bei der grün für positive, gelb für neutrale und rot für kritische Werte steht.

Verknüpfte Analyse für interaktive Storys

Hervorzuheben ist zudem die Funktion *Verknüpfte Analyse*, die es bei entsprechender Konfiguration ermöglicht, mit einem Klick auf einen Datenpunkt (z. B. einen Balken im Diagramm) die anderen Datenvisualisierungen auf der betreffenden Seite oder auch in der Story auf den gewählten Datenkontext einzuschränken bzw. zu filtern (siehe Abbildung 6.10).

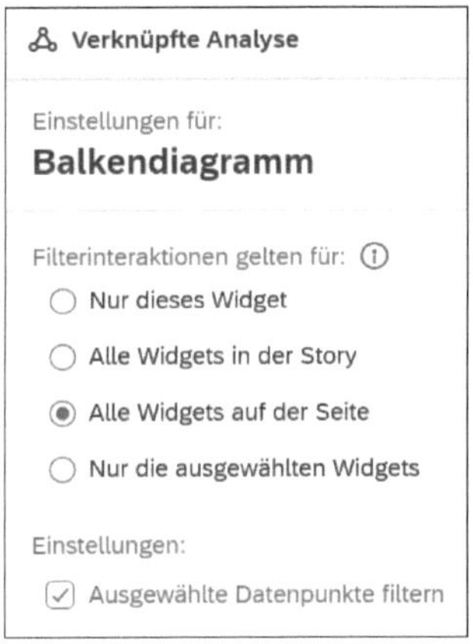

Abbildung 6.10: Verknüpfte Analyse mit Einstellungen für kontextbezogenes Filtern durch angeklickte Datenpunkte

Mit Daten interagieren

Dies erhöht den Grad der dynamischen Interaktion mit Daten über mehrere Diagramme und Tabellen hinweg. Das Konzept der verknüpften Analyse beruht auf der Idee, dass mehrere Visualisierungen innerhalb einer Story inhaltlich zusammenhängen und daher aufeinander reagieren sollten, wenn man mit ihnen interagiert. Ein typisches Szenario ist eine Story, die die Einkaufsvolumina verschiedener Lieferanten darstellt: Wählt ein Nutzer einen Lieferanten in einem Diagramm aus, sollten alle anderen Diagramme auf dieser Seite (mit Aufrissen nach Materialart, Monat des Wareneingangs usw.) auf diesen Lieferanten gefiltert werden. Technisch funktioniert die verknüpfte Analyse, indem Filter oder Drill Throughs auf hierarchische Daten angewendet werden.

Über mehrere Datenquellen hinweg

Die Verbindung zwischen den Diagrammen wird über gemeinsame Datenquellen oder verknüpfte Dimensionen hergestellt. Verknüpfte Analysen müssen daher entweder auf Diagrammen desselben Modells basieren oder ihre Quellmodelle müssen verknüpfte Dimensionen enthalten. Wenn Sie mehrere Datenquellen bzw. Modelle in einer Story verwenden, empfiehlt es sich, die zentralen, übereinstimmenden Dimensionen beider Modelle im Menü **Dimensionen verknüpfen** zuzuordnen. Das Menü finden Sie während des Bearbeitungsmodus in der Werkzeugleiste im Bereich **Werkzeuge**. Wählen Sie in der Konfiguration sodann die zu verknüpfenden Modelle aus und verbinden Sie anschließend die übereinstimmenden Dimensionen aus beiden Modellen (wie in Abbildung 6.11 beispielhaft dargestellt).

Abbildung 6.11: Verknüpfen von Dimensionen zur zentralen Filterung verschiedener Datenquellen

Sollten die Dimensionen aufgrund abweichender Granularität nicht geeignet sein, wird dies durch eine Warnung angezeigt. Neben der Aktivierung der verknüpften Analyse ist die Verbindung der Dimensionen auch sinnvoll, wenn Sie nicht mehrere Filter für dieselbe Dimension in Ihrer Story verwenden möchten.

6.2.4 Weitere Elemente für Self-Service-Berichte

Für jeden Zweck das passende Widget

Neben den zentralen Bausteinen wie Tabellen und Diagrammen stehen für Self-Service-Anwendungsfälle auch Eingabefilter, Textfelder, Kopfzeilen, Landkarten, Bilder und Symbole sowie Bausteine zur Einbettung von Werttreiberbäumen oder Webseiten bereit.

Steuerung ausgewählter Elemente

Eingabefilter (engl. Input Controls), oft auch Seitenfilter genannt, sind ein zentrales Steuerungs- und Interaktionselement in SAP Analytics Cloud. Sie ermöglichen es, dynamisch zu bestimmen, welche Daten in (selektierten oder allen) Diagrammen, Tabellen, Werttreiberbäumen, Landkarten oder R-Visualisierungen angezeigt werden, ohne auf Skripting angewiesen zu sein. Die Einschränkung der Datengrundlage kann einerseits für Dimensionen bzw. deren Ausprägungen eingerichtet werden. Andererseits können je nach Datenquelle auch Kennzahlenbereiche als Filter festgelegt werden, um bspw. nur diejenigen Datenpunkte abzubilden, die innerhalb eines gewissen Intervalls bzw. Bereichs liegen. Eine wichtige Eigenschaft der Eingabefilter ist die *Kaskadierung*: Die Auswahl der Dimensionselemente in einem Eingabefilter beeinflusst, welche Elemente in anderen Filtern verfügbar sind, sofern die Elemente auf derselben Datenquelle oder auf verknüpften Datenquellen basieren. So wird bspw. die Auswahl »Deutschland« in einem Filter für die Dimension »Land« die auswählbaren Elemente im Filter »Stadt« auf deutsche Städte einschränken. Selbstverständlich lässt sich die Kaskadierung im Kontextmenü des Eingabefilters auch deaktivieren.

[«]

Kaskadierung im Zusammenspiel von Modellvariablen und Eingabefiltern

Die Kaskadierung von Eingabefiltern funktioniert im Zusammenspiel mit anderen Eingabefiltern oder Story-Filtern, jedoch nicht mit Modellvariablen. Das Einschränken der abgerufenen Daten mittels Modellvariable bei einer Live-Verbindung hat keine Auswirkung auf die filterbaren Elemente in Eingabefiltern.

Zentrale Steuerung aller Seiten

Story-Filter, also Elemente, die über alle Seiten einer Story hinweg den dargestellten Datenkontext einschränken, sind ebenfalls konfigurierbar. Dies kann in der Grundeinstellung direkt über den linken Seitenbereich (wie in Abbildung 6.12 zu sehen) – oder bei Umstellung auf eine oben angeheftete Filterleiste durch einen Klick auf das entsprechende Symbol unterhalb der Werkzeugleiste – eingerichtet bzw. hinzugefügt werden. Der Funktionsumfang unterscheidet sich dabei nicht von dem der Eingabefilter; je nach Konfiguration der Datenquelle können in der Filterleiste jedoch zusätzlich auch Variablen gesteuert werden.

Abbildung 6.12: Story-Filter-Auswahl im linken Seitenbereich

Datenabfragen optimieren

Während Story-Filter die aus der Quelle abgerufenen Daten je nach Nutzerpräferenz einschränken, greifen *Variablen* bereits auf der Ebene der Datenquelle: Es kann eine Aufforderung oder eine Standardeinstellung für die Einschränkung der Dimensionselemente oder -bereiche konfiguriert werden, die bereits greift, bevor Daten angezeigt werden können. Dadurch lässt sich die Initialisierungsdauer von Storys mit einer besonders umfangreichen Datengrundlage reduzieren und die Benutzererfahrung entsprechend verbessern.

6.2.5 Texte und Textelemente in Storys

Manchmal braucht es Erläuterungen

In SAP Analytics Cloud bieten *Textfelder* und dynamische Texte die Möglichkeit, Storys und Analytic Applications mit kontextabhängigen Informationen zu gestalten. Einerseits ermöglichen Textfelder und Kopfzeilen es, statische Textelemente wie Berichtstitel, Kennzahldefinitionen oder weitere hilfreiche Informationen an der richtigen Stelle zu positionieren. Andererseits können statt statischer Texte auch automatisch aktualisierte Texte verknüpft werden, wodurch sich die Interaktivität und die Benutzerfreundlichkeit von Dashboards deutlich erhöhen.

Dynamische Texte aktualisieren sich automatisch basierend auf Werten aus Eingabefiltern, Story-Filtern oder anderen Datenquellen wie bspw. Story- oder Diagramm-/Tabelleneigenschaften. Diese Funktion ermöglicht es somit, bspw. Benutzernamen, Datumsangaben, aktuelle Filterwerte, Kennzahlennamen, Einheiten oder Skalierungen dynamisch in Textelementen darzustellen.

Im Kontext von Texten sei außerdem eine eher selten genannte Funktionalität erwähnt: die *Übersetzung*. Diese Option kann in den Story-Details aktiviert werden (siehe Abbildung 6.13, mit aktiviertem Schalter **Übersetzung aktivieren**).

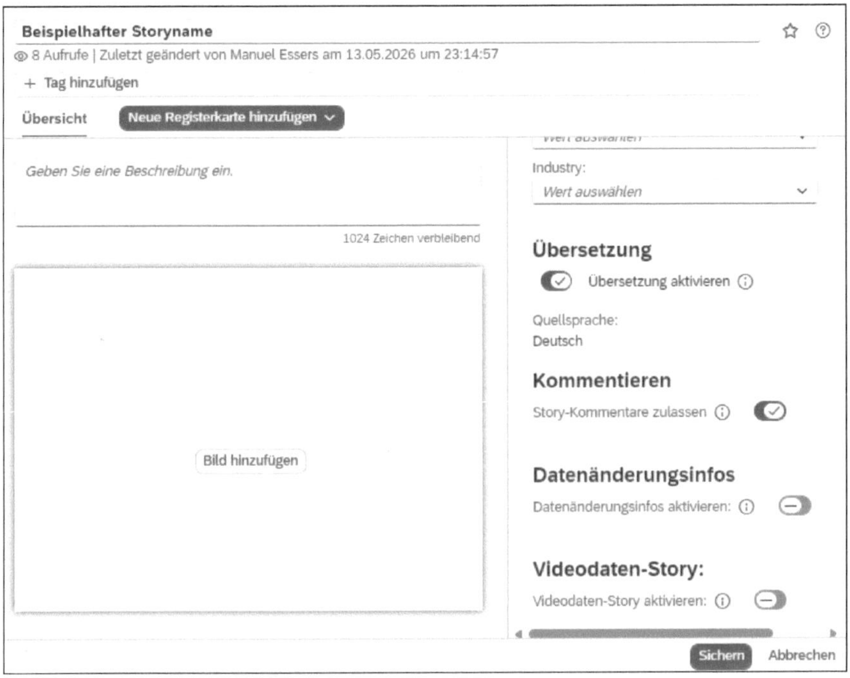

Abbildung 6.13: Übersetzung aktivieren

Sie wird daraufhin im Menü **Übersetzung** angezeigt und alle enthaltenen Textelemente werden für die Übersetzung zur Verfügung gestellt (siehe Abbildung 6.14). Bei der mehrsprachigen Verwaltung von Textinhalten kann dieses Menü hilfreich sein. Denn in der Regel werden zwar Kennzahlen, Dimensionen oder Dimensionsausprägungen in den Datenquellen gepflegt – und damit die Titel von Diagrammen und Tabellen an die Spracheinstellungen der Anwenderinnen und Anwendern angepasst –, nicht jedoch die Kopfzeilen, Beschreibungen, Fußnoten oder Kennzahldefinitionen. Je nachdem, wie stark die Entwicklungskonventionen in Ihrem Unternehmen ausgeprägt sind, und abhängig von der Sprachvielfalt unter den Anwenderinnen und Anwendern, empfiehlt es sich daher, von vornherein eine Story (wie auch die Datenmodelle in der Datenquelle) in englischer Sprache zu erstellen und dann die Übersetzungen zu pflegen. So werden im Falle einer nicht übersetzten Sprache die Story-Texte als Ausweichlösung auf Englisch dargestellt. Für die Übersetzung stehen zwei Optionen zur Verfügung:

Mehrsprachige Berichte brauchen Disziplin

- Das Herunterladen der Originaltexte und das Hochladen im XLIFF-Format (XML Localization Interchange File Format) – einer speziellen Dateiart, die für den Austausch von Inhalten zwischen Übersetzungssoftware und Empfängersystemen entwickelt wurde – ist möglich. Somit können sämtliche Texte heruntergeladen, mittels geeigneter Software übersetzt und anschließend wieder hochgeladen werden.

- Die Pflege der Übersetzungen erfolgt durch entsprechend berechtigte Anwenderinnen und Anwender. Markieren Sie dazu im Übersetzungsmenü die entsprechende Story, klicken Sie auf das Stiftsymbol (siehe Abbildung 6.14) und anschließend auf **Übersetzungen bearbeiten**.

Abbildung 6.14: Auswahl der Story für die Übersetzung

Vorsicht: formatierte Textfelder

Wählen Sie anschließend die Zielsprache aus. Nun können Sie die übersetzten Begriffe, Titel und Texte pflegen. Es sei jedoch angemerkt, dass die Texte im Menü **Übersetzung** nicht eins zu eins dargestellt und übersetzt werden können. Einige Felder (wie z. B. die Inhalte 10 und 11 in Abbildung 6.15) enthalten Elemente der Hypertext-Markup-Language (HTML, dt. Hypertext-Auszeichnungssprache) mit Formatierungsinformationen, die idealerweise mithilfe des Kopiersymbols kopiert werden sollten, um Unterschiede in der Formatierung zwischen den Sprachen zu vermeiden.

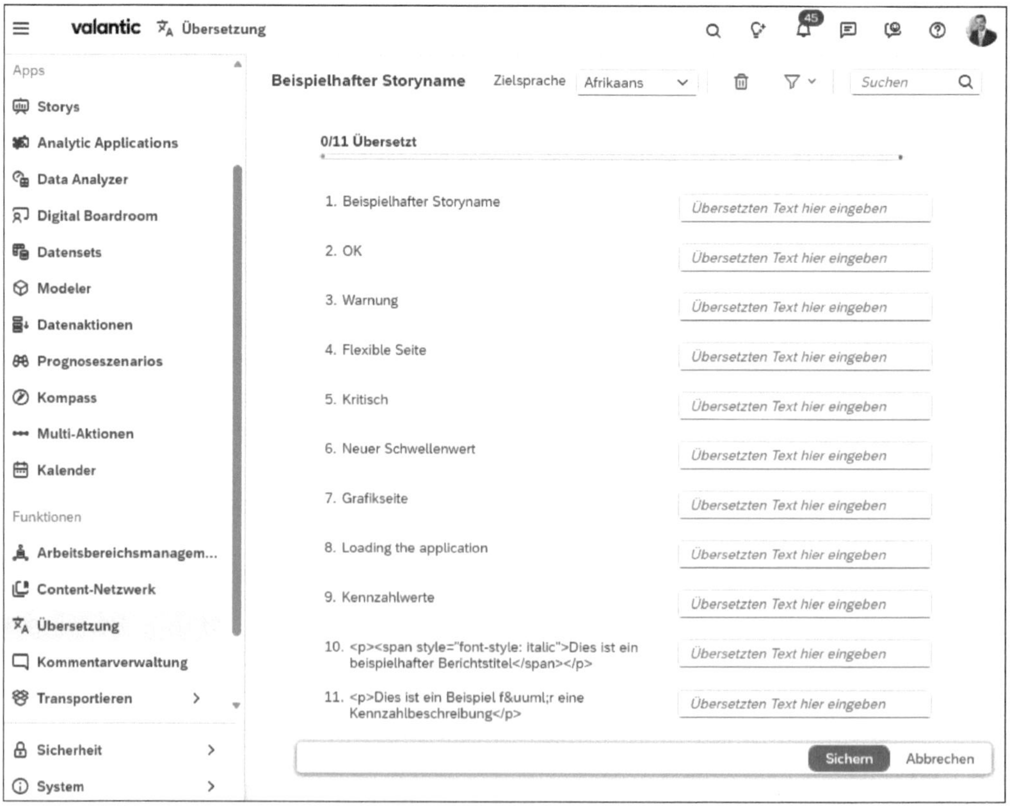

Abbildung 6.15: Menü »Übersetzung« für die manuelle Pflege von Übersetzungen

6.2.6 Navigationsfunktionen in Storys

Zwischen Berichten navigieren

Innerhalb von Storys stehen den Nutzerinnen und Nutzern fortgeschrittene Navigationsfunktionen zur Verfügung. Mit dem *optimierten Entwurfserlebnis* (engl. Optimized Story Experience) verfügen sie über ein umfassendes Toolbar-System mit unterschiedlichen Optionen, je nachdem, ob der Bearbeitungs- oder der Ansichtsmodus genutzt wird. Im Bearbeitungsmodus können Story-Entwicklerinnen und -Entwickler das Aussehen und die Funktionalität vollständig anpassen, während im Ansichtsmodus nur mit einer vereinfachten Werkzeugleiste gearbeitet wird, die sich auf die Datenexploration konzentriert. Ein besonders hervorzuhebendes Merkmal ist die nahtlose Navigation zwischen Storys mithilfe von Querverweisen (engl. Hyperlinks) und Zielpunkten (engl. Jump Targets). SAP Analytics Cloud erlaubt es, Querverweise auf andere Storys, spezifische Seiten innerhalb einer Story oder externe URLs zu erstellen, ohne dass dafür Programmierungsarbeiten erforderlich sind. Besonders hervorzuheben ist die Möglichkeit, ausgewählte Dimensionen beim Navigieren zu einer anderen Story oder Seite als Filter anzuwenden. Dadurch ist es möglich, zwischen Storys zu navigieren, ohne dabei den betrachteten Datenkontext zu verlieren, was wiederum eine umfassende Analyse über verschiedene Datenperspektiven hinweg ermöglicht.

6.2.7 Was, wenn Self-Service nicht ausreicht?

Erweiterung durch Programmierung

Zusätzlich zu den auf Self-Service ausgerichteten Storys, die zu Beginn insbesondere die Funktionalitäten von SAP Lumira Discovery abdeckten, bietet SAP Analytics Cloud auch Oberflächen, die mehr Werkzeuge für die Umsetzung der zuvor erwähnten spezifischeren Anforderungen bereithalten. Eine *Analytic Application* erlaubt es den Anwenderinnen und Anwendern einerseits, die Elemente der Storys durch Programmierung mittels JavaScript-Code zu erweitern oder individualisierte Elemente zu entwickeln. Andererseits können mithilfe von Cascading Style Sheets (CSS) Formatierungen individualisiert und über die Standards von SAP Analytics Cloud hinaus festgelegt werden.

Storys und Skripting in einer Oberfläche

Die entsprechenden Menüs (siehe Abbildung 6.16) lassen schnell erkennen, dass die Analytic Applications maßgeblich auf den technischen Grundlagen von SAP Lumira Designer aufbauen.

Mit der Veröffentlichung im Mai 2023 wurde das sogenannte *optimierte Story-Erlebnis* (engl. Optimized Story Experience) vorgestellt, in dem die bisherigen Self-Service-Funktionalitäten der Story mit den Programmierungsmöglichkeiten der Analytic Application zusammengeführt wurden. Diese Neuerung ermöglicht eine nahtlose Zusammenarbeit zwischen Story-Entwicklerinnen und -Entwicklern aus Fachabteilungen und Entwicklern aus der IT.

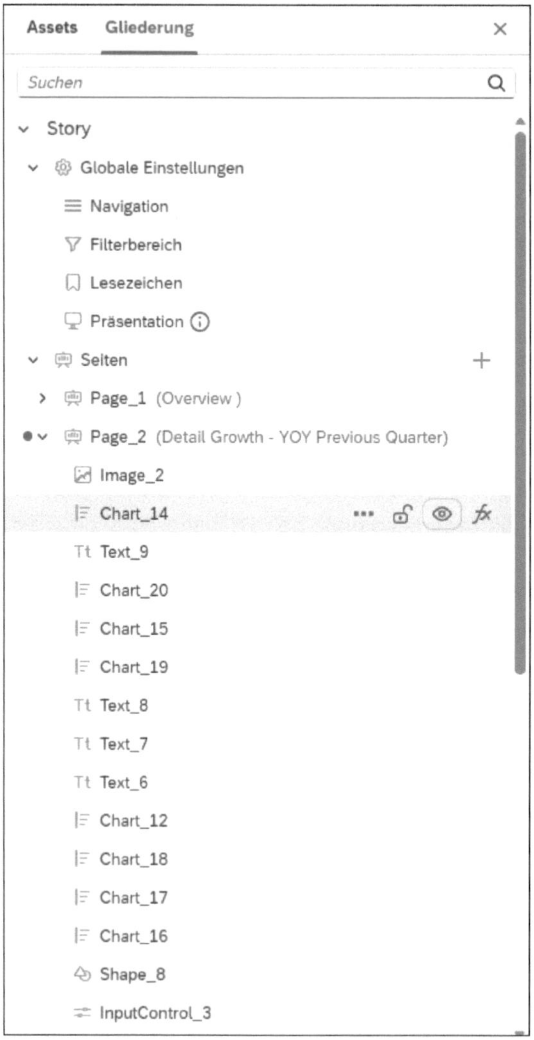

Abbildung 6.16: Die Gliederung des linken Seitenbereichs

Dies war bislang nur bedingt möglich, da Fachbereiche häufig Berichte im Self-Service und damit in einer Story entwickelt haben und erst später im Prozess weitere Anforderungen aufkamen, die einen Neuaufbau in einer Analytic Application erforderlich machten. Wenn die Anforderungen nur wenige grafische Elemente enthalten, aber dafür einen starken Fokus auf flexible Analysen und größere Datenmengen richten, sollten Sie neben Storys und analytischen Anwendungen vor allem den Data Analyzer in Betracht ziehen.

6.3 Data Analyzer

Hintergrund und Ursprung

Wenn wir über Self-Service in SAP Analytics Cloud sprechen, darf der sogenannte *Data Analyzer* nicht außer Acht gelassen werden. Er ist das Mittel der Wahl, wenn flexible tabellarische oder grafische Ad-hoc-Analysen durchgeführt werden sollen.

Langjährigen Anwenderinnen und Anwendern von SAP Analytics Cloud sind Kernfunktionen des Data Analyzers bereits aus den Storys im klassischen Entwurfserlebnis (engl. Classic Design Experience) bekannt, in dem es im Bearbeitungsmodus neben der Story-Registerkarte auch eine Daten-Registerkarte gibt.

Abkündigung des klassischen Entwurfserlebnisses der Storys

Die Storys im klassischen Entwurfserlebnis sind für Q3 2026 abgekündigt worden.

Abbildung 6.17: Menüleiste im klassischen Entwurfserlebnis

Mit einem Klick auf ebendiese **Daten**-Registerkarte (links in Abbildung 6.17) öffnet sich der sogenannte *Explorer*. In dieser Oberfläche können die Nutzerinnen und Nutzer Kennzahlen und Dimensionen flexibel kombinieren und dabei die Darstellungsform als Tabelle oder verschiedene Diagrammtypen auswählen (siehe Abbildung 6.18). Analog zur zuvor erwähnten Möglichkeit, den Data Analyzer (auch im Ansichtsmodus) kontextbezogen über die Kontextmenüs von Diagrammen oder Tabellen aufzurufen, lässt sich der Explorer auf dieselbe Weise öffnen.

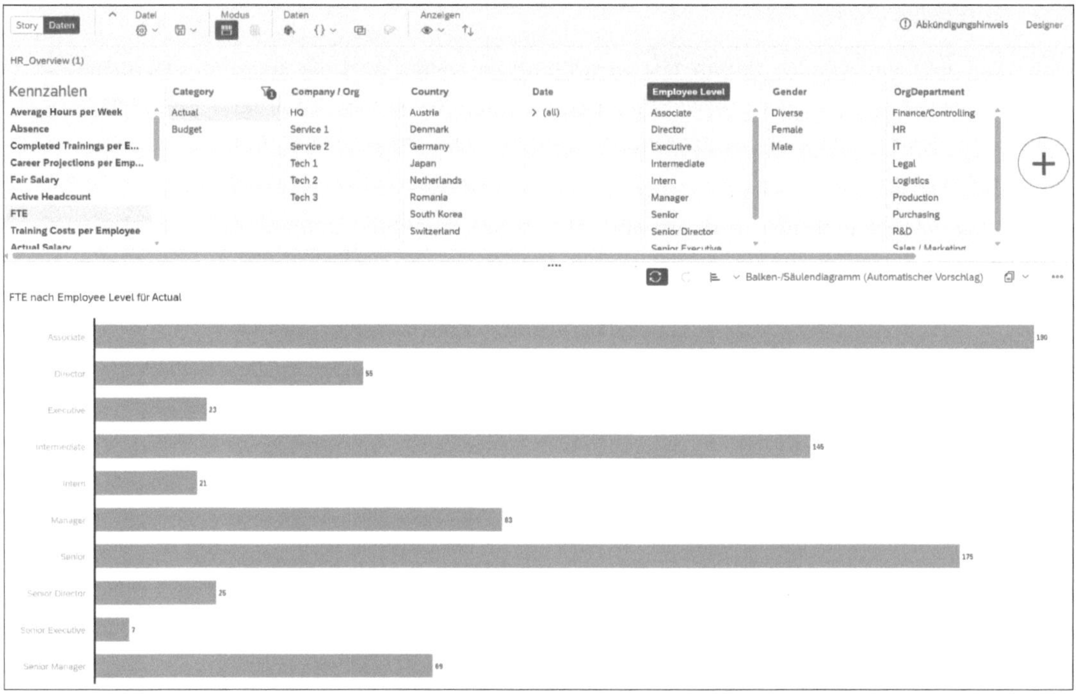

Abbildung 6.18: Explorer im »Daten«-Reiter der klassischen Story

6.3.1 Datenanbindung im Data Analyzer

Datenanbindung

Während es zuvor notwendig war, ein Modell basierend auf einer Import- bzw. Live-Datenquelle anzulegen oder eine Story basierend auf einem Flat File zu erstellen, um den Explorer zu öffnen, bietet SAP Analytics Cloud mit dem Data Analyzer auch eine Vorstufe für die Ad-hoc-Datenanalyse. Als eigenständige, vordefinierte und sofort einsatzbereite Anwendung fungiert der Data Analyzer als Ad-hoc-Schnittstelle zu verschiedenen Datenquellen und ermöglicht sowohl technisch versierten Nutzerinnen und Nutzern als auch Fachabteilungen, Analysen durchzuführen. Der Data Analyzer unterscheidet sich grundlegend von den Storys: Während Storys als Analysen innerhalb eines festgelegten Datenkontexts konzipiert sind, ermöglicht der Data Analyzer es, Daten selbst zu strukturieren und zu analysieren. Diese Unterscheidung macht den Data Analyzer zum bevorzugten Werkzeug für all diejenigen, die spezifische, situativ entstehende Fragestellungen beantworten müssen, ohne dabei auf IT-Unterstützung angewiesen zu sein.

Stark bei der Datenexploration

Ein wesentlicher Vorteil des Data Analyzers liegt in seiner Flexibilität bezüglich der Datenquellen. Nutzerinnen und Nutzer können auf zwei verschiedene Arten auf Daten zugreifen:

- vorhandene SAP-Analytics-Cloud-Modelle, unabhängig davon, ob diese auf importierten Daten oder Live-Verbindungen basieren, sowie
- direkte Live-Verbindungen zu SAP S/4HANA, SAP BW, SAP HANA Calculation Views und SAP Datasphere.

Dies ermöglicht es, dass der Data Analyzer nicht nur mit bereits angelegten Modellen, sondern auch mit Live-Views in SAP S/4HANA und Live-Queries in SAP BW funktioniert. Und genau das ist es, was Datenexploration ausmacht: die Möglichkeit, sich über verschiedene Datenquellen hinweg einen Überblick über die Datengrundlage zu verschaffen oder über den ggf. eingeschränkten Datenkontext einer Story hinaus Ursachenforschung zu betreiben.

6.3.2 Bedienelemente im Data Analyzer

Filter und Variablen als erster Schritt

Der erste und essenzielle Schritt im Data Analyzer ist die Filterung der Daten. Die Filterung über Variablen ermöglicht es, die Datenmenge bereits zu Beginn sowie auf Ebene der Datenquelle zu minimieren und damit die Ladegeschwindigkeit zu optimieren. Dies ist insbesondere bei Abfragen aus Live-Datenverbindungen ein wesentlicher Vorteil. Wenn jedoch keine Variablen enthalten sind und eine umfangreiche Einstiegssicht definiert wurde, kann eine lange Ladezeit schnell zu Frustration führen. Beim Aufruf von Daten aus einem vorhandenen Modell (darunter fallen auch analytische Modelle aus SAP Datasphere) ist hingegen nur die initiale Kennzahl vorausgewählt. Das ermöglicht die Filterkonfiguration, die zum Story-Filter äquivalent ist und über das Filtersymbol in der Benutzeroberfläche erfolgt.

Der rechte Seitenbereich (Builder)

Im Gegensatz zur Story gibt es im Data Analyzer nur den rechten Seitenbereich, dessen zentraler Bestandteil ebenso *Builder* genannt wird (siehe Abbildung 6.19). Dies unterstreicht den Fokus auf den Datenbereich und bildet das Herzstück der Analysekonfiguration. In diesem Bereich können die Anwenderinnen und Anwender die darzustellenden Dimensionen und Kennzahlen auszuwählen. Dies erfolgt entweder per Drag and Drop oder über die direkte Zuordnung zu Zeilen und Spalten, da die Initialsicht des Data Analyzers eine Tabelle ist. Natürlich kann der selektierte Datenkontext auch in einer (im Vergleich zur Story eingeschränkten) Auswahl von Diagrammen abgebildet werden. Der Fokus liegt hier jedoch auf der schnellen und flexiblen tabellarischen Darstellung von Daten, wie sie viele Nutzerinnen und Nutzer von Pivot-Tabellen in Microsoft Excel gewohnt sind. Die weitere Bedienung erfolgt intuitiv über Kontextmenüs im Builder oder per Rechtsklick auf die Dimensionsköpfe. So können Sie im Rechtsklick-Menü bspw. eine Achsenverschränkung (engl. Swap Axes) wählen, um Zeilen in Spalten (und umgekehrt) zu transformieren, oder die Optionen für Hierarchien (inkl. Drill Down/Drill Up), Sortierung und Filterung nutzen.

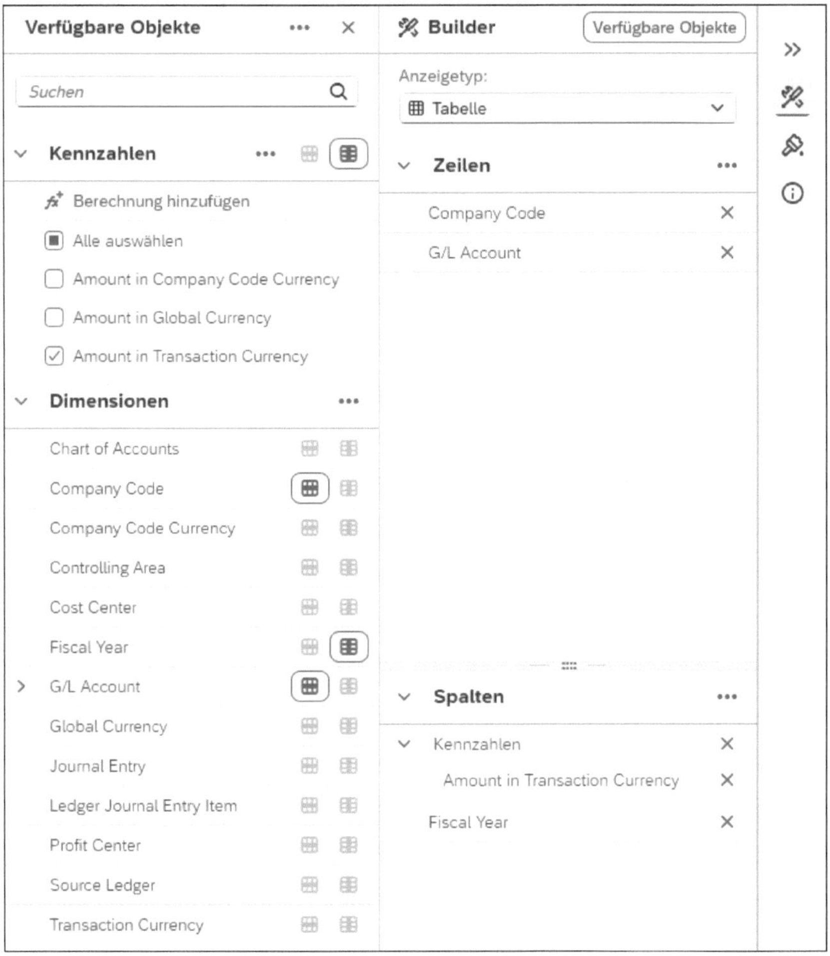

Abbildung 6.19: Builder-Menü im Data Analyzer

Rechter Seitenbereich ähnelt dem in Storys

Des Weiteren verfügen die Tabellen über – aus Storys bekannte – Funktionen wie Nullwert-Unterdrückung, um nur aussagekräftige Zeilen und Spalten anzuzeigen, oder die flexible Summenpositionierung oben, unten oder beidseitig in der Ergebnistabelle. Ein weiterer für die Datenexploration und -validierung hervorzuhebender Baustein ist die Möglichkeit von Ad-hoc-Berechnungen im Bereich **Berechnung anlegen** (siehe Abbildung 6.20).

Flexibilität bei Analysen und Prototypen

Über dieses Menü können Sie Kennzahlen- und Kontenberechnungen erstellen und dabei auf eine Reihe von Funktionen zugreifen, einschließlich bedingter Abfragen (If-Then-Logik) oder eingeschränkter Kennzahlen. Im rechten Kontextbereich wird für alle verfügbaren Funktionen außerdem die Funktionshilfe mit Informationen zu Syntax, eventuellen Besonderheiten und Beispielen bereitgestellt. Diese können Sie bei Bedarf auch ausblenden, falls die Berechnungsformeln mehr Platz benötigen.

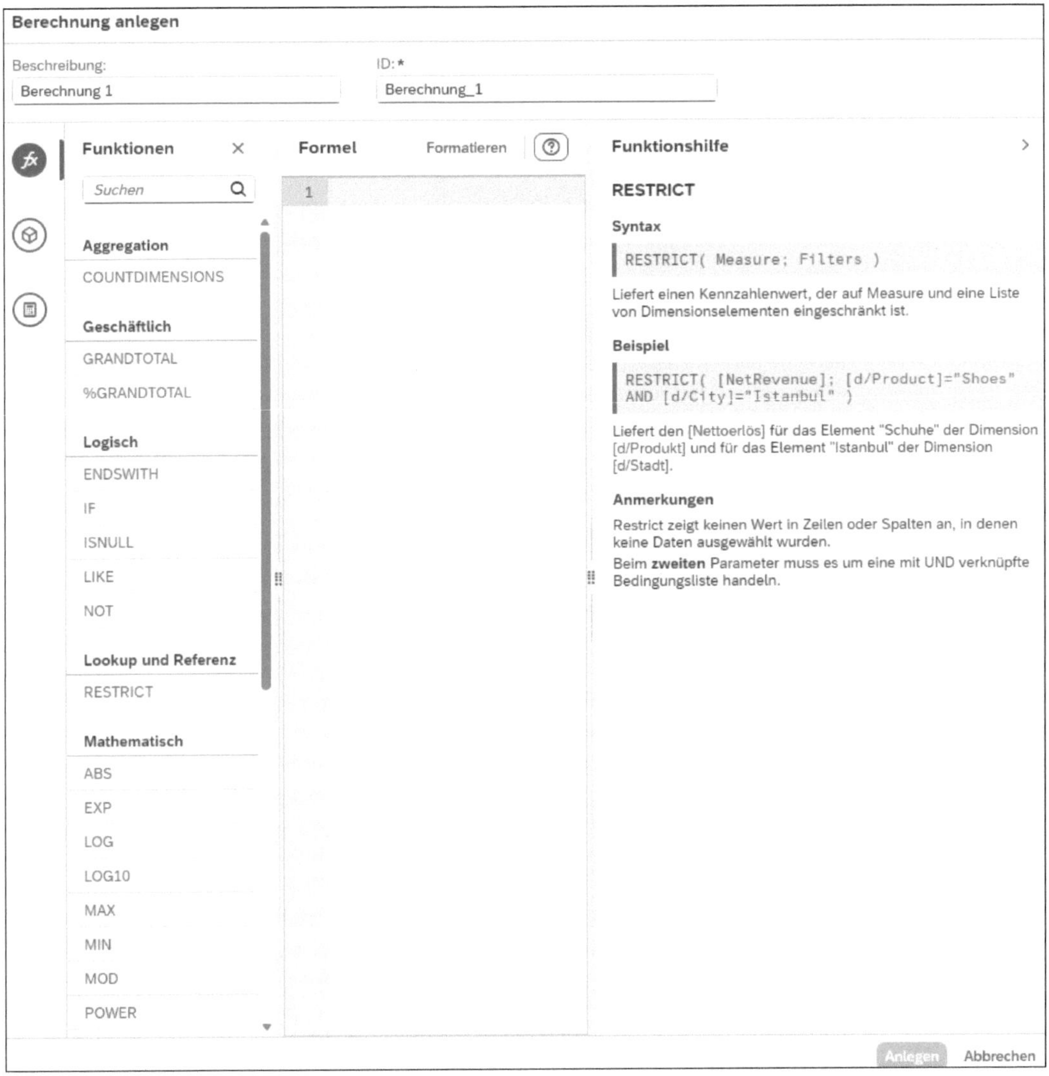

Abbildung 6.20: Berechnungen anlegen im Data Analyzer

Kleinere Layout-Anpassungen möglich

Neben dem Builder-Menü ermöglicht es der Data Analyzer im Bereich **Format** die Darstellung der Tabelle sowie der enthaltenen Kennzahlen anzupassen. Dies umfasst u. a. die Layout-Optionen **Standard**, **Einfach** und **Bericht** sowie alternierende Zeilen. Darüber hinaus lassen sich die Skalierung, das Skalierungsformat, die Dezimalstellen, die Darstellungsform negativer Zahlen sowie die zuvor erwähnte bedingte Formatierung zum Hervorheben von Datenpunkten und Mustern konfigurieren. Diese Visualisierungsflexibilität ermöglicht es, komplexe Datenräume vereinfacht und in passender Granularität darzustellen und auf verständliche Weise zu kommunizieren, um datengestützte Entscheidungen zu fördern.

6.3.3 Vorteile und Merkmale des Data Analyzers

Flexibilität und intuitive Bedienung

Der Data Analyzer hat sich für verschiedene Anwendungsfälle als nützlich erwiesen: einerseits für Detailanalysen von Berichtsdaten bzw. für tiefergehende Analysen der Datengrundlage von Berichten nach deren initialer Erstellung, andererseits für Self-Service-Auswertungen durch Anwenderinnen und Anwender aus Fachabteilungen, die selbstständig Analysen ohne IT-Support durchführen möchten. In diesen Kontext fällt auch die Beantwortung spezifischer Fragestellungen.

Ergänzendes Analyse-Werkzeug für alle

Und auch wenn es auf den ersten Blick nicht allzu relevant erscheint, hat der Data Analyzer auch im Planungsumfeld eine besondere Bedeutung: Nicht jede Planerin und jeder Planer sollte berechtigt sein, Storys zu erstellen, da durch individuelle Aufrisse die vordefinierten Aggregationsebenen, Dimensionalitäten usw. drohen, inkonsistent zu werden. Jedoch sollte allen Planenden die Möglichkeit gegeben werden, zusätzliche Dimensionen beim Analysieren und Validieren von Inhalten hinzuzufügen – ohne dabei den Planungsprozess zu stören. Dies ist mit der Nutzung des Data Analyzers auf Basis von Planungsmodellen möglich, ohne die Konsistenz der Plandateneingabe zu gefährden.

Leichtes Teilen von Erkenntnissen

Nach Abschluss einer Analyse können die Ergebnisse als sogenannte *Erkenntnisse* (engl. Insights) abgespeichert werden. Diese Erkenntnisse bieten mehrere Vorteile: Sie können jederzeit erneut aufgerufen und mit aktuellen Daten dargestellt werden. Außerdem sind sie freigabefähig und können mit anderen Benutzern geteilt werden, um eine kollaborative Bearbeitung zu ermöglichen. Der Funktionsumfang des Data Analyzers überbrückt somit die Lücke zwischen Adhoc-Analysen und wiederverwendbaren Analyseszenarien.

Beschleunigte Analysen

Zusammenfassend lässt sich sagen, dass der Data Analyzer Unternehmen und Einzelpersonen mehrere Vorteile bietet. Zum einen ermöglicht er eine schnellere Entscheidungsfindung, da Daten in Echtzeit analysiert werden können, sowie die Möglichkeit, schneller auf Veränderungen und neue Erkenntnisse zu reagieren. Zum anderen erlaubt es die intuitive Bedienung auch technisch weniger versiertem Personal, komplexe Analysen durchzuführen, was wiederum die Abhängigkeit von IT-Abteilungen reduziert. Ein weiterer Vorteil entsteht durch die Integration mit Live-Datenquellen, was den Nutzerinnen und Nutzern den direkten Zugriff auf aktuelle Transaktionsdaten ermöglicht, ohne dass sie auf Batch-Prozesse warten müssen.

Glücklicherweise wird der Data Analyzer kontinuierlich um neue Funktionalitäten erweitert. Geplante und bereits umgesetzte Erweiterungen umfassen u. a. die Integration der *SAP-BW-Bericht-Schnittstelle* (engl. Report Report Interface), die eine nahtlose Integration von SAP BW Queries bzw. einen Absprung sowie das Durchbohren von Datenräumen über Queries hinweg ermöglicht.

6.4 Flexible Modellierung

In vielen Fachabteilungen stammen Daten nicht ausschließlich aus einem System und werden regelmäßig durch neue Kennzahlen oder neue Merkmale ergänzt. Das erfordert die zuvor beschriebene Flexibilität bei der Analyse und Darstellung von Daten auch auf Ebene der Datengrundlage. Ob und in welchem Umfang SAP Analytics Cloud in diesem Kontext das richtige Werkzeug ist, beleuchten wir in diesem Abschnitt. Insbesondere die Datenverbindungsarten sowie die Optionen und Anwendungsfälle für die Modellierung stehen dabei im Vordergrund.

6.4.1 Datenverbindungsarten und ihre Vor- und Nachteile

Echtzeitdaten

SAP Analytics Cloud unterstützt Live-Datenverbindungen zu verschiedenen Quellsystemen, darunter SAP HANA, SAP S/4HANA, SAP BW, SAP BW/4HANA, SAP Datasphere und SAP Integrated Business Planning sowie Nicht-SAP-Systeme wie OData und Google BigQuery. Mit dieser Verbindungsart gehen zwei zentrale Vorteile einher: Einerseits ist es möglich, Echtzeitdaten aus der Datenquelle zu analysieren und zu visualisieren – Fachabteilungen, die im operativen Geschäft schnelle Entscheidungen auf Basis von Echtzeitinformationen treffen müssen, profitieren besonders von dieser Funktionalität.

Keine Replikation

Andererseits erfolgt keine Replikation der Daten, d. h. die Daten bleiben im Quellsystem gespeichert und werden direkt abgefragt, ohne in die Cloud kopiert zu werden. Dies reduziert Datenspeicherungskosten sowie Synchronisationsprobleme und vermeidet damit auch Informationsasymmetrien.

Netzwerk und Quellsystemperformance

Ein Nachteil der Live-Datenverbindung ist, dass die Abfrageleistung von der Netzwerkverfügbarkeit und der Performance des Quellsystems abhängig ist. In Netzwerken mit instabiler Verbindung oder überlasteten Quellsystemen können Analysen daher verlangsamt werden. Natürlich besteht auch bei ungefilterten Abfragen die Gefahr, das Quellsystem zu überlasten, was insbesondere bei SAP S/4HANA als Datenquelle ein nicht zu unterschätzendes Risiko darstellt und durch entsprechende Governance unterbunden werden sollte. Je nach Sichtweise ist ein weiterer Nachteil, dass keine lokalen Transformationen oder ein Anreichern der Daten mehr möglich sind. Zwar besteht die Möglichkeit, Kennzahlen zu berechnen oder mehrere Datenquellen in Berichten einzubinden und über gemeinsame Dimensionen zu verknüpfen, jedoch werden Fachabteilungen die Option vermissen, Stammdaten zu erweitern oder zusätzliche Kennzahlen hinzuzufügen.

Import-Datenverbindungen

Dies führt uns zur zweiten Möglichkeit, Daten für SAP Analytics Cloud verfügbar zu machen: *Import-Datenverbindungen*. Diese ermöglichen es, Daten aus den zuvor genannten Quellsystemen sowie aus weiteren Quellen wie CSV, Excel, Google Drive, SQL-Datenbanken, Salesforce, SAP Business Planning and Consolidation, SAP ERP und SAP SuccessFactors in SAP Analytics Cloud zu laden. Es wird also eine breite Palette von Datenquellen, einschließlich Cloud- und On-Premise-Systemen, unterstützt, was auch das Zusammenführen von Daten aus heterogenen Systemlandschaften ermöglicht. Diese Flexibilität sollte jedoch nicht als Ansatz für den Aufbau eines Data Warehouses missverstanden werden. Ein möglicher Vorteil importierter Daten, also der lokalen Speicherung in SAP Analytics Cloud, kann eine höhere Ladegeschwindigkeit sein, wodurch sich Abfragen schneller ausführen lassen. Dies sollte jedoch nicht als pauschale Regel verstanden werden, da viele Quellsysteme mit entsprechend ausgelegtem Arbeitsspeicher durchaus performant sein können. Im Vergleich zu Live-Datenverbindungen spielen Netzwerkgeschwindigkeiten oder die Verfügbarkeit der Quellsysteme jedoch keine Rolle. Aus Sicht der Fachabteilungen sicherlich ein Vorteil – für viele IT-Abteilungen jedoch eher ein Nachteil – ist die Möglichkeit, nach dem Abruf der Daten Transformationen vorzunehmen. Diese Transformationen werden als Bestandteil der Beladungsprozesse gespeichert und können manuell angestoßen oder zeitplangesteuert automatisiert werden. Da die Daten aber aus der Datenquelle in SAP Analytics Cloud kopiert werden, hat diese Flexibilität ihren Preis. Zwar ist der Speicherplatz in SAP Analytics Cloud keine Lizenzmetrik, jedoch stellen asynchrone Datenstände eine Abkehr vom Single Point of Truth dar und die Aktualität der Daten hängt von der Häufigkeit der Importprozesse ab. Hier sei auch erwähnt, dass eine zu regelmäßige Aktualisierung der Daten zu erhöhter Last auf den Quellsystemen führen kann und dass zu große Abfragen einem höheren Risiko unterliegen, bei Netzwerkproblemen abzubrechen. Ein weiterer Aspekt, der berücksichtigt werden sollte, ist die Tatsache, dass die Berechtigungskonzepte der Quellsysteme ausgehebelt werden können und unter Umständen ebenfalls abgebildet und synchron gehalten werden müssen. Import-Datenverbindungen stellen daher aus Gründen der Datensicherheit für viele Unternehmen ein Risiko dar.

Insbesondere im Kontext von Planungsanwendungen sollte daher auch geprüft werden, ob eine Seamless-Planning-Integration mit SAP Datasphere Abhilfe schaffen kann (siehe Kapitel 7, »SAP Analytics Cloud: Integriertes Planen«).

Schnelle Verfügbarkeit für große Nutzerzahl

Es gibt aber auch gute Gründe, die für die Verwendung von Import-Datenverbindungen sprechen. Ein Beispiel dafür sind Berichte, die von der Mehrheit der Mitarbeitenden benötigt werden. In diesem Fall kann es aus administrativer Sicht einfacher sein, im Intranet den Querverweis zur SAP-Analytics-Cloud-Story zu hinterlegen und eine automatisierte Benutzeranlage in SAP Analytics Cloud zu konfigurieren, anstatt dies manuell im entsprechenden Quellsystem vorzubereiten. Dies kann natürlich auch aus Lizenz- und damit Kostengründen ein attraktives Argument darstellen. Ein weiteres Beispiel sind Berichte, die in Bezug auf die Datenquellen, Kennzahlen und Dimensionen nicht statisch sind, sondern regelmäßig angepasst werden müssen. Dies ist häufig in der Vertriebs- oder Einkaufsorganisation zu beobachten, wo bspw. Marktdaten oder unterschiedlich strukturierte Listen von Lieferanten oder Kunden Bestandteil der Datengrundlage sind. Außerdem kann die Flexibilität einer Import-Datenverbindung bei der Erstellung prototypischer Berichte sehr hilfreich sein.

6.4.2 Modellerstellung für Import-Daten

Konkretes Projekt oder Prototyp?

SAP Analytics Cloud bietet eine Vielzahl von Menüs und Anwendungen im Zusammenhang mit Import-Datenverbindungen. Nachdem eine entsprechende Systemverbindung eingerichtet wurde (bei CSV- oder Excel-Dateien entfällt dieser Schritt), muss zunächst eine Entscheidung getroffen werden: Soll das Modell basierend auf einer Datenabfrage erstellt werden? Oder soll zunächst die Modellstruktur konfiguriert und anschließend das Gerüst mit Daten befüllt werden? Bei der Erstellung von Prototypen wird vermutlich zunächst mit den Datenstrukturen experimentiert und es werden unterschiedliche Abfragen konfiguriert.

Quellsystem oder Excel-Datei

Nach der Wahl des Modellierungsansatzes (siehe Abbildung 6.21) können Sie den Quellsystemtyp und die entsprechende Verbindung auswählen. Wenn der anschließende Verbindungstest erfolgreich abgeschlossen wurde, können Sie im nächsten Schritt entweder eine bestehende Abfrage kopieren oder eine neue Abfrage anlegen.

Datenabfragen erstellen

Dafür wählen Sie zunächst – je nach Quellsystem – eine SAP BW Query, einen CDS View (SAP S/4HANA) oder einen OData-Dienst. Im nächsten Schritt erhalten Sie eine Übersicht über die zur Verfügung stehenden Kennzahlen und Dimensionen sowie ggf. deren Attribute (siehe Abbildung 6.22). Bei Abfragen aus CDS Views oder BW Queries haben Sie zudem die Möglichkeit, zwischen verschiedenen Formaten für IDs (Internal Key oder External Key) oder Texten (lang/mittel/kurz) zu wählen. Unabhängig von der Art des Quellsystems können Sie im unteren Bildschirmbereich der Abfrage bei Bedarf auch Filter konfigurieren. Dies sollten Sie im ersten Schritt vor allem dann tun, wenn Sie schon genau wissen, welchen Datenumfang Sie benötigen, oder aber wenn Sie den Umfang der Datenquelle noch nicht kennen. Denn die Abfrage ungefilterter Datenmodelle kann bisweilen auch aufgrund von Netzwerkstörungen abbrechen oder für die Initialbeladung eine längere Zeit in Anspruch nehmen.

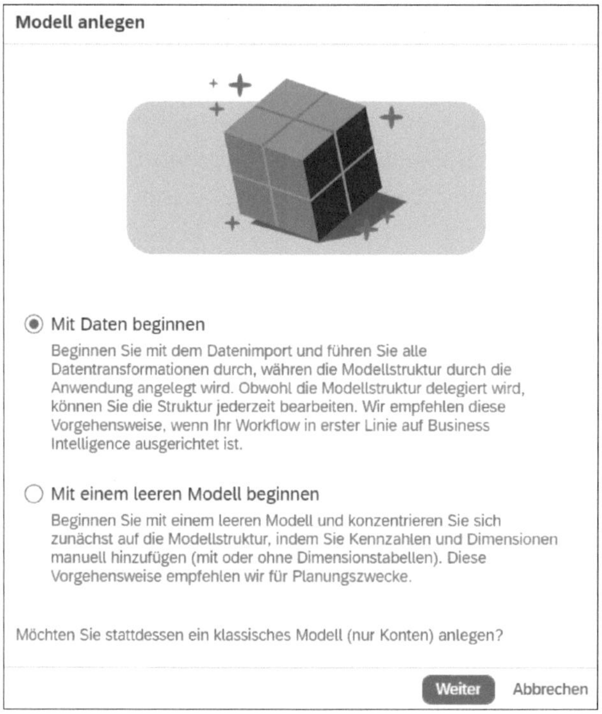

Abbildung 6.21: Modellierungsansatz auswählen

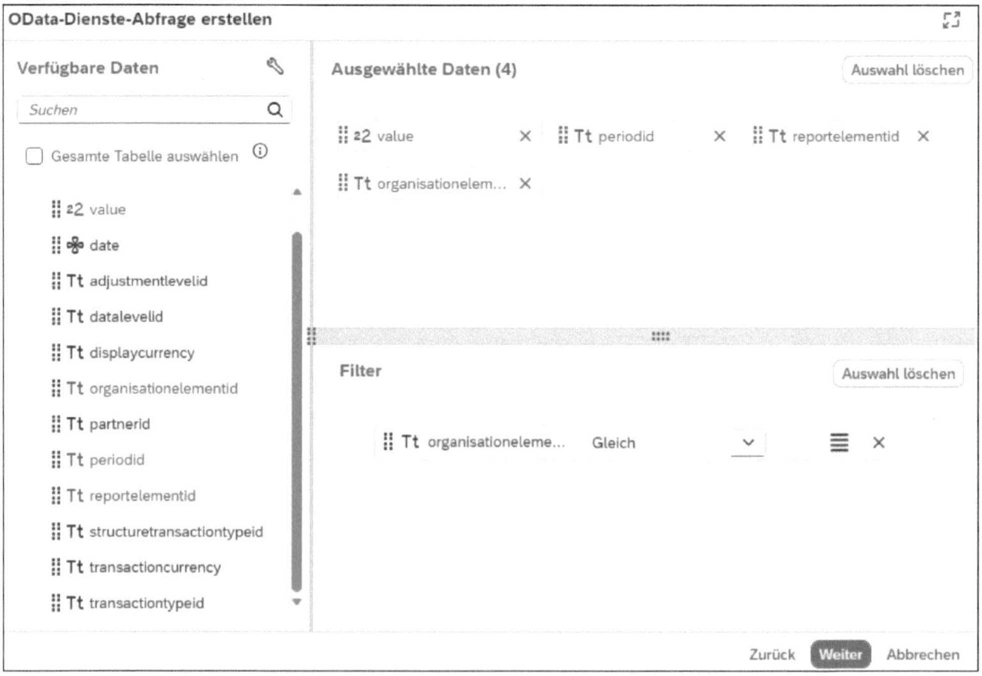

Abbildung 6.22: Datenabfrage bei einer OData-Verbindung

Transformationen erstellen

Sofern Sie die Modellstruktur bereits vorab definiert haben, gelangen Sie im nächsten Schritt direkt in das Transformationsmenü. Wenn Sie den Modellierungsansatz **Mit Daten beginnen** gewählt haben, werden Sie nach dem Sichern bzw. Speichern des Modells zum Transformationsmenü weitergeleitet.

Grundeinstellungen der Modellstruktur

Falls Sie die Modellstruktur noch nicht festgelegt und zu Beginn die Option **Mit Daten beginnen** gewählt haben, erhalten Sie nun eine Vorschau des zu konfigurierenden Modells (siehe Abbildung 6.23). Dabei haben Sie zunächst die Möglichkeit, Änderungen an der Modellstruktur und den Grundeinstellungen vorzunehmen. Die Grundeinstellungen umfassen die folgenden Aspekte:

- **Modelltyp:** Analyse- oder Planungsmodell (erfordert entsprechende Lizenz- und Rollenzuweisung)
- **Spracheinstellungen und Aktivierung von Übersetzungen**
- **Zugriffs- und Datenschutzeinstellungen**: Dazu zählen z. B. Schnittstellenzugriff oder ein Modelldatenschutz, der es nur dem Modelleigentümer oder entsprechend berechtigten Rollen erlaubt, Fakten einzusehen.
- **Datumseinstellungen**
- **Währungs- und Einheitenumrechnung**
- **Daten und Performance:** Darunter fällt auch die Aktivierung der alten Exportfunktion (engl. Legacy Export), die es ermöglicht, via OData-Dienst-Schnittstellen in SAP S/4HANA, SAP Integrated Business Planning oder SAP Business Planning and Consolidation zu exportieren.

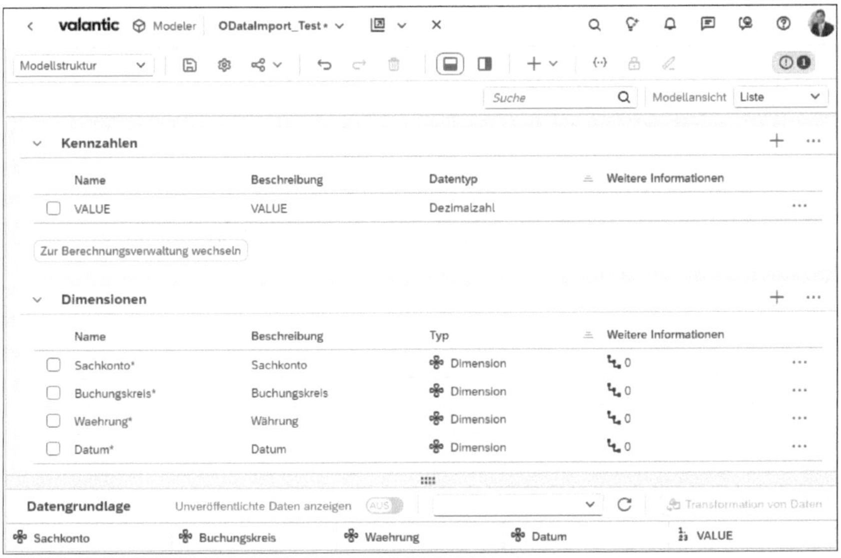

Abbildung 6.23: Modellvorschau vor dem Abspeichern

Verschiedene Dimensionstypen

In Bezug auf die Modellstruktur können die Zuordnungen der Spalten zu Kennzahlen und Dimensionen sowie die technischen Namen und Beschreibungen angepasst werden. Für Dimensionen lässt sich außerdem der Dimensionstyp definieren (**Generisch**, **Datum**, **Version**, **Organisation**, **Zeitstempel** oder **Konto**) und es können Attribute, Hierarchien oder Dimensionstabellen angelegt werden. Dies ist aber ebenso im Nachgang möglich.

Für Kennzahlen lassen sich stattdessen der Datentyp (Dezimalzahl oder ganze Zahl) und ggf. die Anzahl der Nachkommstellen sowie verschiedene Aggregationseinstellungen (Ausnahmeaggregationen und erforderliche Dimensionen) anpassen. Pro Kennzahl lässt sich außerdem definieren, ob es eine zugeordnete Währung oder Einheit gibt, wie die Kennzahl formatiert, d. h. skaliert werden soll und wie viele Nachkommstellen standardmäßig angezeigt werden sollen. Letzteres hat keinen Einfluss auf die im Modell abgelegte Anzahl von Nachkommstellen, erspart den Nutzerinnen und Nutzern jedoch wiederkehrende Formatierungsaufgaben beim Anlegen von Storys.

An dieser Stelle ist zu beachten, dass nach dem Sichern des Modells die Zuordnung der einzelnen Spalten nur möglich ist, solange keine Fakten bzw. Bewegungsdaten in das Modell geladen wurden.

Abbildung 6.24: Transformationsmodus öffnen

Transformationen anlegen

Nach dem Speichern wird nun unten im Bereich **Datengrundlage** die Schaltfläche **Transformation von Daten** sichtbar (siehe Abbildung 6.24). Das dazugehörige Menü (siehe Abbildung 6.25) erlaubt es, nach dem Abruf aus der Datenquelle und vor dem Import in die Fakten- und Dimensionstabellen Daten zu transformieren. Dazu wird eine Stichprobe mit einem Umfang von 2.000 Zeilen aus dem gesamten Datenumfang in den sichtbaren Bereich geladen. Im rechten Bildschirmbereich können Sie nun den Reiter **Spaltenübersicht** sowie bei Auswahl einer Spalte auch den Reiter **Details** öffnen. Letzterer enthält allgemeine Informationen und bietet einen Überblick über die Anzahl eindeutiger Werte bzw. die Wertverteilungen.

Einfache Transformationen

In der oben angeordneten Werkzeugleiste stehen nun verschiedene Kontextmenüs zur Verfügung. Nach dem Einblenden der Transformationsleiste sind einige grundlegende Transformationen verfügbar (Verketten, Teilen, Extrahieren, Ersetzen, Ändern und Filtern), mit denen die Zelleninhalte ausgewählter Spalten angepasst werden können.

Umfangreichere Transformationen

Für weiterführende Transformationen steht im Datentransformationsmodus zudem der *benutzerdefinierte Ausdruckseditor* als zentrales Werkzeug zur Verfügung. Dieser erlaubt es, über einfache Ausdrücke (engl. Statements) neue Kennzahlen und berechnete Felder zu erstellen (siehe Abbildung 6.26). Bspw. können Felder nacheinander oder mehrere Felder gleichzeitig angelegt sowie Filterbedingungen wie mit einem Formeleditor bearbeitet werden.

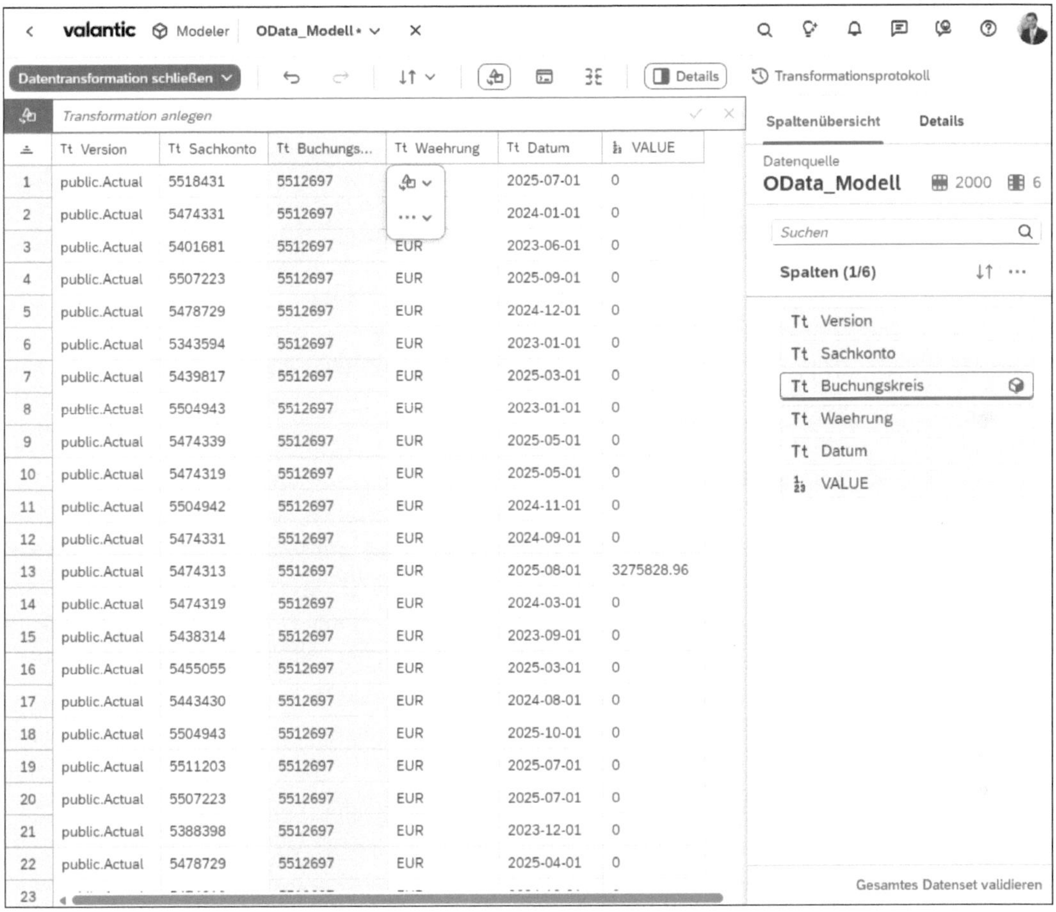

Abbildung 6.25: Transformationsbildschirm

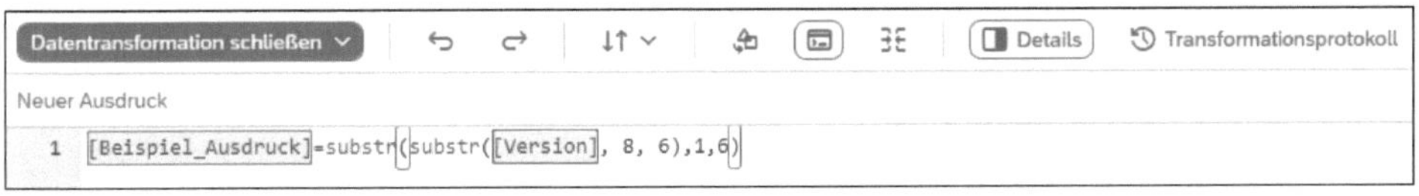

Abbildung 6.26: Beispiel für einen benutzerdefinierten Ausdruck zur Text-Extraktion

SAP Analytics Cloud stellt dabei eine breite Palette an Funktionen für benutzerdefinierte Ausdrücke inklusive kontextualisierter Hilfe und Beispielen bereit. Hier finden sich u. a. numerische Funktionen, Text-, Datums- und Uhrzeitfunktionen, räumliche Funktionen und sonstige Funktionen wie bspw. bedingte Logik (`if`, `isNull`). Dies hilft auch weniger technisch versierten Nutzerinnen und Nutzern, einen Einstieg in komplexere Transformationslogiken zu finden und diese umzusetzen, ohne auf die Unterstützung der IT-Abteilung angewiesen zu sein.

Wie SAP Analytics Cloud Anwenderinnen und Anwender aus Fachabteilungen darüber hinaus unterstützen kann, den Einstieg in die Programmierung zu finden, indem bspw. KI aus natürlicher Sprache Skripte erzeugt, erfahren Sie im nächsten Abschnitt.

6.5 Just Ask und KI-Unterstützung mit Joule

Wie bereits beschrieben, ist Joule der KI-Assistent von SAP, der Nutzerinnen und Nutzern als Unterstützung zur Verfügung steht.

KI in SAP Analytics Cloud

Seit Anfang 2024 ist Joule in einer Ausbaustufe über die Funktion *Just Ask* in SAP Analytics Cloud integriert und ermöglicht es Nutzerinnen und Nutzern, analytische Fragestellungen in natürlicher Sprache zu stellen. Dafür müssen die zugrunde liegenden Modelle indexiert werden, was aktuell jedoch nur mit SAP Datasphere als Live-Datenquelle möglich ist. Neben der Verwendung von Live-Datenquellen besteht jedoch die Möglichkeit, auf Modelle zuzugreifen, die auf Import-Datenverbindungen basieren. Das heißt, dass bspw. die zuvor beschriebenen in SAP Analytics Cloud importierten und modellierten Datenmodelle auch für Just Ask bzw. Joule als Datengrundlage einbezogen werden können. In der Vorgängeranwendung **Suche nach Informationen** (bei der englischen Spracheinstellung **Search to Insight**) war die Verwendung von Live-Datenmodellen auch für Modelle basierend auf SAP Business Warehouse/Business Explorer Queries möglich. Allerdings wurden dabei lediglich Fragen unterstützt, die einer vorgegebenen Syntax folgten und in englischer Sprache formuliert waren, bspw. »[Kennzahl] by [Dimension]«.

Joule im Allgemeinen

Joule basiert auf generativer künstlicher Intelligenz und unterscheidet sich von allgemeinen KI-Assistenten dadurch, dass er nicht auf Quellen aus dem Internet zugreift, sondern auf unternehmenseigene Daten. Dieser KI-Assistent analysiert Echtzeitdaten aus SAP-Lösungen und Quellen von Drittanbietern wie Microsoft und Google und nutzt dabei die SAP BTP zur Verarbeitung der Daten. So können bspw. auch Microsoft-SharePoint-Verzeichnisse eingebunden, also auch Informationen aus dem Intranet abgefragt werden.

Eine umfangreiche Roadmap?

Im Kontext von SAP Analytics Cloud unterstützt Joule Unternehmen dabei, tiefere Einblicke zu erhalten und schnellere, faktenbasierte Entscheidungen zu treffen. Die Integration mit generativer künstlicher Intelligenz markiert einen bedeutenden Schritt zur Demokratisierung von Datenanalyse, indem sie Fachbereichsmitarbeitenden – auch ohne jegliche Kenntnisse von SAP Analytics Cloud – den Zugang zu bzw. Einstieg in Analysen ermöglicht. Die Funktionen umfassen aktuell u. a.:

- **Beantwortung analytischer Fragestellungen:** Joule kann direkt auf Fragen aus dem Geschäftskontext in natürlicher Sprache antworten und dabei wichtige Kennzahlen – z. B. in Form von Diagrammen – als Antworten bereitstellen.

- **Anreicherung von Datenmodellen:** Joule unterstützt bei der Anreicherung von Datenmodellen bzw. Analysen mit berechneten Kennzahlen.

Weitere KI-gestützte Funktionalitäten, wie die automatische Erstellung von Skripten als Antwort auf die durch Nutzende erläuterten Problemstellungen (z. B. Ein- und Ausblenden bestimmter Elemente) und die automatische Generierung von Logikerweiterungen von Dashboards, befinden sich aktuell noch im Beta-Stadium und sind noch nicht konkret auf der Produkt-Roadmap eingeplant.

6.5.1 Just Ask bereitstellen

Berechtigungen für die Nutzung von Just Ask

Um Just Ask für die Anwenderinnen und Anwender nutzbar zu machen, müssen zuvor einige vorbereitende Maßnahmen durchgeführt werden. Falls in SAP Analytics Cloud benutzerdefinierte Rollen genutzt werden, die vor der Veröffentlichung von Just Ask erstellt wurden, muss in den entsprechenden Rollen die Berechtigung in der Zeile **Just Ask** mindestens auf **Ausführen** angepasst werden. Je nach Affinität der jeweiligen Nutzergruppe kann die Berechtigung auf **Bearbeiten** erweitert werden. Dadurch wird es Anwenderinnen und Anwendern ermöglicht, Modelle, die bisher nicht öffentlich für Just Ask verfügbar sind, entsprechend zu konfigurieren und mit ihnen zu kommunizieren. Dies bedeutet, dass Nutzerinnen und Nutzer Modelle temporär für Just-Ask-Abfragen konfigurieren, aber nicht teilen können. Die hinzugefügten Modelle sind nur während der laufenden Session, also nicht dauerhaft, in Just Ask verfügbar.

> **Just Ask kann nicht deaktiviert werden**
>
> In den Systemeinstellungen von SAP Analytics Cloud gibt es im Reiter **Erscheinungsbild** die Möglichkeit, die **Just Ask**-Karte auf der Startseite **Heute** zu deaktivieren. Außerdem können die Rollen dahingehend angepasst und die Berechtigung(en) für Just Ask deaktiviert werden. Eine grundsätzliche Deaktivierung ist jedoch nicht möglich.

Mit der dritten und höchsten Berechtigungsausprägung **Verwalten** wird es einer Nutzergruppe ermöglicht, die verfügbaren Modelle global zu verwalten, d. h., sie für alle Nutzer hinzuzufügen oder zu entfernen sowie je nach Datengrundlage auch Synonyme und Regeln zu definieren.

Modelle für Just Ask konfigurieren

Im nächsten Schritt sollten die Modelle verwaltet werden, die den Anwenderinnen und Anwendern zur Verfügung gestellt werden sollen. Nach einem Klick auf den Button **Modelle verwalten** erscheint eine Übersicht der verfügbaren Modelle, der gepflegten Modellbezeichner sowie ausstehender Anforderungen (siehe Abbildung 6.27). Letztere sind bspw. Modelle, die von Nutzerinnen und Nutzern mit der Berechtigung **Bearbeiten** für die temporäre Nutzung erstellt und danach für die dauerhafte Nutzung angefragt wurden.

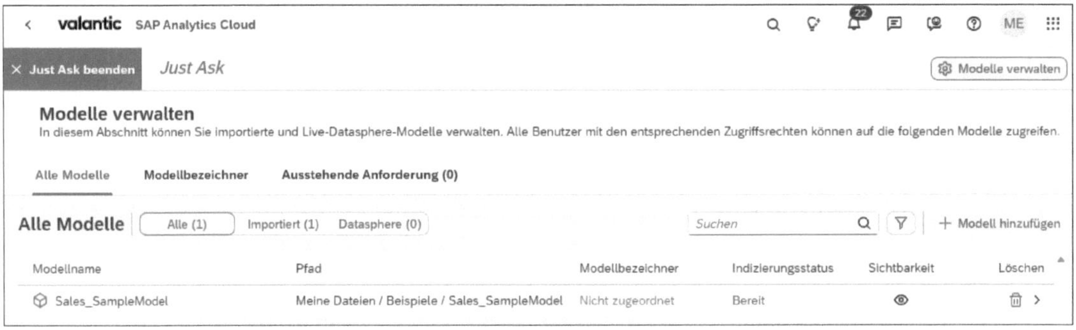

Abbildung 6.27: Modelle in Just Ask verwalten

Hier können Sie nun auch mit einem Klick auf **Modell hinzufügen** neben dem im Standard hinterlegten Beispielmodell weitere Modelle hinzufügen. Bislang unterstützte Just Ask beim Hinzufügen von Analysemodellen (engl. Analytical Models) aus SAP Datasphere nur die automatische Indizierung. Die manuelle Indizierung ist nicht in der Produkt-Roadmap aufgeführt.

Modelle manuell indizieren

Die manuelle Indizierung, die zunächst nur mit Import-Datenmodellen möglich ist, umfasst die Optionen, Synonyme zu pflegen, Regeln festzulegen und globale Standardwerte zu hinterlegen. Mithilfe von Synonymen können alternative Ausdrücke oder unternehmensspezifische Kürzel hinterlegt werden. Regeldefinitionen enthalten Bedingungen (»wenn«) sowie Aktionen (»dann«) und ermöglichen eine Steuerung, sodass bei der Darstellung bestimmter Konten/Kennzahlen oder Dimensionen bzw. Kombinationen daraus die folgenden Optionen möglich sind:

- Konten/Kennzahlen oder Dimensionen werden eingeschlossen.
- Konten/Kennzahlen oder Dimensionen werden ausgeschlossen.
- Filter werden hinzugefügt.
- Sortierungen werden angewendet.

Breite Datenmodelle brauchen Indizierung

Das ist immer dann hilfreich, wenn die für Just Ask bereitgestellten Datenmodelle besonders umfangreich sind, z. B., wenn für die Darstellung von Bilanzkennzahlen Filter auf die Schlussbilanz gesetzt oder für Lagerbestandswerte Konsignationsmengen ausgeschlossen werden sollen. Bei der Definition der Bedingungen kann mit »Und«- sowie »Oder«-Bedingungen gearbeitet werden und es können eine oder mehrere Dimensionen und Kennzahlen ausgewählt werden.

Zu den weiteren Einstellungen, die in der Modellverwaltung vorgenommen werden können, gehört u. a. die Möglichkeit, Modellinformationen zu pflegen. Hierzu zählen Modellbeschreibungen, Modellaliase sowie Modellbezeichner, die wie Kategorien zu verstehen sind. Besonders hilfreich ist der Bereich **Globale Standardwerte für Modell**. Dort können Standardwerte für Kennzahlen hinterlegt und automatische Zeiträume festgelegt werden. Diese greifen, wenn die Suchabfrage nicht in Bezug auf eine Kennzahl oder einen Zeitraum spezifiziert wurde. So lassen sich ungewollt umfangreiche Datenabfragen vermeiden, indem bspw. nur Daten für das aktuelle Jahr zurückgegeben werden.

6.5.2 Weitere KI-gestützte Funktionalitäten

Zuletzt wurden neben Joule und Just Ask auch andere KI-gestützte Funktionalitäten in SAP Analytics Cloud bereitgestellt. Diese umfassen:

- KI-gestützte Kommentarfunktion für Datenpunktkommentare
- KI-gestützte Berechnungen
- KI-gestützte Diagrammzusammenfassungen
- KI-gestützte Datenaktionen (im Kontext der Planung)

Voraussetzungen und Aktivierung

Die KI-gestützten Funktionen sind nicht automatisch verfügbar und lassen sich nicht wie andere Funktionen und Anwendungen in SAP Analytics Cloud in den Systemeinstellungen oder per Rollenzuweisung aktivieren bzw. freischalten. Stattdessen muss nach Prüfung eines unterstützten Rechenzentrums eine Lizenz für SAP-KI-Einheiten erworben werden. Prüfen Sie allerdings bitte immer Ihre aktuelle Lizenzversion. Denn hier ist vermehrt mit Änderungen zu rechnen. Sobald die Funktion dann auf dem SAP-Analytics-Cloud-System aktiviert wurde und eine Bestätigung seitens SAP erfolgt ist, wird in den gewünschten Rollen in SAP Analytics Cloud die Ausprägung **Generative KI** mit dem Recht **Ausführen** aktiviert.

KI-gestützte Funktionalitäten werden separat lizenziert

Im Gegensatz zu Just Ask und den Smart-Funktionen, die als Basic-KI-Funktionen im Funktionsumfang der SAP-Analytics-Cloud-Lizenzen enthalten sind, wird für die Aktivierung von KI-gestützten Funktionen in SAP Analytics Cloud eine gesonderte Lizenz für SAP-KI-Einheiten (engl. SAP AI Units) benötigt.

Nachdem die Lizenzen aktiviert und die Berechtigungen angepasst wurden, erscheinen nun in verschiedenen Bereichen neue Schaltflächen.

KI-Zusammenfassung

Bspw. erscheint in den Dialogfenstern für Datenpunktkommentare nun der Button **Kommentar zusammenfassen ([Datenzugriffssprache])**. Im Text der

Schaltfläche wird in Klammern die vom Nutzenden in SAP Analytics Cloud in den Benutzereinstellungen ausgewählte Datenzugriffssprache angezeigt, die auch als Standardzielsprache für die Zusammenfassung festgelegt ist. Durch Betätigen dieser Schaltfläche wird sogleich der KI-Prompt angestoßen, der eine Zusammenfassung des entsprechenden Kommentars zurückgibt. Die von der künstlichen Intelligenz erstellte Zusammenfassung wird nun anstelle des ursprünglichen Kommentars angezeigt und mit einem KI-Symbol gekennzeichnet. Unterhalb der Zusammenfassung erscheint wiederum eine neue Schaltfläche, mit der sich der ursprüngliche Kommentar anzeigen lässt. Dieses Vorgehen lässt sich analog auch auf Kommentarspalten in einer Tabelle anwenden, indem der Dialog mit einem Doppelklick gestartet wird. Ebenso ist es möglich, Kommentar-Threads, also zusammenhängende Strukturen aus Kommentaren und Antworten auf diese Kommentare, zusammenfassen zu lassen. Diese Option kann über das Kontextmenü im Dialogfenster eines Datenpunktkommentars und den dortigen Button **Kommentar-Thread zusammenfassen** (**[Datenzugriffssprache]**) ausgewählt werden und erspart den Nutzerinnen und Nutzern das Durchlesen langer Kommentarverläufe im Dialogfenster.

Voraussetzungen

Es gibt für KI-gestützte Zusammenfassungen jedoch einige Bedingungen und Besonderheiten, die beachtet werden sollten: Zum einen werden Kommentare nur dann zusammengefasst, wenn der Originalkommentar mehr als 500 Zeichen enthält. Zum anderen sollte den Nutzerinnen und Nutzern bewusst sein, dass die Zusammenfassungen nicht gespeichert werden und nach dem Schließen des Fensters bzw. der Registerkarte nicht mehr verfügbar sind. Des Weiteren kann das zugrunde liegende Sprachmodell Inhalte aus Kommentaren als Befehle interpretieren und somit die Zusammenfassung entsprechend verfälschen.

Berechnungen erzeugen

Eine weitere KI-gestützte Funktion in SAP Analytics Cloud sind *KI-gestützte Berechnungen*. Diese sollen insbesondere bei der Datenanalyse und -exploration unterstützen und sind daher zunächst im zentralen Ad-hoc-Analyse-Tool von SAP Analytics Cloud integriert. Wie bereits in Abschnitt 6.3, »Data Analyzer«, beschrieben, stehen über den Button **Berechnung hinzufügen** verschiedene Funktionen und Formeln zur Verfügung, mit denen sich zusätzliche Kennzahlen zur Datengrundlage hinzufügen lassen. Wenn KI-gestützte Funktionen aktiviert sind, erscheint im rechten Bereich des Berechnung-Dialogfensters der *KI-Formelassistent*. Ist dieser Bereich nicht eingeblendet kann er über das KI-Icon () unterhalb des Hilfe-Icons aufgeklappt werden. Hier können die Anforderungen nun in natürlicher Sprache im Textfeld **Formelanforderungen** eingefügt werden (siehe Abbildung 6.28).

Bei umfangreichen Datenmodellen verwendet man idealerweise bereits in der Beschreibung der Anforderung die Kennzahlen- und Dimensionsbezeichnungen so, wie sie in der Datengrundlage enthalten sind. Dann werden die Formelbestandteile – nach einem Klick auf den Button **Generieren** – bereits korrekt im Feld mit dem KI-generierten Formelvorschlag bereitgestellt.

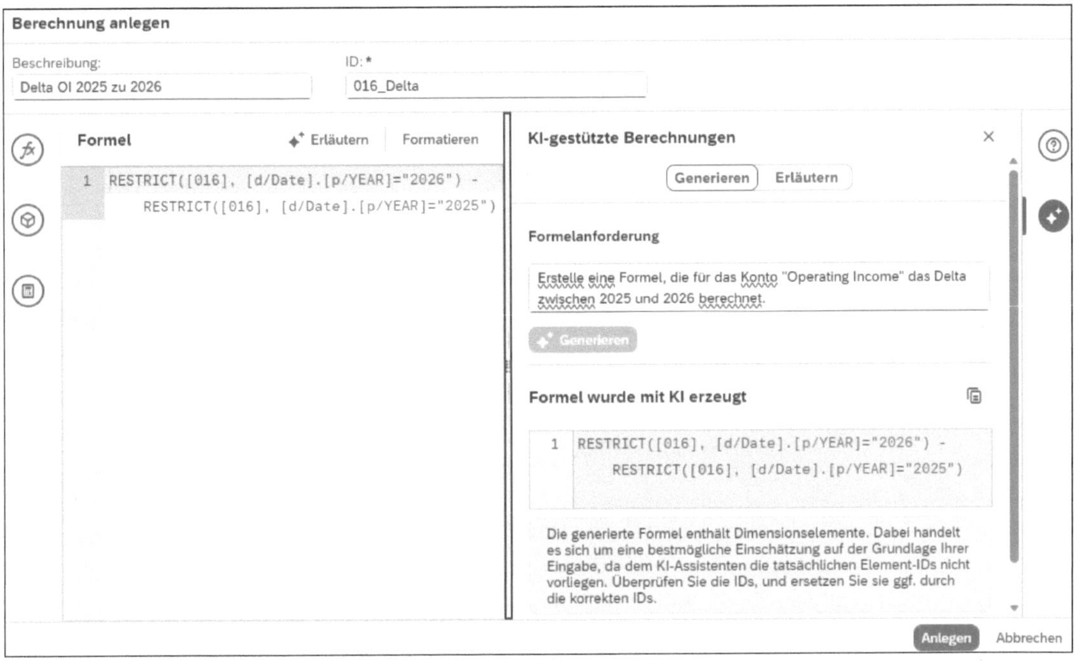

Abbildung 6.28: KI-Formelassistent

Der Formelvorschlag lässt sich nun entweder über die Schaltfläche mit dem Kopieren-Icon oder über die gewohnten Tastaturkürzel in den Zwischenspeicher kopieren und anschließend in den zentralen Formelbereich einfügen. Eine weitere Möglichkeit, die KI-Funktionalitäten im Berechnungsdialog zu nutzen, ist das *prozessual gespiegelte Vorgehen*, d. h., dass eine bestehende Formel über den Button **Erläutern** durch den KI-Formelassistenten in natürlicher Sprache erklärt wird. Auf diese Weise lässt sich vor allem bei besonders komplexen Berechnungen Zeit für die Analyse der Formel sparen. Alternativ kann diese Funktion auch für eine Fehleranalyse genutzt werden; außerdem kann der Text wiederverwendet und ergänzt werden, um ihn wiederum zur Generierung einer angepassten Formel im Bereich **Generieren** einzufügen.

Diagrammzusammenfassung

Auch für Anwenderinnen und Anwender, die das SAP Analytics Cloud Add-In für Microsoft PowerPoint einsetzen, gibt es einen Anwendungsfall, in dem die KI-gestützten Funktionen genutzt werden können: Wenn in einer PowerPoint-Präsentation Diagramme über das Add-in eingefügt bzw. konfiguriert werden, können im Kontextmenü des Diagramms im rechten Seitenbereich nun auch Diagrammzusammenfassungen erstellt werden. Dies erfolgt über den Button **Generate Summary** (siehe Abbildung 6.29, in der deutschen UI: **Zusammenfassung erzeugen**).

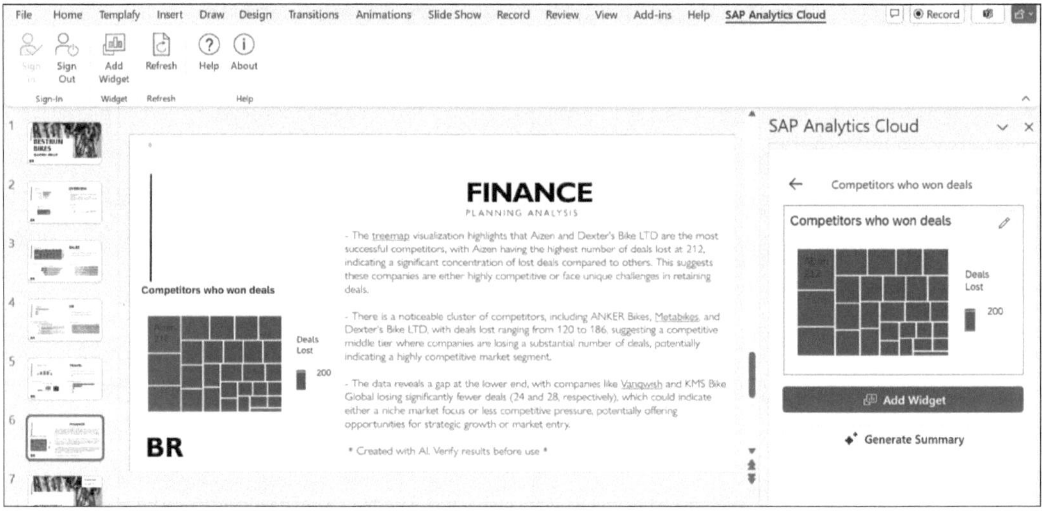

Abbildung 6.29: KI-gestützte Diagrammzusammenfassung

Anschließend wird die KI-generierte Beschreibung des Diagramminhalts in einem separaten Textfeld auf der Folie eingefügt. Der Text kann dann – wie jeder andere Text – mit den üblichen Werkzeugen, die PowerPoint bereithält, bearbeitet werden. Bei einer Aktualisierung der Datengrundlage – durch einen Klick auf den Button **Aktualisieren** – werden die KI-generierten Beschreibungen der Diagramminhalte jedoch nicht aktualisiert. Dies muss durch einen erneuten Klick auf den Button **Zusammenfassung erzeugen** manuell ausgelöst werden.

Datenaktionen (Planung)

Neben den Anwendungsfällen, die Anwenderinnen und Anwender von SAP Analytics Cloud im Reporting unterstützen, gibt es auch im Bereich Planung entsprechende KI-gestützte Funktionen. Für die Nutzung dieser Funktionen sind neben den zuvor erwähnten Voraussetzungen auch entsprechende Rollen und Lizenzen für SAP Analytics Cloud erforderlich: Nutzerinnen und Nutzer, die Datenaktionen erstellen und bearbeiten, benötigen ein Äquivalent der **Modeler**-Rolle oder in einer benutzerdefinierten Rolle die Ausprägung **Datenaktion** mit der Berechtigung **Anlegen** oder **Aktualisieren**. Diese Berechtigungen erfordern jedoch eine Lizenz vom Typ **Planning Professional**, die für das Erstellen, Bearbeiten und Löschen von Planungsmodellen und anderen Komponenten, wie Datenaktionen, Datensperren, Kalendervorlagen oder Validierungsregeln, in SAP Analytics Cloud erforderlich ist.

Sind diese Voraussetzungen erfüllt, können Nutzerinnen und Nutzer in der Navigationsleiste – links am Bildschirmrand von SAP Analytics Cloud – das Menü **Datenaktionen** aufrufen und dort eine neue Datenaktion anlegen bzw. aus der Liste der zuletzt verwendeten Datenaktionen oder aus der Ordnerstruktur eine entsprechende Datenaktion auswählen und bearbeiten. Sobald eine Datenaktion angelegt und gespeichert wurde, können Schritte hinzugefügt werden.

Dies können verschiedene Kopieraktionen (Inter- und Intra-Modell), Allokationsschritte, Umrechnungsschritte, Fakten-Lösch-Schritte, eingebettete Datenaktionen oder erweiterte Formelschritte sein. Bei Letzteren steht die Funktion für KI-gestützte Skript- bzw. Kommentargenerierung zur Verfügung.

KI-basierte Skriptgenerierung

Kommentare werden durch angeführte // gekennzeichnet oder von /* und */ eingefasst. Wenn eine derart gekennzeichnete Beschreibung der gewünschten Funktionsweise in natürlicher Sprache verfasst wurde, kann durch einen Klick auf den Button **Generieren** die entsprechende Formel bzw. Skriptzeile angefragt werden. Mit dem generierten Skript wird ein weiterer Kommentar mit einem Hinweis auf die nachfolgenden, von KI generierten Zeilen eingefügt. Die erzeugten Zeilen werden außerdem mit Zeilenmarkierungen gekennzeichnet und müssen aktiv durch einen Klick auf **Annehmen** bestätigt bzw. durch einen Klick auf **Ablehnen** samt Hinweis gelöscht werden (siehe Abbildung 6.30).

Abbildung 6.30: Beispiel für Skriptgenerierung aus einem Kommentar

Wie bei der KI-gestützten Berechnung, kann dieses Vorgehen auch invertiert werden, sodass auch zu bestehenden (manuell erstellten) Skripten eine Kommentierung generiert werden kann. Dazu markieren Sie die entsprechenden zu kommentierenden Zeilen und klicken anschließend auf den dann entsprechend benannten Button **Kommentar generieren**. Im Anschluss wird der generierte Kommentar zusammen mit einem Hinweis eingefügt. Des Weiteren werden Anwenderinnen und Anwender in einem Dialogfenster aufgefordert, den generierten Kommentar zu bestätigen oder zu löschen.

Dokumentation von Datenaktionen

Eine weitere KI-gestützte Funktionalität, die im Kontext der Datenaktionen zur Verfügung steht, ist die KI-gestützte Zusammenfassung bzw. Dokumentation der Datenaktion. In den Datenaktionseinstellungen finden Sie nun unterhalb von Name und Beschreibung der Datenaktion den Button **Dokumention generieren** (siehe Abbildung 6.31). Mit einem Klick darauf wird sodann eine kompakte Dokumentation zum Aufbau und Ziel der Datenaktion erstellt.

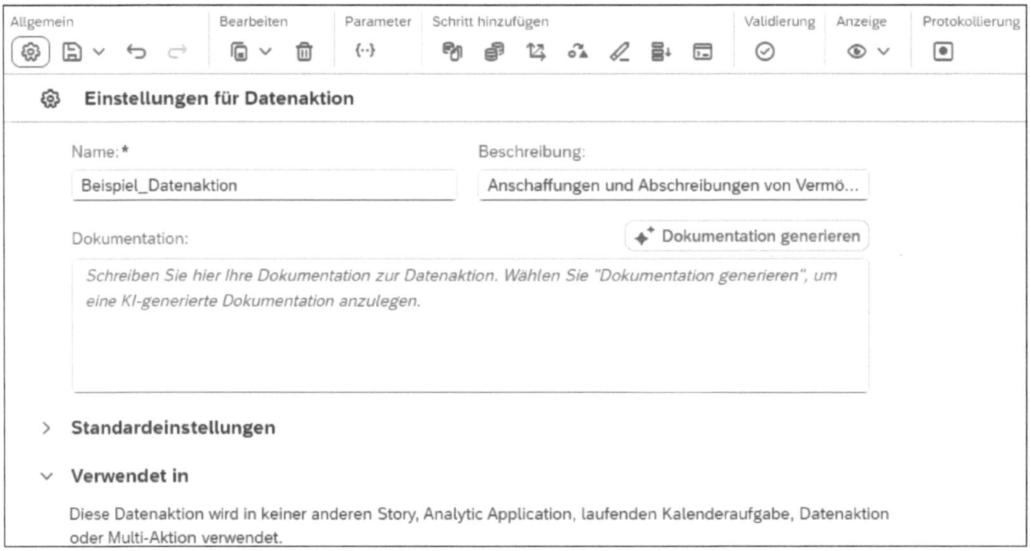

Abbildung 6.31: KI-gestützte Dokumentation einer Datenaktion

Die Dokumentation umfasst Beschreibungen der jeweiligen Schritte, ihrer Funktionen und der enthaltenen Skripte sowie die in der dokumentierten Datenaktion verwendeten Dimensionen, Kennzahlen und Filter (siehe Abbildung 6.32).

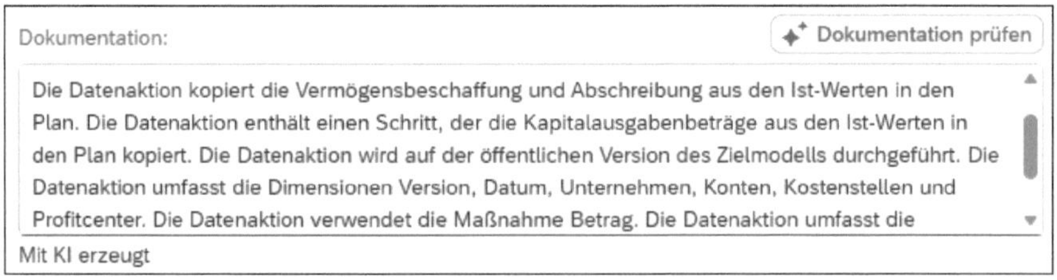

Abbildung 6.32: Beispielhafte generierte Dokumentation

Oberhalb des Textfeldes für die Dokumentation erscheint anschließend der Button **Dokumentation prüfen**. Ein Klick darauf öffnet ein Dialogfenster, in dem Sie Anweisungen für die Neugenerierung der Dokumentation eingeben können (siehe Abbildung 6.33). Mögliche Anweisungen sind bspw. eine Änderung der Sprache oder die Anfrage nach mehr Details.

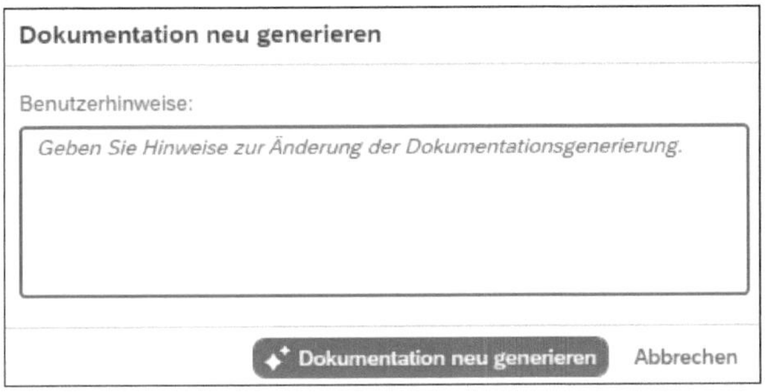

Abbildung 6.33: Dialogfeld für Anweisungen zur Neugenerierung einer Datenaktion-Dokumentation

6.6 Zusammenfassung

SAP Analytics Cloud bietet alle wesentlichen Bausteine, um den Wandel vom klassischen, IT-getriebenen Reporting hin zu einem modernen Self-Service-Ansatz zu vollziehen. Mit Storys als zentrale Oberfläche, dem Data Analyzer für Ad-hoc-Analysen, flexiblen Modellierungsmöglichkeiten sowie KI-gestützten Funktionen wie Just Ask oder automatischen Zusammenfassungen und Berechnungen wird ein durchgängiges Ökosystem für explorative Analysen, Berichte und Planung geschaffen. Damit wird aus einem starren Berichtswesen eine dynamische Analytics-Plattform, die Fachbereiche in die Lage versetzt, ihre Fragestellungen eigenständig und schneller zu beantworten.

Das Kapitel zeigt außerdem, dass Technologie allein nicht ausreicht. Self-Service Reporting erfordert eine klare Governance, Rollenmodelle und Verantwortlichkeiten für Daten sowie ein abgestimmtes Zusammenspiel von IT und Fachbereichen. Nur wenn Datenqualität, Zugriffsrechte, Modellierungsleitlinien und Schulungen konsequent berücksichtigt werden, lassen sich Flexibilität und Verlässlichkeit in ein ausgewogenes Verhältnis bringen.

SAP Analytics Cloud ist ein technischer Enabler für die Datendemokratisierung. Der Erfolg hängt jedoch davon ab, wie konsequent Unternehmen die organisatorischen Rahmenbedingungen schaffen und ihre Mitarbeitenden befähigen, die bereitgestellten Möglichkeiten sinnvoll zu nutzen. Wer diesen Weg strategisch angeht, schafft die Grundlage für ein skalierbares, zukunftsfähiges Berichtswesen, in dem Daten zum selbstverständlichen Entscheidungsinstrument werden.

Kapitel 7
SAP Analytics Cloud: Integriertes Planen

Bereits vor der Ankündigung der SAP BDC wurde das Konzept der integrierten Planung (engl. Seamless Planning) mit SAP Analytics Cloud und SAP Datasphere vorgestellt und erste Funktionen wurden ausgerollt. Mit der SAP BDC wird dieses Konzept nun sukzessive um Datenprodukte und Intelligent Apps erweitert. In diesem Kapitel gehen wir außerdem auf die Migrationspfade ein, da in der Praxis häufig andere Architekturansätze verfolgt werden.

Flexibilität und Durchlaufgeschwindigkeit

Zeiten schnell wechselnder makroökonomischer Gegebenheiten, global verzahnter Lieferketten und schnelllebiger Märkte stellen Unternehmen vor Herausforderungen und erfordern inzwischen mehr als nur eine jährliche Unternehmensplanung. Gefragt ist nun vielmehr auch die Möglichkeit, bei veränderten Rahmenbedingungen kurzfristige Simulationen oder Prognosen durchzuführen. Flexibilität und Geschwindigkeit in der Planung können jedoch nur erzielt werden, indem eine Integration der Planungswerkzeuge auf fachlicher Prozessebene, auf Systemebene und vor allem auf der Datenebene erfolgt. Einen wesentlichen Beitrag dazu leistet die SAP BDC – mit integrierten Planungsanwendungen in SAP Analytics Cloud, einer zentralisierten Datenversorgung aus Datenprodukten und SAP Datasphere sowie zukünftig mit KI-gestützten Planungsagenten. Durch zukünftige Weiterentwicklungen wird SAP Analytics Cloud das Werkzeug der Wahl sein, um Planungsmodelle, -logiken und -oberflächen zu erstellen und anzupassen. Die Datenversorgung und -haltung wird hingegen primär durch SAP Datasphere sichergestellt.

Aufbau dieses Kapitels

In Abschnitt 7.1 beleuchten wir zunächst die verschiedenen Ausprägungen der Integration von Planung. In Abschnitt 7.2 stellen wir verschiedene Architekturansätze vor, die Unternehmen beim Aufbau einer integrierten Planungslandschaft mit SAP Analytics Cloud verfolgen können. Dabei zeigt sich, dass es keinen One-size-fits-all-Ansatz gibt. Vielmehr hängt die Wahl der Architektur von der bestehenden Systemlandschaft, den Anforderungen an Reporting und Planung sowie den strategischen Zielen des Unternehmens ab. Die Bandbreite reicht von SAP-S/4HANA-zentrierten Ansätzen über Data-Warehouse-basierte Architekturen bis hin zu hybriden Szenarien, in denen mehrere Systeme miteinander kombiniert werden. Ergänzend dazu erläutern wir in Abschnitt 7.3 das Konzept des Seamless Plannings im Detail, das von SAP als strategische Planungsarchitektur positioniert wird und die Grundlage einer durchgängig integrierten Planung schaffen soll. In Abschnitt 7.4 stellen wir Ihnen schließlich die Kompass-Funktion vor, mit der Unsicherheiten quantifiziert, multiple Szenarien simuliert und die Auswirkungen von Annahmen auf kritische Geschäftsergebnisse erfasst werden können.

7.1 Dimensionen der Integration von Planung

Paradigmenwechsel?

Angesichts der eingangs erwähnten Herausforderungen ist man sich in vielen Unternehmen der Bedeutung von Geschwindigkeit, Stabilität und Genauigkeit in der Planung bewusst geworden. In der jüngeren Vergangenheit wird daher immer häufiger ein Paradigmenwechsel in der Planung gefordert: Weg von isolierten Planungslösungen oder einer in Microsoft Excel durchgeführten Unternehmensplanung, hin zu vernetzten Datenflüssen und integrierten Planungsprozessen. Die Einführung eines neuen Planungswerkzeugs überbrückt jedoch meist nur einen Teil der Lücken.

Verzahnung von Teilplanungen

Im Kontext der Unternehmensplanung zielt *Integration* einerseits auf die Verzahnung von Teilplanungen wie Absatz-, Produktkosten-, Sachkosten- und Investitionsplanung bis hin zur Bilanz- und Cashflow-Planung ab. Nicht außer Acht zu lassen ist auch die häufige Entkopplung von mengen- und wertmäßiger Planung.

Horizonte und Granularität

Andererseits bedeutet Integration auch, dass die verschiedenen Aggregationsebenen, Planungshorizonte und -instrumente miteinander verknüpft werden. Das heißt, dass eine aggregierte Mehrjahresplanung fachlich und organisatorisch mit einer detaillierten Jahres- bzw. Budgetplanung und hochautomatisierten unterjährigen Forecasts verknüpft wird.

Stammdaten und Datenorchestrierung

Eine weitere Dimension von Integration ist die technische Integration. Diese zielt darauf ab, dass diese Planungsbestandteile technisch verzahnt sind, auf gemeinsame Stammdaten zurückgreifen und ablaufgesteuert die gesamte Planungsorganisation bei der Zusammenarbeit unterstützen. Daher geht es bei einer integrierten Planung auch immer vorrangig um Datenintegration und -orchestrierung.

SAP Analytics Cloud deckt nicht alles ab

SAP Analytics Cloud verfügt über die richtigen Werkzeuge für Planungsinstrumente, die Abbildung von Geschäftslogik sowie die Koordination des Planungsprozesses. Die verfügbaren Funktionen für Datenintegration sind jedoch nicht vergleichbar mit denen einer dedizierten Datenharmonisierungs- und -integrationslösung wie SAP Datasphere oder SAP BW als Teil der SAP BDC. Dennoch sind in den vergangenen Jahren für die Orchestrierung und Datenintegration häufig ausufernde und schwer wartbare Konstrukte aus Importen aus verschiedenen Quellsystemen sowie zugehörigen Transformationen entstanden.

Zentralisierte Datenversorgung?

Die Alternative dazu ist eine zentralisierte Datenversorgung über ein Data Warehouse , in der Regel ein SAP Business Warehouse (SAP BW). Um diese Problematik zu adressieren, erfolgte die Bekanntgabe einer eher unausgereiften Kombination aus SAP Business Planning and Consolidation (SAP BPC) als Planungs-Backend und SAP Analytics Cloud als reine Benutzeroberfläche. Unglücklich war hier die doppelte Lizenzierung zum Zeitpunkt der Bekanntgabe. Mit der strategischen Neupositionierung von SAP Datasphere und der Roadmap für Seamless Planning wird der Notwendigkeit einer performanten, zuverlässigen und zentralisierten Datenversorgung der Planung nun wieder Rechnung getragen.

Zentrale Datenhaltung und ML-Forecasts

Mit SAP Analytics Cloud und SAP Datasphere decken Sie Datenintegration, Visualisierung und Planung innerhalb der SAP BDC ab. Zusätzlich eröffnen sich damit perspektivisch Möglichkeiten, die Unternehmensplanung mit durch ML und KI unterstützten Prognosen aus SAP Databricks anzureichern. Dies wird durch Planungsdatenprodukte unterstützt, die den Prozess von der Extraktion der Daten aus (SAP-)Datenquellen bis zur vorbefüllten Planversion beschleunigen und die technische Integration gewährleisten.

SAP verfolgt mit der Roadmap für die SAP BDC zudem das Ziel, den Übergang von bestehenden Systemlandschaften in eine offenere, cloudbasierte Architektur zu vereinfachen. Viele Unternehmen verfügen über gewachsene Strukturen mit SAP BW, SAP S/4HANA oder Planungs-Data-Warehouses anderer Anbieter. Anstatt diese Systeme kurzfristig abzulösen, bietet die SAP BDC die Möglichkeit, diese Anwendungen Schritt für Schritt in die neue Architektur zu überführen. Daten aus SAP BW können bspw. über Replication Flows in SAP Datasphere übertragen werden. Parallel dazu lassen sich neue Planungsmodelle in SAP Analytics Cloud aufbauen und mit den replizierten Daten auf Ebene von SAP Datasphere verknüpfen.

7.2 Architekturansätze für die Planung mit SAP Analytics Cloud

Entscheidungskriterien

Die Entscheidung für eine Architekturvariante bzw. die Verortung der Unternehmensplanung sollte nicht nur das Ergebnis einer subjektiven Präferenz sein. Ob die Datenversorgung primär aus SAP S/4HANA oder einem Data Warehouse erfolgt (siehe Abbildung 7.1), hängt stark vom Ansatz der Planung ab.

Beim SAP-S/4HANA-zentrierten Ansatz, skizziert durch die Datenflüsse auf der linken Seite der Abbildung, werden Daten direkt aus SAP S/4HANA importiert. Während Stammdaten über die verschiedenen OData-Dienste importiert werden, können Transaktionsdaten primär aus der ACDOCA-Tabelle importiert und Plandaten bei Bedarf in die ACDOCP-Tabelle exportiert werden. Für weitere Teilplanungen wie die Personal- oder Vertriebsplanung bestehen unter Umständen zusätzliche Datenverbindungen für Importe und Exporte.

Beim Data-Warehouse-zentrierten Ansatz hingegen werden die bereits harmonisierten Daten aus dem Data Warehouse (SAP Datasphere, SAP BW on SAP HANA oder SAP BW/4HANA) importiert oder mit diesem ausgetauscht. Die für die Planung (und das Reporting) benötigten Stammdaten (die ggf. abgeleitet werden müssen) oder Transaktionsdaten werden aus verschiedenen Datenquellen importiert, bevor sie für das Planungs-Frontend (SAP Analytics Cloud) zur Verfügung gestellt werden.

Darüber hinaus sollten bei einer solchen Architekturentscheidung mindestens die folgenden Dimensionen berücksichtigt werden:

- die Granularität und Tiefe der Planung,
- die Datengrundlage in Form einer Vorbefüllung,
- der Verwendungszweck der Plandaten sowie
- der grundlegende Ansatz unter Berücksichtigung der industriespezifischen Besonderheiten.

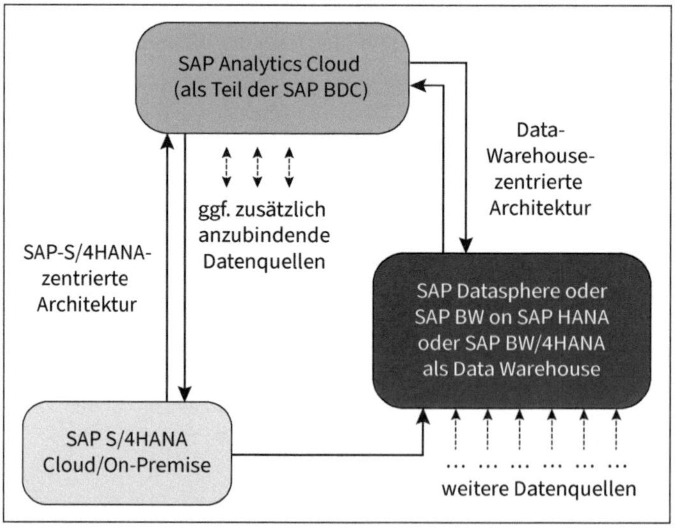

Abbildung 7.1: Architekturansätze für die Planung mit SAP Analytics Cloud

7.2.1 SAP-S/4HANA-zentrierter Architekturansatz

Prozessnähe zu SAP S/4HANA

Ein Architekturansatz für die integrierte Planung besteht darin, SAP Analytics Cloud direkt mit SAP S/4HANA zu koppeln. Dieser *SAP-S/4HANA-zentrierte Architekturansatz* eignet sich insbesondere für Unternehmen, die überwiegend den

Standard von SAP S/4HANA nutzen und deren Planungsprozesse den Datenflüssen der Ist-Daten entsprechen.

Ist = Plan in Bezug auf Datenstrukturen

Im Zentrum steht die Idee, dass die Dimensionalität und Granularität der Unternehmensplanung dem SAP-S/4HANA-System entsprechen. Dementsprechend wird auch die Datengrundlage primär und direkt aus dem SAP-S/4HANA-System importiert. Die Planungsmodelle bauen direkt auf den in SAP S/4HANA vorhandenen Stamm- und Ist-Daten auf. Die Integration in SAP Analytics Cloud erfolgt in diesem Fall ohne den Umweg über ein Data Warehouse (wie in Abbildung 7.2 durch die Pfeile auf der linken Seite dargestellt). Dies kann die Datenlatenz verringern, da aktuelle (Stamm-)Daten jederzeit mittels Import aus SAP S/4HANA geladen und für Planungszwecke aktualisiert werden können. Ebenso können Plandaten aus SAP Analytics Cloud in SAP S/4HANA exportiert werden – sei es für Plan-Ist-Vergleiche oder zur weiteren Verarbeitung. Das Data Warehouse dient hier nur als sekundäre Datenquelle, aus der bei Bedarf vereinzelt Daten importiert werden können. Ebenso kann das Data Warehouse als nachgelagerter Datenempfänger dienen, um die Daten bspw. für Reporting-Zwecke weiterzuverarbeiten (dargestellt durch den gestrichelten Pfeil von SAP Analytics Cloud zum Data Warehouse auf der rechten Seite der Abbildung).

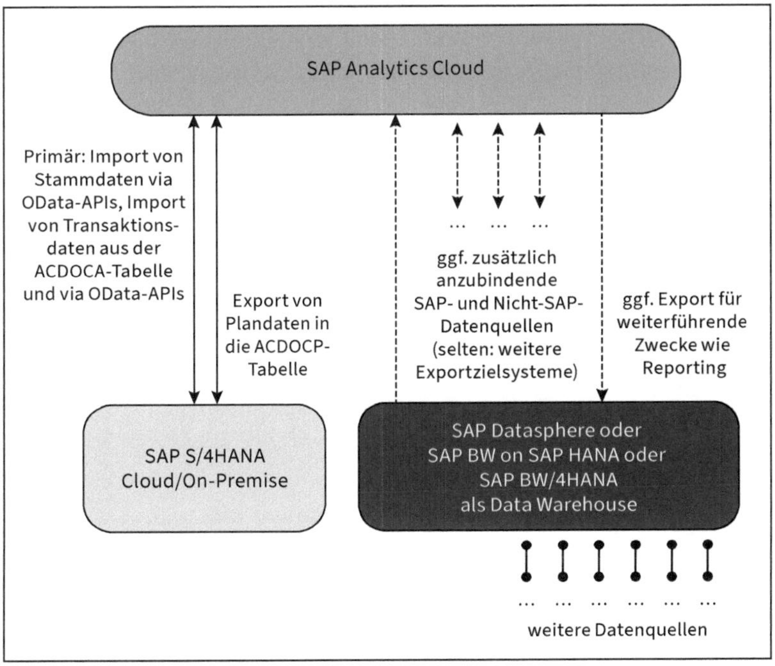

Abbildung 7.2: SAP-S/4HANA-zentrierter Architekturansatz

Planungs-Content für SAP S/4HANA

SAP unterstützt diesen Ansatz durch vordefinierte Business-Content-Pakete. Diese beinhalten Planungsmodelle, Storys und Datenaktionen, die auf die SAP-

S/4HANA-Datenstrukturen und -Prozesse abgestimmt sind. Mithilfe von Paketen wie *Integrated Financial Planning for SAP S/4HANA* (Integrierte Finanzplanung für SAP S/4HANA) können Unternehmen schnell einen integrierten und standardisierten Planungsprozess mit eigenen Daten füllen. Dies hilft bspw. im Rahmen eines Vorprojektes bei der Analyse von Abweichungen zwischen den unternehmens- oder industriespezifischen Anforderungen oder Datenstrukturen und dem von SAP definierten generischen Prozess. Da auch Systemverbindungen sowie Abfragen bzw. Import Jobs im Paket enthalten sind, müssen theoretisch nur die folgenden Aktionen ausgeführt werden, um die Planungsumgebung wie in Abbildung 7.2 dargestellt nutzbar zu machen:

Schritte zur Aktivierung

1. Installieren und konfigurieren Sie den SAP Cloud Connector.
2. Tragen Sie die Systemparameter Ihres SAP-S/4HANA-Systems in die Verbindungsdetails ein.
3. Aktivieren Sie ggf. die OData-Services für die genutzten CDS Views.

Jederzeit aktuelle Daten für die Planung

Es ist dazu nicht nötig, eigene Modelle von Grund auf neu zu konzipieren und zu entwickeln. Ein wesentlicher Vorteil dieses Ansatzes liegt in der Aktualität und Konsistenz der Daten. Da keine zusätzliche Schicht zwischen ERP und SAP Analytics Cloud eingeführt wird, können Planer jederzeit auf aktuelle Daten zugreifen. Dies ist insbesondere dann relevant, wenn Planungen kurzfristig an geänderte Marktbedingungen angepasst werden müssen. Unternehmen, die ihre Planung eng mit operativen Prozessen wie Beschaffung, Vertrieb oder Controlling verknüpfen möchten, profitieren von dieser direkten Integration.

ERP-nahe Planung in SAP Analytics Cloud

Darüber hinaus schließt dieser Ansatz die Lücke, die mit der Migration von SAP ERP Central Component (SAP ECC) auf SAP S/4HANA in Bezug auf die Planungsfunktionalitäten entstanden ist. Wenn also die Daten auf direktem Wege bspw. für das operative Controlling in SAP S/4HANA retrahiert werden sollen, können hier die vorbereiteten OData-Services für den Export von Plandaten in die Tabellen *ACDOCP* (zentrale Tabelle für Planungsdaten in SAP S/4HANA), *ACCOSTRATE* (Planleistungstarife) und *FINSSKF* (statistische Kennzahlen) oder die Group Reporting Planning Integration genutzt werden. Allerdings bringt der SAP-S/4HANA-zentrierte Ansatz auch Einschränkungen mit sich. Die direkte Anbindung eignet sich vor allem dann, wenn die primäre (oder ausschließliche) Verwendung von SAP-S/4HANA-Daten ausreichend ist.

Und in der Praxis?

In der Praxis verfügen viele Organisationen jedoch über eine durch Spezialisierung entstandene heterogene Systemlandschaft. Neben SAP S/4HANA gibt es häufig weitere Datenquellen, wie bspw. sich noch im Rollout befindliche Buchungskreise auf SAP ECC, Fachbereichslösungen, externe Datenbanken oder Nicht-SAP-Systeme. Auch diese Daten müssen für eine ganzheitliche Planung berücksichtigt werden. In solchen Fällen stößt der reine SAP-S/4HANA-Ansatz schnell an seine Grenzen. Zwar können an den Stellen, an denen Daten aus dedizierten Fachbereichslösungen eingebunden werden, weitere Systeme wie SAP Integrated Business Planning (SAP IBP), SAP SuccessFactors oder SAP Sales and Service Cloud an SAP Analytics Cloud angebunden werden – ein Beispiel ist der Import von Absatzprognosen aus SAP IBP als Mengengerüst für die Umsatz- und Kostenplanung im Kontext der Finanzplanung –, jedoch sind Datenintegration und -harmonisierung in SAP Analytics Cloud primär auf grafische oder Low-Code-Optionen ausgerichtet. Mit zunehmender Komplexität in der Datenorchestrierung und -transformation stoßen Administratoren der Planungsumgebung in SAP Analytics Cloud schnell an ihre Grenzen.

SAP-S/4HANA-Migration

Wenn also noch nicht alle Buchungskreise auf SAP S/4HANA migriert sind (und es vielleicht auch nie sein werden), Stammdaten nicht vollständig in SAP S/4HANA gepflegt werden oder stark vom Standard abgewichen wird, sollte in einem Vorprojekt auch die Einführung einer zentralen Datenplattform für Planungsdaten als Architekturansatz beleuchtet werden.

In der Praxis bedeutet dies: Unternehmen, die bereits stark auf SAP S/4HANA setzen und kurzfristig mit integrierter Planung starten wollen, finden in diesem ERP-Planungssubstitut-Ansatz einen pragmatischen Weg. SAP Analytics Cloud kann schnell an SAP S/4HANA angebunden, Business-Content-Pakete können heruntergeladen und erste Planungsprozesse systemgestützt durchgeführt werden. Meist stellt sich jedoch die Frage, wie zusätzliche Datenquellen für die Vorbefüllung integriert werden und ob die SAP-Analytics-Cloud-Planung über die reine Finanzplanung hinaus erweitert werden soll.

Fazit

Der SAP-S/4HANA-zentrierte Architekturansatz ist besonders für Unternehmen geeignet, die ihre Planung eng mit operativen Prozessen integrieren möchten. Er zeichnet sich durch eine einfache Architektur aus und ermöglicht durch SAP-Business-Content-Pakete schnell testbare Ergebnisse. Die Architektur ist jedoch anfällig, wenn es um die Integration heterogener System- und Datenlandschaften oder komplexe Szenarien geht. In vielen (Vor-)Projekten kann daher die Aktivierung eines SAP-Business-Content-Pakets die Ausgangsbasis oder Diskussionsgrundlage bilden, bevor mittelfristig auf hybride oder Data-Warehouse-basierte Architekturen erweitert wird.

7.2.2 Data-Warehouse-zentrierter Architekturansatz

Während der SAP-S/4HANA-zentrierte Ansatz die Integration mit den operativen Prozessen und Datenstrukturen fokussiert, verfolgt der *Data-Warehouse-(DWH)-zentrierte Architekturansatz* eine andere Strategie: Hierbei stehen die Integration, Harmonisierung und Zentralisierung von Daten im Vordergrund. Der Fokus liegt dabei nicht auf der systemseitigen Verortung der Planungslogik, sondern auf der zentralisierten Datenhaltung und Orchestrierung von Planungs- und Ist-

Daten. Die Grundlage sind in der Regel Systeme wie SAP BW 7.5, SAP BW/4HANA oder zunehmend SAP Datasphere, die als zentrale Datenplattform fungieren.

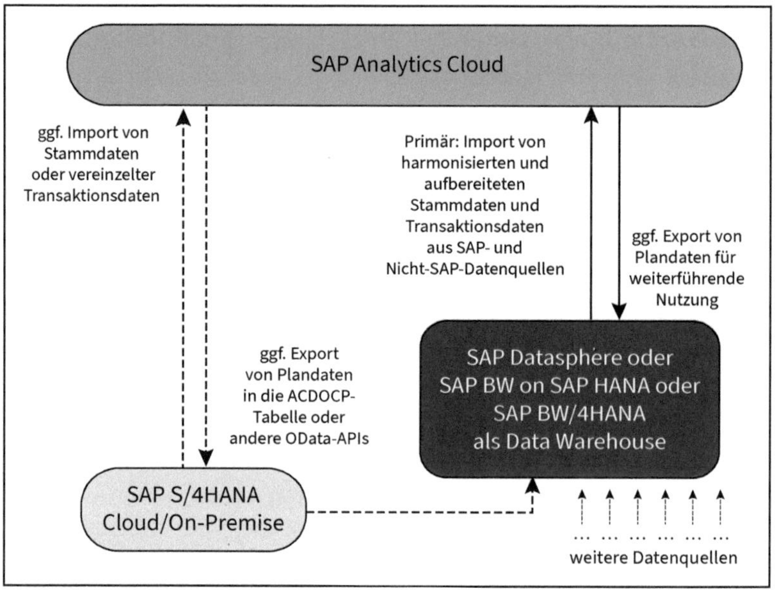

Abbildung 7.3: DWH-zentrierter Architekturansatz

Single-Source-of-Truth-Ansatz

Das Ziel dieser Architektur, deren Kern in Abbildung 7.3 durch die Pfeile zwischen SAP Analytics Cloud und dem Data Warehouse veranschaulicht wird, ist es, im Sinne eines Single-Source-of-Truth-Ansatzes eine zentrale und einheitliche Datenbasis für Planung und Reporting bereitzustellen. In einem Data Warehouse laufen Daten (dargestellt durch die Pfeile zum Data Warehouse unten in der Abbildung) aus verschiedenen Quellen zusammen: SAP S/4HANA, operative SAP- und Nicht-SAP-Systeme, externe Datenbanken oder auch manuelle Excel-Zulieferungen. Diese Daten werden integriert, harmonisiert und in konsistente Datenmodelle überführt. Auf dieser Datengrundlage werden dann die SAP-Analytics-Cloud-Planungs- oder Prognosemodelle aufgesetzt. Die Ergebnisse der Planung sollten dann aber bspw. für Reporting-Zwecke (z. B. Plan-Ist-/Management-Reporting) oder zur weiteren Verarbeitung in anderen Systemen in das Data Warehouse exportiert werden (wie der Pfeil von SAP Analytics Cloud zum Data Warehouse andeuten soll). In der Praxis erweisen sich direkte Datenanbindungen von SAP Analytics Cloud und SAP S/4HANA (dargestellt durch die Pfeile links in der Abbildung) als vorteilhaft. Dies weicht zwar die Definition auf, kann aber hilfreich sein, wenn bspw. Stammdaten für die prozessuale Aussteuerung der Planung ausgetauscht werden müssen, die als Attribut in SAP S/4HANA angelegt werden und im Data Warehouse keine weitere Verwendung finden.

Technische Offenheit

Ein besonderer Vorteil des Data-Warehouse-Ansatzes liegt offensichtlich in der technischen Offenheit in Bezug auf die Datenherkunft. Unternehmen können beliebige Datenquellen und Datenformate integrieren und die Daten im Zuge von ETL-Prozessen (Extract, Transform, Load) bereinigen und für die Planung nutzbar machen. Die für die Planung benötigte Datengrundlage in Form von Stamm- und Bewegungsdaten wurde zumeist bereits für Reporting-Zwecke erschlossen. Dadurch lassen sich auch komplexere Szenarien mit einem entsprechenden Datenunterbau versorgen, der über das hinausgeht, was ein ERP-System bereitstellen könnte. Beispiele sind integrierte Finanzplanungen, bei denen Daten aus dem Sales-and-Operations-Planning-Prozess (z. B. aus SAP IBP) sowie aus Kostenrechnung und Personalplanung (z. B. aus SAP SuccessFactors) zusammengeführt werden und unter Einbindung externer Markt- und Benchmark-Daten in statistischen Forecasts verarbeitet werden sollen.

Wiederverwendbarkeit

Mit der Einführung von SAP Datasphere hat SAP diesen Ansatz modernisiert. Neben der reinen Datenkonsolidierung spielt auch die Wiederverwendbarkeit der Daten eine Rolle. Einmal in der SAP Datasphere aufbereitete Daten können gleichzeitig für Reporting, Ad-hoc-Analysen und Planungsmodelle in SAP Analytics Cloud genutzt werden. So wird doppelte Datenhaltung vermieden und sichergestellt, dass Planungs- und Reporting-Anwendungen auf derselben harmonisierten Datengrundlage basieren. Mehr dazu können Sie in Abschnitt 7.3, »Seamless Planning«, nachlesen.

Data Product Generator

Mit der Integration von SAP Analytics Cloud und SAP Datasphere innerhalb der SAP BDC werden Daten nicht mehr nur in klassischen ETL-Prozessen integriert. Vielmehr werden nun Datenprodukte aus operativen Systemen generiert, in Spaces verfügbar gemacht und bei Bedarf angepasst und weiterverarbeitet. Diese Datenprodukte sind wiederverwendbare, aufbereitete Datensätze, die innerhalb von SAP Datasphere und auf dem Data Marketplace bereitgestellt werden können. Der Data Product Generator für SAP BDC ermöglicht es, Tabellen von SAP BW oder SAP BW/4HANA Schritt für Schritt in den Object Store von SAP Datasphere zu veröffentlichen. Auf diese Weise können bestehende BW-Datenmodelle weitergenutzt und gleichzeitig die Vorteile von SAP Datasphere und Konzepten wie Self-Service-Datenaufbereitung oder Data Mesh für flexiblere Anwendungsfälle genutzt werden. Im Falle von bestehenden SAP-BW-7.5-Umgebungen kann der Data Product Generator auch die Migration in SAP Datasphere maßgeblich unterstützen. Mehr zum Thema Datenprodukte können Sie in Kapitel 5, »Datenprodukte und Object Store«, nachlesen.

Allerdings bringt der DWH-zentrierte Ansatz auch Herausforderungen mit sich. Bei einer Greenfield-Implementierung ist zu beachten, dass dieser Ansatz mit einem hohen Implementierungsaufwand verbunden ist. Es müssen Datenquellen angebunden, Datenmodelle aufgebaut, Transformationslogiken definiert und Governance-Strukturen etabliert werden. Wenn man jedoch auf einer soliden, bestehenden Datengrundlage eines langjährig gewachsenen und gepflegten Data Warehouses aufbaut, relativieren sich diese Aufwände entsprechend.

Herausforderungen Zum anderen gibt es Herausforderungen bei der Modellierung, wenn die Datenaktualität bzw. die schnelle Verfügbarkeit aktualisierter (Stamm-)Daten aus Vorsystemen in der SAP Analytics Cloud von hoher Relevanz ist. Klassischerweise werden Daten zunächst über ETL-Prozesse im Batch und damit in der Regel mit einer Verzögerung von mindestens einem Arbeitstag in das Data Warehouse geladen, bevor sie für die Planung verfügbar sind. Für eine hochfrequente Datenaktualisierung und operative Planungsprozesse, wie etwa eine tägliche Produktionsplanung, sind daher die Modellierung und die Datenorchestrierung zu berücksichtigen. Müssen Daten in Echtzeit in SAP Datasphere zur Verfügung stehen? Sind direkte Verbindungen zwischen SAP Analytics Cloud und SAP S/4HANA für eine verzögerungsfreie Datenaktualisierung aus Governance-Sicht denkbar und aus (IT-)Administrationssicht wartbar? Stellen Sie sich diese Fragen und bedenken Sie dabei, dass ein Daten-Bypass meist nur als kurzfristige Lösung konzipiert ist, sich aber schnell zu einem dauerhaften Provisorium etabliert.

Fazit Die zentrale Datenbereitstellung und -orchestrierung ermöglicht konsistente, integrierte Planungen auf einer verlässlichen Datenbasis und bildet die Grundlage für Analysen, Planung und Prognosen. Gleichzeitig resultiert diese Architekturvariante in komplexeren Anforderungen an die Modellierung und muss für kurzfristige, operative Szenarien geprüft werden.

Diskussion Mit SAP Datasphere als strategischer Datenplattform gewinnt dieser Ansatz jedoch stark an Bedeutung, da er die Vorteile zentraler Datenhaltung mit hoher Flexibilität, Umsetzungsgeschwindigkeit und skalierbaren, modernen Datenkonzepten verbindet.

Der Data-Warehouse-zentrierte Ansatz eignet sich besonders für Unternehmen mit komplexen, heterogenen und/oder spezialisierten Systemlandschaften und hohem Anspruch an Datenqualität – insbesondere, wenn bereits eine umfangreiche und gepflegte Datengrundlage in einem (SAP) Data Warehouse vorhanden ist.

7.2.3 Hybrider Architekturansatz

Varianten In der Praxis zeigt sich, dass in zahlreichen Unternehmen weitere Architekturvarianten existieren, die nicht so trennscharf sind wie die eher geradlinigen SAP-S/4HANA- oder DWH-zentrierten Ansätze. Diese weiteren Varianten sind in gewisser Weise Mischformen – entweder in Bezug auf die Trennung von Planungs-Frontend und -Backend oder in Bezug auf die Datengrundlage.

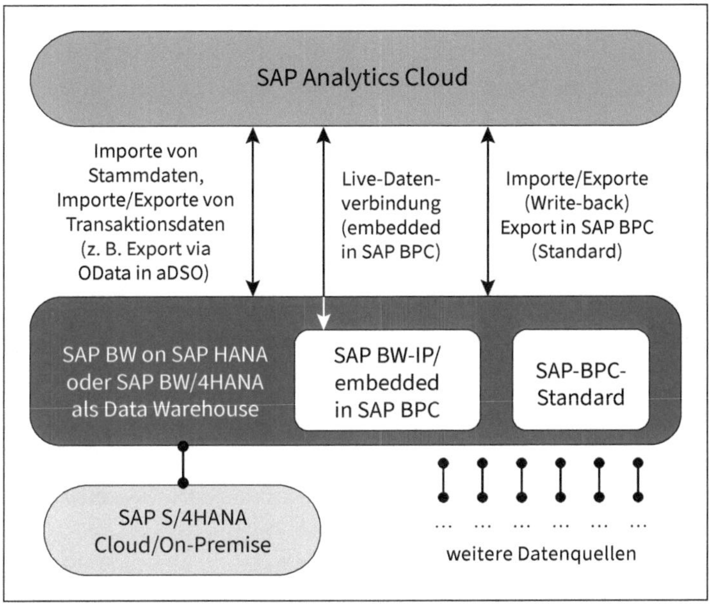

Abbildung 7.4: Hybrider Architekturansatz mit SAP BPC

Die kombinierte Nutzung

Ersteres könnte man auch als »DWH-zentrierten Architekturansatz im engeren Sinne« bezeichnen. Diese Variante, die in Abbildung 7.4 dargestellt ist, zeichnet sich durch die kombinierte Nutzung von SAP Analytics Cloud und SAP BPC auf Basis bzw. als Bestandteil von SAP BW aus, insbesondere, wenn SAP BPC embedded verwendet wird. In diesem Fall – in der Abbildung mit einer Live-Datenverbindung im mittleren Szenario dargestellt – fungiert SAP Analytics Cloud als reines Frontend bzw. als Client, während SAP BPC/SAP BW als zentraler Architekturbestandteil für Planungslogik und -daten dient. Dies ermöglicht es Unternehmen, bestehende komplexe und bislang schwer abzulösende Datenintegrations- und Planungsumgebungen weiterhin nutzen zu können. Gleichzeitig können die Vorteile der vielseitigen Story-Oberflächen in SAP Analytics Cloud für eine anwenderfreundliche und attraktivere Planungsoberfläche genutzt werden. Im neuen Kontext der SAP BDC und der Initiativen für die (teilweise) Migration von SAP BW in SAP Datasphere werden die Planungsbestandteile sicherlich einer besonderen Überprüfung bedürfen. Einerseits sollten die bisherigen Vorteile in Bezug auf Datenintegration und Performance in Lasttests geprüft werden. Andererseits müssen bisherige Planungslogiken oder Berechnungen auf ihre Verortung in SAP Analytics Cloud und SAP Datasphere geprüft werden, und das im Hinblick auf die Produktstrategie und -roadmap für Seamless Planning (siehe Abschnitt 7.3).

Bei Verwendung des SAP-BPC-Standards war meist keine dauerhafte hybride Nutzung geplant, da zwischen SAP Analytics Cloud und SAP BPC nur eine Import- und Exportverbindung möglich ist. Somit findet die Replikation des Planungsmodells aus SAP BPC in SAP Analytics Cloud statt. Daraus folgt, dass sowohl die Logik als auch die Planungsmodelle in SAP Analytics Cloud verlagert werden. Das heißt, dass alle Planungsfunktionalitäten von SAP Analytics Cloud genutzt werden können und bei der Speicherung (also der Veröffentlichung) von Daten in SAP Analytics Cloud eine automatische Replikation in SAP BPC angestoßen wird. Somit wird häufig auch von einer Near-live-Verbindung gesprochen. Ein Vorteil dieser Architektur ist, dass bspw. komplexe oder performanceintensive Berechnungen in SAP BW ausgelagert werden können. Der offensichtliche Nachteil besteht in der doppelten Datenhaltung.

Hybride Planungsarchitektur

Hinter dem etwas unspezifischen oder zu weit gefassten Begriff der *hybriden Planungsarchitektur* verbirgt sich auch eine Mischarchitektur in Bezug auf die Datengrundlage und die Integration dieser in die SAP-Analytics-Cloud-Planung. Dies ist meist der Fall, wenn weder ausschließlich ein SAP-S/4HANA-zentrierter noch ein rein DWH-zentrierter Ansatz verfolgt wird. Stattdessen setzen Unternehmen auf eine hybride Architektur, die Elemente beider Welten kombiniert. Dieser Ansatz berücksichtigt, dass operative Daten für kurzfristige Planungen oft direkt aus den entsprechenden SAP-S/4HANA-Prozessschritten oder -Datenprodukten benötigt werden, während die Integration verschiedener Planungshorizonte, -werkzeuge und Datenquellen besser durch eine harmonisierte Datenbasis des Data Warehouses oder in der Data-Management-Plattform SAP Datasphere erfolgt.

Operative Daten

Beim hybriden Ansatz werden operative Daten direkt dort genutzt, wo Aktualität und Detailtiefe erforderlich sind, während konsolidierte Informationen für strategische Planungen aus SAP Datasphere bereitgestellt werden. Das können bspw. Kalkulationsergebnisse sein, die direkt über die SAP-S/4HANA-Cost-Estimate-Schnittstelle in die SAP-Analytics-Cloud-Planung integriert werden. Auch Stammdaten wie alternative Hierarchien, die zur Steuerung des Planungsprozesses genutzt werden, sollten dort gepflegt werden, wo die primäre Hierarchie administriert wird, also in SAP S/4HANA. Für Reporting-Zwecke und andere Weiterverarbeitungen hingegen kann diese Information belanglos sein, weshalb dieser Bypass denkbar ist.

Spezialisierte Planungslösungen

Die zuvor erwähnte Integration über Planungshorizonte hinweg zeigt sich jedoch nicht nur in der Schaffung von Konsistenz zwischen unterschiedlichen Aggregationsebenen oder Planungsvorgehen. Für operative oder taktische Planungsaufgaben, wie etwa die Absatz- oder Produktionsplanung, greifen Unternehmen häufig auf spezialisierte Planungslösungen wie SAP Integrated Business Planning (SAP IBP) für die taktische oder die Produktions- und Feinplanung (PP/DS) zurück. Die Integration der Daten, die für den sogenannten *Sales-and-Operations-Planning-(S&OP)-Prozess* benötigt und generiert werden, läuft idealerweise ohnehin über ein DWH. Der S&OP-Prozess zielt darauf ab, die Einschätzungen und Prognosen von Absatzvolumina mit den Kapazitäten in Einklang zu bringen und einen Konsens in Form von kapazitätsverprobten Absatzszenarien, bspw. auf Kunde-Material-Wochen-Ebene, herzustellen. Diese Daten sind für viele Reporting-Zwecke interessant und werden daher im DWH integriert. Sie bilden eine fundierte Grundlage für das Mengengerüst als Aufsatzpunkt für die Planung variabler Kosten, Umsätze und Produktkosten.

Integrierte Simulationsmöglichkeiten

Da die wertmäßige Betrachtung oder Planung ein bedeutender Faktor bei der Analyse von Produktionsszenarien ist, werden häufig integrierte Simulationsmöglichkeiten angefordert. Da in SAP IBP jedoch aufgrund der Datenstrukturen und -verarbeitung die Integration von Preisen nicht empfehlenswert ist, ist eine (detaillierte) Simulation und Betrachtung nur dort möglich, wo die Finanzplanung verortet ist. Je nach Frequenz der Szenarienbewertung ist auch hier ein Use Case für einen Bypass denkbar. Diese Daten werden ohne Umwege in die SAP Analytics Cloud integriert, sodass Forecasts integriert und systemübergreifend möglich sind. Dadurch lassen sich kurzfristige Veränderungen in der Nachfrage oder in den Produktionsbedingungen schnell in den Planungsprozess überführen und unmittelbar bewerten.

Für mittel- und langfristige Planungen, wie bspw. die integrierte Finanzplanung oder Personalplanung, wird hingegen eine konsolidierte Datenbasis benötigt. Hier kommt wieder ein DWH zum Einsatz, da in diesen Systemen oder Plattformen die Daten aus unterschiedlichen Quellen harmonisiert, konsistent aufbereitet und durch externe Informationen ergänzt werden können. Auf dieser Grundlage lassen sich strategische Szenarien entwickeln, die weit über die operative Steuerung hinausgehen und eine ganzheitliche Unternehmensplanung auf konsistenten Stamm- und Bewegungsdaten über Tools hinweg ermöglichen.

Aufgabenteilung

Diese Aufgabenteilung erlaubt es, die Stärken verschiedener Systeme optimal zu nutzen. SAP S/4HANA liefert die erforderliche Aktualität und Detailtiefe sowie prozessspezifische (Stamm-)Daten, während das DWH die konsolidierte Sicht über verschiedene operative Systeme und die gesamte Organisation bereitstellt. In SAP Analytics Cloud können diese Datenquellen miteinander kombiniert werden, sodass Planungsbeteiligte und -verwaltende je nach Planungsinstrument auf die erforderlichen Daten zugreifen können. Eine Herausforderung dieses Ansatzes besteht darin, dass ggf. abweichende Datenstände entsprechend kenntlich gemacht werden müssen, um Fehlinterpretationen zu vermeiden.

Vorteil

Ein wesentlicher Vorteil des hybriden Ansatzes liegt bislang in seiner Flexibilität. Unternehmen müssen sich nicht von Beginn an auf eine bestimmte Architektur in Bezug auf die Datenherkunft festlegen, sondern können bei Bedarf auch einzelne Datenquellen austauschen. Vermehrt werden SAP-Analytics-Cloud-Planungsprojekte im Sinne eines Piloten (Minimum Viable Product) statt einer Machbarkeitsstudie (Proof of Concept) gestartet. Dabei wird häufig zunächst ein SAP-S/4HANA-zentrierter Ansatz unter Nutzung des Business Content verfolgt, um erste Planungsszenarien schnell abzubilden. Diese können sukzessive erweitert und später mit angereicherten Daten aus dem DWH versorgt werden. Mit einer hohen Stammdatenqualität können diese Wechsel durch das Anlegen neuer Verbindungen sowie Import Jobs in den Planungsmodellen, die von Administratoren angelegt werden, ohne größere Unterbrechungen durchgeführt werden. Damit bleiben Investitionen in bestehende Entwicklungen erhalten, während gleichzeitig der Übergang in die SAP BDC vorbereitet werden kann.

Governance

Auch im Kontext von SAP Datasphere und der SAP BDC muss die Governance gewährleistet werden. Die Integration zwischen SAP S/4HANA und SAP Datasphere muss mithilfe geeigneter Modellierungsansätze sowie Space- und Berechtigungskonzepte so gestaltet werden, dass Inkonsistenzen vermieden werden. Unterschiedliche Refresh-Zyklen oder unzureichend beschriebene bzw. berechtigte Datenmodelle können zu einer falschen Verwendung führen, wenn nicht klar definiert ist, welche Datengrundlage für welchen Zweck maßgeblich ist. Zudem steigt die Komplexität im Betrieb, da zwei Datenpfade parallel verwaltet und versorgt werden müssen. Governance, Berechtigungen und Monitoring sind daher in hybriden Szenarien besonders wichtig.

Fazit

Der Begriff »hybrider Architekturansatz« ist mit unterschiedlichen Varianten aus Tool- und Datenquellen-Kombinationen belegt. Entweder wird differenziert zwischen der unterschiedlichen Verortung von Planungslogik, Datenhaltung und Oberflächen, oder es wird abgewogen zwischen Aktualität, Detailtiefe und prozessbezogenen Daten aus SAP S/4HANA einerseits und einer konsistenten, harmonisierten Datengrundlage, Integrationsflexibilität und Performance aus dem DWH andererseits. Eine Mischform bietet vielen Unternehmen einen schrittweisen Migrationspfad in die SAP BDC und erlaubt es, die Integration mit operativer, taktischer und strategischer Planung gleichermaßen abzudecken. Gleichzeitig erfordern hybride Ansätze ein hohes Maß an Integration und Governance, um die entstehende Komplexität zu orchestrieren und zu verwalten.

Realistischer Weg

In vielen Projekten erweist sich der hybride Ansatz als realistischer Weg, da er die unterschiedlichen Ausgangssituationen von Unternehmen berücksichtigt. Nur wenige Organisationen verfügen über ein vollständig harmonisiertes DWH oder arbeiten in der Planung ausschließlich mit Daten aus SAP S/4HANA. Stattdessen gibt es fast immer eine komplexere Situation, die durch hybride Architekturen gut abgebildet werden kann und die den besten Kompromiss für die jeweiligen Anforderungen und Gegebenheiten darstellt.

7.3 Seamless Planning

Integrierte Planung

Mit dem Begriff *Seamless Planning* beschreibt SAP die Vision und Strategie einer durchgängig integrierten Planung zwischen SAP Analytics Cloud und SAP Datasphere innerhalb der SAP BDC. Das langfristige Ziel ist es, Planungsmodelle und

-stammdaten direkt in SAP Datasphere zu speichern und in Echtzeit in SAP Analytics Cloud verfügbar zu machen. Dies soll im Sinne einer Zero-Copy-Denkweise ohne Datenreplikation und ohne eine Abfolge von Importen in SAP Analytics Cloud erfolgen und so eine einheitliche und idealerweise semantisch angereicherte Datenbasis schaffen. Außerdem können so Reporting- und Analysedaten eng mit Plandaten verzahnt werden. Durch geeignete Space-Konzepte sind für Endanwenderinnen und -anwender sowie Datenanalystinnen und -analysten keine architektonischen Brüche oder redundanten Datenstände mehr sichtbar. Planung soll nicht länger ein isolierter Prozess sein, sondern nahtlos in die gesamte Daten- und Systemlandschaft eingebettet werden.

Grundidee von Seamless Planning

Traditionell ist Planung oft durch Systembrüche gekennzeichnet: Daten müssen aus unterschiedlichen Systemen extrahiert, in Excel-Tabellen nachbearbeitet und anschließend in separate Planungs-Tools hochgeladen werden. Diese Vorgehensweise führt nicht nur zu Inkonsistenzen, sondern auch zu einem hohen Aufwand bei der Pflege und Abstimmung. Selbst in neuen Planungsumgebungen, die in SAP Analytics Cloud umgesetzt werden, ist dies aufgrund der Ausrichtung auf Fachbereichsanwenderinnen und -anwender sowie der limitierten Datenorchestrierungs- und -Integrationsmöglichkeiten die Realität vieler SAP-Kunden.

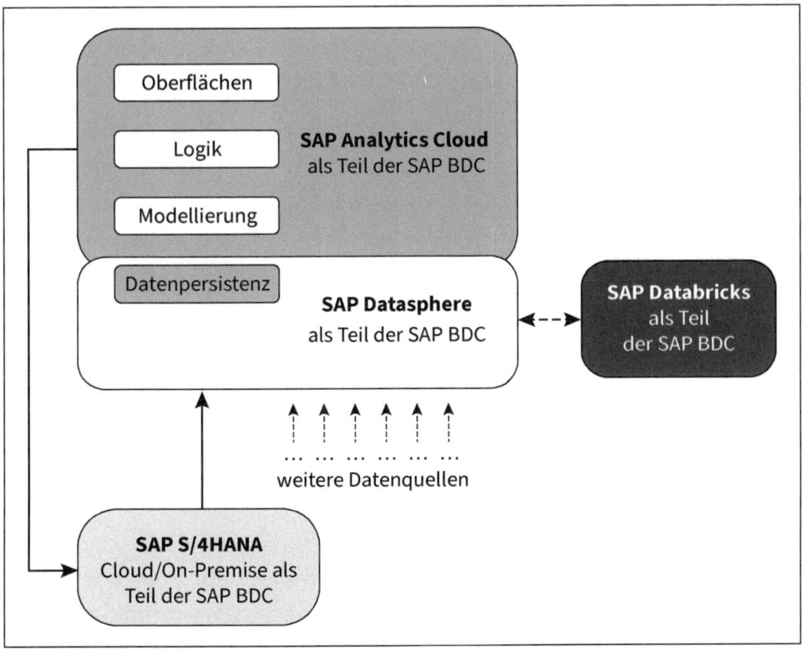

Abbildung 7.5: Seamless-Planning-Architektur

Datenbasis und -verwaltung

Seamless Planning setzt hier an, indem es eine einheitliche Datenbasis und -verwaltung innerhalb der SAP BDC schafft. In Abbildung 7.5 wird dies durch die zentralisierte Persistenz dargestellt. Die erforderliche Datengrundlage für Forecasts (ggf. unter Zuhilfenahme von SAP Databricks) oder die Vorbefüllung der Planungsversionen wird mithilfe von SAP Datasphere bereitgestellt. Die Anbindung von Datenquellen, Integration, Transformation und Orchestrierung wird ebenfalls über SAP Datasphere gesteuert. Durch die enge Integration von SAP Datasphere und SAP Analytics Cloud lassen sich Dimensionen und Kennzahlen als Datenprodukte zwischen beiden Systemen austauschen, ohne dass manuelle Zwischenschritte oder Replikationen notwendig sind.

SAP Analytics Cloud hingegen fungiert als zentrale Oberfläche für die Verwaltenden und Planenden. Von der Definition der Modellstruktur des Planungsmodells, über die Umsetzung von Planungslogik mit Planungswerkzeugen wie Datenaktionen bis hin zur Erstellung benutzerfreundlicher Planungsoberflächen in Storys und der Orchestrierung des Planungsprozesses – der Fokus wird auf die Stärken der SAP Analytics Cloud gerichtet.

Die Rolle von SAP Datasphere

Im Kontext von Seamless Planning übernimmt SAP Datasphere die komplementäre Rolle der zentralen Datenplattform für Ist- und Plandaten im Sinne eines DWH-zentrierten Architekturansatzes. Als performante Speicher- und Verarbeitungskomponente innerhalb der SAP BDC werden Faktentabellen und Stammdaten samt der zentralen Laufzeitartefakte der SAP-Analytics-Cloud-Planungsmodelle persistiert. Darüber hinaus werden Datenverarbeitungskapazitäten bereitgestellt und damit Defizite der stark click-not-code-basierten SAP Analytics-Cloud-Oberflächen adressiert.

Orchestrierung der Datengrundlage

Mit zentraler Ressourcenkontrolle, SQL-Views, umfangreichen Transformationsmöglichkeiten sowie Schnittstellen und ETL-Tools kann eine zielgerichtete Orchestrierung der Datengrundlage und des Planungs-Outputs gewährleistet werden. SAP Datasphere ermöglicht es somit im Reporting- und Planungskontext, Daten aus verschiedenen Quellen wie SAP S/4HANA, SAP BW/4HANA, Nicht-SAP-Systemen oder externen Datenquellen in Echtzeit und in konsistenter Form bereitzustellen. Der Seamless-Planning-Ansatz ermöglicht die bidirektionale Integration zwischen SAP Analytics Cloud und SAP Datasphere, wodurch komplexe Planungsprozesse systemübergreifend koordiniert werden können – SAP Analytics Cloud kann Aktionen in der SAP Datasphere auslösen und umgekehrt.

Eine semantische Modellierungsschicht stellt den fachlichen Bezug zu den Daten über betriebswirtschaftliche Entitäten her und ist dabei von der Datenschicht entkoppelt. Ein zentrales Konzept dabei sind die Datenprodukte (siehe Abschnitt 5.1, »Einordnung von Datenprodukten«).

Für die Planung bedeutet dies, dass Daten nicht mehr umständlich über mehrere OData-Verbindungen in SAP Analytics Cloud geladen werden müssen, sondern direkt über Datenprodukte aus der SAP Datasphere konsumiert werden können. Änderungen oder Erweiterungen in der Datenbasis lassen sich dadurch sofort in den Planungsmodellen abbilden.

Dimensionen und Wiederverwendung

Ein zentraler Baustein von Seamless Planning ist der Umgang mit Dimensionen. In SAP Analytics Cloud werden sogenannte *öffentliche Dimensionen* (engl. Public Dimensions) verwendet, um die Dimensionen mit Attributen, Hierarchien und Datenzugriffskontrollen (engl. Data Access Control) über Planungsmodelle hinweg konsistent zu halten. Im Falle von modellspezifischen Dimensionen kann auch auf sogenannte *private Dimensionen* ausgewichen werden, wobei diese den Nachteil einer fehlenden eigenen Datenverwaltung aufweisen.

Bislang mussten Dimensionen, wie bspw. Kostenstelle, Buchungskreis oder Produktgruppe, in beiden Systemen separat angelegt und verwaltet werden. Diese Redundanz kann zu Inkonsistenzen sowie zu erheblichem Pflege- und Housekeeping-Aufwand führen.

Zentrale Stammdatenobjekte

Mit Seamless Planning können Dimensionen systemübergreifend genutzt werden. So ist es möglich, Dimensionen aus SAP Analytics Cloud in SAP Datasphere zurückzupushen und dort als zentrale Stammdatenobjekte bereitzustellen. Diese Objekte können wiederum dank einer spaceübergreifenden Objektfreigabe in unterschiedlichen Planungsmodellen und Reporting-Szenarien wiederverwendet werden, indem sie in den Planungs-Space freigegeben und aus diesem heraus weiter freigegeben werden.

Datenzugriffskontrolle

Zusätzlich sollen zukünftig Dimensionen mit Attributen und Datenzugriffskontrolle aus SAP Datasphere in SAP Analytics Cloud genutzt werden. Auf diese Weise kann ein durchgängiges Stammdatenmanagement entstehen, bei dem SAP Analytics Cloud zunehmend zur Applikationsschicht wird, während die eigentliche Stammdatenhaltung in SAP Datasphere erfolgt.

Langfristig ist vorgesehen, dass sämtliche relevanten Dimensionen vollständig in SAP Datasphere gepflegt werden. Dadurch wird sichergestellt, dass Datenmodelle in beiden Systemen und unabhängig von Reporting oder Planung auf denselben, konsistenten Stammdaten aufbauen.

Business Content und Datenprodukte

SAP stellt umfangreiche vorgefertigte Business-Content-Pakete zur Verfügung, die sowohl eigenständig in SAP Analytics Cloud funktionieren als auch auf entsprechenden Content-Paketen in SAP Datasphere aufbauen können. Diese sind in SAP Analytics Cloud in Form von fachbereichs- und industriespezifischen Reporting- und Planungsinhalten verfügbar. In SAP Datasphere umfassen sie Inbound-Layer-Tabellen und -Views sowie Harmonization Layer und Reporting Layer. Hier müssen teilweise noch Replication Flows angelegt werden, doch nach dem Einbinden der Datenquelle sind die Datenmodelle beladungsfähig. SAP setzt auch beim Seamless-Planning-Ansatz verstärkt auf vordefinierte Inhalte, die Unternehmen den Einstieg erleichtern. Die Bereitstellung von Datenprodukten aus Quellsystemen und die Freigabe der Daten für die Dimensionen oder Versionen werden den SAP-Analytics-Cloud-Content noch schneller mit ersten Daten versorgen können.

Datenreplikationen

Lange Zeit war der Business Content aufgrund der Notwendigkeit von Datenreplikationen in die Planungsmodelle vollständig in der SAP Analytics Cloud verortet und umfasste:

- Systemverbindungen,
- öffentliche Dimensionen inklusive Datenabfragen,
- Planungsmodelle inklusive Abfragen für Transaktionsdaten,
- Datenaktionen für die Übertragung von Daten zwischen und innerhalb von Modellen sowie das Umsetzen von Planungslogik mit verschiedenen Datenaktionsschritten,
- vordefinierte Oberflächen in Form von Storys für die Administration und die Plandateneingabe.

Mit der SAP BDC und Seamless Planning werden diese Artefakte weiterhin teilweise über SAP Analytics Cloud konfiguriert, teilweise aber auch durch SAP Datasphere bereitgestellt. Die Speicherung wird jedoch überwiegend und zukünftig vollständig nach SAP Datasphere verlagert. Dort werden Inhalte nicht mehr nur als Business Content verstanden, sondern in Form von Datenprodukten ausgeliefert. Diese Datenprodukte beinhalten Tabellen, Views und Modelle mit Business-Logik sowie zum Teil Replication Flows, die sich per Knopfdruck herunterladen und aktivieren bzw. befüllen lassen.

Reporting-Zwecke

Nach der Aktivierung stehen die Strukturen und Daten nicht nur für die Planung in SAP Analytics Cloud, sondern auch für Reporting-Zwecke zur Verfügung. Ebenso kann die Freigabe der Strukturen und Daten für andere SAP-Produkte oder Zwecke, wie bspw. für Anwendungsfälle von Künstlicher Intelligenz (KI), gesteuert werden. Dabei finden auch Kernkonzepte der SAP BDC Anwendung, wie bspw. Data Gravity und die Verarbeitung der Daten vor Ort, um zusätzliche Datenflüsse oder Duplizierung von Daten zu vermeiden.

Weiterentwicklung

Damit wird deutlich: Die Nutzung und Bereitstellung von Datenprodukten ist die logische Weiterentwicklung bzw. Anpassung des Business Contents an die mit Seamless Planning einhergehende Verlagerung von Speicherung und Verarbeitung. Anstatt Content nur auf der SAP-Analytics-Cloud-Ebene bereitzustellen und zu konsumieren, werden zentrale Bausteine direkt in SAP Datasphere für verschiedene Anwendungszwecke bereitgestellt. Auf diese Weise lassen sich die Bausteine systemübergreifend wiederverwenden und bilden die Grundlage für konsistente Daten und integrierte Planung.

In Seamless Planning wird die Planungsgrundlage nicht mehr parallel in SAP Analytics Cloud verwaltet, sondern in Form von Datenprodukten durch SAP Datasphere bereitgestellt. SAP Analytics Cloud greift dann direkt auf diese Datenprodukte zu, wodurch die Dauer von Beginn der Entwicklung bis zur Verfügbarkeit einer Planungslösung verkürzt und eine nahtlose Verzahnung zwischen Datenhaltung, Reporting und Planung erreicht werden kann.

Nutzen und Mehrwert

Der Mehrwert von Seamless Planning zeigt sich auf mehreren Ebenen. Zunächst profitieren Unternehmen von einer hohen Datenkonsistenz, da Planung und Reporting auf derselben Datenbasis aufsetzen und redundante Datenhaltung reduziert wird. Planungsseitige Änderungen der Stamm- oder Transaktionsdaten sind unmittelbar in allen relevanten Szenarien sichtbar.

Geschäftslogiken

Darüber hinaus steigt die Effizienz, da Medienbrüche und redundante Schnittstellen entfallen. Integrierte Planungsanwendungen setzen auf semantisch angereicherten Daten auf – ohne Datenimport-Kreisläufe und Informationsverluste. Dies erweist sich auch bei der Anwendung komplexer Geschäftslogiken als sinnvoll, bei der die Transformationswerkzeuge in SAP Analytics Cloud an ihre Grenzen stoßen. Hier bietet die Integration von SAP-Datasphere-Artefakten, u. a. durch die Nutzung von SQL, eine beträchtliche Erweiterung der Möglichkeiten. Wenn bspw. die SAP-Analytics-Cloud-Performance bei mehrdimensionaler Disaggregation, komplexen Berechnungen und Ausnahmeaggregationen nicht ausreicht, könnten Task Chains in SAP-Analytics-Cloud-Datenaktionen oder Multi Actions eingebunden oder Aktionen und Prozesse von Task Chains gestartet werden.

Anwenderinnen und Anwender müssen Daten nicht länger exportieren, transformieren und hochladen, sondern arbeiten durchgängig in einer integrierten Umgebung. Zugleich gewinnen Unternehmen an Governance und Flexibilität, da Dimensionen und Datenprodukte mehrfach verwendet werden können. Neue übergreifende Szenarien lassen sich dadurch schneller aufbauen und in bestehende Prozesse integrieren.

Herausforderungen

Trotz vieler Vorteile bringt Seamless Planning auch einige technische Herausforderungen und neue Fragestellungen mit sich. Eine zentrale Schwachstelle besteht in der aktuell strikten Eins-zu-eins-Beziehung zwischen SAP-Analytics-Cloud- und SAP-Datasphere-Tenants, was mittelfristig die Konsolidierung von Multi-Tenant-Landschaften zur Debatte stellen wird. Diese Problemstellung wurde bereits adressiert und als Eintrag in der Produkt-Roadmap berücksichtigt.

Eine Herausforderung könnte auch die Governance darstellen: Wenn das Space-Konzept und die Freigabe in SAP Datasphere nicht strukturiert und kohärent sind und Dimensionen und Datenprodukte mehrfach in unterschiedlichen Kontexten genutzt werden, muss klar definiert sein, wer für deren Pflege verantwortlich ist und welcher Space als führend gilt.

Darüber hinaus ist die Migration bestehender SAP-BW- und SAP-BPC-Landschaften in SAP Datasphere kein trivialer Prozess. Sie erfordert sorgfältige Planung, klare Migrationspfade und in vielen Fällen zusätzliche Ressourcen. Auch die technische Komplexität steigt: Obwohl Seamless Planning für die Anwenderinnen und Anwender nahtlos wirkt, laufen im Hintergrund oft komplexe Integrations- und Synchronisationsprozesse ab, die ein hohes Maß an Abstimmung erfordern. Diese Prozesse werden nun jedoch zentralisiert.

Ausblick und Roadmap

Die Weiterentwicklung von Seamless Planning erfolgt nicht in einem einzigen Schritt, sondern in aufeinander aufbauenden Ausbaustufen (siehe Abbildung 7.6). SAP verfolgt dabei das Ziel, Unternehmen einen klaren und planbaren Weg in die SAP BDC zu eröffnen.

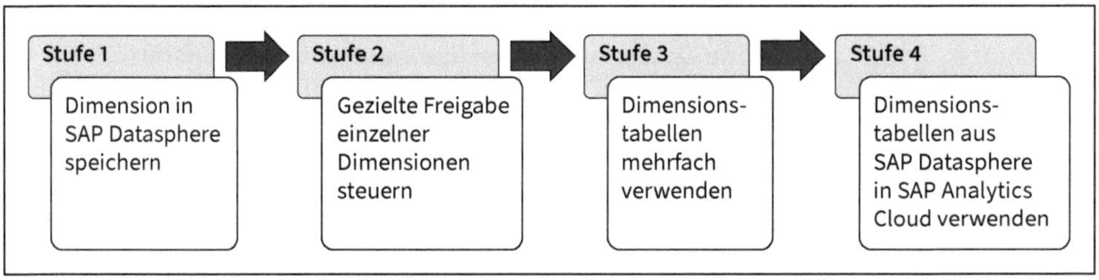

Abbildung 7.6: Ausbaustufen der Stammdatenverwaltung

Dimensionen in SAP Datasphere übertragen

In einer ersten Ausbaustufe konnten einzelne Dimensionen, die bislang in SAP Analytics Cloud konfiguriert und gepflegt wurden, bei der Anlage und Auswahl des Modellspeicherorts in SAP Datasphere übertragen werden. Auf diese Weise entsteht die technische Grundlage für ein einheitliches Stammdatenmanagement, das über die Grenzen eines einzelnen Planungsmodells hinausgeht. Jedoch zeigt sich in der Praxis, dass die globale Dimension aus verschiedenen Planungsmodellen mehrfach in den entsprechenden Space übertragen wird.

Sichtbarkeit bzw. Speicherung von Dimensionen

Darauf aufbauend erweiterte sich mit den folgenden Releases die Funktionalität um die Möglichkeiten, die Sichtbarkeit bzw. Speicherung von Dimensionen für SAP Datasphere gezielt zu steuern. Modellierer von SAP-Analytics-Cloud-Planungsmodellen können somit entscheiden, welche Dimensionen freigegeben werden und welche bewusst »im Hintergrund« bleiben. Dieser Schritt erlaubt es, die Vervielfältigung von Stammdaten zu vermeiden und gleichzeitig Konsistenz in den freigegebenen Strukturen sicherzustellen.

Mehrfachverwendung

In der nächsten Stufe wird die Mehrfachverwendung von Dimensionen realisiert. Dies bezieht sich einerseits auf die Verwendung eines Datenprodukts aus SAP Datasphere als Dimension in mehreren SAP-Analytics-Cloud-Planungsmodellen. Andererseits kann bspw. dieselbe Kostenstellendimension mehrfach innerhalb eines Modells für Leistungsempfänger und -sender genutzt werden. Dadurch können Unternehmen künftig dieselbe Dimension in unterschiedlichen Planungs- und Reporting-Szenarien mit jeweils unterschiedlichem fachlichem Hintergrund nutzen. Das reduziert Redundanzen und verkürzt die Implementierungszeiten erheblich.

Pflege der Dimensionen

Die vierte Ausbaustufe sieht vor, dass sämtliche Dimensionen vollständig in SAP Datasphere gepflegt werden. Damit verschiebt sich der Schwerpunkt: SAP Analytics Cloud fungiert primär als Applikationsschicht, während die eigentliche Stammdatenhaltung zentral in SAP Datasphere erfolgt. Dieser Schritt markiert den Übergang zu einem konsistenten Stammdatenmanagement über alle Planungs- und Reporting-Prozesse hinweg.

Migrationsmöglichkeiten

Mittelfristig werden die Migrationsmöglichkeiten von bestehenden SAP-Analytics-Cloud-Planungsmodellen in Seamless-Planning-Modelle einen wichtigen Beitrag zum Schutz bisheriger SAP-Analytics-Cloud-Planungsmodelle und -anwendungen leisten. Schließlich wird auch der Planungs-Content selbst in Form eines SAP-BDC-Content-Pakets mit integrierten Modellen erweitert werden. Anstatt Modelle, Strukturen und Import Jobs manuell in SAP Analytics Cloud aufzusetzen, können Unternehmen diese Inhalte per Knopfdruck aktivieren. Die SAP-Analytics-Cloud-Modelle werden dann integriert und konsistent mit den erforderlichen Stammdaten und Datenstrukturen versorgt, sodass Implementierungen noch stärker standardisiert und beschleunigt ablaufen können.

[«]

Angekündigte Funktionen für die SAP Analytics Cloud

Für das 3. und 4. Quartal 2026 sind für die SAP Analytics Cloud einige interessante Funktionalitäten angekündigt, darunter konfigurierbare Validierungen nach der Dateneinsammlung sowie Erweiterungen bei den Data Actions, die die Planungsprozesse durch mehr Automatisierungen verbessern.

Erweiterung von Seamless Planning

Parallel zu dieser Roadmap erweitert SAP das Konzept von Seamless Planning auch technologisch. Prognosen, Simulationen und Szenarioanalysen werden zunehmend durch KI und ML unterstützt, die sich nahtlos in die Planungsprozesse einfügen. Gleichzeitig verfolgt SAP mit der SAP BDC eine offene Strategie, die nicht auf eine SAP-Landschaft in Reinform beschränkt ist. Denn über standardisierte Schnittstellen werden auch externe Data-Lake-Plattformen wie Databricks oder Snowflake angebunden. Damit entwickelt sich Seamless Planning von einem SAP-internen Architekturkonzept zu einer unternehmensweiten Plattformstrategie, in der auch Nicht-SAP-Daten ohne Medienbrüche für Planung und Steuerung genutzt werden können. Darüber hinaus stellt SAP in SAP Analytics Cloud viele Funktionen zur Verfügung, die Anwenderinnen und Anwendern mit No-Code-Umgebungen eine niedrige Einstiegshürde in die statistische Unterstützung der Planung bieten. Dazu gehören einerseits Predictive Scenarios für Zeitreihen-, Regressions- oder Klassifikationsanalysen und andererseits Monte-Carlo-Simulationen in Kompass.

7.4 Die Kompass-Funktion

Unternehmen benötigen die Möglichkeit, Unsicherheiten zu quantifizieren, multiple Szenarien zu simulieren und die Auswirkungen von Annahmen auf kritische Geschäftsergebnisse zu verstehen. *Kompass* ist eine native SAP-Analytics-Cloud-Funktion, die genau diese Anforderungen adressiert, indem sie Monte-Carlo-Simulationen ermöglicht. Der Grundgedanke hinter Kompass markiert einen Wendepunkt in der erweiterten Planung und Analyse (engl. Extended Planning & Analytics, xP&A). Denn die Szenarioplanung wird von Einzelwertschätzungen zu Wahrscheinlichkeitsverteilungen, die Geschäftsunsicherheiten abbilden, transformiert.

Konzept und Grundlage

Kompass ist eine Produktfunktionalität, die die Simulation möglicher Auswirkungen durch latente Einflussfaktoren ermöglicht. Die Anwendung verwendet die im SAP-Analytics-Cloud-Modell definierten Beziehungen zwischen Treiber (engl. Driver) und Ziel (engl. Target), um komplexe Szenarien zu modellieren.

Kompass

Im Gegensatz zu vielen modernen Analyse-Tools arbeitet Kompass nicht mit KI, sondern mit etablierten statistischen Methoden. Dies ist ein entscheidender Unterschied, der Verlässlichkeit und Nachvollziehbarkeit gewährleistet.

Monte-Carlo-Simulation

Der Kern von Kompass ist die *Monte-Carlo-Simulation*. Diese stochastische Methode ermöglicht es, verschiedene Treiber der Planung zu verändern und die resultierenden Ergebnisse unter Unsicherheiten zu analysieren. Bei einer Monte-Carlo-Simulation wird nach folgendem Prinzip vorgegangen:

1. Zunächst legen die Anwenderinnen und Anwender Wertebereiche für jeden relevanten Treiber fest. Das können relative Werte wie das Absatzwachstum in Prozent, aber auch absolute Werte wie Materialkosten sein.
2. Das System führt anschließend Tausende von Simulationen durch, wobei in jeder Iteration die Treiber basierend auf definierten Wahrscheinlichkeitsverteilungen variiert werden. Das Resultat ist dabei nicht eine einzelne Prognose, sondern eine Verteilung möglicher Ergebnisse mit den jeweiligen Wahrscheinlichkeiten.
3. Diese Verteilung kann nachfolgend herangezogen werden, um die Wahrscheinlichkeit zu berechnen, mit der kritische Ziele erreicht werden können.

Diese Methode ist zielführender als herkömmliche Ansätze, da sie Unsicherheitsverteilungen abbildet, anstatt wenige diskrete Was-wäre-wenn-Szenarien, wie bspw. Optimalfall und Katastrophenszenario oder eine Zeitreihenprognose, die lediglich den Trend der Vergangenheit fortschreibt, zu betrachten.

Ein zentraler Aspekt von Kompass ist, dass die Anwendung auf den bereits im SAP-Analytics-Cloud-Modell definierten Beziehungen zwischen Treibern und Zielen aufbaut. Die Treiber sind typischerweise Blattelemente einer Kontendimension oder Grundgrößen, die zur Berechnung des Ziels beitragen. Das bedeutet, dass die Modellierung der Logiken nicht in Kompass definiert wird, sondern bereits im SAP-Analytics-Cloud-Modell enthalten sein muss. Kompass simuliert lediglich die bestehende Geschäftslogik unter verschiedenen Annahmen in Bezug auf die Grundgrößen, d. h., es wird keine neue Logik entwickelt oder angereichert.

Integration in der SAP BDC

Einen entscheidenden Beitrag hat die Veröffentlichung des Quartals-Updates im November 2025 geleistet: die Unterstützung von Live-Versionen. Somit können Simulationen mit Kompass direkt auf Daten aus SAP Datasphere durchgeführt werden. Infolgedessen basieren Simulationen auf einer einzigen Datenquelle und eine Datenreplikation ist nicht mehr erforderlich. Ein weiterer Vorteil ist, dass Simulationen immer auf den aktuellen Daten aus SAP Datasphere aufsetzen können und Datenänderungen in der Treiberliste sichtbar gemacht werden. Kompass ist zwar als eigenständige Anwendung innerhalb von SAP Analytics Cloud verfügbar, ist aber nicht isoliert, sondern in die Reporting- und Planungsfunktionen von SAP Analytics Cloud integriert. So kann eine Monte-Carlo-Simulation ähnlich wie die Funktion des Data Analyzers aus dem Kontextmenü von Tabellen angestoßen werden.

Voraussetzungen

Um eine Kompass-Simulation starten zu können, muss dem Benutzer die notwendige Berechtigung zugewiesen werden. Dafür muss das Privileg **Kompasssimulationen** mit der Berechtigungsausprägung **Anlegen** zugewiesen werden. Diese wiederum ist nur für Rollen zulässig, die auf dem Lizenztyp »Planning Standard« aufsetzen.

Starten einer Simulation

Sobald Ihrem Benutzer die Berechtigung erteilt wurde, gibt es zwei Wege, wie Sie eine Kompasssimulation starten können: entweder direkt aus einem Bericht oder über den dedizierten Menüpunkt **Compass** im Hauptmenü.

Um aus einem Bericht eine Simulation zu starten, führen Sie in einer Datenzelle einer Tabelle einen Rechtsklick aus und wählen im sich öffnenden Kontextmenü den Menüpunkt **Kompasssimulation anlegen** (siehe Abbildung 7.7). Das System erstellt daraufhin ein Simulationsszenario und erkennt alle Filterkontexte aus der Story sowie alle verfügbaren Treiber für das gewählte Ziel. Voraussetzung hierfür ist, dass das zugrunde liegende Modell entweder ein Modell basierend auf importierten Daten oder ein Planungsmodell ist, für das der Speicherort SAP Datasphere ausgewählt wurde und das über sogenannte *externe Live-Versions-Datenquellen* definiert wurde – also ein Seamless-Planning-Modell, das mittels Live-Datenverbindung auf eine View in SAP Datasphere zugreift. Dieser Navigationspfad eignet sich also primär, um Planwerte für einzelne Zellen zu simulieren.

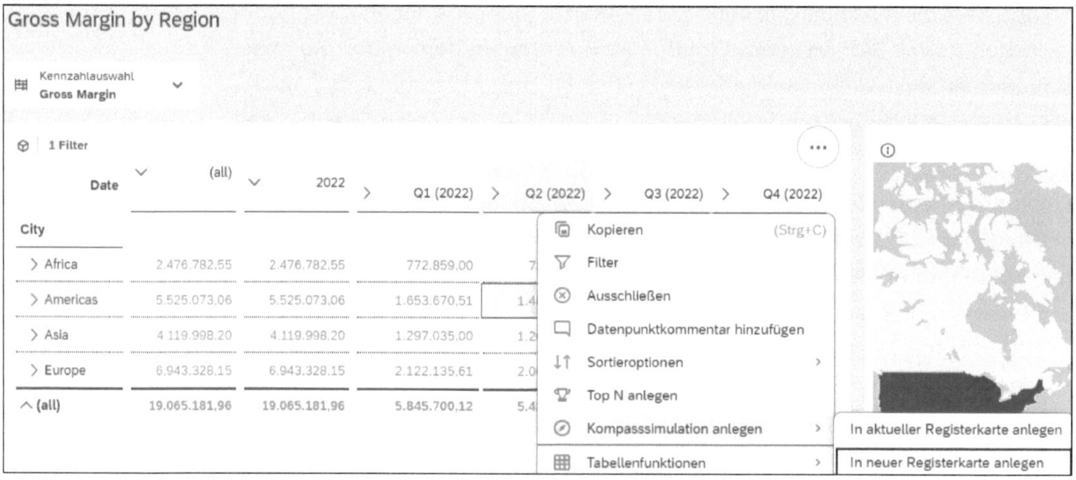

Abbildung 7.7: Kompasssimulation aus einer SAP-Analytics-Cloud-Story starten

[»]

Ziel der Simulation definieren

Die Tabellenzelle, in der Sie die rechte Maustaste betätigen, um eine Kompasssimulation anzulegen, sollte gezielt ausgewählt werden.

Beachten Sie, dass die Merkmalskombination der gewählten Zelle – in Abbildung 7.7 **Americas** und **Q2 2022** – als Filterkontext und die Kennzahl **Gross Margin** als Zielgröße übernommen wird. Wenn Sie eine Simulation aus einer Tabelle starten, stellen Sie sich dafür die Frage: »Was sind die Einflussgrößen für diese Kennzahl?« und nicht: »Welchen Einfluss hat die Kennzahl auf andere Größen?«

Anwendungsbereich

Alternativ können Sie den Anwendungsbereich der Kompasssimulation auch aus dem Hauptmenü von SAP Analytics Cloud erreichen (siehe Abbildung 7.8). Navigieren Sie hierzu im linken Seitenbereich zum Menüpunkt **Kompass** und klicken Sie auf das große Kompasssymbol (Tooltip: **Neue Simulation anlegen**).

Dieser Pfad eignet sich vor allem für erfahrene Anwenderinnen und Anwender, die mit dem Datenmodell und/oder den fachlichen Beziehungen zwischen den verschiedenen Größen vertraut sind. Das gilt gleichermaßen für Anwenderinnen und Anwender aus IT- und Data-Science-Teams, die Simulationen mit vordefinierten Treibern und Filtern erstellen möchten. Es ist also nicht erforderlich, zuerst eine Story mit dem gewünschten Kontext zu finden, um eine Simulation zu starten.

Simulation und Szenario

Eine *Simulation* bezeichnet im Kontext der Kompass-Funktion in SAP Analytics Cloud das führende bzw. übergeordnete Artefakt, das die Konfiguration für eine festgelegte Zielgröße enthält.

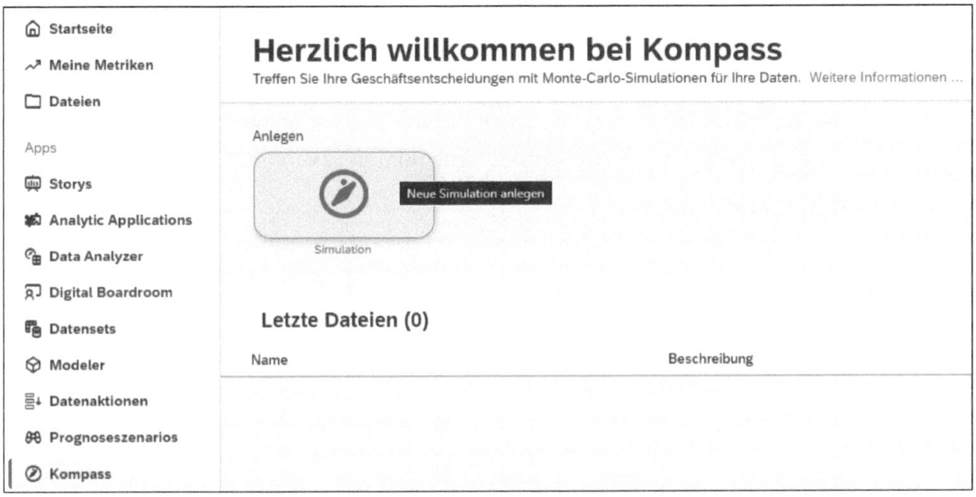

Abbildung 7.8: Kompasssimulation über das Hauptmenü anlegen

Abbildung 7.9 zeigt den ersten Konfigurationsschritt, wenn Sie sich entschieden haben, eine Simulation über das Hauptmenü zu erstellen. Wie Sie der Abbildung entnehmen können, ist eine Simulation an ein Modell, eine Zielgröße und Filter gekoppelt. Die Filter können entweder aus dem Tabellenkontext übernommen und angepasst oder manuell konfiguriert werden.

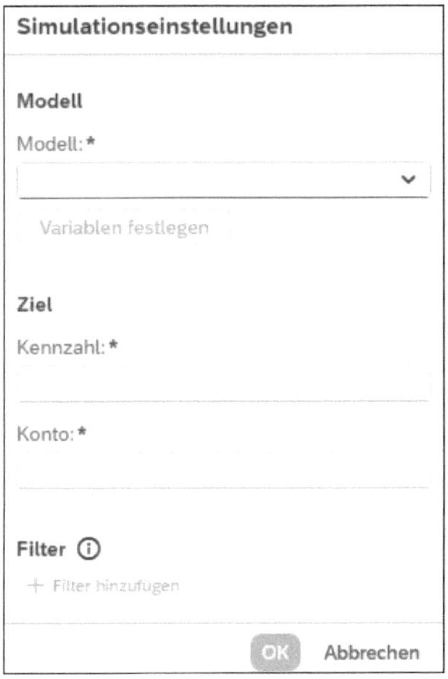

Abbildung 7.9: Kompasssimulation konfigurieren

Ein *Szenario* hingegen stellt ein einzelnes Experiment innerhalb dieser Simulation dar, das zur Modellierung verschiedener Annahmen, Unsicherheiten und **Experiment**

Eingaben verwendet wird. Nachdem Sie die grundlegende Konfiguration der Simulation vorgenommen haben, können Sie das erste Szenario erstellen und geben hierfür zunächst Angaben wie Name, Beschreibung und die für das Szenario heranzuziehende Version an. In Abbildung 7.10 sehen Sie den zweiten Konfigurationsschritt mit den Voreinstellungen für den Szenarionamen und die Version.

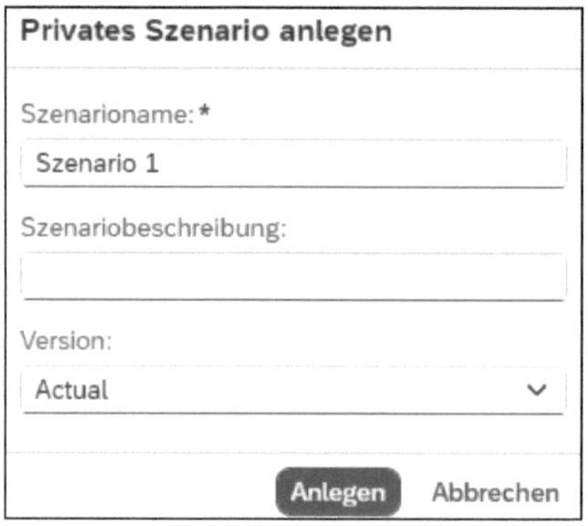

Abbildung 7.10: Grundeinstellung eines Kompassszenarios

Szenarioannahmen

Sobald Sie das Szenario durch einen Klick auf **Anlegen** vorbereitet haben, werden die zur Verfügung stehenden Treiber aufgelistet. SAP Analytics Cloud analysiert dafür im Hintergrund die Blattelemente unterhalb des Zielknotens einer Kontenhierarchie oder die Formelbestandteile von Konten bzw. berechneter Kennzahlen. Eine Herausforderung hierbei kann sein, dass (noch) nicht alle Arten von Ausnahmeaggregationen unterstützt werden.

Nicht jede Modellstruktur eignet sich für eine Monte-Carlo-Simulation mit Kompass in SAP Analytics Cloud

Falls das zugrundeliegende Modell eine Kontendimension mit entsprechender Hierarchie oder berechnete Kennzahlen enthält, können Sie die Simulation schneller aufsetzen. Möchten Sie jedoch ein herkömmliches Planungsmodell nutzen, das auf Persistenz ausgelegt ist und in dem die zugrundeliegende Logik primär mit Datenaktionen bereitgestellt wird, kann die Treiberliste zu Verwirrung führen: Ziel und Treiber entsprechen dann derselben Kennzahl. Auch hier können Sie ein Szenario berechnen lassen, allerdings ohne entsprechende Treibergrößen.

Allerdings wurden mit dem ersten Update im Jahr 2026 auch »Durchschnitt ohne NULL« und »Durchschnitt ohne 0, NULL« zur Liste der unterstützten Ausnahmeaggregationen hinzugefügt. Dies ermöglicht nun bspw. Simulationen von Umsätzen mit Treibern, die nicht einfach nur summiert, sondern als Durchschnittswerte in die Berechnungen einfließen.

Treiberkonfiguration

In umfangreichen Modellen – bspw. für die Simulation einer Gewinn- und Verlustrechnung bzw. des Unternehmensergebnisses – kann die Liste der Einflussgrößen lang sein. Bei der Simulation des Vorsteuerergebnisses sind jedoch vermutlich nicht alle der über 30 Treiber aus der Liste als signifikant zu betrachten. Andererseits wäre ein Szenario schlicht nicht abbildbar, wenn man die Hälfte der Positionen als Treiber eliminieren würde.

Verteilungen

Wenn Sie also einen oder mehrere der Treiber aus der Liste entfernen, indem Sie auf das **X**-Icon klicken (siehe Abbildung 7.11), wird der Ausgangswert (engl. Baseline) des Treibers dennoch im Szenario berücksichtigt. Für alle verbleibenden Treiber können Sie nun Werteintervalle pflegen und die Art der Wahrscheinlichkeitsverteilung festlegen. Als Verteilungen stehen Ihnen **Normalverteilung** und **Gleichverteilung** zur Verfügung. Die *Normalverteilung*, die auch als Gauß-Verteilung bekannt ist, ist eine symmetrische Wahrscheinlichkeitsverteilung, die zur Beschreibung stetiger Daten verwendet wird. Diese Art der Verteilung ist also geeignet, wenn der Treiber jeden (Dezimal-)Wert innerhalb des Intervalls annehmen kann, sich aber symmetrisch um einen Mittelwert verteilt. Die *Gleichverteilung* ist eine Wahrscheinlichkeitsverteilung, bei der alle möglichen Werte innerhalb des Intervalls gleich wahrscheinlich sind. Diese Form ist bspw. für die Simulation von Verkaufspreisen oder bestimmten Quoten innerhalb eines gegebenen Intervalls geeignet.

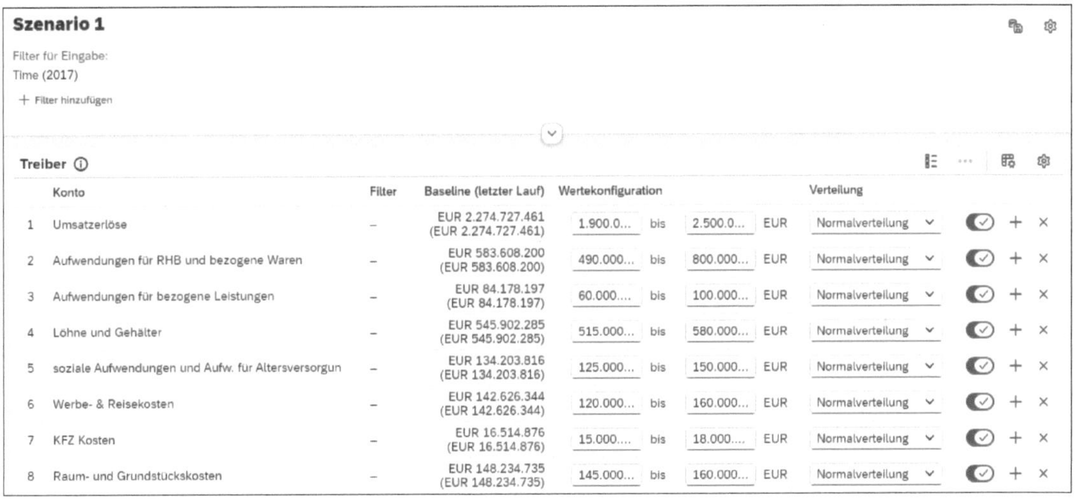

Abbildung 7.11: Beispiel für eine Liste der abgeleiteten Treiber zur Szenariokonfiguration

Eingeschränkte Treiber

Neben der Wahl einer Wahrscheinlichkeitsverteilung für die Treiber können Sie auch eingeschränkte Treiber hinzufügen, um mehrdimensionale Simulationen – bspw. der Auswirkungen der Umsatzerlöse bestimmter Produktgruppen oder Regionen – dediziert zu modellieren. Dazu klicken Sie auf das +-Icon neben der

Wertekonfiguration und wählen eine oder mehrere zu filternde Merkmalsausprägungen (siehe Abbildung 7.12).

Abbildung 7.12: Eingeschränkte Treiber hinzufügen

Berechnung eines Szenarios

Nachdem Sie die Annahmen des Szenarios festgelegt haben, können Sie die Berechnung mit einem Klick auf **Szenario ausführen** starten. Hierfür stehen drei verschiedene Varianten zur Verfügung: **Vorschau**, **Mittlere Präzision** und **Hohe Präzision** (siehe Abbildung 7.13). Wie es die Bezeichnung bereits andeutet, dient die erste Variante insbesondere dazu, sich einen schnellen Überblick über das Simulationsergebnis zu verschaffen. Dafür wird die Anzahl der Berechnungen auf lediglich 1.000 Wiederholungen festgelegt. Die beiden anderen Varianten werden dagegen mit 10.000 bzw. 100.000 Wiederholungen ausgeführt, was zu einer längeren Berechnungsdauer, aber auch zu einer höheren Präzision führt.

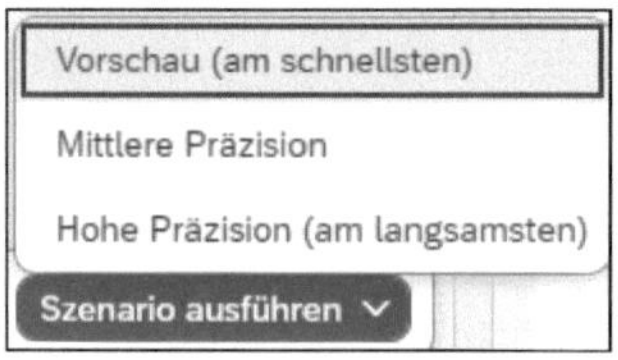

Abbildung 7.13: Varianten für die Szenarioberechnung wählen

Präzision beschreibt in diesem Zusammenhang, wie stark die Ergebnisse einer wiederholten Berechnung eines Szenarios voneinander abweichen. Die Szenarioberechnung **Vorschau** dient also eher der Feststellung relevanter Einflussgrößen durch schnelle, wiederholte Berechnung leicht angepasster Szenarien. Dagegen liegt der Fokus der beiden anderen Varianten auf der präzisen Berechnung der Risikoverteilung.

Ergebnisse der Szenarioberechnung

Nach dem Ausführen eines Szenarios wird das Ergebnis im rechten Seitenbereich dargestellt. Das Diagramm zeigt, wie stark die verschiedenen Treiber ihr Ziel beeinflussen (siehe Abbildung 7.14). Die Prozentsätze geben an, wie wahrscheinlich es ist, dass die Zielgröße innerhalb eines Wertebereichs liegt. In der vorkonfigurierten Falleinstellung sind drei Fälle (**Pessimistischer Fall**, **Realistischer Fall**, **Optimistischer Fall**) mit Wahrscheinlichkeitsbereichen vorkonfiguriert, wobei die untersten und obersten 5 % der Ergebnisse jeweils den pessimistischen bzw. optimistischen Fall darstellen. Diese können angepasst, umbenannt und benutzerspezifisch eingefärbt werden. Mit dem Schieberegler, der zunächst auf den Ausgangswert eingestellt ist, können Sie außerdem erkunden, wie hoch die Wahrscheinlichkeiten sind, dass die Ergebnisse über oder unter einem gewählten Wert liegen.

Rückschlüsse

Die initiale Darstellung lässt einige Rückschlüsse zu: Der Ausgangswert des Szenarios liegt im realistischen Bereich und ist keine Randwahrscheinlichkeit. Die Wahrscheinlichkeit, dass ein höherer Wert – im Bereich von 1.532.465.009 bis 1.802.351.575 EUR – erzielt wird, läge im Szenario aus Abbildung 7.14, bei rund 11 %. Die Wahrscheinlichkeit, dass der Wert geringer als der Ausgangswert sein wird, liegt demnach bei 89 %.

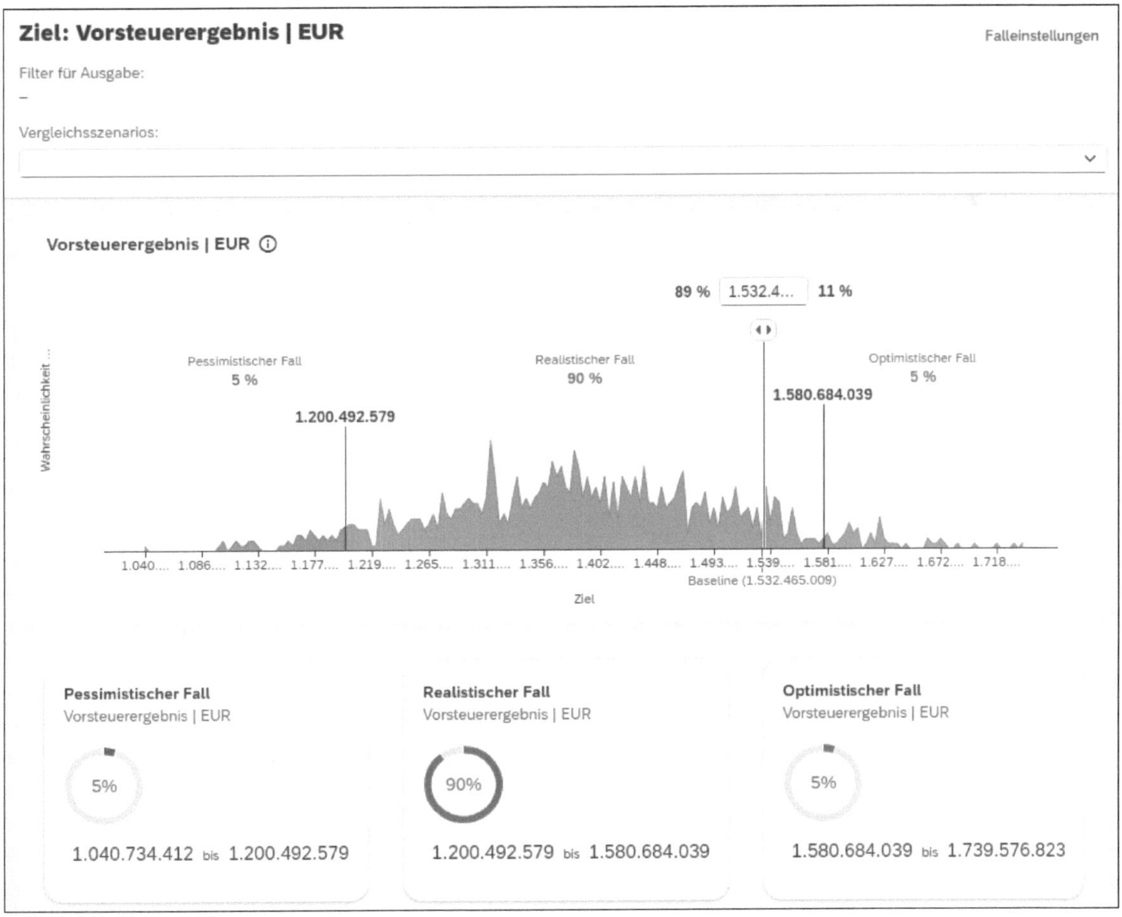

Abbildung 7.14: Wahrscheinlichkeitsverteilung eines Szenarios

Speichern und Teilen von Szenarien

Wenn Sie nach Abschluss der Konfiguration von Simulation und Szenario ein weiteres Szenario erstellen oder das zuvor konfigurierte Szenario mit Kolleginnen und Kollegen teilen möchten, müssen Sie zunächst die Simulation und die Szenarien speichern. Das können Sie durch einen Klick auf die Schaltfläche **Simulation sichern** im linken oberen Seitenbereich tun. Alternativ werden Sie dazu aufgefordert, wenn Sie ein neues Szenario anlegen möchten. Nachdem Sie die Simulation und das Szenario gespeichert haben, können Sie die Szenarien veröffentlichen, die Sie initial als privates Szenario angelegt haben. Die Veröffentlichung können Sie in der Kopfzeile des mittleren Bildschirmbereichs, dem Szenariokonfigurationsbereich, über das Disketten-Icon (siehe Abbildung 7.11) anstoßen. Dadurch wird eine Kopie des bestehenden Szenarios im Bereich **Öffentliche Szenarios** erstellt, die nun auch für Benutzer sichtbar ist, die Dateizugriff auf das Szenario haben. Einzelne öffentliche Szenarien können nicht benutzer- oder teamspezifisch geteilt werden, d. h., es werden alle öffentlichen Szenarien sichtbar, wenn Benutzer Zugriff auf die Simulation haben. Darüber hinaus ist zu beachten, dass öffentliche Szenarien nicht direkt bearbeitet werden können. Es ist jedoch möglich, die zugrundeliegenden privaten Szenarien zu verändern und das öffentliche Szenario mit einer erneuten Veröffentlichung zu überschreiben. Alternativ kann das öffentliche Szenario in ein privates Szenario kopiert und anschließend bearbeitet werden.

Szenariovergleiche

Nachdem Sie verschiedene Szenarien berechnet haben, bspw. um unterschiedliche Absatz-/Umsatzszenarien oder Kostenszenarien abzubilden, können Sie diese auch miteinander vergleichen, indem Sie im rechten Seitenbereich ein oder mehrere Vergleichsszenarien auswählen. Sobald Sie den Hinweis bestätigt haben, dass durch den Vergleich kein Szenario verändert wird, können Sie in den Kacheln unterhalb der Wahrscheinlichkeitsverteilung die Wertebereiche der beiden Szenarien miteinander vergleichen (siehe Abbildung 7.15).

Abbildung 7.15: Szenariovergleich

Anwendungsfälle

Kompass in SAP Analytics Cloud ist nicht auf spezifische Anwendungsfälle beschränkt. Vielmehr besteht die Beschränkung in der modellierten Beziehung zwischen Ziel und Treiber im zugrunde liegenden SAP-Analytics-Cloud-Modell.

Ist in einer Hierarchie oder einem Kennzahlensystem eine Gewinn- und Verlustrechnung modelliert, können Finance-Teams die Kompass-Funktion verwenden, um ein Verständnis dafür zu schaffen, wie wahrscheinlich das Erreichen der finanziellen Ziele ist. Eine Frage, die sich mittels Kompass-Simulationen beantworten lässt, könnte z. B. lauten: »Mit welcher Wahrscheinlichkeit erreichen wir unser Gewinnziel von 50 Mio. EUR, wenn der Umsatz zwischen +2 % und -3 % schwankt?«

Ein weiteres praktisches Beispiel wäre eine Prognose mit mehreren Unsicherheitsquellen. Aus Geschäftsannahmen wie Umsatzwachstum/-rückgang, Wareneinsatzquote oder Rohstoffkosten und Betriebskosten würden üblicherweise drei Szenarien erstellt, um Beispiele möglicher Ergebnisse abzubilden. Mit Kompass können Unternehmen nun mehrere Tausend solcher Szenarien berechnen, um zu verstehen, was die wahrscheinlichste Ergebnisspanne ist.

Fazit

Kompass in SAP Analytics Cloud stellt eine Erweiterung der bisherigen Planungsfunktionen und -herangehensweisen dar und ermöglicht es Unternehmen, statt einzelner Prognosen eine Bandbreite an wahrscheinlichen Ergebnissen zu berechnen. Eine Stärke von Kompass liegt dabei in seiner Benutzerfreundlichkeit und nahtlosen Integration, sodass auch Anwenderinnen und Anwender ohne tiefergehende Statistikkenntnisse direkt aus bestehenden Planungsmodellen heraus Simulationen durchführen und verschiedene Parameterkombinationen testen können. Die Möglichkeit, Simulationen zu speichern, zu dokumentieren und mit Teams zu teilen, fördert zudem eine datengetriebene Entscheidungsfindung.

Einschränkungen

Einschränkungen und Entwicklungspotenzial sind jedoch ebenso zu berücksichtigen: Nicht jedes Modell, das Sie in SAP Analytics Cloud für Reporting oder Planung verwenden, ist auch eine geeignete Grundlage für eine Kompass-Simulation. Einschränkungen in Hinblick auf die Verbindungstypen sowie die Limitierung auf bestimmte Aggregationstypen können den Start erschweren und eine dedizierte Modellerstellung erforderlich machen.

Die Kompass-Funktion ist ein innovatives Werkzeug für schnelle, intuitive Risikoanalysen und Szenariomodellierungen. Ihre größte Wirkung entfaltet sie vermutlich in Organisationen, die Monte-Carlo-Methoden auch in Fachabteilungen und nicht nur in Data-Science-Abteilungen nutzen möchten. Für Letztere stellt die Abhängigkeit von den zugrunde liegenden Datenmodellen vermutlich eher eine Einschränkung dar. Die schrittweise Beseitigung aktueller Limitierungen durch SAP wird das Potenzial dieser Lösung weiter erhöhen und könnte sie so zu einem festen Bestandteil der modernen, integrierten Unternehmensplanung machen.

7.5 Zusammenfassung

Verzahnung

In diesem Kapitel haben Sie gelernt, dass integrierte Planung mit SAP Analytics Cloud im Kontext der SAP BDC weit über die Einführung eines einzelnen Tools hinausgeht. Sie erfordert die enge Verzahnung von Teilplanungen, Planungshorizonten und Stammdaten sowie eine belastbare Datenorchestrierung. Die drei vorgestellten Architekturansätze verdeutlichen, dass es bislang keinen universellen Standardweg gibt:

- Der SAP-S/4HANA-zentrierte Ansatz bietet eine schlanke, ERP-nahe Planung mit hoher Datenaktualität, stößt jedoch bei heterogenen Systemlandschaften schnell an Grenzen.
- Der Data-Warehouse-zentrierte Ansatz stellt mit SAP BW bzw. SAP Datasphere eine harmonisierte, zentrale Datenbasis bereit und eignet sich besonders für komplexe Landschaften – bei höherem Implementierungs- und Governance-Aufwand.
- Der hybride Ansatz kombiniert beide Welten, ermöglicht realistische Übergangsszenarien und eine schrittweise Migration, verlangt aber ein hohes Maß an Steuerung und Transparenz.

Mit Seamless Planning skizziert SAP eine Zielarchitektur, in der SAP Datasphere als zentrale Datenplattform und SAP Analytics Cloud als Applikationsschicht zusammenwirken. Datenprodukte, gemeinsame Dimensionen und eine Zero-Copy-Denkweise sollen Medienbrüche eliminieren und Planung, Reporting sowie fortgeschrittene Analytik – inklusive KI- und ML-Szenarien – auf einer konsistenten Datenbasis vereinen.

Integrierte Planung ist heute vor allem eine Architektur- und Governance-Frage. Unternehmen müssen ihre bestehende Landschaft, ihre fachlichen Anforderungen und ihre strategischen Ziele bewusst gegen die vorgestellten Ansätze sowie die SAP-BDC-/Seamless-Planning-Roadmap abwägen. Wer diese Weichen frühzeitig stellt, schafft die Grundlage für eine zukunftsfähige, flexible und datengetriebene Unternehmensplanung.

Kapitel 8
SAP BDC Cockpit

Das SAP BDC Cockpit ist das Herzstück der SAP BDC. Hier laufen alle Fäden zusammen.

Das SAP BDC Cockpit dient als zentrale Steuerungsoberfläche, über die Administratorinnen und Administratoren die Systemlandschaft organisieren, die Bereitstellung der Kernkomponenten steuern und intelligente Anwendungen, Datenprodukte und Data Packages verwalten können. Bevor Sie jedoch mit diesen Inhalten arbeiten können, müssen die SAP BDC selbst sowie die beteiligten Systeme bereitgestellt, aktiviert und in Formationen logisch zusammengeführt werden.

In Abschnitt 8.1 dieses Kapitels erklären wir zunächst, wie Sie die SAP BDC über SAP for Me aktivieren und den Zugriff auf das SAP BDC Cockpit einrichten. Dabei erläutern wir die zentralen Menüpunkte wie intelligente Anwendungen, Katalog, Systemlandschaft und Überwachung. Anschließend zeigen wir Ihnen wie Sie Kernkomponenten wie SAP Analytics Cloud, SAP Datasphere und SAP Databricks in Formationen bereitstellen (siehe Abschnitt 8.2, »Provisionierung der SAP-BDC-Komponenten«) und in ein Governance- und Sicherheitskonzept mit Rollen, Berechtigungen und Authentifizierung einbetten (siehe Abschnitt 8.3, »Governance und Sicherheit«). Den inhaltlichen Schwerpunkt von Abschnitt 8.4 bilden schließlich Data Packages als kuratierte, versionierte Datensets, deren Governance, Nutzung in Analytics- und KI-Szenarien, Aktivierung im Cockpit sowie Best Practices für Strukturierung und Ownership wir hier beschreiben.

8.1 Aktivierung der SAP BDC und Zugriff auf das SAP BDC Cockpit

Voraussetzunng

Bevor wir einen Blick in das SAP BDC Cockpit werfen, muss das System zunächst provisioniert und aktiviert werden. Wir setzen in diesem Abschnitt voraus, dass Sie eine entsprechende Lizenzvereinbarung für die SAP BDC getroffen und Zugang zum SAP-Portal SAP for Me haben. In SAP for Me erfolgt die grundsätzliche Bereitstellung der SAP BDC als eigenständiger Service, um überhaupt in das SAP BDC Cockpit gelangen zu können. In Abbildung 8.1 sehen Sie den SAP BDC Service in SAP for Me. Da sich beim Aktivierungs- und Bereitstellungsprozess in Zukunft Änderungen ergeben könnten, verweisen wir auch auf die Hilfeseiten von SAP (siehe *https://help.sap.com/docs/business-data-cloud*).

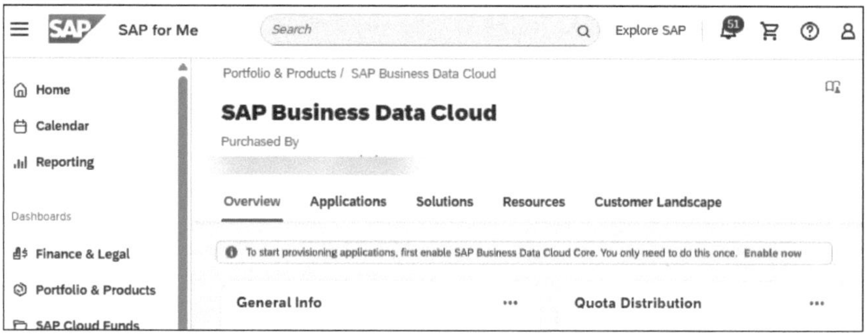

Abbildung 8.1: SAP-BDC-Ansicht in SAP for ME

SAP BDC aktivieren

Die Aktivierung der SAP BDC erfolgt zum Zeitpunkt der Drucklegung dieses Buches (Juni 2026) über SAP for Me. Melden Sie sich zunächst in SAP for Me an und folgen Sie dem Pfad **Portfolio & Produkte • Meine Produktpakete • Business-Data-Cloud-Produktpaket**. Klicken Sie dort unter **Anwendungen** auf **Jetzt aktivieren** (siehe Abbildung 8.2).

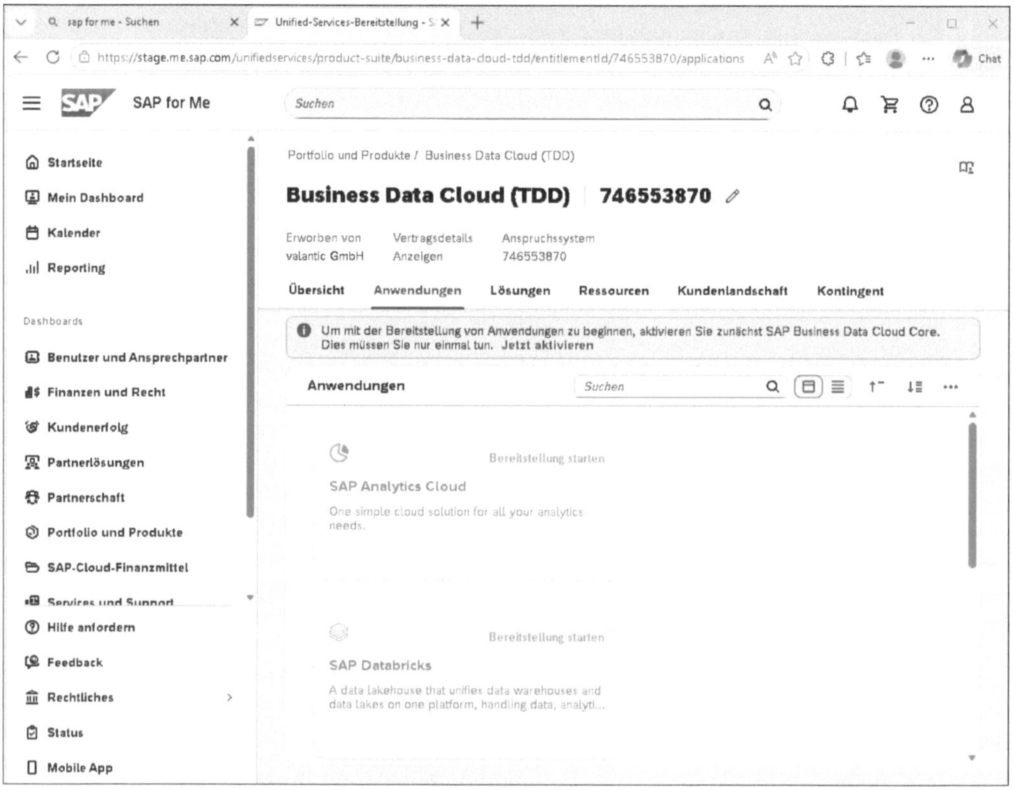

Abbildung 8.2: SAP BDC Core erstellen

Anschließend legen Sie grundlegende Konfigurationen fest: Sie definieren ein Anrechtssystem (unter **Entitlement System**), eine Bezeichnung (unter **Name**) sowie den Pfad für eine Ressourcengruppe, die bei Bedarf neu angelegt werden kann. Bei der Geschäftsart steht bislang nur die Option **Test, Demo & Development** zur Auswahl (siehe Abbildung 8.3).

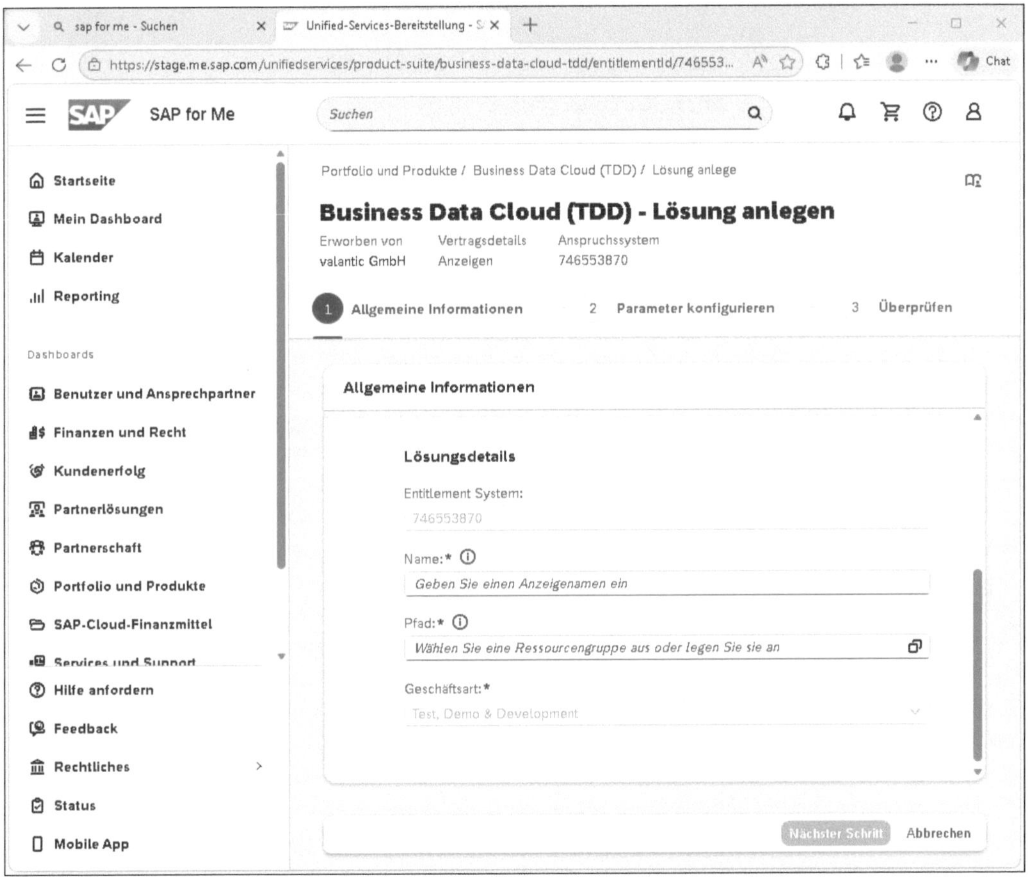

Abbildung 8.3: SAP BDC Core erstellen – Details

Bereitstellung konfigurieren

Im nächsten Schritt werden die Parameter für die Bereitstellung konfiguriert (siehe Abbildung 8.4). Zunächst wird eine Region festgelegt, die die Auswahl der Rechenzentren (unter **Data Center**) bestimmt. Zudem hinterlegen Sie die E-Mail-Adresse (unter **Owner Email**) und den Namen der oder des Verantwortlichen (unter **Owner First Name/Owner Last Name**) sowie den Namen des Tenants (unter **Tenant Host Name**), der Teil der späteren URL wird. Nach Abschluss der Konfiguration der Parameter für die Bereitstellung wechselt der Status unter **Ressourcen** von **In Bearbeitung** zu **Bereit**. Der Systemeigentümer erhält eine E-Mail mit einem Aktivierungslink, der sieben Tage gültig ist. Über diesen Link können Konten aktiviert und Passwörter festgelegt werden. Danach ist die Anmeldung am Tenant möglich. Die genaue URL des Tenants finden Sie unter **SAP for Me • Resources • SAP BDC • Tenant Resource**.

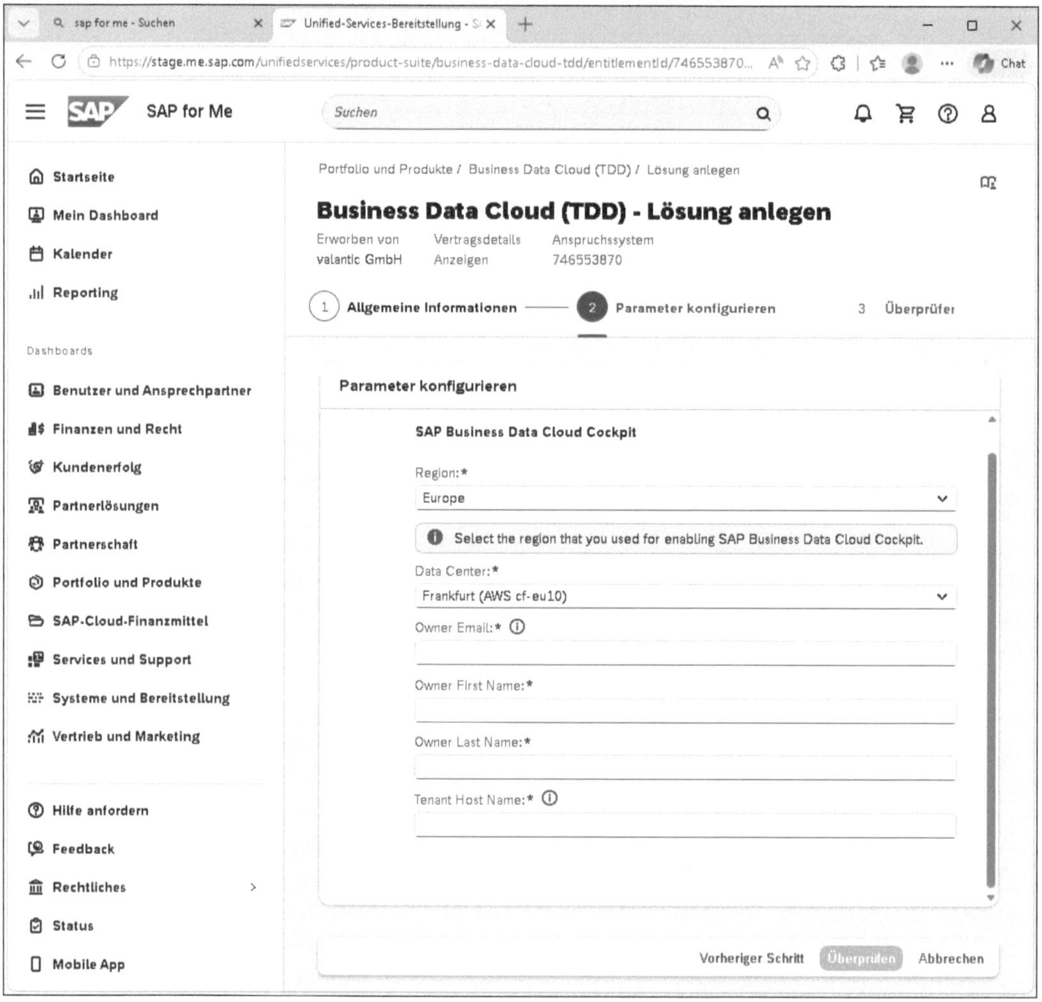

Abbildung 8.4: SAP BDC Core erstellen – Parameter konfigurieren

Mithilfe des per E-Mail an die oder den Verantwortlichen gesendeten Links können Sie erstmals auf das SAP BDC Cockpit zugreifen. Dort sind im Menü mehrere Menüpunkte aufgelistet, die wir im Folgenden behandeln (siehe Abbildung 8.5).

Intelligent Apps und Datenprodukte

Im Bereich **Intelligente Anwendungen und Datenpakete** des SAP BDC Cockpits kann der Administrator Ihrer SAP BDC die Auswahl, Installation und Verwaltung von Intelligent Apps und SAP-Datenprodukten vornehmen. Auf Datenprodukte sind wir bereits in Kapitel 5, »Datenprodukte und Object Store«, eingegangen, Intelligent Apps werden in Kapitel 9 behandelt.

Abbildung 8.5: Menü des SAP BDC Cockpits

Change überwachen

Sobald die SAP BDC produktiv im Einsatz ist, ist es wichtig, einen internen (Change-)Prozess zu definieren, um Meldungen und Updates zu neuen und aktivierten SAP-Datenprodukten im Auge zu behalten, deren Auswirkungen für Ihr Unternehmen zu bewerten und ggf. Maßnahmen zu formulieren, wie Sie mit diesen Datenprodukten verfahren möchten.

Katalog

Im SAP BDC Cockpit können Datenprodukte über den Bereich **Katalog und Marktplatz** installiert werden (siehe Abbildung 8.6). Dieser Katalog ist auch über SAP Datasphere erreichbar. Durchsuchen Sie den Katalog nach dem gewünschten Datenprodukt und installieren Sie es dann direkt.

Bei der Installation eines Datenprodukts muss im Schritt **Import Entites** der Ziel-Space in SAP Datasphere ausgewählt werden, in dem das Datenprodukt installiert werden soll (siehe Abbildung 8.7). Fahren Sie mit einem Klick auf **Next Step** fort.

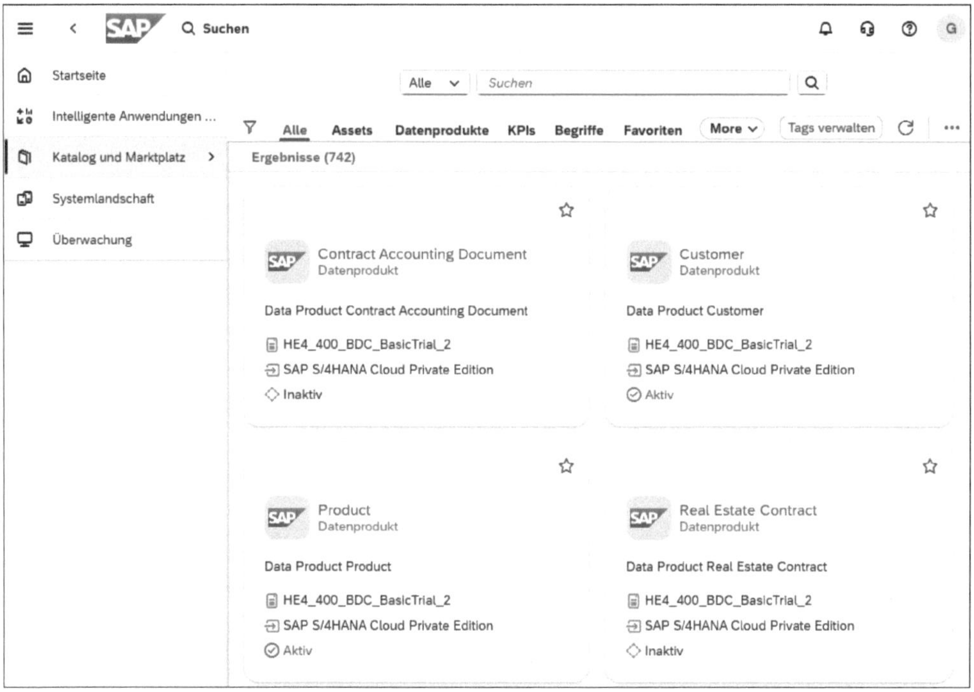

Abbildung 8.6: Data Catalog im SAP BDC Cockpit

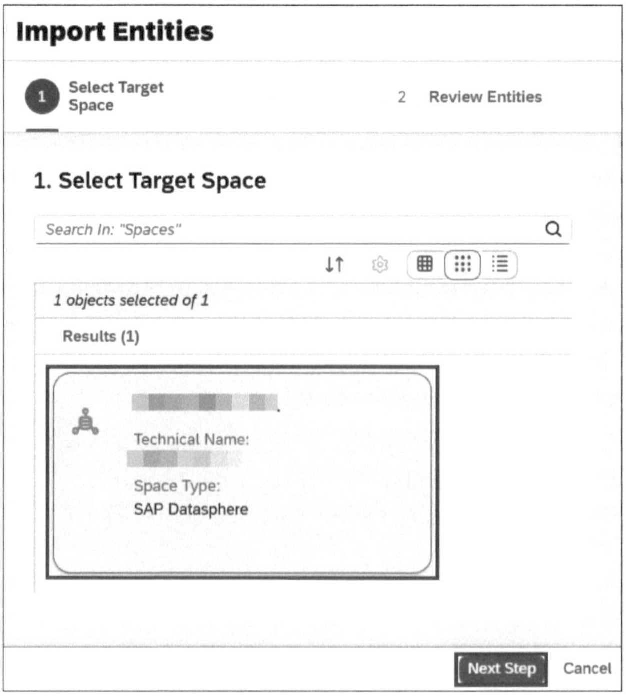

Abbildung 8.7: Ziel-Space (für das Datenprodukt) in Datasphere angeben

Der *Katalog* ist ein zentraler Ort, an dem Ihr Unternehmen seine Datenlandschaft effizient verwalten kann. Dabei stehen verschiedene Assets wie Datenobjekte oder Analyseinhalte zur Verfügung, die durch Metadaten ergänzt werden. Diese Metadaten liefern wichtige Informationen über Herkunft, Beschreibung und Status der Assets und können zusätzlich angereichert werden, um eine fundierte Entscheidungsfindung zu erleichtern. Bei Bedarf können Datenprodukte und Datenpakete entdeckt, analysiert und ggf. installiert werden.

Glossar

Ein weiteres zentrales Element des Katalogs ist das *Glossar*, das zu einem einheitlichen Verständnis betriebswirtschaftlicher Begriffe beiträgt (die bspw. KPIs definieren). Ergänzend sorgen Tags für die Klassifizierung und Organisation von Assets, wodurch Ihre Daten besser strukturiert und auffindbar werden.

Der Katalog spielt eine entscheidende Rolle bei der Umsetzung einer effektiven Daten-Governance. Er unterstützt Unternehmen dabei, die Qualität, Konsistenz und den Schutz von Daten sicherzustellen, und schafft eine transparente Umgebung, in der Daten für alle relevanten Nutzerinnen und Nutzer zugänglich und verwendbar sind.

Systemlandschaft

Im Menüpunkt **Systemlandschaft** werden die Formationen dargestellt. Eine *Formation* ist eine logische Gruppierung von miteinander integrierten Systemen. Diese Gruppierung kann sich bspw. an einer 3-Tier-Architektur orientieren, d. h. die Test-Tenants von SAP Datasphere, SAP Analytics Cloud und SAP Databricks stellen einen Systemverbund dar. Zudem kann via Link direkt auf die jeweiligen Systeme abgesprungen werden (siehe Abbildung 8.8).

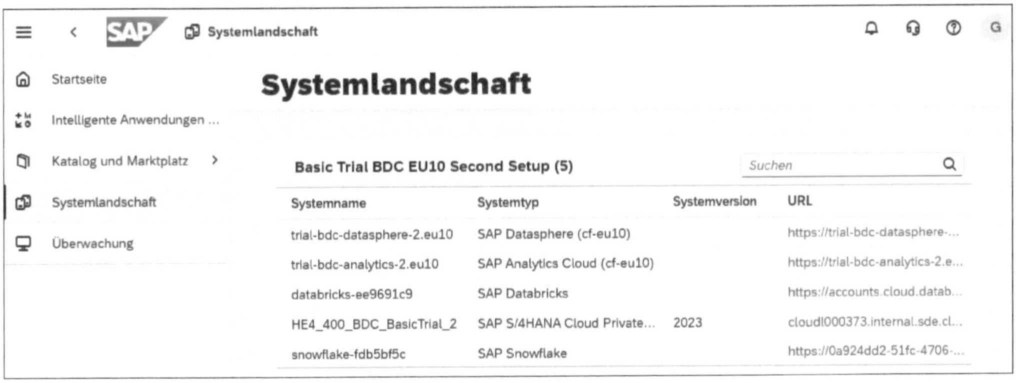

Abbildung 8.8: Übersicht über die Systemlandschaft in der SAP BDC.

Überwachung

Unter dem Menüpunkt **Überwachung** erhalten Sie einen zentralen Überblick über den Fortschritt und den Status der Installation sowie die Aktivierung Ihrer intelligenten Anwendungen und Datenprodukte (siehe Abbildung 8.9). Darüber hinaus können Sie die Konnektivität der in den SAP-BDC-Formationen enthaltenen Systeme sowie den Zustand der zugehörigen Daten-Pipelines überprüfen. Ergänzend bietet dieser Bereich Transparenz über allgemeine Informationen zur Verarbeitung der Daten-Pipelines je Datenprodukt, sodass Sie mögliche Störungen oder Optimierungspotenziale frühzeitig erkennen können.

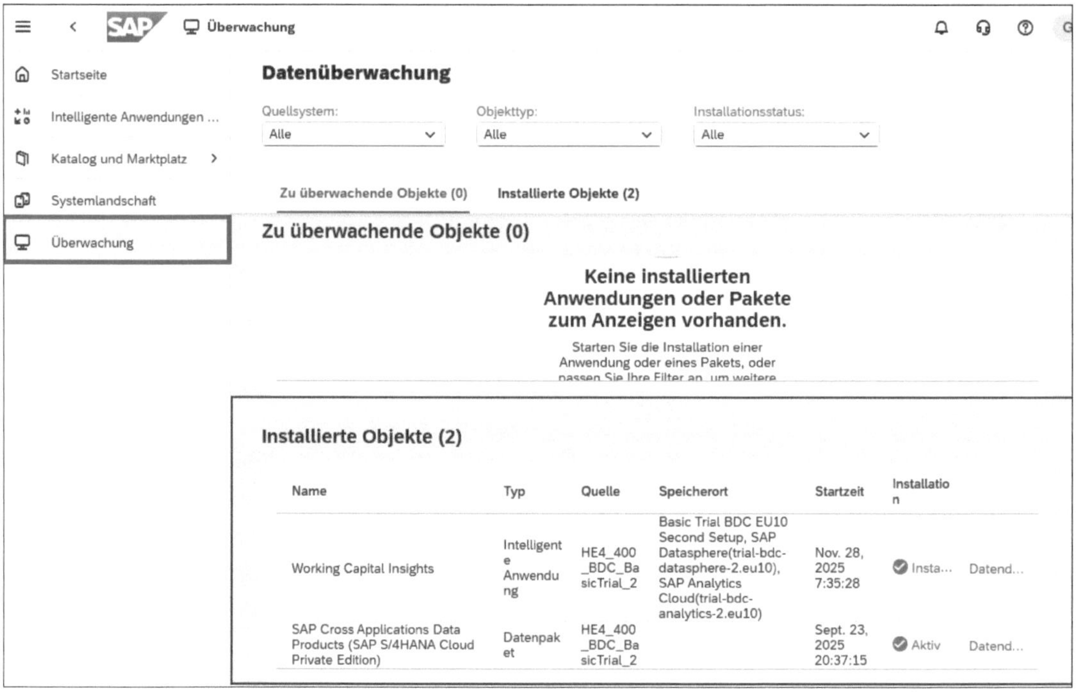

Abbildung 8.9: Übersicht über installierte Objekte

Im nächsten Abschnitt gehen wir auf die Provisionierung der einzelnen Komponenten ein.

8.2 Provisionierung der SAP-BDC-Komponenten

Voraussetzungen in der Systemlandschaft

Im vorherigen Abschnitt sind wir u. a. auf den Reiter **Systemlandschaft** eingegangen. Um SAP-BDC-Anwendungen wie SAP Datasphere, SAP Analytics Cloud, SAP Databricks oder SAP BDC Connect zu einer Formation hinzuzufügen, muss zunächst das SAP BDC Cockpit bereitgestellt werden. Anschließend wird die jeweilige Instanz des anzubindenden Systems über SAP for Me erstellt. Dabei ist es wichtig, dass bei den Bereitstellungsparametern unter der Option **Pfad** derselbe Pfad wie im SAP BDC Cockpit angegeben wird. Zudem müssen alle Systeme im gleichen Rechenzentrum bzw. in der gleichen Region gehostet werden, da rechenzentrenübergreifende Formationen zum Zeitpunkt der Drucklegung dieses Buches (Juni 2026) nicht unterstützt werden.

Zunächst werfen wir in Abschnitt 8.2 einen Blick auf Formationen und klären, was sich dahinter verbirgt. Anschließend zeigen wir, wie die Komponenten SAP Analytics Cloud (siehe Abschnitt 8.2.2), SAP Datasphere (siehe Abschnitt 8.2.3) und SAP Databricks (siehe Abschnitt 8.2.4) provisioniert werden, welche Angaben dabei erforderlich sind und welche Parameter Sie dafür benötigen.

8.2.1 Verwendung von Formationen

Formation

Eine *Formation* in der SAP BDC ist eine logische Gruppierung, die Komponenten von SAP und Drittanbietern verbindet und orchestriert. Sie vereinfacht dadurch zentral die Verwaltung von Systemverbindungen und Datenflüssen. Zudem können mehrere Formationen erstellt werden, bspw. eine Formation für Testsysteme und eine für Produktivsysteme (siehe Abbildung 8.10).

Abbildung 8.10: SAP-BDC-Formationen

Komponenten

Grundsätzlich besteht eine Formation aus Geschäftsanwendungen und SAP-BDC-Kernkomponenten. Zu den Geschäftsanwendungen zählen bspw. SAP S/4HANA und SAP SuccessFactors. In einer Formation muss mindestens eine Geschäftsanwendung enthalten sein. Kernkomponenten wie bspw. SAP Datasphere, SAP Analytics Cloud, SAP Databricks und SAP HANA Cloud müssen hingegen nicht zwingend Teil der Formation sein. Einzig das SAP BDC Cockpit, das ebenfalls als Kernkomponente zählt, muss in einer Formation vorhanden sein. Während SAP Analytics Cloud und SAP Datasphere grundsätzlich optional sind, sind sie für die Installation und den Betrieb von intelligenten Anwendungen zwingend erforderlich.

Formation erstellen

Um eine Formation zu erstellen, navigieren Sie in SAP for Me unter **Portfolio und Produkte** und dort unter **Business-Data-Cloud-Produktpaket** zum Reiter **Kundenlandschaft**. Klicken Sie anschließend auf **Formation anlegen** (siehe Abbildung 8.11).

Wählen Sie anschließend einen Formationsnamen sowie **Integration mit SAP Business Data Cloud** als Formationstyp (siehe Abbildung 8.12).

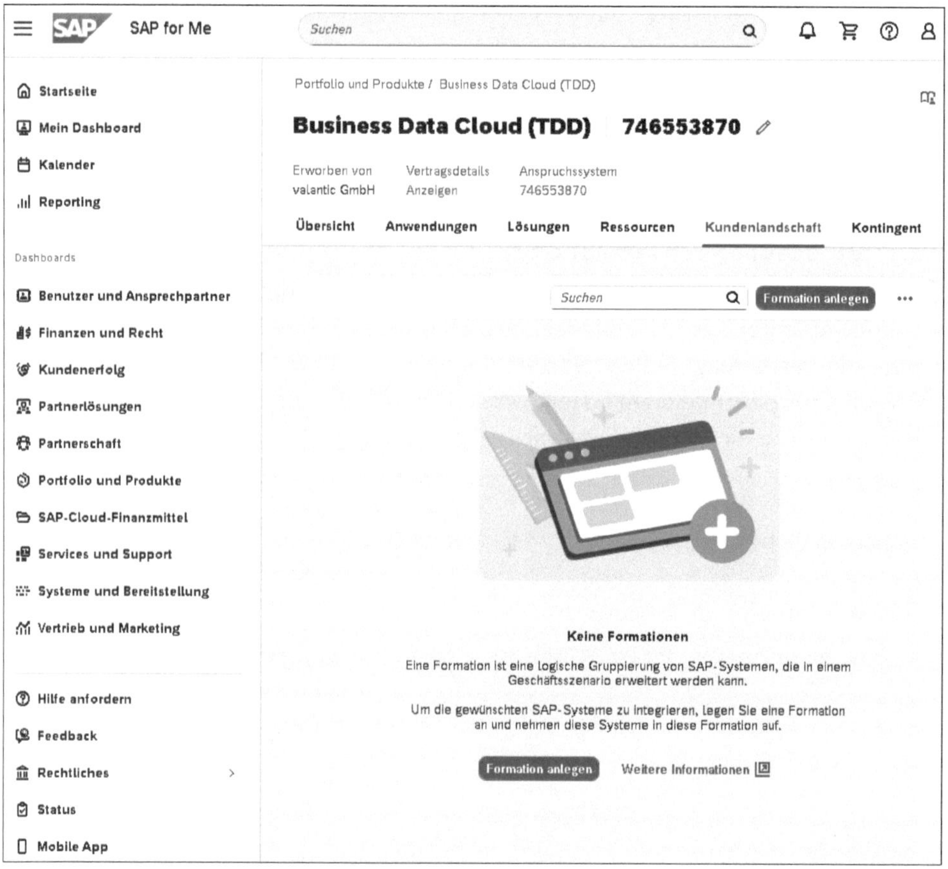

Abbildung 8.11: Formation anlegen

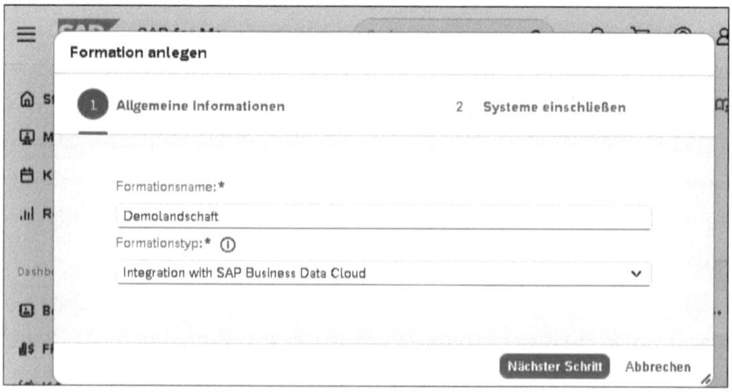

Abbildung 8.12: Formation anlegen – Allgemeine Informationen eingeben

Im nächsten Schritt können Sie Systeme einschließen (siehe Abbildung 8.13). Beachten Sie, dass Systeme im gleichen Rechenzentrum betrieben werden müssen, mit Ausnahme von SAP Databricks.

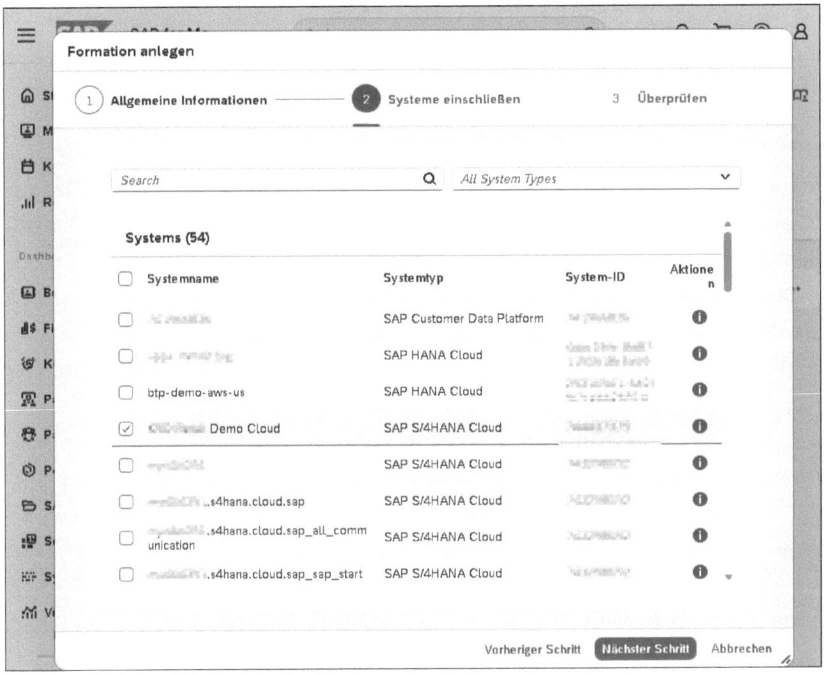

Abbildung 8.13: Formation anlegen – Systeme einschließen

Bevor Sie die Formation anlegen, können Sie Ihre Angaben prüfen (siehe Abbildung 8.14). Es kann eine Weile dauern, bis die Formation den Status **Bereit** erhält.

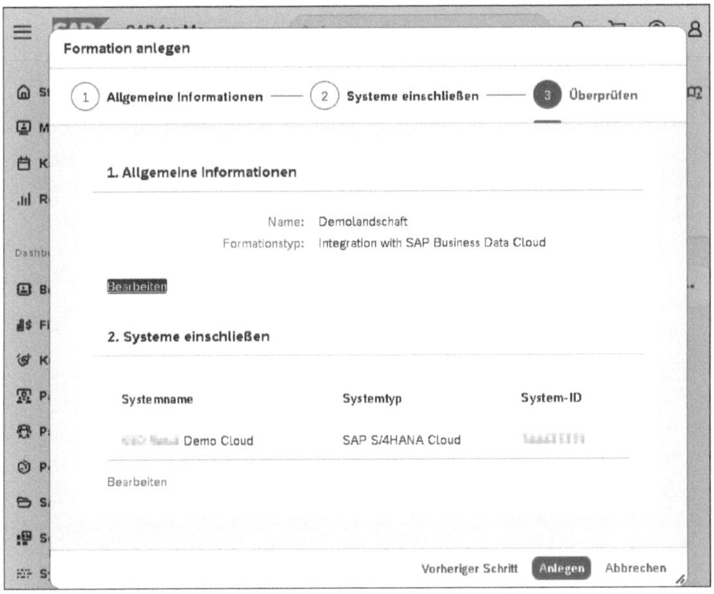

Abbildung 8.14: Formation anlegen – Eingaben überprüfen

In den folgenden Abschnitten erfahren Sie, wie die einzelnen Komponenten erstellt und in die Formation eingebunden werden können.

8.2.2 Bereitstellung von SAP Analytics Cloud

Navigieren Sie in SAP for Me unter **Portfolio und Produkte • Meine Produktpakete** zu **Business-Data-Cloud-Produktpaket**. Suchen Sie dort zunächst nach Anwendungen und wählen Sie dann in der Kachel **SAP Analytics Cloud** die Option **Bereitstellung starten** (siehe Abbildung 8.15). Im ersten Schritt müssen verschiedene Angaben gemacht werden: Zum einen das Anrechtssystem, zum anderen eine Bezeichnung für die SAP Analytics Cloud. Unter **Pfad** wird der Speicherort ausgewählt, der zuvor für den Cockpit Tenant der SAP BDC festgelegt wurde. Anschließend wird die Geschäftsart des Tenants bestimmt und Sie müssen festlegen, ob es sich um einen Test- oder einen Produktiv-Tenant handelt.

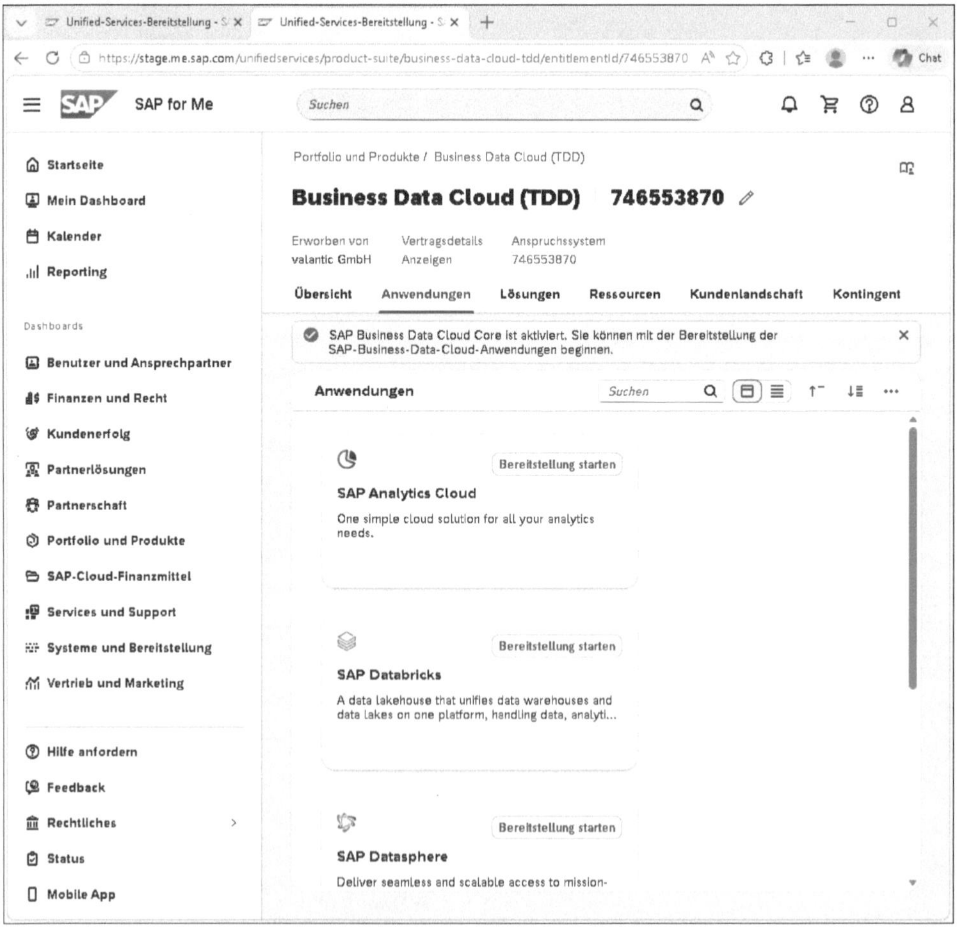

Abbildung 8.15: Anwendungen in der SAP BDC provisionieren

Produktiv- vs. Test-Tenant

Aus technischer und funktionaler Sicht gibt es keinen Unterschied zwischen Produktiv- und Test-Tenants. Die Kennzeichnung des Tenant-Typs dient allein der Strukturierung Ihrer Landschaft. Unterschiede ergeben sich lediglich in der Anzahl der Benutzerlizenzen, die für den jeweiligen Tenant vergeben werden können, sowie in Bezug auf SLA und Support, die für Test-Tenants möglicherweise eingeschränkt sind.

Kontingentzuordnung

Im zweiten Schritt, **Kontingent zuordnen**, ist die Angabe der Benutzeranzahl entscheidend (siehe Abbildung 8.16). Dabei unterscheiden sich die Anforderungen je nach Systemtyp (Produktiv- oder Testsystem). Für ein Produktivsystem müssen die Anzahl der Professional-, Standard- und BI-Lizenzen angegeben werden. Bei einem Testsystem hingegen ist lediglich die Anzahl der Testlizenzen erforderlich. Da sich die Anforderungen bezüglich der Benutzeranzahl ändern können, sollten die genauen Informationen stets der entsprechenden Oberfläche entnommen werden.

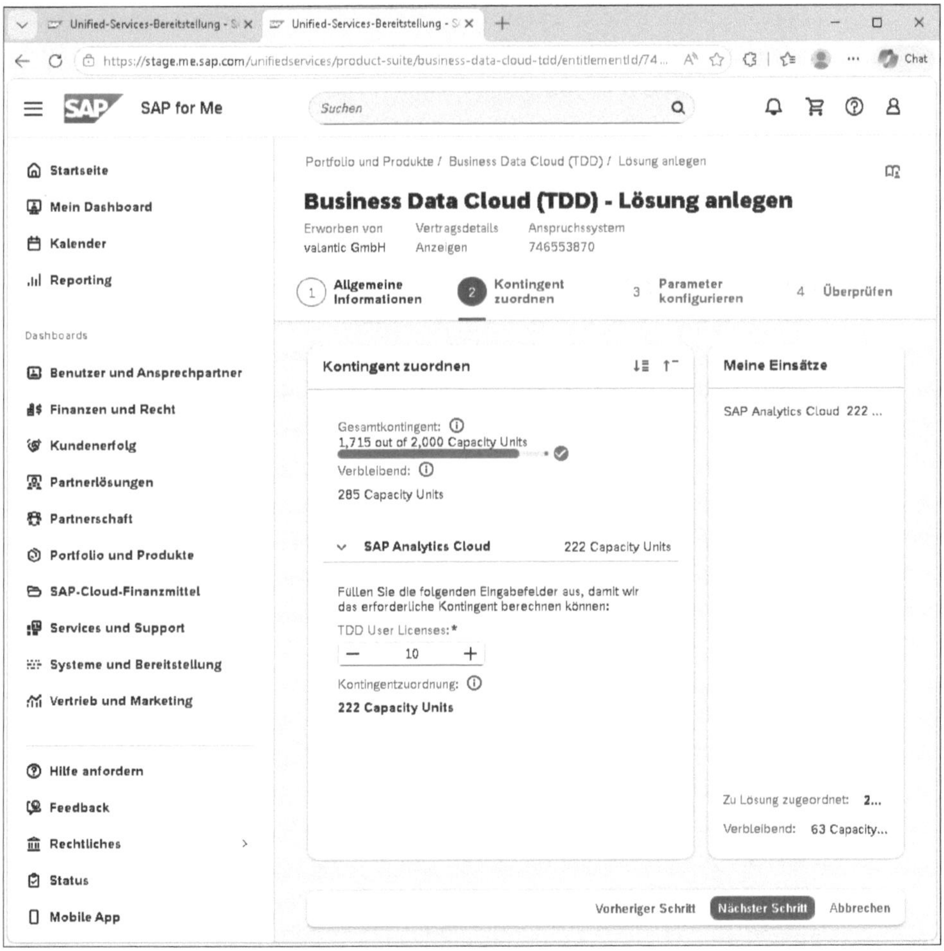

Abbildung 8.16: SAP Analytics Cloud provisionieren – Kontingent zuordnen

Parameterzuordnung

Darüber hinaus ist die Auswahl der Region des Rechenzentrums erforderlich. Diese legt fest, welche Rechenzentren für die Formation genutzt werden können. Wichtig dabei ist, dass die Komponenten einer Formation stets im selben Rechenzentrum betrieben werden müssen. Zusätzlich sind der Name und die E-Mail-Adresse einer verantwortlichen Person erforderlich. Schließlich wird der Tenant-Name festgelegt, der später Teil der URL sein wird.

[!]

Unveränderliche Grundeinstellungen

Region, Rechenzentrum, Eigentümerinformationen und Hostname sowie die ausgewählte Ressourcengruppe und die ausgewählte Geschäftsart können im Nachgang nicht mehr geändert werden.

8.2.3 Bereitstellung von SAP Datasphere

Die Bereitstellung von SAP Datasphere erfolgt analog zur Bereitstellung von SAP Analytics Cloud im vorherigen Abschnitt. Navigieren Sie auch hierfür in SAP for Me unter **Portfolio und Produkte • Meine Produktpakete** zu **Business-Data-Cloud-Produktpaket**. Suchen Sie auch hier zunächst nach **Anwendungen** und wählen Sie dann in der Kachel **SAP Datasphere** die Option **Bereitstellung starten** (siehe Abbildung 8.15). Wählen Sie auch hier wieder das Anrechtssystem, eine Bezeichnung, einen Pfad und die Geschäftsart des Tenants.

Kontingentzuordnung

Im Schritt **Quotenbetrag** geben Sie an, wie viele Kapazitätseinheiten aus Ihrer geplanten SAP-BDC-Quote dem SAP-Datasphere-System zugewiesen werden sollen. Die Mindestanzahl, die einem SAP-Datasphere-System zugeordnet werden kann, beträgt 1.532 Kapazitätseinheiten. Für nähere Informationen zur Berechnung der Kapazitätseinheiten können Sie den SAP BDC Capacity Unit Estimator nutzen.

Parameterzuordnung

Analog zur Parameterzuordnung bei der Bereitstellung von SAP Analytics Cloud im vorherigen Abschnitt. werden auch für die Bereitstellung von SAP Datasphere die Region, das Rechenzentrum, die E-Mail-Adresse und der Name der oder des Verantwortlichen sowie der Tenant Hostname benötigt.

8.2.4 Bereitstellung von SAP Databricks

Wie die vorherigen Systeme wird auch SAP Databricks in SAP for Me hinzugefügt. Klicken Sie dort unter **Portfolio und Produkte • Business-Data-Cloud-Produktpaket • Kundenlandschaft** auf dem Reiter **Anwendungen** in der Kachel **SAP Databricks** auf **Bereitstellung starten** (siehe Abbildung 8.15). Geben Sie auch hier wieder das Anrechtssystem, eine Bezeichnung, den Pfad sowie die Geschäftsart an. Vergeben Sie anschließend das Kontingent (Capacity Units) und hinterlegen Sie das Identity-Provider-System.

Kontingentzuordnung

Tragen Sie nun die Anzahl der Kapazitätseinheiten ein, die Sie für SAP Datasphere verwenden möchten. Auch hier können Sie den SAP BDC Capacity Unit Estimator nutzen, um die benötigte Menge zu berechnen. Zudem muss im nächsten Schritt ein Identity Provider ausgewählt werden.

Parameter initialisieren

Anschließend sind die Parameter zu initialisieren, darunter das Identity-Authentication-System sowie die Region, die E-Mail-Adresse und der Name der oder des Verantwortlichen. Für das SAP-Databricks-System wird ein Kontoname benötigt, der das Konto repräsentiert. Falls Sie mehrere SAP-Databricks-Konten verwenden, sollten Sie die Namen so wählen, dass eine klare Unterscheidung möglich ist. Wählen Sie danach entweder eine bestehende Formation aus oder erstellen Sie eine neue. Nach Abschluss dieses Schritts wird die Bereitstellung bestätigt.

SAP-Databricks-Konto aktivieren

In der Registerkarte **Ressourcen** ist in der Detailansicht des Tenants ein Aktivierungslink verfügbar (siehe Abbildung 8.17). Über den Button **Benachrichtigungen anzeigen** in der Tenant-Anzeige öffnet sich ein Pop-up-Fenster, das den Aktivierungslink für das entsprechende SAP-Databricks-Konto enthält. Wenn Sie als Systemeigentümer für SAP Databricks definiert sind, klicken Sie auf diesen Link, um den Aktivierungsprozess direkt in SAP Databricks abzuschließen.

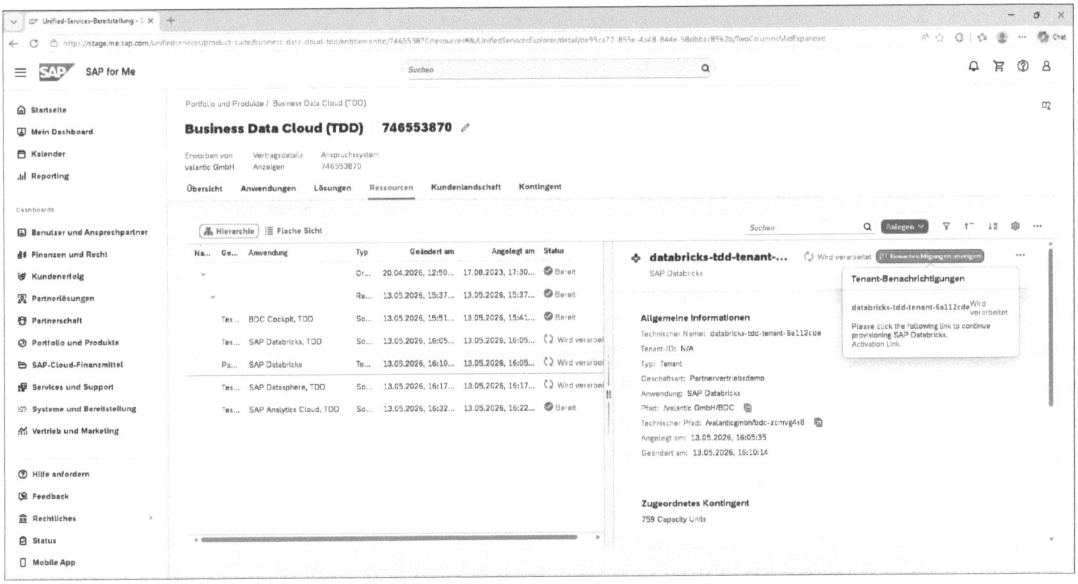

Abbildung 8.17: SAP Databricks provisionieren – Aktivierungslink

Die Aktivierung des SAP-Databricks-Kontos erfolgt durch den als Owner definierten Benutzer. Wenn Sie die Bereitstellung über SAP for Me nicht selbst durchgeführt haben, erhalten Sie den Aktivierungslink vom entsprechenden Benutzer.

Klicken Sie auf den Link, melden Sie sich bei SAP Databricks an und akzeptieren Sie die Cookies im Privacy Preferences Center. SAP Databricks sendet daraufhin eine E-Mail mit einem Verifizierungscode an die angegebene Adresse. Geben Sie den Code im Verifizierungsbild ein, akzeptieren Sie die Geschäftsbedingungen und schließen Sie die Aktivierung ab. Abschließend erscheint die Meldung **Rollendefinition und -zuordnung abgeschlossen**. Ihr SAP-Databricks-Konto ist nun bereitgestellt (siehe Abbildung 8.18 und Abbildung 8.19).

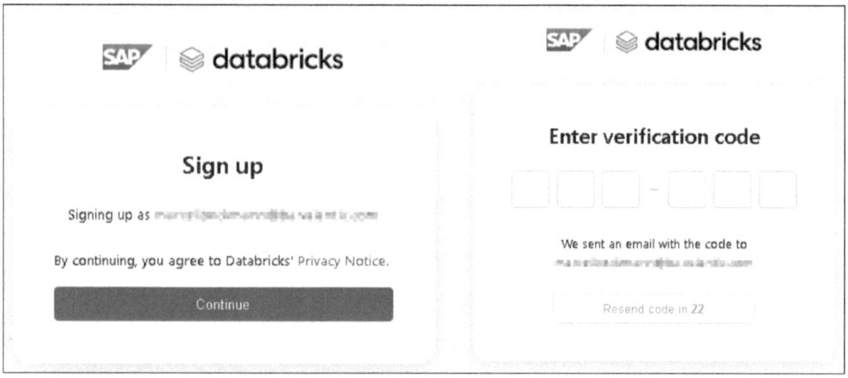

Abbildung 8.18: SAP Databricks provisionieren – Login

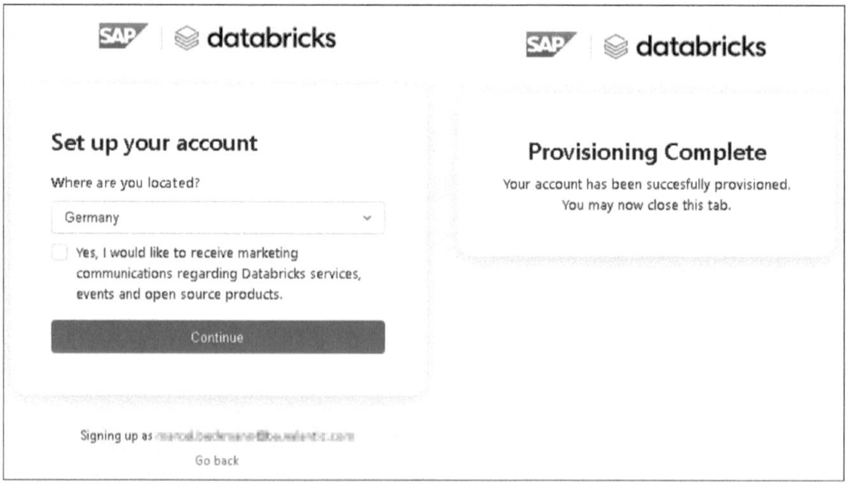

Abbildung 8.19: SAP Databricks provisionieren – Konfiguration

Nach der Bereitstellung der einzelnen Komponenten widmen wir uns im nächsten Abschnitt den Themen Governance und Sicherheit, insbesondere den Aspekten Berechtigungen, Rollen und Authentifizierung.

8.3 Governance und Sicherheit

Die Wünsche an Datendemokratisierung, Self-Service Analytics sowie KI sollen selbstverständlich durch SAP BDC erfüllt werden. Dennoch unterliegen diese Wünsche auch wichtigen Gesetzen und Prozessen rund um das Thema Datensicherheit, die von den Unternehmen eingehalten werden müssen. Daher widmen wir uns in diesem Abschnitt diesem Thema und zeigen, welche diesbezüglichen Funktionen die SAP BDC unterstützt. Wir fokussieren uns dabei auf:

- Benutzer und Rollen
- Rechte und Berechtigungsobjekte
- Authentifizierungsoptionen

Die Benutzer und Rollen werden zentral im SAP BDC Cockpit verwaltet. Die Benutzeranlage und -pflege an sich unterscheidet sich nicht von anderen bekannten SAP-Systemen, weshalb wir diesen Schritt überspringen und direkt mit den Standardrollen beginnen.

Rollenvorlagen

SAP bietet grundsätzlich zwei Rollenvorlagen: Administrator und Benutzer. Während die Rolle **BDC-Administrator** über volle Berechtigungen in der SAP BDC verfügt, ist der **BDC-Benutzer** entsprechend eingeschränkt. Das Gleiche gilt für den Administrator und den Benutzer des Katalogs.

Rechte

Die Rechte folgen grundsätzlich einem erweiterten *CRUD*-Ansatz, d. h., Rollen können folgende CRUDEMSM-Rechte erhalten:

- C = Create: neu erstellen oder erzeugen
- R = Read: finden, anzeigen, lesen oder öffnen
- U = Update: aktualisieren
- D = Delete: löschen oder entfernen
- E = Execute: ausführen oder anwenden
- M = Maintain: anpassen, ändern oder pflegen
- S = Share: teilen oder zur Verfügung stellen
- M = Manage: verwalten, publizieren oder etwas rückgängig machen

Berechtigungsobjekte

Es existiert eine Vielzahl von Berechtigungsobjekten. Neben den Klassikern wie Rollen, Benutzern, Datenquellen und Protokollen gibt es weitere im Bereich des Katalogs und der Datenprodukte. In der Regel sollten existierende Berechtigungskonzepte eines Unternehmens leicht auf diese klassischen Berechtigungsobjekte anwendbar sein. Für den Katalog und die Datenprodukte empfehlen wir, ein eigenes Berechtigungskonzept gemäß Ihrer Datenkultur, Data Governance, Rollen und Prioritäten zu definieren.

Data Catalog

Der Data Catalog ermöglicht die Verwaltung, Organisation und Nutzung von Datenprodukten, einschließlich derjenigen aus SAP Databricks. Über den Data

Catalog können Datenprodukte entdeckt, verstanden und genutzt werden. Grundsätzlich wird der Zugriff auf Datenprodukte durch die Administratoren gesteuert und kann auf Basis von Delta-Share-Protokollen über SAP Datasphere und SAP Databricks genutzt werden.

Authentifizierung

Die Authentifizierungsoptionen in der SAP BDC folgen der SAP-Strategie und den zugehörigen Services und sind den IT- und SAP-Basis-Administratoren in den Unternehmen in der Regel bereits bekannt. Standardmäßig wird SAP Cloud Identity Authentication verwendet, damit sich Nutzerinnen und Nutzer der SAP BDC, wie auch in anderen SAP-Produkten, über Single Sign-On (SSO) anmelden können. Ebenso werden benutzerdefinierte Identity Provider, wie z. B. Azure AD verwendet. Das Autorenteam verzichtet an dieser Stelle auf weiterführende Ausführungen und verweist für Details auf die bekannten SAP-Hilfe-Dokumentationen (siehe *http://s-prs.de/v1134114*).

8.4 Data Packages

Mit der SAP BDC verfolgt SAP das Ziel, Daten aus unterschiedlichen SAP- und Nicht-SAP-Systemen konsistent, semantisch angereichert und für analytische sowie KI-gestützte Anwendungen nutzbar bereitzustellen. Eine zentrale Rolle spielen dabei Data Packages.

Definition

Data Packages sind vordefinierte, kuratierte Datensets, die Daten aus operativen Systemen in einer strukturierten und wiederverwendbaren Form bereitstellen. Sie dienen als standardisierte Bausteine für analytische Szenarien, Datenprodukte sowie für KI- und ML-Anwendungen. In Kapitel 5, »Datenprodukte und Object Store«, haben wir Ihnen Datenprodukte bereits vorgestellt. Datenprodukte werden in Data Packages gruppiert, um eine Auffindbarkeit und Bereitstellung zu ermöglichen. Da sich ein Data Package über mehrere Domänen erstrecken kann, wie es bspw. bei einem Auftrag der Fall ist, ermöglicht die Zusammenfassung der Produkte in dem Paket eine kollektive Aktivierung und Nutzung. Data Packages, die direkt über die SAP BDC ausgeliefert werden, werden von SAP verwaltet. Zu den Verwaltungstätigkeiten zählen die Anlage, die Aktualisierung des Inhalts und die Pflege des Lebenszyklus.

[»]

Zusammensetzung der Data Packages

Data Packages enthalten Sätze zugehöriger Datenprodukte, die Sie in Ihren Modellierungsprojekten und SAP-Anwendungen verwenden können. Nach der Aktivierung können sie in SAP Datasphere installiert oder mit anderen SAP-Produkten und -Services wie SAP Databricks, SAP HANA Cloud und SAP Customer Data Platform geteilt werden.

Strategie

Im Gegensatz zu klassischen Datenextraktionen oder individuellen ETL-Prozessen verfolgen Data Packages einen produktorientierten Ansatz: Daten werden nicht nur technisch bereitgestellt, sondern als klar definierte, dokumentierte und versionierte Datenprodukte veröffentlicht.

Abbildung 8.20 zeigt die zentrale Funktion der Data Packages. Über SAP-Systeme können die Intelligent Applications und Data Packages integriert werden. Nachdem die Data Packages im SAP BDC Cockpit aktiviert wurden, werden die Catalogs aktualisiert und stehen zum Einsatz zur Verfügung.

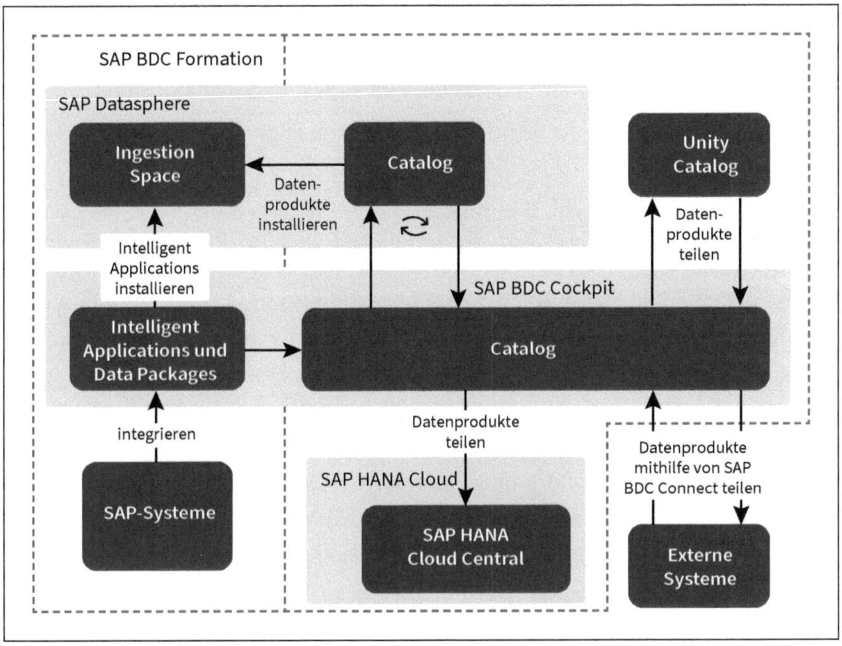

Abbildung 8.20: Verortung der Data Packages

Funktion von Data Packages

Innerhalb der SAP BDC sind Data Packages ein zentraler Mechanismus, der die folgenden Möglichkeiten bietet:

- operative Daten in analytisch nutzbare Strukturen überführen,
- domänenspezifische Datenprodukte bereitstellen,
- Daten für Self-Service Analytics und KI-Anwendungen zugänglich machen,
- eine konsistente semantische Grundlage über verschiedene Anwendungen hinweg schaffen.

Damit bilden Data Packages eine wichtige Grundlage für eine moderne Datenprodukt-Architektur im SAP-Ökosystem.

Integration

Data Packages sind eng in die Architektur der SAP BDC integriert und arbeiten typischerweise mit den folgenden Komponenten zusammen:

- SAP Datasphere: zentrale Datenplattform für Integration, Modellierung und Governance
- SAP Analytics Cloud: analytische Nutzung und Planung
- SAP Databricks/AI Foundation: Datenverarbeitung und KI-Modelle
- SAP Business Applications (SAP S/4HANA, SAP Ariba): Operative Datenquellen

Der typische Datenfluss lässt sich wie folgt darstellen:

1. Quellsysteme liefern operative Daten, z. B. aus den Bereichen Finanzen, Einkauf oder Vertrieb.
2. Diese Daten werden in SAP Datasphere integriert und transformiert.
3. Data Packages stellen strukturierte, semantisch angereicherte Datensets bereit.
4. Diese Datensets können anschließend von verschiedenen Anwendungen, wie bspw. Datenprodukte oder KI-Workloads, konsumiert werden.

Struktur

Das wesentliche Ziel besteht in der Entkopplung zwischen Datenbereitstellung und Datennutzung. Die Struktur des Data Packages besteht typischerweise aus mehreren logischen Komponenten, die gemeinsam eine konsistente Datenbasis bereitstellen. Das Datenschema definiert die Struktur der enthaltenen Daten und umfasst unter anderem Tabellen, Views, Attribute, Kennzahlen und semantische Definitionen. Dabei orientiert sich die Struktur an bewährten Modellierungsansätzen, wie dem Sternschema, Data Vault oder direkt an semantischen Business-Modellen. So können Daten nicht nur technisch, sondern auch fachlich verständlich bereitgestellt werden. Im ersten Teil dieses Buches haben wir Ihnen die Datenprodukte erläutert und deren Metadaten beschrieben. Auch Data Packages enthalten umfangreiche Metadaten. Diese Daten sind entscheidend für Data Governance, Self-Service Analytics und die Stärkung des Vertrauens in die Datenplattform selbst. Mögliche Daten wären die Beschreibung von Dateninhalten, die fachliche Definition von Kennzahlen, die Herkunft der Daten, die Aktualisierungsfrequenz und der verantwortliche Data Owner. In der Regel unterstützen Data Packages Versionierungen, um Änderungen an Datenstrukturen kontrolliert einzuführen. Mögliche Änderungen sind die Erweiterung von Attributen, die Anpassung von Kennzahlen oder das Hinzufügen neuer Datenquellen. Durch die Versionierungen wird sichergestellt, dass bestehende Anwendungen weiterhin funktionieren, während neue Versionen parallel bereitgestellt werden.

Zunächst befassen wir uns in Abschnitt 8.4.1 mit der Governance und Qualität der Data Packages, da nur klare Governance-Strukturen zu einem konsistenten Datenmodell führen. In Abschnitt 8.4.2 thematisieren wir, inwiefern Data Packages in Analytics- und KI-Anwendungen eingebunden werden können. In Abschnitt 8.4.3 erfahren Sie, wie die Data Packages aktiviert werden, und in Abschnitt 8.4.4 lernen Sie die Best Practices für den Einsatz und Umgang mit Data Packages kennen.

8.4.1 Governance und Qualität

Inkonsistenzen

Damit Data Packages langfristig erfolgreich eingesetzt werden können, ist eine klar definierte *Data Governance* unerlässlich. Ohne geeignete Governance-Strukturen besteht die Gefahr, dass Datenmodelle inkonsistent werden, sich redundante Datenstrukturen entwickeln oder die Nachvollziehbarkeit von Datenherkünften verloren geht. Gerade auf einer Plattform wie der SAP BDC, die Daten aus unterschiedlichen Systemen integriert und für vielfältige analytische und KI-basierte Anwendungen bereitstellt, ist eine strukturierte Governance ein entscheidender Erfolgsfaktor.

Data Owner und Data Steward

Ein zentraler Bestandteil der Governance ist die Definition klarer Verantwortlichkeiten. Für jedes Data Package sollte ein *Data Owner* benannt werden, der für die fachliche Korrektheit, die Weiterentwicklung und die Nutzung der Daten verantwortlich ist. Ergänzend dazu kann ein *Data Steward* eingesetzt werden, der sich stärker um operative Aspekte wie Datenqualität, Metadatenpflege und die Einhaltung definierter Standards kümmert. Diese Rollen helfen dabei, die Verantwortung für Datenprodukte eindeutig einzuordnen und eine nachhaltige Datenpflege sicherzustellen.

Datenqualität

Ein weiterer Bestandteil ist die Sicherung der *Datenqualität*. Data Packages sollten nur dann als vertrauenswürdige Grundlage für Analysen und Entscheidungen dienen, wenn sie klar definierte Qualitätsanforderungen erfüllen. Typische Datenqualitätsregeln betreffen bspw. die folgenden Aspekte:

- Vollständigkeit von Datensätzen
- Konsistenz von Attributen und Kennzahlen
- Einhaltung definierter Wertebereiche
- Aktualität der Daten
- referenzielle Integrität zwischen Entitäten

In der Praxis bedeutet dies, dass Daten bereits während der Integration und Transformation validiert werden. Fehlerhafte oder unvollständige Datensätze sollten entweder automatisch korrigiert, gekennzeichnet oder in separate Qualitätsprüfprozesse überführt werden.

Data Lineage

Darüber hinaus spielt *Data Lineage* eine zentrale Rolle. Anwender müssen nachvollziehen können, aus welchen Quellsystemen die Daten stammen, welche Transformationen durchgeführt wurden und wie sich Kennzahlen zusammensetzen. SAP Datasphere stellt hierfür Funktionen bereit, mit denen sich Datenflüsse transparent visualisieren lassen. Diese Transparenz erhöht das Vertrauen der Anwender in die Daten und erleichtert die Fehlersuche. Weitere Informationen hierzu erhalten Sie in Kapitel 2, »SAP Datasphere als Kern der SAP Business Data Cloud«.

8.4.2 Nutzung in Analytics und KI

Data Packages bilden innerhalb der SAP BDC eine zentrale Grundlage für die Nutzung in Analytics-, Planungs- und KI-Szenarien. Aufgrund ihrer kuratierten Struktur, klar definierten Semantik und dokumentierten Metadaten eignen sie sich besonders gut als stabile Datengrundlage für analytische Anwendungen und datengetriebene Entscheidungsprozesse.

Eine der wichtigsten Einsatzmöglichkeiten von Data Packages liegt im Bereich der Business Analytics. Innerhalb der SAP BDC können Data Packages direkt als Datenquelle für analytische Anwendungen genutzt werden, bspw. in SAP Analytics Cloud.

Semantische Struktur

Aufgrund der semantischen Struktur der Data Packages stehen Fachanwendern bereits vorbereitete Geschäftsobjekte, Dimensionen und Kennzahlen zur Verfügung. Dies ermöglicht eine deutlich effizientere Erstellung von Reports, Dashboards und Planungsmodellen. Anwenderinnen und Anwender müssen sich nicht mehr mit komplexen Datenstrukturen oder technischen Integrationsmodellen auseinandersetzen, sondern können direkt auf fachlich interpretierbare Daten zugreifen.

Durch die standardisierte Bereitstellung dieser Daten kann sichergestellt werden, dass unterschiedliche Analysen auf konsistenten Kennzahlen und Dimensionen basieren. Dies reduziert Inkonsistenzen zwischen verschiedenen Reports und verbessert Qualität und Managemententscheidungen.

KI- und ML-Anwendungen

Neben klassischen Analytics- und Planungsszenarien gewinnen auch KI- und ML-Anwendungen im Kontext der SAP BDC zunehmend an Bedeutung. Data Packages spielen hierbei eine wichtige Rolle, da sie strukturierte und qualitativ hochwertige Datensätze bereitstellen, die für datenwissenschaftliche Analysen benötigt werden. ML-Modelle benötigen typischerweise große Mengen konsistenter Daten, um Muster und Zusammenhänge erkennen zu können. Data Packages bieten hierfür eine geeignete Grundlage, da sie unter anderem strukturierte Datenschemata enthalten oder bspw. klar dokumentierte Datenherkünfte besitzen. Durch diese Eigenschaften lassen sich Data Packages effizient in Data-Science-Workflows integrieren.

KI-Anwendungsfälle

Ein Beispiel hierfür ist die Kombination der SAP BDC mit Plattformen wie SAP Databricks oder anderen ML-Umgebungen. Data Packages können dabei als strukturierte Datenquelle für Feature Engineering, Modelltraining, Modellvalidierung und automatisierte Prognosen genutzt werden. Typische KI-Anwendungsfälle sind bspw. die folgenden:

- Nachfrageprognosen im Vertrieb
- Anomalie-Erkennung in Finanztransaktionen
- Lieferantenrisikoanalysen im Einkauf
- Preisoptimierung im Vertrieb

8.4.3 Data Package aktivieren

Wenn Sie die Rolle des BDC-Administrators besitzen, können Sie Data Packages in der SAP BDC aktivieren, verwalten und die darin enthaltenen Datenprodukte für Benutzer im Katalog zur Verfügung stellen.

Über den SAP Business Accelerator Hub können Sie Data Packages und Datenprodukte finden. Anschließend können Sie das ausgewählte Data Package/Datenprodukt im SAP BDC Cockpit aktivieren. Damit die Aktivierung funktioniert, muss ein globales Konto vorliegen und ein SAP-Geschäftslösungs-Tenant im Einsatz sein.

Eigenschaften der Data Packages

Die Eigenschaften der Data Packages sind unter dem Reiter **Properties** einsehbar und geben Aufschluss darüber, ob das Data Package zu Ihren Anforderungen passt. Die Kategorie zeigt die Produktkategorie des Data Packages. Darüber hinaus können Sie die Version, den Systemtyp, den Änderungsstatus, die Mindestsystemversion und die Systemversion einsehen. Die Dokumentation enthält bspw. Informationen über die letzten Änderungen. Den Status jedes Data Packages können Sie oben auf der Seite hinter dem Namen sehen. Die Mindestversion stellt sicher, dass die Data-Product-Version mit der Version des Datenanbietersystems kompatibel ist.

Deaktivierung

In einigen Fällen schlägt die Aktivierung des Data Packages fehl. In der Regel liegt dies an Verbindungs-, Daten- oder Konfigurationsproblemen. In diesem Fall sollten Sie versuchen, das Data Package zu deaktivieren. Alternativ können Sie die Artefakte, die zur fehlgeschlagenen Aktivierung geführt haben, bereinigen und auf den vorherigen Status zurücksetzen.

8.4.4 Best Practices

Bei der Einführung und Nutzung von Data Packages innerhalb der SAP BDC haben sich verschiedene Best Practices etabliert. Diese helfen Ihnen dabei, Ihre Datenarchitektur strukturiert aufzubauen und gleichzeitig die Wiederverwendbarkeit und Qualität der bereitgestellten Daten sicherzustellen.

Kernschicht

Eine wesentliche Best Practice ist, die SAP Data Packages als standardisierte Kernschicht der Datenarchitektur zu verstehen. In der Praxis zeigt sich, dass Unternehmen besonders dann von den Paketen profitieren, wenn sie diese als stabile Grundlage für Reporting, Datenprodukte und analytische Prozesse nutzen. Die standardisierte Struktur ermöglicht eine deutlich schnellere Bereitstellung harmonisierter Daten und reduziert gleichzeitig den Aufwand für Integration und Modellierung.

Transformationsprojekte

Gerade in Transformationsprojekten erweist sich dieser Ansatz als besonders wertvoll. Viele Unternehmen verfügen über historisch gewachsene Datenmodelle mit unterschiedlichen Definitionen und redundanten Strukturen. SAP Data Packages schaffen hier einen einheitlichen fachlichen Referenzpunkt. Dadurch lassen sich Diskussionen über Kennzahlen, Geschäftsobjekte und Datenherkünfte erheblich vereinfachen. Gleichzeitig entsteht eine konsistente Basis für zukünftige Datenprodukte und analytische Anwendungen innerhalb der SAP BDC.

Ein weiterer wichtiger Erfolgsfaktor liegt in der klaren Definition von Ownership und Verantwortlichkeit innerhalb der Organisation. Auch wenn die fachliche Struktur der Data Packages vorgegeben wird, benötigen Unternehmen interne Verantwortliche für die Nutzung, Governance und fachliche Interpretation der bereitgestellten Inhalte. Besonders erfolgreich sind Organisationen, die hierfür gemeinsame Verantwortlichkeiten zwischen IT, Datenmanagement und Fachbereichen etablieren.

Fachbereiche

Die IT übernimmt typischerweise die technische Integration, Berechtigungssteuerung und Betriebsverantwortung. Die Fachbereiche hingegen definieren, welche Inhalte tatsächlich genutzt werden, welche Kennzahlen relevant sind und wie die Daten in Prozesse oder Entscheidungen eingebunden werden. Dadurch wird verhindert, dass die Data Packages ausschließlich als technische Artefakte betrachtet werden. Stattdessen entstehen fachlich nutzbare Datenstrukturen mit klarer organisatorischer Verankerung.

SAP-BW-Landschaften

Ziel ist es, mit den Fachbereichen ein gemeinsames Verständnis darüber zu schaffen, welche Inhalte bereits standardisiert verfügbar sind und an welchen Stellen zusätzliche unternehmensspezifische Erweiterungen notwendig sind. Besonders relevant ist dies im Kontext der SAP-BW-Landschaften. Viele Fachbereiche sind über Jahre an individuelle SAP-BW-Modelle und eigene Definitionen gewöhnt. Die Einführung der Data Packages erfordert daher häufig einen fachlichen Harmonisierungsprozess. Unternehmen, die diesen Wandel aktiv begleiten und transparent kommunizieren, erreichen in der Regel eine deutlich höhere Akzeptanz.

8.5 Zusammenfassung

Im Mittelpunkt der SAP BDC steht das SAP BDC Cockpit als Dreh- und Angelpunkt für Administration und Governance. Hier wird die Systemlandschaft organisiert und die Bereitstellung von Kernkomponenten wie SAP Datasphere, SAP Analytics Cloud und SAP Databricks sowie die Installation und Aktivierung von Intelligent Applications, Datenprodukten und Data Packages gesteuert.

Über das Cockpit und den integrierten Data Catalog können Datenprodukte zentral gesucht, klassifiziert und installiert werden. Glossar und Metadaten bilden dabei die Basis für Data Governance, ein einheitliches Begriffsverständnis und eine strukturierte Datenlandschaft. Die sogenannten Formationen, die im SAP BDC Cockpit konfiguriert werden, bündeln SAP- und Drittanbietersysteme logisch und sorgen für konsistente Verbindungen und Datenflüsse.

Data Packages bilden innerhalb der SAP BDC den inhaltlichen Kern der Datenbereitstellung. Sie sind vordefinierte, kuratierte und versionierte Datensets, die operative Daten aus unterschiedlichen SAP- und Nicht-SAP-Systemen in eine strukturiert nutzbare Form überführen. In enger Verzahnung mit SAP Datasphere, SAP Analytics Cloud, SAP Databricks und operativen SAP-Anwendungen bilden sie die Grundlage für Self-Service Analytics und KI-Workloads, ohne dass sich Fachanwender mit technischen Integrationsdetails befassen müssen. Diese Bündelung von vordefinierten Inhalten als Intelligent Applications beleuchten wir in Kapitel 9 detaillierter.

Kapitel 9
Intelligent Applications

Mit Intelligent Applications lassen sich Rohdaten auf Knopfdruck in vorkonfigurierte Berichte verwandeln. Mit der nahtlosen Integration in SAP Datasphere entfallen Datenintegration und komplexe Modellierung. Sie erhalten sofortige Transparenz – und durch die Einbindung von SAP Business AI auch konkrete Handlungsempfehlungen.

Die Definition und Abgrenzung von Intelligent Applications waren bislang nicht konsistent und eindeutig. Ihnen sind sie vielleicht auch unter dem Begriff *Insight Application* bekannt.

[«]

Intelligent Applications heißen nun Intelligent Packages

Auch der Begriff »Intelligent Applications« ist nicht mehr aktuell. SAP hat sie in *Intelligent Packages* umbenannt. Diese Intelligent Packages enthalten wiederum *Intelligent Content*. Da sich die neuen Begriffe aber noch kaum in Dokumentationen und Benutzeroberflächen wiederfinden, haben wir uns entschieden, für dieses Buch den alten Begriff zu verwenden.

Definition?

Generell beschreibt SAP *Intelligent Applications* als Lösungen, die durch die gemeinsame Nutzung von Daten sowie den Einsatz von maschinellem Lernen (ML) und künstlicher Intelligenz (KI) datenbasierte Entscheidungen unterstützen und Geschäftsprozesse optimieren oder automatisieren. Die Intelligent Applications in der SAP BDC sollen eine neue Generation von Unternehmensanwendungen darstellen, die über traditionelle Analysewerkzeuge hinausgehen. Es handelt sich dabei um vorgefertigte, durch SAP verwaltete und bereitgestellte Analyseanwendungen, die es Unternehmen ermöglichen, schneller datengestützte Entscheidungen zu treffen. Wo Organisationen zuvor komplexe Dateninfrastrukturen aufbauen mussten, sollen Intelligent Applications eine vollständig durch SAP verwaltete Lösung bieten, die Datenprodukte, -modelle und Analysefunktionen mit geringem Konfigurationsaufwand bereitstellt. Im Gegensatz zu bisherigen Ansätzen, die nur modular paketierte Inhalte enthielten, werden Teile dieser Intelligenten Anwendungen auch KI-Funktionalitäten bereitstellen, eigenständig lernen und sich an veränderte Kunden- und Marktanforderungen anpassen.

Im Unterschied zu traditionellen BI- und Analyse-Werkzeugen, die eine Vielzahl von Datenbereinigungs-, Integrations- und Modellierungsschritten erfordern, sind Intelligent Applications quasi schlüsselfertig. Sie können mit geringem Implementierungsaufwand aktiviert und verwendet werden – sofern Architektur und Lizenzierung entsprechend vorbereitet wurden. Die zentrale Innovation besteht darin, dass Intelligent Applications nicht nur Berichte und Oberflächen bereitstellen. Sie umfassen auch Domäneninhalte und Datenprodukte und sollen nach und nach um transaktionale Funktionen ergänzt werden. Auf die Architektur und die Schichten der Intelligent Applications gehen wir in Abschnitt 9.1, »Architektur der Intelligent Applications«, näher ein. Ob und wie damit Teile der Geschäftsprozesse automatisierbar und innerhalb einer Anwendung Entscheidungen getroffen und Maßnahmen angestoßen werden, zeigt ein kurzer Überblick der aktuell in der SAP BDC verfügbaren Intelligent Applications in Abschnitt 9.2, »Intelligent Applications für verschiedene Geschäftsbereiche«. Wie mit Intelligent Applications in der Praxis schnelle Mehrwerte erzielbar sind, beschreiben wir in Abschnitt 9.3, »Intelligent Applications aktivieren«.

9.1 Architektur der Intelligent Applications

Schichten der Anwendungen

Wie eingangs beschrieben, sind Intelligent Applications nicht nur Oberflächen, sondern umfassen mehrere Schichten. Die Anwendungsoberflächen basieren auf Domäneninhalten, die die intelligente Verbindung zwischen den Rohdaten und Visualisierungen darstellen. Man kann die Domäneninhalte als das betriebswirtschaftliche Gehirn bezeichnen und damit als Verortung der Geschäftslogik innerhalb der Anwendung verstehen. Ähnliche Inhalte gab es bereits in Form verschiedener Business-Content-Pakete sowie als kombinierte schichtenübergreifende Inhalte für SAP Analytics Cloud und SAP Datasphere. Beide Softwarelösungen, die noch bis Ende 2025 als eigenständige Lösungen und Komponenten lizenziert werden konnten, bauen (wie in Abbildung 9.1 dargestellt) technisch auf der SAP BTP auf. Die *SAP BTP* ist die zentrale Platform-as-a-Service-Lösung von SAP und bildet den technischen Unterbau der SAP Business Suite mit SAP Cloud ERP und der SAP BDC. Auf der SAP BTP stehen außerdem mehr als 20 Dienste für Datenintegration sowie die Implementierung, Bereitstellung und Verwaltung von Anwendungen und KI-Lösungen bereit (in den Säulen links und rechts der SAP BDC in Abbildung 9.1 zusammengefasst). Als solche Dienste standen auch SAP Analytics Cloud und SAP Datasphere im Bereich Data und Analytics zur Verfügung, bis sie zum Jahresbeginn 2026 auch aus lizenztechnischen Gründen in das Portfolio der SAP BDC eingegliedert wurden.

Die SAP BTP als Fundament

Die SAP BDC ist ebenfalls als eine Suite von Geschäftsanwendungen einzuordnen, die als Software-as-a-Service-Lösung auf die darunterliegenden SAP-BTP-Ressourcen zugreift. Ziel und Leistungsversprechen sind die Verbindung von Daten verschiedener Unternehmensbereiche und die Bereitstellung semantisch angereicherter Daten als paketierte Lösung statt einer reinen Entwicklungsplattform.

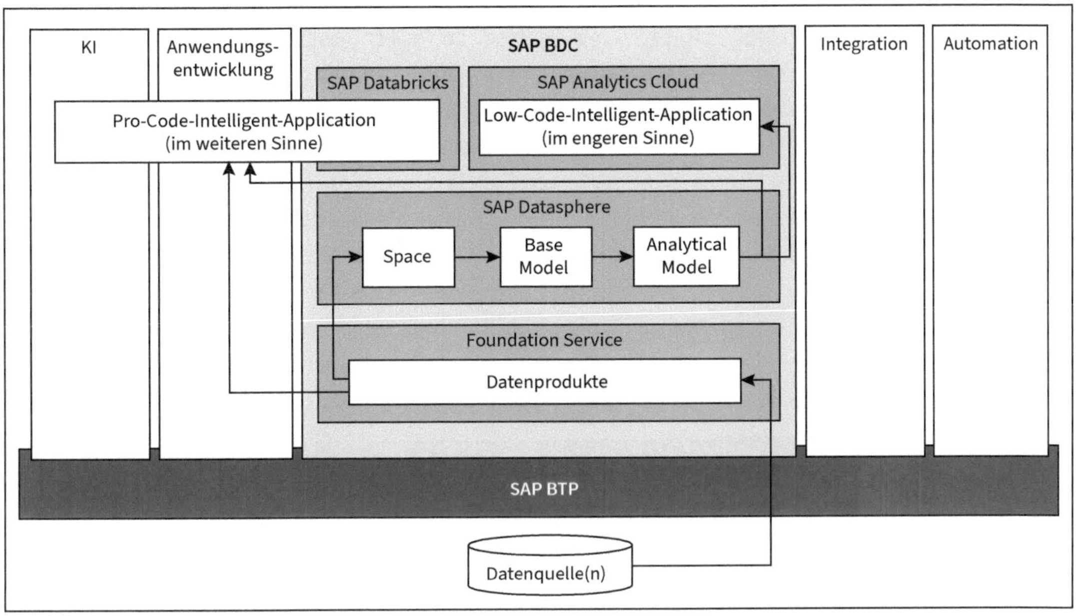

Abbildung 9.1: Intelligent Applications in der SAP BDC

Die Rolle der Entwicklungsplattform nimmt vielmehr die SAP BTP ein, nicht zuletzt aufgrund der zentralen Strategie, nach der SAP-S/4HANA-Systeme frei von individuellen Modifikationen zu halten sind (Clean Core genannt). Anpassungen werden also nach Möglichkeit nicht im Quellcode vorgenommen, sondern mit parallelen Erweiterungen (engl. Side-by-Side) auf der SAP BTP bereitgestellt. Ein zentrales Merkmal hierbei ist die Verwendung stabiler und standardisierter statt individueller, proprietärer Schnittstellen. Zudem ist eine redundanzfreie Datenhaltung ein zentrales Anliegen. Diese beiden Prinzipien werden konsistent auch im Kontext der SAP BDC als wesentliche Richtlinien übernommen. Durch diese globalen Prinzipien wird die Integration verschiedener Dienste und Systeme erheblich vereinfacht – allerdings verschwimmen dadurch auch die Grenzen zwischen verschiedenen Konzepten. Vielleicht lässt sich daher abgrenzen, dass Intelligent Applications im engeren Sinne auf Standardwerkzeuge zurückgreifen, um datenbasierte Einblicke bereitzustellen. Intelligent Applications im weiteren Sinne sollen dagegen nicht nur Einblicke liefern, sondern unter Nutzung von Technologien wie ML oder KI auch die Automatisierung von Prozessen sowie proaktive Aktionen oder Handlungsempfehlungen ermöglichen. Insbesondere für Anwendungen mit operativem bzw. transaktionalem Charakter können hier Anwendungen basierend auf SAP-BTP-Diensten in Betracht kommen.

Intelligent Applications in SAP BDC

Innerhalb der Schichten von Intelligent Applications kommen, wie bereits angedeutet, verschiedene Systeme und Komponenten zum Einsatz. In den Schichten (siehe Tabelle 9.1) bildet SAP Analytics Cloud das zentrale Frontend für interaktive Visualisierungen und Analysen in Anwendungen mit geringem oder ohne Programmierungsanteil (engl. Low-Code bzw. No-Code). Die Visualisierungen basieren überwiegend auf analytischen Datenmodellen aus SAP Datasphere. Diese Datenmodelle werden wiederum von Datenprodukten aus den Foundation Services der SAP BDC gespeist. Der Hauptunterschied zu den bisherigen anwendungsspezifischen Business-Content-Paketen besteht darin, dass neben Visualisierungen und vordefinierten Objekten in Inbound Layer, Harmonization Layer und Reporting Layer auch Replikationsflüsse (engl. Replication Flows) und die zugehörigen Rollen und Datenprodukte bereitgestellt werden. Somit können an zentraler Stelle nicht nur Inhalte, sondern auch Datenflüsse, Modelle und eine Berechtigungsstruktur ausgerollt werden.

Komponente/Schicht	Beschreibung
Visualisierungsobjekt	SAP Analytics Cloud Stories für Berichte und Analysen
Analytische Modelle	SAP-Datasphere-Modelle für Vorbereitung, Anreicherung und Bereitstellung von Daten
Datenprodukte	Datensätze, die in die analytischen Modelle integriert werden
Foundation Services	Integrationsverwaltung, Transformation und Bereitstellung von von SAP verwalteten Datenprodukten

Tabelle 9.1: Zentrale Komponenten des Intelligent Content

Visualisierung der Intelligent Applications

Die Visualisierungsschicht basiert auf SAP Analytics Cloud und besteht aus Storys oder Analytic Applications mit unterschiedlicher Ausprägung von JavaScript-Erweiterungen (siehe dazu auch Kapitel 6, »SAP Analytics Cloud: Self-Service Reporting«). Im Unterschied zu benutzerdefinierten Storys oder Paketen aus dem Business-Content-Netzwerk werden Intelligent Applications in einer separaten Ansicht – analog zu einem Arbeitsbereich (engl. Workspace) – angezeigt (siehe Abbildung 9.2). Von dort aus können die vorgefertigten Storys und Analytic Applications jedoch auch kopiert und anschließend bearbeitet werden, was bei den SAP-verwalteten Intelligent Applications nicht möglich ist.

Vorbereitung und Datenbereitstellung

Zum Teil sind aber auch Anwendungen mit umfangreichem Programmierungsanteil (engl. Pro-Code) basierend auf SAP Cloud Application Programming Model Bestandteile oder geplante Bestandteile der Komponenten bzw. Intelligent Applications.

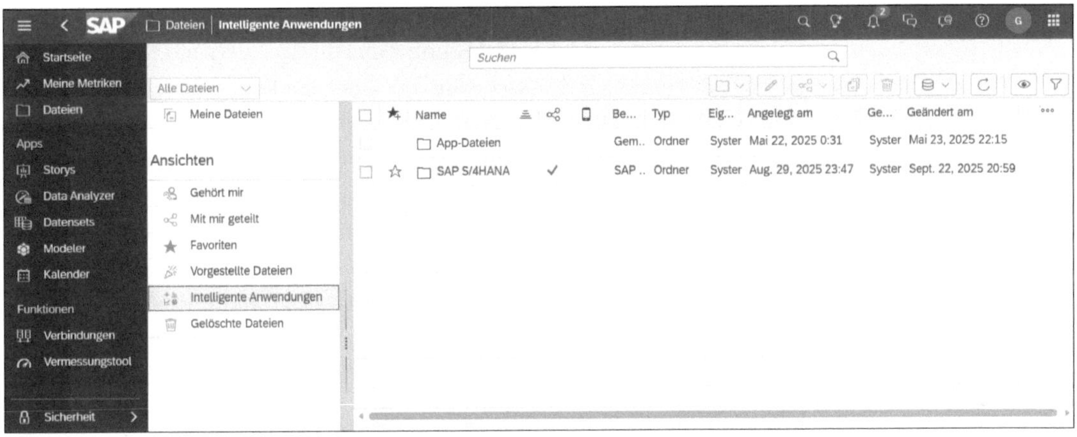

Abbildung 9.2: Intelligent Applications in SAP Analytics Cloud

So wie einige der Business-Content-Pakete jeweils aus einem Teil für SAP Analytics Cloud und einem Teil für SAP Datasphere bestehen, werden auch bei Intelligent Applications die Daten aus vordefinierten Objekten wie Tabellen und Views für Inbound Layer und Harmonization Layer sowie aus analytischen Modellen für die Reporting-Schicht bereitgestellt (weitere Informationen zur Schichtenarchitektur in SAP Datasphere finden Sie in Abschnitt 2.1). Diese Objekte der zweitobersten Schicht (siehe auch Tabelle 9.1) werden in Spaces in SAP Datasphere bereitgestellt. Die Spaces werden durch SAP verwaltet und sind ausschließlich lesbar, d. h., Nutzer mit entsprechender Space-Berechtigung haben die Option, die Objekte in den Standardeditoren einzusehen. Ergänzend werden auch Verbindungen, Replication Flows und Aufgabenketten (engl. Task Chains) bereitgestellt, die zum Teil auch für die Überprüfung von SAP-Datasphere-Konfigurationen zur Verfügung stehen.

Datenprodukte

Eine Ebene darunter befinden sich die von SAP verwalteten Datenprodukte (dritte Schicht in Tabelle 9.1). Ein *Datenprodukt* ist zu verstehen als ein gewarteter und in sich geschlossener (Daten-)Satz von Tabellen, der mittels Foundation Services integriert werden kann. Datenprodukte in der SAP BDC stellen eine standardisierte Methode dar, um Daten anwendungs- und domänenübergreifend bereitzustellen und zu konsumieren. Sie können die Grundlage für analytische Szenarien und KI-basierte Anwendungen bilden und fördern eine nahtlose Datenintegration. Dabei sind sie speziell für performante Lesevorgänge optimiert. Mit einem produktorientierten Ansatz werden sie durch Metadaten ergänzt und folgen klar definierten Prinzipien der dezentralen Datenverantwortung (detaillierte Informationen zu Datenprodukten finden Sie in Kapitel 5, »Datenprodukte und Object Store«).

Foundation Services

Die *Foundation Services* bilden die technische Neuheit und einen zentralen Bestandteil der SAP BDC und der Intelligent Applicatons (unterste Schicht/Ebene, wie in Tabelle 9.1 dargestellt). Sie sind verantwortlich für die verwaltete Integration, Transformation und Bereitstellung der von SAP verwalteten Datenprodukte (engl. SAP-managed Data Products). Über die Foundation Services werden Daten aus SAP-Quellsystemen wie SAP S/4HANA oder SuccessFactors in den Object Store des Hyperscalers repliziert und über Datenflüsse zur Verfügung gestellt. Im Gegensatz zu bisherigen ETL-Prozessen (Extract-Transform-Load), die manuelle Konfiguration und Wartung erfordern, werden erforderliche Aktivitäten wie Datenextraktion, Harmonisierung und die Verknüpfung verschiedener Quelltabellen sowie das Einrichten initialer und Delta-Datenmigrationsprozesse im Hintergrund durchgeführt. Diese Architektur basiert auf dem Zero-Copy-Prinzip, was bedeutet, dass es im Idealfall innerhalb der SAP BDC nur einen Ort der Datenpersistenz gibt. Dieses Prinzip wird durch Delta Sharing ermöglicht, sodass alle Systeme der Plattform Zugriff auf Daten haben, ohne dass diese physisch kopiert werden müssen. Die Foundation Services bilden daher die Schnittstelle zu allen durch SAP verwalteten Datenprodukten im Object Store des jeweiligen Hyperscalers, auf den mittels SAP HANA Cloud Data Lake zugegriffen wird.

Rollen und Berechtigungen

Eine Voraussetzung, die – wie an vielen anderen Stellen – zu erfüllen ist, ist die Steuerung der Berechtigungen. In SAP Datasphere muss sichergestellt werden, dass der Zugriff auf den Vorbereitungs-Space gewährt wird, Task Chains angestoßen werden können und der Konsumentenzugriff durch die End User vergeben ist. In SAP Analytics Cloud muss analog zum bisherigen Vorgehen, wenn ein Bericht produktiv gesetzt wurde, der entsprechende Ablageordner freigegeben werden.

Nachdem wir nun beschrieben haben, wie Intelligent Applications definiert und abgegrenzt werden können und wie die einzelnen Ebenen technisch miteinander zusammenspielen, möchten wir Ihnen im nächsten Abschnitt einen Überblick über die bereits verfügbaren und geplanten Intelligent Applications verschaffen.

9.2 Intelligent Applications für verschiedene Geschäftsbereiche

Intelligent Applications sind nicht monolithisch. Vielmehr bietet SAP eine Palette von spezialisierten Anwendungen, die auf die besonderen Anforderungen verschiedener Geschäftsbereiche zugeschnitten sind. Zum Zeitpunkt der Drucklegung dieses Buches (Juni 2026) standen drei Intelligent Applications zur Verfügung.

People Intelligence

People Intelligence war die erste eingeführte Intelligent Application und kann als modernes HR Analytics verstanden werden. Die Inhalte, die der Analyse von Daten über Mitarbeitende dienen, spiegeln die strategische Bedeutung von Arbeitnehmerressourcen in modernen Organisationen wider. Dieses Anwendungspaket basiert auf Daten zu Mitarbeiterstruktur, -fähigkeiten und -vergütung, die aus SAP SuccessFactors stammen. People Intelligence bietet Personal- und Geschäftsleitern außerdem die Möglichkeit, mithilfe von Joule und SAP Databricks KI-gestützte Empfehlungen bspw. zur Verbesserung von Mitarbeiterengagement oder -bindung zu generieren. Die Anwendung ist in mehrere spezialisierte Module unterteilt:

- **Workforce Composition Insights** (Einblicke in die Zusammensetzung der Belegschaft):
  Diese Anwendung, die technisch auf einer SAP-Analytics-Cloud-Story basiert (siehe Abbildung 9.3), ermöglicht es Organisationen, ein besseres Verständnis ihrer Personalstruktur zu erlangen. Entsprechend berechtigte Anwenderinnen und Anwender können die Belegschaft nach Rolle, Standort sowie nach demografischen Dimensionen analysieren. Dies kann bspw. bei der strategischen Personalplanung oder der Wirksamkeitsanalyse von Diversitätsinitiativen nützlich sein.

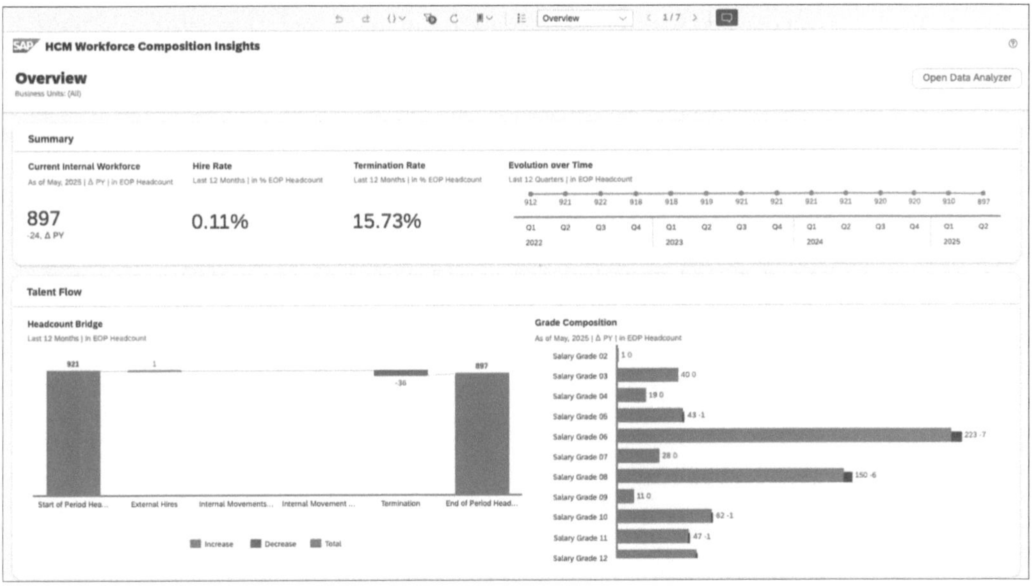

Abbildung 9.3: Übersichtseite der Intelligent Application »Workforce Composition« in SAP Analytics Cloud

- **Skill Insights** (Einblicke in Kompetenzen):
  Diese Analyse von Daten aus Employee Central soll Organisationen dabei helfen, sich Transparenz über die Fähigkeiten und Kompetenzen ihrer Mitarbeitenden zu verschaffen. Das kann helfen, nicht besetzte oder fehlende Qualifikationen zu identifizieren und die Talententwicklung gezielter zu planen. Die Anwendung hilft außerdem dabei, nachzuvollziehen, wie vollständig die gepflegten Kompetenzen sind.

- **Compensation Insights** (Einblicke in die Vergütung):
  Die Vergütungsanalyse hilft dabei, Gehaltsstrukturen zu analysieren, Lohngerechtigkeitsprobleme zu identifizieren und die im Hinblick auf die Umsetzung der EU-Entgelttransparenzrichtlinie notwendige Transparenz zu schaffen. Dies unterstützt Unternehmen dabei, wettbewerbsfähige und faire Vergütungsstrukturen zu entwickeln.

Cloud ERP Intelligence

Cloud ERP Intelligence ist eine umfangreiche Intelligent Application, die auf operative Daten aus SAP S/4HANA Cloud Private Edition zugreift, um Fachabteilungen und Führungskräften Berichte, Geschäftssimulationen und KI-Fähigkeiten zur Verfügung zu stellen.

Die Grundlage dafür bilden primäre Datenprodukte, die auf Daten aus SAP S/4HANA Cloud Private Edition basieren. In bislang 195 Datenprodukten werden Daten aus den Kernprozessen in den Bereichen Buchhaltung, Vertrieb, Logistik und Fertigung zur Verfügung gestellt. Der Umfang reicht dabei von einfachen Stammdatentabellen bis hin zum Cashflow. Diese Datenprodukte bilden wiederum die Grundlage für Views und analytische Modelle sowie zugehörige Transformationsflüsse und Aufgabenketten in SAP Datasphere. Zum Zeitpunkt der Drucklegung dieses Buches (Juni 2026) steht als Oberfläche die Story **Working Capital** in SAP Analytics Cloud zur Verfügung. Diese Story (siehe Abbildung 9.4), die gesondert im Bereich **Intelligente Anwendungen** aufgeführt wird, besteht aus fünf Seiten, die jeweils auf unterschiedlichen analytischen Modellen aus SAP Datasphere basieren. Die Oberfläche dieser Intelligent Application unterstützt Finanzabteilungen dabei, die Entwicklung des Nettoumlaufvermögens (engl. Working Capital) und der Geldumschlagsdauer (engl. Cash Conversion Cycle) vergangener Perioden nachzuvollziehen. Darüber hinaus ermöglichen die Oberflächen die Überwachung wichtiger Kennzahlen wie durchschnittliche Zahlungsfristen, Forderungslaufzeiten und Lagerbestandswerte.

[»]

Mehrsprachigkeit von Intelligent Applications

Wenn Sie in Abbildung 9.4 genau hinsehen, erkennen Sie, dass die Textelemente englischsprachig sind. Diese Intelligent Application wird derzeit ohne Übersetzung ausgeliefert und ist daher unabhängig von der System- und Datenzugriffssprache nur auf Englisch verfügbar.

In der Story sind eine Übersichtsseite sowie vier Detailseiten mit Interaktionselementen wie Story-Filtern, Dimensionseingabefiltern und Data-Analyzer-Absprüngen vorbereitet. Alternativ lassen sich die zugrundeliegenden analytischen Modelle aber auch in einer neuen Story einbinden, um weiterführende Berichte zu erstellen.

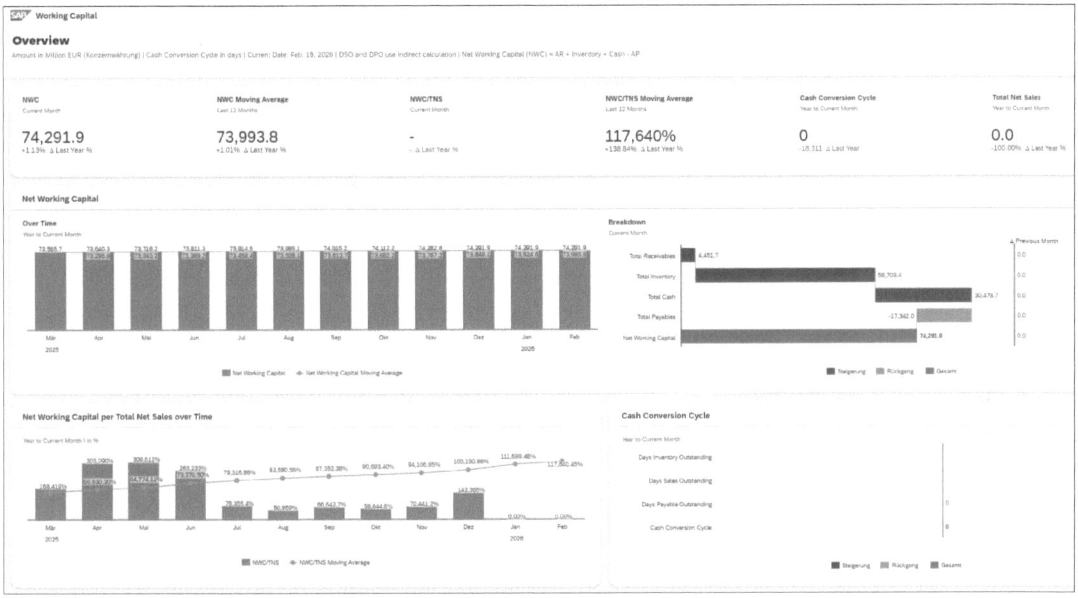

Abbildung 9.4: Intelligent Application »Working Capital«

Dazu ist lediglich der entsprechende Space **SAP_WCI** und das Modell aus SAP Datasphere auszuwählen. Geplant sind bereits weitere Oberflächen bspw. für das Nachhaltigkeits-Reporting (*Sustainability Control Tower* als SAP-Cloud-Application-Programming-Anwendung) sowie der sogenannte *Sales Finance Hub* als zentrale Auswertungsmöglichkeit von verknüpften vertrieblichen und finanziellen Kennzahlen.

Finance Intelligence

Im Gegensatz zu **Cloud ERP Intelligence** ist *Finance Intelligence* eine Intelligent Application für Cloud ERP, also SAP S/4HANA Cloud Public Edition. Der Fokus liegt auf den Informationsbedarfen von Finanzvorständen (engl. Chief Financial Officer, CFO) und Mitarbeitenden der Finanz- und Controlling-Abteilungen. Die Datengrundlage von **Finance Intelligence** – zentralisierte Datenmodelle für systemübergreifende Finanzberichte – ist in Zeiten wirtschaftlicher Unsicherheit und volatiler Märkte besonders relevant und soll Transparenz in komplexe Finanzoperationen bringen. Die Anzahl der primären Datenprodukte ist mit 150 im Vergleich zu Private Cloud etwas reduzierter, und diese Komponente wird bislang ohne Visualisierungen veröffentlicht. Allerdings wird hierfür wohl die Intelligent Application **Working Capital** folgen. Ebenfalls geplant sind die für **Cloud ERP Intelligence** angekündigten Anwendungen für **Sustainability Control Tower, Sales Finance Hub** und **Commercial Project Margin Analysis**. Damit sollen Profitabilitätsanalysen auf der Basis kombinierter Daten aus Vertrieb und Buchhaltung sowie mittelfristig auch eine zunehmende Anzahl von durch SAP

Business AI unterstützten Interaktionen möglich werden. **Finance Intelligence** wird sich auf drei Hauptbereiche der Funktionalitäten konzentrieren:

- **Planung und Prognosen (engl. Planning and Forecasting)**
  Durch die Kombination von SAP- und Drittanbieterdaten können CFOs bspw. sofortige Cash-Flow-Prognosen erstellen. Dies wäre eine beeindruckende Leistung, da herkömmliche Prognoseprozesse aufgrund vieler manueller Eingriffe oft Wochen dauern und schnell obsolet werden. Ebenso stehen die Planung von Projekten oder die Simulation möglicher Wachstumsinitiativen sowie eine durch KI-Agenten unterstützte und beschleunigte Planung im Vordergrund.
- **Risikomanagement durch KI-gestützte Anomalieerkennung**
  Abweichungen in Finanztransaktionen werden früher erkannt, sodass Maßnahmen ergriffen werden können. Anwendungen, die durch SAP Databricks angereichert werden, indem KI-Modelle auf Live-Transaktionsdaten trainiert werden, können verdächtige Muster, betrügerische Aktivitäten oder Prozessfehler identifizieren.
- **Analyseanwendungen für Kostenmanagement und Profitabilität**
  CFOs und Fachabteilungen können Transparenz in Echtzeit erhalten und mit KI-gestützten Prognosen arbeiten, indem SAP- und Drittanbieterdaten harmonisiert und Maßnahmen abgeleitet und empfohlen werden.

Während sich die Datenprodukte und die zuvor genannten Intelligent Applications primär auf Daten entlang der Kernprozesse des ERP-Systems beziehen, setzen einige Intelligent Applications genau dort an, wo aufgrund von Systembrüchen häufig Datensilos entstehen. Der Fokus liegt darauf, Datensilos zu reduzieren, indem – ausgehend von fachlichen Prozessen – die Datenprodukte definiert und auf die entsprechenden Datenquellen heruntergebrochen werden. Aus den einzelnen Datenprodukten werden anschließend integrierte Datenmodelle semantisch angereichert und in Anwendungen für Analyse, Prognose und KI-gestützte Handlungsempfehlungen bereitgestellt.

Spend Intelligence

Die angekündigte und als Vorschau verfügbare Intelligent Application *Spend Intelligence*, die sich mit »Kostenmanagement« oder »Ausgabensteuerung« übersetzen lässt, wird primär auf die Datengrundlage von SAP Ariba ausgerichtet sein. **Spend Intelligence** soll der Einkaufs- und Geschäftsleitung Echtzeiteinsicht in die Unternehmensausgaben geben. Zentrale Themenbereiche der Intelligent Application werden vermutlich die folgenden sein:

- **Ausgabentransparenz**
  Spend Intelligence soll Organisationen eine zentrale und umfassende Übersicht über wichtige Daten aus der Beschaffung liefern. Dies behebt ein klassisches Problem: Daten zu Ausgaben (engl. Spend Data) sind oft über verschiedene Systeme hinweg verteilt, was es Anwenderinnen und Anwendern

erschwert, Gesamtausgaben zu berechnen und auszuwerten. Durch Datenintegration und -standardisierung mittels konsistenter Kategorien und Dimensionen sollen Echtzeitanalysen zu Ausgaben Abhilfe schaffen.

- **KI-gestützte Klassifizierung und Anreicherung**
  ML-Modelle sollen Ausgabedaten anreichern und analysieren Rechnungspositionen, Lieferantennamen und Transaktionsmuster, um sie automatisch in die richtigen Ausgabenkategorien zu klassifizieren.
- **Risikominimierung**
  Vorgefertigte und trainierte KI-Modelle sollen Muster, Anomalien und Potenziale für Kosteneinsparungen entdecken, wodurch insbesondere Fälle von Doppelausgaben, nicht wettbewerbsfähige Preise und Compliance-Probleme reduziert werden.

Supply Chain Intelligence

Ebenfalls angekündigt bzw. im Status öffentlicher Bewertung befindet sich die Intelligent Application *Supply Chain Intelligence*. Die Anwendung soll fragmentierte Daten verschiedener Quellsysteme zu einem konsistenten Gesamtbild mit Ende-zu-Ende-Transparenz über die Prozesse Beschaffung, Produktion und Logistik zusammenführen. Damit sollen Organisationen befähigt werden, schnelle und effektive Entscheidungen zu treffen.

Ein Ziel von **Supply Chain Intelligence** ist die Zusammenführung von SAP-Daten mit externen Quellen zu Wetterinformationen, behördlichen Kommunikationen und Marktdaten sowie Erkenntnissen von Partnern im SAP Business Network. Die Analyse dieser Daten soll Organisationen außerdem dabei helfen, potenzielle Lieferkettenausfälle vorherzusagen, bspw. durch Informationen, dass ein wichtiger Lieferant in finanzielle Schwierigkeiten geraten ist oder dass in einem wichtigen geografischen Gebiet Naturkatastrophen drohen. Supply Chain Intelligence soll Organisationen zudem dabei unterstützen, Lieferantenrisiken zu bewerten oder ihre Lieferantenbasis zu diversifizieren.

Revenue Intelligence

Die Intelligent Application *Revenue Intelligence* ist für Q3 2026 angekündigt und soll fragmentierte Daten zu Kundeninteraktionen aus Vertrieb und Finanzen in einheitliche Datenmodelle und Oberflächen zusammenführen. Diese Anwendung zielt darauf ab, Umsatzströme nicht nur zu verwalten, sondern auch aktiv zu steuern. Dazu soll der gesamte Prozess vom Angebot bis zum Zahlungseingang transparent gemacht werden. Die Entscheidungsfindung soll durch verschiedene Oberflächen unterstützt werden. Einerseits sollen Oberflächen bezüglich der Datenqualität von Verkaufsmöglichkeiten helfen, um aussichtslose und nicht mehr aktive Optionen aus den Prognosen zu filtern. Andererseits sollen Analysen von Kaufmustern gezielte Vorschläge für Querverkäufe bereitstellen oder Abwanderungen von Kunden verhindern. Dazu werden höchstwahrscheinlich vielfältige Oberflächen für die Umsatz- und Margenanalyse von Märkten, Produkten oder Kundensegmenten bereitgestellt werden.

Customer Intelligence

Ebenfalls angekündigt ist *Customer Intelligence*. Es soll dort ansetzen, wo Revenue Intelligence aufhört. Mit dieser Anwendung sollen Vertriebs-, Kundendienst-, und Marketingabteilungen eine 360-Grad-Kundenansicht erhalten, um Kundenbedürfnisse zu antizipieren und Kundeninteraktionen von isolierten Datenpunkten in eine wertschöpfende Beziehung zu setzen. Das zentrale Kundenprofil wird aus Daten der SAP-Customer-Experience-Lösungen, E-Commerce-Plattformen sowie SAP S/4HANA konsolidiert. Dabei fließen nicht nur tatsächliche Käufe, Retourenquoten und das Zahlungsverhalten von Kunden, sondern auch Klicks im Onlineshop sowie Interaktionen mit Marketingkampagnen oder dem Kundendienst ein. Diese Datengrundlage wird dann in unterschiedlichen Analysen verwendet, bspw. zur Gruppierung von Kunden, zur Ermittlung des Abwanderungsrisikos, für Kundenwertprognosen oder für KI-gestützte Handlungsempfehlungen. Diese Anwendung soll sich von bisherigen Lösungen durch einen Fokus auf die gesamte Kundenreise (engl. Customer Journey) entlang der verschiedenen Kontaktpunkte differenzieren. Nicht nur die Betrachtung erfolgter Transaktionen, sondern auch die Erweiterung um Analysen von Interaktionen und Verhaltensmustern vor der Transaktion sollen hier im Vordergrund stehen und eine Art datengesteuerte Empathie ermöglichen.

9.3 Intelligent Applications aktivieren

Die Aktivierung von Intelligent Applications in der SAP BDC ist ein zentraler Schritt, der Unternehmen den Weg zu datengestützten Entscheidungen ebnen soll. Im Gegensatz zu traditionellen Business-Intelligence-Implementierungen, die Wochen oder gar Monate in Anspruch nehmen können, wurde die Aktivierung von Intelligent Applications explizit auf Einfachheit und Schnelligkeit ausgelegt. SAP hat die Implementierungszeit durch Automatisierung und Vorkonfiguration drastisch reduziert. Was früher intensive Projektarbeit war, soll nun mit wenigen Klicks erfolgen können. Diese Vereinfachung ist ein Kernmerkmal der SAP BDC und ein wesentlicher Treiber für eine schnelle Akzeptanz und Nutzung der Intelligent Applications am Markt.

Zentraler Zugangspunkt

Wie in Kapitel 8 beschrieben, ist das SAP BDC Cockpit der zentrale Einstiegspunkt für die Installation und Verwaltung von Intelligent Applications. Hier können Administratorinnen und Administratoren und entsprechend berechtigte Anwenderinnen und Anwender alle verfügbaren Intelligent Applications durchsuchen, ihre Anforderungen mit der enthaltenen Funktionalität abgleichen und die Installation bzw. Aktivierung einleiten.

Navigation im SAP BDC Cockpit

Nachdem sich ein Administrator im SAP BDC Cockpit angemeldet hat, erfolgt die Navigation zu den Intelligent Applications in den folgenden Schritten:

1. Klicken Sie im Cockpit im Hauptmenü auf der linken Bildschirmseite auf den Menüpunkt **Intelligente Anwendungen und Datenpakete**.
2. Ihnen wird eine Übersicht aller verfügbaren Intelligent Applications und Datenpakete angezeigt (siehe Abbildung 9.5).

Name	Typ	Kategorie	Version	Systemtyp	Minimale Systemversion
SAP Sourcing and Procurement Data Products (SAP S/4HANA Cloud Private E...	Datenpaket	Sonstiges	1.5.0	SAP S/4HANA Cloud Private Edition	2021.0.0
SAP Service Data Products (SAP S/4HANA Cloud Private Edition)	Datenpaket	Sonstiges	1.1.0	SAP S/4HANA Cloud Private Edition	2023.0.0
SAP Group Reporting Data Products (SAP S/4HANA Cloud Private Edition)	Datenpaket	Finanzwesen	1.6.0	SAP S/4HANA Cloud Private Edition	2021.0.0
SAP Settlement Management Data Products (SAP S/4HANA Cloud Private Editi...	Datenpaket	Sonstiges	1.0.0	SAP S/4HANA Cloud Private Edition	2025.0.0
SAP Contract Accounting Data Products (SAP S/4HANA Cloud Private Edition)	Datenpaket	Sonstiges	1.1.0	SAP S/4HANA Cloud Private Edition	2023.0.0
SAP RnD Engineering Data Products (SAP S/4HANA Cloud Private Edition)	Datenpaket	Sonstiges	1.5.0	SAP S/4HANA Cloud Private Edition	2021.0.0
SAP Real Estate Data Products (SAP S/4HANA Cloud Private Edition)	Datenpaket	Finanzwesen	1.0.0	SAP S/4HANA Cloud Private Edition	2025.0.0
SAP Accounting and Financial Close Data Products (SAP S/4HANA Cloud Priva...	Datenpaket	Finanzwesen	1.7.0	SAP S/4HANA Cloud Private Edition	2021.0.0
SAP Database and Data Management Data Products (SAP S/4HANA Cloud Priv...	Datenpaket	Sonstiges	1.3.0	SAP S/4HANA Cloud Private Edition	2021.0.0
SAP Manufacturing Data Products (SAP S/4HANA Cloud Private Edition)	Datenpaket	Sonstiges	1.5.0	SAP S/4HANA Cloud Private Edition	2021.0.0
SAP Financial Operations Data Products (SAP S/4HANA Cloud Private Edition)	Datenpaket	Finanzwesen	1.5.0	SAP S/4HANA Cloud Private Edition	2021.0.0
SAP Sales Data Products (SAP S/4HANA Cloud Private Edition)	Datenpaket	Vertrieb	1.4.0	SAP S/4HANA Cloud Private Edition	2023.0.0
SAP EHS Environment, Health and Safety and Product Compliance Data Produ...	Datenpaket	Sonstiges	1.0.1	SAP S/4HANA Cloud Private Edition	2023.0.0
SAP Public Sector Budgetory Reporting and Analytics Data Products (SAP S/4...	Datenpaket	Sonstiges	1.1.0	SAP S/4HANA Cloud Private Edition	2021.0.0
SAP Supply Chain Data Products (SAP S/4HANA Cloud Private Edition)	Datenpaket	Sonstiges	1.3.0	SAP S/4HANA Cloud Private Edition	2021.0.0

Abbildung 9.5: Übersicht verfügbarer Intelligent Applications im SAP BDC Cockpit

Jede Intelligent Application und jedes Datenpaket verfügen über einen Dokumentationsbereich, in dem Administratorinnen und Administratoren überprüfen können, ob die Anwendung ihren Anforderungen entspricht und welche Datenprodukte enthalten sind. Die Dokumentation listet typischerweise die folgenden Informationen auf:

- **Kategorie** – bspw. »Finanzwesen«
- Erforderliche Datenquellen (unter **Systemtyp**) – bspw. »SAP S/4HANA Cloud Private Edition«
- Erforderliche SAP-Systeme und deren minimal erforderliche Systemversion (unter **Minimale Systemversion**) – bspw. »2021.0.0«
- Mit der Anwendung verbundene Datenprodukte (unter **Details**)

Dokumentation von Intelligent Applications

Die Dokumentation von Intelligent Applications im SAP BDC Cockpit ist übersichtlich gestaltet und auf einen schnellen Überblick ausgerichtet. Zusätzlich bietet die Produktdokumentation der SAP BDC im Abschnitt **Intelligente Anwendungen visualisieren und erkunden** (siehe *http://s-prs.de/v1134115*) detaillierte technische Hinweise, Konfigurationsleitfäden sowie ausführlichere Beschreibungen.

Voraussetzungen

Bevor eine Intelligent Application installiert bzw. aktiviert werden kann, sollten zunächst einige Voraussetzungen geprüft werden. Grundlegende Bedingung ist natürlich, dass die entsprechenden Quellsysteme existieren und zur Integration mit der SAP-BDC-Formation hinzugefügt wurden. Dazu müssen Sie zunächst den ABAP-Push-Replikationsservice (APRS) installieren und die eingehende Kommunikation für SAP S/4HANA Cloud Private Edition einrichten. Diese beiden Schritte stellen sicher, dass die Kommunikation zu erforderlichen Datenprodukten zugelassen wird, um die anschließende Datenreplikation auszuführen.

Neben der technischen Einbindung des Quellsystems muss auch die Lizenzierung sichergestellt sein. Mit dem globalen Konto (engl. Global Account) muss ein kommerzieller Anspruch in Form von Lizenzen verknüpft sein. Dazu zählen die *SAP Business Data Cloud, Core Capacity* sowie die entsprechenden Lizenzen für die Erweiterungen wie **Cloud ERP Intelligence** oder **People Intelligence**.

Sofern noch nicht geschehen, muss vor der Installation der Intelligent Applications auch die Provisionierung der zugrunde liegenden Dienste, wie SAP Analytics Cloud und SAP Datasphere, in SAP for Me erfolgen.

Installation/ Aktivierung

Sind die Voraussetzungen erfüllt und wurde Ihrem Benutzer die Rolle **BDC-Administrator** zugewiesen, können die Intelligent Applications und Data Packages – oder auch Sammlungen mehrerer Datenprodukte – installiert werden:

1. Öffnen Sie das SAP BDC Cockpit und navigieren Sie im Menü auf der linken Bildschirmseite zum Menüpunkt **Intelligente Anwendungen und Datenpakete** (siehe Abbildung 9.6).

Abbildung 9.6: Suche nach Intelligent Applications und Data Packages

2. Im Reiter **Verfügbar** können Sie nun die gewünschte Anwendung bzw. das gewünschte Data Package selektieren (siehe Abbildung 9.6).

3. In der sich nun öffnenden Detailseite der intelligenten Anwendung finden Sie oben rechts den Button **Install** (siehe Abbildung 9.7).

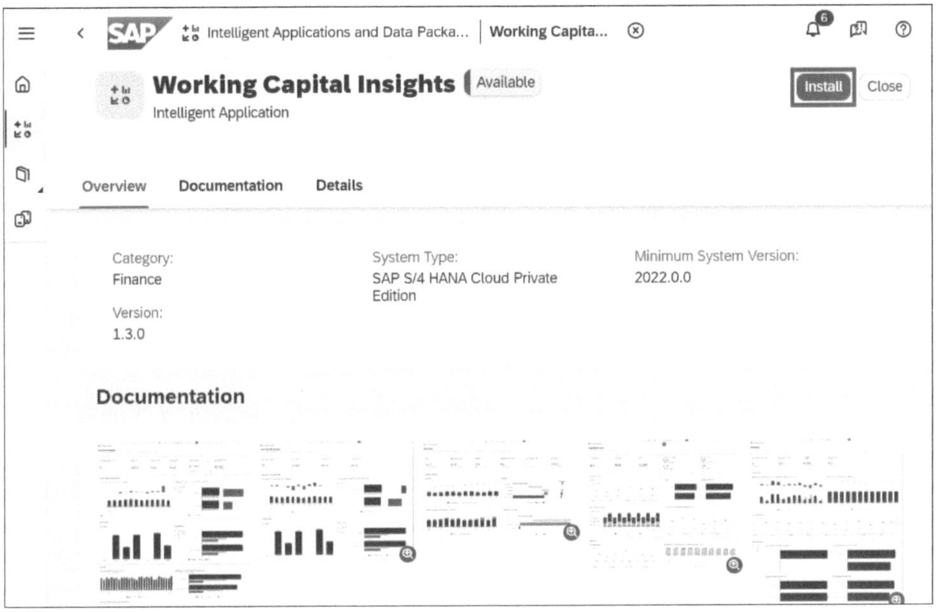

Abbildung 9.7: Intelligent Application installieren

4. Nach dem Klick auf **Install** öffnet sich ein Dialogfenster (siehe Abbildung 9.8), in dem Sie das Quellsystem im Feld **Source System** – bspw. SAP S/4HANA Cloud Private Edition – auswählen, das die Geschäftsdaten bereitstellt. Es kann hierbei nur ein Quellsystem ausgewählt werden, das mit der Mindestversion des Data Packages kompatibel ist. Sollte diese Bedingung nicht erfüllt sein, erscheint ein Warnsymbol und die Installation ist nicht möglich. Sofern ein Data Package aus Datenprodukten mehrerer Quellsysteme besteht und die minimale Systemversion für mindestens ein Quellsystem erfüllt ist, werden auch Teilmengen der Datenprodukte installiert.
5. Die Auswahl eines Quellsystems stößt im Hintergrund einen Verbindungstest an, der nochmals überprüft, ob die Verbindung aktiv ist. Ist dies nicht der Fall, erscheint eine Fehlermeldung und die Installation kann nicht fortgesetzt werden.
6. Sind in Ihrer SAP-BDC-Umgebung mehrere Formationen, also Gruppierungen von SAP-Systemen, angelegt, können Sie in der Auswahlliste **Install Location** diejenige Formation auswählen, in der die Intelligent Application installiert werden soll (siehe Abbildung 9.8).
7. Bestätigen Sie die Aktivierung durch einen weiteren Klick auf **Install**. Daraufhin ändert sich der Status der Intelligent Application zunächst auf **Installation in Progress** und nach Abschluss der Installation auf **Installed**.

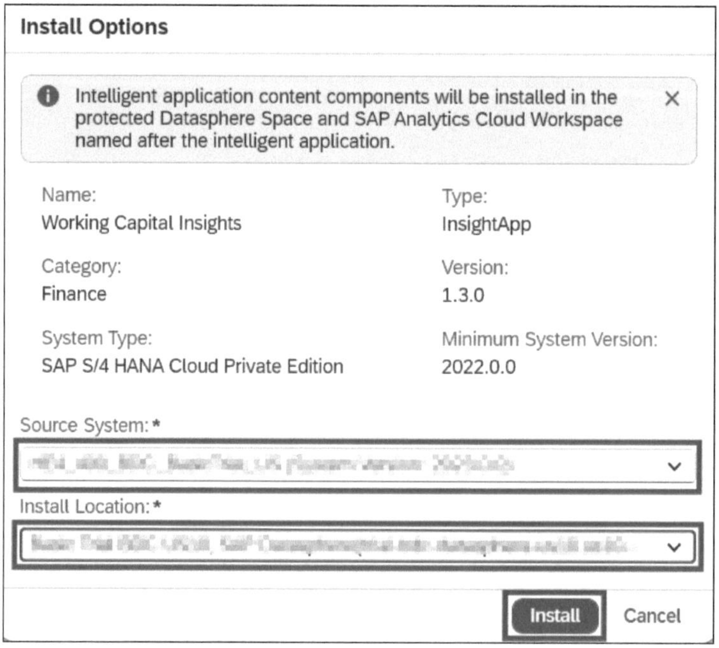

Abbildung 9.8: Intelligent Application konfigurieren und installieren

Im Rahmen der Installation werden mehrere Schritte im Hintergrund ausgeführt. Zum einen werden die zugrunde liegenden Datenprodukte installiert, um die Datengrundlage bereitzustellen. Zum anderen werden in SAP Datasphere schreibgeschützte Spaces erstellt, mit denen Inbound Layer, Harmonization Layer und Reporting Layer strukturiert werden. Darüber hinaus werden Verbindungen, Replication Flows, Tabellen, Views und analytische Modelle angelegt bzw. importiert, eine Initialbeladung ausgeführt und Delta-Beladungen vorbereitet. Darüber hinaus werden vorbereitete Rollen importiert, die die Berechtigungen für den Intelligent Application Space steuern und zur schnellen Nutzbarkeit beitragen. Ein wichtiger Schritt darf nun nicht fehlen: Die automatisch erstellten Rollen müssen manuell durch einen Benutzer mit entsprechender Berechtigung den entsprechenden Benutzern zugewiesen werden.

In SAP Analytics Cloud wird anschließend ein ebenfalls schreibgeschützter Arbeitsbereich (engl. Workspace) angelegt, in den eine oder mehrere Storys importiert und mit den entsprechenden analytischen Modellen aus SAP Datasphere verbunden werden.

Damit ist die Installation der Intelligent Application und somit einer Ende-zu-Ende-Anwendung abgeschlossen – von der Datenextraktion aus dem Quellsystem, über Harmonisierung und Modellierung bis hin zur Visualisierung.

Anpassung von Intelligent Applications

Wie in vielen anderen SAP-Lösungen sind die Business-Content-Pakete oft ein guter Startpunkt, um ohne großen Aufwand erste Ergebnisse zu erzielen. Ein Startpunkt bietet häufig auch eine Diskussionsgrundlage, denn so schwer wir uns mit der Definition oder Formulierung unserer Anforderungen tun, so leicht fällt es uns, Verbesserungspotenziale in etwas Bestehendem zu identifizieren. Und so folgt zumeist die Anpassung der Business-Content-Pakete. Die einfachste Möglichkeit, eine Intelligent Application zu erweitern, ist das Kopieren der SAP-Analytics-Cloud-Story in die Ordnerstruktur. Während das Originalobjekt im Arbeitsbereich **Intelligente Anwendungen** nicht bearbeitet werden kann, verhält sich das kopierte Objekt wie eine benutzerspezifische Story und kann problemlos bearbeitet werden.

Kopieren von Intelligent Applications zur Update-Resilienz

Selbst wenn zunächst keine Anpassungen an den Intelligent Applications erforderlich sind, kann es sinnvoll sein, die Story in einen anderen Ordner zu kopieren. Möchte man einen bestimmten Stand, an den sich Nutzer gewöhnt haben, auch für die Zukunft bewahren oder parallel zwei Versionen einer Analytic Application nutzen, ist die Kopie ein einfaches Mittel.

Die Praxis zeigt, dass es in der Regel nicht nur um Anpassungen der Formatierung oder der Darstellungsform geht. Vielmehr sind industrie- oder unternehmensspezifische Erweiterungen der Datengrundlage bzw. eine Anreicherung der Datenmodelle erforderlich. In Abbildung 9.9, die die Intelligent-Application-Architekturen im Standard (links), bei Kopie (Mitte) und bei Anpassung (rechts) darstellt, entspricht dies der Darstellung auf der rechten Seite. Da die Spaces, die während der Installation von Intelligent Applications erzeugt werden, jedoch ebenfalls schreibgeschützt sind, sind für diese Erweiterung weitere Schritte notwendig:

1. **Spaces erzeugen:** Zunächst müssen kundenindividuelle Spaces für Harmonization und Reporting erzeugt werden. Dies kann durch Kopieren der SAP-verwalteten Spaces und der jeweiligen Artefakte, wie Views und analytische Modelle, erfolgen, sofern eine vollständige Kopie erzeugt werden soll. Andernfalls wird ein neuer, kundenindividueller Space erzeugt.
2. **Views kopieren/anlegen:** Sind grundlegende Erweiterungen notwendig, ist es vermutlich einfacher, eine neue View zu erzeugen. Das ist insbesondere dann erforderlich, wenn neue Spalten, angepasste Filter oder die Join-Logik angepasst werden müssen oder zusätzliche Daten eingebunden werden sollen.
3. **Analytisches Modell kopieren/anlegen:** Bei kleineren Anpassungen kann das analytische Modell kopiert und erweitert werden, indem Attribute und berechnete oder eingeschränkte Kennzahlen erstellt und hinzugefügt wer-

den können. Hier möchten wir darauf hinweisen, dass die kopierte View mit dem kopierten analytischen Modell verknüpft werden muss.

4. **Story kopieren/anlegen:** Ebenso muss das neue analytische Modell in einer Kopie der ursprünglichen Story eingebunden werden.

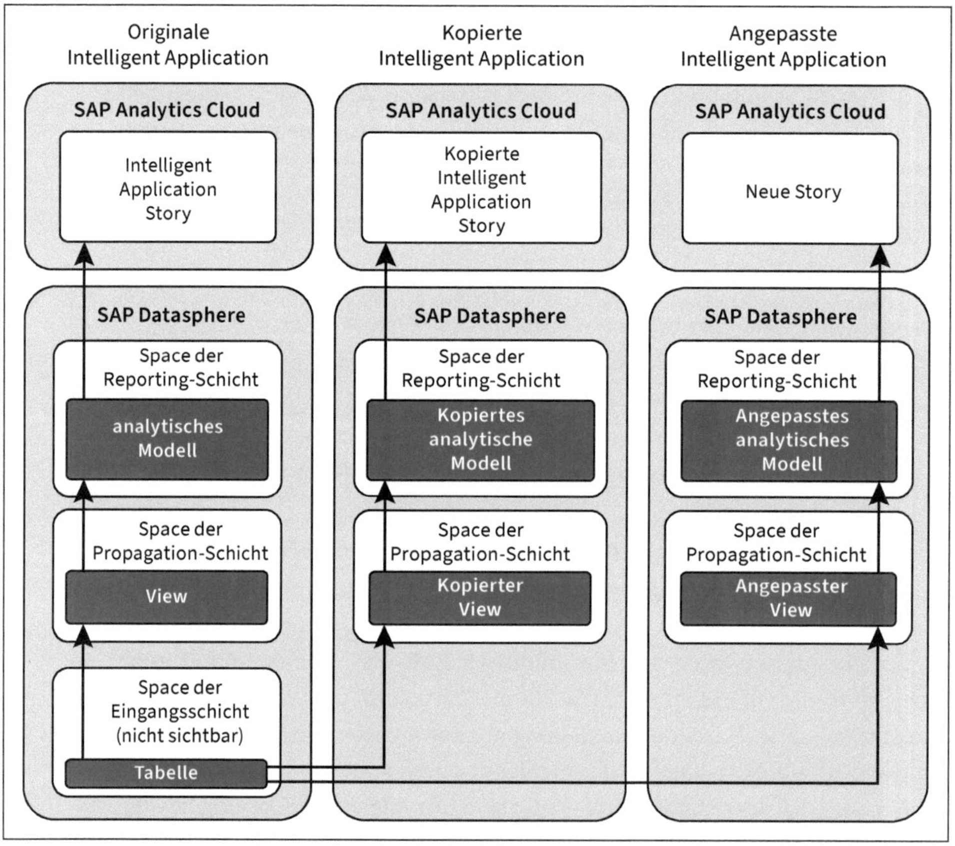

Abbildung 9.9: Anpassungen von Intelligent Applications in SAP Datasphere

Herausforderungen bei der Installation

Bei der Aktivierung von Intelligent Applications können verschiedene Herausforderungen auftreten, die sich jedoch durch gezieltes Vorgehen lösen lassen. Ein häufiges Problem ist das Auftreten unerwarteter Systemabhängigkeiten. Intelligent Applications und Data Packages können auf Daten aus SAP-Systemen aufbauen, die nicht der minimal erforderlichen Systemversion entsprechen oder nicht ordnungsgemäß konfiguriert bzw. eingebunden sind. Um dies zu vermeiden, sollte nicht nur die Dokumentation des Datenpakets aufmerksam gelesen werden, sondern vor allem sollten vor der Aktivierung sämtliche Voraussetzungen überprüft werden. Die Produktdokumentation für die SAP BDC wächst stetig, und insbesondere die Abschnitte zur Bereitstellung und Konfiguration von SAP-BDC-Anwendungen sowie zum Anlegen von Formationen im Bereich **Verwaltung** der SAP BDC sollten helfen, Konfigurationsfehler zu vermeiden.

Eine weitere Herausforderung besteht darin, dass der Installationsprozess in manchen Fällen mit Fehlern abgebrochen wird. Glücklicherweise können unbegrenzt Wiederholungsversuche durchgeführt werden, nachdem Daten- oder Konfigurationsprobleme behoben wurden. Dazu navigieren Sie im SAP BDC Cockpit zum Menüpunkt **Intelligente Anwendungen und Datenpakete** und wählen den Reiter **Installiert**. Dort wählen Sie die Intelligent Application bzw. das Data Package aus, deren bzw. dessen Installation bzw. Aktivierung fehlgeschlagen ist. Im Auswahlfeld **Reparieren** selektieren Sie dann die Option **Installation wiederholen**. So können Probleme systematisch behoben werden, ohne dass das System neu aufgesetzt werden muss.

Nicht selten wird auch die zuvor erwähnte manuelle Rollenzuweisung übersehen. Nach der Installation sind Storys zwar verfügbar, doch Anwenderinnen und Anwender können nicht darauf zugreifen. Der Grund dafür liegt darin, dass Administratorinnen und Administratoren die automatisch erstellten Rollen explizit zuweisen müssen oder dass ggf. auch die grundlegenden Rollen wie **DW Consumer** fehlen.

Tipps für erfolgreiche Installationen

Eine erfolgreiche Installation von Intelligent Applications erfordert ein strukturiertes Vorgehen. Zunächst sollten eine gründliche Vorauswahl und Planung stattfinden. Das bedeutet, die Dokumentation der relevanten Intelligent Application zu lesen, um die Anwendungsfälle zu verstehen. Gleichzeitig sollten relevante Fachabteilungen frühzeitig eingebunden werden, um festzulegen, wer die Anwendung nutzen wird und welche Daten benötigt werden. So soll sichergestellt werden, dass die Anforderungen der Fachabteilungen durch die Intelligent Application abgedeckt werden.

Wie bei vielen Projekten empfiehlt sich auch hier ein Pilotansatz, bei dem zunächst eine Aktivierung für eine begrenzte Anzahl von Geschäftseinheiten oder geografischen Regionen durchgeführt wird. Dieses Vorgehen ermöglicht eine übersichtliche Validierung, die Prüfung der Datenqualität und stellt sicher, dass die Lösung für die Fachabteilungen relevant ist. Gleichzeitig erlaubt es die Ausbildung eines kleinen Kernteams unter kontrollierten Bedingungen und schafft die Grundlage für systematische Rückmeldungen, die wiederum die Basis für breitere Anpassungen bilden können. Nach erfolgreicher Pilotphase kann die Intelligent Application oder die adaptierte Kopie dann schrittweise für das gesamte Unternehmen bereitgestellt werden.

Ein weiterer Erfolgsfaktor ist wie so oft eine klare Rollen- und Governance-Struktur. Für eine erfolgreiche Aktivierung sind mehrere definierte Rollen erforderlich:

- BDC-Administratoren, die Installationen und Konfiguration verwalten,
- SAP-Datasphere-Administratoren, die Spaces und Datenprodukte betreuen,
- Datenverantwortliche (engl. Data Stewards), die sicherstellen, dass Quelldaten aktuell und von hoher Qualität sind,
- Anwenderinnen und Anwender, die die Oberflächen für ihre tägliche Entscheidungsfindung nutzen und Rückmeldungen zur Relevanz geben.

Darüber hinaus sollten Intelligent Applications nicht als Einmalimplementierung betrachtet werden. Kontinuierliche Verbesserung ist ein wesentlicher Erfolgsfaktor. Organisationen sollten Nutzungsmuster überwachen und verstehen, welche Informationen für die Fachbereiche am wertvollsten sind. Basierend auf diesem Verständnis und regelmäßigem Feedback können Anpassungen iterativ vorgenommen werden. Darüber hinaus sollten neue Funktionen, die SAP kontinuierlich bereitstellt, systematisch evaluiert und bei Eignung in die bestehenden Implementierungen integriert werden. Dieser kontinuierliche Verbesserungsprozess stellt sicher, dass Intelligent Applications ihre volle Wirkung entfalten können.

9.4 Zusammenfassung

Intelligent Applications in der SAP BDC leisten einen Beitrag für die Entstehung einer neuen Generation von Unternehmensanwendungen, die klassische Business-Intelligence-Ansätze gezielt erweitern. Sie kombinieren Rohdaten, vordefinierte Domäneninhalte, analytische Modelle und Visualisierungen mit Funktionen aus den Bereichen ML und KI, um datenbasierte Entscheidungen zu unterstützen, Vorschläge für Handlungsempfehlungen zu erstellen oder Teile von Geschäftsprozessen zu automatisieren. Im Unterschied zu traditionellen BI-Lösungen, die eine aufwendige Datenintegration und Modellierung erfordern, werden Intelligent Applications als weitgehend schlüsselfertige, von SAP verwaltete Anwendungen bereitgestellt.

Architektonisch basieren Intelligent Applications auf einem mehrschichtigen Modell: In der Visualisierungsschicht dienen Storys und Analytic Applications in SAP Analytics Cloud als zentrale Oberflächen für Berichte, Analysen und Interaktionen. Darunter liegen analytische Modelle in SAP Datasphere, die die fachliche Aufbereitung und Anreicherung der Daten übernehmen. Diese Modelle werden durch von SAP verwaltete Datenprodukte gespeist – abgegrenzte, domänenübergreifend konsumierbare Datensätze, die für performante Lesezugriffe optimiert sind.

Die technische Grundlage bilden die Foundation Services, die Daten aus Quellsystemen wie SAP S/4HANA oder SuccessFactors in einen zentralen Objektspeicher replizieren, transformieren und harmonisieren. Standardisierte Schnittstellen, ein Zero-Copy-Ansatz und Delta-Sharing-Mechanismen sorgen dafür, dass verschiedene Dienste auf gemeinsame Daten zugreifen können, ohne redundante Kopien zu erzeugen, und unterstützen gleichzeitig die Clean-Core-Strategie mit Side-by-Side-Erweiterungen auf der SAP BTP.

In der Praxis dienen Intelligent Applications selten als unveränderte Standardlösung, sondern als Startpunkt für industrie- oder unternehmensspezifische Anpassungen. Durch das Kopieren der ausgelieferten Storys und das Anlegen eigener Spaces können zusätzliche Datenquellen eingebunden, Views und analytische Modelle erweitert sowie fachliche Anforderungen gezielt abgebildet werden, ohne die Update-Fähigkeit der SAP-verwalteten Inhalte zu beeinträchtigen. Für eine nachhaltige Nutzung sind neben der technischen Umsetzung ein klarer organisatorischer Rahmen, definierte Rollen (u. a. SAP-BDC-Administratoren, Datasphere-Administratoren, Data Stewards und Fachanwender) sowie ein kontinuierlicher Verbesserungsprozess zentral. Intelligent Applications entfalten ihren vollen Nutzen dann, wenn sie nicht als einmalige Implementierung, sondern als stetig weiterzuentwickelnde Bausteine einer datengetriebenen Organisation verstanden werden, die eine schnelle, fundierte und zunehmend automatisierte Entscheidungsfindung unterstützen.

TEIL II

Einsatzszenarien für die SAP Business Data Cloud

Kapitel 10
Status quo: Ein Analytics-Best-of-Breed-Ansatz

In unseren Strategie- und Architektur-Assessments stellen wir immer wieder fest, dass Best-of-Breed-Ansätze nach wie vor als attraktiv eingestuft werden. Gleichzeitig gibt es jedoch einen Trend hin zu Plattformen mit hybriden Modellen, die die Koexistenz ähnlicher, aber gezielt ausgewählter Analytics-Komponenten ermöglichen.

Teil II dieses Buches beinhaltet eine breite Auswahl realer Kundensituationen aus den letzten Jahren. Unser Ziel ist es, möglichst vielen Leserinnen und Lesern die Möglichkeit zu geben, ihre jeweiligen Probleme und Situationen darin wiederzufinden, und ihnen damit Anregung und Orientierung für die eigenen Herausforderungen zu bieten. Wir möchten betonen, dass es sich hierbei nicht um eine vollständige und umfassende Sammlung aller Herausforderungen im Kontext der SAP BDC handelt. Die von uns vorgestellten Lösungen, Einschätzungen und Bewertungen sind außerdem nicht als pauschale Empfehlung oder Patentrezept zu verstehen. Alle realen Kundenprojekte beinhalten immer kundenindividuelle Rahmenbedingungen oder Sachverhalte, die nach Abwägung aller Vor- und Nachteile zu den hier dargestellten Entscheidungen geführt haben. Es gibt sicherlich viele ähnlich gelagerte Situationen am Markt, in denen anders entschieden wurde, und diese Entscheidungen müssen keinesfalls weniger gut oder geeignet sein, als die hier im Buch skizzierten. Wir möchten uns daher auf keinen Fall anmaßen, zu behaupten, dass die in diesem Teil vorgestellten Szenarien immer die bestmögliche Lösung für alle beinhalten.

In diesem Kapitel beginnen wir mit einer Betrachtung der generellen IT-Architektur für Analytics. Dabei beleuchten wir in Abschnitt 10.1 den Unterschied zwischen einem Best-of-Breed- und einem Best-of-Suite-Ansatz. In Abschnitt 10.2 erklären wir anhand eines praktischen Anwendungsfalls, wie der Übergang von Best of Breed zu Best of Suite mithilfe der SAP BDC gemeistert werden kann. Abschließend betrachten wir in Abschnitt 10.3 einige der Herausforderungen durch Best of Breed und erläutern Lösungsansätze mit der SAP BDC.

10.1 Best of Breed vs. Best of Suite

Vorteile des Best-of-Breed-Ansatzes

Das Ziel des sogenannten *Best-of-Breed-Ansatzes* für IT-Systeme besteht darin, für die jeweiligen Geschäftsprozesse bzw. betrieblichen Aufgaben die bestmögliche Software zu verwenden. Die Vorteile für den spezifischen Einsatz liegen auf der Hand: Das Unternehmen bzw. ein Fachbereich erhält die Chance, sich den Hersteller bzw. hochspezialisierte Lösungen, die oft führend in ihrer jeweiligen Kategorie sind (z. B. für ETL, Data Visualization oder Advanced Analytics), auszusuchen und im Idealfall kundenindividuell anzupassen. Meist haben diese Komponenten die folgenden Eigenschaften:

- Sie sind innovativer und agiler, da sie sich auf eng definierte Probleme konzentrieren.
- Sie sind kostengünstiger.
- Sie sind einfacher auszutauschen als eine Komplettlösung.

Mit Best of Breed können Unternehmen ihre Analytics-Strategien genau auf ihre individuellen Bedürfnisse zuschneiden, ohne sich von einem einzigen Anbieter einschränken zu lassen.

Vor- und Nachteile des Best-of-Suite-Ansatzes

Das Gegenstück dazu ist der sogenannte *Best-of-Suite-* oder *All-in-one-Ansatz*, bei dem Komplettanbieter umfangreiche Funktionen und Module aus einer Hand liefern. Die Vorteile dieses Ansatzes sind:

- eine vereinfachte Integration, da die Komponenten nahtlos integriert sind,
- ein geringer Bedarf an APIs oder Middleware, um Daten mit anderen Systemen auszutauschen,
- Konsistenz in der Oberfläche für die Anwenderinnen und Anwender,
- Softwarewartung mit weniger Abhängigkeiten sowie
- reduzierte Gesamtkosten durch einen Paketpreis.

Dieser Ansatz hat jedoch auch Nachteile:

- eine meist eingeschränkte Flexibilität in den Funktionen,
- meist weniger Raum für kundenindividuelle Anpassungen,
- vergleichsweise geringere Chancen auf Innovationen sowie
- eine stärkere Abhängigkeit vom Anbieter (*Vendor Lock-in*).

Herausforderungen bei Best-of-Breed

Aus gesamtunternehmerischer Sicht liegt die Herausforderung bei Best of Breed darin, die Softwarekomponenten miteinander zu verbinden, um Prozesse und Datennutzung zwischen betrieblichen Funktionen, Geschäftseinheiten, Regionen etc. zu unterstützen. Eine mangelnde Integration mehrerer Tools und Plattformen führt daher in der Regel zu Datensilos.

Aus Sicht der IT bringt jede Software spezifische Anforderungen bezüglich Beschaffung, Bereitstellung, Wartung und Integration in die IT-Landschaft mit sich. Die Implementierung und Wartung einer Best-of-Breed-Architektur kann daher teurer sein als der Einsatz einer All-in-one-Plattform, insbesondere da zusätzliche Ressourcen für Integration und Datenmanagement benötigt werden. Unterschiedliche Tools und Anbieter können Sicherheits- und Compliance-Risiken erhöhen, da Daten möglicherweise über mehrere Plattformen verteilt sind. Hinzu kommen noch Aufwände in der Lizenzverwaltung sowie der Aufbau softwarespezifischen Wissens in der IT und den Fachbereichen.

Aus Sicht der Fachbereiche kann es dadurch zu einer Vielzahl unterschiedlicher Anwendungen kommen, die beherrscht werden müssen und meist mit Systembrüchen einhergehen, was wiederum eine Prozessautomatisierung erschwert.

10.2 Ausgangslage unseres Anwendungsfalls: Die Best-of-Breed-Architektur

Unser beispielhafter Use Case

Nach der kurzen theoretischen Betrachtung der beiden Ansätze widmen wir uns nun einem Beispiel aus der Praxis. Sie werden in dieser Ausgangslage sicher Parallelen zur Situation in Ihrem Unternehmen wiederfinden.

In diesem Abschnitt betrachten wir für Data-and-Analytics-Anwendungen eine umfangreiche – aber am Markt durchaus auffindbare – Best-of-Breed-Architektur, die Datenhaltung, Datenintegration, Reporting, Planung, Konsolidierung und KI beinhaltet. Die Komponenten liegen überwiegend in der Verantwortung der zentralen IT. Selbstverständlich befinden sich auch Softwarekomponenten dezentral in Gesellschaften, also auch in diversen Fachabteilungen.

Status quo unseres Beispielunternehmens

Unser Beispielunternehmen aus der produzierenden Industrie befindet sich bereits in der Transformation zu SAP S/4HANA. Die meisten Gesellschaften in Deutschland sind bereits auf SAP S/4HANA migriert. Weltweit werden jedoch nicht alle Gesellschaften auf SAP S/4HANA umsteigen, da einige z. B. sehr klein sind, nur in einem Geschäftssegment tätig sind oder lediglich eine vertriebliche Funktion erfüllen. Der Fachbereich Finanzen und Controlling setzt für die Steuerung der wesentlichen Kennzahlen auf SAP BW on SAP HANA, in das die Daten der Gesellschaften, die SAP-Systeme nutzen, täglich und die Daten der Nicht-SAP-Gesellschaften monatlich per Daten-Upload geladen werden. Die Finanzplanung erfolgt in Excel, d. h., es werden viele manuell erzeugte Dateien versendet und Plandaten eingesammelt. Die legale Konsolidierung erfolgt außerhalb von SAP in einer separaten Anwendung, die von der Finanzbuchhaltung gehostet wird. Der Fachbereich Research and Development hat sich eine eigene Lösung mit Databricks Enterprise (es könnte auch jede andere Lösung genannt werden) aufgebaut. Er versorgt sich selbst aus vielen Unternehmensbereichen mit Nicht-SAP-Daten und analysiert diese mit einem eigens ausgewählten Frontend für die eigenen spezifischen Szenarien. Nun sollen auch Kosteninformationen aus SAP eingebunden und mithilfe von KI bessere Analysen und Vorhersagen durchgeführt werden.

Als weitere ERP-Systeme und Datenquellen werden im Unternehmen SAP Human Capital Management (SAP HCM), SAP Integrated Business Planning (SAP IBP), SAP SuccessFactors, SAP Ariba sowie diverse Nicht-SAP-Systeme eingesetzt, deren Daten in SAP BW 7.5 on SAP HANA fließen. SAP Datasphere ist bereits als Zukunftslösung vorhanden und wird sukzessive ausgebaut. Zur Visualisierung werden SAP Analysis for Microsoft Office und SAP Analytics Cloud eingesetzt. In den Fachbereichen befinden sich weitere Lösungen für Reporting, Planung sowie datenhaltende Applikationen. Diese Architektur sehen Sie in Abbildung 10.1.

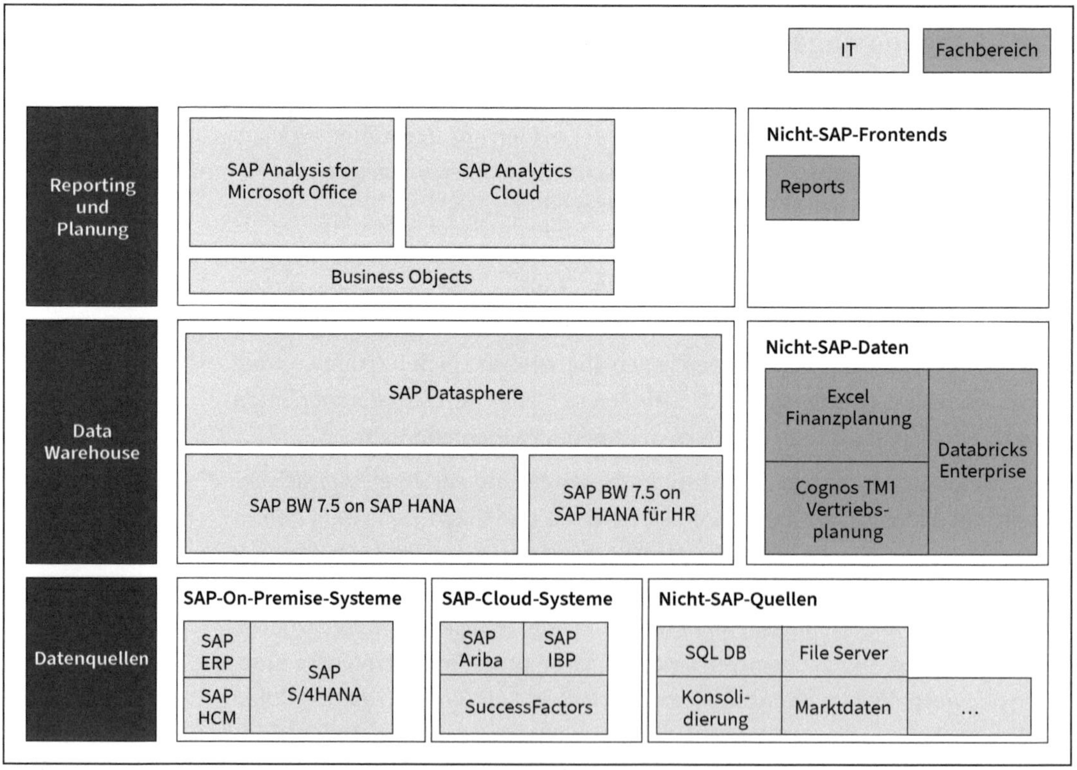

Abbildung 10.1: Beispiel einer Best-of-Breed-Architektur

Diese Darstellung der Architektur ist stark vereinfacht. Es fehlen u. a. Customer Relationship Management (CRM), Supply Chain Management (SCM), Produktionsplanung, Recruiting und viele weitere Bereiche.

[«]

Einfluss einer SAP-S/4HANA-Transformation

Die ERP-Systeme sind außerhalb der Best-of-Breed-Analytics-Architektur anzusiedeln. Trotzdem möchten wir das Thema kurz anreißen. Das Vorhandensein mehrerer SAP-ERP-Systeme sowie Nicht-SAP-Systeme ist durchaus die Norm. In den meisten SAP-S/4HANA-Transformationen wird stets eine Zentralisierung auf ein System evaluiert. Eine besondere Herausforderung für den Analytics Stack entsteht dann, wenn sich im Rahmen mehrerer (zeitlich versetzter) Go-lives inhaltliche und prozessuale Änderungen ergeben, die sich auf die Kennzahlendefinitionen auswirken. Angenommen, es gibt einen Bericht mit einer Kennzahl X im alten System mit einer alten Definition. Wenn nun einige Gesellschaften auf SAP S/4HANA umsteigen, ändern sich die Berechnungen zu bestehenden Kennzahlen oder es entstehen neue Kennzahlendefinitionen. Die Herausforderung im Data Warehouse besteht dann darin, für Konsistenz und Vergleichbarkeit zwischen alter und neuer Welt sowie zwischen historischen und aktuellen Daten zu sorgen.

Im folgenden Abschnitt betrachten wir einige Komponenten dieser Architektur und beschreiben die klassischen Herausforderungen dieses Aufbaus. Darüber hinaus zeigen wir Ihnen, wie der Plattformcharakter der SAP BDC zu einer Verbesserung der Architektur beitragen kann.

10.3 Herausforderungen durch Best of Breed und Lösungsansätze mit der SAP BDC

Nun kennen Sie den Status quo des Anwendungsfalls mit seinen Vor- und Nachteilen. In diesem Abschnitt zeigen wir Ihnen, wie Sie die SAP BDC nutzen können, um den Plattform-Ansatz zu stärken.

Beginnen wir mit den beiden SAP-BW-Systemen. SAP BW on SAP HANA ist definitiv eine Komponente, die modernisiert werden muss (ausführlichere Informationen hierzu finden Sie in Kapitel 12, »Status quo: Etabliertes SAP BW 7.5. on SAP HANA«). Für dieses Kapitel reicht es zunächst zu wissen, dass das Wartungsende für SAP BW 7.5. on SAP HANA im Jahr 2027 erreicht ist und SAP Datasphere als Bestandteil der SAP BDC die neue Data-Warehouse-Lösung von SAP bildet. In diesem Zusammenhang kann auch abgewogen werden, ob die HR-Daten weiterhin in einer separaten Umgebung gehalten werden müssen oder ob eine Zusammenführung in SAP Datasphere – in separat zu berechtigenden Spaces sowie Data Access Controls – möglich ist. Dadurch können sowohl Synergien geschaffen als auch Komplexität reduziert werden.

Auch die externe Lösung für die legale Konsolidierung kann mithilfe der SAP BDC abgelöst werden. Dies wird in Kapitel 20, »Seamless Consolidation basierend auf der SAP Business Data Cloud«, beschrieben. Für diesen Abschnitt ist es ausreichend zu wissen, dass SAP mehrere Lösungen zur Konsolidierung anbietet, von denen je nach fachlicher Konstellation eine passende ausgewählt werden kann, um damit die Integration, Automatisierung und in der Regel auch die Geschwindigkeit im monatlichen Abschlussprozess zu verbessern.

Finanzplanung in Excel

Excel ist nach wie vor der Liebling von Controlling-Abteilungen, insbesondere für die Finanzplanung. Dies bringt jedoch erfahrungsgemäß mindestens die nachfolgenden Herausforderungen mit sich (wenn nicht sogar noch weitere):

- **Änderungen an lokalen Dateien, nicht valide Stammdaten und Modifizierungen**

  Trotz Template, Passwortschutz etc. gibt es lokale Dateien, die verändert wurden, nicht valide Stammdaten enthalten oder anderweitig modifiziert wurden, um lokale Bedürfnisse zu berücksichtigen und damit die Planung zu verändern.

- **Überschätzte Excel-Kenntnisse**

  Bislang haben wir in keinem Kundenprojekt fehlerfreie Excel-Dateien vorgefunden. Im Rahmen der Standardisierung und Implementierung von Planungsmodellen und -prozessen haben wir stets unbemerkte Inkonsistenzen entdeckt.

- **Stammdaten**

  Die Simulation von Forecasts und Budgets erfordert in der Regel (Plan-) Stammdaten, die meist durch Dummys abgebildet werden. Diese werden jedoch so gut wie nie in die ERP-Systeme zurückgespielt.

Wie soeben in unserem kurzen SAP-S/4HANA-Exkurs beschrieben, existiert aufgrund der unterschiedlichen ERP-Systeme und des unterschiedlichen Rollout-Status kein einheitlicher und harmonisierter Datenraum mit identischer Datengranularität für Ist-Daten. Aus diesem Grund existiert mit sehr hoher Wahrscheinlichkeit – insbesondere, wenn Excel genutzt wird – auch keiner für Plan-Daten. Immerhin basieren die SAP-S/4HANA-Gesellschaften auf einem einzigen Template und nutzen z. B. einen einheitlichen Kontenplan (dies wurde hier angenommen, um den Anwendungsfall zu vereinfachen).

Planung mit SAP Analytics Cloud

Im ersten Schritt wurden mit der Einführung von SAP Analytics Cloud for Planning zudem ca. 40 Excel-Dateien mit jeweils zahlreichen Registerblättern darin abgelöst. Das Ergebnis sehen Sie in Abbildung 10.2 in Form einer tabellarischen Planungsmaske, die mithilfe von Filtern alle 40 Excel-Dateivarianten in einer Oberfläche vereint und zentrale Planungsfunktionalitäten bietet.

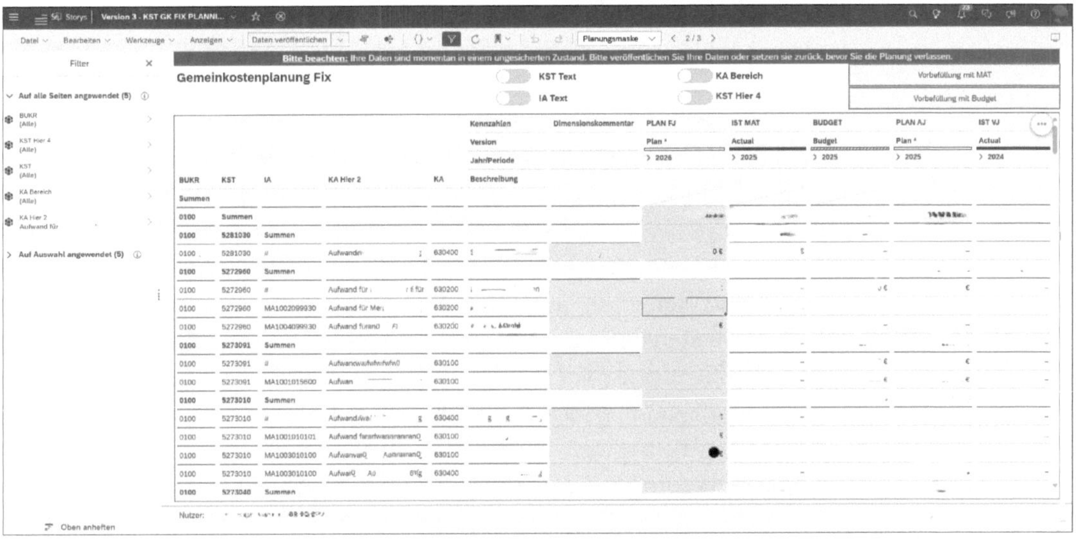

Abbildung 10.2: Beispiel für eine einfache Finanzplanung in SAP Analytics Cloud

Planung in der SAP BDC

Mit SAP Analytics Cloud kann eine zentrale Planungsstory verwendet werden, in der jeder Planer seine Plandaten eingeben kann. Strukturen, Stamm- und Bewegungsdaten basieren auf SAP Datasphere. Manipulationen sowie das manuelle Versenden und Einsammeln von Plandaten entfallen somit. Der Planungsprozess mit allen Teilschritten, Berechtigungen und Zuordnungen der Planer erfolgt in SAP Analytics Cloud. Dadurch lässt sich der gesamte Planungsprozess deutlich leichter steuern und überwachen. In SAP Datasphere werden u. a. die Ist-Daten, Vorjahreswerte, Stammdaten etc. für die Planung bereitgestellt. Darüber hinaus werden in SAP Datasphere datenintensive Berechnungen für die Planung durchgeführt. In der Vergangenheit mussten wir bei Kundenprojekten immer wieder feststellen, dass vermeintliche Planungsfunktionen eigentlich Datenverarbeitungsprozesse sind, für die SAP Analytics Cloud nicht konzipiert und ausgelegt ist.

Ausblick: Lösungen mit der SAP BDC

Um diesen Problemen vorzubeugen, verfolgen wir mit der SAP BDC die folgenden Ziele:

- Die Planungsmodelle sollen nur Planungsfunktionen und wenig Logik beinhalten, um Performance, Wartbarkeit und User Experience zu optimieren.
- Alle verwendeten Daten sollen in SAP Datasphere gehalten, für die Planung vorbereitet und bereitgestellt werden.
- Ergebnisse einer Planung sollen in die entsprechenden Vorsysteme zurückgespielt werden.
- Die Planung selbst bzw. die Teilpläne und Planergebnisse sollen ebenfalls als Datenprodukt angesehen und behandelt werden.

Schatten-IT

Die Komponente Databricks Enterprise ist in unserem Use Case ein Platzhalter für jede beliebige Ausprägung einer sogenannten *Schatten-IT*. Die Gründe für das Bestehen einer Schatten-IT sind vielfältig. Oft sind ein fehlender strategischer Rahmen, unternehmensinterne Politik, zu geringe Kapazitäten oder Budgets in der zentralen IT oder schlicht mangelnder unternehmensinterner Austausch die Ursachen. Die selbstständige Beschaffung, Einführung und der selbstständige Betrieb von Software oder Cloud-Services sowie der Aufbau von IT-Wissen oder -Mitarbeitender sind die Folge. Daten werden dann meist in Eins-zu-eins-Kontakten intern ausgetauscht; es werden Datenbanken erzeugt, die Daten verarbeiten und Berechnungen durchführen und diese schließlich in Berichten veröffentlichen. Oft passiert es dann, dass sich zu den vermeintlich gleichen Kennzahlen unterschiedliche Berichte mit unterschiedlichen Werten im Unternehmen verbreiten. Je nach Unternehmenskultur, Prozessen und Entscheidungen kann sich eine Schatten-IT zu einer gut funktionierenden und integrierten Lösung entwickeln. Um das Problem der Schatten-IT zu lösen, sollte eine *IT Governance* (ggf. *BI Governance*) vereinbart werden, in der Kollaboration, Rollen, Verantwortlichkeiten etc. miteinander geklärt werden.

Databricks mit SAP BDC

Die SAP BDC erhöht nicht die Kapazität interner IT-Mitarbeiter und löst auch keine politischen oder strategischen Missstände. Wir sind jedoch davon überzeugt, dass der Object Store eine technologische Grundlage bilden kann, auf der alle Unternehmensbereiche gemeinsam arbeiten können, wenn dort die Datenprodukte zentral bereitgestellt werden und somit auch eine gemeinsame Datenkultur mit einer nicht-invasiven Data Governance (vor)gelebt wird. Das Partner-Ökosystem von SAP wird sicherlich auch in Zukunft weiterwachsen und die Hürden bei der gemeinsamen Nutzung von Daten reduzieren – egal, ob diese Daten bei Microsoft, Snowflake, Databricks oder anderen Herstellern liegen. Der Anteil an Live-Zugriffen wird aus unserer Sicht signifikant zunehmen, während der Anteil an Datenreplikation weniger werden wird. Aufgrund dieser Basis und des Plattformcharakters der SAP BDC besteht keine Notwendigkeit mehr, weitere Lösungen zu beschaffen, die ebenfalls Daten sammeln, bearbeiten, speichern etc. Was aber auch nicht fehlen darf, ist, den Fachbereichen entsprechende Rollen, Freiräume und Coachings anzubieten, statt einfach nur Self-Service zu ermöglichen. Die Fachbereiche dürfen außerdem zu Recht erwarten, dass ihnen erweiterte Self-Service-Möglichkeiten bis hin zum Self-Service Data Engineering angeboten werden. Im Fall der SAP BDC wäre dies z. B. der technische Zugriff auf die Daten im Object Store, um diese in einem eigenen Space in SAP Datasphere, SAP Databricks oder Databricks nutzen, analysieren oder veredeln zu können. Die Datenprodukte werden dann im Data Catalog publiziert und stehen damit zur Nutzung bereit (siehe Abbildung 10.3).

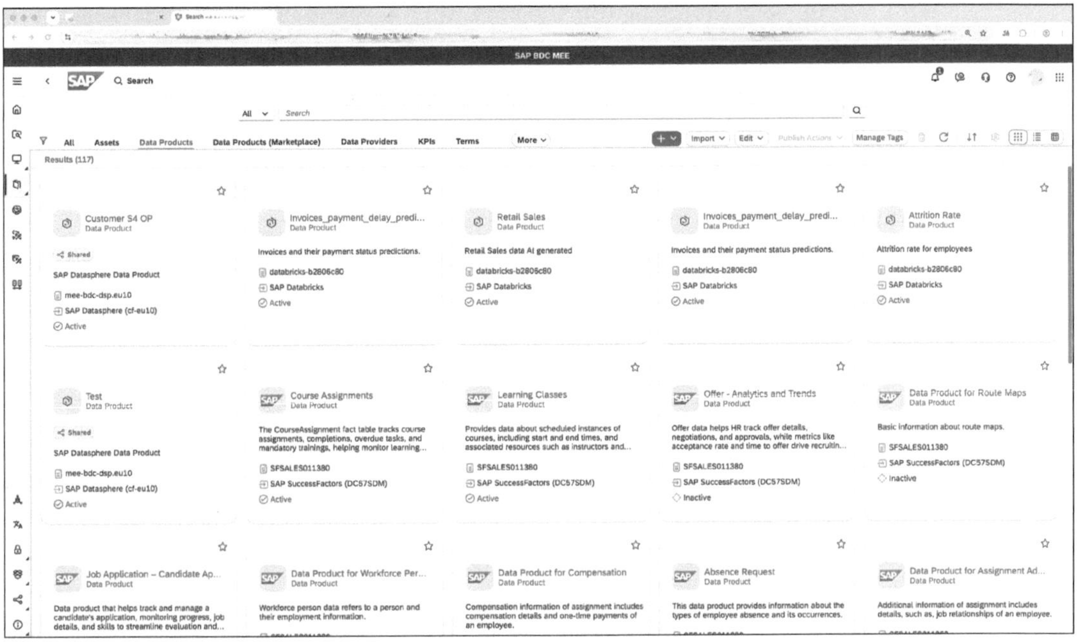

Abbildung 10.3: Der Data Catalog als Grundlage für das Teilen von Daten im Unternehmen (Quelle: https://www.sap.com/products/data-cloud/product-tour.html)

SAP BW für HR

HR-Daten unterliegen besonderen Datenschutzanforderungen. Es ist daher bei unseren Kunden keine Seltenheit, dass ein HR-Reporting aufgrund dieser Anforderungen sowie interner Richtlinien auf einem separaten SAP-BW-System betrieben wird. Der Schutz der personenbezogenen und sensiblen Daten soll sowohl durch eine physische als auch durch eine logische Systemtrennung gewährleistet werden. Auch Kunden, die ein etwas ausgefeilteres SAP-BW-Berechtigungskonzept in einem zentralen SAP-BW-System einsetzten, konnten die höheren Datenschutzanforderungen durchaus abbilden und somit die physische und logische Systemtrennung vermeiden. Andere Gründe wie ggf. Performance oder Komplexität lagen meist nicht vor. Wie bereits erwähnt, ist SAP BW on SAP HANA allerdings ein Modernisierungskandidat.

Kundenbeispiel

In einem anderen Kundenbeispiel wurde im ersten Schritt das SAP-BW-HR-Reporting aus SAP BW on maxDB nach SAP Datasphere migriert. Im Zuge dessen wurden Business Explorer Reporting Workbooks (BEx Reporting) sowie Webreports in SAP Enterprise Portal durch die Nutzung von SAP Analytics Cloud abgelöst. Beim Aufbau der neuen Datenmodelle in SAP Datasphere wurden eine DSGVO-konforme Modellierung, ein detailliertes Space-Konzept und separate Data Access Controls berücksichtigt. Die Unterschiede in der Architektur vor und nach dem Projekt sind in Abbildung 10.4 dargestellt. In der Visualisierung wurde SAP Analysis for Micorsoft Office von Storys in SAP Analytics Cloud abgelöst; die Verwendung von SAP Analytics Cloud Add-in for Microsoft Excel befindet sich noch in der Evaluation. Wie eingangs beschrieben, wurden die HR-Datenmodelle aus SAP BW nach SAP Datasphere migriert. Mehrere analytische Modelle ermöglichen nun je nach Story-Konsument mitarbeitergenaue und anonymisierte Auswertungen. Auf der Seite der Quellsysteme hat sich nur sehr wenig verändert.

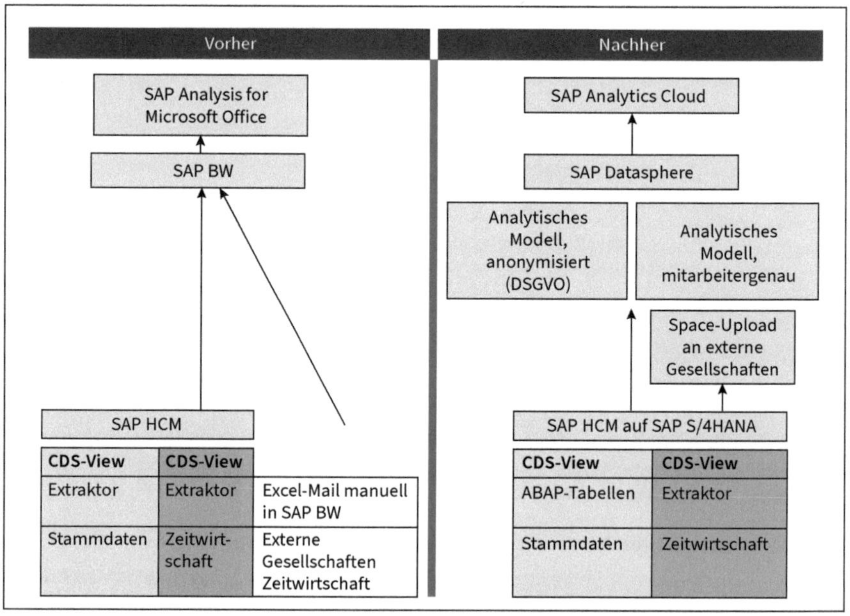

Abbildung 10.4: Beispiel für eine SAP-BW-Migration nach SAP Datasphere

SAP Datasphere

Sobald alle Datenmodelle aus SAP BW nach SAP Datasphere migriert wurden, sollen der SAP Datasphere Tenant und der SAP Analytics Cloud Tenant in die SAP BDC umziehen. Anschließend wird SAP SuccessFactors als neue Datenquelle angeschlossen und das Reporting erweitert. Die standardisierten SuccessFactors-Datenprodukte und Intelligent Apps sollen dann intensiv untersucht und bewertet werden, um zu entscheiden, ob das Subskribieren dieser Datenprodukte oder die Entwicklung kundenindividueller Datenprodukte bevorzugt wird.

Perspektive der IT-Infrastruktur und des Betriebs

Der Bereich IT-Infrastruktur und -Betrieb ist in der Regel außerhalb der (IT-)Applikationsabteilung angesiedelt. Eine vollständige Ausführung seiner Perspektive auf diesen Anwendungsfall würde den Rahmen dieses Kapitels sprengen und steht daher nicht im Fokus. Wir möchten hier jedoch gerne teilen, was wir seit vielen Jahren beobachten und miterleben konnten. Für die Fachbereiche und auch für die IT-Anwendungsabteilungen ist es selbstverständlich, dass die IT-Systeme immer verfügbar, performant und aktuell sind. Um dies zu gewährleisten, gibt es diverse Standards, Prozesse, Methoden und Verfahren in der IT.

Als Beispiel sei hier die *ITIL* (Information Technology Infrastructure Library) genannt, die als Leitfaden für die Erbringung von IT-Services verstanden werden kann. Dieses Verfahren gilt es grundsätzlich auf alle eingesetzten Komponenten in der IT-Landschaft anzuwenden, was bei einer Best-of-Breed-Analytics-Architektur zu einem nicht unerheblichen Aufwand führt. Betriebssysteme, virtuelle Maschinen, Datenbanken, Verbindungen, Backups, Recovery-Prozesse etc. bis hin zur Hardware im Rechenzentrum unterliegen Prozessen, die Wartung, Sicherheit, Integrität und vieles mehr gewährleisten. Je mehr Anwendungen oder Hersteller beteiligt sind, desto höher ist auch der Koordinations- und Wartungsaufwand.

Auch die SAP BDC muss administriert werden: Systemverbindungen, User, Rollen, Lizenzen, die Aktivierung bzw. Deaktivierung von Services, Capacity Units etc. benötigen ebenso Aufmerksamkeit, Monitoring und Wartung. Aus Sicht der IT-Infrastruktur ist die SAP BDC nur ein weiterer großer Cloud-Service, der mit anderen Cloud- und On-Premise-Systemen interagiert, aber durch den die Anzahl an Best-of-Breed-Softwarekomponenten reduziert werden kann. Schnittstellen zu anderen Systemen für den Datenaustausch wird es dennoch weiterhin geben. Wir gehen jedoch fest davon aus, dass sich durch den Object Store und die darin enthaltenen Datenprodukte der Aufwand bezüglich Datenaustausch und Datenredundanz in Unternehmen reduzieren lässt.

Interoperabilität als Gradmesser

Was ist also die Lösung? Wir sehen bei unseren Kunden eine deutliche Tendenz, die Analytics-Welt, die sich derzeit größtenteils noch in SAP BW und Co. befindet, zu modernisieren. Das beinhaltet bspw. die folgenden Initiativen:

- striktes Housekeeping in Strukturen und Volumen,
- Ablösung oder richtige Integration von Einzellösungen,
- manuelle Tätigkeiten abstellen,
- Automatisierung maximieren,
- Datenqualität und -reife durch Prozesse und Governance erhöhen,

um KI wertschöpfend einsetzen zu können.

Für die Analytics-Architektur werden hybride Szenarien angestrebt, die die folgenden Komponenten beinhalten:

- ein bis zwei All-in-one-Plattformen wie die SAP BDC für den SAP-Datenkosmos und
- ggf. eine weitere Plattform für den Nicht-SAP-Datenkosmos,
- punktuell ergänzt um sehr ausgewählte, aber eng integrierbare Einzellösungen.

Die Interoperabilität einer solchen Architektur ist aus Sicht unserer Kunden gut beherrschbar und gleicht die Vor- und Nachteile der jeweiligen Architekturansätze gut aus.

10.4 Zusammenfassung

So verlockend Best-of-Breed-Ansätze auch sein mögen, aus unserer Sicht bleiben sie hinter einem plattformorientierten Ansatz mit der SAP BDC zurück. Im Folgenden möchten wir einige maßgebliche Vorteile der SAP BDC für Sie zusammenfassen:

- Es gibt eine einzige Plattform mit allen relevanten Daten in harmonisierten Modellen für Analysen, Planungs- und Konsolidierungsprozesse, egal, für welchen Fachbereich.
- Der Datenprodukt-Ansatz sorgt für ein unternehmensweit einheitliches Verständnis.
- Es gibt keine Redundanzen in der Datenhaltung, Datenaufbereitung und Datenvisualisierung.
- Selbst bei Nutzung unterschiedlicher Frontends können bzw. sollten alle verwendeten Tools per Live-Schnittstelle auf dieselben Daten oder Datenprodukte zugreifen.
- Es können KI-Services für alle Unternehmenseinheiten bereitgestellt und eingebunden werden.
- Die kontinuierliche Pflege von Rollen und Berechtigungen in mehreren Anwendungen wird vermieden.
- Die Wartungsaufwände für unterschiedliche Anwendungen (inkl. Anbindungen, Schnittstellen, Sicherheits-Updates etc.) werden deutlich reduziert.
- Es erfolgt eine Bündelung bzw. Fokussierung auf weniger Softwarehersteller oder Cloud-Service-Anbieter.

Kapitel 11
Status quo: Excel-basierte Finanzplanung

In den meisten Unternehmen wird Reporting systemgestützt und in weiten Teilen automatisiert durchgeführt. In der Planung nimmt aber häufig Microsoft Excel eine zentrale Rolle ein. Warum ist das so und wie kann der Übergang zu einer integrierten Planung gelingen?

In vielen Unternehmen werden Reporting und Analyse mit verschiedenen Systemen wie ERP, Data Warehouse und Business-Intelligence-Frontends (BI-Frontends) unterstützt. Dennoch wird die Unternehmensplanung regelmäßig mit Microsoft Excel durchgeführt. Diese vornehmlich auf manuellen Prozessen basierende Praxis steht im Widerspruch zur zunehmenden Digitalisierung und der Forderung nach integrierten Prozessen und Daten.

Excel als etablierte Standardlösung

Seit mehreren Jahrzehnten ist Excel ein zentrales Werkzeug für das Reporting und die Finanzplanung von Unternehmen. Besonders in kleinen und mittelständischen Unternehmen hat es aufgrund seiner Flexibilität, Benutzerfreundlichkeit und universellen Verfügbarkeit eine Schlüsselrolle eingenommen. Es bietet die Möglichkeit, Daten einfach und schnell zu organisieren, individuelle Berechnungen durchzuführen und maßgeschneiderte Modelle zu erstellen. Diese Eigenschaften haben dazu beigetragen, dass sich Excel als Standardlösung für finanzielle Analysen, Planungen und Berichte etabliert hat.

Aufbau dieses Kapitels

In diesem Kapitel beleuchten wir in Abschnitt 11.1 zunächst die historische Bedeutung und Rolle von Excel in der Unternehmens- und Finanzplanung. Anschließend gehen wir in Abschnitt 11.2 auf die Stärken von Excel in der Unternehmensplanung sowie auf die Gründe ein, warum es noch immer die am häufigsten genutzte Planungslösung ist. In Abschnitt 11.3 betrachten wir die Herausforderungen und Risiken bei der Nutzung von Excel als Planungslösung. Abschließend erläutern wir in Abschnitt 11.4, welche Maßnahmen zur Reduzierung dieser Nachteile ergriffen werden können.

11.1 Historische Bedeutung und Rolle von Excel

Die historische Bedeutung von Excel kann kaum überschätzt werden. Es hat sich als eines der ersten Programme durchgesetzt, die es Anwenderinnen und Anwendern ermöglichten, unabhängig von komplexen IT-Systemen und ohne tiefgehende Programmierkenntnisse eigene Lösungen zu entwickeln.

Die Ursprünge

Excel wurde 1985 von Microsoft entwickelt und gehört damit zur ersten Generation von Tabellenkalkulationsprogrammen, die datenbasierte Prozesse in Unternehmen nachhaltig veränderten. Seit den 1990er Jahren ist Microsoft Excel in nahezu allen Organisationen das Werkzeug der Wahl. Die Demokratisierung der Datenverarbeitung hat Unternehmen weltweit einen enormen Vorteil verschafft. Ein maßgeblicher Treiber dieser Entwicklung ist Excel, das als Softwarelösung unabhängig von Branche, Unternehmen und Fachbereich Einzug hielt. Auch mehr als 30 Jahre später ist Excel eines der wichtigsten Tools für Reporting, Planung und Steuerung in fast allen Branchen. Diese Kontinuität ist in einer sich ständig wandelnden Technologielandschaft bemerkenswert. Microsoft hat Excel durch kontinuierliche Weiterentwicklung an neue Marktanforderungen angepasst, was dazu führte, dass Excel über Jahre hinweg konkurrenzfähig blieb. Finanzteams konnten damit über Jahrzehnte hinweg eigene Modelle entwickeln und weiterentwickeln, die auf die spezifischen und sich verändernden Bedürfnisse der Unternehmen zugeschnitten blieben.

Faktoren für die Verbreitung von Excel

Das Programm brachte eine entscheidende Kombination aus Eigenschaften mit sich, die es für die Unternehmensplanung ideal machten: Es ist für weniger technikaffine Anwenderinnen und Anwender einfach zu bedienen, flexibel und auf nahezu jedem Desktop jederzeit verfügbar. Dies ermöglichte es neben spezialisierten Controllern auch Mitarbeitenden ohne technische Kenntnisse, Planungsprozesse zu gestalten.

11.2 Vorteile von Excel in der Unternehmensplanung

Microsoft Excel hat sich in den letzten Jahrzehnten in vielen Unternehmen als unverzichtbares Werkzeug in der Planung etabliert. Seine Vielseitigkeit und breite Verfügbarkeit haben dazu beigetragen, dass es in fast jedem Unternehmen – unabhängig von Größe und Branche – eine entscheidende Rolle spielt. Besonders in der Finanzplanung überzeugt Excel mit einer Vielzahl von Vorteilen, die es von anderen Anwendungen abheben. Im Folgenden beschreiben wir die wesentlichen Stärken von Excel im Kontext der Unternehmensplanung im Detail.

11.2.1 Flexibilität

Ein bemerkenswerter Vorteil von Excel ist die enorme Flexibilität. Der einfache Aufbau der Software erlaubt die Erstellung individueller Modelle, die exakt auf die spezifischen Bedürfnisse eines Unternehmens zugeschnitten werden können. Im Gegensatz zu anderen standardisierten Softwarelösungen, die oft nur einen begrenzten Anpassungsspielraum bieten, ermöglicht Excel die Entwicklung eigener Formeln, Berechnungsansätze und Strukturen. Diese Anpassbarkeit ist besonders wertvoll, wenn Unternehmen mit komplexen oder sich schnell ändernden Anforderungen konfrontiert sind, wie z. B. in der Finanzplanung, in der laufend neue Szenarien oder Prognosen erstellt werden müssen.

Ein Beispiel hierfür ist die Erstellung eines detaillierten Cashflow-Modells für ein wachsendes Unternehmen. Während spezialisierte Lösungen oft auf starr vorgegebenen Parametern oder Berichtsstrukturen aufsetzen, erlaubt Excel die freie Gestaltung und Anpassung an individuelle Anforderungen – sei es die Integration von saisonalen Schwankungen, die Simulation von Marktrisiken oder die Berücksichtigung spezifischer Steuerregelungen. Diese Flexibilität ermöglicht es Unternehmen, schnell auf Veränderungen am Markt oder in der eigenen Organisation zu reagieren.

11.2.2 Verfügbarkeit und Benutzerfreundlichkeit

Ein weiterer wesentlicher Vorteil von Excel liegt, wie eingangs erwähnt, in seiner weiten Verbreitung und der niedrigen Einstiegshürde. Fast jeder Mitarbeitende kennt Excel zumindest in seinen Grundzügen, da die Software sowohl im privaten als auch im beruflichen Alltag weit verbreitet ist. Diese universelle Bekanntheit reduziert den Schulungsaufwand und ermöglicht es Unternehmen, Excel ohne größere Investitionen in Schulungen als Teil einer Systemeinführung einzusetzen.

Verbreitet und leicht zugänglich

Darüber hinaus ist Excel von nahezu jedem Gerät aus zugänglich – sei es vom Desktop-Computer, Laptop oder sogar von mobilen Geräten wie Tablets und Smartphones. In Kombination mit Cloud-Lösungen wie Microsoft OneDrive oder SharePoint können Teams von überall auf ihre Excel-Dokumente zugreifen, was die Zusammenarbeit und den Zugriff auf Planungsdaten erleichtert.

11.2.3 Vielfältige Funktionen

Excel überzeugt durch eine breite Palette von Funktionen, die es zu einem leistungsfähigen Werkzeug für die Unternehmensplanung machen. Besonders hervorzuheben sind dabei die folgenden:

- **Formeln und Funktionen**
  Von einfachen Rechenoperationen bis hin zu komplexen statistischen Berechnungen bietet Excel eine umfangreiche Auswahl an integrierten Funktionen. Beispiele hierfür sind `SUMME`, `WENN`, `INDEX` und `SVERWEIS` bzw. `XVERWEIS`, die alle dazu beitragen, Daten effizient zu analysieren und logische Verknüpfungen herzustellen.

- **Pivot-Tabellen**
  Mit Pivot-Tabellen können große Datenmengen strukturiert und analysiert werden. Sie erlauben es Anwenderinnen und Anwendern, innerhalb kürzester Zeit umfangreiche Berichte und Analysen zu erstellen, ohne aufwendige Datenmanipulationen durchführen zu müssen. Unternehmen können so bspw. Verkaufsdaten nach Regionen, Produkten oder Zeiträumen segmentieren und die daraus gewonnenen Erkenntnisse direkt in ihre Planungen einfließen lassen.
- **Diagramme und Visualisierungen**
  Excel erlaubt die schnelle Erstellung von Diagrammen, wie Balken-, Linien- oder Kreisdiagramme, die komplexe Zusammenhänge und Trends visuell verständlich machen. Diese Funktion ist besonders wertvoll, um Planungsdaten in Management-Meetings oder Präsentationen anschaulich darzustellen.

Die Kombination dieser Funktionen macht Excel zu einem universellen Werkzeug, mit dem sich eine Vielzahl von Anwendungsfällen – von einfachen Listen bis hin zu Finanzmodellen – umsetzen lässt.

11.2.4 Integration moderner Technologien

Die ständige Weiterentwicklung von Excel hat dazu geführt, dass es heute weit mehr ist als ein Tabellenkalkulationsprogramm. Durch die Integration neuer Technologien wie Power Query und Power Pivot hat Excel seine Fähigkeiten erheblich erweitert.

Power Query

Power Query ist ein Tool, mit dem sich Daten aus verschiedensten Quellen wie Datenbanken, Webanwendungen oder anderen Excel-Dateien importieren und transformieren lassen. Dies ist insbesondere in der Unternehmensplanung nützlich, da Daten oft aus unterschiedlichen Systemen konsolidiert werden müssen. Mit Power Query können diese Prozesse automatisiert werden, was nicht nur Zeit spart, sondern auch die Fehleranfälligkeit reduziert.

Power Pivot

Power Pivot ergänzt Excel um leistungsstarke Datenmodellierungsmöglichkeiten. Damit können Beziehungen zwischen verschiedenen Tabellen hergestellt und große Datenmengen analysiert werden, ohne dass die Performance von Excel beeinträchtigt wird. Dies ist besonders hilfreich für Unternehmen, die mit umfangreichen Datensätzen arbeiten, wie etwa bei der Erstellung detaillierter Budgetplanungen.

Power-BI-Integration

Darüber hinaus bietet die Integration mit Power BI – einer weiteren Anwendung aus dem Microsoft-Produktportfolio – die Möglichkeit, Excel-Daten direkt in interaktiven Dashboards und Berichten zu visualisieren. Die Kombination aus Excel und Power BI schafft eine Brücke zwischen Tabellenkalkulation und Business-Intelligence-Software, was den Nutzen von Excel als Lösung für die Unternehmensplanung nochmals steigern kann.

11.3 Schwächen und Herausforderungen von Microsoft Excel als Planungslösung

Agilität fordert Tribut

Trotz der in Abschnitt 11.2, »Vorteile von Excel in der Unternehmensplanung«, beschriebenen Vorteile und Erfolge werden die Grenzen von Excel in der heutigen Zeit immer deutlicher sichtbar. Die Komplexität moderner Unternehmensstrukturen, die zunehmende Dynamik der Märkte sowie die steigenden Anforderungen an Effizienz, Transparenz und Datenqualität stellen Excel vor Herausforderungen, denen es mit seinen grundlegenden Funktionen nur schwer gerecht werden kann – wie wir in diesem Abschnitt zeigen werden. Insbesondere in Zeiten, in denen Unternehmen auf Agilität und Anpassungsfähigkeit angewiesen sind, zeigt sich, dass Excel-basierte Planungsprozesse oft nicht mehr ausreichen, um den vielfältigen Anforderungen moderner Finanzplanung Rechnung zu tragen.

11.3.1 Manuelle Tätigkeiten

Händische Erstellung von Planungsdateien

Je nach Umfang und Qualität der vorhandenen Daten, die für die Vorbefüllung der Planungsdateien herangezogen werden können, müssen Daten aus verschiedenen Quellen zunächst harmonisiert, zusammengefügt und durch Formeln erweitert werden. Dies erfordert hohe Aufmerksamkeit, um Datenverluste oder Übertragungsfehler zu vermeiden. Natürlich gibt es auch abgemilderte Varianten der Vorbefüllung, bspw. wenn ein Data Warehouse mit hohem Reifegrad die Datengrundlage bereitstellt. Häufig werden bspw. Daten aus SAP BW mittels SAP Analysis for Microsoft Office abgerufen und anschließend mithilfe von Makros in die Planungsdateien überführt. Ein gewisser Grad an Automatisierung ist damit möglich, jedoch sind manuelle Tätigkeiten mit einer (teil)automatisierten Vorbefüllung oder Dateierstellung nicht eliminiert.

Eine Datei pro Kostenstelle?

Da sich in einer Excel-basierten Planungsumgebung keine Berechtigungen implementieren lassen, wird häufig auf eine Zerteilung der Datengrundlage in eine Vielzahl von Einzeldateien zurückgegriffen. So wird beispielsweise für jede Kostenstelle eine eigene Planungsdatei vorbereitet und an den jeweiligen Verantwortlichen versendet. Teilweise wird der Versand per E-Mail auch durch Lösungen erleichtert, die auf Laufwerken und entsprechender Lese- und Schreibberechtigung basieren und so den Aufwand des individuellen Versands reduzieren.

Kommunikation ist in der Planung elementar

Oft unterschätzt werden im Prozess jedoch die Aufwände für die Organisation und Kommunikation der Planung: Das Startsignal für die Teilplanungen und mehrfache Erinnerungen sind mit zunehmender Anzahl von Planern bedeutende Aufwandstreiber. Darüber hinaus muss unabhängig von der Form der Zustellung im Nachgang auch eine entsprechende Prüfung (mit eventuell notwendiger Korrekturschleife) sowie die Zusammenführung der verschiedenen Dateien erfolgen. Dabei ist jedoch zu beachten, dass diese Zusammenführung nicht nur für die Kostenstellenplanung, sondern für eine Vielzahl von Teilplanungen und unter Umständen auch für verschiedene Aggregationsebenen durchgeführt wird. Dies resultiert insbesondere in den Controlling-Abteilungen in einem hohen Zeitaufwand, der mit hohen Opportunitätskosten verbunden ist, da die Zeit, die für die manuelle Zusammenführung von Excel-Dateien aufgewendet wird, auch für wertschöpfendere operative und/oder strategische Aufgaben genutzt werden könnte.

11.3.2 Hierarchische Planung und mangelnde Integration

Zentrale, isolierte Planungen

Eines der größten Probleme der Excel-basierten (Finanz-)Planung ist die zentralisierte Steuerung, die häufig ausschließlich von Controlling-Abteilungen übernommen und/oder durch Entscheidungsgremien unspezifisch überstimmt wird. Dabei werden operative Teilplanungen in Abteilungen wie Vertrieb, Produktion oder Einkauf in diesen Prozessen oft nur am Rande und punktuell berücksichtigt. Teilweise werden sie auch redundant durchgeführt (siehe Kapitel 7, »SAP Analytics Cloud: Integriertes Planen«) bzw. ohne Prozessrückkopplung angepasst. Die mangelnde Integration verschiedener Unternehmensbereiche kann zu isolierten Planungsprozessen führen, die weder die Realität vollständig widerspiegeln noch eine effektive Abstimmung zwischen den Abteilungen fördern.

Hierarchische Planung

Ein Beispiel aus der Praxis hierfür ist die jährliche durch das Controlling optimierte Planung: Zwar werden bei der Planung für das Folgejahr Markteinschätzungen vom Vertrieb, Fixkostenschätzungen von Kostenstellenverantwortlichen und Rohstoffpreiseinschätzungen von Einkaufsmitarbeitenden eingeholt. Im Nachgang werden jedoch zentralisiert und intransparent durch die Controlling-Abteilung Änderungen zur Optimierung einer Ergebnisprognose vorgenommen – ohne diese in die Organisation zurückzuspielen.

Lineare Prozesse

Analog dazu begegnen wir häufig linearen Prozessen: Ein Beispiel hierfür sind die typischen, jährlich eingesammelten Planungsdateien für die Kostenstellenplanung, die in das ERP-System hochgeladen und aggregiert werden. Anschließend wird in der gesamtheitlichen Betrachtung in einem Top-down-Vorgehen korrigiert, bis ein zentrales Gremium die Planung freigibt. Dabei werden jedoch häufig keine fundierten Analysen betrieben oder Begründungen für einzelne Anpassungen genannt, sondern Einsparungen vorgegeben und proportional disaggregiert.

Die hierarchische oder zentralisierte Planung hat zur Folge, dass operative Abteilungen ihre Sichtweise und Expertise nicht oder nur unzureichend einbringen können. Außerdem werden so teilweise Fehlanreize für eine Überplanung geschaffen. So entstehen häufig unrealistische Planungen, die die Annahmen der jeweiligen Experten ignorieren und wichtige Aspekte der operativen Realität außer Acht lassen. Dies führt nicht nur zu Ineffizienzen und suboptimaler Ressourcenallokation, sondern auch zu einer verstärkten Fragmentierung innerhalb des Unternehmens, die die übergreifende Zusammenarbeit erschwert, statt sie zu fördern.

11.3.3 Fehleranfällige Prozesse und zentralisiertes Wissen

Isoliertes Wissen zur Excel-Architektur

Eine weitere Herausforderung bei der Excel-basierten Planung ist die hohe Fehleranfälligkeit. Historisch gewachsene Excel-Dateien werden oft über viele Jahre hinweg von verschiedenen Personen bearbeitet, ergänzt und angepasst. Dabei entstehen komplexe Formeln, Makros und Verknüpfungen, die eine Nachvollziehbarkeit erheblich erschweren. In vielen Fällen verstehen nur wenige Personen innerhalb des Unternehmens, wie diese Dateien tatsächlich funktionieren. Änderungen werden oft ad hoc vorgenommen, ohne dass die Auswirkungen auf das gesamte Modell vollständig analysiert oder berücksichtigt werden. Excel-basierte Planungen sind somit stark von Einzelpersonen abhängig, die die teilweise sehr komplexen Dateien und deren Formeln verstehen. Der Verlust solcher Schlüsselpersonen kann den Planungsprozess erheblich beeinträchtigen, da Transparenz und Nachvollziehbarkeit fehlen.

Inkonsistente Stammdaten

Ein weiteres Problem dieser Praxis ist die fehlende Verknüpfung mit Stammdaten in den Quellsystemen. Excel bietet die Möglichkeit, Ad-hoc-Kostenstellen, Investitionsmaßnahmen, neue Produkte oder neue Kunden in einer Zeile einzufügen, ohne diese Stammdaten im jeweils führenden System anzulegen. Diese Eingabemöglichkeiten mögen zwar kurzfristig hilfreich sein, führen jedoch schon mittelfristig zu Inkonsistenzen und fehlerhaften Daten, da Zusammenhänge fehlen und keine zentrale Datenbasis beibehalten wird. In der Folge entstehen Diskrepanzen zwischen den Planungsdateien und den operativen Systemen, was zu fehlerhaften Analysen, Schwierigkeiten bei der Datenkonsolidierung und einem erhöhten Abstimmungsaufwand führt. Die fehlende Einbindung und Pflege der Stammdaten in zentralen Systemen erhöht zudem das Risiko von doppelten oder widersprüchlichen Informationen, die wiederum die Effizienz und Prognosegüte in weiteren Prozessen beeinträchtigen können.

Diese Arbeitsweise führt dazu, dass Fehler in Dateien nicht nur häufiger auftreten, sondern auch schwieriger zu identifizieren und zu beheben sind. Eine vermeintlich kleine Änderung einer Formel oder ein unbedachter Eingriff in eine Verknüpfung können weitreichende Konsequenzen haben, die sich auf die gesamte Planung auswirken. Die mangelnde Transparenz und Konsistenz der Planungsmodelle stellen ein nicht zu unterschätzendes Risiko dar, insbesondere in Unternehmen, die unter Kosten- und Margendruck stehen.

11.3.4 Begrenzte Skalierbarkeit und Performance

Mehr Komplexität = mehr Excel-Dateien

Mit zunehmender Größe des Unternehmens steigen auch die technischen Anforderungen an die Planung. Mit größeren und komplexeren Organisationsstrukturen vervielfacht sich die Menge der zu beplanenden Einheiten in Form von Buchungskreisen, Kostenstellen oder Vertriebsorganisationen – und damit auch die Anzahl notwendiger Planungsdateien.

Wachsende Datenmengen verringern die Übersicht

Analog führt eine zunehmende Anzahl von Produkten oder Kunden dazu, dass bspw. die Vertriebsplanung um ein Vielfaches an Merkmalskombinationen und Datensätzen wächst. Die zunehmenden Datenmengen und die in der Planung erforderlichen komplexen Berechnungen beeinträchtigen die Performance einzelner Planungsdateien und resultieren daher meist in einer weiteren Stückelung in weitere Teil-Planungsdateien. So potenziert sich die Anzahl der Tabellenblätter und Dateien zunehmend, was wiederum zu einer unübersichtlichen Datengrundlage führt, der in den meisten Fällen nur mit weiteren komplexen Formeln und Verknüpfungen begegnet werden kann.

In stark wachsenden Unternehmen bzw. im Laufe der Zeit kommt in der Praxis auf diese Weise schnell eine vierstellige Anzahl von Excel-Dateien zusammen, die für die Datenerfassung erstellt, verteilt und geprüft werden müssen. Im Anschluss müssen diese Daten konsolidiert werden, wobei dann häufig das Limit der Zeilenanzahl einer Datei erreicht wird, was das Voraggregieren von Daten erforderlich macht. Sie können sich sicherlich vorstellen, wie aufwendig die Ursachensuche bei Rückfragen sein kann, wenn man sich bei einer Gewinn- und Verlustrechnung durch mehrere Schichten von Excel-Dateien mit Verknüpfungen und Formeln arbeiten muss. Ebenso schwierig gestaltet sich bei einer nachträglichen Anpassung im Top-down-Verfahren die Disaggregation dieser Anpassungen – weshalb, wie zuvor erwähnt, regelmäßig auf (zu stark) vereinfachte lineare Ansätze zurückgegriffen wird.

11.3.5 Starre Jahresplanungszyklen

Ein weiteres Hindernis für eine effiziente und agile Finanzplanung sind die in vielen Unternehmen vorherrschenden starren Jahresplanungszyklen. Die traditionelle Methode, Budgets ausschließlich für ein vollständiges Geschäftsjahr zu planen, wird den Anforderungen moderner, dynamischer Märkte nicht gerecht. Unternehmen stehen heute vor der Herausforderung, ihre Strategien und Budgets schnell an sich verändernde Marktbedingungen anzupassen. Dies ist jedoch mit einem starren Jahresplanungsansatz kaum möglich.

Keine Zeit für unterjährige Prognosen

In der Praxis spiegelt sich dies in vielen Unternehmen wider, die im dritten Quartal die Budgets für das kommende Jahr festlegen. Das entsprechende Budget wird dann teilweise der Einfachheit halber gezwölftelt und für das Geschäftsjahr fixiert. Bei Kostenstellen wird häufig das bislang verbrauchte Budget des ersten Halbjahres als Referenzwert herangezogen und mit einem Faktor als Budgetwert für das Folgejahr festgesetzt. Das vereinfacht und beschleunigt den Prozess zwar, führt aber auch dazu, dass ggf. Anreize entstehen, hohe Ausgaben ins erste Halbjahr zu verschieben, um das Budget für das Folgejahr zu erhöhen. Ähnlich verhält es sich regelmäßig bei Absatz- und Produktionskosten, die für das Folgejahr detailliert geplant und festgesetzt werden. Bei plötzlichen Kostensteigerungen aufgrund unvorhersehbarer Ereignisse wird dann allerdings im Blindflug gewirtschaftet, da unterjährige Prognosen mit hohem Detailgrad aufwendig sind und zu viele Ressourcen binden würden.

Die ausschließliche Fokussierung auf Jahrespläne macht es Unternehmen schwer, auf unvorhergesehene Ereignisse wie geopolitische und wirtschaftliche Krisen, plötzliche Änderungen der Nachfrage oder regulatorische Neuerungen flexibel zu reagieren. Stattdessen sind viele Unternehmen gezwungen, ihre Planungen in einem oft über Monate hinweg andauernden Prozess zu aktualisieren, was wertvolle Zeit und Ressourcen bindet.

11.4 Maßnahmen zur Reduzierung von Risiken

Einer Vielzahl der zuvor genannten Herausforderungen kann mit der Einführung einer spezialisierten Planungssoftware begegnet werden. Die Automatisierung aufwendiger manueller Arbeitsschritte, eine höhere Rechenleistung, integrierte Teilplanungen und eine kollaborative Planung können durch die Einführung und Nutzung einer solchen Planungslösung erreicht werden. Doch auch die beste Software ist nur so gut wie die damit abgebildeten Prozesse, das zugrunde liegende Governance-Konzept und allen voran die Datengrundlage.

11.4.1 Prozess- und Anforderungsanalyse

Eine sorgfältige und dokumentierte Bestandsaufnahme bildet die Grundlage, um die aktuellen Planungsprozesse zu verstehen und deren Schwachstellen gezielt zu identifizieren. Dieser Schritt ist von wesentlicher Bedeutung, um die Anforderungen für eine verbesserte Planungsstruktur zu definieren und eine fundierte Entscheidungsbasis für Verbesserungen zu schaffen. Die Bestandsaufnahme gliedert sich in drei zentrale Elemente:

1. Prozessanalyse
2. Anforderungsdefinition
3. Identifikation von Engpässen

Bestehende Prozesse und Fehlerpotenziale

Im ersten Schritt der Bestandsaufnahme sollte eine detaillierte Untersuchung der bestehenden Planungsprozesse erfolgen. Ziel ist es, sämtliche Schritte und Verantwortlichkeiten zu erfassen, die sich aus der derzeitigen Excel-Planung ergeben. Eine klare Governance-Struktur und eine sorgfältige Dokumentation sind entscheidende Voraussetzungen für eine solide und verlässliche Planung. Sie gewährleisten, dass sämtliche Änderungen nachvollziehbar sind und die Prozesse transparent bleiben. Während der Prozessanalyse sollte auch dokumentiert werden, welche Schritte oder Schnittstellen besonders ineffizient oder anfällig für Fehler sind. Nur so können Optimierungspotenziale erkannt und gezielt angegangen werden, denn oft zeigt sich, dass bestehende Prozesse durch manuelle Eingriffe, fehlende Automatisierung oder unklare Zuständigkeiten unterbrochen oder verlangsamt werden.

Neue Anforderungen auf die Probe stellen

Im zweiten Schritt gilt es, die Anforderungen an eine optimierte Planung zu detaillieren. Welche Eigenschaften und Funktionen sind notwendig, um den Planungsprozess effektiver und effizienter zu gestalten? Zu den häufig nachgefragten Funktionen zählen: Szenarioanalysen zur besseren Simulation und Entscheidungsfindung, Echtzeit- oder echtzeitnahe Datenintegration sowie verbesserte Kollaborationsmöglichkeiten und Prozessübersicht. Ein kollaborativer Ansatz, der alle relevanten Abteilungen in den Planungsprozess einbezieht, erhöht die Qualität der Ergebnisse und fördert die Zusammenarbeit innerhalb des Unternehmens. Eine solche Planung verhindert Silodenken und ermöglicht es, realistische und abgestimmte Ziele zu setzen.

Engpässe berücksichtigen

Abschließend sollte eine Analyse der Engpässe in der bestehenden Excel-Planung erfolgen. Solche Schwachstellen behindern oftmals die Skalierbarkeit und Effizienz der Prozesse und können sich negativ auf Qualität und Performance auswirken. Handelt es sich um Datenmengenprobleme, -konsistenzprobleme oder -integritätsprobleme oder bestehen gar Sicherheitsrisiken? Eine Analyse dieser Herausforderungen und Engpässe hilft dabei, Anforderungen zu spezifizieren und damit langfristig nutzbare Planungsarchitekturen zu skizzieren und zu entwickeln.

11.4.2 Aufbau einer soliden Datengrundlage

Planung ist auch Datenintegration

Die Qualität der Daten spielt eine zentrale Rolle in der Planung und somit auch für die erfolgreiche Implementierung und den Betrieb einer neuen Planungslösung. Konsistente und gut strukturierte Daten, die zur rechten Zeit am rechten Ort verfügbar sind, bilden die Grundlage für eine zuverlässige Planung, die Entscheidungen unterstützen und operative Prozesse effizienter gestalten soll. Daher ist es unabdingbar, die Datenqualität und -verfügbarkeit im Vorfeld der Einführung einer neuen Planungslösung genau zu analysieren und gezielt zu optimieren. Dabei können Sie auf die zuvor identifizierten Analysen zurückgreifen und werden schnell feststellen, in welchen Schritten Stammdaten für die Planung angepasst oder an welchen Stellen Kennzahlen eventuell doch abweichend zur eigentlichen Definition berechnet werden müssen. In diesem Zuge sollte auch eine eventuell notwendige Harmonisierung und Konsolidierung der Daten stattfinden, die bislang in vielen Excel-Dateien gespeichert waren. Unternehmen, die bereits auf einem gut gewarteten Data Warehouse oder Data Lakehouse aufsetzen, halten mit einer hohen Datenqualität bereits den Schlüssel zum Erfolg in der Hand. Sollten Sie sich unsicher sein, empfehlen wir Ihnen eine systematische Validierung, Standardisierung und Konsolidierung der Daten, um die Effizienz einer neuen Lösung zu maximieren und langfristigen Erfolg zu gewährleisten.

11.4.3 Einbindung der Beteiligten

Die Einführung einer neuen Planungslösung ist ein weitreichender Prozess, der sich nicht nur auf technische Aspekte beschränkt, sondern auch die Arbeitsweise verschiedener Abteilungen innerhalb eines Unternehmens maßgeblich beeinflusst. Um den Übergang erfolgreich zu gestalten, ist es entscheidend, alle relevanten Beteiligten (engl. Stakeholder) zu informieren und aktiv einzubinden, also ein wirksames Change Management zu betreiben.

Strukturierte Bedarfsanalyse

Grundlage dafür ist zunächst die Ermittlung aller Abteilungen und Einzelpersonen, die von der neuen Planungslösung direkt oder indirekt betroffen sein werden. Strukturierte Gespräche oder Workshops mit den jeweiligen Gruppen helfen dabei, spezifische Anforderungen an die neue Lösung zu ermitteln und Frustrationen im Zusammenhang mit den bestehenden Prozessen und Lösungen zu verstehen. Eine Bedarfsanalyse schafft Klarheit über die Erwartungen der Beteiligten und ermöglicht die zielgerichtete Entwicklung einer Lösung, die Akzeptanz und Zufriedenheit fördert.

Einbindung schafft Akzeptanz

Da die Einführung einer neuen Planungslösung jedoch häufig mit organisatorischen Veränderungen, neuen Arbeitsweisen und einer Verlagerung von Verantwortung einhergeht, ist eine transparente und regelmäßige Kommunikation unerlässlich, um Sorgen, Ängste und Widerstände zu minimieren. Im Zuge dessen sollte erklärt werden, weshalb die Ablösung der bisherigen Lösung erforderlich ist, d. h., es sollte eine greifbare Darstellung der aktuellen Herausforderungen und ihrer Auswirkungen erfolgen. Ebenso sollten die Vorteile der neuen Planungslösung, wie eine verlässliche Datenqualität, beschleunigte Abläufe und mehr Flexibilität, herausgestellt werden. Während des gesamten Einführungsprozesses sollten zudem regelmäßig Informationen zum aktuellen Stand kommuniziert und Schulungen angeboten werden. Zunächst müssen jedoch die erforderlichen Ressourcen bzw. Kapazitäten der Beteiligten sichergestellt werden. Dies kann nicht oft genug betont werden, da die Projektbeteiligten neben dem operativen Tagesgeschäft gegebenenfalls auch die Planung in der bisherigen Umgebung durchführen sowie ggf. für Konzeptarbeiten, Tests und Schulungen zur Verfügung stehen müssen. Überfrachten Sie die Organisation daher nicht mit ambitionierten Zeitplänen und einer einzigen großen Produktivsetzung (engl. Go-live). Es empfiehlt sich, nicht schon im ersten Schritt auf eine hundertprozentige Lösung hinzuarbeiten, sondern stattdessen Zwischenergebnisse der Lösung testen zu lassen und Rückmeldungen einzuholen. Durch aktive Einbindung und frühes Feedback der Beteiligten wird nicht nur die Akzeptanz der neuen Lösung gesteigert, sondern auch deren Qualität erhöht, da sie sich eng an den Anforderungen der Nutzerinnen und Nutzer orientiert.

11.4.4 Kosten-Nutzen-Verhältnis

Potenziale

Die Einführung einer Planungslösung bzw. deren Vorbereitung bietet die Möglichkeit, die Kosten-Nutzen-Verhältnisse gründlich abzuwägen. Dazu gehört u. a. die offensichtliche Betrachtung der initialen Kosten und der langfristigen Einsparungen, also die Gegenüberstellung der Lizenz-, Implementierungs- und Schulungskosten einerseits und der Potenziale von Automatisierung, Fehlerreduktion und Effizienzsteigerung andererseits. Skalierbare und flexible Lösungen gehen meist mit höheren Lizenzkosten einher und setzen eine umfangreichere Implementierung voraus – allerdings wachsen sie auch mit den Anforderungen des Unternehmens und erlauben es, Logiken und Modelle an zentraler Stelle anzupassen.

Granularität und Detailtiefe

Wenn man sich für eine neue Planungslösung entschieden hat, folgt eine wichtige und nicht zu vernachlässigende Beurteilung der Vor- und Nachteile von Granularität und Detailtiefe. Eine hohe Granularität erlaubt es einerseits, spezifische Einblicke in Geschäftseinheiten, Produkte oder Märkte zu erhalten sowie detaillierte »Was-wäre-wenn«-Analysen durchzuführen. Andererseits erfordert eine solche Detailtiefe und die damit zusammenhängende Prüfung und Aktualisierung granularer Daten nicht unerhebliche Ressourcen. Ebenso sollten die Verarbeitungs- und Durchlaufzeiten sowie die anfallenden Datenvolumina für eine etwaige Historisierung berücksichtigt werden.

Strategische Investition mit Langzeitnutzen

Verschiedene Kriterien bestimmen sowohl die kurzfristigen als auch die langfristigen Auswirkungen der Einführung einer Planungslösung. Unternehmen sollten darauf achten, die Lösung so zu konzipieren, dass sie aktuelle Anforderungen abdeckt und gleichzeitig Spielraum für zukünftige Entwicklungen lässt. Die initialen Kosten mögen hoch erscheinen, doch die langfristigen Einsparungen sowie die gesteigerte Flexibilität und Effizienz machen eine Planungslösung zu einer strategischen Investition.

11.5 Zusammenfassung

Neue Tools beheben keine schlechten Prozesse

Die Erörterung der Vor- und Nachteile einer Excel-basierten Planung macht deutlich, dass die Einführung einer neuen Planungslösung zwar viele Schwächen von Excel beheben kann, aber nicht zwingend ein Allheilmittel darstellt. Der Übergang zu einer modernen Lösung erfordert deutlich mehr als nur den Austausch des Werkzeugs. Meist geht es darum, die Planung als Ganzes neu zu denken und strukturiert zu gestalten. Andernfalls werden schlechte Prozesse mit fehleranfälligen Schnittstellen auf einer schlechten Datengrundlage hinter einer hübschen Oberfläche versteckt.

Prozesse und Daten als Erfolgsbasis

Ein schlüssiges Prozesskonzept ist daher der entscheidende Erfolgsfaktor. Ohne klare Definition der Abläufe, Verantwortlichkeiten und Schnittstellen zwischen den Fachabteilungen bleibt die beste Planungslösung hinter ihren Möglichkeiten zurück. Die Einbindung der Fachabteilungen ist dabei zwingend erforderlich, da nur sie die operativen und strategischen Anforderungen genau kennen. Nur wenn alle relevanten Perspektiven berücksichtigt werden, können funktionierende Planungsprozesse entstehen. Gleichermaßen bedarf es einer kontinuierlichen Rückbesinnung auf den kritischen Pfad und die Zieldimensionen – seien es Durchlaufzeit, Granularität oder Flexibilität.

Ebenso wichtig ist eine solide Datengrundlage. Die Qualität der Planung hängt maßgeblich von der Konsistenz, Genauigkeit und Aktualität der Daten ab. Eine neue Lösung kann keine Wunder wirken, wenn sie auf fehlerhafte, manuell aufbereitete oder unvollständige Daten angewiesen ist. Die Daten müssen daher zunächst bereinigt, konsolidiert und standardisiert werden, bevor sie genutzt werden können.

Change Management als Erfolgsfaktor

Darüber hinaus ist die Einbindung aller Beteiligten von zentraler Bedeutung. Die Kapazitäten, Akzeptanz und Bereitschaft der Beteiligten – von den operativen Teams bis zum Management – entscheiden darüber, ob eine neue Lösung erfolgreich implementiert werden kann. Transparente Kommunikation, Schulungen und ein konsequentes Change Management sind dabei unverzichtbar, um Ängste und Widerstände frühzeitig zu erkennen und auszuräumen.

Iterative Entwicklung

Neben all dem sollte man sich bewusst sein, dass es nahezu unmöglich ist, im ersten Anlauf die perfekte Lösung zu etablieren – zumindest, wenn für das Implementierungsprojekt nicht unbegrenzte Ressourcen zur Verfügung stehen. In der Regel sind Zeit und Budget jedoch knapp, und neue Planungslösungen müssen wachsen und kontinuierlich an neue Anforderungen angepasst werden. Der erste Wurf sollte daher als schnell nutzbare Basis gesehen werden, die basierend auf den Erfahrungen und Rückmeldungen der Beteiligten weiterentwickelt wird. Ein iterativer Ansatz, der sich an den dynamischen Bedürfnissen des Unternehmens orientiert, ist meist effektiver und effizienter, als zu lange an einer vermeintlich perfekten Lösung zu feilen.

Ganzheitlicher Ansatz

Zusammenfassend lässt sich sagen: Eine neue Planungslösung kann ein starker Treiber für Effizienz und Genauigkeit sein, doch ihr Erfolg hängt ebenso sehr von der Technologie wie von der Qualität der Prozesse und Daten sowie der Zusammenarbeit der beteiligten Personen ab. Unternehmen, die all diese Aspekte ganzheitlich betrachten und adressieren, legen den Grundstein für eine zukunftsfähige und belastbare Unternehmensplanung. Letztendlich ist es die Kombination aus Organisation, Menschen und Technologie, der den Unterschied macht.

Kapitel 12
Status quo: Etabliertes SAP BW 7.5 on SAP HANA

Es gibt viele Kunden, die ihr unternehmensweites Data Warehouse mit SAP BW implementiert haben und ihr System seit SAP BW 2.1c bzw. SAP BW 3.0B regelmäßig updaten, fachliche Logiken anpassen, große Projekte durchführen und im Laufe der Jahre hohe Investitionen getätigt haben.

Die Sicherstellung der technischen aber vor allem der fachlichen (Daten-)Reife ist das Hauptanliegen dieser Kunden, die nun auf SAP BW 7.5 on SAP HANA umgestiegen sind und Orientierung für den nächsten Schritt benötigen.

In diesem Kapitel beschreiben wir in Abschnitt 12.1, »SAP-BW-Modernisierungsoptionen«, zunächst den Status quo vieler Unternehmen, die SAP BW 7.5 on SAP HANA einsetzen und sich zwischen SAP BW/4HANA, SAP Datasphere und hybriden Szenarien entscheiden mussten. Wir zeigen außerdem, dass frühe Cloud-Nutzer heute einen klaren Vorteil in ihrer Analytics-Architektur und beim Einsatz von KI haben. Mit der SAP BDC verschärft sich der Handlungsdruck für SAP-BW-7.5-on-SAP-HANA-Kunden: SAP empfiehlt als Zielarchitektur die SAP BDC mit SAP Datasphere als Kern, ggf. ergänzt um Optionen wie SAP BW/4HANA (On-Premise oder Private Cloud Edition). Ebenso empfiehlt SAP das Vorgehen »Lift, Shift & Innovate« für die Ablösung von SAP BW (Private Cloud Edition) durch SAP Datasphere.

Unser Vorgehensmodell, das wir in Abschnitt 12.2, »Vorgehensmodell für die Entscheidungsfindung«, beschreiben, strukturiert den Transformationsweg in fünf Phasen, um auf Basis eines klar dokumentierten Ist-Zustands, gezielter Schulungen und gemeinsamer Architektur-Workshops eine fundierte Roadmap und Entscheidungsvorlage für das Management zu erarbeiten. Das Praxisbeispiel in Abschnitt 12.3, »Praxisbeispiel einer hybriden Architektur«, zeigt, wie ein Unternehmen SAP BW 7.5 on SAP HANA als stabile On-Premise-Kernplattform weiterbetreibt und parallel dazu eine moderne Zielarchitektur in SAP Datasphere aufbaut: Neue Anforderungen werden in der Cloud umgesetzt, bestehende SAP-BW-Inhalte werden schrittweise modernisiert und Governance-Strukturen sowie die Zusammenarbeit zwischen IT und Fachbereichen werden neu etabliert.

12.1 SAP-BW-Modernisierungsoptionen

Die Frage nach den Modernisierungsoptionen für SAP BW 7.5 on SAP HANA ist mit Abstand die häufigste, die uns Kunden, die sich um die Zukunft ihres SAP-BW-Systems sorgen, immer wieder stellen. Zunächst betrachten wir einleitend die Zeit vor der SAP BDC. Die Ankündigung der SAP BDC sorgte bei Kunden, die noch nicht viel Erfahrung im Umgang mit Cloud-Anwendungen hatten, eher für Verunsicherung, während Kunden mit Cloud-Erfahrung in ihrem eingeschlagenen Weg bestätigt wurden.

Optionen für den Ersatz von SAP BW on SAP HANA

In den Jahren ab 2023 befanden sich viele Unternehmen in einer entscheidenden Übergangsphase ihrer SAP-Data-Warehousing-Strategie. Das bisherige SAP BW on HANA wurde zunehmend als Brückentechnologie betrachtet, da das Ende des regulären Wartungszeitraums für das Jahr 2027 mit einer optionalen Verlängerung bis 2030 feststand. Die wesentlichen Optionen für die Weiterentwicklung waren die folgenden:

- **Migration zu SAP BW/4HANA**
  Dies war der zentrale On-Premise-Nachfolger. Im Unterschied zu SAP BW on HANA handelt es sich bei SAP BW/4HANA um eine für die SAP-HANA-Datenbank optimierte Neuentwicklung. Es gab deutlich vereinfachte Datenmodelle mit weniger Objekttypen, moderne, webbasierte Oberflächen für die Modellierung sowie eine bessere Performance. Mit dem Release SAP BW/4HANA 2023 wurde die Lösung weiter verfeinert, bspw. durch eine verbesserte Integration in Cloud-Umgebungen. Zahlreiche Workshops bewerteten damals, welche Migrationsmethodik (In-Place Conversion, Remote Conversion, Shell Conversion oder Greenfield-Ansatz) die passende für das Unternehmen ist.
- **Wechsel zu SAP Datasphere (ehemals SAP Data Warehouse Cloud)**
  Im März 2023 kündigte SAP die strategische Weiterentwicklung von SAP Data Warehouse Cloud zu SAP Datasphere an. Das Konzept sieht eine cloudnative Data-Fabric-Lösung vor, die über klassisches Data Warehousing hinausgeht und Daten aus unterschiedlichen Quellen (SAP und Nicht-SAP) weitgehend ohne physische Replikation virtuell integriert. Für Bestandskunden wurde die SAP BW Bridge als zentrales Instrument positioniert, um bestehende ETL-Strecken und ABAP-Logik aus SAP BW on HANA in die Cloud-Welt von SAP Datasphere zu überführen. Die Erfahrungen damit waren jedoch selten positiv (siehe dazu Kapitel 3, »SAP Business Warehouse oder SAP BW/4HANA, Private Cloud Edition«).
- **Hybride Szenarien**
  Viele Unternehmen entschieden sich 2023 für einen kombinierten Ansatz, d. h., sie akzeptierten einen Parallelbetrieb: Komplexe, etablierte Prozesse verblieben in SAP BW/4HANA, während neue, agile Anforderungen, wie etwa

Self-Service Analytics in den Fachbereichen, direkt in SAP Datasphere umgesetzt wurden. Die Daten aus On-Premise-Systemen wurden über Standardschnittstellen so angebunden, dass sie in modernen Cloud-Tools wie SAP Analytics Cloud genutzt werden konnten. Im Idealfall ließen Kunden sämtliche SAP Analytics Cloud Live Connections über Analytical Models in SAP Datasphere laufen und integrierten SAP-BW-Daten bereits auf diesem Weg. Die Regel war jedoch, dass SAP Analytics Cloud mal auf SAP Datasphere und mal auf SAP BW zugegriffen hat. Das kann den Anwenderinnen und Anwendern zwar egal sein, solange die benötigten Daten bereitgestellt werden, aus Architekturperspektive ist das jedoch kein sauberer Ansatz für Single Point of Entry sowie Single Point of Truth.

Zwischenfazit

Vor der Einführung der SAP BDC stand SAP BW/4HANA für Stabilität und komplexe On-Premise-Datenmodelle, während SAP Datasphere als (vermutlich) langfristige, innovative Cloud-Plattform für die zukünftige Analytics-Landschaft angesehen wurde. Kunden, die sich bereits mit den innovativen Cloud-Themen auseinandergesetzt und Erfahrungen gesammelt hatten, sind aus heutiger Sicht im Vorteil und einen Schritt weiter als andere.

Seit der Veröffentlichung der SAP BDC entwickelt sich die allgemeine Situation sehr deutlich in Richtung Cloud. Grundsätzlich hat sich die Lage für SAP-BW-7.5-on-SAP-HANA-Kunden deutlich verschärft. Wer diese Lösung heute noch im Einsatz hat, für den rückt das Ende der regulären Wartung zum 31. Dezember 2027 schnell näher. Es müssen nun Entscheidungen getroffen werden, um rechtzeitig auf eine zukunftsfähige und unterstützte Zielarchitektur zu wechseln. Aus unserer Sicht ist dies die SAP BDC, wodurch sich die Entscheidungsoptionen auf einen fast ausschließlichen Cloud-Ansatz verdichten:

- **Strategische Migration zu SAP Datasphere**
  SAP Datasphere als Kernbestandteil der SAP BDC ist die Zukunft und sollte für alle Kunden das Ziel sein. Die SAP BW Bridge ist für uns, trotz gegenteiliger Meinungen am Markt, kein nachhaltiger Ansatz (siehe Abschnitt 3.4, »Hinweise für SAP-BW-Bridge-Kunden«). Mit SAP Datasphere und der SAP BDC wird die Verwendung von SAP Business AI und Machine Learning sowie eine umfassende Integration von Nicht-SAP-Daten innerhalb einer einheitlichen Data-Fabric-Architektur möglich.
- **Upgrade auf SAP BW/4HANA (On-Premise)**
  Für Unternehmen, die weiterhin eine klassische, stark kontrollierte Data-Warehouse-Umgebung benötigen und (noch) nicht in Richtung Cloud gehen wollen oder dürfen, bleibt SAP BW/4HANA die zentrale On-Premise-Lösung, die nach heutigem Stand bis mindestens 2040 unterstützt wird.

[»]

Cloud-to-Cloud-Migration

Einige Kunden haben SAP BW/4HANA oder SAP BW 7.5 on SAP HANA bereits in eine Private Cloud Edition migriert, um von Cloud-Vorteilen (Skalierung, Betrieb, Kostenmodelle) zu profitieren. Hier empfehlen wir, einen Lift in die SAP BDC als Private Cloud Edition zu prüfen. Diese Kunden bezahlen bereits für ein Private-Cloud-Edition-Hosting – warum dann nicht direkt die SAP BDC sowie die Vorteile von SAP Analytics Cloud, SAP Datasphere und SAP Databricks nutzen?

- **Lift, Shift & Innovate**
  Für Kunden, die bereits hybrid mit SAP BW und SAP Datasphere arbeiten, empfehlen wir einen Lift von SAP BW in die SAP BDC in Betracht zu ziehen. Die Zeit bis Ende 2027 wird knapp und immerhin lockt eine erweiterte Wartung bis Ende 2030. Zudem kann deutlich einfacher mit SAP Analytics Cloud, SAP Datasphere und SAP Databricks begonnen werden, wenn die SAP-BW-Daten quasi per Rechtsklick als Datenprodukte in der SAP BDC (genauer gesagt im Object Store) zentral bereitgestellt werden können.
- **Übergangslösung**
  Falls eine Migration bis Ende 2027 zeitlich nicht mehr realisierbar ist, können Sie die kostenpflichtige erweiterte Wartung bis 2030 in Anspruch nehmen.

Vorgehensmodell

Welche Option sich am besten eignet, hängt wesentlich von der Cloud-Strategie Ihres Unternehmens ab: Planen Sie eine weitgehende bzw. vollständige Transformation in die Cloud oder sind Sie aufgrund von Compliance- und Governance-Vorgaben weiterhin auf On-Premise-Lösungen angewiesen? Diese vermeintlich einfache Frage beinhaltet erfahrungsgemäß eine ganze Reihe von Kriterien sowie weitere Fragen von Kunden zu ihren individuellen Situationen. Im nächsten Abschnitt geben wir Ihnen ein Vorgehensmodell an die Hand, das Ihnen die Entscheidung für einen Architekturansatz erleichtern soll.

12.2 Vorgehensmodell für die Entscheidungsfindung

Auf Basis von ca. 30 Interviews, Workshops und Roadmap-Diskussionen haben wir ein Standardvorgehensmodell entwickelt. Dieses soll alle Kunden dazu befähigen, auf der Grundlage valider Informationen eigene Entscheidungen hinsichtlich Zielarchitektur und Roadmap zu treffen und sie dem eigenen Management bzw. den Stakeholdern vorzustellen. Diesen Ansatz stellen wir Ihnen in diesem Abschnitt vor und gliedern das Vorgehen dabei in 5 Schritte:

1. Status quo ermitteln
2. Trainings und Workshops durchführen

3. Zielarchitektur ermitteln
4. Roadmap entwickeln
5. Roadmap umsetzen

Lassen Sie uns die einzelnen Schritte nun im Detail durchgehen.

Schritt 1: Status quo ermitteln

In der ersten Phase wird der Status quo ermittelt. Die produktive Analytics-Architektur wird vollständig erfasst, darunter Quellsysteme, Data-Warehouse-Lösungen, Reporting-Umgebungen, Planungslösungen, Legal- und Management-Konsolidierungen sowie ML- und KI-Systeme bzw. -Applikationen. Dies erfolgt nicht nur auf Ebene der Applikationen, sondern auch auf Ebene der Daten(modelle). Je nach Bedarf bzw. Notwendigkeit wird in die Tiefe der Datenräume gegangen, wenn Kernabhängigkeiten zu geplanten Change-Prozessen jeglicher Art bereits beim Kunden bekannt sind. Ein Schwerpunkt ist in der Regel die Analyse des SAP-BW-Systems aus technischer und fachlicher Sicht, inklusive Bewertung der technischen Reife sowie ggf. aktueller Problematiken oder Kritiken aus der Anwenderszene. Anschließend wird die Analytics-Landschaft als Bestandteil der IT-Landschaft betrachtet und die Abhängigkeiten zu laufenden oder geplanten Projekten, Initiativen oder strategischen Maßnahmen werden analysiert. Ebenso werden vorhandene Lizenzen betrachtet. Im Anschluss wird der Status quo präzise zusammengefasst.

Schritt 2: Trainings und Workshops durchführen

Auf Basis der Erkenntnisse aus Schritt 1 stellen wir eine Reihe von Trainings- bzw. Workshop-Formaten zusammen. Diese umfassen überwiegend technische und funktionale Themen rund um das Reporting mit SAP Analytics Cloud sowie die Modellierung mit SAP Datasphere oder SAP Databricks. Ergänzend führen wir prozessuale Workshops durch, um Wissen zur Abbildung von Planungsprozessen mit SAP Analytics Cloud for Planning zu vermitteln. Im Einzelfall bieten wir diese Workshops in Form eines kundenindividuellen Hackathons an, wobei mehrere kleine Kundenteams parallel sowie gemeinsam mit uns einen Prototypen für ihre eigenen Use Cases in den unterschiedlichen Komponenten erarbeiten. Abgerundet werden diese Termine durch Expertensprechstunden. Was zunächst als technisches Training beginnt, mündet meist in einem separaten zusätzlichen Workshop zum Thema Datenprodukte. Die Kunden wünschen sich, die Themen Datenqualität, Datenmanagement und Daten-Ownership gemeinsam mit den Fachbereichen zu erarbeiten und eine nicht-invasive Data-Governance- oder Datenstrategie zu formulieren. Am Ende dieser Phase sind alle Beteiligten in der Lage, bei der Auswahl und Bewertung der Zielarchitekturen mitzuwirken.

[»]

Change Management auch für das interne Team berücksichtigen

Nicht wenige SAP-BW-Entwickler können sich anfangs nur schwer mit dem neuen Entwicklungsansatz von SAP Datasphere anfreunden und sehen dabei mehr Hürden als Chancen. Unsere Erfahrung zeigt jedoch: Im letzten Jahr konnten wir so gut wie alle SAP-BW-Experten mithilfe konkreter Beispiele im System davon überzeugen, dass sich auch herausfordernde SAP-BW-Lösungen in SAP Datasphere umsetzen lassen.

Schritt 3: Zielarchitektur ermitteln

Im dritten Schritt wird gemeinsam die Zielarchitektur ermittelt. Grundsätzlich stehen alle Analytics-Komponenten aus der Ist-Architektur und der SAP BDC sowie weitere denkbare Alternativen zur Auswahl. Aufgrund der Schritte 1 und 2 haben unsere Kunden zu Beginn des Workshops recht schnell Kriterien vorab identifiziert, die einzelne Komponenten aus der Zielarchitektur ausschließen, die somit nicht beschafft oder im Rahmen der Roadmap abgelöst werden sollen. In der Regel bleiben wenige, aber dafür sehr etablierte SAP- und Nicht-SAP-Komponenten übrig, die eng mit der SAP BDC integriert werden sollen, wenn diese durch fachspezifische Communitys umfangreich oder wertstiftend genutzt werden.

Ins Zentrum rückt zweifelsfrei SAP Datasphere als Nachfolger für SAP BW. Je nach Kundensituation wird ein Lift von SAP BW in Betracht gezogen, insbesondere, wenn mehrere SAP-BW-Systeme vorhanden sind, die Komplexität hoch ist oder das Projektumfeld durch Mergers & Acquisitions bzw. SAP-S/4HANA-Rollouts derzeit sehr dynamisch ist und SAP BW als aktueller Stabilitätsanker für die Unternehmenssteuerung dient. Die Rolle und das Potenzial von SAP Databricks und weiterer angekündigter Partner werden definitiv deutlich. Allerdings übernimmt SAP Databricks nur bei Kunden, die bereits Databricks Enterprise oder ähnliche Plattformen nutzen, mit konkreten Use Cases sehr schnell einen aktiven Part in der Zielarchitektur. Bei allen anderen Kunden bleibt SAP Databricks oftmals nur als Ausbaustufe im Hinterkopf. Wir vermuten, dass mangelnde Datenqualität bzw. noch fehlendes Datenprodukt-Denken die Gründe dafür sind. ML und KI können nur dann mit echtem Mehrwert eingesetzt werden, wenn hochqualitative Datenprodukte vorhanden sind.

SAP Analytics Cloud wird fast immer als zentrales Reporting-Tool genutzt. Trotz konkurrierender Frontends ist den meisten Kunden klar, dass Planungsprozesse zukünftig mit SAP Analytics Cloud in Kombination mit SAP Datasphere umgesetzt werden müssen (Seamless Planning; siehe dazu Abschnitt 7.3). Besonders die enge Integration mit SAP Databricks eröffnet ganz neue Möglichkeiten, ML und KI in die Planung einzubringen. Das Gleiche gilt für das Thema Konsolidierung, das für unsere Kunden noch nicht am dringlichsten ist, jedoch als zusätzliches Potenzial positiv bewertet wird (siehe dazu Kapitel 20, »Seamless

Consolidation basierend auf der SAP Business Data Cloud«). Damit sind alle Komponenten der neuen Analytics-Plattform identifiziert und ausgewählt, und es entsteht eine Zielarchitektur für den Zeitraum nach 2030. Als Zwischenschritt wird eine kurzfristig angestrebte Architektur für 2027 definiert, was für die Ableitung der Roadmap im nächsten Schritt einen zentralen Meilenstein darstellt.

Schritt 4: Roadmap entwickeln

Die Roadmap soll einen klaren Weg aufzeigen: Was muss wann, wie und mit welchem Aufwand umgesetzt werden, um vom Status quo aus die Zielarchitektur zu erreichen? Der Fokus liegt hier auf der Identifikation des kritischen Pfads und der Abwägung von Risiken vs. Chancen, Stabilität vs. Geschwindigkeit und Sicherheit vs. Innovation. Dazu verwenden wir die drei Varianten »Make-it-good«, »Make-it-better« und »Make-it-great«. Auf Basis der Sammlung aller Aufgabenpakete werden Prioritäten, Umfänge und Auswirkungen gemeinsam erarbeitet und über die drei Varianten gelegt. Anschließend erfolgt eine technische, organisatorische, fachliche und wirtschaftliche Bewertung. Mit der Entscheidung für eine Variante entsteht die Roadmap (siehe Abbildung 12.1). Dabei werden die Abhängigkeiten und der rote Faden der zentralen Maßnahmen mit Ihren Zielzuständen in Relation gesetzt. Dies bildet den Kern der Entscheidungsvorlage und Empfehlung für den Kunden, die dem internen Management zur Freigabe vorgestellt wird.

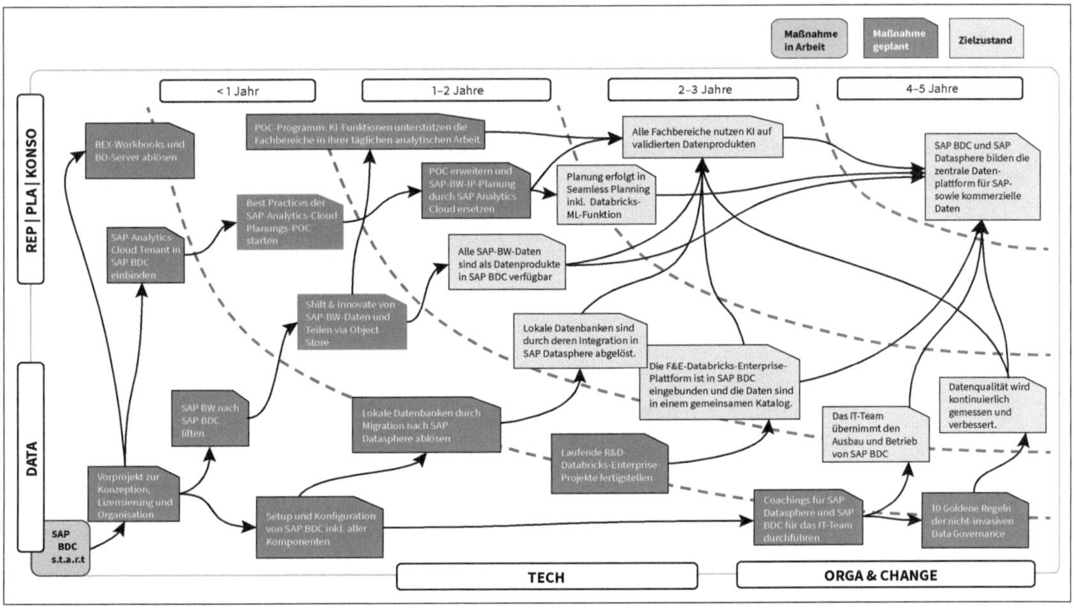

Abbildung 12.1: Beispiel einer Roadmap

Schritt 5: Roadmap umsetzen

Mit der Entscheidungsvorlage aus Schritt 4 ist der Kunde nun in der Lage, die Roadmap anzugehen. Es folgt ein Vorbereitungsprojekt, um bspw. die Systemumgebung bereitzustellen und natürlich das gesamte Projekt-Setup aufzusetzen.

Im nächsten Abschnitt beschreiben wir ein reales Kundenprojekt, das diesem Ansatz gefolgt ist.

12.3 Praxisbeispiel einer hybriden Architektur

In diesem Abschnitt zeigen wir Ihnen anhand eines Kundenprojektes, dass es möglich ist, SAP BW 7.5 on SAP HANA zu betreiben und parallel in SAP Datasphere zu migrieren. Damit greifen wir den oben beschriebenen hybriden Ansatz noch einmal näher auf.

SAP BW als Basis

SAP BW 7.5 on SAP HANA bildete im Unternehmen unseres Kunden die Grundlage für das Konzern-Reporting, die Finanzsteuerung etc. und ermöglichte zahlreiche operative Auswertungen in den Fachbereichen. Somit war über die Jahre hinweg eine hochgradig individualisierte SAP-BW-Landschaft entstanden, die neben klassischen Extraktoren auch zahlreiche kundeneigene Datenflüsse und komplexe Transformationslogiken enthielt.

SAP Datasphere

Mit zunehmender Digitalisierung und steigenden Anforderungen an datengetriebene Entscheidungen geriet die bestehende Architektur zunehmend an ihre Grenzen. Insbesondere in den Fachbereichen führte dies zur Entwicklung eigener Lösungen. Eine schnellere Bereitstellung von Datenmodellen, eine flexible Integration externer Datenquellen sowie eine Erweiterung um moderne Analyse- und KI-Funktionalitäten waren daher unumgänglich. Gleichzeitig wollte das Unternehmen die bestehende SAP-BW-Landschaft möglichst stabil halten.

Hybrider Transformationsansatz

Vor diesem Hintergrund entschied sich das Unternehmen bewusst gegen eine vollständige und sofortige Migration des bestehenden SAP-BW-Systems. Stattdessen wurde ein hybrider Transformationsansatz gewählt. Ziel war es, die bestehende SAP-BW-Umgebung zunächst weiterhin On-Premise zu betreiben und parallel dazu schrittweise eine moderne Zielarchitektur in SAP Datasphere aufzubauen.

Im ersten Schritt wurde hierzu eine neue SAP-Datasphere-Umgebung etabliert. Diese sollte nicht unmittelbar das bestehende SAP BW ersetzen, sondern als Innovationsplattform dienen. Neue Anforderungen der Fachbereiche wurden fortan in der neuen Umgebung umgesetzt.

Das bestehende SAP BW blieb dabei weiterhin die zentrale Quelle für harmonisierte Unternehmensdaten. Viele geschäftskritische Berichte und Planungsprozesse waren tief in die bestehende SAP-BW-Logik integriert und hätten kurzfristig nicht ohne erheblichen Aufwand migriert werden können. Zudem bestanden regulatorische Anforderungen, die weiterhin lokal verarbeitet werden mussten. Somit war die Entscheidung, SAP BW zunächst On-Premise weiterzuführen, sowohl technisch als auch organisatorisch motiviert.

Strategie

Im Rahmen des Projektes zeigte sich schnell, dass SAP BW weiterhin stabile und validierte Daten bereitstellte, während in SAP Datasphere neue semantische Datenmodelle erstellt wurden. Ein wichtiger Bestandteil der Strategie war die schrittweise Migration bestehender Inhalte. Anstatt komplette SAP-BW-Modelle eins zu eins zu übertragen, analysierte das Projektteam gemeinsam mit der IT und den Fachbereichen, welche Inhalte tatsächlich noch benötigt wurden und wo sich bestehende Modelle vereinfachen und modernisieren ließen. Somit wurde keine reine technische Kopie des alten Systems erzeugt, sondern eine sukzessive Neugestaltung der Datenarchitektur vorangetrieben.

Lernraum

Ein weiterer wichtiger Aspekt dieser Phase war die Entwicklung eines neuen Lernraums für IT und Fachbereiche. Während das klassische SAP BW zentral organisiert war, erforderte SAP Datasphere deutlich mehr Zusammenarbeit zwischen Fachbereichen, Data Engineers und dem Governance-Team. Daher mussten die Prozesse für Deployment, Datenqualitätskontrollen und Berechtigungsmanagement neu definiert werden. Gerade diese organisatorischen Veränderungen benötigten Zeit und wären in einem sofortigen Komplettumstieg schwer beherrschbar gewesen.

Hybride Datenlandschaft

Nach zwei Jahren entstand so schrittweise eine hybride Datenlandschaft, in der das bestehende SAP-BW-System zunehmend entlastet wurde. Neue analytische Anforderungen wurden fast ausschließlich in SAP Datasphere umgesetzt, während SAP BW weiterhin bestimmte Kernprozesse unterstützte. Die Anzahl der klassischen SAP-BW-Entwicklungen nahm kontinuierlich ab, ohne dass das Unternehmen einen risikobehafteten Komplettumstieg durchführen musste.

Als wesentlicher Erfolgsfaktor des Projekts konnten die gezielten Schulungen von IT und Fachbereichen gesehen werden. Dabei zeigte sich insbesondere, dass praxisnahe Schulungen deutlich wirksamer waren als rein theoretische Trainingsformate. Einen besonders hohen Mehrwert bot der Ansatz, bestehende Inhalte und Logiken aus SAP BW 7.5 on HANA gemeinsam in SAP Datasphere nachzubauen und dabei die Unterschiede sowie die neuen Möglichkeiten der Zielarchitektur direkt praktisch zu vermitteln.

Transformation

Aus Sicht des Unternehmens war die Transformation damit weniger ein klassisches Migrationsprojekt als vielmehr ein langfristiger Wandel der Datenstrategie. Die hybride Architektur wurde nicht als temporärer Zustand verstanden, sondern als pragmatischer Weg, um bestehende Investitionen zu schützen und gleichzeitig den Übergang in eine moderne, datengestützte Organisation nachhaltig zu gestalten.

Projekterkenntnisse

Dies waren die wichtigsten Projekterkenntnisse:

- Hybride Architekturen sind oft sinnvoller als ein Sofortumstieg.
- Ein paralleler Betrieb von SAP BW und SAP Datasphere reduziert Projektrisiken, ist aber kostspielig.

- Bestehende SAP-BW-Systeme enthalten häufig geschäftskritische Logiken, die nicht kurzfristig ersetzt werden können.
- Die hybride Phase sollte als kontrollierter Übergang und nicht als reine technische Migration verstanden werden.
- Fachbereiche profitieren von früher Einbindung und praxisnahen Schulungen.
- Clean-Core-Prinzipien lassen sich durch externe Datenprodukte und Erweiterungsarchitekturen gut unterstützen.
- Governance muss frühzeitig etabliert werden, um Inkonsistenzen zwischen alten und neuen Plattformen zu vermeiden.

12.4 Zusammenfassung

Zusammenfassend zeigt sich, dass Unternehmen mit großen etablierten SAP-BW-Landschaften unterschiedliche Transformationspfade verfolgen. Eine mögliche Strategie besteht darin, das bestehende SAP-BW-System langfristig On-Premise weiterzubetreiben und als stabile, harmonisierte Datenquelle für SAP Datasphere zu nutzen.

Alternativ kann eine schrittweise Migration erfolgen, bei der neue Anforderungen in SAP Datasphere umgesetzt und bestehende Inhalte sukzessive modernisiert und abgelöst werden. Beide Ansätze ermöglichen es, Innovationen und Stabilität miteinander zu verbinden, ohne einen risikobehafteten Komplettumstieg durchführen zu müssen. Entscheidend ist dabei, dass die gewählte Strategie zur technischen, organisatorischen und wirtschaftlichen Ausgangssituation des Unternehmens passt.

Im Laufe des Jahres 2025 haben wir beobachtet, dass die Klarheit und der Fokus einer Abkehr von SAP BW deutlich zunehmen. Die Dringlichkeit und Geschwindigkeit, mit der Kunden, die SAP BW 7.5 on SAP HANA im Einsatz haben, in die SAP BDC streben, erhöhen sich. Kleinere SAP-BW-Systeme werden gezielt im Greenfield-Ansatz durch SAP Datasphere ersetzt. Größere SAP-BW-Systeme werden entweder per Lift in die SAP BDC gebracht oder konsequent einer Roadmap unterworfen, sodass Bereich für Bereich in die SAP Datasphere umzieht und weitere Investitionen in SAP BW stark zurückgehen.

Kunden, die sich früh für Cloud-Anwendungen entschieden haben, verfügen heute über einen deutlichen Vorsprung in ihrer Analytics-Architektur. Selbst kleine Unternehmen, die SAP Datasphere und SAP Analytics Cloud nur in kleinem Umfang nutzen, sind deutlich weiter als viele größere Unternehmen und setzen bereits erfolgreich und mehrwertstiftend KI ein.

Kapitel 13
Status quo: Embedded SAP BW reicht nicht mehr aus

Das kostenlose, in SAP S/4HANA integrierte embedded SAP BW galt einst als cleverer Schnellstart für das operative Reporting, entpuppt sich heute allerdings für viele Unternehmen als strategische Bremse.

Dieses Kapitel zeigt anhand eines realen Fallbeispiels, warum der Abschied von embedded SAP BW unausweichlich ist und wie der Weg in eine zukunftsfähige Analytics-Landschaft gelingt. Das embedded SAP BW in SAP ECC oder SAP S/4HANA (Embedded SAP BW) verspricht eine einfache und kostengünstige Möglichkeit, operative Daten für das Reporting nutzbar zu machen. Doch die Realität in vielen Unternehmen zeichnet ein anderes Bild: Wachsende Datenvolumen und steigende analytische Anforderungen bringen dieses Konzept an seine Belastungsgrenzen. Dieses Kapitel zeigt auf, warum die ursprüngliche Einfachheit des embedded SAP BW irreführend sein kann und warum es für eine langfristige Datenstrategie oft nicht mehr ausreicht.

Aufbau des Kapitels

Wir beginnen in Abschnitt 13.1 mit einer Analyse der vermeintlichen Einfachheit von embedded SAP BW und zeigen auf, wo die konzeptionellen Grenzen dieser Lösung liegen. Daran anknüpfend analysieren wir in Abschnitt 13.2 ein detailliertes Fallbeispiel aus der Praxis, das verdeutlicht, wie das Reporting zum Bremsklotz für das gesamte Unternehmen werden kann. Abschließend skizzieren wir in Abschnitt 13.3 den strategischen Ausweg, indem wir eine moderne Zielarchitektur mit einem separaten Data Warehouse vorstellen. In Abschnitt 13.4 zeigen wir schließlich mit einer Roadmap den Weg in eine skalierbare und performante Zukunft auf.

13.1 Die trügerische Einfachheit von embedded SAP BW

Ursprungsidee

Die Einführung von embedded SAP BW mit SAP S/4HANA (sowie zuvor bereits in SAP ECC) basierte auf einer nachvollziehbaren und pragmatischen Idee: Unternehmen sollten in die Lage versetzt werden, operative Echtzeitanalysen direkt auf ihren Transaktionsdaten durchzuführen, ohne die Komplexität und die Kosten eines separaten Data-Warehouse-Projekts auf sich nehmen zu müssen. Die Vision war, die traditionelle Trennung zwischen transaktionalen *OLTP*-Systemen (Online Transaction Processing; eine Art der Datenverarbeitung, die eine große Anzahl kurzer, schneller Transaktionen in Echtzeit ermöglicht) und analytischen *OLAP*-Systemen (Online Analytical Processing; für die schnelle, dynamische und mehrdimensionale Analyse großer Datenmengen konzipiert) für einfache Reporting-Szenarien aufzuheben. Für Standardberichte, die direkt auf den SAP-S/4HANA-Daten aufsetzen, war dies ein valider und ressourcenschonender Ansatz.

Ressourcenkonflikt

Der grundlegendste konzeptionelle Kompromiss von embedded SAP BW liegt jedoch in der geteilten Systembasis. Embedded SAP BW läuft auf derselben Hardware und derselben Datenbank wie das operative SAP-S/4HANA-System. Das bedeutet, dass sich analytische Abfragen und geschäftskritische Transaktionsprozesse dieselben CPU-Kerne, denselben Arbeitsspeicher und dieselbe Datenbank-Performance teilen müssen. Was bei geringer Last unproblematisch erscheint, wird bei steigenden Anforderungen jedoch schnell zum Risiko. So können komplexe und langlaufende Reports die Systemressourcen so stark belasten, dass die Performance operativer Prozesse, wie bspw. das Buchen von Rechnungen oder die Durchführung eines Produktionsplanungslaufs, spürbar verlangsamt wird. Die Stabilität des ERP-Kerns wird somit von den Anforderungen des Reportings abhängig gemacht.

Architektonische Grenzen

Ein weiterer kritischer Punkt ist die mangelnde Flexibilität bei der Datenintegration. Ein modernes Data Warehouse dient als zentraler Hub, der Daten aus unterschiedlichsten Quellen zusammenführt – seien es andere SAP-Systeme, Nicht-SAP-Anwendungen, Cloud-Dienste oder einfache Flat Files. Embedded SAP BW ist primär für die Daten aus dem eigenen SAP-S/4HANA-System optimiert. Die Anbindung externer Datenquellen ist zwar technisch möglich, jedoch umständlich und widerspricht dem eigentlichen Embedded-Konzept. Dadurch entsteht schnell eine Insellösung, die den umfassenden, unternehmensweiten Blick auf alle relevanten Daten verhindert. Infolgedessen ist eine ablehnende Haltung bei Anwenderinnen und Anwendern zu beobachten, ebenso wie eine sich verselbstständigende Dynamik, die dazu führt, dass andere Wege oder Lösungen – meist per Excel – umgesetzt werden.

Strategische Sackgasse

Diese architektonischen Einschränkungen führen zu einer strategischen Sackgasse. Unternehmen können ihre Analytics-Landschaft nicht unabhängig von ihrem ERP-System skalieren oder weiterentwickeln. Die Governance wird erschwert, da die Verantwortlichkeiten zwischen dem ERP-Betrieb und der BI-Entwicklung verschwimmen. Während embedded SAP BW also einen einfachen Einstieg bietet, schafft es gleichzeitig eine Abhängigkeit, die der Agilität und Skalierbarkeit einer modernen Datenstrategie im Wege steht. Die hier skizzierten Limitierungen zeigen die Notwendigkeit einer grundlegenden Veränderung der Denkweise und der eingesetzten Methoden, die über eine reine Optimierung hinausgeht. Die architektonischen Antworten und strategischen Vorteile einer modernen, entkoppelten Cloud-Data-Warehouse-Lösung finden Sie in Kapitel 3, »SAP Business Warehouse oder SAP BW/4HANA, Private Cloud Edition«, dieses Buches.

13.2 Fallbeispiel: Wenn das Reporting mit embedded SAP BW zum Bremsklotz wird

Ausgangslage

Betrachten wir den Fall eines mittelständischen Unternehmens, das vor einigen Jahren sein SAP-S/4HANA-System inklusive embedded SAP BW eingeführt hat. Die Entscheidung basierte auf der damaligen Empfehlung von SAP sowie den zu diesem Zeitpunkt überschaubaren Anforderungen. Das System wurde intensiv genutzt, die Datenmodelle für Bestände und Einkauf wuchsen historisch bedingt und wurden immer wartungsintensiver. Über die Jahre entwickelte sich das Reporting von einer Unterstützung zu einem spürbaren Problem im Tagesgeschäft.

Herausforderungen

Die Herausforderungen manifestierten sich in mehreren Bereichen. Anwenderinnen und Anwender klagten über massive Performance-Probleme, insbesondere bei Abfragen auf große Datenmodelle wie die Materialbestände. Lange Ladezeiten und instabile Prozesse wurden zur Regel. Gleichzeitig entstand ein regelrechtes Datenchaos. Es gab unzählige Wege, um an die gewünschten Informationen zu gelangen: Mal wurde direkt auf SAP S/4HANA, mal auf embedded SAP BW zugegriffen, und das mit verschiedenen Werkzeugen wie SAP Analytics Cloud oder SAP Analysis for Microsoft Office. Diese unklare Systemlandschaft führte zu Verwirrung und erschwerte eine einheitliche Sicht auf die Daten. Schließlich zeichnete sich eine kritische Kapazitätsgrenze ab. Die Speicherausnutzung des Systems näherte sich einem bedrohlichen Niveau, das die Stabilität des gesamten SAP-S/4HANA-Systems gefährdete.

Abbildung 13.1 zeigt die Systemlandschaft mit embedded SAP BW. Sie sehen eine Übersicht über die IT-Infrastruktur und den Datenfluss eines lokalen Rechenzentrums. Im Mittelpunkt steht ein lokales Rechenzentrum mit SAP S/4HANA und integriertem embedded SAP BW. Ebenfalls im Rechenzentrum integriert ist ein ETL-Drittanbieter-Tool, das ein externes Planungs-Drittanbieter-Tool zur Planung von Logistik und Vertrieb nutzt. Sowohl aus SAP S/4HANA als auch aus embedded SAP BW werden Daten an SAP Analysis for Microsoft Office, SAP Analytics Cloud und den SAP-Business-Objects-Server gespielt.

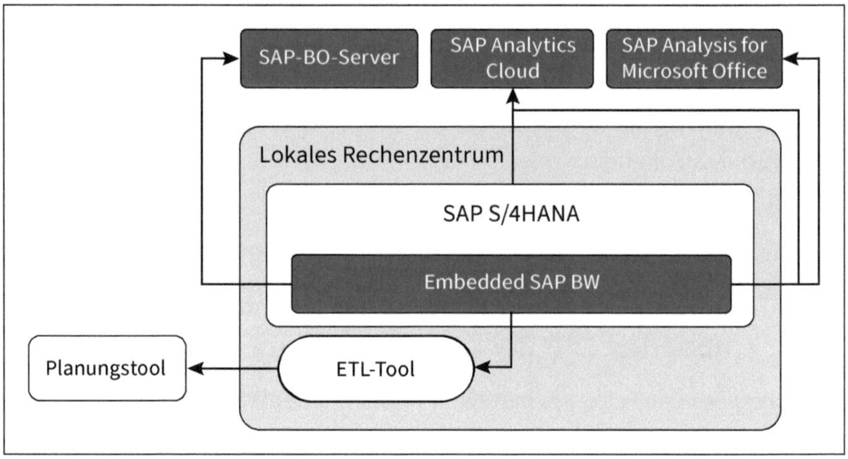

Abbildung 13.1: Ist-Architektur: Systemlandschaft mit embedded SAP BW

Ursachenanalyse

Bei diesem Kunden kam es immer wieder zu Performance-Problemen bei der Datenbereitstellung und -analyse. Um die Ursachen dieser Probleme systematisch zu ergründen, wurde ein SAP BW Health Check durchgeführt. In Interviews mit den Stakeholdern aus den Fachbereichen und der IT sowie durch eine technische Systemanalyse zeigte sich schnell ein klares Bild. Die Architektur von embedded SAP BW war den gestiegenen Anforderungen schlicht nicht mehr gewachsen. Die damalige strategische Entscheidung passte nicht mehr zur heutigen Realität, in der sowohl die Datenmengen als auch die Komplexität der Abfragen exponentiell zugenommen hatten. Zur Linderung der operativen Herausforderungen wurden u. a. die folgenden Maßnahmen erarbeitet:

- **Variablen- und Selektionsbilder vereinheitlichen:** Vermeintlich gleiche Variablen und Selektionen führen zu unnötigen und mehrfachen Ausführungen von Berichten und belasten das System unnötig. Die fehlende Eindeutigkeit verwirrt die Anwenderinnen und Anwender.
- **Querys vereinfachen und verschlanken:** Die Selektionen werden mit Vorschlagswerten direkt eingegrenzt, wodurch die Systemlast reduziert wird.
- **Zugriffsbeschränkung:** Direkte Zugriffe auf CDS-Views durch einzelne Nutzergruppen sollen vereinheitlicht oder beschränkt werden.
- **Berechtigungskonzept verschärfen:** Zu viele Anwenderinnen und Anwender dürfen zu viel sehen und erzeugen unnötige Systemlast.
- **Berichts- und Kennzahlenbibliothek optimieren:** Zu viele (falsche) Abfragen bringen nicht die gewünschten Informationen.
- **Prozessketten-Analyse:** Die Ursachen, die zu langen Laufzeiten bei der Beladung führen, sollen identifiziert werden.

- **Template etablieren:** Es soll ein einfaches Template für SAP Analysis for Microsoft Office vorgegeben werden, und die Anwenderinnen und Anwender sollen darin geschult werden, um unnötige Systemlasten zu vermeiden.
- **Schulungen:** Es sollen gezielte Nachschulungen für Anwenderinnen und Anwender bzw. Sprechstunden angeboten werden.

Zeit gewinnen

Diese kurzfristigen Maßnahmen sollten die Systemlast reduzieren, Performance-Engpässe vermeiden und die Anwenderinnen und Anwender in der Nutzung gezielter unterstützen, sensibilisieren und steuern. Gleichermaßen war allen Beteiligten klar, dass mittelfristig ein neuer Weg eingeschlagen werden muss.

13.3 Der strategische Ausweg: Ein separates Data Warehouse

Entkopplung

Die zentrale Erkenntnis aus der Analyse war, dass kurzfristige Maßnahmen und eine Optimierung der bestehenden Datenmodelle nicht ausreichen würden. Eine nachhaltige Lösung erforderte einen architektonischen Wechsel: die Entkopplung des analytischen Systems vom operativen SAP-S/4HANA-System. Die Entscheidung fiel zugunsten eines modernen, separaten Data Warehouses.

Zielarchitektur

Die zukünftige Systemlandschaft (siehe Abbildung 13.2), sieht SAP Datasphere als zentralen, cloudbasierten Daten-Hub vor. Alle analytischen Datenmodelle werden dorthin verlagert. Als einheitliches Frontend- und Reporting-Werkzeug wird SAP Analytics Cloud etabliert.

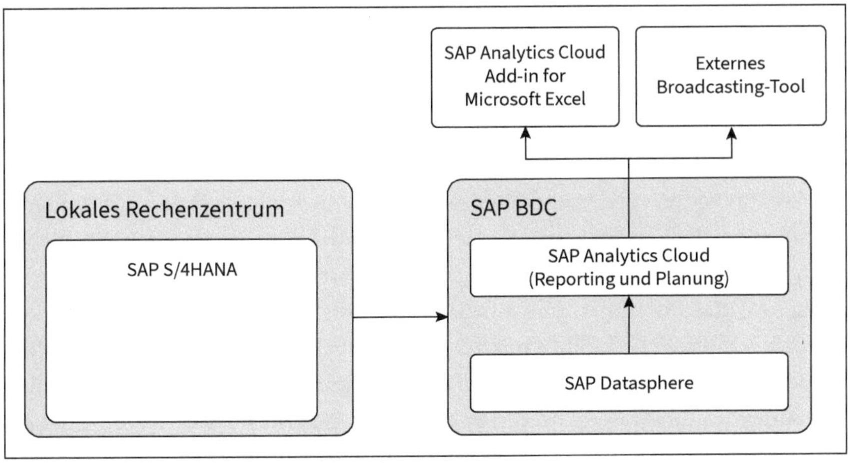

Abbildung 13.2: Zielarchitektur: Analytische Datenmodelle in SAP Datasphere

Dieser Ansatz bietet entscheidende Vorteile:

- **Performance und Stabilität:** Das Reporting lastet nicht mehr auf dem SAP-S/4HANA-System. Dedizierte Ressourcen in SAP Datasphere sorgen für schnelle und stabile Abfragen, ohne das operative Geschäft zu beeinträchtigen.
- **Klarheit und Governance:** Die unzähligen Reporting-Wege werden durch eine einzige, konsolidierte Plattform ersetzt. Das schafft Transparenz und eine Single Source of Truth.
- **Flexibilität und Self-Service:** SAP Datasphere ist so ausgelegt, dass sowohl die IT als auch geschulte Anwenderinnen und Anwender aus den Fachbereichen selbst Datenmodelle erstellen und anpassen können. Externe Datenquellen lassen sich zudem einfach integrieren, ohne dass sie zuvor in SAP S/4HANA geladen werden müssen.
- **Vereinfachung der Systemarchitektur:** Mit SAP Analytics Cloud kann zukünftig auch die Vertriebs- und Logistikplanung abgebildet werden. Dadurch kann das zusätzliche externe Tool abgelöst und Lizenzkosten können eingespart werden. Zudem entfallen Datenredundanzen, Schnittstellen und Berechtigungen, und sogar das zusätzliche externe ETL-Tool zur Versorgung des Nicht-SAP-Planungstools mit SAP-Daten wird hinfällig.
- **SAP S/4HANA embedded Analytics:** Für das operative SAP-S/4HANA-Reporting wird ausschließlich auf embedded Analytics gesetzt, um den Anwenderinnen und Anwendern weiterhin Live-Reports und listenorientierte Berichte anbieten zu können.
- **Skalierbarkeit:** Ein separates Data Warehouse ermöglicht die Entkopplung, sodass größeren Datenvolumen, Historisierungen und der Anbindung von Nicht-SAP-Daten nichts mehr im Wege steht.
- **ML und KI:** Mit dieser Zielarchitektur wird es möglich, die Daten mit ML- und KI-Verfahren zu verknüpfen und mit KI-Agenten zu arbeiten.

Fallbeispiel

In unserem Fallbeispiel (siehe Abbildung 13.2) wurde eine hybride Systemlandschaft entwickelt, in der das lokale SAP-S/4HANA-System im Rechenzentrum die fachliche und operative Basis bildet. Von dort werden die relevanten Daten in die SAP BDC überführt, wo sie in SAP Datasphere gebündelt und strukturiert werden. Auf dieser Grundlage nutzt SAP Analytics Cloud die aufbereiteten Informationen für Analysen, Berichte und Steuerungszwecke. Ergänzend wurde das SAP Analytics Cloud Excel Add-In angebunden, sodass Auswertungen auch direkt in Excel genutzt und weiterverarbeitet werden können (siehe dazu Kapitel 11, »Status quo: Excel-basierte Finanzplanung«, in dem wir erläutern, warum die Excel-Lösung nicht immer geeignet ist). Für die Versorgung des Außendienstes und der Filialen wird ein zusätzliches Broadcasting-Tool beschafft, das täglich große Mengen an Berichten an unterschiedliche Empfänger versenden kann, die keine Lizenz für SAP Analytics Cloud haben oder keine natürlichen Personen sind, sondern in diesem Fall Filialen.

Diese Zielarchitektur zeigt, wie das lokale ERP-System mit den cloudbasierten Analyse- und Reporting-Werkzeugen zusammenspielt. Darüber hinaus kann so eine durchgängige Datenversorgung vom Quellsystem bis zur Auswertung sichergestellt werden. Mit einer leistungsstarken Plattform im Zentrum kann diese IT-Landschaft externe, separate Analytics-Lösungen wie ein ETL- oder Planungs-Tool ablösen.

13.4 Die Roadmap

Status quo

Mithilfe des SAP BW Health Checks wurde der Status quo ausführlich ermittelt, sodass alle Beteiligten die Notwendigkeit der Modernisierung bei diesem Kunden erkannt haben. Die Entscheidungen zur Umsetzung der kurzfristigen Maßnahmen sowie die Diskussionen um die Vor- und Nachteile der neuen Zielarchitektur haben Interesse an neuen Lösungen und Ansätzen erzeugt und eine Zielarchitektur vor Augen geführt.

Trainings

Um gemeinsam eine Roadmap für den Aufbau der SAP BDC definieren zu können, werden im ersten Schritt die wesentlichen Entscheidungsträger, IT-Mitarbeitende und Key User aus den Fachbereichen in den neuen Technologien geschult. Einem Mix aus allgemeinen Workshops zu SAP Analytics Cloud for Planning und zur Datenmodellierung in SAP Datasphere folgten tiefergehende Expertensessions für die effiziente und effektive Gestaltung von SAP Analytics Cloud Storys sowie für die Verwendung von Templates für SAP Analysis for Microsoft Office. Mit diesem neuen Wissen wurde die Zielarchitektur detaillierter ausgearbeitet und von den Beteiligten angenommen.

Plan

Auf dieser Grundlage erfolgte die Bewertung der einzelnen Berichte, Datenmodelle und der Planungslösung inklusive ihrer Abhängigkeiten untereinander, um einen validen, smarten, aber auch realistischen Plan zu erarbeiten.

13.5 Zusammenfassung

Dieses Fallbeispiel zeigt eindrücklich: Embedded SAP BW war ein guter Startpunkt, aber selten die strategische Ziellösung. Unternehmen, die auf diese Technologie gesetzt haben, sollten daher ihre Analytics-Strategie proaktiv hinterfragen. Die wachsende Datenflut sowie die steigenden Anforderungen an Agilität und Performance erfordern eine skalierbare und flexible Architektur. Die Verlagerung in ein separates, modernes Data Warehouse wie SAP Datasphere ist daher oft nicht nur eine technische Notwendigkeit, sondern auch eine strategische Entscheidung, um die Zukunftsfähigkeit der gesamten Unternehmenssteuerung zu sichern.

Kapitel 14
Status quo: Einsatz von Databricks Enterprise

Databricks Enterprise oder SAP Databricks? Wir vergleichen die beiden Plattformen und zeigen, wie Data Gravity Ihre Architektur, Governance und Kosten bestimmt. Mit Blick auf SAP Partner Connect und Hyperscaler liefert dieses Kapitel einen Praxisleitfaden für ein hybrides Daten-Setup.

Nachdem in Kapitel 4, »SAP Databricks: Datenaustausch und KI«, die Rolle von Databricks im SAP-Kontext skizziert wurde, beleuchtet Abschnitt 14.1 dieses Kapitels den technologischen Hintergrund von Databricks Enterprise. Ein zentraler Faktor für jede Datenstrategie ist die Data Gravity (siehe Abschnitt 14.2): Der physische Speicherort Ihrer Daten bestimmt maßgeblich Ihre Architektur, Ihre Governance und letztlich auch Ihre Kosten.

Ob Databricks Enterprise, SAP Databricks oder eine hybride Architektur das beste Fundament für Ihre Datenprodukte bildet, lernen Sie in Abschnitt 14.3. Dabei beziehen wir auch strategische Faktoren wie SAP Partner Connect und die Rolle der Hyperscaler in die Entscheidung mit ein.

Abschnitt 14.4 widmet sich schließlich der technischen Anbindung an die SAP-Systeme. In Abschnitt 14.5 zeigen wir, wie Zero Copy Data Sharing über Delta Sharing und SAP BDC Connect funktioniert – und wie Sie Daten sowie Modellergebnisse effizient und ohne redundante Kopien zwischen Databricks und SAP Datasphere austauschen können.

14.1 Technologischer Hintergrund von Databricks Enterprise

Unterschiede

SAP Databricks ist die Integration der Databricks-Plattform in das SAP-eigene Ökosystem – insbesondere in die SAP BDC. Die Integration erfolgt über eine kuratierte Schnittstelle innerhalb des SAP-Frameworks und erlaubt es, Databricks Workloads direkt auf Datenprodukte der SAP BDC anzuwenden.

Hintergrund

Grundsätzlich beruhen die Anwendungen des Unternehmens Databricks auf *Apache Spark*, einem offenen Framework für verteilte Datenverarbeitung. Die Plattform wird durch verschiedene Komponenten ergänzt, darunter *Data Lake* für transaktionale Speicherung, *MLflow* für maschinelles Lernen sowie verschiedene APIs zur Orchestrierung von Data Pipelines. Mit SAP Databricks können Unternehmen erweiterte analytische oder Data-Science-Funktionalitäten in ihren SAP-Strukturen bereitstellen.

Im Gegensatz zu SAP Databricks verwendet Databricks Enterprise gängige *Hyperscaler* wie Microsoft Azure, Amazon Web Services (AWS) oder Google Cloud Plattform (GCP). Databricks Enterprise ist eine eigenständige Plattform, die u. a. Workspaces, Versionierungen, Sicherheitsmodelle und Open-Source-Integrationen beinhaltet.

Kostenstruktur

Ein wesentlicher Unterschied zur SAP-Version besteht in der Bereitstellung und Steuerung der Infrastruktur. Während SAP Databricks im Rahmen der SAP BDC von SAP vorprovisioniert und verwaltet wird, obliegt dies beim Databricks-Enterprise-Ansatz vollständig dem Kunden. Dadurch ergeben sich andere Möglichkeiten hinsichtlich der Wahl von Clustertypen, Laufzeitumgebungen, Softwarepaketen und Performance-Parametern. Die Governance liegt vollständig in der Hand des Unternehmens, ebenso wie die Verantwortung für Rollen- und Zugriffsmodelle. Ein weiterer Unterschied liegt in der Kostenstruktur. Während bei SAP Databricks eine konsolidierte Abrechnung über SAP erfolgt, werden bei Databricks Enterprise die Kosten direkt über den jeweiligen Hyperscaler abgerechnet. Dies erlaubt zwar eine transparente Zuordnung der Ressourcen, kann aber auch zu erhöhter Komplexität im Controlling führen.

Hyperscaler als strategische Plattformkomponente

Ein zentrales Element bei der Nutzung von Databricks Enterprise – unabhängig vom Betriebsmodell – ist die Wahl des Hyperscalers. Die Entscheidung für einen bestimmten Anbieter hat sowohl technische als auch strategische Implikationen. Unterschiede bestehen in der Performance, der Verfügbarkeit regionaler Rechenzentren, der Preisgestaltung und nicht zuletzt in der Partnerschaft mit SAP. SAP pflegt insbesondere mit Microsoft eine enge Kooperation. Kunden, die SAP-Systeme in Microsoft Azure betreiben, profitieren daher oft von einer tieferen Integration, einer vereinfachten Benutzer- und Rollenverwaltung sowie niedrigeren Latenzen zwischen SAP-Systemen und analytischen Workloads. Auch wenn AWS und GCP technisch vergleichbare Möglichkeiten bieten, kann es dort zu erhöhtem Integrationsaufwand oder Einschränkungen bei SAP-spezifischen Diensten kommen.

Damit stellt sich unmittelbar die Frage, wie der Ort der Daten diese Architekturentscheidungen beeinflusst. Genau dieses Spannungsfeld beleuchten wir im folgenden Abschnitt zum Konzept der Data Gravity.

14.2 Entscheidungsfaktor Data Gravity

Mehr Rechenressourcen

Ein wichtiger Faktor bei der Entscheidungsfindung für eine Datenplattform ist das architektonische Konzept der *Data Gravity*. Gemeint ist damit, dass große Datenmengen die Tendenz haben, Anwendungen, Prozesse und Rechenleistung an sich zu binden. Sie können sich das wie einen Himmelskörper vorstellen, der durch seine Masse andere Objekte gravitativ beeinflusst. In Abbildung 14.1 sehen Sie eine grafische Darstellung dieses Konzepts. Hier haben wir die beiden Objekte »Services« und »Apps«, die von der Masse der Daten angezogen werden. In der Praxis bedeutet das: Je größer und zentraler ein Datenspeicher ist, desto schwieriger ist es, Daten zu verschieben oder entfernte Rechenressourcen effizient zu nutzen. Für SAP-Systeme ergibt sich daraus eine besondere Herausforderung, da viele relevante Geschäftsdaten bereits in SAP-Systemen gespeichert sind.

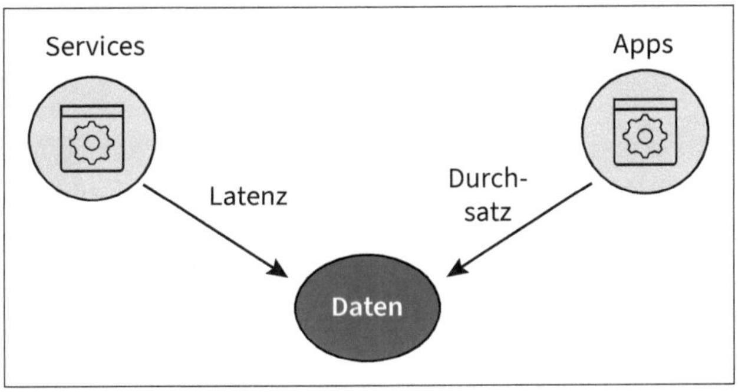

Abbildung 14.1: Data Gravity

Compute-to-Data vs. Data-to-Compute

Aus technischer Sicht gibt es somit zwei Strategien: Entweder wird die Rechenleistung zu den Daten gebracht (*Compute-to-Data*), oder die Daten werden extrahiert und zur Rechenplattform verschoben (*Data-to-Compute*). Beide Ansätze haben Vor- und Nachteile. Die Verlagerung von Daten kann zu erhöhten Netzwerk- oder Transaktionskosten führen, insbesondere wenn große Datenmengen über Cloud-Grenzen hinweg bewegt werden. Darüber hinaus können sich bei der Replikation oder Extraktion Risiken hinsichtlich Konsistenz, Governance und Datenschutz ergeben.

Alternative

Die Alternative besteht darin, Rechenkapazitäten dort bereitzustellen, wo die Daten gespeichert sind. Dies setzt jedoch voraus, dass die jeweilige Plattform, wie z. B. die SAP BDC, über ausreichende analytische Funktionen, Skalierbarkeit und Integrationsfähigkeit verfügt.

Organisatorische Auswirkungen

Zudem sollten Sie wissen, dass Data Gravity auch auf organisatorischer Ebene Auswirkungen hat. Je mehr Fachabteilungen auf eine bestimmte Plattform angewiesen sind, desto höher ist der Integrationsdruck für nachgelagerte Systeme. Dieser Effekt verstärkt sich bspw. durch Schulungsaufwände.

[»]

Data Gravity als Planungsrisiko

Die Data Gravity bleibt ein strategisch relevantes Planungsrisiko. Mit jeder neuen Plattform, jedem externen Datenknoten und jeder analytischen Anwendung steigt die Wahrscheinlichkeit, dass Silos entstehen oder eine redundante Datenhaltung notwendig wird. Dies kann zu ineffizienten Prozessen, mangelnder Nachvollziehbarkeit und steigenden Infrastrukturkosten führen.

Architektur

In multicloudfähigen Architekturen, wie sie zunehmend im SAP-Umfeld realisiert werden, gewinnt daher der Einsatz plattformübergreifender Datenmanagementkonzepte an Bedeutung. Generell sind SAP-Systeme so konzipiert, dass sie Datenmodelle, Applikationslogik und Governance eng miteinander verknüpfen. Diese Architektur erzeugt eine strukturelle Inkompatibilität zu den Prinzipien offener Cloud-Plattformen, die auf lose Kopplung setzen. Daher bedeutet Data Gravity im SAP-Kontext nicht nur eine hohe Datenkonzentration, sondern auch eine logische Abhängigkeit: Daten werden nicht nur gespeichert, sondern sind auch in ein proprietäres Datenmodell eingebettet, das eng mit SAP-Funktionalitäten verflochten ist. Diese Kopplung führt dazu, dass analytische Workloads – auch wenn sie außerhalb von SAP stattfinden sollen – häufig weiterhin auf SAP-Daten angewiesen sind. Damit verlagert sich das Thema Data Gravity in Richtung SAP – nicht zwingend technisch, aber strategisch.

Gegenmaßnahmen

Einige Unternehmen versuchen aktiv, sich aus dieser Gravitationskraft zu lösen, bspw. durch Data-Mesh-Strategien, Domain-driven Design in der Datenarchitektur oder durch die Einführung von Datenprodukten. Ziel ist es, die Massenzentren der Datenarchitektur bewusst zu verschieben – hin zu verteilten, cloudnativen Datenökosystemen.

Delta Sharing

Technologien wie Datenvirtualisierung, Data Sharing über offene Protokolle (z. B. Delta Sharing) und intelligente Caching-Mechanismen können helfen, die Auswirkungen von Data Gravity zu minimieren. Gleichzeitig sollten Sie die Möglichkeit in Betracht ziehen, bestimmte Workloads explizit dort zu entwickeln und zu betreiben, wo der höchste Datenbezug besteht. Dennoch bleibt Data Gravity ein entscheidender Faktor bei der Gestaltung hybrider Architekturen.

Vor diesem Hintergrund stellt sich die Frage, welche Plattformstrategie – SAP Databricks, Databricks Enterprise oder eine hybride Architektur – am besten zu Ihren Anforderungen passt. Diese Optionen vergleichen wir im folgenden Abschnitt systematisch miteinander.

14.3 SAP Databricks vs. Databricks Enterprise

Nach der Lektüre von Abschnitt 14.1, »Technologischer Hintergrund von Databricks Enterprise«, werden Sie sicher festgestellt haben, dass sowohl SAP Databricks als auch Databricks Enterprise ihre jeweiligen Stärken und Schwächen haben – abhängig von der Zielarchitektur, den betrieblichen Anforderungen und dem technologischen Reifegrad des Unternehmens. In diesem Abschnitt wollen wir die beiden Lösungen deshalb direkt miteinander vergleichen, damit Sie sich ein besseres Bild davon machen können, welche Option (SAP Databricks, Databricks Enterprise oder ein hybrider Einsatz) am besten zu Ihren Anforderungen passt.

Nahtlose Integration von SAP Databricks

SAP Databricks zeichnet sich vor allem durch seine nahtlose Integration in die SAP BDC aus. Durch die enge Verzahnung mit SAP-spezifischen Rollenmodellen, Datenprodukten und Governance-Strukturen können Unternehmen bestehende Prozesse und Sicherheitsmechanismen weitgehend beibehalten. Die Aktivierung erfolgt über das SAP-Partner-Connect-Modell, wodurch keine manuelle Installation oder separate Konfiguration notwendig ist. Dies senkt nicht nur die Implementierungshürde, sondern reduziert auch den möglichen Schulungsaufwand und die betriebliche Komplexität. Unternehmen, die primär auf SAP-Systeme setzen und Standardisierung bevorzugen, profitieren von konsistentem Datenmanagement und klaren Verantwortlichkeiten.

Einschränkungen

Diese Vorteile gehen jedoch mit gewissen Einschränkungen einher. So ist die Konfigurierbarkeit von SAP Databricks limitiert, insbesondere in Bezug auf Infrastrukturparameter, Clustergrößen, Laufzeitumgebungen und die Installation benutzerdefinierter Bibliotheken. Auch der Zugriff auf neueste Funktionen, bspw. aus dem Open-Source-Umfeld, kann verzögert oder gar nicht erst verfügbar sein. Unternehmen mit sehr spezifischen Anforderungen an Performance Tuning, Deep Learning, GPU-Nutzung oder die Integration externer Datenquellen stoßen hier an technische und operative Grenzen.

Flexibilität von Databricks Enterprise

Databricks Enterprise bietet hingegen technische Freiheit und funktionale Tiefe. Unternehmen können die Plattform vollständig eigenständig betreiben, individuelle Infrastrukturkomponenten definieren und sämtliche verfügbaren Features nutzen – einschließlich aktueller ML-Tools. Auch die Nutzung von CI/CD-Pipelines, eigenen DevOps-Mechanismen und der automatisierten Modellbereitstellung (MLflow Serving) ist möglich.

Nachteile von Databricks Enterprise

Diese Flexibilität bringt jedoch auch Nachteile mit sich. Der Betrieb von Databricks Enterprise erfordert ein höheres Maß an technischer Kompetenz, klare interne Zuständigkeiten für Infrastruktur, Sicherheit und Kostenkontrolle sowie eine ausgebaute Integrationsstrategie mit vorhandenen SAP-Systemen. Der Zugriff auf die SAP-Daten erfolgt über zusätzliche Daten-Pipelines und muss in der Governance-Struktur klar verankert werden. Auch der laufende Betrieb, etwa die Verwaltung von Clustern oder die Einhaltung der Datenschutzverordnungen, liegt in der Verantwortung des Unternehmens.

Besonders relevant wird dieser Unterschied in regulierten Branchen oder in Konzernen mit verteilten Verantwortungsstrukturen: Während SAP Databricks zentrale Kontrollmechanismen bietet, die sich gut in ein unternehmensweites Compliance- und Audit-Framework einfügen, erfordert Databricks Enterprise den Aufbau oder die Erweiterung solcher Mechanismen außerhalb der SAP-Welt.

Souveränität

Im Bereich der Datensouveränität und Multi-Cloud-Strategien bietet Databricks Enterprise eine größere Unabhängigkeit von SAP-spezifischen Plattformentscheidungen. Unternehmen, die bereits in eine bestimmte Hyperscaler-Infrastruktur investiert haben, profitieren von konsistenter Integration und einheitlicher Betriebslogik über verschiedene Dienste hinweg. Gleichzeitig steigt mit wachsender Plattformvielfalt die Gefahr von Fragmentierung und unkontrollierter Datenduplizierung, was wiederum Governance, Performance und Compliance belasten kann.

Technologischer Reifegrad des Unternehmens

Letztlich hängt die Wahl zwischen beiden Ansätzen maßgeblich vom jeweiligen Anwendungskontext ab: Für standardisierte Analytik- und Reporting-Szenarien mit Fokus auf SAP-Daten und geringem Entwicklungsaufwand bietet SAP Databricks eine schlanke und effiziente Lösung. Für fortgeschrittene Anwendungsfälle in den Bereichen Data Science, ML oder Big Data Engineering, bei denen Skalierbarkeit, Modellvielfalt und Infrastrukturanpassung im Vordergrund stehen, ist Databricks Enterprise die geeignete Option – vorausgesetzt, die dafür notwendige technische und organisatorische Reife ist vorhanden.

Hybrider Einsatz

Beide Ansätze lassen sich grundsätzlich auch komplementär einsetzen. In hybriden Szenarien kann SAP Databricks für Governance-nahe Prozesse und unternehmensweite Standardanalysen verwendet werden, während Databricks Enterprise zur explorativen Analyse, zur individuellen Modellierung oder zur Integration externer Datenquellen dient. Voraussetzungen dafür sind eine durchdachte Orchestrierung, ein konsistentes Metadatenmanagement und die klare Trennung von Verantwortlichkeiten entlang der Datenwertschöpfungskette.

14.4 Databricks Enterprise und SAP Databricks mit SAP verbinden

Verbindungen zu SAP

Databricks bietet mit seiner Lakehouse-Architektur, der Engine auf Basis von Apache Spark, der Delta-Lake-Technologie und Tools wie MLflow eine umfassende Plattform für Datenverarbeitung, Advanced Analytics und Machine Learning. Diese Plattform lässt sich auf verschiedene Arten mit SAP verbinden – je nachdem, ob sie innerhalb der SAP BDC als SAP Databricks oder als eigenständige Enterprise-Plattform betrieben wird. Insgesamt gibt es drei Möglichkeiten, (Option 1: SAP Databricks, Option 2: Databricks Enterprise und Option 3: Hybride Lösung), die im Folgenden detailliert analysiert werden.

14.4.1 Option 1: SAP Databricks

Databricks Delta Lake

Die erste und für viele Unternehmen naheliegende Option ist die Nutzung von SAP Databricks, der über Partner Connect integrierten Version von Databricks, die direkt in der SAP BDC aktiviert werden kann. Diese Integration ermöglicht es, Databricks als Rechen- und Analysekomponente für in der SAP BDC modellierte Datenprodukte zu nutzen, ohne die Daten aus dem SAP-System herauszubewegen. Die Umsetzung erfolgt mit Databricks Delta Lake auf der SAP-Datasphere-Ebene. *Databricks Delta Lake* ist eine optimierte Speicherschicht, die die Grundlage für Tabellen in einer Lakehouse-Architektur auf Databricks bildet. So kann die Zuverlässigkeit von Data Lakes garantiert werden, indem die ACID-Eigenschaften (Atomarität, Konsistenz, Isolation, Dauerhaftigkeit), eine skalierbare Metadatenverarbeitung und die Vereinheitlichung von Streaming- und Batch-Datenverarbeitung gewährleistet werden. Die Daten aus Tabellen im Databricks Delta Lake können mittels einer Datenföderationsarchitektur live aus SAP Datasphere in virtuelle Remote-Modelle von SAP Datasphere eingebunden werden. Mit dieser Integration können SAP-Databricks-Daten in Echtzeit mit SAP-Geschäftsdaten angereichert werden.

Datenintegrationsprozess

Der Integrationsprozess umfasst die folgenden Schritte:

1. **Verbindungsaufbau**: Zunächst muss eine sichere Verbindung zwischen SAP Datasphere und Databricks Delta Lake mittels Konnektoren und Authentifizierungsmechanismen eingerichtet werden. Hierfür kann JDBC mit Camel JDBC verwendet werden.
2. **Datenföderation**: Im nächsten Schritt werden virtuelle Tabellen in SAP Datasphere konfiguriert. Diese Tabellen beziehen sich auf Live-Daten im Databricks Delta Lake. Das bedeutet, dass die Daten nicht physisch verschoben werden.
3. **Modellanreicherung:** Sobald die anderen Schritte abgeschlossen sind, können Sie föderierte Daten mit SAP-Geschäftsdaten erweitern. So erhalten Sie ein umfassendes semantisches Modell.
4. **Echtzeit-Analysen:** Sollte Ihnen SAP Analytics Cloud zur Verfügung stehen, können Sie auf Basis des Modells nun Dashboards und Reportings erstellen.

14.4.2 Option 2: Databricks Enterprise

Hyperscaler

Die zweite Möglichkeit besteht darin, Databricks Enterprise direkt über einen Hyperscaler wie Microsoft Azure, AWS oder Google Cloud Platform zu betreiben.

In diesem Szenario agiert Databricks vollständig außerhalb der SAP-verwalteten Umgebung. Unternehmen erhalten damit die volle Kontrolle über Cluster Setups, Runtime-Konfigurationen, Bibliotheken, Entwicklungsumgebungen, Kostensteuerungen, Datenquellen und Security-Prozesse.

[»]

Compliance-Zertifizierungen für Databricks Enterprise

Compliance-Zertifizierungen wie ISO 27001 sind für alle Enterprise-Kunden verfügbar, ebenso wie georedundante Datenhaltung.

Anwendungsfälle

Diese Variante bietet sich besonders für technisch anspruchsvolle Anwendungsfälle an, wie bspw. die folgenden:

- Entwicklung komplexer Prognosemodelle mit hohen Rechenanforderungen
- Einsatz von Deep-Learning-Architekturen
- Kombination von SAP-Daten mit externen Quellen (z. B. IoT, Geodaten)
- Entwicklung produktionsreifer ML-Pipelines

Delta Share

Insbesondere Unternehmenslandschaften, die auf eine hybride Architektur setzen, also verschiedene Plattformen sowie Cloud-Quellen einsetzen, erhalten durch Delta-Share-basierte Zugriffe mehr Flexibilität, eine optimierte Performance und eine nahtlose Interoperabilität.

SAP BDC Connect für Enterprise Databricks

Mit *SAP BDC Connect für Enterprise Databricks* haben Sie die Möglichkeit, SAP-Datenprodukte aus SAP-Anwendungen über einen geregelten Datenzugriff direkt mit Databricks Enterprise zu teilen. Diese Datenprodukte können Sie über den Unity Catalog suchen, den Sie bereits in Kapitel 4, »SAP Databricks: Datenaustausch und KI«, kennengelernt haben. Darüber hinaus können Sie Daten aus Databricks Enterprise über das SAP BDC Python SDK als Datenprodukte in den SAP BDC Catalog zurückintegrieren und -teilen.

14.4.3 Option 3: Hybride Architekturen

In der Praxis zeigt sich, dass die Wahl zwischen SAP Databricks und Databricks Enterprise selten eine Entweder-oder-Entscheidung ist. Vielmehr etabliert sich zunehmend ein hybrides Betriebsmodell, in dem beide Varianten koexistieren und ihre jeweiligen Stärken in verschiedenen Teilen der Organisation ausspielen.

Einsatzszenario

Ein typisches Szenario können Sie sich wie folgt vorstellen: Fachbereiche mit SAP-Bezug und hohem Bedarf an Datensicherheit und Nachvollziehbarkeit arbeiten mit SAP Databricks innerhalb der SAP BDC. Explorative Data Science Teams, Innovationsprojekte oder externe Dienstleister nutzen parallel Databricks Enterprise, um komplexere Modelle zu entwickeln oder größere Datenmengen aus Nicht-SAP-Systemen zu verarbeiten. Die Ergebnisse dieser Aktivitäten werden bspw. über SAP Datasphere in die SAP-Prozesswelt zurückgeführt.

Auf Basis dieser typischen Einsatzszenarien stellt sich schließlich die Frage, wie Sie eine fundierte Entscheidung zwischen SAP Databricks, Databricks Enterprise oder einem hybriden Ansatz treffen können. Hierfür bietet der folgende Abschnitt einen praxisorientierten Leitfaden.

14.4.4 Entscheidungshilfe

SAP Databricks bietet eine flexible Architektur, die sich an die realen Gegebenheiten in Unternehmen anpassen lässt. Um eine Entscheidung für eine der zuvor genannten Optionen zu treffen, sollten Sie sich nicht die Frage stellen: »SAP Databricks oder Databricks Enterprise?« Fragen Sie sich stattdessen: »Wo befindet sich der größte Teil der Daten?«, »Welche Fähigkeiten hat mein Team?« und »Wo brauche ich maximale Governance oder maximale Innovationsfreiheit?«. Aus Ihren Antworten auf diese Fragen sollte schon eine Tendenz für eine dieser drei Optionen abzuleiten sein:

- **SAP Databricks**
  - SAP-nahe Prozesse stehen im Vordergrund.
  - Fachbereiche benötigen eine einfache Oberfläche.
  - Datenbewegungen sollen minimiert werden.
- **Databricks Enterprise**
  - Es sind komplexe ML-Pipelines, Deep Learning oder externe Daten erforderlich.
  - Es wird maximale Kontrolle über Code, Cluster, Pakete und Performance benötigt.
  - Ein dediziertes Data Science Team ist vorhanden.
- **Hybride Architektur**
  - Eigenschaften von beiden zuerst genannten Optionen treffen zu.
  - Es soll eine zentrale Governance-Struktur (z. B. über SAP Datasphere) für nahe und offene Explorationsumgebungen kombiniert werden.

Die Architektur ist dabei nicht statisch. Viele Unternehmen beginnen mit einer SAP-nahen Variante und erweitern schrittweise ihre Systeme. Mit Delta Sharing, Partner Connect und offenen Reporting-Schnittstellen können ohne großen Aufwand Veränderungen vorgenommen werden.

[»]

Modell-Rückführung in SAP Datasphere

Unabhängig davon, ob ein Modell in SAP Databricks oder in Databricks Enterprise entwickelt wurde, stellt sich in der Regel die Frage, wie die Ergebnisse operationalisiert werden können, und zwar möglichst nah an den Geschäftsprozessen. Ein zentraler Baustein in dieser Architektur ist SAP Datasphere, die zentrale semantische Schicht innerhalb der SAP BDC.

SAP Datasphere ermöglicht es, Modellergebnisse in Form von angereicherten Datenobjekten und Prognosen in die bestehende Datenlandschaft zu integrieren. Gerade in hybriden Architekturen, in denen Databricks Enterprise zur Modellierung verwendet wird, bietet sich SAP Datasphere als Brückentechnologie an, um die semantische Verbindung zu den Geschäftsobjekten herzustellen. Auf diese Weise können bspw. Risikobewertungen oder Klassifikationen direkt in operative Prozesse eingebettet und in Dashboards in SAP Analytics Cloud visualisiert werden, ohne dass redundante Datensilos entstehen oder Governance Strukturen unterlaufen werden.

Drei Optionen im Überblick

Abbildung 14.2 zeigt die drei Optionen noch einmal im Überblick. Bei Option 1 werden die Daten von den Databricks-Delta-Lake-Tabellen mithilfe einer JDBC-Verbindung live in SAP Datasphere integriert. Bei Option 2 wird eine bidirektionale Delta-Share-Integration von SAP Datasphere zu Databricks Enterprise hergestellt. Mit der hybriden Architektur von Option 3 ist es möglich, Modelle sowohl in Databricks Enterprise, als auch in SAP Databricks zu entwickeln. Dafür müssen lediglich die Verbindungen zu den jeweiligen Plattformen eingerichtet werden.

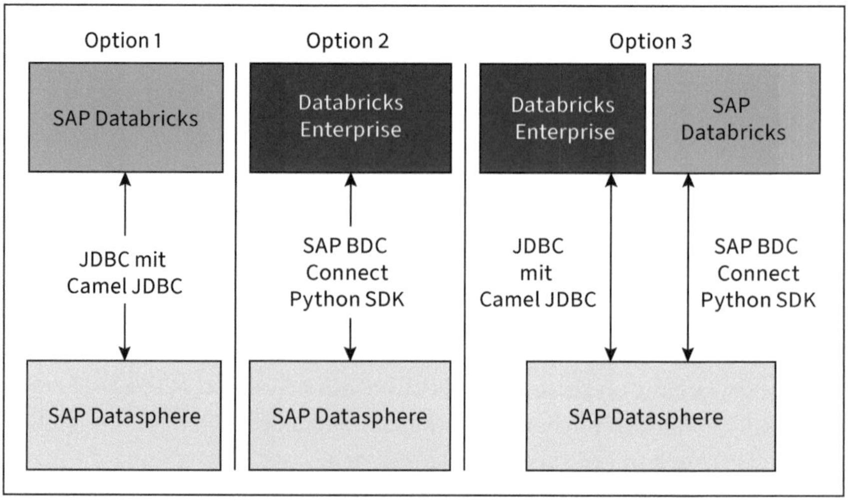

Abbildung 14.2: Die drei Optionen im Überblick

Nachdem die drei Integrationsvarianten zwischen SAP Databricks und Databricks Enterprise vorgestellt wurden, bleibt die zentrale Frage, wie Daten dabei möglichst effizient, kostengünstig und ohne physische Duplizierung zwischen den Plattformen geteilt werden können. Genau hier setzt das Konzept des Zero Copy Data Sharing an. Tabelle 14.1 vergleicht SAP Databricks und Databricks Enterprise anhand verschiedener wichtiger Kriterien.

Kriterium	SAP Databricks	Databricks Enterprise
Technische Voraussetzung	SAP S/4HANA und SAP-BDC-Datenprodukte	Nutzung verschiedener Datenquellen
Datenintegration	Fokus auf SAP-Datenprodukte – eher kuratierte Daten	Zugriff auf alle SAP-Domänen und beliebige Datenquellen
Engineering-Aufwand	Kein Aufbau von Pipelines nötig; SAP übernimmt die Datenvorbereitung und Semantik	Manuelle Erstellung und Anpassung von Pipelines durch IT-Teams oder Systemintegration
Flexibilität	Eingeschränkt: Kunden sind an die SAP-Roadmap und bereitgestellte Datenprodukte gebunden	Höchste Flexibilität bei der Gestaltung von Pipelines, Feature Stores und ML-Workflows
Use Cases	Analytische Projekte, wie Projekte und KI-/ML-Training auf SAP-Daten	Eher komplexe Data-Engineering-Prozesse sowie hybride Architekturen mit versch. Datenquellen
Governance und Sicherheit	Integriert in SAP-Tools, z. B. Unity Catalog für Datenmanagement	Eigenständige Verwaltung und höhere Kontrolle durch Databricks
Kosten	Keine Egress-Kosten bei Nutzung von Delta Sharing.	Zusätzliche Kosten über SAP Datasphere Outbound Integration

Tabelle 14.1: SAP Databricks vs. Databricks Enterprise

14.5 Zero Copy Data Sharing im Einsatz

Ein weiteres zentrales Element für die Datenintegration bei Databricks ist das Zero Copy Data Sharing. In Kapitel 4, »SAP Databricks: Datenaustausch und KI«, haben wir es im Rahmen von SAP Databricks bereits ausführlich erläutert. Deswegen fassen wir dieses Konzept an dieser Stelle nur noch einmal kurz zusammen. Beim *Zero Copy Data Sharing* müssen für genutzte Daten keine Compute-Ressourcen zur Verfügung gestellt werden. So kann über unterschiedliche Query Engines auf die gleichen Daten zugegriffen werden, ohne dass diese repliziert werden müssen. Das ist insbesondere für Drittsysteme praktisch, da diese so auf die Daten zugreifen können, sofern Authentifizierung und Autorisierung geregelt sind. Diese technischen Aspekte übernimmt das *Delta-Sharing-Protokoll*. Die SAP BDC verwendet dieses Protokoll und ermöglicht damit den Datenaustausch mit Drittsystemen. Der Austausch von Daten mit Drittsystemen über Delta Sharing, wird als *SAP BDC Connect* bezeichnet.

Bidirektionale Freigabe

Beim Delta Sharing, das auch als Zero Copy Data Sharing bekannt ist, ergibt sich zwischen SAP Databricks und Databricks Enterprise ein wesentlicher Unterschied in Bezug auf den Austausch mit Drittsystemen. Während Databricks Enterprise einen bidirektionalen Austausch mit Drittsystemen erlaubt, zu denen Konnektoren zur Verfügung stehen, kann die SAP BDC zwar die mit dem Protokoll kompatiblen Datenquellen auslesen, allerdings können die Datenfreigaben nur in Richtung der SAP BDC erstellt werden, nicht umgekehrt. Eine Freigabe können Sie sich in diesem Fall wie eine Leseberechtigung für Daten in einer Tabelle vorstellen.

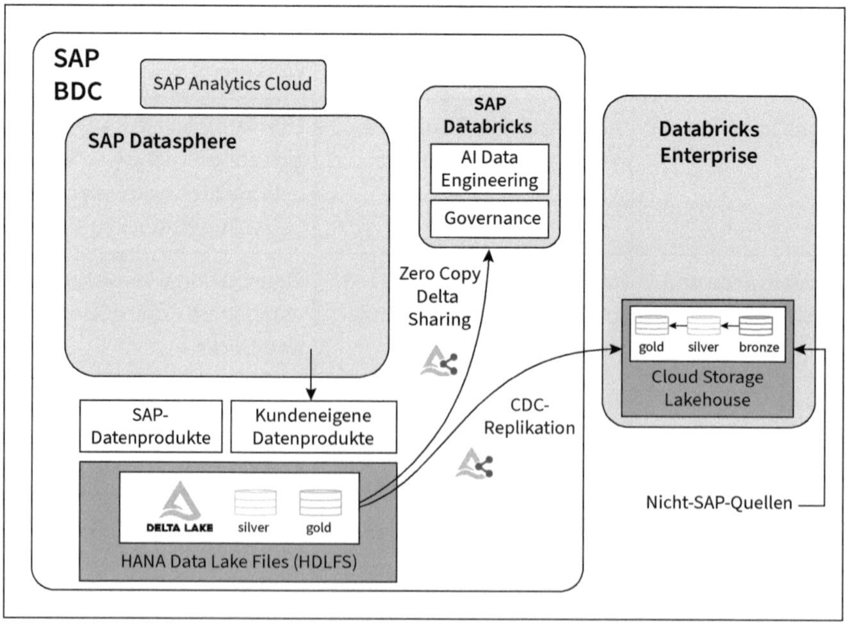

Abbildung 14.3: Datenfluss aus HANA Data Lake Files nach Databricks Enterprise

HANA Data Lake Filesystem

Abbildung 14.3 stellt die wesentlichen Elemente noch einmal dar. Databricks Enterprise kann Daten aus HANA Data Lake Files (HDLFS) beziehen. Über Delta Sharing können Datenmodelle und Abfrageergebnisse ohne physische Duplizierung zwischen der SAP BDC und Databricks geteilt werden. SAP hat entschieden, dass für diese Integration keine Kosten anfallen. Somit gibt es weder technische noch finanzielle Hürden, um große Datenmengen zwischen Plattformen auszutauschen.

In Abbildung 14.3 sehen Sie, dass Sie als Anwenderin oder Anwender auch im Gold-Layer, dem letzten Schritt der Datenverwertung, nicht eingeschränkt sind. Sowohl die Daten aus SAP Databricks als auch die aus Databricks Enterprise können konsumiert werden. Bei *HANA Data Lake Filesystem* (HDLFS) handelt es sich um eine speicheroptimierte, dateibasierte Komponente der SAP BDC, die für große, unstrukturierte oder semistrukturierte Datenmengen gedacht ist. Somit dient das System als kosteneffizienter Speicher-Layer für Datenprodukte, die bspw. in SAP Datasphere modelliert werden. Zudem bildet HDLFS mit Delta-Lake-Technologien überhaupt erst die Grundlage für Zero Copy Data Sharing und arbeitet wie ein Data Exchange Layer, der hohe Performance bei niedrigen Kosten bietet, ohne die Daten zu bewegen.

Damit stellt sich die Frage, wie sich die in Databricks entwickelten Modelle möglichst nah an den Geschäftsprozessen operationalisieren lassen. Der folgende Absatz zeigt, wie diese Integration in die SAP-semantische Schicht gelingt.

Die Datenstrategien vieler Unternehmen führen häufig zu isolierten Silos in unterschiedlichen Repositorys, die über verschiedene Clouds verteilt sind und Herausforderungen wie Fragmentierung, Duplikation und Kontextverlust mit sich bringen. SAP Datasphere ermöglicht es, SAP- und Nicht-SAP-Datenquellen zu verbinden, ohne die Daten physisch zu verschieben. Durch die Kopplung mit dem Databricks Lakehouse können Geschäfts-, Betriebs- und historische Daten aus Delta Lakes und Data Lakehouses mit SAP-Daten kombiniert und in einheitliche Geschäftsmodelle überführt werden, die anschließend in SAP Analytics Cloud weiterverarbeitet und analysiert werden können.

14.6 Zusammenfassung

In diesem Kapitel wurde gezeigt, wie sich Databricks Enterprise als zentrale Datenplattform im SAP-Umfeld positioniert und welche Rolle das Zusammenspiel mit SAP Databricks dabei spielt. Zunächst wurden die technologischen Grundlagen von Databricks Enterprise und SAP Databricks erläutert – einschließlich der Infrastruktur- und Kostenunterschiede sowie der Bedeutung von Hyperscalern als strategische Plattformkomponente. Darauf aufbauend wurde mit dem Konzept der Data Gravity verdeutlicht, warum der Ort der Daten – technisch wie organisatorisch – ein wesentlicher Entscheidungsfaktor für Architektur, Governance und Kosten ist und welche Implikationen sich daraus für Compute-to-Data- und Data-to-Compute-Strategien ergeben.

Im anschließenden Vergleich zwischen SAP Databricks und Databricks Enterprise wurde herausgearbeitet, dass SAP Databricks vor allem durch seine tiefe Integration in die SAP BDC, eine standardisierte Governance sowie eine geringe Betriebslast überzeugt, während Databricks Enterprise maximale Flexibilität, volle Kontrolle über die Infrastruktur und moderne ML-/Engineering-Workloads bietet – allerdings zum Preis einer höheren Komplexität und einer größeren Verantwortlichkeit im Betrieb. Gleichzeitig wurde deutlich, dass hybride Szenarien, in denen beide Ansätze komplementär eingesetzt werden, in der Praxis häufig die realistischste Option sind.

Im Anschluss wurden drei typische Integrationsszenarien mit SAP vorgestellt: SAP Databricks als integrierte Analysekomponente innerhalb der SAP BDC, Databricks Enterprise als eigenständige Plattform außerhalb der SAP-Welt sowie hybride Architekturen, in denen Fachbereiche SAP Databricks nutzen, während Data Science Teams parallel auf Databricks Enterprise arbeiten und Ergebnisse über SAP Datasphere zurückführen. Eine praxisorientierte Entscheidungshilfe zeigte, wie sich anhand von Kriterien wie Datenlage, Teamkompetenzen, Governance-Bedarf und Innovationsdruck eine Tendenz zu SAP Databricks, Databricks Enterprise oder einem hybriden Ansatz ableiten lässt.

Als zentrales technisches Bindeglied wurde Zero Copy Data Sharing (Delta Sharing) eingeführt. Es ermöglicht das Teilen von Daten und Modellen zwischen der SAP BDC und Databricks ohne physische Duplizierung, wobei SAP BDC Connect und das HANA Data Lake Filesystem (HDLFS) als kosteneffizienter Speicher- und Austausch-Layer fungieren. Dabei wurde der Unterschied zwischen den Sharing-Möglichkeiten von SAP Databricks und Databricks Enterprise im Hinblick auf bidirektionale Freigaben hervorgehoben. Ergänzend wurde beschrieben, wie Modellergebnisse aus Databricks über SAP Datasphere als semantische Schicht wieder in SAP-Prozesse zurückgeführt und in SAP Analytics Cloud genutzt werden können, ohne dass Governance-Strukturen umgangen oder neue Datensilos geschaffen werden.

Abschließend hat das Kapitel skizziert, wie eine konkrete Integration von Databricks in SAP Datasphere und SAP Analytics Cloud aussehen kann, um verteilte Datenquellen über Cloud-Grenzen hinweg logisch zu verbinden und in einheitliche Geschäftsmodelle zu überführen. Die abschließende tabellarische Gegenüberstellung von SAP Databricks und Databricks Enterprise fasst die wichtigsten Kriterien – von den technischen Voraussetzungen über die Datenintegration, den Engineering-Aufwand, die Flexibilität und die Use Cases bis hin zu Governance, Sicherheit und Kosten – kompakt zusammen und unterstützt Sie dabei, die für Ihr Unternehmen passende Plattformstrategie zu wählen.

Kapitel 15
Status quo: Probleme mit der Datenqualität

»The two most important moments in a piece of data's lifetime are the moment it is created and the moment it is used. Most of these moments don't occur in IT.« (Thomas C. Redman)

In diesem Kapitel wird erläutert, warum Datenqualität kein reines IT-Thema, sondern ein unternehmensweites Geschäftsproblem ist. In Abschnitt 15.1, »Die Ausgangslage: Schlechte Datenqualität«, zeigen wir anhand eines Praxisbeispiels, welche Konflikte durch schlechte Datenqualität entstehen und warum eine klare Verantwortungszuordnung sowie eine gelebte Datenkultur erforderlich sind. Abschnitt 15.2 führt zentrale Qualitätsdimensionen für Daten ein – von Genauigkeit, Vollständigkeit und Konsistenz über Aktualität und Gültigkeit bis hin zu Eindeutigkeit, Integrität, Zugänglichkeit und Verständlichkeit – und beschreibt deren Bedeutung für Risiken und Chancen im Unternehmen.

In Abschnitt 15.3 erfahren Sie, wie ein Datenqualitätsprojekt konkret aufgesetzt werden kann, welche Rolle C-Level-Sponsoren dabei spielen und welche Erfolgsfaktoren (z. B. Organisation und Prozesse, Standardisierung, systematische Prüfungen, Visualisierung und Quick-Win-Datenprodukte) zu berücksichtigen sind.

In Abschnitt 15.4 beschreiben wir schließlich, wie eine Vector Engine innerhalb der SAP BDC eingebunden werden kann und welchen Beitrag sie insbesondere zur Qualitätsdimension »Genauigkeit« leistet. Anhand eines Beispiels zeigen wir außerdem, wie sie zur Verbesserung von Kundenstammdaten (z. B. Duplikaterkennung und semantische Suche) eingesetzt werden kann.

15.1 Die Ausgangslage: Schlechte Datenqualität

Datenqualität ist ein Geschäftsproblem

Das folgende Szenario ist keine Seltenheit: In einem Meeting debattieren Manager verschiedener Abteilungen über die schlechte Qualität der im neuen CRM-System erfassten Daten. Fast 30 % der erfassten Daten waren fehlerhaft – falsche E-Mail-Adressen, fehlende Daten, ungültige Adressen usw. Dabei sollten diese Daten für eine wichtige neue Kampagne verwendet werden, die nun gefährdet ist. Prozesse und Verantwortlichkeiten werden hinterfragt, Ursachen werden gesucht. Das Konfliktpotenzial nimmt zu. Mehrere zentrale Fragen kommen auf den Tisch:

- Wem gehören die Daten?
- Wer ist dafür verantwortlich, sicherzustellen, dass die Daten korrekt sind, bevor sie verwendet werden?
- Wer verwendet die Daten wofür?
- Wer sorgt für die Datenqualität?
- Liegt die Verantwortung für die Datenqualität bei der IT?
- Wie erkennt man den Grad der Datenqualität?

Die Antwort auf all diese Fragen ist offensichtlich: Daten und Datenqualität sind die Verantwortung aller. Das Unternehmen besitzt die Daten, und die Teams, die mit den Daten arbeiten, sind für die Sicherstellung ihrer Qualität verantwortlich. Doch genau darin liegt das Problem.

Das Problem der Verantwortung

Die Erkenntnis, dass Daten jedermanns Verantwortung sind, erfordert eine Reihe von Veränderungen in Prozessen und Verantwortlichkeiten sowie insbesondere eine veränderte Haltung und einen veränderten Umgang mit Daten bei allen Beteiligten. Es braucht eine gemeinsame Datenkultur, und Daten sollten als Grundlage des eigenen Geschäftszwecks im Unternehmen angesehen werden. Die Tatsache, dass schlechte Datenqualität weitreichende Folgen hat, macht sie gleichzeitig zu einem organisatorischen Problem, das alle wichtigen Beteiligten gemeinsam lösen müssen. Daten beeinflussen die Geschäftsgrundlage selbst.

15.2 Qualitätsdimensionen für Daten

Folgen schlechter Datenqualität

Eine schlechte Datenqualität kann zu Strafen, zum Verlust von Reputation und Geschäftsglaubwürdigkeit, zum Verlust von Kunden und Mitarbeitenden und vielem mehr führen. Die Risiken sind groß und betreffen nicht nur die IT. Eine gute Datenqualität kann die Effizienz und die Effektivität steigern, zu einer höheren Produktivität führen, die Kundenzufriedenheit erhöhen usw. Die Chancen sind groß und sie sind für alle im Unternehmen von großer Bedeutung.

Definition von Datenqualität

Was gut und was schlecht ist, gilt es zu messen und zu definieren. Wir wollen das Rad hier nicht neu erfinden. Das *Data Management Book of Knowledge* (DAMA-DMBOK2) ist ein weltweit bekanntes und viel zitiertes Rahmenwerk für den Umgang mit Daten. Unsere Ausführungen in diesem Abschnitt orientieren sich daher an den Hinweisen aus diesem Buch.

Qualitätsdimension »Genauigkeit«

Daten sollen präzise und fehlerfrei und realitätsgetreu, da Unstimmigkeiten zu fehlerhaften Analysen und Fehlentscheidungen führen können. Die *Genauigkeit* wird durch den syntaktischen Abstand zwischen dem korrekten Datenwert und dem zu messenden Datenwert bestimmt. Für die Ermittlung dieses Abstands können unterschiedliche Ansätze gewählt werden. Stark vereinfacht und zusammengefasst: Ein Prozentsatz misst den Anteil der gelieferten Datenwerte, die mit dem korrekten Datenwert übereinstimmen.

Qualitätsdimension »Vollständigkeit«

Alle relevanten Daten müssen vollständig vorliegen, damit sie aussagekräftig sind. *Vollständigkeit* beschreibt, ob alle benötigten Daten in ausreichender Tiefe und Breite in einer Tabelle bzw. Relation vorhanden sind – auf Zeilen-, Spalten- oder Relationsebene. Im Unterschied zur Genauigkeit geht es dabei nur darum, ob Werte überhaupt vorhanden sind, nicht darum, ob sie korrekt sind. Typische Prüfungen sind bspw., ob Pflichtspalten immer ausgefüllt sind und ob Daten wie erwartet übertragen wurden. Zur Messung der Vollständigkeit wird häufig der Anteil der gefüllten Felder an der Gesamtzahl aller Felder einer Tabelle berechnet.

Qualitätsdimension »Konsistenz«

Daten sollten innerhalb des Systems und über verschiedene Quellen hinweg konsistent sein. Unterschiedliche Informationen über denselben Sachverhalt können zu Missverständnissen führen. Unter *Konsistenz* versteht man die Widerspruchsfreiheit eines Datenbestandes. Sie beschreibt, inwieweit die in den Daten enthaltenen Werte den vorgegebenen, logischen Zusammenhängen entsprechen. Diese Zusammenhänge werden durch 1-N-Konsistenzregeln definiert. Ein Datenbestand gilt als konsistent, wenn alle Regeln eingehalten werden, und als inkonsistent, sobald eine Regel verletzt wird. Die Bewertung der Konsistenz kann binär ohne oder mit der Gewichtung einzelner Regeln erfolgen. Stark vereinfacht und zusammengefasst: Ein Prozentsatz misst den Anteil der gelieferten Datensätze mit Inkonsistenzen.

Qualitätsdimension »Aktualität«

Daten müssen auf dem neuesten Stand und zum richtigen Zeitpunkt verfügbar sein. Veraltete Informationen sind häufig nicht mehr nutzbar und können zu Fehlentscheidungen führen. In Unternehmen verändern sich Datenbestände laufend: Datensätze werden neu angelegt, geändert oder gelöscht – oft mit Zeitverzug bei der Übertragung in Folgesysteme. Deshalb ist die *Aktualität* besonders wichtig, da sie viele andere Dimensionen der Datenqualität beeinflusst.

Qualitätsdimension »Gültigkeit«

Ein Datensatz gilt als gültig, wenn seine Attributwerte zu einer definierten Wertedomäne passen – also z. B. zu einer festen Werteliste, einem Wertebereich oder regelbasierten Vorgaben. Dabei müssen der Datentyp, das Format und die erwartete Genauigkeit der Werte eingehalten werden. Dennoch kann ein Datensatz trotz formaler *Gültigkeit* inhaltlich falsch sein oder von den tatsächlichen Gegebenheiten in der realen Welt abweichen.

Qualitätsdimension »Eindeutigkeit«

Daten sollten keine Duplikate enthalten, da doppelte Einträge zu Inkonsistenzen und ineffizienter Verarbeitung führen. *Eindeutigkeit* bedeutet, dass jede Entität im Datenbestand nur einmal vorkommt und dadurch analytische Ergebnisse nicht verfälscht werden. In relationalen Datenbanken wird die Eindeutigkeit meist über Primärschlüssel sichergestellt und über die Schlüsselstruktur geprüft. In Systemen ohne Primärschlüssel kann man stattdessen alle Attribute heranziehen und z. B. die Tabelleneindeutigkeit als Verhältnis eindeutiger Tupel zur Gesamtzahl der Datensätze messen. Da jedoch gleiche Informationen in mehreren Tabellen redundant vorkommen können und eine vollständige Prüfung aus Performance-Gründen kaum möglich ist, sollten systemweite Regeln implementiert werden, um Duplikate von vornherein zu vermeiden.

Qualitätsdimension »Integrität«

Datenintegrität beschreibt die Genauigkeit, Zuverlässigkeit und Unverfälschtheit von Daten, d. h, diese sollen vollständig und ohne Abweichung vom Original vorliegen. Man unterscheidet verschiedene Formen der Datenintegrität, etwa die physische, die logische, die Entitäts- und die referenzielle Integrität. Für Auswertungen ist vor allem die referenzielle Integrität wichtig, da sie sicherstellt, dass Beziehungen zwischen Tabellen über Fremdschlüssel konsistent sind. Fehlt diese Konsistenz, gelten die entsprechenden Datensätze als korrupt, da die verknüpften Informationen im Schema nicht mehr vollständig vorhanden sind. Zwar existieren mathematische Ansätze zur Berechnung der referenziellen Integrität, jedoch setzen diese voraus, dass alle Fremdschlüsselbeziehungen zum Zeitpunkt der Messung bekannt sind.

Qualitätsdimension »Zugänglichkeit«

Daten sollten für berechtigte Nutzer leicht *zugänglich* sein und der Zugriff darauf sollte nicht durch unnötige Einschränkungen behindert werden. So sollte ein Analyse-Dashboard bspw. über eine intuitive Benutzeroberfläche verfügen, damit die benötigten Informationen ohne technische Hürden erreichbar sind.

Qualitätsdimension »Verständlichkeit«

Daten sollten eindeutig und leicht *verständlich* sein. Dies wird durch konsistente Formate, einheitliche Standards und eine aussagekräftige Dokumentation sichergestellt.

15.3 Ein Datenqualitätsprojekt umsetzen

Was kann man nun tun, um allen Datenakteuren Verantwortung für die Datenqualität zu übertragen?

Datenkultur etablieren durch C-Level-Sponsoren

Das Thema Datenqualität muss von der Unternehmensspitze aus klar adressiert und aktiv vorangetrieben werden. Benötigt wird ein Sponsor auf C-Level, der das Problem offen benennt, die Initiative anstößt und vorlebt. Datenqualität sollte messbar gemacht werden und erzielte Verbesserungen müssen sichtbar kommuniziert und als Erfolge anerkannt werden.

Um ein Datenqualitätsprojekt oder eine Projektserie umzusetzen, müssen Sie den Entscheidungsträgern überzeugend darlegen, dass sich die Investition für das Unternehmen rechnet. Dazu sollte jedes Datenqualitätsvorhaben als gemeinsames, unternehmensweites Projekt geplant und gesteuert werden. Das Ziel ist nicht, völlig fehlerfreie Daten zu erreichen, sondern verlässliche Daten zu schaffen – Daten, denen alle Nutzer vertrauen können.

In der folgenden Liste haben wir einige Erfolgsfaktoren für ein erstes Datenqualitätsprojekt für Sie zusammengefasst:

1. **Zuständigkeiten und Prozesse festlegen**
   Die Organisation legt klare Strukturen und Prozesse für das Datenmanagement fest. Die zentrale Aufgabe besteht dabei darin, Datenverantwortlichkeiten und unterstützende Abläufe eindeutig zu definieren. Eine bewährte Praxis ist die Einführung spezieller Rollen wie *Data Owner* und *Data Steward*, die in einem Data-Governance-Team domänenübergreifend Zuständigkeiten und Prozesse für Daten abstimmen und steuern.
2. **Daten standardisieren und an einem Ort zusammenführen**
   Standardisierung sorgt dafür, dass Daten in eine einheitliche Struktur überführt werden, um sie zentral bündeln, besser verknüpfen und effizienter auswerten zu können. Um dies nachhaltig zu erreichen, muss die Eliminierung von Heterogenität in der Datenerzeugung und -verarbeitung auf der Prioritätenliste stehen. Die Ursachen von Datenqualitätsproblemen müssen an ihren Quellen gelöst und dürfen nicht durch Folgeschritte abgefangen werden. Das Ergebnis sollen hochwertige Datenprodukte auf einer Datenplattform sein.
3. **Systematisch vorgehen**
   Für eine hohe Datenqualität müssen Datenbestände systematisch auf Fehler geprüft und bereinigt werden. Dazu gehören insbesondere der Umgang mit Duplikaten und das Erkennen fehlerhafter bzw. widersprüchlicher Daten.
4. **Datenqualitätsprobleme visualisieren**
   Bilder sagen mehr als tausend Worte. Erst durch prägnante Bilder, Dashboards und Diagramme erreicht man eine deutlich größere Akzeptanz und ein breiteres Verständnis, was (hoffentlich) zu mehr Einsicht und Umsicht bei allen Datenakteuren führt.
5. **Mit Quick-Win-Datenprodukten beginnen**
   Die ersten Datenprodukte sollten für viele Datenakteure relevant sein, um Problemverständnis und Committment bei der Problemlösung sicherzustellen sowie einen nachvollziehbaren, messbaren Effekt auf Business-Prozesse zu erzielen. Dann können die Kosten der Datenqualitätsinitiative besser einem Mehrwert gegenübergestellt werden.

Sie werden sich nun vermutlich fragen, welche Funktionen die SAP BDC bietet, um Datenqualitätsprobleme aufzuzeigen und Datenqualitätsoffensiven zu unterstützen. Trotz etablierter Data-Governance-Ansätze und umfangreicher Validierungsmechanismen stoßen klassische Methoden zur Sicherstellung von Datenqualität in der Praxis oft an ihre Grenzen, insbesondere wenn es um semantische Inkonsistenzen, unstrukturierte Daten oder kontextabhängige Interpretationen geht.

[»]

> **Saubere Daten kosten, aber unordentliche Daten kosten noch mehr**
>
> Wir möchten an dieser Stelle auf die allgemein bekannte *1-10-100-Regel* im Datenmanagement hinweisen, die beispielhaft die Kostenauswirkungen einer schlechten Datenqualität zeigt:
>
> - Es kostet 1 €, Daten bei der Erfassung korrekt einzugeben.
> - Es kostet 10 €, Daten nachträglich zu bereinigen.
> - Es kostet 100 €, die Folgen nicht bereinigter Daten (falsche Entscheidungen, Unzufriedenheit) auszubügeln.

Vor diesem Hintergrund gewinnt der Einsatz moderner Technologien wie der Vector Engine zunehmend an Bedeutung. Sie eröffnen neue Möglichkeiten, Daten nicht nur strukturell, sondern auch semantisch zu analysieren und damit die Genauigkeit von Datenbeständen gezielt zu verbessern.

15.4 Vector Engine

Eine *Vector Engine* ist eine spezialisierte Datenverarbeitungskomponente, die Daten nicht primär in klassischen Tabellenstrukturen verarbeitet, sondern in Form von *Vektoren*, also numerischen Repräsentationen von Informationen. Diese Vektoren werden typischerweise durch sogenannte *Embeddings* erzeugt, die Inhalte, wie bspw. Texte, Attribute oder auch komplexe Datensätze, in einen mehrdimensionalen Raum übersetzen.

Vorteile

Der zentrale Vorteil dieses Ansatzes liegt darin, dass semantische Ähnlichkeiten zwischen Datenpunkten messbar werden. Während klassische Datenbankabfragen auf exakten Übereinstimmungen oder definierten Regeln basieren, ermöglicht eine Vector Engine den Vergleich von Daten auf Basis ihres inhaltlichen Zusammenhangs. Dadurch können bspw. unterschiedliche Beziehungen für denselben Sachverhalt, inkonsistente Beschreibungen oder implizite Zusammenhänge erkannt werden.

Für die Datenqualität bedeutet das, dass nicht nur syntaktische Fehler identifiziert werden können, sondern auch semantische Unstimmigkeiten, die mit klassischen Regeln nur schwer erfassbar sind.

15.4.1 Einbindung der Vector Engine in die SAP BDC

Einordnung in die Datenarchitektur

Innerhalb der SAP BDC lässt sich eine Vector Engine als ergänzende Komponente in die bestehende Datenarchitektur integrieren. Typischerweise erfolgt die Einbindung in enger Verbindung mit der Datenhaltung und -modellierung in

SAP Datasphere sowie optional mit erweiterten Datenverarbeitungsumgebungen wie SAP Databricks.

ML-Modelle

Die Vector Engine kann dabei logisch zwischen Datenbereitstellung und Datennutzung positioniert werden. Daten aus Datenprodukten oder Data Packages werden zunächst aus der semantischen Schicht bereitgestellt. Anschließend werden relevante Inhalte, wie bspw. Stammdatenattribute, Freitextfelder, Beschreibungen oder auch strukturierte Datensätze, in die Vektorrepräsentationen überführt. Dieser Prozess erfolgt in der Regel über ML-Modelle, die speziell dafür trainiert sind, semantische Informationen in numerische Vektoren zu kodieren.

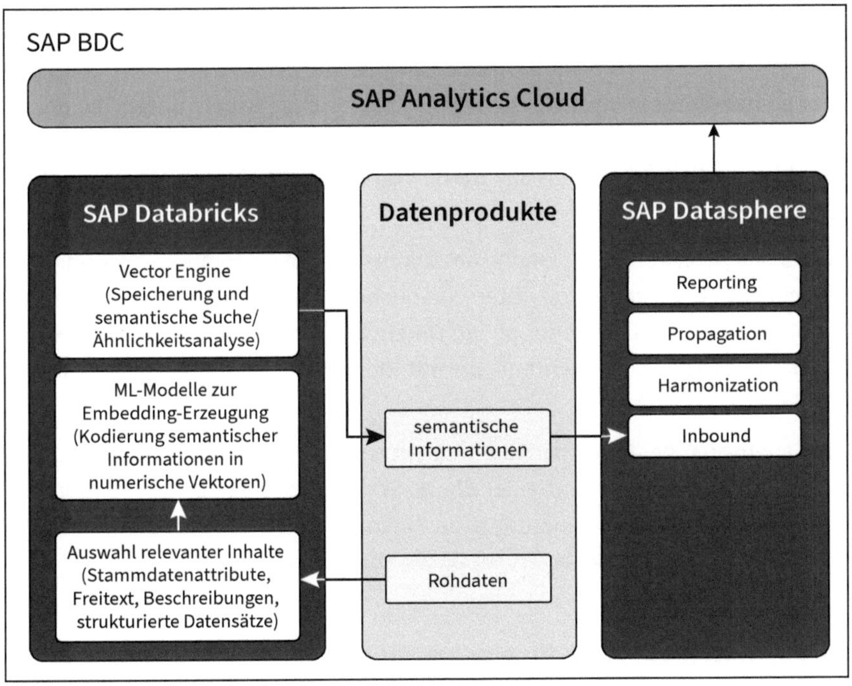

Abbildung 15.1: Einbindung der Vector Engine in die SAP BDC

Abbildung 15.1 zeigt, wie die SAP BDC, SAP Databricks und SAP Datasphere zusammenarbeiten, um Daten mithilfe von KI-Modellen und einer Vector Engine zu verarbeiten und daraus semantische Datenprodukte zu erzeugen. Diese Datenprodukte werden in SAP Datasphere inbound verarbeitet, dann harmonisiert und propagiert und anschließend über SAP Analytics Cloud für Berichte und Analysen bereitgestellt.

Die erzeugten Vektoren werden in der Vector Engine gespeichert und können dort effizient durchsucht und verglichen werden. Die Ergebnisse dieser Analysen können wiederum in die SAP BDC zurückgespielt werden, bspw. in Form von angereicherten Daten, Qualitätskennzeichnungen oder Korrekturvorschlägen. So entsteht eine zusätzliche semantische Verarbeitungsschicht, die die bestehenden Governance- und Qualitätsmechanismen ergänzt.

15.4.2 Beitrag einer Vector Engine zur Datenqualität

Insbesondere im Hinblick auf das Qualitätskriterium der Genauigkeit leistet der Einsatz einer Vector Engine einen wichtigen Beitrag. Genauigkeit bedeutet in diesem Zusammenhang, dass Daten den realen Sachverhalt korrekt und widerspruchsfrei abbilden.

Datenqualitätsregeln

Klassische Datenqualitätsregeln sind häufig darauf ausgelegt, formale Fehler wie fehlende Werte, falsche Formate oder Verletzungen von Integritätsbedingungen zu erkennen. Sie stoßen jedoch an ihre Grenzen, wenn es um inhaltliche oder semantische Abweichungen geht. So können bspw. unterschiedliche Schreibweisen desselben Lieferanten, leicht variierende Produktbezeichnungen oder uneinheitliche Klassifikationen dazu führen, dass Daten formal korrekt, aber fachlich inkonsistent sind.

Genau hier setzt die Vector Engine an. Durch die Analyse semantischer Ähnlichkeiten kann sie erkennen, ob unterschiedliche Datensätze inhaltlich denselben Sachverhalt beschreiben oder ob ein Datensatz in das erwartete Muster passt. Dadurch werden Fehler sichtbar, die mit klassischen Methoden nicht erkannt würden.

Die Genauigkeit der Daten wird somit nicht nur auf syntaktischer, sondern auch auf inhaltlicher und kontextueller Ebene verbessert. Dies ist insbesondere für Business AI von großer Bedeutung, da KI-Modelle stark von der semantischen Konsistenz der zugrunde liegenden Daten abhängen.

15.4.3 Anwendungsfall für eine Vector Engine

Im vorangegangenen Abschnitt haben wir die Vector Engine aus einer theoretischen Perspektive beleuchtet. In diesem Abschnitt möchten wir Ihnen einen Anwendungsfall für die Vector Engine vorstellen.

Anwendungsbereich

Ein besonders wirkungsvoller Anwendungsbereich für den Einsatz einer Vector Engine innerhalb der SAP BDC liegt in der Verbesserung von Stammdaten. *Stammdaten* bilden die Grundlage nahezu aller Geschäftsprozesse und sind gleichzeitig besonders anfällig für Inkonsistenzen, Dubletten und semantische Unschärfen. Gerade weil sie häufig manuell gepflegt oder aus unterschiedlichen Systemen zusammengeführt werden, entstehen im Zeitverlauf Abweichungen, die sich mit klassischen regelbasierten Verfahren nur schwer vollständig erkennen lassen.

Kundenstammdaten

Unser Fokus liegt in diesem Beispiel auf Kundenstammdaten. Herausforderungen sind hier die unterschiedliche Schreibweise von Firmennamen, internationale Varianten oder unstrukturierte Freitextfelder. Das Ziel besteht in diesem Anwendungsfall darin, die Genauigkeit der Stammdaten zu verbessern, indem bspw. Dubletten identifiziert, zusammengeführt oder zumindest gekennzeichnet werden können. Dafür verwenden wir die folgende Systemarchitektur:

- Als Datenquelle dient SAP S/4HANA während SAP Datasphere verwendet wird, um die Daten zu extrahieren.
- Die Datenverarbeitung wird über einen Python-Client und SAP HANA Cloud umgesetzt. Hier werden die Daten vektorisiert und mithilfe einer Einbettungsfunktion unstrukturierte Daten in Vektorrepräsentationen umgewandelt.
- Die vektorisierten Daten werden anschließend von einer Vector Engine analysiert. Diese Engine ist in der Lage, die Berechnung und das Clustering von Ähnlichkeiten sowie die Identifikation von Mustern und Duplikaten durchzuführen.
- Die Ergebnisse werden schließlich in SAP Analytics Cloud bereitgestellt, sodass Endanwenderinnen und -anwender darauf zugreifen können.

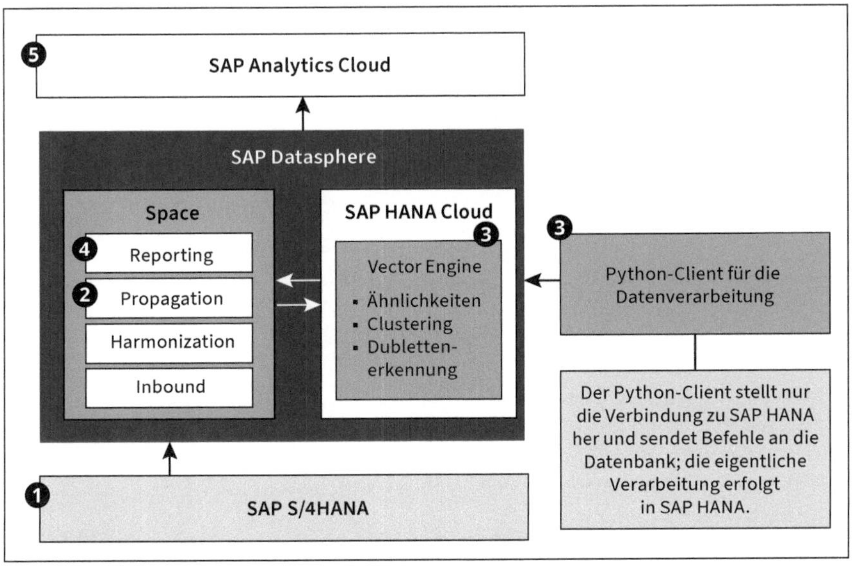

Abbildung 15.2: Der Einsatz der Vector Engine im Kontext der SAP BDC

Abbildung 15.2 zeigt eine durchgängige Daten-Pipeline von SAP S/4HANA über SAP Datasphere und SAP HANA Cloud bis hin zu SAP Analytics Cloud. Ausgehend von SAP S/4HANA (❶) werden operative Unternehmensdaten als Quelle in SAP Datasphere geladen. In einem SAP Datasphere Space (❷) durchlaufen sie die

Schritte Inbound, Harmonization und Propagation und werden anschließend für Reporting-Szenarien aufbereitet. In SAP HANA Cloud mit Vector Engine und Python-Client (❸) werden die Daten vektorisiert, Ähnlichkeiten berechnet, Cluster gebildet sowie Muster und Duplikate erkannt. SAP Datasphere (❹) fungiert als zentrales Datendrehkreuz, während SAP Analytics Cloud (❺) die aufbereiteten und angereicherten Daten für Endanwenderinnen und -anwender in Form von Dashboards und Berichten visualisiert.

Fokusbereiche

Unsere Fokusbereiche in diesem Anwendungsfall sind die folgenden:

1. **Vektorisierung von Daten**: Text- und numerische Daten werden in hochdimensionale Vektorrepräsentationen umgewandelt, um Muster und Strukturen effizient analysieren zu können.
2. **Semantische Suche:** Die Vector Engine ermöglicht die Suche nach relevanten, ähnlichen Daten.
3. **Datenbereinigung und Duplikaterkennung:** Mithilfe von Clustering und Ähnlichkeitsberechnungen werden redundante Datensätze erweitert und entfernt, um die Datenqualität zu verbessern.
4. **Erweiterung der Wissensbasis:** Durch die Integration eines Large Language Models (LLM) wird die Wissensbasis dynamisch erweitert. Anfragen werden verarbeitet, Embeddings generiert und die beste Übereinstimmung soll zurückgegeben werden.

Abbildung 15.3 zeigt die dabei auftretenden Schwierigkeiten. Im markierten Bereich ist zu sehen, dass derselbe Kunde mehrere Einträge mit verschiedenen Firmenstandorten aufweist.

```
[73]: filtered_df = df_customer[df_customer['cluster_label'] == -1]
      filtered_df
```

[73]:

	ID	CUSTOMER_NUMBER	COUNTRY	CUSTOMER_NAME	CITY	POSTAL_CODE	REGION	STRAS	PHONE	ADDRESS	STRING	CUST
0	1	EWM10-CU02	DE	EWM-Kunde 02 (Inland)	Hamburg	22525	HH	Rondenburg 12	09990 9821-0	0000023670	EWM-Kunde 02 (Inland) Rondenburg 12 Hamburg HH...	[0, 0,
1	2	EWM10-CU03	DE	EWM-Kunde 03 (Inland)	München	81514	BY	Balaustraße 75	09990 2542-0	0000023671	EWM-Kunde 03 (Inland) Balaustraße 75 München B...	[0, 0,
2	3	BP1010	DE	WERK 1	Walldorf	69190	BW	Neurottstr. 16	09990 3689-0	0000023673	WERK 1 Neurottstr. 16 Walldorf BW 69190 DE 099...	[0, 0,
4	5	10154801	DE	JIT Company	Hallbergmoos	85399	BY	Zeppelinstraße 2	06227747474	0000023683	JIT Company Zeppelinstraße 2 Hallbergmoos BY 8...	[0, 0,
5	6	10100002	DE	Inlandskunde DE 2	Chemnitz	09119	SN	Platnerstraße 45	09990 41252-0	0000023581	Inlandskunde DE 2 Platnerstraße 45 Chemnitz SN...	[0, 0,
6	7	10100003	DE	Inlandskunde DE 3	Budenheim	55257	RP	Römerstraße 1230	09990 365-0	0000023612	Inlandskunde DE 3 Römerstraße 1230 Budenheim R...	[0, 0,

Abbildung 15.3: Gleicher Kunde, unterschiedliche Standorte

Ergebnis

Unser Ergebnis zeigt, dass die doppelten Daten erfolgreich identifiziert werden konnten und nun zur weiteren Verarbeitung an einen Fachanwender übergeben werden können. Wenn Ihnen die semantische Bedeutung der Daten wichtig ist, führt kein Weg am Einsatz eines LLMs vorbei.

15.5 Zusammenfassung

In diesem Kapitel haben wir zunächst aufgezeigt, dass Datenqualität kein IT-Detailthema, sondern ein zentrales Geschäftsproblem ist. Schlechte Daten im CRM – wie falsche oder fehlende Adressen – gefährden Kampagnen und führen zu Konflikten zwischen den Fachbereichen. Dies macht deutlich, dass die Verantwortung für die Datenqualität bei allen Datenakteuren liegt. Dafür braucht es jedoch klare Verantwortlichkeiten, eine gelebte Datenkultur und eine organisatorische Verankerung des Themas.

Anschließend haben wir die wichtigsten Dimensionen der Datenqualität erläutert: Genauigkeit, Vollständigkeit, Konsistenz, Aktualität, Gültigkeit, Eindeutigkeit, Integrität, Zugänglichkeit und Verständlichkeit. Schlechte Datenqualität führt zu hohen Risiken und Kosten (bis hin zu Strafen, Reputationsschäden und Fehlentscheidungen), gute Datenqualität steigert Effizienz, Produktivität und Kundenzufriedenheit.

Im Anschluss haben wir die zentralen Erfolgsfaktoren für die Umsetzung eines Datenqualitätsprojekts beschrieben: klare Rollen und Prozesse (z. B. Data Owner, Data Steward, Data Governance), Standardisierung und Zusammenführung von Daten, systematische Prüfungen und Bereinigung (inkl. Duplikaterkennung), Visualisierung von Datenqualitätsproblemen sowie der Start mit relevanten Quick-Win-Datenprodukten. Die 1-10-100-Regel verdeutlicht dabei, dass frühe Prävention deutlich günstiger ist als spätere Korrektur oder das Ausbügeln von Folgen.

Abschließend haben wir die Rolle einer Vector Engine in der SAP BDC erläutert. Mithilfe von Embeddings werden Daten in Vektoren überführt, wodurch semantische Ähnlichkeiten messbar werden. Dadurch können nicht nur syntaktische, sondern auch inhaltliche Fehler erkannt werden, wie etwa unterschiedliche Schreibweisen desselben Kunden oder verborgene Dubletten in Kundenstammdaten. In einem Beispiel mit SAP S/4HANA, SAP Datasphere, SAP HANA Cloud Vector Engine und SAP Analytics Cloud wurden Dubletten in Kundenstammdaten identifiziert, gekennzeichnet und für Fachanwender aufbereitet. Die Kombination aus Vector Engine und LLM erhöht insbesondere die Genauigkeit und semantische Konsistenz der Daten – eine zentrale Voraussetzung für belastbare Business-AI-Szenarien.

Kapitel 16

Status quo: Historische Datenmengen

Daten veralten nie wirklich – sie verändern nur ihre Rolle. Was gestern noch vor allem der Dokumentation von Geschäftsvorfällen diente, ist heute die Grundlage für strategische Steuerung, Compliance, Advanced Analytics und Business AI. Besonders im SAP-Ökosystem lässt sich an historischen Datenmengen sehr gut ablesen, wie sich der Blick auf Daten im Unternehmen gewandelt hat – von »muss aus Aufbewahrungsgründen vorhanden sein« hin zu »kann aktiv Wert schaffen«.

Unter historischen Datenmengen verstehen wir Datenbestände, die über längere Zeiträume hinweg gesammelt, gespeichert und fortgeschrieben werden, um vergangene Geschäftsereignisse und -entwicklungen nachvollziehbar zu machen. Dazu zählen bspw. Buchungsbelege, Bewegungsdaten, Stammdatenstände oder Verdichtungs- und Aggregationsdaten, die nicht nur für den operativen Tagesbetrieb, sondern vor allem für Rückblicke, Analysen, Planungen, Prüfungen und regulatorische Nachweise benötigt werden. Im SAP-Umfeld kommt diesen historischen Datenmengen eine besondere Bedeutung zu, da SAP-Systeme traditionell die geschäftskritischen Kernprozesse eines Unternehmens abbilden, wodurch über Jahre und Jahrzehnte große, fachlich hoch relevante Datenvolumina entstanden sind.

In diesem Kapitel beleuchten wir zunächst, wie historische Datenmengen im SAP-Ökosystem früher gehandhabt wurden und wie sich dieser Umgang bis heute verändert hat. In Abschnitt 16.1 zeichnen wir nach, wie historische Daten in der klassischen SAP-Analytics-Welt, insbesondere mit SAP BW und SAP BW/4HANA, als Teil von Enterprise-Data-Warehouse-Architekturen organisiert, historisiert und für Reporting- und Compliance-Zwecke genutzt wurden. Darauf aufbauend zeigen wir, wie mit SAP Datasphere und der SAP BDC eine Modernisierung der historischen Datenhaltung einsetzt und sich die Rolle historischer Daten von einer reinen Reporting- und Nachweisressource hin zu einer strategischen Basis für flexible Datenprodukte, Analytics und KI verschiebt. In Abschnitt 16.2 konkretisieren wir diese Entwicklung anhand eines Praxisbeispiels mit der SAP Datasphere Finance: Wir beschreiben, wie historisierte Finanzdaten, insbesondere aus der ACDOCA-Tabelle, in SAP Datasphere integriert, in Spaces strukturiert, harmonisiert und zu einem Analysemodell ausgebaut werden, und erläutern, welchen Mehrwert historische Daten hier für Reporting, Planung und moderne Daten- und KI-Szenarien stiften. Abschließend fassen wir in Abschnitt 16.3 die wichtigsten Erkenntnisse zum Status quo historischer Datenmengen im SAP-Ökosystem zusammen und zeigen, wie klassische BW-Architekturen und moderne Cloud-Plattformen zusammenspielen und warum historische Daten heute als kuratierte, wiederverwendbare und KI-fähige Datenbasis verstanden werden sollten und nicht mehr nur als notwendiges Archiv vergangener Geschäftsvorfälle.

16.1 Historische Datenmengen im SAP-Ökosystem – damals und heute

Veränderungen

Der Umgang mit historischen Datenmengen gehört seit jeher zu den zentralen Themen im SAP-Ökosystem. Kaum ein anderer Bereich zeigt so deutlich, wie sich die Rolle von Daten im Unternehmen verändert hat – von der reinen Dokumentation vergangener Geschäftsvorfälle bis hin zur strategischen Ressource für Steuerung, Planung, Compliance, Analytics und inzwischen auch Business AI. Gerade in SAP-geprägten Landschaften war der Bedarf, Daten über viele Jahre hinweg konsistent, nachvollziehbar und performant vorzuhalten, schon sehr früh ausgeprägt. Das liegt vor allem daran, dass SAP-Systeme traditionell die geschäftskritischen Kernprozesse eines Unternehmens abbilden. Diese Prozesse können sich von Finanzbuchhaltung und Controlling, über Einkauf, Logistik und Produktion bis hin zu Vertrieb und Personalwesen erstrecken. Entsprechend entstanden dort schon lange vor dem heutigen KI-Zeitalter sehr große Mengen an Bewegungs-, Stamm-, Beleg- und Verdichtungsdaten. Sicherlich sind Ihnen daher auch einige Archivierungsoptionen bzw. -lösungen am Markt bekannt, mit denen SAP-Daten bisher innerhalb oder außerhalb der SAP-Landschaft archiviert wurden.

16.1.1 Rückblick

Bevor es die SAP BDC gab, war der Umgang mit historischen Daten im SAP-Analytics-Umfeld stark durch klassische Enterprise-Data-Warehouse-Architekturen geprägt. Über viele Jahre hinweg war SAP BW, später SAP BW/4HANA, die maßgebliche Plattform, um Daten aus operativen ERP-Systemen zu extrahieren, zu historisieren, fachlich zu harmonisieren und für Berichte oder Planungsprozesse bereitzustellen. SAP beschreibt SAP BW/4HANA bis heute als skalierbare und ausgereifte Data-Warehouse-Lösung.

Enterprise Data Warehouse

In dieser Welt war der Umgang mit historischen Daten in erster Linie ein Thema des Enterprise Data Warehouses. Historische Daten wurden typischerweise nicht nur aufbewahrt, sondern gezielt in Schichten organisiert. Rohdaten wurden aus Quellsystemen geladen, technisch bereinigt, verdichtet und mit Business-Regeln angereichert, bevor sie in Info-Providern oder anderen SAP-BW-Strukturen abgelegt wurden. SAP beschreibt diesen Ansatz als zentrales Sammeln von Unternehmensdaten mit anschließender technischer Bereinigung und fachlicher Konsolidierung. So konnten die Daten je nach Anforderung in unterschiedlicher Granularität über mehrere Ebenen der Datenarchitektur hinweg gespeichert werden.

Vorteile

Das hatte mehrere Vorteile. Erstens konnten Unternehmen historische Daten über lange Zeiträume hinweg kontrolliert speichern. Zweitens ließ sich der Datenbestand fachlich strukturieren, was insbesondere für Finanz-, Einkaufs- oder Logistikdaten entscheidend war. Drittens war eine revisionsnahe Nachvollziehbarkeit möglich, da ETL-Strecken, Ladeprozesse und Datenmodelle relativ klar definiert waren. Gerade in SAP-dominierten Organisationen war dies ein wichtiger Grund dafür, dass historische Datenmengen oft eher im Data Warehouse als in den transaktionalen Quellsystemen langfristig verwaltet wurden.

[«]

Archivierung mit SAP BW

Einige SAP-BW-Kunden haben separate Info Areas als Archive oder Corporate Memories etabliert. Vereinzelt werden (bzw. wurden) auch separate externe Datenbanken genutzt, um historische Daten auszulagern, die nur bei Bedarf für kurze Zeit wieder in SAP BW bereitgestellt werden.

Vor der Entstehung moderner cloudbasierter Datenplattformen lautete die zentrale Fragestellung nicht, wie sich historische Daten für KI oder flexible Datenprodukte nutzen lassen, sondern wie sie stabil, performant und verlässlich für Reporting, Auditierung und Unternehmenssteuerung bereitgestellt werden können. Historische Daten dienten vor allem dazu, Monatsabschlüsse, Abweichungsanalysen, Plan-Ist-Vergleiche, Einkaufsentwicklungen, Lieferantenbewertungen oder Margenverläufe über längere Zeiträume hinweg nachvollziehbar auszuwerten.

Beispiel

Im Finanzbereich bedeutete dies z. B., dass Buchungsbelege, Kostenstellenentwicklungen, Hierarchiebestände und Konsolidierungsinformationen historisch vorgehalten werden mussten. Im Einkauf ging es um Bestellungen, Wareneingänge, Preisentwicklungen, Lieferantenhistorien oder Vertragsdaten. Im Vertrieb wiederum standen Auftragsverläufe, Umsatzentwicklungen oder Konditionsänderungen im Fokus. Historische Daten waren also nie eine Altlast, sondern bildeten schon immer die Grundlage für das betriebliche Gedächtnis des Unternehmens.

SAP-BW-Modelle

Gleichzeitig war der Umgang mit diesen Daten architektonisch jedoch stark von den Möglichkeiten und Grenzen der damaligen Plattformen bestimmt. Die Historisierung war oft eng an SAP-BW-Modelle, Extraktoren, ADSOs (Advanced DataStore Objects), Composite Provider, Infoobjects und klassische Ladeprozesse gekoppelt. Änderungen an Modellen oder fachlich neue Anforderungen führten häufig zu aufwendigen Anpassungen in den ETL-Strecken. Zwar waren historische Daten vorhanden, ihre Nutzung war jedoch häufig stärker durch die Architektur des Data Warehouses als durch die fehlende Flexibilität des Fachbereiches eingeschränkt. Außerdem war es für viele Kunden, auch im Kontext von SAP HANA, eine preisliche Frage, wie viele und wenn ja welche Daten direkt im Speicher liegen dürfen und welche nicht, um das Sizing und die Lizenzkosten im Blick zu behalten.

Die strukturellen Grenzen der Prä-SAP-BDC-Welt

So leistungsfähig die klassische SAP-Data-Warehouse-Welt auch war, so hatte sie doch klare Grenzen. Eine der größten Herausforderungen bestand darin, dass historische Daten zwar sehr kontrolliert wurden, aber oft nur mit erheblichem Modellierungs- und Betriebsaufwand verwaltet werden konnten. Jede neue Quellstruktur, jede zusätzliche Historisierungsebene und jede neue fachliche Sicht bedeutete zusätzlichen Entwicklungs- und Wartungsaufwand. Das war in stabilen Reporting-Landschaften beherrschbar, wurde aber schwieriger, sobald Unternehmen deutlich mehr Datenquellen, häufigere Änderungen und neue Nutzungsformen einführen wollten.

Unpassende Architektur

Hinzu kam, dass die klassische Welt historischer SAP-Daten stark auf strukturierte, vorab modellierte Nutzungsszenarien ausgerichtet war. Die Architektur war hervorragend für standardisiertes Reporting, Planung und kontrollierte Unternehmenssteuerung geeignet. Sie passte jedoch weniger gut zu den Anforderungen explorativer Datenanalyse, domänenorientierten Datenprodukten, Self-Service für unterschiedliche Nutzergruppen oder KI-Workloads, die große und teils heterogene historische Datenmengen flexibel benötigen.

Trennung in der Datenhaltung

Ein weiterer struktureller Punkt war die Trennung zwischen SAP-zentrierter Datenhaltung und erweiterten Datenökosystemen. In der Praxis existieren oft zusätzliche historische Daten in Nicht-SAP-Systemen, Data Lakes, Spezialanwendungen oder lokalen Analyseumgebungen. Die Integration dieser Daten mit den historisch gewachsenen SAP-Beständen war zwar möglich, aber häufig aufwendig. Dadurch entstanden in vielen Unternehmen parallele historische Wahrheiten – bspw. eine in SAP Data Warehouse und weitere in den Fachbereichen.

16.1.2 Modernisierung der historischen Datenhaltung mit SAP Datasphere und der SAP BDC

SAP Datasphere

Mit SAP Datasphere begann SAP, die eigene Datenstrategie stärker cloudorientiert weiterzuentwickeln. SAP positioniert SAP Datasphere ausdrücklich als Lösung, die die Rolle von SAP BW in bestimmten Szenarien übernehmen kann, betont aber gleichzeitig, dass SAP BW/4HANA weiterhin unterstützt wird. Diese Parallelität ist wichtig, da sie zeigt, dass der Umgang mit historischen Daten im SAP-Umfeld nicht durch einen harten Bruch, sondern durch eine mehrjährige Modernisierungsphase geprägt ist.

Für historische Daten bedeutete diese Phase einen Perspektivwechsel. Daten sollten nicht mehr ausschließlich in klassischen Warehouse-Schichten gedacht werden, sondern stärker in Richtung cloudbasierte Integration, semantischer Modellierung und flexibler Nutzung weiterentwickelt werden. Gleichzeitig wurde deutlich, dass viele Unternehmen ihre historischen Bestände aus SAP BW oder SAP BW/4HANA nicht einfach ablösen können oder wollen. Genau deshalb entstanden Übergangsmodelle wie SAP BW Bridge.

Modernisierung

Das ist aus architektonischer Sicht hoch relevant. Historische Datenmengen werden im SAP-Ökosystem nicht neu erfunden, sondern vielfach aus bestehenden SAP-BW-Logiken heraus modernisiert. Die Gegenwart ist deshalb durch eine Koexistenz geprägt: Unternehmen haben wertvolle historische Datenbestände in SAP BW oder SAP BW/4HANA, modernisieren aber zugleich in Richtung SAP Datasphere. SAP selbst hat bereits mehrfach betont, dass Investitionen in SAP BW und SAP Datasphere im SAP-BDC-Kontext erhalten bleiben bzw. weiterverwendet werden können.

Historische Datenmengen als strategische Ressource

Mit der SAP BDC ist die Diskussion um historische Datenmengen in eine neue Phase eingetreten. SAP beschreibt die SAP BDC als vollständig verwaltete SaaS-Lösung, die SAP-Daten vereinheitlicht, steuert und mit Drittanbietern verbindet. Gleichzeitig wird hervorgehoben, dass kuratierte SAP-Datenprodukte die Kosten von Extraktion und Replikation senken sollen. Damit verändert sich auch die Sicht auf historische Daten. Sie sind nicht mehr nur Input für Berichte, sondern auch Bausteine für Datenprodukte, intelligente Anwendungen (Intelligent Applications), Advanced Analytics und KI.

Heute betrachten wir historische Datenmengen daher zunehmend unter den folgenden vier Gesichtspunkten:

1. **Governance und Verlässlichkeit**
   Historische Daten im SAP-Kontext müssen nach wie vor belastbar, nachvollziehbar und fachlich sauber modelliert sein. Gerade in den Bereichen Finance, Controlling und Einkauf ist das unverändert ein Kernanliegen.
2. **Skalierung und Wirtschaftlichkeit**
   Skalierung und Wirtschaftlichkeit stehen im Fokus, damit historische Datenbestände kontinuierlich wachsen können. Unternehmen wollen diese Daten nicht beliebig replizieren und nicht immer in neuen Systemen duplizieren. SAP positioniert daher die SAP BDC mit dem Anspruch, Datenprodukte bereitzustellen und Integrationen so zu gestalten, dass übermäßige Extraktion und Redundanz reduziert werden.

3. **Wiederverwendbarkeit**
   Historische Daten sollen nicht mehr nur in einem Bericht oder in einer isolierten Planungslösung enden, sondern als semantisch beschriebene Grundlage für unterschiedliche Konsumenten dienen – von Analytics über Planung bis hin zu Business AI.
4. **Anschlussfähigkeit an moderne Daten- und KI-Szenarien**
   Mit SAP Databricks in der SAP BDC betont SAP die bidirektionale Zero-Copy-Freigabe zwischen SAP-Daten und Databricks-Umgebungen sowie die Nutzung kuratierter SAP-Datenprodukte für Analytics- und ML-Workloads. Gerade für historische Daten ist das ein bedeutender Schritt, da damit große Bestände nicht mehr nur klassisch ausgewertet, sondern auch für die moderne Datenverarbeitung und das Modelltraining erschlossen werden können.

Inhaltliche Veränderungen

Der vielleicht wichtigste Unterschied zwischen der Zeit vor der SAP BDC und dem gegenwärtigen Status quo liegt nicht allein in der Technologie, sondern auch in der Bedeutung historischer Daten. Früher dienten historische Daten primär für Rückblick, Konsolidierung und Nachweisbarkeit. Heute sollen sie zusätzlich für Vorhersage, Simulation, Mustererkennung und intelligente Anwendungen verfügbar sein. Historische Datenmengen sind damit vom Asset zum aktiven Rohstoff für datenintelligente Unternehmenssteuerung geworden.

Hoher Geschäftsbezug der Daten

Das ist insbesondere deshalb relevant, weil SAP-Daten typischerweise einen außergewöhnlich hohen Geschäftsbezug haben. Historische FI-Belege, CO-Strukturen, Bestellhistorien, Wareneingänge, Materialbewegungen oder Vertriebsbelege sind nicht bloß technische Datensätze. Sie repräsentieren reale wirtschaftliche Abläufe und sind damit für Business AI besonders wertvoll. Die Herausforderung liegt heute nicht mehr darin, dass diese Daten grundsätzlich vorhanden sind, sondern darin, wie sie über Plattformgrenzen hinweg konsistent, semantisch verständlich und wirtschaftlich nutzbar gemacht werden.

Trotz aller Modernisierung bleibt die kontrollierte Unternehmensdatenhaltung ein zentrales Merkmal des SAP-Ökosystems. Bereits vor der SAP BDC gab es Konzepte wie die Schichtenarchitektur, fachliche Harmonisierung, Delta Handling, Monitoring, Datenqualitätskontrolle und nachvollziehbare Transformationen. Somit ersetzt die SAP BDC das historische Denken nicht, sondern erweitert es und verschiebt den Fokus von der reinen Verwaltung historischer Daten zu ihrer breiten Nutzung in einem integrierten Datenökosystem.

Die eigentliche Herausforderung des Status quo

Der gegenwärtige Status quo ist deshalb ambivalent. Einerseits war es im SAP-Umfeld noch nie so realistisch wie heute, große historische Datenbestände aus verschiedenen Quellen auf einer modernen Plattform zusammenzuführen, sie semantisch zu beschreiben und für Analytics und KI wiederzuverwenden. Andererseits befinden sich viele Unternehmen noch in einer Transformationsphase:

Ihre historischen Daten liegen oft weiterhin in SAP BW/4HANA, teilweise in SAP Datasphere und teilweise noch auf anderen Plattformen. SAP selbst stellt dafür Modernisierungspfade und Kombinationsszenarien bereit, was zeigt, dass die Realität nicht in einer vollständigen Ablösung, sondern in einer koordinierten Weiterentwicklung besteht.

Organisation

Die eigentliche Herausforderung besteht daher weniger darin, dass historische Daten gespeichert werden können, sondern darin wie sie im modernen SAP-Ökosystem sinnvoll organisiert werden. Es geht um die richtige Balance zwischen langfristiger Aufbewahrung, semantischer Qualität, technischer Skalierbarkeit, Kostenkontrolle und Mehrfachnutzung.

16.2 Praxisbeispiel mit SAP Datasphere Finance

Fragmentierung

Im Kontext der Historisierung von Finanzdaten ist es sinnvoll, die Entwicklung der Datenmodelle im SAP-Umfeld zu betrachten. In klassischen SAP-Systemen wurden Finanzinformationen in einer Vielzahl spezialisierter Tabellen gespeichert, etwa getrennt nach Hauptbuch, Nebenbüchern und Controlling. Diese Fragmentierung erschwerte nicht nur die Datenhistorisierung, sondern auch konsistente Auswertungen und integrierte Analysen.

Tabelle ACDOCA

Mit der Einführung von SAP S/4HANA hat sich dieses Paradigma grundlegend geändert. Im Zentrum steht nun die universelle Tabelle *ACDOCA*, die als Single Source of Truth für Finanzdaten fungiert. Sie vereint Informationen aus unterschiedlichen Finanzkomponenten in einer einheitlichen Struktur und ermöglicht dadurch eine deutlich vereinfachte Historisierung sowie transparente und konsistente Analysen über Zeiträume hinweg.

Vor diesem Hintergrund stellen wir in diesem Abschnitt ein Praxisbeispiel mit SAP Datasphere Finance vor. Ziel ist es, zu zeigen, wie moderne Datenplattformen wie SAP Datasphere historisierte Finanzdaten, insbesondere aus zentralen Strukturen wie der ACDOCA-Tabelle, effizient integrieren, modellieren und für Reporting- und Analysezwecke bereitstellen können. Dabei wird deutlich, wie sich die Komplexität der Datenlandschaft reduziert und gleichzeitig die Anforderungen an Echtzeitfähigkeit und Nachvollziehbarkeit erfüllt werden.

In Abschnitt 16.2.1 gehen wir dabei zunächst auf die SAP-Datasphere-Funktionen zur Aufteilung der Modellbestandteile in verschiedene Spaces und deren Vorteile ein. Anschließend erläutern wir in Abschnitt 16.2.2 die Auswahl der Datengrundlage und weisen auf weitere Optionen hin. In Abschnitt 16.2.3 folgen detaillierte Beschreibungen der Schritte des Modellaufbaus mit Schichtkonzept. Dabei begründen wir auch unsere Entscheidungen für die verwendeten SAP-Datasphere-Werkzeuge und erläutern die verfügbaren Alternativen. In Abschnitt 16.2.4, »Mehrwert historischer Daten und deren Nutzung«, beleuchten wir das Gesamtmodell in seinen weiteren Verwendungsmöglichkeiten.

16.2.1 Spaces

Eine ausführliche Erläuterung zum Konzept der Spaces finden Sie in Kapitel 2, »SAP Datasphere als Kern der SAP Business Data Cloud«. Deshalb fassen wir es hier nur noch einmal kurz zusammen: Integrierte Daten, Views und Modelle können in verschiedenen *Spaces* angelegt werden, um eine sinnvolle Aufteilung zu ermöglichen und eine bessere Übersicht herzustellen. Hinzu kommt, dass sich die Sichtbarkeit verschiedener Daten für etwaige angelegte Rollen steuern lässt, sodass nur verantwortliche Nutzer auf die für sie relevanten Daten zugreifen können.

Administration

Im folgenden Praxisbeispiel haben wir uns für die drei Spaces *Administration* (**DEMO_ADMINISTRATION**), *Geteilte Daten* (**DEMO_SHAREDDATA**) und *Finanzen* (**DEMO_FINANCE**), entschieden (siehe Abbildung 16.1). Wie wir später sehen werden, ist die Datenintegration auf die beiden Spaces **DEMO_ADMINISTRATION** und **DEMO_SHAREDDATA** aufgeteilt. Die Daten werden für die weitere Verarbeitung aufbereitet und Zugriffskonzepte werden umgesetzt. In **DEMO_ADMINISTRATION** werden sensible und vertrauliche Daten, wie z. B. Bewegungsdaten des Hauptbuchs, verwaltet. Dadurch können Sie mithilfe von Rollen festlegen, welche Nutzerinnen und Nutzer den Space bearbeiten oder aber auch nur einsehen dürfen. Gleichzeitig können Sie hier Datenzugriffskontrollen für Spalten in Tabellen einrichten, sodass Sie neben den Spaces auch die Daten selbst an die Befugnisse der jeweiligen Nutzerinnen und Nutzer anpassen können. Die geteilten Daten in **DEMO_SHAREDDATA** enthalten allgemeinere Tabellen, die auch in anderen Bereichen genutzt werden, wie bspw. Länder und Produktstammdaten. Sobald die Daten vorbereitet und die Anpassungen in den entsprechenden Views abgeschlossen sind, werden sie in den Space **DEMO_ADMINISTRATION** geteilt. Dort kann nun das analytische Modell als Ergebnis aufgebaut werden. Diese Trennung der einzelnen Bestandteile und Schritte lässt sich anhand von Abbildung 16.1 nachvollziehen.

Abbildung 16.1 ist allerdings nicht vollständig. Zur besseren Übersicht haben wir Text-Tabellen mit zugehörigen Beschreibungen nicht mitaufgenommen. Diese werden sonst üblicherweise im Propagation Layer hinzugefügt.

Die Datenintegration wird deutlich, wenn Sie sich in der Abbildung den Administrations-Space links oben und den Space für die geteilten Daten links unten ansehen. Diese beiden Spaces werden im Finanzen-Space auf der rechten Seite zusammengeführt, um das Analysemodell abzuschließen.

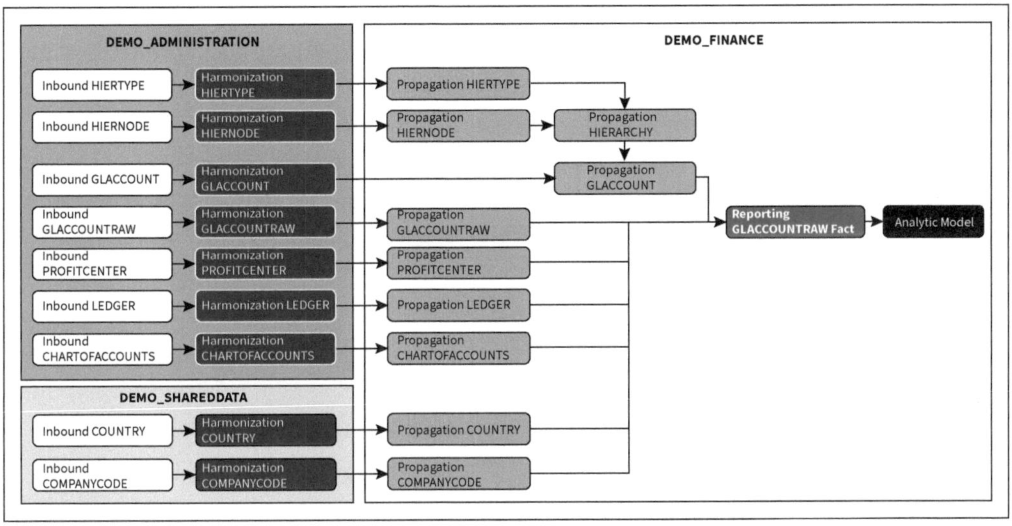

Abbildung 16.1: Spaces and Lineages

[«]

Daten mithilfe von Spaces aufteilen

Mithilfe von Spaces können Daten sowohl semantisch als auch anhand von Berechtigungen aufgeteilt und verwaltet werden. Dies verschafft Nutzerinnen und Nutzern eine direkte Übersicht darüber, für welche Bereiche sie zuständig und berechtigt sind.

16.2.2 Datengrundlage

Modellaufbau

Im Kontext eines Finanzmodells innerhalb einer SAP-Systemlandschaft ist Ihnen sicherlich die Tabelle *ACDOCA* bekannt. Sie stellt den zentralen Punkt der Buchhaltung dar und enthält mehr als die von uns benötigten Daten. Falls Sie bereits mit älteren SAP-S/4HANA-Systemen im Bereich des internen Rechnungswesens (engl. Controlling) gearbeitet haben, kennen Sie eventuell den Vorgänger der Tabelle **ACDOCA** – eine Kombination der Tabellen **RAABST01**, **RAABST02** und **FAA_GL_RECON**. Die Tabelle **ACDOCA** löst den alten Modellaufbau ab, da dieser in aktuellen SAP-S/4HANA-Systemen nicht mehr verfügbar ist. In diesen Praxisbeispielen haben wir die unserer Meinung nach sinnvollste Untermenge der Hauptbuchhaltung (engl. General Ledger Account) ausgewählt.

Durch die gesammelten Bewegungsdaten des Hauptbuchs können Sie anhand der Summen der Beträge und des zugrunde liegenden Soll-/Haben-Prinzips unmittelbar die Korrektheit der buchhalterischen Verbuchung überprüfen. Stimmen die Salden je Konto und Zeitraum, ist dies ein Indikator dafür, dass die Buchungen vollständig und fachlich korrekt verarbeitet wurden. Das Potenzial der Auswertung wird jedoch erst durch die Erweiterung des Modells um zusätzliche

Dimensionen, meist Stammdaten, vollständig sichtbar. Über Fremdschlüssel in den Hauptbucheinträgen werden weitere Views mit zusätzlichen Informationen in das finale Analysemodell eingebunden. Die in unserem Modell verwendeten Dimensionen sind der Firmencode (engl. »Company Code«), das Hauptbuchkonto (engl. »General Ledger Account«), der dazugehörige Kontenplan (engl. »Chart of Account«) sowie Kostenbereiche (engl. »Profitcenter«) (siehe Abbildung 16.2). Dadurch lassen sich die Daten innerhalb des Hauptbuchs gezielt aufteilen, was detaillierte Einblicke in die verschiedenen Bereiche Ihrer Buchhaltung ermöglicht.

Zu jeder dieser Dimensionen gibt es eine passende Text-View. In Abbildung 16.2 sehen Sie ein Beispiel für ein Analysemodell mit entsprechenden Dimensionen und Texten. So werden die GL-Accounts (in der Spalte **G/l account**) mit den entsprechenden Kennzahlen ausgegeben.

			Kennzahlen	AmountInCompanyCodeCurrency	AmountInTransactionCurrency	AmountInGlobalCurrency
				Amount in company code currency ↓↑	Amount in transaction currency ↓↑	Amount in global currency ↓↑
G/l account ↓↑	↓↑	**Profit center** ↓↑	↓↑	€	€	$
YCOA\0011001000	HauptBnkKto (Bar/B)	A000\Y1042	Demo Store 2	616.72	616.72	763.46
YCOA\0011001010	Barzahlung (Bar/U)	A000\Y1042	Demo Store 2	120.78	120.78	149.52
YCOA\0012100000	Forderung Inland	A000\Y1041	Demo Store 1	659.70	659.70	816.62
		A000\Y1042	Demo Store 2	616.72	616.72	763.46
		A000\YB900	A000\YB900	-142.80	-142.80	-176.76
YCOA\0012530420	Zahlungskarten VISA	A000\YB900	A000\YB900	142.80	142.80	176.76
YCOA\0013500000	Bestand Verpackung	A000\Y1042	Demo Store 2	627.00	627.00	786.60
YCOA\0013600000	Bestand Handelsware	A000\Y1041	Demo Store 1	4,991.48	4,991.48	6,180.22
		A000\Y1042	Demo Store 2	6,072.00	6,072.00	7,530.00
		A000\Y1050	Vorlage DC	2,304.00	2,304.00	2,852.20
YCOA\0021120000	WE/RE	A000\Y1050	Vorlage DC	-2,708.00	-2,708.00	-3,352.34
YCOA\0022000000	Ausgangssteuer (MWS)	A000\Y1041	Demo Store 1	-101.76	-101.76	-126.12
		A000\Y1042	Demo Store 2	-212.00	-212.00	-262.46
YCOA\0033000000	Gewinnrücklage	A000\Y1041	Demo Store 1	-2,572.71	-2,572.71	-3,185.29
		A000\Y1042	Demo Store 2	-3,845.79	-3,845.79	-4,772.67
YCOA\0041000000	Erlöse Inl. - Erzeu	A000\Y1041	Demo Store 1	-278.97	-278.97	-345.25
		A000\Y1042	Demo Store 2	-822.33	-822.33	-1,017.98

Abbildung 16.2: Analysemodell mit Dimensionen und Texten

Diese beinhalten den jeweiligen Schlüssel der entsprechenden Dimension, einen Sprachschlüssel und eine Beschreibung. Dadurch erhalten die Dimensionen neben ihrem rein numerischen Schlüssel auch eine textuelle Beschreibung. Als weitere Dimension wird noch eine *Zeit-Tabelle* (engl. Timetable) eingefügt, die beim endgültigen Modell eine zeitliche Unterteilung ermöglicht und vorab im Space aktiviert werden kann.

[»]

Text-Views

Text-Views enthalten für verschiedene Sprachschlüssel wie »DE«, »EN« oder »FR« die jeweiligen Beschreibungen in den entsprechenden Sprachen. Dadurch können Sie in den SAP-Datasphere-Nutzereinstellungen die Anzeigesprache auswählen, sodass Sie jederzeit die Sprache Ihrer Wahl angezeigt bekommen, sofern diese im System gepflegt wird.

Analysemodell

Das Analysemodell stellt für Sie eine direkte Einsicht in Ihre Daten bereit. An dieser Stelle lassen sich je nach Bedarf und Ziel des Analysemodells noch weitere Dimensionen wie Kostenbereich (engl. Cost Center) oder Land (engl. Country) einbinden.

Hierarchien

Zum Abschluss dieses Abschnitts möchten wir Ihnen noch eine unserer Meinung nach sehr nützliche Funktion vorstellen: *Hierarchien*. Im Analysemodell wird die Hierarchie über die Hauptbuchkonten integriert, weswegen sie auch *Hauptbuchkonto-Hierarchie* (engl. GLAccountHierarchy) heißt. Anstatt nur die einzelnen Konten unterscheiden zu können, kann durch eine Hierarchie eine weitere semantische Gruppierung erfolgen. Wenn Sie bspw. Konten zu Personalkosten oder Einkäufen aufteilen möchten, können Sie dies mit Hilfe von Hierarchien umsetzen. Das ist insbesondere deshalb interessant, da auch die definierten Kennzahlen über die einzelnen Gruppen gebildet werden. Ein direkter Vergleich der einzelnen Gruppen erleichtert Ihnen so die Analyse Ihres Hauptbuchs.

16.2.3 Modellaufbau mit Schichtkonzept

Datenintegration

In unserem Praxisbeispiel haben wir die Daten für die weitere Verarbeitung mittels einzelner Remote-Tabellen in SAP Datasphere geladen. Remote-Tabellen laden alle in SAP S/4HANA vorhandenen Spalten und Daten in die CDS-Views des Modells. Alternativ könnten die Daten auch mit Replication Flows oder Data Flows integriert und mittels eines Zeitplans regelmäßig erneut ausgeführt werden, wodurch die Daten stets aktuell gehalten werden könnten. Dagegen besitzen Remote-Tabellen den Vorteil, dass sie eine Live-Verbindung zum System herstellen, wodurch die Daten immer aktuell sind und keine manuelle Konfiguration benötigen. Dies gilt jedoch nur für neue Datensätze der bekannten Spalten der jeweiligen Tabelle. Falls neue Spalten zu einer Tabelle in SAP S/4HANA hinzukommen, muss die Remote-Tabelle aktualisiert werden, um Zugriff auf die neuen Spalten zu erhalten.

Zeit-Tabelle

Die einzige Ausnahme bildet die *Zeit-Tabelle*, da sie im Gegensatz zur restlichen Datengrundlage nicht aus SAP S/4HANA bezogen wird, sondern direkt in SAP Datasphere generiert werden kann.

[«]

Daten über Datenprodukte installieren

In der SAP BDC werden die Daten über Datenprodukte installiert. Diese werden zunächst in den Object Store geladen und von dort in SAP Datasphere zur Verfügung gestellt. Sie werden nicht direkt aus SAP S/4HANA bezogen.

Datenharmonisierung

Bei der Datenintegration wird die in der CDS View definierte Struktur der Daten aus SAP S/4HANA übernommen, auch wenn einzelne Merkmale leer oder für eine weitere Verwendung nicht relevant sind. Durch eine Harmonisierung wird die Tabelle auf ihre wesentlichen Merkmale reduziert und so die Übersicht verbessert. Am deutlichsten wird dies unserer Meinung nach bei den Bewegungsdaten des Hauptbuchs. Dieses definiert in der CDS View über 350 verschiedene Merkmale in seinen Spalten. Für unser Ziel benötigen wir allerdings nur 17 dieser Merkmale. Durch die große Menge an Merkmalen stellt SAP sicher, dass für jeden Ihrer Geschäftsfälle eine Möglichkeit zur Darstellung und Analyse zur Verfügung steht. Darüber hinaus werden den Merkmalen Datentypen zugewiesen. So benötigt ein Datum im Hauptbuch auch den richtigen Datumstyp, da es sonst zu Problemen kommen kann, wenn man in diesem Zusammenhang eine Zeit-Dimension verwenden oder das Modell auf einen bestimmten Zeitbereich filtern möchte.

Wie in Abschnitt 16.2.1, »Spaces«, bereits beschrieben, kann es sinnvoll oder sogar notwendig sein, den Zugriff auf Daten zu beschränken. Dies erfolgt über die Spaces, indem die jeweiligen Daten nur in die zugehörigen Spaces geteilt werden. Falls sensible Merkmale einer Dimension oder von Bewegungsdaten Einschränkungen für Nutzerinnen und Nutzer erfordern, lassen sich diese über Datenzugriffskontrollen einrichten. Auch hierzu verweisen wir gerne auf Kapitel 2, »SAP Datasphere als Kern der SAP Business Data Cloud«. Anschließend werden die harmonisierten Daten aus dem Administrations-Space in den Finance-Space geteilt.

Geschäftslogik

Sobald die Daten harmonisiert im Finanzbereich vorhanden sind, kann mit der Festlegung der Geschäftslogik und der Semantiken begonnen werden. Die verschiedenen Dimensionen, wie z. B. die Hauptbuchkonten oder Firmencodes, werden mit einer grafischen View vom Typ »Standard« angelegt. Hier können bei Bedarf die Elemente angepasst und zusätzliche Merkmale erstellt oder berechnet werden. Für die jeweiligen Merkmale lassen sich auch verschiedene Semantiktypen einstellen. Um beim Beispiel des Datums zu bleiben, können die Semantiktypen »Gültig Bis« und »Gültig Von« gesetzt werden, damit bei Veränderungen der Daten die Zeiträume korrekt zugewiesen werden. Abschließend werden alle nötigen Assoziationen zu anderen Dimensionen anhand gemeinsamer, eindeutiger Merkmale vorgenommen. In unserem Fall sind die Assoziationen vorrangig Hierarchien und Texte. Für alle Texte sind wir in unserem Praxisbeispiel gleich vorgegangen:

1. In einer grafischen View wird zunächst eine Dimension vom Typ **Text** hinterlegt.
2. Als Nächstes werden für die einzelnen Merkmale Semantiktypen, z. B. **Text** für die Beschreibung und **Sprache** für den Sprachschlüssel, hinterlegt.

Der Text wird für den Schlüssel als Assoziation gesetzt (z. B. **Hauptbuchkonto**), sodass eine eindeutige Zuordnung erzeugt wird. Hierarchien können dagegen auch aus mehreren Tabellen in einzelnen Dimensionen bestehen (siehe Abbildung 16.3).

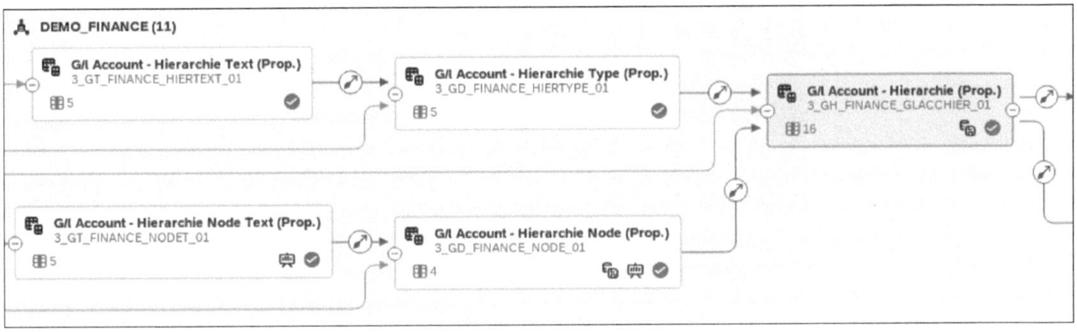

Abbildung 16.3: Abhängigkeiten und Herkunftsanalyse von Hierarchien

Hierarchietypen

Es existieren die folgenden *Hierarchietypen*:

- Level-basierte Hierarchie
- Parent-Child-Hierarchie
- Hierarchie mit Verzeichnis

Um unserem Modell die benötigte Tiefe zu geben, haben wir eine Hierarchie mit Verzeichnis aufgebaut. Das Verzeichnis ermöglicht es, komplexere Strukturen darzustellen und mehrere Parent-Child-Hierarchien zu kombinieren. In der dafür vorgesehenen Mehrfach-Hierarchie-Einstellung wird eine logische Struktur definiert, sodass die Knoten später zusammen mit einer Text-Dimension korrekt und verständlich angezeigt werden. In unserem Beispiel stellt **L** den obersten Knoten dar (siehe Abbildung 16.4).

Kennzahlen

Der zentrale Punkt für unser Modell sind die Bewegungsdaten des Hauptbuchs. Deshalb wird diese Datenquelle als eine View vom Typ »Fakt« erstellt. Dafür muss mindestens eine messbare Kennzahl definiert werden. Die Kennzahlen erlauben verschiedene Aggregationstypen, wie z. B. Summe, Durchschnitt oder maximaler Wert, die dann über die ausgewählten Merkmale gebildet werden. Abschließend werden die erstellten Dimensionen und Hierarchien dem Fakt als Assoziationen hinzugefügt, um den gesamten Mehrwert des Modells zu erzielen.

Analysemodell

Aus dem Fakt wird als letzter Schritt ein Analysemodell in SAP Datasphere generiert. Alle konfigurierten Kennzahlen und verknüpften Dimensionen sind vorhanden und lassen sich nun bereits in einer Vorschau anzeigen (siehe Abbildung 16.5). Hier werden die ausgewählten Dimensionen angezeigt und es kann die mehrstufige Hierarchie ausgewählt werden, wodurch sich die vorher flach dargestellten Hauptbuchkonten in verschiedene Bereiche aufteilen. Dies vermittelt Ihnen einen Eindruck vom Mehrwert des Analysemodells. Es ist nun bereit, in SAP Analytics Cloud übernommen zu werden, damit Sie eine umfassende Einsicht in Ihre Daten erhalten. Auch komplexere Kennzahlen lassen sich im Analysemodell neu bilden, was für dieses Beispiel jedoch nicht umgesetzt wurde.

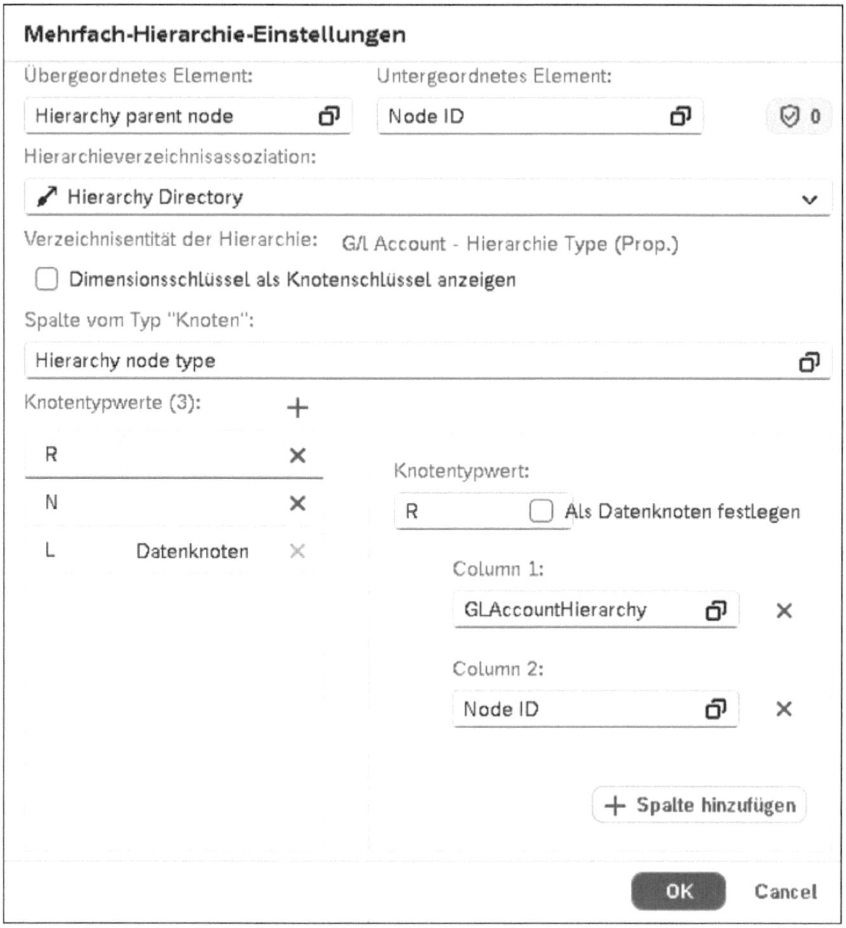

Abbildung 16.4: Hierarchie-Einstellungen in SAP Datasphere für die Definition einer logischen Struktur

G/l account	Kennzahlen	AmountInCompanyCodeCurrency Amount in company code currency €	AmountInTransactionCurrency Amount in transaction currency €	AmountInGlobalCurrency Amount in global currency $
01099	Demo-Bilanz/GuV-Struktur DE	0.00	0.00	0.00
00ASSETS	A K T I V A	15,694.64	15,694.64	19,453.50
01020000	B. Umlaufvermögen	15,694.64	15,694.64	19,453.50
01021000	I. Vorräte	13,994.48	13,994.48	17,349.02
01022000	II. Forderungen und sonstige VG	962.66	962.66	1,191.50
01024000	IV. Schecks, Kassenbestand, Bundesb...	737.50	737.50	912.98
01024100/01	Bankguthaben	737.50	737.50	912.98
00BSNOTES	Nachtrag	-2,708.00	-2,708.00	-3,352.34
03000000	Gewinn- und Verlustrechnung	-12,986.64	-12,986.64	-16,101.16
03100000	20. Jahresüberschuss/Jahresfehlbetrag	-6,568.14	-6,568.14	-8,143.20
04000000	Ergebnisverwendung	-6,418.50	-6,418.50	-7,957.96
04100000	21. Gewinnvortrag/Verlustvortrag	-6,418.50	-6,418.50	-7,957.96

Abbildung 16.5: Vorschau eines Analysemodells mit Hierarchie

Falls Ihr Modell ebenfalls mittels Remote-Tabellen erstellt wird, erhalten Sie eine Live-Verbindung zur Datenquelle, wodurch Sie aktuelle Daten direkt einsehen und analysieren können.

16.2.4 Mehrwert historischer Daten und deren Nutzung

Im vorgestellten Praxisbeispiel wurde deutlich, wie SAP-Datenplattformen den Umgang mit Finanzdaten grundlegend vereinfachen und erweitern.

Datenwertschöpfungskette

Ein zentraler Mehrwert liegt im strukturierten und integrierten Umgang mit historischen Daten. Während diese früher isoliert in Data Warehouses lagen und nur begrenzt nutzbar waren, ermöglicht SAP Datasphere heute eine durchgängige Nutzung entlang der gesamten Datenwertschöpfungskette – von der Integration über die Modellierung bis hin zur analytischen Anwendung.

Historische Finanzdaten können dabei nicht nur für klassische Reports genutzt werden, sondern dienen zunehmend als Grundlage für Advanced Analytics und KI-gestützte Szenarien. Ein besonders relevanter Ansatz ist die Kombination mit externen Technologien wie Databricks. Dort können Daten aus SAP Datasphere bereitgestellt werden, auf deren Basis ML-Modelle zur Prognose oder Mustererkennung trainiert werden können. In Kapitel 4, »SAP Databricks: Datenaustausch und KI«, haben wir SAP Databricks mit seinen Merkmalen explizit beschrieben. Die Ergebnisse, wie Forecasts und Anomalien, können in SAP Datasphere zurückgespielt werden. Diese Rückintegration ermöglicht es, die generierten Insights direkt in bestehende Finance-Modelle und Planungsprozesse einzubetten.

Somit zeigt unser Praxisbeispiel, wie sich eine moderne Datenplattform von einer reinen Reporting-Lösung hin zu einer integrierten, intelligenten Entscheidungsplattform entwickelt. Damit wird deutlich, dass historische Daten nicht mehr nur der Analyse der Vergangenheit dienen, sondern aktiv zur Gestaltung zukünftiger Geschäftsentscheidungen beitragen.

Sizing

Wir stehen mit einer Vielzahl von Kunden im Austausch, um sie auf dem Weg in Richtung der SAP BDC zu unterstützen. Grundsätzlich ist es für alle Kunden im Bereich des Sizings interessant, zu wissen, wie viele Capacity Units voraussichtlich für SAP Datasphere benötigt werden, um eine Kostensimulation zu ermöglichen. In diesem Kontext möchten wir erneut auf den Object Store verweisen, den wir auch als kostengünstige Speicheroption für (Archiv-)Daten betrachten. Aus diesem Grund empfehlen wir grundsätzlich ein Vorprojekt, was insbesondere für SAP-BW-Kunden, die einen Lift-Ansatz anstreben, signifikant ist. Dieses Vorprojekt sollte in zwei Phasen verlaufen:

1. SAP BW Housekeeping
2. Archivierung

In jedem BW-System finden sich Altlasten in Form von unnötiger Datenredundanz, nicht gelöschten Datenmodellen, viel technischem Content, unbenutzten Abfragen und Datenmodellen sowie alten Daten, die schon lange nicht mehr abgefragt wurden. Wir empfehlen daher, das SAP-BW-System anhand eines Housekeeping-Leitfadens genau zu untersuchen, um es gezielt von diesen Altlasten zu befreien und im Einzelfall auch gezielt Strukturen zurückzubauen. Aus IT-Sicht ist dies eine recht einfache Aufgabe, die lediglich Durchführungsdisziplin erfordert. Schwieriger wird es, wenn man im Unternehmen fragt, ob alte Daten wirklich noch benötigt werden. Je nach Unternehmen empfehlen wir unterschiedliche Ansätze, um hier beim Housekeeping erfolgreich zu sein. Aus Erfahrung können wir sagen, dass jede Housekeeping-Maßnahme ihren Effekt auf das Sizing hatte und damit lohnend gewesen ist.

Anschließend betrachten wir gemeinsam mit unseren Kunden gezielt die Datenmodelle, die zu archivierende Daten beinhalten, und empfehlen, beim Aufbau einer SAP BDC den Object Store direkt für Altdaten zu nutzen. D. h., wir erzeugen aus alten Daten gezielt Datenprodukte, legen diese im Object Store ab und machen sie durch ein einfaches Modell über SAP Analytics Cloud auch für den Fachbereich zugänglich. Das entlastet das SAP BW direkt und kurzfristig. Nach dem Lift und einem in der Regel überschaubaren Shift-Aufwand können Anwenderinnen und Anwender wieder auf aktuelle und historische Daten zugreifen.

16.3 Zusammenfassung

Vor der Einführung der SAP BDC war der Umgang mit historischen Datenmengen im SAP-Ökosystem vor allem durch SAP BW und später SAP BW/4HANA geprägt. Mit der SAP BDC ändert sich diese Logik nicht vollständig, aber sie wird erweitert. Historische Daten sollen heute nicht nur aufbewahrt und ausgewertet, sondern als kuratierte, wiederverwendbare und KI-fähige Datenbasis in einem integrierten Ökosystem genutzt werden. Während aus der Vergangenheit Architekturen, Prinzipien und Bestände übernommen werden, liegt die Zukunft darin, genau diese historischen Daten für semantische Datenprodukte, intelligente Anwendungen und moderne Business-AI-Szenarien nutzbar zu machen.

Kapitel 17
Status quo: Kundeneigene Datenprodukte

Datenprodukte gewinnen in Unternehmen rasant an Bedeutung. Sie machen eigene fachliche Sichten und Logiken als stabile, versionierbare Produkte verfügbar – harmonisiert mit von SAP verwalteten Datenprodukten und konsequent im Sinne des Clean Core.

Kundeneigene Datenprodukte bieten Unternehmen die Möglichkeit, ihre Geschäftsdaten mit von SAP verwalteten Datenprodukten zu harmonisieren und gleichzeitig ihren Clean Core beizubehalten.

Dieses Kapitel widmet sich der Konzeption, Entwicklung und Nutzung kundeneigener Datenprodukte innerhalb der SAP BDC. In Abschnitt 17.1 wird erläutert, was unter kundeneigenen Datenprodukten zu verstehen ist, wie sie architektonisch aufgebaut sind und welche Rolle sie im Kontext von Clean Core, Layer-Architektur, Rollenmodellen und Governance spielen. Abschnitt 17.2 zeigt anhand eines konkreten Anwendungsfalls, wie kundeneigene Datenprodukte mit externen Datenplattformen wie Databricks, Snowflake oder Google BigQuery geteilt und dort weiterverarbeitet werden können. Abschnitt 17.3 fasst schließlich zusammen, welche strategische Bedeutung kundeneigene Datenprodukte für eine konsolidierte Datenbasis, hybride Systemlandschaften und eine datengetriebene Unternehmenssteuerung haben und welche Governance-Aspekte, Betriebsmodelle und Handlungsempfehlungen sich daraus für die Praxis ableiten lassen.

17.1 Was sind kundeneigene Datenprodukte?

Clean Core

Mit der SAP BDC und der Integration von SAP Databricks entsteht eine leistungsfähige Plattform, die es ermöglicht, Datenprodukte flexibel, skalierbar und technologieoffen zu entwickeln. In Kapitel 5, »Datenprodukte und Object Store«, haben wir Ihnen Datenprodukte und die verschiedenen Arten von Datenprodukten bereits vorgestellt. SAP verfolgt mit *Clean Core* die Strategie, Kernsysteme möglichst unverändert zu lassen, um langfristige Wartbarkeit und Innovationsfähigkeit sicherzustellen. Kundeneigene Datenprodukte bieten hier einen entscheidenden Vorteil: Sie erweitern bestehende Systeme, ohne diese direkt zu verändern. Damit schlagen sie eine Brücke zwischen stabilen Systemkernen und dynamischen, datengetriebenen Innovationen.

Kundeneigene Datenprodukte unterscheiden sich von klassischen Datenmodellen und Reports dadurch, dass sie konsequent aus der Perspektive des Nutzers gedacht sind. Sie adressieren konkrete fachliche Fragestellungen und stellen Daten in einer Form bereit, die unmittelbar nutzbar ist. Dabei spielen neben den eigentlichen Daten insbesondere Metadaten, Qualitätsmerkmale und Zugriffsmöglichkeiten eine entscheidende Rolle.

Delta Share

Mit SAP Datasphere und Delta Share können die direkt aus dem Unternehmen stammenden Daten zentral im Katalog aufgefunden und ihre Herkunft sowie ihre Entwicklung – von den Rohdaten bis hin zum Analytic Model – nachvollziehbar gemacht werden. SAP Datasphere bietet mit File Spaces die Möglichkeit, Staging, Replikationen und die Transformation auch größerer Datenmengen mit HANA Data Lake Files kosteneffizient umzusetzen.

Layer-Architektur

Als Architektur hat sich die *Layer-Architektur* bewährt. In diesem Fall werden zunächst die Rohdaten über Replikations Flows erfasst. Anschließend werden Transformationen, Anreicherungen usw. umgesetzt und danach die geschäftsbereiten Datensätze erstellt und ggf. mit Assoziationen angereichert, sodass ein für Analytics verwendbares Modell vorhanden ist. In Abschnitt 17.1.1, »Architektur und Aufbau von kundeneigenen Datenprodukten«, gehen wir näher auf dieses Layer-Konzept ein.

Rollen

Ein wesentliches Merkmal von kundeneigenen Datenprodukten ist die klare Zuordnung von Verantwortlichkeiten. Für jedes Datenprodukt gibt es definierte *Rollen*, wie **Data Owner** und **Data Steward**, die für Qualität, Aktualität und Nutzung verantwortlich sind. Gleichzeitig sind Datenprodukte so gestaltet, dass sie innerhalb einer Organisation wiederverwendet werden können. Dies reduziert Redundanzen und schafft eine einheitliche Datenbasis.

Technisch bestehen Datenprodukte typischerweise aus mehreren Komponenten, darunter Rohdaten aus verschiedenen Quellen, transformierte und angereicherte Daten sowie definierte Schnittstellen für den Zugriff. Ziel ist es, eine abstrahierte Sicht auf Daten zu schaffen, die es den Fachbereichen ermöglicht, ohne tiefgehende technische Kenntnisse mit den Daten zu arbeiten.

17.1.1 Architektur und Aufbau von kundeneigenen Datenprodukten

Die Architektur von Datenprodukten innerhalb der SAP BDC folgt in der Regel einem mehrschichtigen Layer-Ansatz. Dabei werden Daten aus verschiedenen Quellen aufgenommen, verarbeitet, gespeichert und schließlich für unterschiedliche Anwendungsfälle bereitgestellt.

Datenintegrationsschicht

Die *Datenintegrationsschicht* ermöglicht die Anbindung von SAP-Systemen wie SAP S/4HANA oder SAP BW ebenso wie von externen Systemen. Dies erfolgt über standardisierte Schnittstellen und Datenintegrationsmechanismen. In der *Harmonisierungsschicht* werden die Daten transformiert und angereichert. Hier kommen je nach Anwendungsfall und Architekturentscheidung unterschiedliche Technologien zum Einsatz. SAP Databricks kann bspw. für komplexe Datenverarbeitung und ML-Anwendungen genutzt werden, während andere Plattformkomponenten für klassische Datenmodellierung oder Reporting eingesetzt werden.

Speicherung

Die Datenspeicherung kann in jeder Schicht erfolgen. Meist werden die Daten jedoch in der Datenintegrationsschicht persistiert. Bei großen Datenmodellen können Zwischenergebnisse aus Performancegründen in höheren Schichten gespeichert werden. Dabei spielen Aspekte wie Historisierung, Versionierung und Datenqualität eine zentrale Rolle. In der *Bereitstellungsschicht* werden die Datenprodukte schließlich über definierte Schnittstellen zugänglich gemacht, etwa für Business Intelligence, Anwendungen oder APIs.

Vorteil von kundeneigenen Datenprodukten

Ein wesentlicher Vorteil kundeneigener Datenprodukte liegt in ihrer Fähigkeit, bestehende Systeme zu erweitern, ohne diese direkt zu verändern. Der Clean-Core-Ansatz von SAP sieht vor, dass individuelle Anpassungen möglichst außerhalb des Kernsystems erfolgen. Datenprodukte erfüllen diese Anforderung, indem sie auf Daten zugreifen, ohne die zugrunde liegenden Prozesse oder Strukturen zu modifizieren.

Dies ermöglicht eine klare Trennung zwischen stabilen, standardisierten Kernsystemen und flexiblen, innovationsgetriebenen Erweiterungen. Unternehmen können so neue Anwendungsfälle, Analysen oder datengetriebene Services entwickeln, ohne die Integrität ihrer ERP-Systeme zu gefährden. Gleichzeitig wird die Wartbarkeit verbessert, da Updates und Weiterentwicklungen des SAP-Kerns nicht durch individuelle Anpassungen beeinträchtigt werden.

Rolle des Data Product Studios

Das *Data Product Studio* ist eine zentrale Umgebung für die Entwicklung und Verwaltung von Datenprodukten. Es unterstützt die Modellierung von Daten, die Definition von Metadaten sowie die Verwaltung von Versionen und Abhängigkeiten, indem es auf Katalogisierung und semantische Verknüpfungen setzt. Darüber hinaus ermöglicht es die Einbindung von Governance-Prozessen und erleichtert die Zusammenarbeit zwischen verschiedenen Akteuren.

Ein wesentlicher Vorteil liegt hierbei in der Standardisierung des Entwicklungsprozesses. Durch die Nutzung einer zentralen Plattform können Datenprodukte konsistent aufgebaut und dokumentiert werden. Dies erhöht die Transparenz und erleichtert die Wiederverwendung. Gleichzeitig unterstützt das Data Product Studio die Nachvollziehbarkeit von Änderungen und trägt zur Einhaltung von Governance-Anforderungen bei.

17.1.2 Drittanbieter- vs. kundeneigene Datenprodukte

Drittanbieterdatenprodukte

Die Entscheidung zwischen der Nutzung von Drittanbieter- oder eigens entwickelten kundeneigenen Datenprodukten ist ein zentraler Bestandteil der strategischen Ausrichtung im Bereich Datenprodukte. Drittanbieterdatenprodukte bieten häufig standardisierte Funktionen, die schnell implementiert werden können. Sie eignen sich insbesondere für generische Anwendungsfälle oder als Grundlage für weitere Entwicklungen.

Eigenentwicklungen

Eigenentwicklungen hingegen ermöglichen eine vollständige Anpassung an spezifische Anforderungen. Sie sind insbesondere dann sinnvoll, wenn Datenprodukte einen direkten Einfluss auf die Wettbewerbsfähigkeit eines Unternehmens haben. Allerdings erfordern sie entsprechende Ressourcen und Kompetenzen.

Hybrider Ansatz

In der Praxis erweist sich häufig ein hybrider Ansatz als sinnvoll. Dabei werden bestehende Lösungen durch individuelle Erweiterungen ergänzt. Wir haben häufig die Erfahrung gemacht, dass sowohl standardisierte als auch maßgeschneiderte Lösungen zum Einsatz kommen. Sie unterstützen Unternehmen dabei, die richtige Balance zwischen Standardisierung und Individualisierung zu finden.

Nutzung

Der Erfolg eines Datenprodukts hängt maßgeblich von seiner Nutzung ab. Fachbereiche profitieren insbesondere von einer vereinfachten Zugänglichkeit der Daten und einer höheren Eigenständigkeit in der Analyse. Datenprodukte ermöglichen es, Informationen schneller und zielgerichteter bereitzustellen.

Anwendungsfälle

Typische Anwendungsfälle umfassen Reporting, Advanced Analytics sowie den Einsatz von ML. Darüber hinaus können Datenprodukte als Grundlage für neue Geschäftsmodelle dienen. Voraussetzung hierfür ist jedoch, dass sie verständlich dokumentiert, leicht zugänglich und stabil verfügbar sind.

17.1.3 Kundeneigene Datenprodukte entwickeln und freigeben

Der Aufbau kundeneigener Datenprodukte folgt keinem rein technischen Schema, sondern ist das Ergebnis eines strukturierten Zusammenspiels aus fachlicher Zieldefinition, datengetriebener Architektur, organisatorischer Verankerung und kontinuierlicher Weiterentwicklung. Entscheidend ist dabei, dass Datenprodukte nicht als einmalige Implementierung, sondern als eigenständige, anpassbare und weiterentwickelbare Artefakte innerhalb einer Datenlandschaft verstanden werden.

Präzise Zielsetzung

Am Anfang steht stets die präzise fachliche Zielsetzung. Anders als bei klassischen Datenprojekten, bei denen zunächst die bestehenden Datenbestände analysiert werden, beginnt die Entwicklung eines Datenproduktes mit der Frage nach dem konkreten Nutzen. Dieser Nutzen kann sich auf operative Entscheidungen, strategische Steuerung oder neue datenbasierte Services beziehen. Wichtig ist, dass der Anwendungsfall klar abgegrenzt ist und eine definierte Zielgruppe existiert. Daraus ergeben sich die notwendige Granularität der Daten sowie die Anforderungen an Aktualität, Qualität und Verfügbarkeit.

Use-Case-zentriertes Datenmodell

Auf Basis dieser fachlichen Zielsetzung wird ein konzeptionelles Datenmodell entwickelt, das sich nicht an bestehenden Systemstrukturen, sondern an der fachlichen Logik orientiert. Dabei werden Entitäten, Beziehungen und Kennzahlen so definiert, dass sie den Use Case optimal unterstützen. In dieser Phase ist es entscheidend, eine klare Trennung zwischen fachlicher Sicht und technischer Umsetzung beizubehalten. So erhält das Datenprodukt eine semantische Ebene, die unabhängig von den zugrunde liegenden Quellsystemen funktioniert.

Im nächsten Schritt werden die relevanten Datenquellen identifiziert und angebunden. Dabei ist zu berücksichtigen, dass Datenprodukte in der Regel Informationen aus mehreren Systemen kombinieren. Neben klassischen SAP-Quellen können dies auch externe Datenbanken, APIs und sogar unstrukturierte Daten sein. Die Herausforderung besteht darin, diese heterogenen Datenquellen so zu integrieren, dass eine konsistente und belastbare Datenbasis entsteht. Dabei spielen Themen wie Datenharmonisierung, Schlüsseldefinitionen und Zeitbezüge eine zentrale Rolle.

Verarbeitungsschicht definieren

Darauf aufbauend wird die Verarbeitungsschicht definiert, in der die eigentliche Transformation der Daten erfolgt. Diese Transformation geht über eine einfache Aggregation hinaus und umfasst die Bereinigung der Daten, die Ableitung neuer Kennzahlen sowie die Zusammenführung unterschiedlicher Datenkontexte. Wichtig ist hierbei, dass diese Logik transparent und nachvollziehbar bleibt, da sie die Grundlage für die spätere Nutzung bildet. Gleichzeitig sollte sie so gestaltet sein, dass Anpassungen und Erweiterungen möglich sind, ohne dass ganze Datenprodukte neu entwickelt werden müssen.

Schnittstellen definieren

Ein weiterer zentraler Aspekt beim Aufbau von Datenprodukten ist die Definition von Schnittstellen. Datenprodukte müssen so bereitgestellt werden, dass sie von unterschiedlichen Konsumentinnen und Konsumenten genutzt werden können. Dabei kann es sich um analytische Werkzeuge, Anwendungen oder auch Datenprodukte handeln. Die Schnittstellen sollten daher standardisiert, stabil und gut dokumentiert sein. Dabei ist es sinnvoll, sowohl technische als auch fachliche Zugriffsmöglichkeiten zu berücksichtigen, um unterschiedlichen Nutzergruppen gerecht zu werden.

Organisatorische Einbettung

Parallel zur technischen Umsetzung muss die organisatorische Einbettung des Datenproduktes erfolgen. Ein Datenprodukt benötigt klare Verantwortlichkeiten, die über die reine Entwicklung hinausgehen. Dazu gehören insbesondere die Sicherstellung der Datenqualität, die Pflege von Metadaten und die Kommunikation mit den Nutzerinnen und Nutzern. Ohne diese organisatorische Verankerung besteht die Gefahr, dass Datenprodukte zwar technisch funktionieren, aber nicht nachhaltig genutzt werden.

Qualitätskriterien definieren

Ein oft unterschätzter, aber entscheidender Bestandteil des Aufbaus ist die Definition von Qualitätskriterien. Diese betreffen die Vollständigkeit und Korrektheit der Daten ebenso wie deren Aktualität und Konsistenz. Es ist notwendig, Mechanismen zu etablieren, die die Qualität kontinuierlich überwachen und Abweichungen frühzeitig erkennen. Dabei kann es sich sowohl um automatisierte Prüfungen als auch um fachliche Validierungen durch die verantwortlichen Rollen handeln.

Bereitstellung

Im weiteren Verlauf wird das Datenprodukt in den operativen Betrieb überführt. Dieser umfasst nicht nur die technische Bereitstellung, sondern auch Monitoring, Wartung und Support. Vorab sollten der Umgang mit Fehlern besprochen sowie die Performance und die Skalierung beachtet werden.

Weiterentwicklung

Letztendlich liegt ein entscheidender Erfolgsfaktor in der kontinuierlichen Weiterentwicklung des Datenproduktes. Datenprodukte sind kein statisches Gebilde, sondern müssen sich an veränderte Anforderungen anpassen. Dies erfordert eine enge Zusammenarbeit zwischen Fachbereichen und der IT. Das Feedback der Nutzerinnen und Nutzer spielt ebenfalls eine zentrale Rolle.

Zusammenfassend lässt sich festhalten, dass die Entwicklung kundeneigener Datenprodukte ein ganzheitlicher Prozess ist, der weit über reine Datenverarbeitung hinausgeht. Er umfasst fachliche Konzeption, technische Umsetzung, organisatorische Verankerung und kontinuierliche Weiterentwicklung.

Datenprodukt freigeben

Sobald das Datenprodukt erstellt wurde, kann es für weitere Zielsysteme freigegeben werden. Ein mögliches Zielsystem ist SAP Databricks.

Im SAP BDC Cockpit kann das Datenprodukt über den Menüpunkt **Catalog & Marketplace** aufgefunden und freigegeben werden. Bei der Freigabe des Datenproduktes müssen Sie einen Share-Namen sowie den Ziel-Workspace festlegen (siehe Abbildung 17.1). Die Freigabe selbst erfolgt schnell und unkompliziert.

Nach der Freigabe erscheint das Datenprodukt im Databricks Catalog. Das Teilen der Daten beruht auf dem in Kapitel 4, »SAP Databricks: Datenaustausch und KI«, vorgestellten Prinzip des Delta Sharings. Bei diesem Vorgang kann eine gewisse Latenz auftreten. Dies ist darauf zurückzuführen, dass die Daten aus der Replikation im Datenprodukt per Delta Share geladen werden. In Databricks können Abfragen erstellt, Daten geprüft und Analytics- oder ML-Anwendungen auf Basis des Datenprodukts aufgebaut werden. Außerdem ist es möglich, Dashboards zu erstellen und das Datenprodukt mit anderen Datenquellen zu vereinen. Insbesondere Planungs- und Forecasting-Szenarien sind in der Praxis oftmals nicht generalisierbar, daher bieten kundeneigene Datenprodukte hier die Möglichkeit, individuelle Anpassungen und Erweiterungen hinzuzufügen.

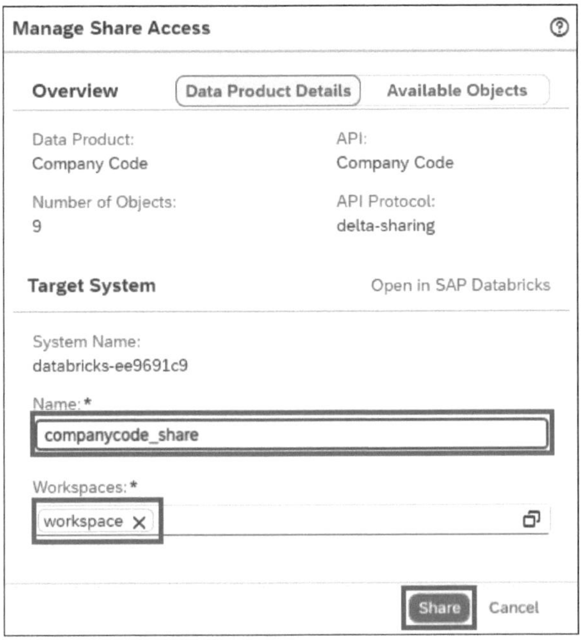

Abbildung 17.1: Datenprodukt mit SAP Databricks teilen

Nachdem wir uns in diesem Abschnitt ausführlich mit kundeneigenen Datenprodukten auseinandergesetzt haben, betrachten wir im folgenden Abschnitt einen Anwendungsfall, bei dem ein Datenprodukt mit einer externen Datenplattform geteilt wird.

17.2 Anwendungsfall: Datenprodukte mit externen Datenplattformen teilen

Die SAP BDC ermöglicht es, kundeneigene Datenprodukte mit Datenplattformen außerhalb des SAP-Ökosystems zu teilen. Damit prägt sie maßgeblich, wie kundeneigene Datenprodukte heute bereitgestellt, konsumiert und über Systemgrenzen hinweg genutzt werden können. In diesem Abschnitt zeigen wir einen entsprechenden Anwendungsfall und gehen dabei darauf ein, welche Möglichkeiten es gibt, Daten mit externen Datenplattformen zu teilen.

Neben Databricks und Snowflake können Daten auch mit Google Cloud bidirektional geteilt werden. Die *Google Cloud Platform* (GCP) bietet ein umfassendes Ökosystem aus Diensten, in dem Google BigQuery als zentraler Baustein fungiert. Als hochskalierbare, serverlose Data-Warehouse-Lösung bildet Google BigQuery oft das datentechnische Herzstück für Analysen und KI-Anwendungen in der Google-Welt. Bisher wurde Google BigQuery vor allem als Datenquelle im Marketing-Bereich genutzt. Im folgenden Anwendungsfall wandelt sich dies jedoch, indem BigQuery nicht mehr nur als Marketing-Datenquelle dient, sondern als zentraler, unternehmensweiter Analyse- und Integrationshub für verschiedenste Fachbereiche – von Finance über Operations bis hin zu produktionsnahen KI-Anwendungen – eingesetzt wird.

Ausgangssitation des Anwendungsfalls

Stellen Sie sich folgendes Szenario vor: Ein Unternehmen erhält von einem Lieferanten ein neues Angebot in Form eines PDF-Dokuments. Die zentrale Frage lautet: Sind die angebotenen Preise wettbewerbsfähig oder besteht Verhandlungsspielraum?

Anwendungsfall

Anstatt die Daten manuell zu vergleichen, nutzt der zuständige Mitarbeiter Gemini Enterprise. Gemini Enterprise ist dabei weit mehr als nur ein LLM. Es fungiert als intelligente Analyse- und Integrationsplattform. Der Prozess sieht wie folgt aus:

1. Der Mitarbeiter lädt das unstrukturierte PDF-Angebot direkt in Gemini Enterprise hoch.
2. Zusätzlich bindet er eine zweite, entscheidende Datenquelle an: ein kundeneigenes Datenprodukt aus der SAP BDC, das die historischen Einkaufspreise für genau diese Artikel enthält.
3. Die Anbindung erfolgt zur Laufzeit über die moderne Zero-Copy-Methode via Delta Share.

Im Ergebnis analysiert Gemini Enterprise den Inhalt des Angebots, vergleicht die neuen Preise live mit den historischen Daten aus der SAP BDC und liefert dem Mitarbeiter eine fundierte Bewertung. So kann auf Basis valider Geschäftsdaten entschieden werden, ob die Preise akzeptabel sind oder eine Nachverhandlung eingeleitet werden sollte.

Die SAP BDC mit Google Cloud verbinden

Im Folgenden zeigen wir Ihnen, wie einfach sich die Verbindung zwischen der SAP BDC und Google Cloud einrichten lässt.

Für den Datenaustausch zwischen der SAP BDC und der Google Cloud Platform stehen verschiedene Methoden zur Verfügung. Bevor wir auf die von SAP und Google präferierte Methode eingehen, werfen wir einen kurzen Blick auf die möglichen Ansätze, die momentan in der Praxis eingesetzt werden:

- **SAP Landscape Transformation**
  Diese traditionelle Methode wird heute nicht mehr empfohlen. Aufgrund ihrer Komplexität und der Verfügbarkeit modernerer, effizienterer Alternativen ist sie für die agile Anbindung an Cloud-Plattformen wie die SAP BDC nicht mehr zeitgemäß.
- **Replication Flows in der SAP Datasphere**
  Eine weitere Möglichkeit besteht darin, Daten über Replication Flows aus der SAP Datasphere nach Google BigQuery zu übertragen. Dieser Ansatz hat jedoch zwei wesentliche Nachteile: Zum einen werden die Daten in BigQuery

physisch repliziert und persistiert, was dem Prinzip der Live-Anbindung widerspricht. Zum anderen können für den Datentransfer nach außen erhebliche Kosten anfallen.

- **Zero Copy Data Share via Delta Share (empfohlene Methode)**
  Aus den genannten Gründen empfehlen sowohl SAP als auch Google die Verwendung von Zero Copy Data Share in Verbindung mit dem Delta-Share-Protokoll. Dieser moderne Ansatz ist nicht nur lizenzrechtlich unkompliziert, sondern vermeidet auch die Nachteile der anderen Methoden. Die Daten werden nicht physisch kopiert, sondern bleiben in ihrem Quellsystem und werden zur Laufzeit live und sicher abgerufen.

17.3 Zusammenfassung

Kundeneigene Datenprodukte sind ein zentraler Bestandteil moderner Datenarchitekturen innerhalb der SAP BDC. Sie ermöglichen es, Daten gezielt nutzbar zu machen und gleichzeitig die Integrität bestehender Systeme zu bewahren. In ihrer Funktion als Erweiterungsschicht unterstützen sie den Clean-Core-Ansatz und schaffen gleichzeitig Raum für Innovationen. Insbesondere, wenn mehrere fachlich zusammenhängende Teams zusammenarbeiten, ist es oft sinnvoller, wenn sie ein gemeinsames Datenprodukt nutzen, anstatt für jede Tabelle ein eigenes Datenprodukt zu erstellen.

Unternehmen sollten eine klare Strategie für den Aufbau und die Nutzung von Datenprodukten entwickeln. Dabei ist insbesondere auf eine ausgewogene Kombination aus Standardlösungen und individueller Entwicklung zu achten. Gleichzeitig sind Governance-Strukturen entscheidend, um Qualität und Sicherheit langfristig zu gewährleisten. Langfristig tragen Datenprodukte dazu bei, Unternehmen datengetrieben auszurichten und ihre Wettbewerbsfähigkeit nachhaltig zu stärken.

Kapitel 18
Die SAP Business Data Cloud als einheitliche Datenquelle für Business AI

Die zunehmende Bedeutung von KI in Unternehmen führt zu einem grundlegenden Wandel im Umgang mit Daten. In diesem Kontext gewinnt der Begriff Business AI zunehmend an Bedeutung. Gemeinsam mit der SAP BDC entsteht ein neues Zielbild.

Während klassische Analytics vor allem darauf ausgerichtet war, vergangenheitsbezogene Fragestellungen zu beantworten, liegt der Fokus heute auf der Fähigkeit, datengetriebene Entscheidungen in Echtzeit zu unterstützen, Prognosen zu erstellen und Prozesse intelligent zu automatisieren. Die SAP BDC dient dabei als einheitliche Datenbasis für SAP Business AI und ist somit die geeignete Plattform, um Daten zu harmonisieren, aufzubereiten und mit Kontext so bereitzustellen, dass die KI die Daten direkt nutzen und Mehrwerte generieren kann.

In Abschnitt 18.1 befassen wir uns mit der Frage, was Business AI ist und welche Rolle die Daten dabei spielen. In Abschnitt 18.2, »Die SAP BDC als einheitliche Datenbasis für Business AI«, sehen wir uns an, welche Funktion die SAP BDC für Business AI erfüllt, und gehen dabei auch auf SAP Databricks ein. Anschließend diskutieren wir in Abschnitt 18.3, »SAP Business AI Portfolio«, welche Vorteile die Architektur der SAP BDC für eine einheitliche Datenquelle bietet, und zeigen in Abschnitt 18.4, »Finance-Praxisbeispiel«, wie sich dies konkret im Finance-Umfeld umsetzen lässt. Hierzu nehmen wir erneut Bezug auf unser Finance-Praxisbeispiel, das wir Ihnen bereits in Kapitel 16, »Status quo: Historische Datenmengen«, vorgestellt haben.

18.1 Was ist Business AI?

Verknüpfung mit Kenrprozessen

Business AI beschreibt den gezielten Einsatz von KI innerhalb konkreter betrieblicher Anwendungsfelder. Im Unterschied zu klassischen Data-Science-Ansätzen, die häufig experimentellen Charakter haben und losgelöst von operativen

Prozessen entwickelt werden, ist Business AI eng mit den Kernprozessen eines Unternehmens verknüpft.

Beitrag zur Wertschöpfung

Der Fokus liegt nicht auf der Technologie selbst, sondern auf ihrem Beitrag zur Wertschöpfung. Business AI zeichnet sich dadurch aus, dass KI-Modelle direkt in Geschäftsprozesse eingebettet sind und auf strukturierten sowie fachlich interpretierten Unternehmensdaten basieren. Ergebnisse müssen für Fachanwender nachvollziehbar sein und in Entscheidungen überführt werden können. Typische Anwendungsfälle reichen von Umsatz- und Nachfrageprognosen über die Erkennung von Auffälligkeiten in Finanztransaktionen bis hin zur Optimierung von Beschaffungs- und Preisstrategien. Entscheidend ist, dass diese Anwendungen nicht isoliert existieren, sondern in bestehende Prozesse integriert sind und dort einen konkreten Nutzen stiften.

Die zentrale Rolle der Daten

Die Qualität und Struktur der zugrunde liegenden Daten sind der entscheidende Erfolgsfaktor für Business AI. KI-Modelle können nur so gut sein, wie die Daten, auf denen sie basieren. In vielen Unternehmen stellt genau dies eine zentrale Herausforderung dar. Daten sind häufig über verschiedene Systeme verteilt, werden unterschiedlich interpretiert oder sind nicht ausreichend dokumentiert. Das führt zu Inkonsistenzen, mangelndem Vertrauen in die Daten und letztlich zu eingeschränkten Nutzungsmöglichkeiten für KI.

Konsistenz

Für den erfolgreichen Einsatz von Business AI müssen Daten konsistent, vollständig und über längere Zeiträume hinweg verfügbar sein. Darüber hinaus ist es notwendig, dass ihre Herkunft und Verarbeitung nachvollziehbar bleiben. Nur so können Ergebnisse interpretiert und Entscheidungen auf einer verlässlichen Grundlage getroffen werden. Diese Anforderungen lassen sich mit klassischen, fragmentierten Datenlandschaften nur schwer erfüllen.

Entwicklung der KI zur Business AI

KI hat sich von einer futuristischen Idee zu einer grundlegenden Kraft für die moderne Unternehmenstransformation entwickelt. Ursprünglich nur in Forschungslaboren und Science-Fiction präsent, ist KI heute ein integraler Bestandteil von Geschäftsentscheidungen, operativen Prozessen und der Verbesserung von Kundenerlebnissen. Die Entwicklung von KI – von frühen regelbasierten Systemen über datengetriebene Modelle bis hin zu generativer und agentischer Intelligenz – ermöglicht es Unternehmen, reale Probleme zu lösen und die Zukunft von Arbeit und Innovation neu zu gestalten. KI-Systeme sind in der Lage, menschliche Intelligenz zu imitieren, sich kontinuierlich zu verbessern und Automatisierung sowie datenbasierte Entscheidungsfindung zu fördern. SAP Business AI integriert diese Fähigkeiten direkt in alltägliche Geschäftsprozesse und macht sie für Unternehmen greifbar und praxisnah. Insbesondere die *generative KI* mit großen Sprachmodellen (LLMs) hat den Markt revolutioniert, indem sie intuitive und personalisierte Nutzerinteraktionen ermöglicht und gleichzeitig enorme wirtschaftliche Werte schafft – mit einem geschätzten Beitrag von bis zu 4,4 Billionen US-Dollar für die globale Wirtschaft innerhalb der kommenden Jahre.

Anwendungen

KI wird bereits in vielen Bereichen wie Kundenservice, Finanzen, Lieferkettenmanagement und Personalwesen erfolgreich eingesetzt und optimiert Prozesse, steigert die Effizienz und erleichtert Entscheidungen. SAP hat mittlerweile über 240 KI-Anwendungsfälle bereitgestellt, um Unternehmen in diesen und weiteren Bereichen zu unterstützen. Ein tiefes Verständnis der Entwicklung von KI hilft Unternehmen dabei, Technologie gezielt einzusetzen, Innovationspotenziale zu erkennen und strategische Vorteile zu sichern. Dabei wird deutlich, dass KI die Art und Weise, wie Unternehmen arbeiten und Mehrwert schaffen, grundlegend verändert und neue Möglichkeiten eröffnet.

Konsistentes Feature Engineering

Ein oft unterschätzter Aspekt im Kontext von Business AI ist das *Feature Engineering*. In klassischen Data-Science-Umgebungen werden Features häufig individuell und projektspezifisch entwickelt. Im SAP-Kontext ergibt sich jedoch die besondere Herausforderung, dass Features auf fachlich konsistenten Kennzahlen basieren müssen.

18.2 Die SAP BDC als einheitliche Datenbasis für Business AI

Single Source of Truth

Die SAP BDC adressiert die Herausforderung, Daten im richtigen Kontext bereitzustellen, indem sie eine Plattform zur Verfügung stellt, die Daten aus unterschiedlichen Quellen integriert und in einer konsistenten Struktur einheitlich und allgemein verständlich verfügbar macht. Ziel ist es, eine einheitliche Datenbasis zu schaffen, die als Single Source of Truth für das gesamte Unternehmen dient.

Innerhalb der SAP BDC werden Daten aus verschiedenen SAP-Systemen – darunter SAP S/4HANA – sowie aus Nicht-SAP-Systemen und externen Quellen zusammengeführt. Entscheidend ist dabei nicht nur die technische Integration, sondern auch die fachliche Harmonisierung der Daten. Mithilfe semantischer Modellierung werden Kennzahlen eindeutig definiert und Beziehungen zwischen Daten verständlich abgebildet. So entsteht eine gemeinsame Grundlage für unterschiedliche Anwendungsbereiche.

Ein weiterer wichtiger Aspekt ist die Bereitstellung von Daten in Form von Datenprodukten oder Data Packages. Diese stellen Daten nicht nur technisch, sondern auch fachlich strukturiert und dokumentiert zur Verfügung. Dadurch entsteht eine wiederverwendbare Datenbasis, die sowohl für Analytics als auch für KI-Anwendungen genutzt werden kann. Anstatt Daten für jeden Anwendungsfall neu aufzubereiten, können mit der SAP BDC also standardisierte Datensätze genutzt werden, die bereits eine klare fachliche Bedeutung besitzen.

Im vorherigen Abschnitt haben wir uns mit der Herausforderung befasst, dass Features projektspezifisch entwickelt werden müssen. Ohne eine einheitliche semantische Grundlage besteht die Gefahr, dass unterschiedliche Modelle auf unterschiedlichen Definitionen derselben Kennzahl basieren. Die SAP BDC bietet hier mit ihren semantischen Modellen und Datenprodukten die Möglichkeit, Feature Engineering zu standardisieren.

Data Science Workflows

Trotz der technologischen Fortschritte zeigt sich, dass die vollständige Integration von Business AI in die SAP BDC noch nicht in allen Bereichen erreicht ist. Insbesondere die durchgängige Nutzung semantischer Modelle in Data Science Workflows sowie die nahtlose Integration von KI-Ergebnissen in operative Prozesse stellen weiterhin Herausforderungen dar.

Closed-Loop-Architektur

Ein zentrales Zielbild moderner Datenplattformen ist eine sogenannte *Closed-Loop-Architektur*. In einem solchen Modell werden Daten kontinuierlich erfasst, analysiert und in Modelle überführt, und die daraus gewonnenen Erkenntnisse werden direkt wieder in Geschäftsprozesse eingespeist. Entscheidungen werden dadurch nicht nur datenbasiert, sondern auch dynamisch und adaptiv getroffen. Die SAP BDC adressiert dieses Zielbild, indem sie Analytics, Planung und KI auf einer gemeinsamen Datenbasis integriert. In vielen Organisationen ist dieser geschlossene Kreislauf jedoch nicht vollständig realisiert.

Erweiterung durch SAP Databricks

Mit der Integration von SAP Databricks wird die SAP BDC um leistungsfähige Funktionen für Data Science und ML erweitert. Dadurch sind Unternehmen in der Lage, große Datenmengen zu verarbeiten, komplexe Modelle zu entwickeln und KI-Anwendungen zu skalieren.

Auch hierbei spielen Datenprodukte und Data Packages eine zentrale Rolle, da sie als strukturierte und qualitativ hochwertige Datenquelle für ML-Modelle dienen. Sie ermöglichen es, Feature Engineering und Modelltraining auf einer konsistenten Datenbasis durchzuführen. Gleichzeitig wird die Verbindung zwischen klassischen Analytics-Anwendungen und Data Science Workflows gestärkt.

Um zu verstehen, wie SAP-Anwendungen, Daten und KI in diesem Sinne miteinander verknüpft und Business AI systematisch in der Breite verankern möchte, lohnt sich ein Blick auf das strategische Architektur- und Betriebsmodell von SAP. Im Folgenden stellen wir daher SAP Flywheel vor – ein Konzept, das zeigt, wie integrierte Anwendungen, harmonisierte Daten in der SAP BDC und eingebettete KI zu einem sich selbst verstärkenden Kreislauf für kontinuierliche Transformation werden.

SAP Flywheel

Unternehmen sehen sich zahlreichen Herausforderungen gegenüber, die durch globale Unsicherheiten wie sich wandelnde Handelsdynamiken, regulatorische Veränderungen und schnelle technologische Entwicklungen geprägt sind. SAP adressiert diese Probleme mit dem strategischen *SAP Flywheel* (siehe Abbildung 18.1) – einem Modell, das Anwendungen, Daten und KI in einem sich selbst verstärkenden System integriert, um kontinuierliche Transformation und gesteigerte betriebliche Intelligenz zu ermöglichen. Das moderne Unternehmensmandat umfasst drei zentrale Aspekte:

- die Erzeugung transformativer Wirkung,
- die Beschleunigung von Prozessen sowie
- verantwortungsvolles Handeln.

Traditionelle Lösungen stoßen hier an ihre Grenzen, da sie die dafür notwendige Integration, Intelligenz und Governance auf Unternehmensebene nicht durchgängig abbilden. Das SAP Flywheel setzt genau an diesem Punkt an – nicht als einzelne Softwarelösung, sondern als strategisches Zielbild und Architekturmodell, das beschreibt, wie SAP-Anwendungen, harmonisierte Daten und eingebettete KI zusammenspielen sollen. Es skizziert damit einen angestrebten Betriebszustand, in dem fragmentierte Systeme, manuelle Routinearbeiten, fehlende kontextbezogene Intelligenz und Zweifel an der Vertrauenswürdigkeit von KI schrittweise reduziert werden. Das Flywheel ist also kein zusätzliches Produkt, das »eingekauft« wird, sondern ein Orientierungsrahmen dafür, wie Unternehmen ihre Landschaft ausrichten können, um Geschäftsprozesse künftig intelligenter und effizienter zu gestalten.

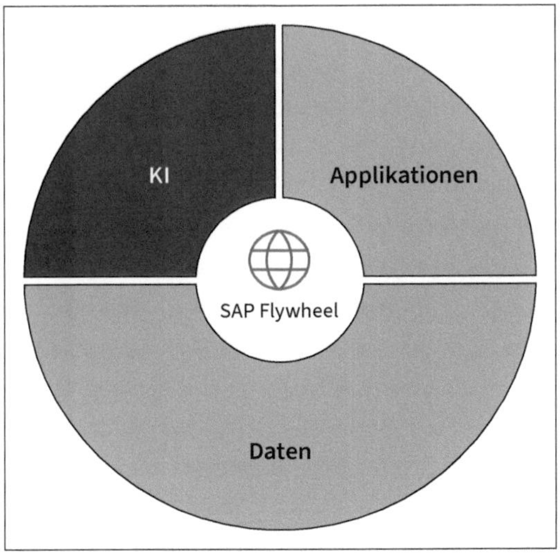

Abbildung 18.1: SAP Flywheel: Vereinigung von KI, Modellen und Anwendungen

Mit der Suite-as-a-Service-Strategie kombiniert SAP integrierte Anwendungen, eine semantische Datenebene und eingebettete KI, um Unternehmen eine einheitliche und skalierbare Grundlage für Innovation und Effizienz zu bieten. Laut SAP können Unternehmen ihre Erfolge maximieren, indem sie das SAP-Flywheel-Modell nutzen, um Prozesse zu automatisieren, Daten zu harmonisieren und strategische Agilität zu verbessern.

Mit dem SAP Flywheel wird somit das strategische Zielbild beschrieben, wie Anwendungen, Daten und KI zusammenwirken sollen. Konkret wird dieses Zielbild durch das SAP Business AI Portfolio umgesetzt. Im folgenden Abschnitt betrachten wir daher die zentralen KI-Bausteine – wie Joule, Joule Agents, Embedded AI und AI Foundation –, mit denen SAP diese Vision in konkrete, nutzbare Funktionen für den Geschäftsalltag überführt.

18.3 SAP Business AI Portfolio

SAP-KI-Tools

KI treibt die Transformation von Unternehmen maßgeblich voran, insbesondere durch die Überwindung fragmentierter Systeme, manueller Ineffizienzen und unzusammenhängender Erkenntnisse. Das *SAP Business AI Portfolio* umfasst zentrale Komponenten wie Joule, Joule Agents, Embedded AI und AI Foundation, die zusammen ein integriertes System bilden, um geschäftlichen Mehrwert zu schaffen.

Als generativer KI-Assistent orchestriert *Joule* über 1.800 Aufgaben innerhalb von SAP-Anwendungen und optimiert so Prozesse in Echtzeit. *Joule Agents* agieren autonom oder in Zusammenarbeit, nutzen SAP-Daten und bieten transparente sowie anpassbare Lösungen für komplexe, abteilungsübergreifende Aufgaben. *Embedded AI* ist nativ in SAP-Anwendungen integriert; sie automatisiert Aufgaben wie die Rechnungsverarbeitung und Personalplanung, ermöglicht proaktive Entscheidungen und liefert personalisierte Empfehlungen. *AI Foundation* bietet eine Plattform für die Entwicklung und Skalierung maßgeschneiderter KI-Lösungen – einschließlich *Generative AI Hub*, *Joule Studio*, *SAP Document AI* und *SAP Knowledge Graph* –, um Daten kontextualisiert zu verarbeiten.

Beispiel aus dem Personalwesen

Ein praktisches Beispiel für den Einsatz von SAP Business AI ist der Hire-to-Retire-Prozess im Personalwesen, bei dem SAP Business AI alle Schritte – von der Personalplanung über das Onboarding bis hin zur Analyse – durch Automatisierung, prädiktive Insights und personalisierte Empfehlungen optimiert. Dabei werden Effizienzgewinne erzielt. So lässt sich bspw. der Zeitaufwand für das Erstellen von Stellenbeschreibungen um bis zu 90 % reduzieren und eine Zeitersparnis von 80 % bei der Kandidatensuche erzielen. Gleichzeitig gewährleistet die KI-Plattform Transparenz, ethische Standards und Skalierbarkeit.

Das Zusammenspiel dieser Komponenten ermöglicht es Unternehmen, komplexe Prozesse zu automatisieren, Entscheidungen zu verbessern und Innovationen nachhaltig und verantwortungsvoll zu skalieren.

Aktueller Reifegrad in der Praxis

Trotz dieser technologischen Möglichkeit befindet sich die Umsetzung von Business AI auf Basis der SAP BDC in vielen Unternehmen noch in einem frühen Stadium. Zwar sind häufig erste Use Cases vorhanden, bspw. in Form von Prognosemodellen oder spezifischen Analyseanwendungen, eine flächendeckende

Nutzung über verschiedene Geschäftsbereiche hinweg ist jedoch oft noch nicht erreicht.

Ein wesentlicher Grund dafür ist die noch unvollständige Integration von Datenlandschaften. In vielen Organisationen existieren nach wie vor parallele Datenmodelle und unterschiedliche Kennzahlen. Auch der Aufbau von Datenprodukten ist häufig noch nicht konsequent umgesetzt. Darüber hinaus werden KI-Anwendungen oft isoliert entwickelt und sind nicht vollständig in Geschäftsprozesse integriert.

Der Weg zum intelligenten Unternehmen

Langfristig führt die Kombination aus SAP BDC und Business AI zu einem neuen Zielbild. Unternehmen entwickeln sich von Organisationen, die Daten lediglich auswerten, hin zu solchen, die Daten aktiv zur Steuerung ihrer Prozesse nutzen. In diesem Zielbild werden Daten kontinuierlich analysiert, KI-Modelle unterstützen Entscheidungen in Echtzeit und Geschäftsprozesse werden zunehmend automatisiert optimiert. Die SAP BDC fungiert dabei als zentrale Plattform, die Daten integriert, strukturiert und für unterschiedliche Anwendungsfälle bereitstellt.

18.3.1 Data Governance als Enabler für Business AI

Eine zentrale Voraussetzung für den erfolgreichen Einsatz von Business AI ist eine verlässliche und konsistente Datenbasis. Genau hier setzt die SAP BDC mit integrierten Data-Governance-Mechanismen an. Durch Funktionen wie Data Lineage, definierte Qualitätsregeln und Master Data Management wird sichergestellt, dass Daten nachvollziehbar, konsistent und fachlich korrekt sind.

Vertrauenswürdige Daten

Für KI-Anwendungen bedeutet dies, dass Modelle mit geprüften und vertrauenswürdigen Daten trainiert werden können. Gleichzeitig wird die Nachvollziehbarkeit von Ergebnissen deutlich verbessert, da jederzeit ersichtlich ist, aus welchen Quellen die Daten stammen und wie sie transformiert wurden. Dies ist insbesondere im Finanzbereich von entscheidender Bedeutung, da dort regulatorische Anforderungen und Auditierbarkeit eine große Rolle spielen.

Die SAP BDC schafft somit die Grundlage für den produktiven Einsatz von Business AI, indem sie Daten bereitstellt und gleichzeitig deren Qualität, Transparenz und Verlässlichkeit systematisch gewährleistet.

18.3.2 Datenprodukte und Intelligent Applications als Grundlage für Business AI

Ausrichtung

Ein zentrales Konzept der SAP BDC im Kontext der Business AI ist die konsequente Ausrichtung auf Datenprodukte und intelligente Anwendungen. Dabei verschiebt sich der Fokus von der reinen Datenbereitstellung hin zu einer strukturierten, fachlich kontextualisierten Nutzung von Daten als wiederverwendbare Bausteine für analytische und KI-gestützte Szenarien.

Dateneinheiten Datenprodukte haben wir bereits in Kapitel 5, »Datenprodukte und Object Store«, näher beschrieben. Sie stellen in diesem Zusammenhang klar definierte, fachlich modellierte und qualitätsgesicherte Dateneinheiten dar, die für spezifische Anwendungsfälle bereitgestellt werden. Sie enthalten nicht nur Rohdaten, sondern integrieren bereits semantische Definitionen, Geschäftslogik sowie Qualitäts- und Governance-Regeln. Dadurch entstehen stabile und verlässliche Grundlagen, auf die sowohl analytische als auch KI-Modelle zugreifen können. Für Business AI bedeutet das, dass Modelle nicht mehr auf fragmentierte oder uneinheitliche Datenquellen angewiesen sind, sondern auf konsistente und fachlich interpretierte Datenprodukte zugreifen können.

Intelligent Applications Auf dieser Basis entstehen Intelligent Applications, die Daten, analytische Logik und KI-Funktionalitäten miteinander verbinden. Diese Anwendungen gehen über klassische Reporting- oder Dashboard-Lösungen hinaus, indem sie aktiv in Entscheidungsprozesse eingreifen. So kombinieren sie bspw. historische Daten, aktuelle Kennzahlen und KI-generierte Prognosen, um konkrete Handlungsempfehlungen abzuleiten oder automatisierte Entscheidungen zu unterstützen. Detaillierte Informationen zu Intelligent Applications finden Sie in Kapitel 9.

Verzahnung Ein wesentlicher Vorteil dieser Architektur liegt darin, dass Datenprodukte und intelligente Anwendungen eng miteinander verzahnt sind. Datenprodukte liefern die strukturierte und verlässliche Grundlage, während Intelligent Applications diese Informationen kontextbezogen nutzen und erweitern. Dadurch entsteht eine durchgängige Wertschöpfungskette, in der die Daten gespeichert, analysiert und anschließend aktiv in geschäftliche Entscheidungen überführt werden.

Multiverwendung Zudem ermöglicht dieser Ansatz eine hohe Wiederverwendbarkeit und Skalierbarkeit. Ein einmal definiertes Datenprodukt kann in verschiedenen Anwendungen und Szenarien genutzt werden, bspw. im Reporting, in der Planung oder in ML-Modellen. Gleichzeitig können Intelligent Applications auf mehreren Datenprodukten aufbauen und diese flexibel kombinieren, wodurch sich neue Anwendungsfälle effizient erschließen lassen.

Zusammen bilden Datenprodukte und Intelligent Applications das Fundament für eine moderne Business-AI-Architektur innerhalb der SAP BDC. Sie sorgen dafür, dass KI-Anwendungen nicht isoliert entstehen, sondern auf einer konsistenten, fachlich fundierten und unternehmensweit nutzbaren Datenbasis aufsetzen und so nachhaltigen Mehrwert für die Organisation schaffen.

18.3.3 Integration von Business AI in operative Prozesse

Voraussetzung Die SAP BDC ermöglicht nicht nur die Bereitstellung und Analyse von Daten, sondern schafft auch die Voraussetzung dafür, dass analytische und KI-basierte Entscheidungen unmittelbar in operative Abläufe eingebettet werden können. Entscheidend ist dabei die angesprochene enge Verzahnung von Datenmodellen, analytischen Anwendungen und konsumierbaren Fachprozessen.

Im Finanzkontext bedeutet das bspw., dass Prognosewerte nicht isoliert betrachtet werden, sondern direkt in Planungs- oder Steuerungsprozesse einfließen. Technisch wird dies durch die Nutzung konsistenter semantischer Modelle sowie durch die Integration in SAP Analytics Cloud ermöglicht. Dadurch greifen Fachanwender nicht mehr auf getrennte Systeme zu, sondern arbeiten in einer integrierten Umgebung, in der Daten, Logik und Interpretationen zusammengeführt sind.

Eine integrierte Umgebung

Ein weiterer zentraler Aspekt ist die Möglichkeit, Entscheidungslogiken systematisch zu operationalisieren. Das bedeutet, dass analytische Ergebnisse nicht nur visualisiert, sondern auch in konkrete Handlungsimpulse übersetzt werden können. So können bspw. identifizierte Abweichungen automatisiert in Planungsprozesse zurückgespielt oder als Grundlage für Anpassungen in Budgetprozessen genutzt werden. Dadurch entsteht ein kontinuierlicher Übergang zwischen Analyse, Bewertung und Umsetzung.

Vorteil

Aus architektonischer Sicht ergibt sich ein weiterer Vorteil: Durch die zentrale Verankerung der Datenlogik innerhalb der SAP BDC wird verhindert, dass sich die Fachlogik über verschiedene Tools oder Anwendungen hinweg fragmentiert. Stattdessen bleiben Berechnungen, KPIs und Modelle konsistent über alle Nutzungsszenarien hinweg erhalten. Dies reduziert Abstimmungsaufwände zwischen Fachbereichen und IT und verbessert die Skalierbarkeit datengetriebener Anwendungen.

Darüber hinaus ermöglicht diese Integration eine deutlich höhere Reaktionsgeschwindigkeit in Geschäftsprozessen. Veränderungen in Daten oder Modellen wirken sich unmittelbar auf die nachgelagerten Anwendungen aus, ohne dass separate Anpassungen oder manuelle Eingriffe notwendig sind. Dadurch können Unternehmen schneller auf neue Entwicklungen reagieren und ihre Steuerungsmechanismen dynamischer gestalten.

Insgesamt führt die Integration in operative Prozesse dazu, dass Daten und KI nicht mehr nur als unterstützende Elemente am Rande der Organisation fungieren, sondern als integraler Bestandteil der täglichen Entscheidungsfindung verankert werden.

18.4 Finance-Praxisbeispiel

In Kapitel 16, »Status quo: Historische Datenmengen«, haben wir Ihnen ein Finance-Praxisbeispiel in SAP Datasphere vorgestellt. Im Folgenden schauen wir uns an, wie sich dieses Praxisbeispiel durch den Einsatz von Business AI erweitern lässt.

Das vorgestellte Finance-Praxisbeispiel verdeutlicht, wie die SAP BDC als zentrale Datenbasis für Business AI genutzt werden kann. Im Mittelpunkt steht dabei die Fähigkeit, strukturierte Finanzdaten nicht nur zu analysieren, sondern auch als hochwertige, kontextualisierte Datenquellen für intelligente Anwendungen bereitzustellen.

Konsistente und harmonisierte Datenbasis

Durch das im Praxisbeispiel gezeigte Finanzmodell und die semantischen Schichten in SAP Datasphere entsteht eine konsistente und harmonisierte Datenbasis, die sich ideal für den Einsatz von KI eignet. Insbesondere die Kombination aus integrierten Finance-Strukturen und historisierten Daten ermöglicht es, belastbare Trainingsgrundlagen für ML-Modelle zu schaffen.

Ein wesentlicher Mehrwert ergibt sich aus der Möglichkeit, diese Daten in SAP Databricks zu integrieren. Dort können auf Basis historischer Finanzdaten Modelle trainiert werden, die bspw. Prognosen erstellen und Anomalien erkennen. Die daraus gewonnenen Erkenntnisse lassen sich anschließend in SAP Datasphere zurückführen und direkt in bestehende Finance-Modelle sowie Planungs- und Reporting-Prozesse einbetten. Damit wird die SAP BDC von einer klassischen Datenplattform zu einer aktiven Enabler-Plattform für Business AI:

- Finanzdaten werden zu Datenprodukten, die KI-fähig und wiederverwendbar sind,
- fachliche Kontexte bleiben durch die semantische Modellierung erhalten und
- KI-Ergebnisse können unmittelbar in operative Entscheidungsprozesse integriert werden.

Somit kann das Finance-Praxisbeispiel so modelliert werden, dass Unternehmen ihre Finanzdaten nicht nur zur retrospektiven Analyse nutzen, sondern auch als strategische Grundlage für vorausschauende, KI-gestützte Steuerung einsetzen können.

18.5 Zusammenfassung

Die Rolle der Datenplattform verändert sich grundlegend. Während sie früher vor allem als Lieferant von Daten für Reports und Analysen diente, entwickelt sie sich zunehmend zu einer Plattform für Entscheidungsunterstützung und Automatisierung.

Die SAP BDC bildet eine Grundlage für die Umsetzung von Business AI, indem sie eine integrierte und semantisch angereicherte Datenbasis schafft. Damit ist Business AI nicht primär nur ein KI-Thema, sondern vor allem ein Thema der Datenarchitektur. Der aktuelle Stand zeigt jedoch, dass viele Unternehmen noch am Anfang dieser Transformation stehen. Die größten Herausforderungen liegen dabei weniger in der Technologie selbst als vielmehr in der Integration von Daten, der Etablierung klarer Governance-Strukturen und der konsequenten Einbindung von KI in Geschäftsprozesse.

Kapitel 19

Stammdatenharmonisierung mit KI

Historisch gewachsene, verteilte und fehlerhafte Stammdaten können Ihr Unternehmen und all Ihre SAP- und Nicht-SAP-Projekte ins Wanken bringen. Wie also können Sie Stammdaten harmonisieren und das am besten noch mit Unterstützung von KI?

In Abschnitt 19.1, »Einführung in die Stammdatenharmonisierung mit KI«, stellen wir Ihnen zunächst die Ausgangssituation vor. Wir erläutern, warum historisch gewachsene, verteilte und fehlerhafte Stammdaten ein Risiko für Transformationen, Integrationen und KI darstellen und welche Rolle KI grundsätzlich in der Harmonisierung spielt. In Abschnitt 19.2 beschreiben wir die fachlichen Grundlagen des Stammdatenmanagements, darunter Stammdatendomänen, Datenqualitätsdimensionen, Golden Record vs. Single Source of Truth sowie den Unterschied zwischen Standardisierung und Harmonisierung.

Darauf aufbauend zeigen wir Ihnen in Abschnitt 19.3, wie die Stammdatenharmonisierung konkret mit KI-Methoden umgesetzt werden kann – von der Datenprofilierung und -bereinigung über NLP, Entity Matching, Clustering und Anomaly Detection bis hin zu Human-in-the-Loop und kontinuierlicher Verbesserung. In Abschnitt 19.3.4, »Zielarchitektur für die Stammdatenharmonisierung«, überführen wir diese Methoden in eine Zielarchitektur im Kontext von SAP BDC, SAP Datasphere (inkl. Intelligent Lookup) und Databricks und zeigen, wie die beschriebenen KI-Verfahren dort technisch verankert werden.

In Abschnitt 19.4 erläutern wir die praktische Umsetzung der Stammdatenharmonisierung mit SAP Databricks und Python – einschließlich Anbindung der Stammdatenquellen, technischer Vereinheitlichung, Zwischenergebnissen, Prüfbeständen und Aufbau eines wiederholbaren Harmonisierungsprozesses. In Abschnitt 19.5, »Anwendungsfälle für KI-gestützte Stammdatenharmonisierung in der SAP BDC«, stellen wir Ihnen anschließend konkrete Use Cases vor – insbesondere die Harmonisierung von Kundenstammdaten für eine 360°-Customer-View sowie von Produkt- und Materialstammdaten als Datenprodukte in der SAP BDC – und zeigen deren fachlichen und wirtschaftlichen Nutzen auf.

In Abschnitt 19.6 widmen wir uns den Risiken, Grenzen und Erfolgsfaktoren. Dabei beleuchten wir typische Fallstricke, wie die Illusion nachträglicher Bereinigung, die Einstufung als reines IT-Projekt, fehlende Governance und technologische Grenzen, und formulieren Erfolgsfaktoren, wie ein gemeinsames Zielbild, das Zusammenspiel von Fachbereich, IT und Data Governance, der richtige Mix aus Regeln und KI, Transparenz sowie iteratives Vorgehen. Abschließend fassen wir in Abschnitt 19.7 die Rolle der KI-gestützten Stammdatenharmonisierung im SAP-BDC-Kontext zusammen, ordnen die Reltio-Akquisition ein und skizzieren die Perspektive einer zunehmend automatisierten, semantisch angereicherten und im gesamten SAP-Ökosystem integrierten harmonisierten Datenschicht.

19.1 Einführung in die Stammdatenharmonisierung mit KI

Ausgangssituation

Was früher eine rein technische Aufräumaufgabe war, ist mittlerweile eine grundlegende Voraussetzung für erfolgreiche Transformationen und belastbare KI-Anwendungen. Die Stammdatenharmonisierung ist insbesondere dann von höchster Relevanz, wenn Unternehmen ihre Prozesse digitalisieren und Entscheidungen nicht länger nach Bauchgefühl, sondern basierend auf verlässlichen Daten treffen wollen. Denn die Qualität und Konsistenz von Stammdaten entscheiden maßgeblich über den Erfolg von SAP-Transformationsvorhaben sowie aller anderen organisatorischen und wirtschaftlichen Transformationsprozesse. In vielen Unternehmen sind Kunden-, Lieferanten- und Materialstammdaten jedoch historisch gewachsen, über zahlreiche SAP- und Nicht-SAP-Systeme verteilt und von Dubletten sowie Inkonsistenzen geprägt. Die Folge sind aufwendige Migrations- und Integrationsprojekte, verzögerte Go-lives und eine eingeschränkte Sicht auf zentrale Geschäftsobjekte.

Rolle der KI in der Harmonisierung

Mittels KI-gestützter Datentransformation lässt sich der Aufwand bei Erst- und Folgemigrationen reduzieren, fehleranfällige manuelle Prozesse können ersetzt und neue Daten in deutlich kürzerer Zeit in ein definiertes Zielschema überführt werden. Inhaltlich bleiben wir dabei nicht bei der Standardisierung, sondern gehen über zu erweiterten Funktionen wie den folgenden:

- Schema-Transformation und Normalisierung
- Extraktion strukturierter Informationen aus unstrukturierten Quellen
- Dublettenerkennung und -zusammenführung
- Gewinnung von strukturierten Daten aus unstrukturierten Datenquellen, wie bspw. Freitexten
- die sprachliche Vereinheitlichung mehrsprachiger Stammdaten

KI erweitert unsere Möglichkeiten über starre Regeln hinaus – hin zu Verfahren, die Strukturierung, Erkennung, Anreicherung und Vereinheitlichung miteinander verbinden. Zudem ermöglicht KI nicht nur, kleine Tippfehler zu harmonisieren, sondern erlaubt auch, basierend auf dem Kontext der Wörter und Beschreibungen, komplexere Abweichungen zu erkennen und zu vereinheitlichen, bspw. unterschiedliche Bezeichnungen für dasselbe Objekt wie »Lkw«, »Lastkraftwagen« und »Truck«.

Zielbild

Hochwertige, konsistente und verbundene Daten sind die Voraussetzung für bessere Analysen, glaubwürdige KI-Ergebnisse (Trust Worthy AI), schnellere Integrationen und tragfähige Transformationen. Eine harmonisierte Stammdatenbasis stärkt somit sowohl Migrations- und Integrationsvorhaben als auch die darüberliegenden Nutzungen in Analytics, Automatisierung und KI. Entsprechend dem Zweck der SAP BDC entsteht der Mehrwert also nicht erst in der Auswertung, sondern bereits in der Qualität des zugrunde liegenden Datenfundaments. Das Ziel liegt somit klar in einer kontinuierlich gepflegten, verknüpften Datenbasis mit klaren Verantwortlichkeiten, die Informationen aus SAP- und Nicht-SAP-Quellen zusammenführt, Inkonsistenzen bereinigt und saubere, verbundene Daten für nachgelagerte Nutzungsschichten bereitstellt – in Form der Datenprodukte der SAP BDC.

Architektonisch gesehen liegt diese Harmonisierung zwischen den operativen Quellsystemen – wie SAP S/4HANA, SuccessFactors, Ariba und weiteren Systemen – auf der einen Seite und den Analytics- und KI-Schichten auf der anderen Seite. Sie schafft damit genau die vertrauenswürdige Datenbasis, die erforderlich ist, um aus einer heterogenen Systemlandschaft eine kohärente, datengetriebene Plattform zu machen. Das Ziel ist folglich nicht nur eine technische Konsolidierung, sondern auch ein belastbares Stammdatenfundament, das laufend aktualisiert, integriert und fachlich nutzbar gemacht wird.

19.2 Fachliche Grundlage der Stammdatenharmonisierung

Das *Stammdatenmanagement* (engl. Master Data Management, kurz *MDM*) ist ein Bereich, der im KI-Umfeld und auch im Kontext von SAP BDC oft unterschätzt wird. Für Unternehmen sind Stammdaten jedoch von entscheidender Bedeutung: Wer hat die richtigen Stammdaten, in welcher Qualität, in welchem Zusammenhang und in welcher Aktualität? Wenn Sie nicht sicher sagen können, welche Kundendatensätze zusammengehören, welches Produkt in welchem System identisch ist, welcher Lieferant mehrfach angelegt wurde oder welche Standortdaten tatsächlich korrekt sind, dann sind selbst die besten KI-Modelle nur hübsch verpackte Unsicherheit. Genau deshalb ist MDM eine stille Voraussetzung dafür, dass eine moderne Unternehmenssoftware sinnvoll skaliert.

Stammdatendomäne

Stammdaten sind jene vergleichsweise stabilen, geschäftskritischen Daten, auf denen operative und analytische Prozesse aufbauen. Typische Stammdatendomänen sind insbesondere:

- **Kundenstammdaten:** rechtliche Einheiten, Geschäftspartner, Debitoren mit zugehörigen Adressen, Kontaktinformationen, Zahlungs- und Konditionsdaten.
- **Lieferantenstammdaten:** Kreditoren, Dienstleister und weitere Geschäftspartner, inklusive Bankverbindungen, Zahlungszielen, Risikoklassifizierungen und Compliance-Informationen.
- **Material- und Produktstammdaten:** Materialien, Artikel und Services mit Beschreibungen, Klassifikationen, Mengeneinheiten, Preis- und Logistikinformationen.
- **Standort- und Organisationsdaten:** Werke, Lager, Gesellschaften, Vertriebsorganisationen, Profitcenter und weitere Strukturen, die Prozesse erst kontextualisieren.

Ziel der Stammdatenharmonisierung

In vielen Unternehmen sind diese Domänen historisch gewachsen, mehrfach angelegt, je System unterschiedlich modelliert und über Länder oder Organisationseinheiten verteilt. Genau hier setzt die Stammdatenharmonisierung an, indem sie versucht, aus dieser heterogenen Landschaft eine konsistente und fachlich nachvollziehbare Sicht auf Kunden, Lieferanten, Produkte und Standorte herzustellen.

Datenqualitätsdimensionen

Die Menge der Stammdaten lässt keine Rückschlüsse auf deren Qualität zu. Wenn viele und umfangreiche Datensätze vorliegen, sind nicht selten (mehrfach) Dubletten vorhanden, die teils marginal abweichen. Daher existieren einige Qualitätsdimensionen, anhand derer sich die Qualität eines Stammdatums nachvollziehen lässt:

- Vollständigkeit: Sind alle Pflichtattribute befüllt?
- Konsistenz: Werden identische Informationen über Systeme hinweg gleich geführt? Existieren widersprüchliche Varianten desselben Kunden oder Produkts?
- Eindeutigkeit: Wie hoch ist die Duplikatrate innerhalb einer Domäne?
- Aktualität: Spiegelt der Stammdatensatz den aktuellen fachlichen Stand wider? Sind zentrale Attribute veraltet?
- Validität: Entsprechen die Werte definierten Regeln, Referenzlisten und externen Prüfungen?

Die Dimensionen lassen sich durch verschiedene Kennzahlen bewerten.

Golden Record vs. Single Source of Truth

Stammdatenharmonisierung versucht nicht, die historische Variante eines Datensatzes ewig fortzuschreiben. Vielmehr soll ein konsolidierter, qualitätsgesicherter Referenzdatensatz je Entität geschaffen werden. Im MDM-Kontext findet sich hierfür häufig der Begriff »Golden Record«. Im Kontext dieses Buches haben Sie schon häufig den Begriff »Single Source of Truth« gelesen. Und tatsächlich hängen beide eng miteinander zusammen: Für jede zentrale Entität gibt es genau eine maßgebliche, harmonisierte Sicht, die aus verschiedenen Quellsystemen gespeist, aber zentral qualitätsgesichert und versioniert wird. Im Idealfall greifen alle nachgelagerten Prozesse – von der Auftragsabwicklung über die Beschaffung bis hin zu Reporting und KI-Analysen – auf diese harmonisierten Stammdaten zu, anstatt eigene, voneinander abweichende Kopien zu pflegen. Ein *Golden Record* ist der konsolidierte, qualitativ hochwertige Stammdatensatz zu einem Objekt. Die *Single Source of Truth* ist die einzige verbindliche Datenquelle, aus der dieser und andere Datensätze stammen bzw. in der sie vorgehalten werden.

Standardisierung ist nicht gleich Harmonisierung

Wir wollen außerdem mit einem Irrtum aufräumen: Die Harmonisierung von Stammdaten ist nicht mit der Standardisierung gleichzusetzen. Bei der *Standardisierung* steht die Definition gemeinsamer Regeln, Formate und Referenzwerte im Vordergrund. Die *Harmonisierung* geht jedoch darüber hinaus und setzt bei den historisch gewachsenen Datenbeständen an. Dabei werden fachlich zusammengehörige Datensätze über System- und Organisationsgrenzen hinweg zusammengeführt, Dubletten aufgelöst und widersprüchliche Informationen bereinigt. Harmonisierung nutzt also Standardisierung, muss aber gleichzeitig Inkonsistenzen, Lücken und Widersprüche kompensieren, die sich teils über Jahre hinweg aufgebaut und etabliert haben.

19.3 Stammdatenharmonisierung mit KI-Methoden umsetzen

Gerade bei der Auflösung von Inkonsistenzen, Lücken und Widersprüchen entfalten KI-Verfahren ihr volles Potenzial: Sie ergänzen klassische, regelbasierte Datenqualitätsmechanismen um lernende, musterbasierte Ansätze, die auch mit unsauberen, unvollständigen und heterogenen Stammdaten umgehen können – und so eine deutlich robustere und realitätsnähere Datenbasis schaffen.

19.3.1 Die Grundlagen: Datenaufbereitung mit KI-Unterstützung

Bevor komplexe Algorithmen wie das Entity Matching zum Einsatz kommen können, muss eine qualitativ hochwertige Datengrundlage geschaffen werden. KI-Methoden unterstützen bereits bei diesen fundamentalen Schritten:

1. **Data Profiling**
   Der erste Schritt ist eine systematische Analyse der Quelldaten, um ein tiefes Verständnis für deren Beschaffenheit zu gewinnen. Wo fehlen Werte? Welche unterschiedlichen Formate werden verwendet (z. B. »DE«, »GER«, »Deutschland«)? Gibt es inhaltliche Ausreißer?
2. **Data Cleansing und Standardization**
   Basierend auf den Erkenntnissen des Profilings werden offensichtliche Fehler korrigiert und Formate vereinheitlicht. Adressen werden standardisiert (z. B. wird »Str.« zu »Straße«), Telefonnummern in ein einheitliches Format gebracht und Tippfehler korrigiert. Dieser Schritt ist entscheidend für die Qualität des spätere Matchings.
3. **Intelligente Textverarbeitung (NLP)**
   Viele Stammdatenfelder liegen nur teilweise strukturiert oder als Freitext vor, etwa Materialbeschreibungen, Adresszeilen oder Zusatzinformationen. KI-gestützte Textverarbeitung (Natural Language Processing, NLP) ist hier der Schlüssel. Mit NLP werden Schreibweisen, Abkürzungen (»Hamburger Straße« vs. »Hamburger Str.«) und Sonderzeichen vereinheitlicht. Dabei wird wie folgt vorgegangen:
   - **Extraktion strukturierter Informationen:** Auslesen von Maßeinheiten, Produkttypen oder technischen Merkmalen aus einem Fließtext.
   - **Adresszerlegung und -validierung:** Zuverlässige Trennung und Prüfung von Straße, Hausnummer, Postleitzahl und Ort.

   Mithilfe von NLP werden Texte vergleichbar und maschinell auswertbar, was sie für nachgelagerte Matching- und Qualitätsregeln überhaupt erst nutzbar macht.
4. **Data Enrichment**
   Oft werden abschließend die internen Daten mit externen Referenzdaten angereichert, um die Qualität und den Informationsgehalt zu erhöhen (z. B. durch Hinzufügen von Umsatzsteuer-IDs, Branchencodes oder Geokoordinaten).

   Nachdem die Daten mithilfe von Profiling, Bereinigung, intelligenter Textverarbeitung (NLP) und Data Enrichment in eine qualitativ hochwertige, vergleichbare Form überführt wurden, kann die eigentliche Harmonisierung beginnen. Im nächsten Abschnitt wenden wir uns daher den Kernaufgaben zu – dem Identifizieren, Gruppieren und Zuordnen von Datensätzen –, in denen Verfahren wie effiziente Kandidatenauswahl (Blocking/Clustering), Entity Matching und automatische Klassifikation dafür sorgen, dass aus den vorbereiteten Stammdaten konsolidierte, fachlich stimmige Golden Records entstehen.

19.3.2 Die Kernaufgaben: Identifizieren, Gruppieren und Zuordnen

Harmonisierungsschritte

Nach der Vorbereitung der Daten folgen die Schritte der eigentlichen Harmonisierung:

1. **Effiziente Kandidatenauswahl (Blocking und Clustering)**
   Um nicht jeden Datensatz einzeln mit jedem anderen vergleichen zu müssen, werden die Daten zunächst in kleinere Blöcke potenzieller Duplikate gruppiert. Hierfür wird häufig *Clustering* eingesetzt. Dieser Ansatz des »unüberwachten Lernens« (Unsupervised Learning) gruppiert ähnliche Datensätze, um Muster zu erkennen. Anders als bei der Klassifikation sind hierbei nicht zwingend bereits gelabelte Daten notwendig. Clustering hilft dabei, die riesige Menge möglicher Vergleiche auf eine überschaubare Zahl hochrelevanter Kandidatenpaaren zu reduzieren.
2. **Entity Matching und Duplikaterkennung**
   Dies ist das Herzstück der Harmonisierung. Während einfache Regeln schnell an ihre Grenzen stoßen, können ML-basierte Matching-Verfahren unterschiedliche Attribute intelligent kombinieren und gewichten, darunter z. B.:
   - Namen, Adressen, Kontaktinformationen
   - Identifikatoren wie Steuernummern oder interne IDs
   - Kontextinformationen wie die Zugehörigkeit zu einer Region

   Auf dieser Basis bewerten Modelle die Ähnlichkeit von Datensätzen und schlagen Zusammenführungen vor. So lassen sich Dubletten identifizieren, die sich in Schreibweise oder Struktur unterscheiden, fachlich aber dieselbe Entität repräsentieren. Ein Beispiel hierfür ist der *Intelligent Lookup* in SAP Datasphere, bei dem einmal zusammengeführte Informationen erhalten bleiben.
3. **Automatische Klassifikation**
   Hierbei geht es um die automatische Zuordnung von Stammdaten zu vordefinierten Kategorien (z. B. Produkte zu Warengruppen oder Hierarchien). Anders als beim Clustering ist hierfür ein Satz korrekt gelabelter Trainingsdaten notwendig (»überwachtes Lernen«). Klassifikationsmodelle helfen, heterogene und unvollständige Zuordnungen zu harmonisieren, indem sie Vorschläge für die korrekten Zielklassen machen.

Die automatische Klassifikation sowie die vorgelagerten Schritte des Clusterings und des Entity Matchings bilden somit das Fundament für eine konsistente und fachlich saubere Stammdatenlandschaft. Doch selbst die besten Modelle und Regelwerke stoßen an ihre Grenzen, wenn sich die Geschäftsanforderungen ändern, neue Datenquellen hinzukommen oder sich Datenqualitätsprobleme einschleichen.

Um die einmal erreichte Qualität dauerhaft zu sichern und weiter zu verbessern, braucht es daher einen kontinuierlichen, systematischen Qualitätssicherungsprozess. Hier kommt die Anomalieerkennung ins Spiel, die wir im folgenden Abschnitt thematisieren.

19.3.3 Qualitätssicherung und kontinuierliche Verbesserung

Stammdatenharmonisierung ist kein einmaliges Projekt, sondern ein laufender Prozess, der immer wieder durchgeführt werden muss.

Anomalieerkennung

Neben dem Finden von Ähnlichkeiten ist auch die Erkennung von untypischen Datensätzen wichtig. Sogenannte *Anomaly-Detection*-Verfahren identifizieren Stammdaten, die von erwarteten Mustern abweichen, wie z. B.:

- unplausible Kombinationen aus Preis, Einheit und Währung,
- Adressen, die nicht zu bekannten Postleitzahlmustern passen, oder
- ungewöhnliche Merkmalskombinationen, die auf fehlerhafte Eingaben hindeuten.

Solche Auffälligkeiten können gezielt an Data Stewards zur Prüfung weitergeleitet werden, damit Qualitätsprobleme frühzeitig behoben werden können.

Human-in-the-Loop und Active Learning

Trotz aller Automatisierung bleibt die fachliche Bewertung zentral. KI-Verfahren werden daher bewusst so gestaltet, dass sie mit menschlicher Expertise zusammenspielen (*Human-in-the-Loop*). Der Ablauf sieht dann folgendermaßen aus:

1. Modelle liefern Vorschläge für Dubletten, Klassifikationen oder Korrekturen.
2. Data Stewards und Fachbereiche bestätigen, korrigieren oder verwerfen diese Vorschläge.
3. Dieses Feedback wird genutzt, um die Modelle schrittweise zu verbessern (Active Learning) und sie besser an die spezifische Datenlandschaft des Unternehmens anzupassen.

Die Kombination aus Anomalieerkennung und Human-in-the-Loop-Ansätzen stellt sicher, dass Stammdaten nicht nur einmalig bereinigt, sondern dauerhaft überwacht und verbessert werden. Damit diese Verfahren jedoch skalierbar, performant und möglichst nahtlos in bestehende Prozesse integriert werden können, bedarf es einer passenden technischen Grundlage. Im Kontext von SAP BTP, SAP Datasphere und SAP BDC ergibt sich hierfür eine Zielarchitektur, in der die Harmonisierung von Stammdaten und das Entity Matching eine zentrale Rolle spielen. Diese stellen wir im folgenden Abschnitt vor.

19.3.4 Zielarchitektur für die Stammdatenharmonisierung

Mit der SAP BTP, SAP Datasphere und der SAP BDC entsteht eine Zielarchitektur, die die Harmonisierung von Stammdaten und das Entity Matching ermöglicht.

Intelligent Lookup

SAP Datasphere bringt mit dem *Intelligent Lookup* bereits eine leistungsfähige Funktion zur Identifikation und Verknüpfung zusammengehöriger Datensätze mit. Für komplexere Anwendungsfälle – etwa bei sehr großen Datenmengen, vielen Quellsystemen oder anspruchsvollen Matching-Logiken – kann diese Funktionalität durch den Einsatz von Databricks auf der SAP BTP in Kombination mit Python und spezialisierten Entity-Matching-Frameworks erweitert werden.

Anwendungsfälle für Enity Matching

Da Entity Matching ein großes und aktiv erforschtes Feld ist, sind auch die möglichen Anwendungsfälle entsprechend vielseitig: von der Dublettenbereinigung über die konsolidierte Sicht auf Kunden, Lieferanten und Produkte bis hin zur Zusammenführung von Fachdomänen über System- und Organisationsgrenzen hinweg.

Daten werden in diesem Architekturansatz als Datenprodukte betrachtet: Sie können aus den Quellsystemen (SAP und Nicht-SAP) in SAP Datasphere überführt, dort kuratiert und als Datenprodukte bereitgestellt werden. Für komplexe Matching-Szenarien lassen sich diese Datenprodukte in Databricks weiterverarbeiten, mit unterschiedlichen Entity-Matching-Strategien zusammenführen und anschließend wieder als veredelte Datenprodukte in SAP Datasphere oder andere Zielsysteme zurückspielen.

Governance und Security

Ein wesentlicher Erfolgsfaktor ist dabei eine klare Governance und Security: Für jedes neu entstehende Datenprodukt müssen Verantwortlichkeiten, Qualitätskriterien, Zugriffsrechte und Compliance-Anforderungen definiert und überwacht werden. Nur so bleibt die Datenbasis technisch integriert, fachlich vertrauenswürdig und sicher nutzbar.

19.4 Stammdatenharmonisierung mit SAP Databricks und Python umsetzen

Die Umsetzung der Stammdatenharmonisierung erfolgt in SAP Databricks typischerweise als wiederholbarer Datenverarbeitungsprozess. Dabei werden Stammdaten aus verschiedenen Quellsystemen eingelesen, technisch vereinheitlicht, mit Python-Logik verarbeitet und anschließend als kuratierter Datenbestand bereitgestellt. SAP Databricks dient dabei als zentrale Ausführungs- und Entwicklungsumgebung, während Python für die konkrete Umsetzung der Bereinigung, Standardisierung, Anreicherung und Zusammenführung der Daten eingesetzt wird.

1. **Stammdatenquellen anbinden**
   Zu Beginn werden die relevanten Stammdatenquellen angebunden. Dies können SAP-Systeme, SAP Datasphere, SAP BW oder externe Datenquellen sein. Die Daten werden zunächst unverändert in einer sogenannten *Rohdatenzone* abgelegt. Diese dient als nachvollziehbarer Ausgangspunkt und ermöglicht es, spätere Verarbeitungsschritte jederzeit gegen die Originaldaten zu prüfen. In SAP Databricks wird hierfür häufig eine mehrstufige Struktur aufgebaut.
2. **Daten strukturiert speichern mit Python**
   Als Nächstes werden Stammdaten aus den Quellsystemen aufgenommen. Python wird hier vor allem genutzt, um Ladeprozesse zu steuern, Dateiformate zu verarbeiten, technische Prüfungen durchzuführen und fehlerhafte Datensätze zu protokollieren. Die Daten werden dabei noch nicht fachlich verändert, sondern lediglich strukturiert gespeichert. Dadurch bleibt nachvollziehbar, welche Daten aus welchem System stammen und zu welchem Zeitpunkt sie geladen wurden.
3. **Daten technisch vereinheitlichen**
   Mithilfe von Python werden Namen, Adressen, Länderkennzeichen, Telefonnummern, E-Mail-Adressen etc. in ein einheitliches Format gebracht. Zudem werden leere Felder, ungültige Schreibweisen und abweichende Feldlängen bereinigt. Ziel ist es, aus heterogenen Quellsystemdaten eine vergleichbare Datenbasis zu schaffen. Darüber hinaus können mithilfe von Python-Funktionen Datensätze miteinander verglichen werden. Dafür werden relevante Merkmale wie Namen oder Adressen verwendet. Für jeden potenziellen Treffer wird ein Bewertungsergebnis erzeugt, das angibt, wie wahrscheinlich es ist, dass zwei Datensätze zusammengehören.

Organisation

SAP Databricks organisiert diese Verarbeitungsschritte als Notebooks, Workflows oder produktive Jobs. Für Entwicklungs- und Testzwecke wird in Notebooks gearbeitet. Sobald eine Logik stabil ist, kann sie in ein wiederverwendbares Python-Modul überführt und über SAP Databricks Workflows regelmäßig ausgeführt werden.

4. **Zwischenergebnisse umsetzen**
   Potenzielle Dubletten, Matching-Ergebnisse, Konflikte und Anreicherungen werden nicht sofort überschrieben, sondern in separaten Tabellen abgelegt. So kann nachvollzogen werden, welche Datensätze zusammengeführt werden sollen, welche Regeln gegriffen haben und welche Fälle noch geprüft werden müssen. Unserer Erfahrung nach ist es gerade bei Stammdaten wichtig, dass automatisierte Entscheidungen transparent gestaltet werden.
5. **Prüfbestand erzeugen**

Prüfbestand

   Für unsichere Fälle wird häufig ein Prüfbestand erzeugt. Mit SAP Databricks kann hierfür eine Tabelle mit Kandidaten, Scores und Begründungsmerkmalen erstellt werden. Diese Tabelle können Sie bspw. in SAP Datasphere überführen und die Ergebnisse in ein Dashboard integrieren.

Technisch wird der Prozess in Databricks so aufgebaut, dass er versionierbar, wiederholbar und überwachbar ist. Python-Code wird idealerweise in Repositorys verwaltet und Änderungen werden über definierte Entwicklungs- und Freigabeprozesse transportiert. SAP Databricks Jobs können die regelmäßige Ausführung übernehmen, während Monitoring-Tabellen die Ladezeiten, die Fehlerquoten, die Anzahl der erkannten Dubletten und die Datenqualitätskennzahlen dokumentieren.

Harmonisierungsprozess

SAP Databricks wird somit zur technischen Plattform für die Verarbeitung und Skalierung, während Python die flexible Umsetzungslogik bereitstellt. Das Ergebnis ist kein einmaliger Bereinigungslauf, sondern ein dauerhaft betreibbarer Harmonisierungsprozess, der neue Stammdaten kontinuierlich prüft, anreichert und in einer konsistenten Form für die SAP BDC bereitstellt.

Rollen, Organisation und Governance

Gleichzeitig dient KI jedoch nicht als Ersatz für Governance. Die technologische Fähigkeit, Daten zu integrieren, Dubletten aufzulösen und Datensätze intelligent anzureichern, beseitigt nicht automatisch das Kernproblem vieler Organisationen: die fehlende fachliche Verantwortung für Stammdaten. Ohne klare Zuständigkeiten für Kunden-, Produkt- und Lieferantendaten, ohne abgestimmte Zusammenarbeit zwischen Fachbereichen, IT und Data Governance sowie ohne definierte Prozesse und Richtlinien für Pflege, Kontrolle und Nutzung bleibt selbst eine moderne MDM-Plattform in ihrer Wirkung begrenzt. Die Harmonisierung mit KI entfaltet ihren Nutzen deshalb nicht isoliert, sondern nur im Zusammenspiel mit Data Ownership, Data Stewardship, klaren Geschäftsregeln und gelebter Governance. KI ist also kein Ersatz für organisatorische Disziplin, sondern ein Instrument, um Qualität, Geschwindigkeit und Skalierbarkeit der Stammdatenbearbeitung deutlich zu verbessern.

Zusammenfassung

Wir haben die bisherigen Erkenntnisse für Sie einmal zusammengefasst:

- **Zielbild**
  Harmonisierte, kontinuierlich gepflegte Golden Records für zentrale Stammdatendomänen (Kunde, Lieferant, Produkt, Standort etc.) – die als Datenprodukte in der SAP BDC bereitgestellt und als Single Source of Truth genutzt werden.
- **Rolle von KI**
  Ergänzung klassischer Regelwerke durch Verfahren wie NLP, Entity Matching, Clustering und Anomaly Detection, um auch mit unsauberen, unvollständigen und heterogenen Datenbeständen umgehen zu können.
- **Rollen und Governance**
  Klare Verantwortlichkeiten (Data Owner, Data Stewards, Data Governance), definierte Prozesse für die Anlage, Pflege und Qualitätssicherung sowie

transparente Regeln und Auditierbarkeit als Voraussetzung für vertrauenswürdige KI-Ergebnisse.

- **Wirtschaftlicher Nutzen**
  Reduzierter Aufwand für Datenbereinigung und -pflege, höherer Anteil automatisch harmonisierter Datensätze, geringere Fehlerkosten (z. B. Falschlieferungen, Retouren, Mahnläufe) und verbesserte Time-to-Market, Segmentierung, Service- und Omnichannel-Fähigkeit.
- **Erfolgsfaktoren**
  Gemeinsames fachliches Zielbild, enge Zusammenarbeit von Fachbereich, IT und Data Governance, kombinierter Einsatz von Regeln und KI, iterative Umsetzung über klar abgegrenzte Domänen sowie konsequentes Monitoring über Datenqualitäts-KPI.

19.5 Anwendungsfälle für KI-gestützte Stammdatenharmonisierung in der SAP BDC

In diesem Abschnitt stellen wir Ihnen zwei Anwendungsfälle für die KI-gestützte Stammdatenharmonisierung mit der SAP BDC vor. Zunächst zeigen wir Ihnen in Abschnitt 19.5.1, »Verborgene Risiken: Warum Harmonisierungprojekte scheitern«, die Harmonisierung von Kundenstammdaten für eine 360°-Customer-View und anschließend in Abschnitt 19.5.2, »Erfolgsfaktoren für eine nachhaltige Harmonisierung«, die Harmonisierung von Produkt- und Materialstammdaten. Zuvor zeigen wir Ihnen einen typischen Harmonisierungsprozess auf, um auf dieser Basis die Anwendungsfälle vorzustellen.

Verfahren

Ein typischer Harmonisierungsprozess in der SAP BDC lässt sich in mehrere Phasen gliedern, die künftig durch die MDM-Komponente *Reltio* zusätzlich unterstützt werden.

[»]

Übernahme von Reltio durch SAP

SAP hat im Mai 2026 das Unternehmen Reltio, einen führenden Anbieter von Master-Data-Management-Software, übernommen. Mit Hilfe von KI-Agenten soll die Übernahme und Integration von verteilten aber verwandten, zusammengehörenden Daten unterstützt werden. Auf der Roadmap ist dazu allerdings noch nichts zu finden.

Phase 1: Stammdatenquellen identifizieren und anbinden

Zunächst werden die relevanten Stammdatenquellen aus SAP- und Nicht-SAP-Systemen wie SAP S/4HANA, CRM-Systemen, E-Commerce-Plattformen oder Altsystemen identifiziert, profiliert und technisch angebunden. SAP hat hierzu mit der SAP BDC schon einen Schritt in die richtige Richtung gemacht. Mit der Akquisition von Reltio im März 2026 kam der nächste Schritt hinzu. Reltio ist die zentrale, cloudbasierte MDM-Schicht in der SAP Business Data Cloud, mit der Stammdaten aus SAP- und Nicht-SAP-Systemen vereinheitlicht, bereinigt, gemanagt und als vertrauenswürdige, KI-fähige Datenbasis für Analytics, Automatisierung und KI-Agenten bereitgestellt werden.

Künftig (nach erfolgreicher Integration von Reltio) steht der SAP BDC eine harmonisierte Datenschicht zur Verfügung, auf der Daten aus unterschiedlichen Quellen zusammengeführt, abgeglichen, bereinigt, verknüpft und so schließlich als Golden Record überführt werden und für SAP BDC verfügbar sind. Insbesondere für heterogene Systemlandschaften ist die verlässliche Harmonisierung über KI von zentraler Bedeutung. Zudem hat SAP mit Reltio einen Übernahmevertrag geschlossen. Das Tool soll in die SAP-Landschaft integriert werden. Erste Datenqualitätsanalysen zu Vollständigkeit, Dubletten und Inkonsistenzen schaffen Transparenz über den Handlungsbedarf und bilden den Abschluss von Phase eins.

Phase 2: KI-Verfahren einsetzen

In der zweiten Phase kommen regelbasierte und KI-basierte Verfahren zum Einsatz: Entity Matching, Dublettenerkennung, Text-Normalisierung und Klassifikation. Reltio übernimmt dabei, wie zuvor erwähnt, die Rolle einer MDM-Drehscheibe, in der Daten aus unterschiedlichen Quellen zusammengeführt, abgeglichen, bereinigt und als Golden Records konsolidiert werden.

Phase 3: Harmonisierte Stammdaten bereitstellen

Die harmonisierten Stammdaten werden anschließend in SAP Datasphere und weiteren Komponenten der SAP BDC als Datenprodukte bereitgestellt und stehen damit für Analytics-, Planungs-, Prozess- und KI-Szenarien zur Verfügung. Über KPIs sowie den Anteil automatisch harmonisierter Datensätze, die Dublettenquote oder die Zeit bis zur Bereinigung sowie über Anomalieerkennung und Human-in-the-Loop-Feedback werden Matching-Regeln und KI-Modelle laufend nachgeschärft, sodass Reltio und die SAP BDC gemeinsam als Plattform für ein fortlaufendes Qualitätsmanagement dienen.

Auf dieser Basis lassen sich konkrete Anwendungsfälle umsetzen, die sowohl fachlich als auch wirtschaftlich einen messbaren Mehrwert liefern. Ein typisches Beispiel ist die Harmonisierung von Kundenstammdaten für eine 360°-Customer-View.

19.5.1 Harmonisierung von Kundenstammdaten für eine 360°-Customer-View

In vielen Unternehmen liegen Kundeninformationen fragmentiert vor, etwa verteilt auf CRM-Systeme, ERP-Systeme, E-Commerce-Systeme und Service-Plattformen. Mithilfe KI-gestützter Stammdatenharmonisierung in Kombination mit Reltio und der SAP BDC werden diese verstreuten Informationen zu einer konsistenten Kundensicht zusammengeführt. Kundendatensätze aus unterschiedlichen Systemen werden technisch konsolidiert, während KI-basiertes Entity

Matching Dubletten erkennt, bspw. wenn dieselbe Firma mit leicht abweichenden Namen, Adressen oder IDs gepflegt ist. Auf dieser Grundlage entsteht pro Kunde ein Golden Record mit relevanten Attributen wie Segment, Branche, Region, Kontaktkanälen sowie Zahlungs- und Risikoinformationen. Dieser harmonisierte Kundenstamm wird als Datenprodukt in SAP Datasphere bereitgestellt und von dort aus für Berichte in SAP Analytics Cloud, Kampagnensteuerung, Service-Analysen und KI-Modelle genutzt.

Nutzen der Harmonisierung

Wirtschaftlich zeigt sich der Nutzen in den folgenden Bereichen:

- Deutlich reduzierter Aufwand für Datenbereinigung und -pflege durch hohe Automatisierungsgrade bei Dublettenerkennung und -zusammenführung
- Höherer Anteil automatisch harmonisierter Datensätze, wodurch sich manuelle Klärfälle auf komplexe Ausnahmen konzentrieren
- Verbesserte Segmentierung, Cross-Selling-Fähigkeit und Servicequalität
- Reduzierung von Fehlerkosten, etwa durch weniger doppelt versendete Mailings, falsche Adressierungen oder unklare Verantwortlichkeiten bei Key Accounts

19.5.2 Harmonisierung von Produkt- und Materialstammdaten

Ein weiterer Anwendungsfall ist die Harmonisierung von Produkt- und Materialstammdaten. Produkt- und Materialinformationen sind häufig über mehrere Systeme und Kataloge verteilt, mit unterschiedlichen Bezeichnungen, Einheiten und Klassifikationen. Im Zusammenspiel von Reltio, SAP Datasphere und KI-Methoden lassen sich diese Bestände harmonisieren und für Omnichannel-, Logistik- und Produktionsprozesse nutzbar machen.

Zunächst werden Produktkataloge aus ERP-, PIM-, E-Commerce- und ggf. Spezialsystemen konsolidiert. KI-gestützte Verfahren normalisieren Texte wie Produktbezeichnungen und technische Merkmale, vereinheitlichen Einheiten und Klassifikationen und unterstützen das Entity Matching zur Zusammenführung fachlich identischer Produkte, auch wenn diese in verschiedenen Systemen unterschiedlich beschrieben sind.

Das Ergebnis ist ein harmonisierter Produktstamm auf Basis von Golden Records, der als Datenprodukt für Planung, Logistik, Pricing, Omnichannel-Vertrieb und KI-Use-Cases bereitgestellt wird.

Der wirtschaftliche Nutzen zeigt sich in den folgenden Bereichen:

- Schnellere Time-to-Market, da neue Produkte mit weniger Abstimmungsaufwand und geringerer Fehlerquote in allen relevanten Kanälen ausgerollt werden können.

- Reduzierter manueller Pflegeaufwand durch automatisierte Zuordnungen zu Warengruppen, Hierarchien und Einheiten.
- Weniger Fehler in Logistik und Produktion.

Dadurch sinken die Kosten für Falschlieferungen, Retouren und Nacharbeiten, während zugleich die Omnichannel-Fähigkeit steigt, da Kunden über alle Kanäle hinweg konsistente Produktinformationen sehen und Prozesse auf einem einheitlichen Produktstamm aufsetzen.

Beide Beispiele machen deutlich, dass sich der wirtschaftliche Nutzen einer KI-gestützten Stammdatenharmonisierung in der SAP BDC klar quantifizieren lässt – etwa über den Anteil automatisch harmonisierter Datensätze, die Reduktion der manuellen Bearbeitungszeit oder die Senkung von Fehlerkosten durch Falschlieferungen, Retouren und Mahnläufe.

Bevor wir jedoch in Abschnitt 19.6 auf konkrete Risiken, Grenzen und Erfolgsfaktoren eingehen, lohnt sich ein Blick auf die Kehrseite der Medaille: Welche Fallstricke birgt die KI-gestützte Stammdatenharmonisierung in der Praxis? Wo stoßen selbst ausgereifte Architekturen und Tools an ihre Grenzen und welche Rahmenbedingungen müssen erfüllt sein, damit die skizzierten Potenziale tatsächlich realisiert werden können?

19.6 Risiken, Grenzen und Erfolgsfaktoren

Die Harmonisierung von Stammdaten wird oft als technische Herausforderung missverstanden, die sich mit den richtigen Tools und Algorithmen lösen lässt. Doch dieser Blick greift zu kurz. Wer Stammdaten harmonisiert, greift in das Nervensystem eines Unternehmens ein – mit weitreichenden Chancen, aber auch mit sehr konkreten Risiken und Grenzen. Es ist ein strategischer Veränderungsprozess, der weit über die IT-Abteilung hinausreicht.

19.6.1 Verborgene Risiken: Warum Harmonisierungprojekte scheitern

Der Weg zu einem Golden Record ist oft steiniger als gedacht. Viele Projekte geraten in Schieflage, weil die organisatorischen und prozessualen Hürden unterschätzt werden.

Die Illusion der nachträglichen Datenbereinigung

Ein zentrales Risiko liegt in der Illusion, dass sich mangelhafte Datenqualität später durch intelligente Systeme beheben lässt. In der Praxis zeigt sich jedoch schnell: Schlechte, inkonsistente oder fragmentierte Daten lassen sich nicht beliebig glattziehen. Wenn Stammdaten über Jahre hinweg in unterschiedlichen Systemen, mit abweichenden Logiken und manuellen Übergangslösungen gewachsen sind, stoßen selbst die besten Matching-Algorithmen an ihre Grenzen.

Die Folge sind falsche Zusammenführungen oder unvollständige Datensätze – und damit eine Datengrundlage, der am Ende niemand vertraut.

Der Trugschluss des reinen IT-Projekts

Die Stammdatenharmonisierung wird oft als Aufgabe der IT oder des Data Teams verstanden. Zwar lässt sich so technisch vieles bewegen, fachlich jedoch wenig erreichen, wenn die betroffenen Fachbereiche nicht aktiv mitwirken. Was ist aus Geschäftssicht »derselbe Kunde«? Handelt es sich dabei um die einzelne Niederlassung oder die gesamte Konzerngruppe? Welche Produktvarianten dürfen zusammengefasst werden, und wo sind feine Unterschiede kritisch für das Geschäft? Diese Fragen kann keine Software beantworten, denn sie erfordern tiefes Domänenwissen und klare, gemeinsam getragene Definitionen. Ohne diese Einbindung der Fachbereiche entsteht eine Lösung, die zwar technisch sauber, aber fachlich unbrauchbar ist.

Das Vakuum fehlender Governance

Wer entscheidet, welche Geschäftsregeln gelten? Wer übernimmt die Verantwortung für die Qualität eines harmonisierten Kundenstamms? In vielen Organisationen fehlen oft klare Rollen und Verantwortlichkeiten. Stammdatenharmonisierung wird als einmaliges Projekt behandelt und nicht als dauerhafte Aufgabe. Die Konsequenz ist, dass Regeln uneinheitlich angewendet werden, Zuständigkeiten unklar sind und die Datenqualität schon kurz nach Projektende wieder erodiert.

Die Grenzen der Technologie

Harmonisierung ist keine Wunderheilung für schlechte Prozesse. Sie kann Symptome lindern, aber nicht die Ursachen beseitigen. Werden Daten bereits an der Quelle unsauber erfasst, doppelt angelegt oder ohne Einbindung der Fachbereiche geändert, wird jede nachgelagerte Harmonisierung zur Dauerbaustelle. Zudem können weder regelbasierte Ansätze noch KI-Modelle fachliches Wissen ersetzen. KI kann zwar Muster erkennen und Vorschläge machen, doch die Entscheidung, was als gleich gelten darf, bleibt eine fachliche.

19.6.2 Erfolgsfaktoren für eine nachhaltige Harmonisierung

Trotz der genannten Hürden lohnt sich der Aufwand, wenn einige zentrale Erfolgsfaktoren konsequent berücksichtigt werden.

Ein gemeinsames fachliches Zielbild schaffen

An erster Stelle stehen klare, vom gesamten Unternehmen getragene Antworten auf scheinbar einfache Fragen wie »Was ist ein Kunde?« oder »Was ist ein Produkt?«. Diese Definitionen bilden das Fundament für alle weiteren technischen und prozessualen Schritte.

Erfolgreiche Harmonisierung ist immer ein Gemeinschaftswerk. Die Fachbereiche liefern die Geschäftslogik, die IT sorgt für eine robuste Umsetzung, und die Data Governance definiert die Spielregeln und Verantwortlichkeiten. Nur in diesem Zusammenspiel können wirksame Strategien entwickelt werden.

Den richtigen Mix aus Regeln und KI finden

Klassische, feste Regeln sorgen für Transparenz und Stabilität – ideal für eindeutige Fälle. KI-basierte Verfahren spielen ihre Stärke hingegen bei unsauberen oder unvollständigen Daten aus. Eine reife Architektur kombiniert das Beste aus beiden Welten: Regeln schaffen Verlässlichkeit, KI erhöht die Treffsicherheit im Komplexen.

Damit die Fachbereiche den Ergebnissen vertrauen können, müssen sie diese auch nachvollziehen können. Warum wurden zwei Datensätze zusammengeführt? Nach welcher Logik wurde entschieden? Dokumentierte Matching-Strategien und erklärbare Ergebnisse sind unerlässlich, um Akzeptanz zu schaffen und die Systeme kontinuierlich zu verbessern.

Iterativ und schrittweise vorgehen

Es empfiehlt sich, in klar abgegrenzten Bereichen zu beginnen, etwa mit einer bestimmten Kundengruppe oder einem bestimmten Produktsortiment. In diesen Pilotprojekten können Prozesse geschärft und Erfahrungen gesammelt werden, die anschließend in den breiten Rollout einfließen. So entsteht ein lernendes System, das mit der Organisation wächst.

Governance, Sicherheit und Change Management verankern

Harmonisierte Daten sind wertvoll und sensibel. Klare Rollen und Berechtigungen müssen den Zugriff steuern. Gleichzeitig müssen die Mitarbeiter verstehen, warum sich Prozesse ändern und welchen Nutzen eine saubere Datenbasis für ihre tägliche Arbeit hat. Messbare Kennzahlen (KPIs), Schulungen und eine offene Kommunikation sind hierfür ebenso wichtig wie die technische Exzellenz der Lösung.

19.7 Zusammenfassung und Ausblick

Die KI-gestützte Stammdatenharmonisierung ist im Kontext der SAP BDC nicht nur ein technisches Detail, sondern das Fundament für verlässliche Analytics, Integrationen, automatisierte Prozesse und vertrauenswürdige KI-Anwendungen. Durch das Zusammenspiel von regelbasierten und KI-basierten Verfahren entstehen konsolidierte Golden Records, die als Datenprodukte in der SAP BDC bereitgestellt und unternehmensweit genutzt werden können. Mit der Integration von Reltio etabliert SAP eine zentrale MDM-Schicht, in der Daten aus verschiedenen SAP- und Nicht-SAP-Quellen zusammengeführt, bereinigt und harmonisiert werden. Die SAP BDC nutzt diese Basis über SAP Datasphere, SAP Analytics Cloud, SAP Databricks und weitere Komponenten hinweg.

Entscheidend bleibt jedoch, dass Technologie durch Rollen, Organisation und Governance ergänzt wird: Data Owner, Data Stewards, klare Prozesse und fachliche Definitionen stellen sicher, dass KI nicht als Black-Box-Bereiniger eingesetzt wird, sondern als Verstärker für Qualität, Geschwindigkeit und Skalierbarkeit dient. Perspektivisch wird sich die Harmonisierung in Richtung semantischer Modelle, Knowledge Graphs und stärkerer Self-Service-Fähigkeiten entwickeln – mit harmonisierten Stammdaten als selbstverständlicher Voraussetzung für durchgängig datengetriebene Geschäftsprozesse im gesamten SAP-Ökosystem.

Kapitel 20
Seamless Consolidation basierend auf der SAP Business Data Cloud

Eine gute Finanzkonsolidierung steht und fällt mit der präzisen Integration der Daten in ein stabiles und zu 100 % prüfungssicheres Finanzdatenmodell. Ein Finanzabschluss muss also ein hochwertiges Datenprodukt sein.

Nicht selten treffen wir auf umfangreiche PowerPoints oder Excel-Arbeitsmappen, die als Management Report für den Vorstand, den Aufsichtsrat und den CFO aufbereitet werden. Neben den klassischen Steuerungskennzahlen aus Sicht des Controllings sind dabei immer zahlreiche Analysen und unterschiedliche Sichtweisen (Business-Segmente, Produkte, Märkte usw.) enthalten. Im Vergleich dazu fallen die Bereiche mit den legalen Finanzinformationen meist etwas nüchterner aus: Sie sind meist auf legale Strukturen mit dem Fokus aggregierter Ist- und historischer Daten reduziert. Natürlich gibt es auch umfangreichere Analysen und Darstellungen, das wollen wir nicht unerwähnt lassen. Wir stellen oft fest, dass Limitierungen in den Datenmodellen bzw. Konsolidierungslösungen existieren. Meist fehlen zusätzliche fachliche oder virtuelle Dimensionen wie bspw. Business-Segmente, Märkte, Regionen usw. Oder es fehlt das transaktionale Datenlevel, um die (Inter-Company-)Konsolidierung feingranularer und damit nach mehr Dimensionen flexibel durchführen zu können. Dasselbe gilt für die Konsolidierung von Plan- oder gar Forecast-Daten. Wir beginnen dieses Kapitel in Abschnitt 20.1 mit einer groben Betrachtung und Einordnung der historischen und etablierten SAP-Konsolidierungslösungen und stellen Ihnen im Anschluss in Abschnitt 20.2 NDC Financial Consolidation als weitere Konsolidierungslösung vor, die in das Produktportfolio von SAP aufgenommen wurde.

20.1 Bestehende SAP-Konsolidierungslösungen

Die Konsolidierungslösungen im Überblick

Im SAP-Kosmos sind nach wie vor zahlreiche Konsolidierungslösungen produktiv im Einsatz, einige davon sind deutlich in die Jahre gekommen. Dazu zählen:

- *SAP Strategy Enterprise Management – Business Consolidation System* – seit 2002 auf dem Markt, es gibt eine erneute Wartungsverlängerung bis Ende 2027.

- *SAP Business Planning and Consolidation (SAP BPC)* – hier gibt es je nach Version unterschiedliche Wartungsenden zwischen 30.06.2026 und 31.12.2030.
- *SAP Financial Consolidation* – das Wartungsende ist 2030.
- *SAP Business Consolidation for BW/4HANA* – das Wartungsende ist 2040.
- *SAP Group Reporting*, hier gibt es bislang kein Wartungsende.

Viele Kunden stellen sich die Frage, wie mit einer vorhandenen Konsolidierungslösung im Kontext einer SAP-S/4HANA-Transformation und nun auch im Kontext der SAP BDC umgegangen werden soll.

Die fachlichen Fragen rund um die Konsolidierung klammern wir an dieser Stelle bewusst aus. Aus nicht-fachlicher Sicht begegnen uns in unseren Projekten typischerweise folgende Situationen:

- Kunden mit SAP S/4HANA haben bereits SAP Group Reporting im Einsatz, sind bei ihrer alten Nicht-SAP-Lösung geblieben oder planen nun, eine Tool-Evaluation durchzuführen.
- Kunden, die sich in der SAP-S/4HANA-Transformation befinden, haben meist noch keinen Fokus auf eine neue Konsolidierungslösung gesetzt, sondern wollen dies nachgelagert betrachten.
- Kunden, die SAP Strategy Enterprise Management – Business Consolidation System oder SAP BPC nutzen, treffen im Rahmen der SAP-BW-Modernisierung auf diese Herausforderung.

Projektrisiken

Bei den Überlegungen zum Projektrisiko solcher Vorhaben herrscht in der Regel Konsens über die folgenden Punkte:

- Konsolidierungsprojekte sind am erfolgreichsten, wenn sie auf validen und reifen Strukturen basieren, d. h., wenn sie erst nach Transformationsprojekten und einem Großteil der Rollouts durchgeführt werden.
- Die Prüfungsrelevanz solcher Projekte und Systeme ist eine zusätzliche Herausforderung und zugleich ein Aufwandstreiber.

Einige Kunden haben die Konsolidierungsfunktion deshalb konsequent an ein Drittanbieter-Tool ausgelagert und akzeptieren einen geringeren Grad der Integration, wenn dafür die Stabilität in Strukturen und Prozessen erhalten und damit der Wartungsbedarf überschaubar bleibt.

SAP-S/4HANA-Migrationsstrategie

Eine SAP-S/4HANA-Transformation hat je nach Migrationsstrategie ebenfalls einen nicht unerheblichen Einfluss auf das Konsolidierungs-Tool. Eine Brownfield-Migration bringt wenig Veränderung mit sich und wirkt sich daher nur gering aus.

Bei einer Greenfield-Migration werden dagegen viele Altlasten beseitigt, ein ganz neues System erzeugt, Prozesse im Unternehmen neugestaltet und ggf.

auch Steuerungskonzepte und -kennzahlen neu definiert. Je nach Umfang dieser Änderungen kann es sich durchaus lohnen, zu prüfen, ob das bestehende Konsolidierungs-Tool umgebaut werden sollte oder ob es Zeit für ein neues Konsolidierungs-Tool ist.

Im Zuge der SAP-S/4HANA-Transformationen haben die Kunden in der Regel die Wahl zwischen SAP Business Consolidation for BW/4HANA und SAP Group Reporting.

Vorteile von SAP Group Reporting

SAP Group Reporting bietet Vorteile in einer SAP-S/4HANA-zentrierten IT-Landschaft mit einer hohen Standardisierung und Harmonisierung der Finanzdaten und überwiegend einfachen Konsolidierungsbedarfen. In dezentralen, verteilten, nicht harmonisierten FI-Datenwelten oder bei sehr komplexen Konsolidierungssachverhalten kann es mit dieser Software unter Umständen schwieriger sein, eine wartungsarme bzw. einfache Lösung zu bieten.

Vorteile von SAP Business Consolidation for BW/4HANA

SAP Business Consolidation for BW/4HANA hat den Vorteil, dass es mithilfe der SAP-BW/4HANA-Strukturen und -Funktionen deutlich flexibler genutzt und aufgrund der Entkoppelung von SAP S/4HANA auch individualisiert werden kann. Mit heterogenen Datenquellen oder komplexen ETL-Prozessen kann SAP BW/4HANA hervorragend umgehen. Allerdings muss dann auch alles vom Kunden selbst implementiert und gepflegt werden. Oft haben unsere Kunden eine recht große BW-Abteilung oder mehrere BW-Experten, die die legale Konsolidierung schon lange begleiten und daher sehr gut unterstützen können.

Strategische Überlegungen frühzeitig einbeziehen

Mit einer SAP-S/4HANA-Transformation bietet sich die Möglichkeit, auch im Rahmen der Finanzkonsolidierung neue und flexiblere Lösungen ins Auge zu fassen. In der Regel liegt der Fokus dieser Transformationen aber verständlicherweise auf den Core-Prozessen und nicht auf einem nachgelagerten Prozess der Finanzkonsolidierung. Selten werden CFOs gefragt, welche strategischen Überlegungen sie in der Unternehmenssteuerung anstreben und wie diese in der Transformation berücksichtigt werden können. Gerade wenn dann auf SAP Group Reporting gesetzt wird, wären solche Überlegungen jedoch elementar und sollten frühzeitig in einem SAP-S/4HANA-Projekt berücksichtigt werden. Wenn SAP BPC oder SAP Strategy Enterprise Management – Business Consolidation System im Einsatz waren, wurde in der Vergangenheit auf SAP Business Consolidation for BW/4HANA gesetzt. Auffällig ist, dass es in diesen Unternehmen meist relativ große IT-Abteilungen mit entsprechenden internen SAP-BW-Mitarbeitenden gibt.

Neue Anforderungen an eine flexiblere Konsolidierungslösung

Wir beobachten, dass neue Anforderungen an die Flexibilität von Konsolidierungslösungen gestellt werden – ähnlich wie bei Planung und Reporting. Diese bedingen flexiblere Modelle und Strukturen, die trotz legaler Richtlinien einfach erweiterbar sind und besser auf neue Anforderungen ausgerichtet werden können. Zu diesen Anforderungen gehören die folgenden:

- Verwendung flexibler und komplexer Konsolidierungsregeln
- Berücksichtigung neben IFRS auch lokaler GAAPs und Untergruppenkonsolidierungen
- Konsolidierung von Finanzplänen
- Intuitive Benutzeroberfläche mit einem No-Code-Ansatz
- Integration von Daten aus mehreren und unterschiedlichen Finanzsystemen
- Einfache Nutzung und Integration von Daten für das Offenlegungs-Management
- Hohe Automatisierung im Abschlussprozess von der Datenbereitstellung bis zur Berichterstattung

Seamless Consolidation

Die Konsolidierungslösung soll dann häufig die folgenden Funktionen bieten:

- Vollständiges Management konsolidierter und unkonsolidierter Daten in jedem Status und Detailgrad
- Abbildung von Ist-, Plan- und Forecast-Prozessen, nicht nur nach Gesellschaften und Profitcentern, sondern auch nach Business Segmenten, Ländern, Märkten etc.
- Umfangreiche IC-Abstimmung auf Transaktionsebene
- Tracking sämtlicher Änderungen von Daten und Strukturen
- Nahtlose Integration der Daten aus den Konsolidierungsmodellen in bestehende Daten- und Analysemodelle eines Data Warehouses zur Verwendung für weitere Reporting- und Planungszwecke

Die etablierten SAP-Konsolidierungslösungen SAP BCS/4HANA und SAP Group Reporting sind bei unseren Kunden und generell am Markt weit verbreitet und werden zuverlässig eingesetzt. Uns ist bewusst, dass sich nicht immer alle Anforderungen perfekt umsetzen lassen – schon allein, weil Aufwand und Nutzen in Balance bleiben müssen. Dies ist allerdings ein grundsätzliches Phänomen, das auch andere Konsolidierungslösungen betrifft. Die hier aufgezählten Herausforderungen und Funktionswünsche stellen keine vollständige Liste dar.

Mit NDC Financial Consolidation erweitert SAP sein Portfolio um ein weiteres Produkt eines externen Partners. Wir halten es im Rahmen der SAP BDC für eine sehr interessante Alternative und stellen es daher im folgenden Abschnitt vor.

20.2 NDC Financial Consolidation

Lösungsansatz mit NDC Financial Consolidation

In diesem Abschnitt erläutern wir Ihnen die aus unserer Sicht wichtigsten Gründe, warum NDC Financial Consolidation in die Softwareauswahl für Konsolidierungslösungen gehört. Die von SAP geprüfte Premiumpartner-Lösung NDC Financial Consolidation des SAP- und valantic-Partners NDC Group ist eine von

Grund auf neu programmierte Konsolidierungslösung. Hier haben Konsolidierungs- und IT-Experten gemeinsam ein neues Produkt entwickelt. Dazu haben sie die Stärken und Schwächen der großen Konsolidierungslösungen am Markt analysiert und diese in Kombination mit ihren langjährigen Konsolidierungs- und Datenmodellierungserfahrungen zu einer neuen Softwarelösung entwickelt. Abbildung 20.1 zeigt die Lösungsarchitektur von NDC Financial Consolidation. Die Kernidee: Die Konsolidierungs-Engine ist eng mit SAP Datasphere und SAP Analytics Cloud verzahnt und fügt sich damit nahtlos in eine SAP-BDC-Architektur ein.

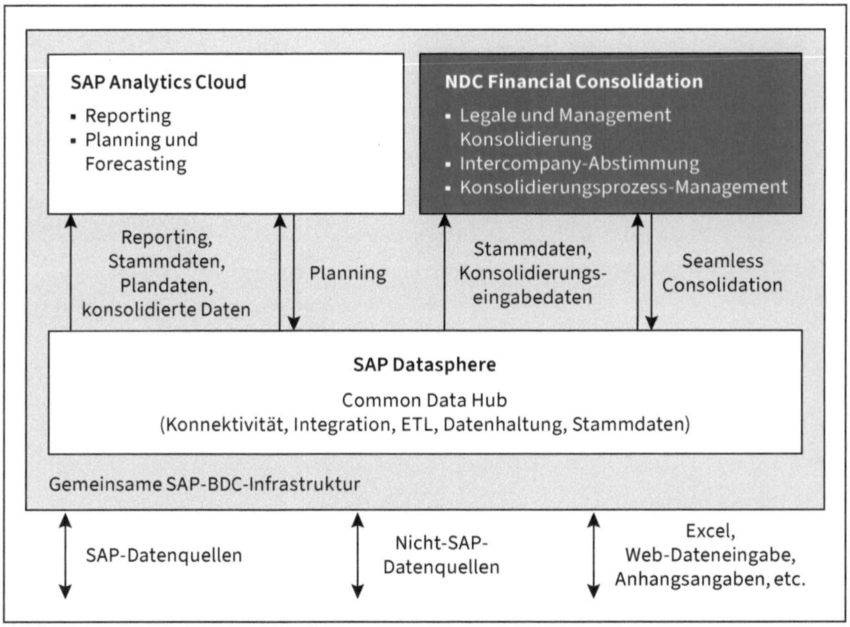

Abbildung 20.1: Lösungsarchitektur von NDC Financial Consolidation als Seamless-Consolidation-Ansatz

Funktionsumfang

Die Datenmodelle für die Konsolidierungsdaten können auf SAP Datasphere basieren. Damit eröffnen sich die Möglichkeiten zur flexiblen Datenmodellierung sowie zur Integration von Daten aus beliebigen Systemen. Das Standarddatenmodell basiert auf den klassischen Dimensionen der Konsolidierung und kann um beliebige kundenindividuelle Dimensionen erweitert werden. Auch Stammdaten, Attribute und Hierarchien können beliebig hinzugefügt werden. Mit dem Datenmodell können Ist-, Plan- oder Forecast-Daten konsolidiert werden. Über Varianten und Versionen werden diese Daten abgebildet. Alle weiteren klassischen Konsolidierungsfunktionen (Validierungen, Konsolidierungsmonitor, Währungsumrechnungen, etc.) stehen ebenfalls zur Verfügung. Der Audit Trail bietet einen dauerhaften Nachweis der Aktivitäten im System und macht NDC

Financial Consolidation damit auditfähig. Ein Audit Trail protokolliert sämtliche Änderungen an den Daten und Konsolidierungsstrukturen per Time-Stamps.

Die Benutzeroberfläche

Die Oberfläche von NDC Financial Consolidation basiert grundsätzlich auf dem Framework von SAP Analytics Cloud. Wenn ein Unternehmen also bereits SAP Analytics Cloud für das Reporting oder die Planung einsetzt und Erfahrungen mit SAP Datasphere hat oder dabei ist, diese Kompetenz aufzubauen, dann ist der Unterschied zu dieser Konsolidierungslösung sehr gering. Die fachliche Konsolidierungsexpertise der Experten aus dem Finanzwesen ist jedoch weiterhin unerlässlich.

Datenmeldepaket

Die Endanwender, d. h. in diesem Kontext die lokalen Finanzabteilungen, erhalten Datenmeldepakete für ihre Gesellschaften und melden ihre Daten, ähnlich wie bei einer Planung. Die Daten können manuell eingegeben oder per File, per dynamisch generierter Excel-Vorlage oder über Schnittstellen automatisch geladen werden. In Abbildung 20.2 ist der Inhalt auf der rechten Seite aufgelistet.

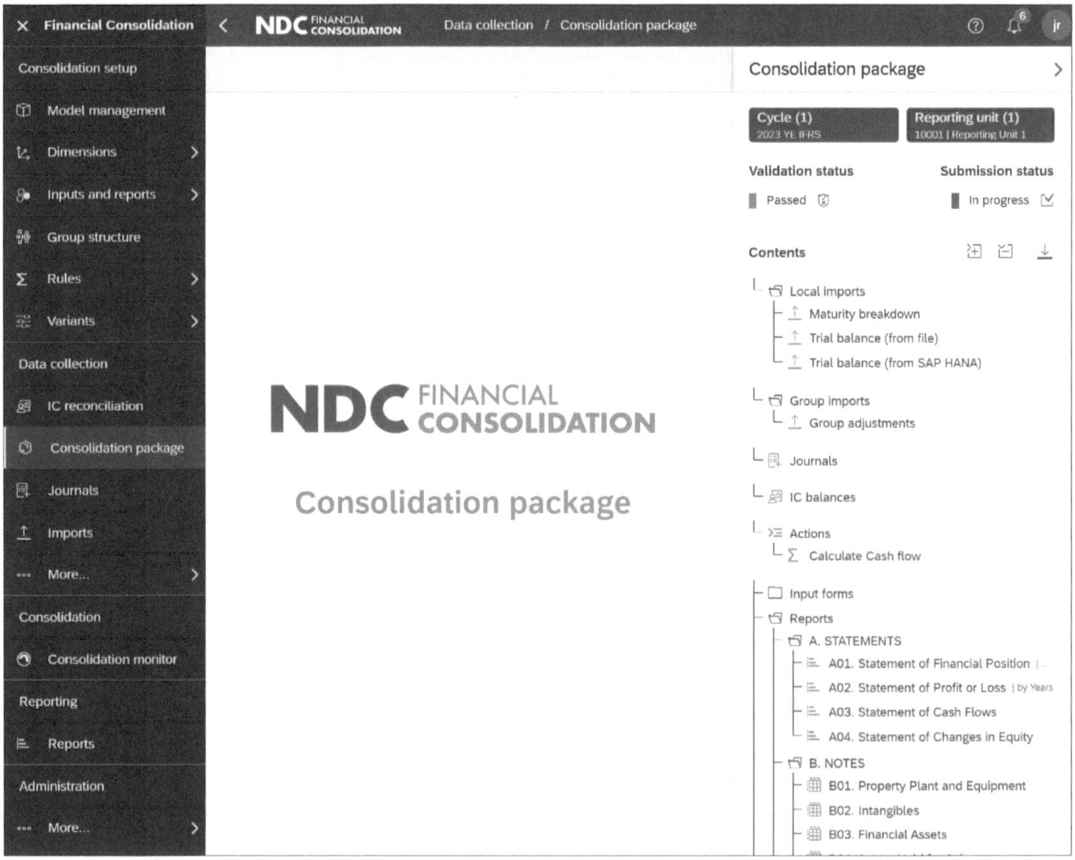

Abbildung 20.2: Datenpaket

Validierungen

In Abbildung 20.3 ist das Ergebnis eines Datenimports dargestellt. Klassischerweise gibt es einen vollständigen Datenimport sowie einen Delta-Upload.

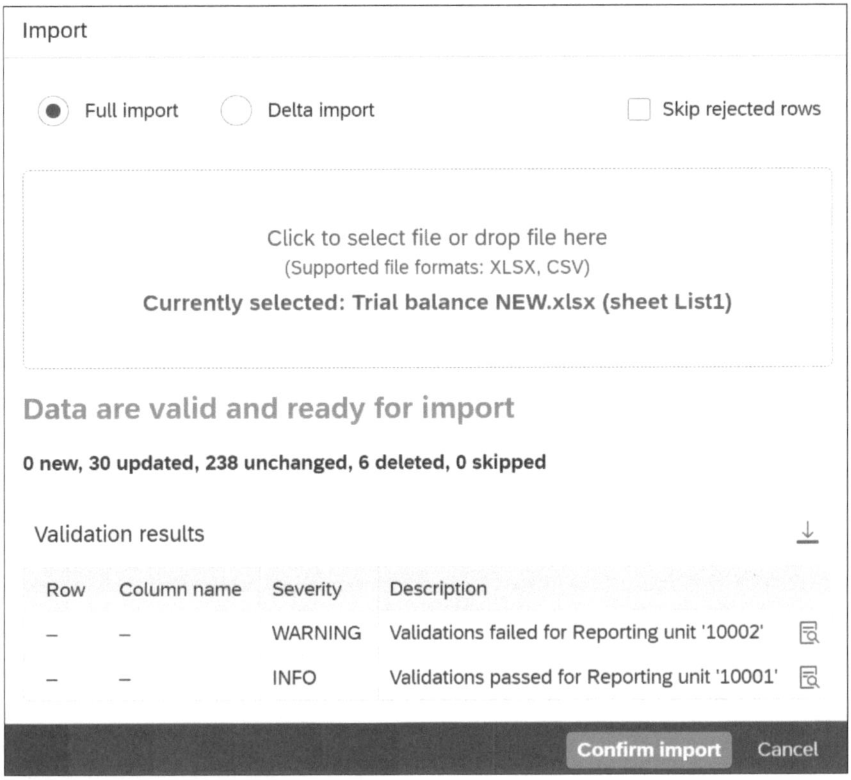

Abbildung 20.3: Datenimport-Meldung

Beim Hochladen werden diese Daten durch Validierungen geprüft. Daten können hinzugefügt, aktualisiert, gelöscht, unverändert gelassen oder abgelegt werden. Nach entsprechenden Korrekturen im Quellsystem werden die validierten Daten schließlich eingereicht. Die Validierungen können beliebig erweitert werden. Ein einfaches Beispiel einer fehlerhaften Validierung sehen Sie in Abbildung 20.4.

Berichte

Für die Datenmeldepakete werden entsprechende Berichte zur Verfügung gestellt; auch das Erstellen eigener Berichte ist möglich. Damit erhalten die lokalen Einheiten einen vollständigen Überblick über ihre gemeldeten Daten sowie die Ergebnisse der Validierungen. Dadurch sinkt die Fehleranfälligkeit und der Abschlussprozess wird stabiler. Ein klassisches, tabellenorientiertes Berichtsbeispiel ist in Abbildung 20.5 dargestellt. Rechts befindet sich die Berichtsliste, im Berichtskopf sind die Variablen zu sehen.

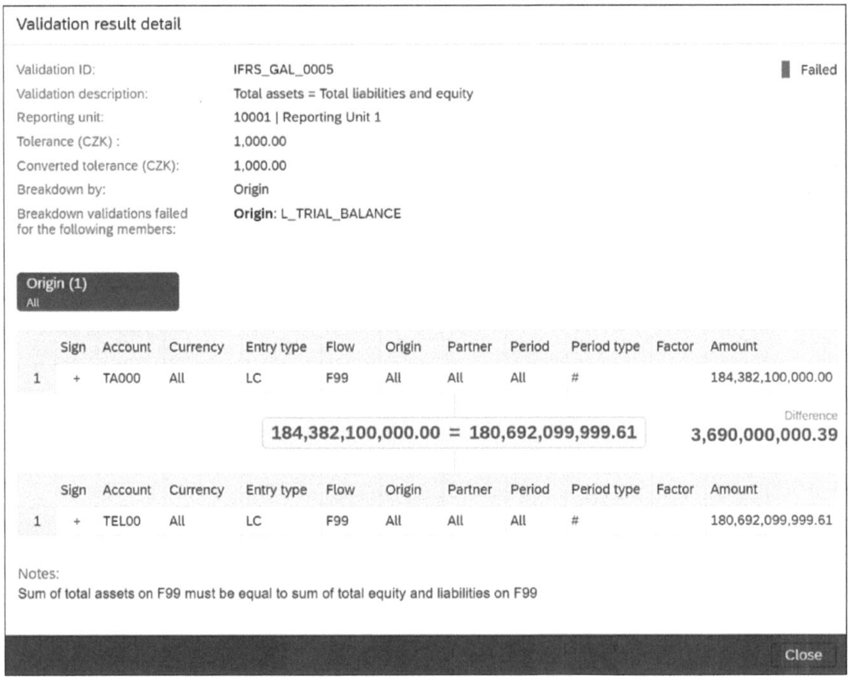

Abbildung 20.4: Das Ergebnis einer Validierungsregel

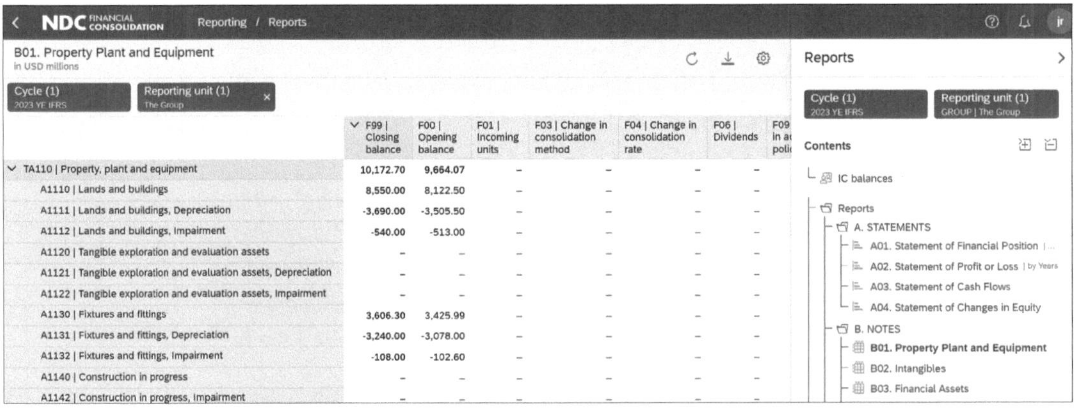

Abbildung 20.5: Beispiel für einen Bericht

In Abbildung 20.6 ist eine Inputform dargestellt. Anwenderinnen und Anwendern, die bereits SAP Analytics Cloud einsetzen, wird auffallen, dass die Plandateneingaben in SAP Analytics Cloud dieser Inputform für Konsolidierungszwecke sehr ähneln, d. h., der eingabebereite Bereich ist farblich hervorgehoben.

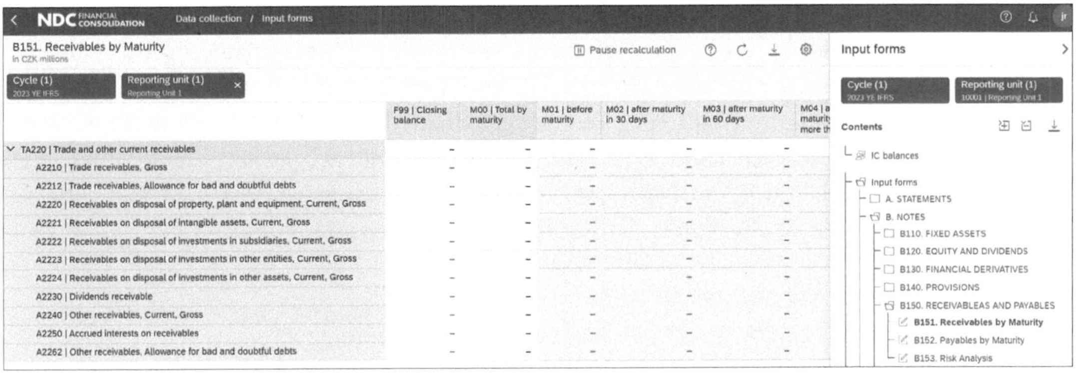

Abbildung 20.6: Beispiel einer Inputform

Die Key User (in diesem Kontext die zentrale Finanzabteilung) erstellen den Abschluss unter Einbeziehung aller fachlicher Disziplinen und steuern den gesamten Prozess von der Dateneinsammlung bis zum Abschluss – im Grunde ähnlich wie bei der Durchführung eines Top-down-Planungsprozesses. Auf Basis der Intercompany- und Konsolidierungsmodelle werden Datenpakete bereitgestellt, Validierungen angewendet und die Konsolidierungsprozesse ausgeführt. Am Ende wird der Abschluss erstellt.

Die Modelle für die Konsolidierung und die Intercompany-Abstimmung basieren auf den bekannten und üblichen Standarddimensionen (siehe Abbildung 20.7). Es können eine Vielzahl eigener Dimensionen angelegt werden, was die Lösung deutlich flexibler macht als vergleichbare Konsolidierungslösungen. Die Intercompany-Abstimmung kann bis zur transaktionalen Ebene verfeinert werden.

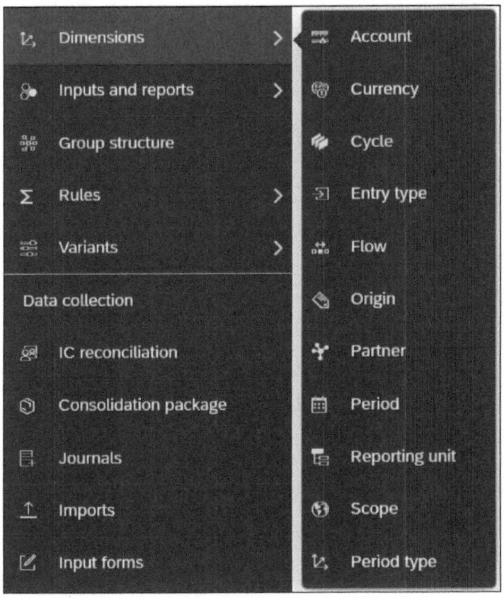

Abbildung 20.7: Elf Standarddimensionen

Attribute

Jede Dimension kann neben den Standardattributen um eigene Attribute erweitert werden, inklusive der Anwendung von Hierarchien. Die Attributanlage wird in Abbildung 20.8 gezeigt. Nach Eingabe von ID und Beschreibung stehen die Datentypen **Text**, **Number**, **Boolean**, **Datum** und **Hierarchie** zur Auswahl. Zusätzlich kann eine Variantenabhängigkeit ausgewählt werden. Varianten werden in der Regel genutzt, um Konsolidierungsprozesse zu konfigurieren, z. B. »Budget 2028«, »Forecast 2027« oder »Ist 2026 IFRS«.

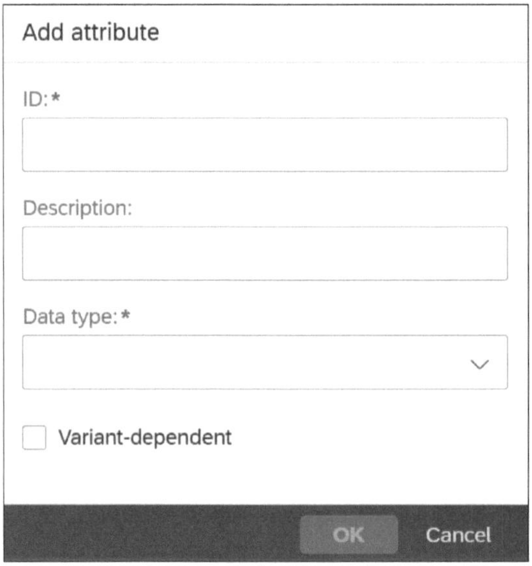

Abbildung 20.8: Attribut anlegen

Konsolidierungsmonitor

Der Konsolidierungsmonitor ist der Dreh- und Angelpunkt für die Überwachung des Abschlussprozesses. Er basiert auf der Konzernstruktur und zeigt den Status der Datenpakete pro liefernder Einheit. Abbildung 20.9 zeigt den Funktionsumfang. Im Kopf befinden sich die Filter und Variablen (❶). In den Spalten ist je Datenpaket der Status für die Übermittlung (❷) sowie für die Validierung (❸) ersichtlich. Von hier aus ist es möglich, einzelne Konsolidierungsregeln (❹), mehrere Konsolidierungsregeln als Konsolidierungssequenz (❺) oder Validierungen (❻) zentral auszuführen, die Ansicht zu exportieren (❼) oder tiefer in weiterführende Aktionen (❽) abzuspringen.

Aufgrund der identischen Funktionalität in SAP Analytics Cloud wird hier auf die Darstellung der User-Erstellung, Team-Zuweisung und Rollenvergabe verzichtet.

Das Audit Log protokolliert sämtliche Änderungen an Daten mit einem Zeitstempel und allen relevanten Metadaten. Ebenso werden alle Änderungen an Modellen und Strukturen protokolliert. Die Datenänderungen sind in Abbildung 20.10 dargestellt.

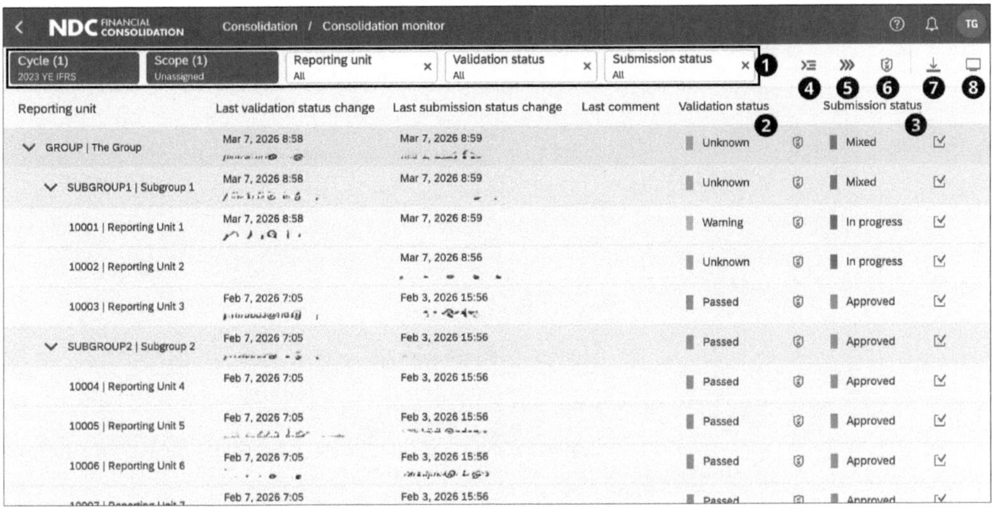

Abbildung 20.9: Konsolidierungsmonitor

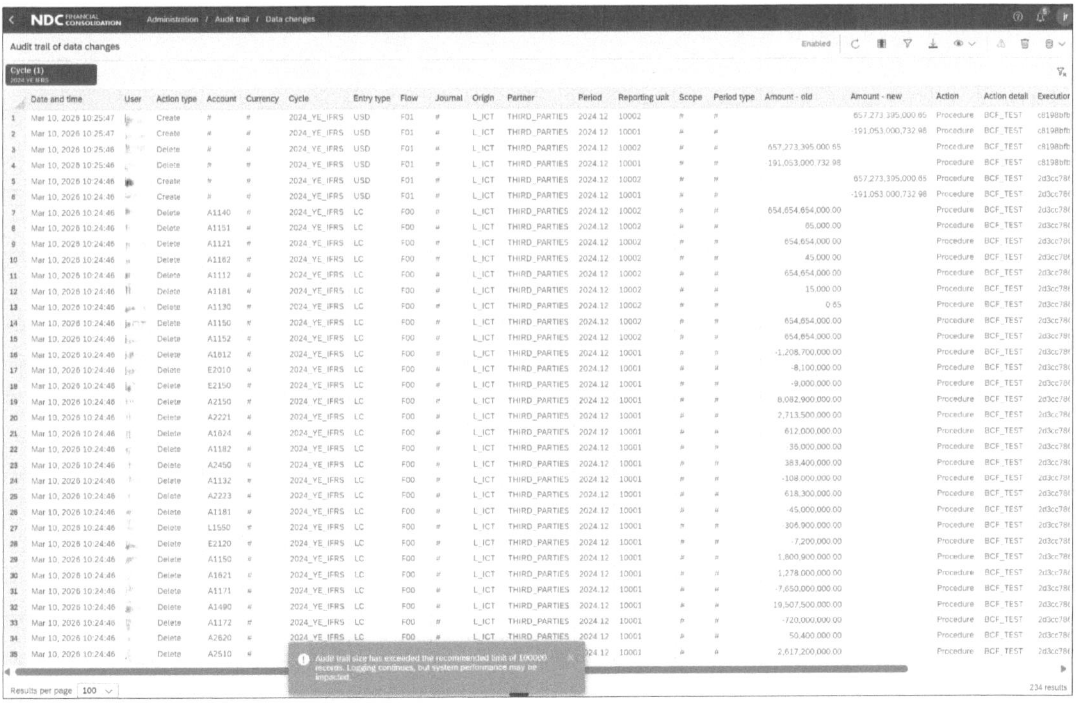

Abbildung 20.10: Beispiel bzw. Auszug eines Audit Logs für Daten

Die Konzernstruktur bildet die strukturelle Basis der Konsolidierung. Tochtergesellschaften, Mehr- und Minderbeteiligungen etc. werden im Menü für die Gruppenstruktur gepflegt. Abbildung 20.11 zeigt eine beispielhafte kleine Gruppenstruktur.

Abbildung 20.11: Beispiel einer Konzernstruktur

Das Herzstück dieser Konsolidierung sind die Konsolidierungsregeln. Beim No-Code-Ansatz hat die Finanzabteilung die Möglichkeit, zusätzlich eigene Konsolidierungsregeln anzulegen. Diese Konsolidierungsregeln werden zu Sequenzen kombiniert, die Teilschritte ausführen oder natürlich auch den gesamten Konsolidierungsprozess abarbeiten. Abbildung 20.12 zeigt eine Auswahl von Konsolidierungsregeln. Die Regeln werden nach fachlichen Anwendungsgebieten, wie hier bspw. **CASH FLOW**, oder generell nach Use Cases organisiert.

Positionierung der Lösung

Welche Rolle spielt nun NDC Financial Consolidation bei der Transformation nach SAP S/4HANA sowie für die SAP BDC? Wir sind der Meinung, dass Kunden, die eine sehr zentralisierte SAP-S/4HANA-Architektur nutzen und eine hohe Kontinuität bzw. Stabilität in ihren Finanzprozessen und -strukturen aufweisen, mit SAP Group Reporting sehr gut versorgt sind.

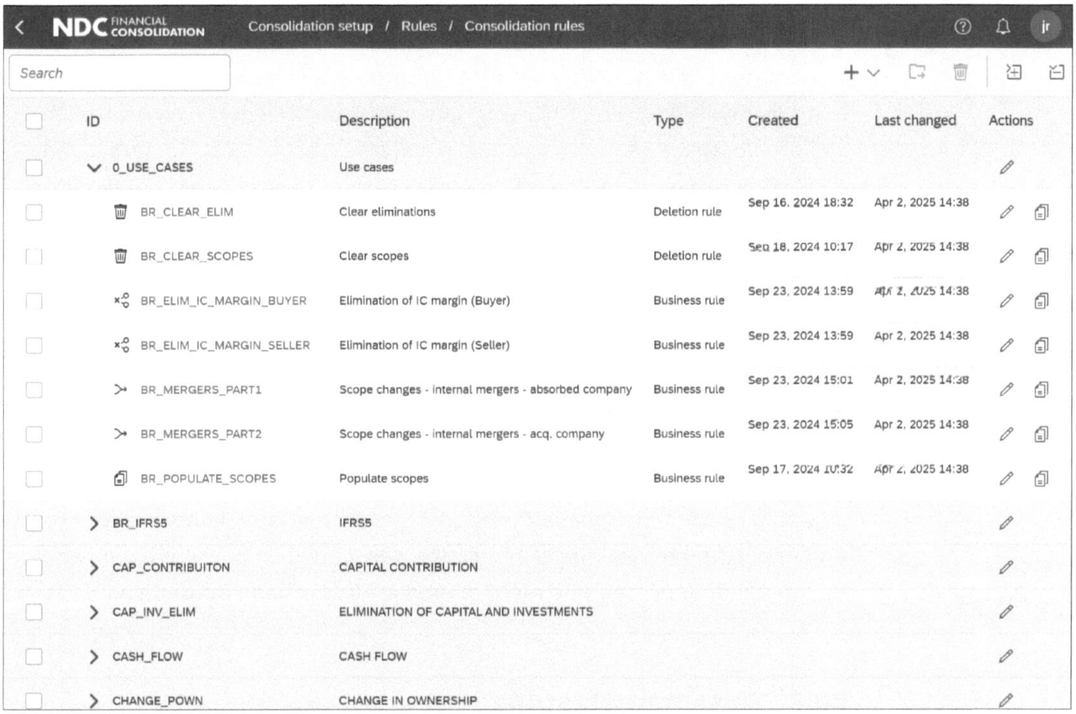

Abbildung 20.12: Beispiel für Konsolidierungsregeln

Die Vorteile von NDC Financial Consolidation im Rahmen der Nutzung der SAP BDC liegen dagegen in den folgenden Fällen vor:

- Es liegt eine hybride Architektur (SAP und Nicht-SAP) vor.
- Nicht-SAP-Finanzsysteme müssen einbezogen werden.
- Die SAP-S/4HANA-Instanz soll strikt nach dem Clean-Core-Prinzip betrieben werden.
- Es ist eine SAP-S/4HANA-Transformation mit vielen versetzten Rollouts geplant.
- Es muss regelmäßig mit Mergers und Acquisitions umgegangen werden.
- Es werden komplexe Konsolidierungsprozesse und -logiken benötigt, die erhebliche Anhangsinformationen beinhalten.
- Es wird eine integrierte Lösung für die Management-Konsolidierung und die legale Konsolidierung von Plandaten und Non-Financial-Daten gesucht.
- Es soll eine detaillierte Intercompany-Abstimmung auf transaktionaler Ebene abgebildet werden.

[»]

Fachliche Konsolidierungsexpertise

An dieser Stelle möchten wir betonen, dass die Auswahl eines Konsolidierungs-Tools und die Abwägung aller Vor- und Nachteile eine fachliche Tiefe voraussetzen und stark vom Einzelfall abhängen. Entsprechende Workshops sollten deshalb nur gemeinsam mit Konsolidierungsexperten durchgeführt und nicht allein aus der technischen Perspektive der SAP BDC gehalten werden.

Migrationspfade

Für die Transformation nach NDC Financial Consolidation existieren je nach Konsolidierungslösung individuelle Migrationspfade, auf deren Darstellung wir jedoch an dieser Stelle verzichten. Zusammenfassend lässt sich jedoch sagen, dass Datenmodelle, Währungsumrechnungen und Journale automatisch migriert werden. Mappings, Validierungen und Konsolidierungslogiken können eins zu eins wiederhergestellt werden. Historische Daten können über Export- und Importfunktionen übernommen werden. Lediglich bei Filtern, Eingabeformularen und Berichten sind mehr manuelle Tätigkeiten erforderlich.

20.3 Zusammenfassung

Neben SAP Group Reporting und SAP Business Consolidation for BW/4HANA gibt es nun eine weitere Option für die Konsolidierung, die ihre Stärken in einer heterogenen und dynamischen Architektur hat. Mit dem SAP-BDC-basierten Ansatz für die Finanzkonsolidierung können nun auch verteilte und unstrukturierte Ist- und Planfinanzdaten sehr eng miteinander integriert und harmonisiert werden – auf einer einzigen Plattform, in einer Lösung, als ein Datenprodukt und in einer User Experience.

Kapitel 21
Status quo: Manuelle Absatzmengenplanung ablösen

Obwohl KI und Automatisierung allgegenwärtig sind, erfolgt die Absatzmengenplanung in vielen Unternehmen noch manuell: Vorjahreswerte werden in Microsoft Excel oder SAP Analytics Cloud erfasst und durch Fachbereiche händisch angepasst. Doch warum dominiert diese Praxis noch immer und wie kann der Schritt hin zu integrierter, KI-gestützter Planung gelingen?

In vielen Unternehmen ist die Absatzmengenplanung nach wie vor ein überwiegend manueller Prozess. Trotz moderner Planungswerkzeuge und einer zunehmenden Verfügbarkeit von Daten basieren die Planungsabläufe häufig auf der Fortschreibung historischer Werte und deren händischer Anpassung durch Controlling oder Fachbereiche. Insbesondere in Vertrieb und Supply Chain führt dies zu einem Spannungsfeld: Einerseits besteht der Wunsch nach fundierten, datengetriebenen Prognosen, andererseits dominieren gewachsene, Microsoft-Excel- und formularbasierte Vorgehensweisen.

In Abschnitt 21.1, »Ausgangssituation der Absatzmengenplanung«, dieses Kapitels beschreiben wir zunächst den aktuellen Status quo der manuellen Absatzmengenplanung. In Abschnitt 21.2, »Die aktuelle Praxis und ihre Nachteile«, skizzieren wir zunächst die typischen Vorgehensweisen bei der manuellen Absatzmengenplanung und beleuchten dabei auch die Rolle bestehender Planungswerkzeuge wie SAP Analytics Cloud, Excel und SAP Integrated Business Planning (SAP IBP) sowie die Nachteile der aktuellen Vorgehensweise. Abschließend geben wir in Abschnitt 21.3, »Absatzmengenplanung in der SAP BDC«, einen Ausblick auf ein integriertes, datengetriebenes Planungsmodell mit der SAP BDC, wie es bspw. im Rahmen eines Seamless-Planning-Ansatzes auf Basis von SAP Datasphere und SAP Databricks realisiert werden kann.

21.1 Ausgangssituation der Absatzmengenplanung

Die Absatzmengenplanung dient in vielen Unternehmen als zentrale Grundlage für die Umsatzplanung, das Produktionsprogramm, die Beschaffung und die Kapazitätsplanung. Sie ist somit ein kritischer Baustein der integrierten Unternehmensplanung. Trotz dieser hohen Relevanz zeigen sich in der Praxis häufig isolierte Prozesse, die den Anspruch einer durchgängig integrierten Planung nur bedingt erfüllen. Die zugrunde liegende Planungslogik ist in vielen Fällen historisch gewachsen und stark von einzelnen Personen, Fachbereichen oder Regionen geprägt. Anstatt auf einem einheitlichen, transparenten Modell zu basieren, dominieren lokale Vorgehensweisen, individuelle Annahmen und gewohnte Arbeitsroutinen.

Auch die technische Umsetzung verstärkt diese Fragmentierung. Die Absatzmengenplanung erfolgt häufig in Microsoft Excel oder in einfachen Planungsmasken, die in SAP Analytics Cloud oder anderen Frontend-Tools bereitgestellt werden. Wie in Kapitel 11, »Status quo: Excel-basierte Finanzplanung«, beschrieben, wird insbesondere Excel häufig genutzt, um den Input von verschiedenen Vertriebsverantwortlichen im Unternehmen einzusammeln. Tabellen werden verteilt, befüllt, konsolidiert und erneut abgestimmt – ein Vorgehen, das zwar flexibel, aber zugleich fehleranfällig und zeitaufwendig ist. In diesem Kontext dienen die eigentlichen Systeme eher als Datenlieferanten oder Sammelstellen, denn als integrierte Planungsplattform.

Vergangenheitsorientierte Planung

Hinzu kommt, dass die Datenbasis und die Methoden der Absatzmengenplanung in der Regel stark vergangenheitsorientiert sind. Oft werden Vorjahreswerte oder historische Durchschnittsmengen als Ausgangspunkt verwendet und manuell angepasst. Externe Faktoren wie Markttrends, Wettbewerbsverhalten oder makroökonomische Indikatoren fließen, wenn überhaupt, nur punktuell und unsystematisch in die Planung ein. Diese Rahmenbedingungen führen dazu, dass die Absatzmengenplanung zwar formal in digitalen Systemen abgebildet ist, inhaltlich jedoch einem klassischen, manuellen Hochrechnungsprozess entspricht. Zudem fehlt häufig eine strukturierte Rückkopplung zu Produktionskapazitäten und Materialverfügbarkeit, etwa in Form eines etablierten Sales-and-Operations-Planning-Prozesses (S&OP-Prozess). Dadurch bleibt die notwendige Verzahnung zwischen Absatzplanung, Produktion und Supply Chain vielfach unzureichend ausgeprägt.

21.2 Die aktuelle Praxis und ihre Nachteile

Im Folgenden beschreiben wir die heute verbreitete, überwiegend manuelle Praxis der Absatzmengenplanung – von Excel-Vorlagen bis hin zu SAP-gestützten Lösungen. Im Fokus stehen typische Prozessmuster, Detaillierungsgrade und Tool-Landschaften sowie deren Grenzen.

Planungsebene

Ein zentrales Gestaltungsmerkmal der Absatzmengenplanung ist die gewählte *Planungsebene*. Im Kern geht es dabei um die Granularität der Plandaten entlang der Dimensionen Kunde, Produkt und Zeit. Der mögliche Detaillierungsgrad reicht von einer sehr feinen Kunden-Produkt-Wochen-Ebene bis hin zu aggregierten Kundengruppen-Produktgruppen-Monatsansichten. In der Theorie könnte die Planung exakt auf der Ebene erfolgen, auf der Entscheidungen getroffen und gesteuert werden sollen. In der Praxis sind es jedoch häufig die verfügbaren Ressourcen – wie Zeit, technische Limitationen oder fehlendes methodisches Wissen – und weniger die inhaltlichen Anforderungen des Managements, die den Detaillierungsgrad bestimmen.

Ein typisches Beispiel für eine eher aggregierte Planung ist die Erfassung von Plänen auf Marke-Region-Monatsebene in Excel-Tabellen durch die Vertriebsleitungen. Diese Werte werden anschließend über Excel-Formeln anhand historischer Absatzverhältnisse auf Produkte, Kunden oder Perioden heruntergebrochen. Der Vorteil dieser Vorgehensweise liegt darin, dass Vertriebsziele häufig auf solchen aggregierten Größen basieren und sich für die Vertriebsverantwortlichen leichter in der Planung abbilden lassen. Eine Einzelbetrachtung auf Kunden- oder Produktebene ist damit jedoch nur indirekt und stark modellgetrieben möglich.

Detaillierte Absatzmengenplanungen sind aufwändig

Im Gegensatz dazu werden in Planungs-Tools wie SAP BW Integrated Planning teilweise manuell Produkt-Kunden-Monatskombinationen gepflegt. Dies erhöht zwar die inhaltliche Präzision, erfordert jedoch einen erheblichen Zeit- und Abstimmungsaufwand sowie sehr klare Zielsetzungen. Zudem müssen die relevanten Stammdaten – insbesondere neue Produkte oder Kunden – bereits zum Planungszeitpunkt vollständig angelegt und bekannt sein. In der Konsequenz bedeutet dies häufig, dass bspw. bereits im August des laufenden Jahres alle Produkteinführungen des kommenden Jahres feststehen müssen, um überhaupt in der Planung berücksichtigt werden zu können.

Vorgehen

In der Absatzmengenplanung ist es üblich, die Planungswerte zunächst mit historischen Ist-Daten vorzubefüllen. Häufig wird dabei auf die Werte des Vorjahres oder des letzten abgeschlossenen Geschäftsjahres zurückgegriffen. Diese Vorjahreswerte werden in Planungsmasken übernommen – sei es in einem BI-Frontend oder, besonders häufig, in Form von Excel-Vorlagen, die aus den Quellsystemen heraus generiert und an die Verantwortlichen verteilt werden.

Nach der initialen Vorbefüllung beginnt der eigentliche Planungsprozess, der in vielen Unternehmen stark dezentral organisiert ist. Die Planenden können dort auf einer zuvor gewählten Aggregationsebene die vorbefüllten Daten anpassen (siehe Abbildung 21.1). Die Vertriebsbereiche prüfen die vorgeschlagenen Mengen auf Kunden- und Marktebene, die Supply-Chain- oder Produktionsplanungseinheiten bewerten die Machbarkeit in Bezug auf Kapazitäten und Lieferfähigkeit, und das Controlling übernimmt die Koordination, Konsolidierung und Plausibilisierung der Planungsstände.

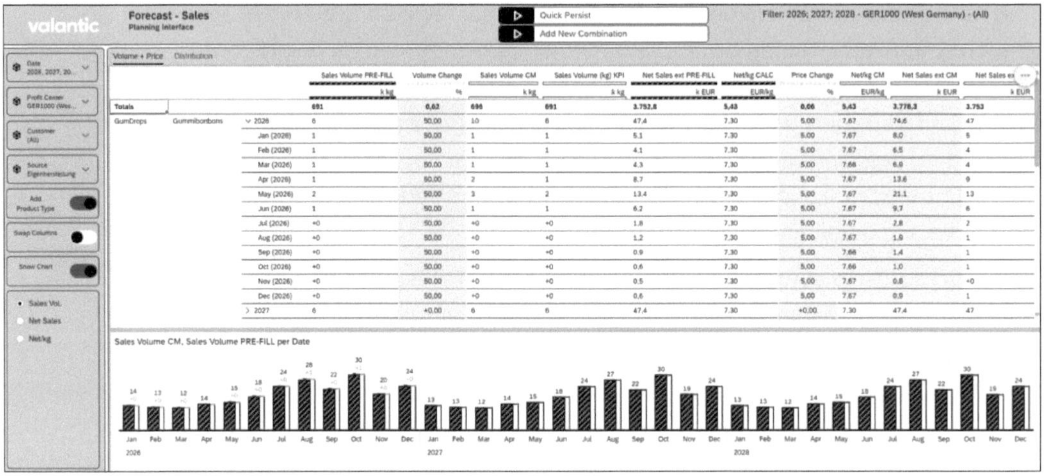

Abbildung 21.1: Planungseingabe in SAP Analytics Cloud

Wenig Automatisierung

Die so entstehenden Planungsansätze sind im Kern Fortschreibungen der Vergangenheit. Anpassungen erfolgen typischerweise durch pauschale Auf- oder Abschläge (etwa »+ 3 % Wachstum gegenüber dem Vorjahr«), durch manuelle Korrekturen auf Produkt-, Kunden- oder Regionsebene sowie durch individuelle Einschätzungen von Vertriebsmitarbeitenden, Controllerinnen und Controllern oder Verantwortlichen in den Fachbereichen. Technisch erfolgt dies häufig über den Austausch und die Bearbeitung von Excel-Dateien oder einfachen, nicht automatisierten Planungsmasken.

Die Anpassungen erfolgen primär manuell. Planverantwortliche passen einzelne Werte direkt in den Tabellen an; hinterlegte Formeln dienen vor allem der Aggregation und Verteilung, weniger der automatisierten Prognosebildung. Eine systematisch hinterlegte Prognoselogik, die externe Datenquellen oder statistische Verfahren in die Absatzmengenplanung integriert, fehlt meist. Diese Vorgehensweise ist zwar flexibel und entspricht den gewohnten Arbeitsweisen vieler Mitarbeitender, sie ist jedoch gleichzeitig zeitaufwendig, fehleranfällig und nur begrenzt skalierbar – insbesondere dann, wenn Produktportfolios, Kundenstrukturen und Märkte dynamisch wachsen und komplexer werden.

Nutzung von SAP IBP

SAP Integrated Business Planning (SAP IBP) hat sich in den vergangenen Jahren in vielen Unternehmen als spezialisiertes Werkzeug für die Absatz- und Bestandsplanung etabliert. Insbesondere die Komponente *SAP IBP for Demand* bietet umfangreiche Funktionen für Prognosen, Szenariorechnungen und integrierte Planungsprozesse entlang der Supply Chain. Auf Basis historischer Ist-Daten, definierter Planungsobjektkombinationen (z. B. Produkt, Kunde, Standort, Zeit) und verschiedener Prognoseverfahren können systemgestützte Absatzplanungen erstellt und mit weiteren Planungsbereichen, wie der Bestands- oder Beschaffungsplanung, verzahnt werden. Damit adressiert SAP IBP genau jene Schwächen, die in rein Excel-basierten oder manuell geprägten Planungsansätzen auftreten: fehlende Automatisierung, begrenzte Prognosequalität und mangelnde Integration.

In der praktischen Nutzung zeigt sich jedoch ein ambivalentes Bild. SAP IBP wird in vielen Organisationen als zusätzliches, teilweise isoliertes System wahrgenommen. Die Einführung ist mit erheblichem Projektaufwand verbunden: Neben Lizenz- und Implementierungskosten sind Konzeption, Datenintegration und Prozessdesign erforderlich. Fachbereiche müssen neue Oberflächen, Planungsprozesse und Terminologien erlernen, was eine spürbare Veränderung der gewohnten Arbeitsweise bedeutet. Hinzu kommt, dass die Integration von SAP IBP mit bestehenden Analytics- und Planungsumgebungen – bspw. SAP Analytics Cloud oder anderen etablierten Reporting-Lösungen – nicht immer nahtlos und durchgängig umgesetzt ist.

Die Konsequenz: SAP IBP wird häufig nur punktuell eingesetzt, etwa zur Erstellung statistischer Prognosen oder für bestimmte, klar abgegrenzte Planungsprozesse wie Demand Planning oder S&OP-Simulationen. Die operative Absatzmengenplanung bleibt in vielen Unternehmen hingegen weiterhin stark in Excel- oder SAP-Analytics-Cloud-basierten Formularen verankert. Zwar greifen Planungsverantwortliche gelegentlich auf SAP-IBP-Ergebnisse als Referenz zurück, führen die eigentliche Planung aber mit den ihnen vertrauten, weniger integrierten Werkzeugen durch. Damit bleibt ein beträchtlicher Teil des Potenzials von SAP IBP – insbesondere die durchgängige, integrierte und kollaborative Absatzmengenplanung – in der Praxis oft ungenutzt.

Grenzen der manuellen Absatzmengenplanung

Die beschriebenen Vorgehensweisen in der Absatzmengenplanung sind grundsätzlich funktional und haben sich über viele Jahre bewährt. Angesichts steigender Volatilität und Komplexität der Märkte stoßen sie jedoch zunehmend an ihre Grenzen. Die Fortschreibung von Vorjahreswerten und einfachen Trendannahmen kann strukturelle Veränderungen in Märkten, Sortimenten oder im Kundenverhalten nur unzureichend abbilden. Neue Wettbewerber, veränderte Vertriebskanäle oder kurzfristige Nachfragespitzen werden häufig erst im Nachhinein sichtbar – nicht in der Planung, sondern im Ist-Zustand.

Hinzu kommt der hohe manuelle Aufwand: Das wiederholte Anpassen, Konsolidieren und Abstimmen von Planungswerten in Excel-Dateien oder nicht automatisierten Planungsmasken bindet erhebliche Ressourcen im Controlling und in den Fachbereichen. Gleichzeitig werden externe Datenquellen wie Markttrends, Branchenindizes oder makroökonomische Indikatoren selten systematisch in die Absatzmengenplanung integriert, obwohl sie gerade in volatilen Umfeldern wichtige Signale liefern könnten.

Medienbrüche und Redundanzen

Zusätzlich erschweren Medienbrüche und Redundanzen die Transparenz: Parallel genutzte Excel-Vorlagen, separate SAP-IBP-Lösungen und auch SAP Analytics Cloud führen zu unterschiedlichen Datenständen, Inkonsistenzen und einer begrenzten Nachvollziehbarkeit der getroffenen Annahmen. Vor diesem Hintergrund gewinnt der Ansatz an Bedeutung, Planungsprozesse stärker zu automatisieren, Prognoseverfahren und KI-Methoden einzubinden und die Absatzmengenplanung auf einer integrierten, konsistenten und datengetriebenen Basis aufzubauen.

21.3 Absatzmengenplanung in der SAP BDC

KI-gestützte Prognosen

Ein moderner Ansatz zur Neuaufstellung der Absatzmengenplanung besteht darin, Ist-Daten und ergänzende externe Informationen in einem zentralen Daten- und Analysemodell zu bündeln und darauf aufbauend KI-gestützte Prognosen zu generieren. Ein mögliches Zielbild ist ein Seamless-Planning-Modell in SAP Datasphere in Verbindung mit SAP Databricks.

21.3.1 Zentrale Datenbasis in SAP Datasphere

Konsistente Datenbasis in SAP Datasphere

Eine zentrale Voraussetzung für eine moderne, integrierte Absatzmengenplanung ist eine konsistente und aktuelle Datenbasis. In der SAP BDC übernimmt SAP Datasphere diese Rolle als zentrale Datenplattform (siehe Kapitel 2, »SAP Datasphere als Kern der SAP Business Data Cloud«). Für die Absatzmengenplanung kann zudem das Seamless Planning (siehe Abschnitt 7.3) verwendet werden. SAP Datasphere stellt die harmonisierte Datenschicht bereit, während SAP Analytics Cloud als vertrautes Frontend für die Anwenderinnen und Anwender fungiert. Die Nutzerinnen und Nutzer arbeiten somit in einer gewohnten Oberfläche, während im Hintergrund eine zentrale, konsistente Datenbasis in SAP Datasphere die Grundlage für integrierte und skalierbare Planungsprozesse liefert.

Für die Absatzmengenplanung relevante Daten umfassen einerseits Ist-Daten – wie historische Absatzmengen, Preise, Promotions sowie Kunden- und Produktstrukturen –, die aus Quellsystemen wie ERP oder CRM in SAP Datasphere integriert und dort harmonisiert werden. Auch saisonale Effekte (z. B. Kalenderinformationen, Feiertage, Aktionszeiträume), Logistik- und Verfügbarkeitsdaten, Kanal- und Regionenstrukturen sowie ggf. Informationen zu Retouren oder Abverkaufskanälen können ergänzt werden. Andererseits lässt sich die Datenbasis gezielt um externe Markt- oder Trenddaten wie Branchenindizes, makroökonomische Kennzahlen, Wetterdaten oder Wettbewerbsinformationen erweitern.

21.3.2 KI-gestützte Prognose mit SAP Databricks

Prognosemodelle

Auf Basis der in SAP Datasphere konsolidierten und harmonisierten Daten kann SAP Databricks als leistungsfähige Plattform für die Entwicklung von KI, bspw. in Form von ML-Modellen, zur Absatzmengenprognose genutzt werden. Die in SAP Datasphere bereitgestellten internen und externen Daten werden hierfür in SAP Databricks verfügbar gemacht und dienen als Trainings- und Inputbasis für Prognosemodelle, die deutlich über einfache Vorjahresfortschreibungen hinausgehen. Die Funktionsweise der Schnittstellen zwischen SAP Datasphere und SAP Databricks wird in Kapitel 4, »SAP Databricks: Datenaustausch und KI«, erläutert.

Indikatoren

In SAP Databricks können Data Science Teams und Fachbereiche mit Python arbeiten und etablierte Bibliotheken (z. B. *Scikit-learn*, *statsmodels* oder *Spark MLlib*) einsetzen, um geeignete Prognosemodelle zu entwickeln. Weiterführende Informationen dazu finden Sie in Kapitel 14, »Status quo: Einsatz von Databricks Enterprise«. Dabei lassen sich unter anderem saisonale Muster und langfristige Trends identifizieren, die Auswirkungen von Preisänderungen oder Promotion-Aktivitäten modellieren sowie externe Markttrends und makroökonomische Indikatoren systematisch berücksichtigen. Zudem können segmentbezogene Unterschiede – etwa nach Regionen, Kundengruppen oder Produktlinien – explizit in die Modellierung einfließen, sodass differenzierte Prognosen auf verschiedenen Aggregationsebenen entstehen.

Ein wesentlicher Vorteil dieses Ansatzes liegt in der engen Verzahnung von Datenplattform und KI-Umgebung: Die in SAP Databricks entwickelten Modelle greifen direkt auf das in SAP Datasphere definierte, zentrale Datenmodell zurück und können regelmäßig neu trainiert oder aktualisiert werden – bspw. im Rahmen eines monatlichen oder wöchentlichen Forecast-Zyklus.

Die Ergebnisse der KI-Modelle – prognostizierte Absatzmengen auf unterschiedlichen Detailebenen wie Produkt-Kunde-Monat oder Produktgruppe-Region-Monat – werden über Delta Share zurück in SAP Datasphere gespielt. Dort stehen sie im gleichen Datenkontext wie historische Ist-Daten, Planwerte und weitere Kennzahlen zur Verfügung. Auf dieser Basis können die Absatzmengen nahtlos in SAP Analytics Cloud bereitgestellt werden.

21.3.3 Vorbefüllung der Planungsmasken in SAP Analytics Cloud

KI-basierte Prognosen

Der KI-gestützte Ansatz in der SAP BDC bietet Unternehmen bei der Absatzmengenplanung eine Reihe struktureller Vorteile, die über eine reine Automatisierung hinausgehen. Anstatt die Planungsmasken in SAP Analytics Cloud primär mit Vorjahreswerten oder einfachen Trendfortschreibungen zu befüllen, werden sie mit KI-basierten Prognosen vorinitialisiert. Diese Prognosen greifen auf die in SAP Datasphere konsolidierte Datenbasis zurück und berücksichtigen neben historischen Absatzmustern auch Preise, Promotions, saisonale Effekte, Kanal- und Regionenstrukturen sowie externe Markt- und Trendinformationen.

Für Planungsverantwortliche im Controlling und in den Fachbereichen bedeutet dies, dass sie nicht mehr bei null oder auf Basis grober Hochrechnungen beginnen müssen, sondern einen datengetriebenen Vorschlagswert erhalten, der bereits zentrale Einflussfaktoren berücksichtigt. Die Rolle der Planerinnen und Planer verschiebt sich damit von der aufwendigen manuellen Mengenermittlung hin zur fachlichen Bewertung und Feinjustierung der Vorschlagswerte. Manuelle Eingriffe bleiben bewusst möglich, dienen aber vor allem der Korrektur von Sondersituationen sowie der Berücksichtigung spezifischer Kundeninformationen oder strategischer Managementvorgaben.

Nahtlose Integration

Ein weiterer Vorteil liegt in der nahtlosen Integration in die bestehende Systemlandschaft: Die gewohnte Arbeitsumgebung in SAP Analytics Cloud – wie Planungsformulare, Storys und Data Actions – bleibt erhalten. Im Hintergrund stellt die SAP BDC mithilfe von SAP Datasphere und SAP Databricks sicher, dass die KI-Modelle regelmäßig mit aktuellen Daten versorgt, neu trainiert und ihre Ergebnisse über Delta Share zurück in die zentrale Datenbasis gespielt werden. So stehen Prognosen, Ist-Daten und Planwerte in einem einheitlichen Datenkontext zur Verfügung.

Prognosequalität

Unternehmen profitieren davon mehrfach: Die Prognosequalität steigt, der manuelle Aufwand sinkt, Planungszyklen werden kürzer und die Reaktionsfähigkeit auf Marktveränderungen erhöht sich. Gleichzeitig verbessert sich die Transparenz, da Annahmen und Einflussfaktoren systematisch im Modell abgebildet und über einheitliche Datenstrukturen nachvollziehbar gemacht werden.

21.4 Zusammenfassung

Die Absatzmengenplanung ist in vielen Unternehmen ein zentraler Baustein der integrierten Unternehmenssteuerung. In ihrer praktischen Ausgestaltung ist sie jedoch häufig noch stark von manuellen Prozessen geprägt. Excel-Listen, einfache SAP-Analytics-Cloud-Planungsmasken und punktuell genutzte SAP-IBP-Integrationen ergeben ein heterogenes Gesamtbild, das zwar grundsätzlich funktioniert, den wachsenden Anforderungen an Prognosequalität, Geschwindigkeit und Transparenz jedoch nur eingeschränkt gerecht wird. Vorjahresfortschreibungen, dezentrale Datensammlungen und aufwendige Abstimmungsrunden binden erhebliche Mengen an Ressourcen – und das sogar, ohne externe Markttrends oder komplexe Einflussfaktoren systematisch zu berücksichtigen.

Mit der SAP BDC und dem Zusammenspiel von SAP Datasphere, SAP Databricks und SAP Analytics Cloud eröffnet sich ein Weg, um diesen Status quo schrittweise zu überwinden. Ist-Daten und relevante Marktinformationen werden in

SAP Datasphere in einem zentralen Modell konsolidiert; ML-Verfahren in SAP Databricks erzeugen belastbare und erklärbare Absatzmengenprognosen, die über Delta Share nahtlos nach SAP Datasphere und weiter in SAP Analytics Cloud zurückgespielt werden. Die Planungsmasken in SAP Analytics Cloud werden somit automatisiert mit KI-basierten Vorschlagswerten vorbefüllt, während Controlling und Fachbereiche ihre Rolle zunehmend in der fachlichen Bewertung, Priorisierung und Feinjustierung sehen.

Datengetriebene Entscheidung

Der Schwerpunkt der Absatzmengenplanung verschiebt sich damit von der Datenerfassung hin zur datengetriebenen Entscheidung. Planungsverantwortliche agieren weniger als Dateneingebende und stärker als Interpretierende und Entscheidende. Damit wird die Grundlage für eine moderne, integrierte Planung geschaffen, die sowohl den steigenden Marktanforderungen als auch den Erwartungen an Effizienz und Transparenz gerecht wird.

Kapitel 22

Wie Sie mit der SAP Business Data Cloud starten können

Die fachliche Fragestellung bzw. das fachliche Problem muss von allen Datenakteuren vollständig verstanden werden. Die IT ist für die Plattform verantwortlich, während die Fachbereiche die Verantwortung für die Daten tragen. Letztendlich ist der Erfolg eine gemeinsame Teamleistung aller Beteiligten.

In diesem Buch haben wir die SAP BDC in den Plattform-Markt und den SAP-Kontext eingeordnet, Komponente für Komponente technisch durchgearbeitet und ihre Funktionsweisen und Einsatzbereiche vorgestellt. Darüber hinaus haben wir einen Fokus auf Datenprodukte gelegt, um die Bedeutung des Umgangs mit Daten hervorzuheben. Data Governance, Data Mesh, Datenqualität, ETL-Prozesse, KPI-Definitionen, Planungsprozesse usw. sind allesamt lediglich Methoden und unabhängig von Technologien. Wir sind davon überzeugt, dass die SAP BDC als Plattform einen sehr wichtigen Beitrag leisten kann, um Technologie, Prozesse und Datenkultur näher zusammenzubringen und aussagekräftige ML- und KI-Ergebnisse zu erzielen. Wir beginnen dieses Kapitel in Abschnitt 22.1 mit dem aus unserer Sicht wichtigsten Erfolgsfaktor für den Aufbau einer Analytics-Plattform mit der SAP BDC. Anschließend werfen wir in Abschnitt 22.2, »Lücken im SAP-BDC-Funktionsumfang«, einen kleinen Blick in die Zukunft und beschreiben eine Auswahl an Funktionen, die aus unserer Sicht wichtig sind. Um Sie dabei zu unterstützen, die SAP BDC in Ihrem Unternehmen strategisch gegenüber Ihrem Management und weiteren Stakeholdern zu platzieren, finden Sie im Anhang eine Vorlage für ein Positionspapier.

22.1 Der Erfolgsfaktor für Ihr SAP-BDC-Projekt

Wir haben in diesem Buch an vielen Stellen über *Datenkultur* geschrieben und dabei herausgestellt, dass diese nicht durch eine Technologie – also eine Plattform wie die SAP BDC – implementierbar ist, sondern eine Haltung, einen Prozess und eine Überzeugung darstellt. Die in diesem Abschnitt besprochenen Themen sind Ihnen vielleicht bereits bekannt, und möglicherweise erscheinen sie Ihnen auch unmodern oder gar trivial. Jedoch beobachten wir seit Jahren in unseren Studien, bei Marktbegleitern oder im Rahmen technologieunabhängiger Beratungen immer wieder, dass Datenqualitätsmanagement, Datenkultur und Data Governance dauerhaft zu den fünf wichtigsten Prioritäten zählen. Daher widmen wir uns diesem Themenkomplex an dieser Stelle noch einmal ausführlicher.

Data Governance

Der Begriff *Data Governance* ist unserer Erfahrung nach negativ besetzt. »Governance« klingt nach Restriktionen, Richtlinien, Hürden und endlosen Anträgen. Daher sprechen wir lieber von einer non-invasiven Data Governance und versuchen, die wertvollen Prinzipien in den Fokus zu stellen:

- Vertrauen in Daten durch nachweisliche Datenqualität stärken.
- Transparente Rückverfolgung der Datenherkunft bis zur Quelle, inkl. Verfolgung der Datenentwicklung über das Modell hinweg.
- Sensible Daten schützen.
- Eine einheitliche Sprache und Definition von Daten etablieren.
- Klare Verantwortlichkeiten: Wer ist die Ansprechperson für ein Datenprodukt und hat neben der Verpflichtung auch die Befugnisse und die Überzeugung, ihr Datenprodukt zur maximalen Reife zu entwickeln?
- Datenprodukte stets verfügbar und aktuell halten – nur durch eine breite Nutzung kann Vertrauen entstehen.

Kreislaufprozess

Mit dem letzten Punkt unterstreichen wir, dass wir bei Data Governance und Datenkultur über einen Kreislaufprozess sprechen. Im Zentrum dessen stehen Kommunikation und das Ziel einer stetigen Verbesserung. Aus unserer Sicht besteht eine erfolgreiche Datenkultur aus den folgenden Komponenten:

- **Datenstrategie**
  Im Kern steht eine Datenstrategie, die in die Unternehmensstrategie eingebettet ist, stark auf die Kommunikation und Motivation der Mitarbeitenden im Unternehmen ausgerichtet ist und die vorsieht, dass regelmäßig über die erzielten Verbesserungen berichtet wird.
- **Non-invasive Data Governance**
  Eine smarte und wirksame Data Governance etabliert klare und einfache Strukturen für die Steuerung von Stammdaten und Kennzahlen: Sie legt organisatorische Rollen fest, definiert Verantwortlichkeiten, beschreibt Aufgaben und implementiert ein nachhaltiges Monitoring zur Sicherstellung der Datenqualität.
- **Agile Organisationsform**
  Definieren Sie eine sinnvolle (virtuelle) Organisationsform und zugehörige Prozesse für ein agiles Datenteam. Größere Unternehmen benötigen gegebenenfalls einen größeren Ansatz. Weitere Informationen dazu finden Sie im Anhang A.6.3.

- **Datenqualität**
  Die Sicherstellung und Verbesserung der Datenqualität erfordert kein tägliches Monitoring als Selbstzweck, sondern primär ein Umdenken im Umgang mit Daten innerhalb der Organisation.
- **Datennutzung**
  Schaffen Sie Transparenz darüber, welche Berichte, Stammdaten und Kennzahlen von wem, wie und für welche Zwecke genutzt werden.
- **Datenarchitektur und -modell**
  Entwickeln Sie eine effiziente Datenarchitektur durch ein harmonisiertes und auf Ihr Unternehmen zugeschnittenes Datenmodell und setzen Sie es um. Ändern Sie es regelmäßig und zügig, um den sich ändernden Rahmenbedingungen gerecht zu werden.
- **Technologie**
  Folgen Sie einer sauberen Methodik bei der Umsetzung von Anforderungen auf einer modernen Plattform.

Datenstrategie

Nun möchten wir unser Grundverständnis des Kerns einer Datenstrategie, unabhängig von der SAP BDC, beschreiben. Eine *Datenstrategie* ist ein langfristiger Plan, der die kontinuierliche Verbesserung, das Management und die nutzbringende Verwertung von Daten für das gesamte Unternehmen zum Ziel hat und beschreibt, wie dies erreicht werden soll. Uns ist schon eine Vielzahl von Varianten solcher Pläne begegnet. Aus unserer Sicht muss eine Datenstrategie jeweils aus Sicht der Technologie, der Prozesse und der Menschen (Datennutzerinnen und -nutzer) die folgenden drei Fragen beantworten:

- Welche Daten beeinflussen den Unternehmenszweck positiv?
- Wie müssen Daten verwaltet werden, um die Datentauglichkeit für den gewünschten (Analyse-)Zweck stets zu gewährleisten?
- Wie müssen Daten bereitgestellt werden, um Menschen und Systemen die An- und Verwendung von Daten zur Lösung von Fragestellungen und Problemen zu ermöglichen?

Datenintelligentes Unternehmen

Mit der Datenstrategie verfolgen Sie das Ziel, Ihr Unternehmen zu einem datengetriebenen und datenintelligenten Unternehmen zu machen. Doch wie genau sieht ein solches Unternehmen aus? Hierzu gibt es eine ganze Reihe an Definitionen und Varianten. Aus unserer Sicht sind die folgenden vier Punkte wesentlich:

- Ein Unternehmen kann nicht nur aus strukturierten, sondern auch aus unstrukturierten Daten geschäftsrelevante Erkenntnisse generieren.
- Aus Erkenntnissen werden operative, taktische und strategische Entscheidungen abgeleitet.

- Diese Entscheidungen können vom Unternehmen in konkrete und zielführende Maßnahmen umgesetzt werden.
- Anhand der neu entstehenden Daten können die Auswirkungen der Maßnahmen identifiziert und validiert werden.

Mehrwert von Daten

Beim Entwerfen einer Datenstrategie ist es außerdem hilfreich, sich den Wert von Daten bewusst zu machen. Hierzu gibt es auch eine ganze Reihe von Abhandlungen und Betrachtungen. Aus unserer Sicht sind es insgesamt letztendlich nur drei simple Arten von Mehrwert, die für Unternehmen relevant sind und durch Daten erzielt werden können:

- Höhere Einnahmen
- Reduzierte Kosten
- Besser zu kontrollierende Risiken

Neben der Datenkultur und der Datenstrategie sollten Sie bei den Vorbereitungen Ihres SAP-BDC-Projekts auch die Menschen im Unternehmen identifizieren, die Sie für ein solches Unterfangen benötigen. Wir meinen, dass das Unternehmen zunächst ein Ziel benötigt, das es zu erreichen gilt. Sobald dieses Ziel bekannt ist, müssen die zu erledigenden Aufgaben definiert werden, die wiederum zu Rollen gruppiert und anschließend zugeordnet werden können. Erst im letzten Schritt erfolgt die Zuordnung einer Rolle zu einer ausgewählten Person. Als Hilfestellung möchten wir im Folgenden beschreiben, was wir unter der weitläufig verwendeten Rolle *Data Steward* verstehen.

Data Steward

Ein Data Steward verfügt über die folgenden Eigenschaften:

- **Versteht das Business**
  - Blickt über die KPIs und die Leistung des letzten Monats hinaus
  - Identifiziert strategische Ziele, geschäftskritische Prozesse, Abhängigkeiten und Bedrohungen für den Erfolg
  - Besitzt ein tiefes Fachwissen
- **Denkt kritisch**
  - Denkt über die aktuelle Aufgabe hinaus und verlässt ausgetretene Pfade, um tiefer in die Daten einzutauchen
  - Findet Ausreißer und löst tiefgreifende Untersuchungen aus, um ein noch besseres Verständnis zu ermöglichen
  - Nutzt Analytics und visualisiert die Ergebnisse, um Daten aus verschiedenen Perspektiven zu betrachten
- **Führt die Stakeholder**
  - Erfasst Anforderungen und steuert Erwartungen in Bezug auf Zeitrahmen, verfügbare Daten, Personal und Ressourcen

  - Fördert einen kontinuierlichen Austausch von Ideen und Informationen
  - Gibt Orientierung darüber, wo der größte Wert aus Daten durch Analysen gezogen werden kann
- **Versteht die Technologie**
  - Kombiniert geschickt Software, Systeme und Daten, um Erkenntnisse zu gewinnen
  - Versteht die Datenwertschöpfungskette der Geschäftsprozesse
  - Entwickelt Fähigkeiten kontinuierlich weiter und kann mit dem technologischen Fortschritt durch ML und KI Schritt halten
- **Besitzt Fähigkeiten in der Datenvisualisierung**
  - Kann einen umfassenden Sachverhalt mit einem Bild erläutern und so Meinungsverschiedenheiten und Unklarheiten vorbeugen
  - Wählt Diagrammtypen, die zu den Daten passen, und nutzt Design-Standards, wie bspw. die *International Business Communication Standards* (*IBCS*)
  - Kann Ergebnisse und Empfehlungen formulieren und damit Orientierung geben
- **Besitzt Präsentationsfähigkeiten**
  - Teilt Erkenntnisse effektiv und professionell mit
  - Nutzt eine klare Struktur, um wichtige Erkenntnisse logisch zu kommunizieren
  - Antizipiert mögliche Folgefragen und ist auf sie vorbereitet

Fazit

Eine Datenkultur beginnt ganz oben im Management. Die Unternehmensspitze muss entsprechende Vorhaben fördern, aktiv kommunizieren und vorleben. Eine ausschließlich bottom-up-orientierte Vorgehensweise ist zwar löblich, jedoch sehr aufwendig und erfahrungsgemäß wenig effektiv. Es gibt viele Ansätze, Methoden und Angebote zur Definition einer Datenstrategie. Finden Sie Ihren eigenen Ansatz, der zu Ihrem Unternehmen passt. Besonders in regulierten Branchen sind Governance-Themen Fluch und Segen zugleich, da die Anforderungen höher sind, aber gleichzeitig auch Klarheit schaffen und helfen, Risiken zu bewältigen. Betrachten Sie Daten als einen Service (Data-as-a-Service, DaaS).

Nach diesen konzeptionellen und methodischen Punkten betrachten wir im nächsten Abschnitt eine Auswahl an funktionalen Themen, die die meisten unserer Kunden in der SAP BDC vermissen bzw. in der Zukunft erwarten.

22.2 Lücken im SAP-BDC-Funktionsumfang

Seit dem Launch der SAP BDC sind zum Zeitpunkt der Manuskripterstellung dieses Buches 16 Monate vergangen. In dieser Zeit haben wir uns gemeinsam mit zahlreichen Kunden mit der SAP BDC auseinandergesetzt und individuell analysiert, wann, wo und wie sich die SAP BDC in die Architektur der Kunden einfügt. Bei dieser Analyse sind wir folgendermaßen vorgegangen:

1. **Status quo**
   Wie sieht die aktuelle Situation der SAP-Analytics-Architektur hinsichtlich Technik, Organisation, Projektumfeld, Anforderungen und Herausforderungen aus?
2. **Training**
   Für ein gutes Verständnis der SAP BDC wurden je nach Ergebnis aus dem Status quo SAP-BDC-Trainings mit unterschiedlichen Fokusthemen durchgeführt, mit dem Ziel, dass unsere Kunden gemeinsam mit uns die zukünftige Architektur und den Weg dorthin definieren können.
3. **Zielarchitektur**
   Die möglichen Zielarchitekturen für die SAP BDC in der IT-Landschaft wurden gesammelt und bewertet, inklusive der jeweiligen Vor- und Nachteile.
4. **Roadmap**
   Anschließend wird gemeinsam eine Roadmap erarbeitet, die den Weg vom Status quo hin zur Zielarchitektur innerhalb eines gesetzten Zeitrahmens beschreibt. Die Roadmap enthält alle Aufgabenpakete, die auf diesem Weg bearbeitet werden müssen. Die Ergebnisse der Schritte 1–4 werden anschließend in einer Entscheidungsvorlage zusammengefasst.
5. **Transformation**
   Abschließend wird mit den ersten Aufgabenpakete begonnen.

Während dieses Prozesses wurde eine Vielzahl an Themen diskutiert. Dabei haben unsere Kunden auch einige Lücken im Funktionsumfang der SAP BDC identifiziert. Im Folgenden möchten wir eine Auswahl dieser Wünsche mit Ihnen teilen, die die SAP BDC bislang offenlässt.

Flexible Nutzung der Capacity Units

Vor der SAP BDC hatten die einzelnen Komponenten SAP Analytics Cloud, SAP Datasphere und Co. unterschiedliche Metriken für die Lizenzierung (Speicher, Reporting User, Planer, Administrator etc.). Mit der Vereinheitlichung auf *Capacity Units* erwarten unsere Kunden auch eine Flexibilität bei der Nutzung dieser im Laufe des Jahres. Wenn bspw. Planungsprozesse anstehen, sollen mehr Planer auf die Planungs-Services in SAP Analytics Cloud zugreifen dürfen als sonst im Jahr. Dafür werden dann andere Services in geringerem Umfang genutzt, sodass keine Gefahr einer Unterlizenzierung besteht. Dies wäre besonders für die Planung für viele Kunden von Vorteil, da die Lizenzkosten für Planungs-User hoch waren. Auch beim Liften, Shiften und Innovieren von SAP BW, Private Cloud Edition in Richtung SAP Datasphere wäre eine Flexibilisierung wünschenswert. Aufgrund ihrer technologischen Beschaffenheit benötigt SAP BW, Private Cloud Edition recht viele Capacity Units, um überhaupt den Betrieb aufnehmen zu können – zusätzlich zum Volumen, das in Form von Daten in die SAP BDC eingebracht wird. Selbst wenn Kunden ihre SAP-BW-Daten mit der Zeit in SAP Datasphere überführen und schlanker modellieren, verbleibt noch ein relativ hoher Wert an Capacity Units für das SAP-BW-System. Bislang sehen wir nur die Möglichkeit, eine klare Roadmap zur Reduktion von SAP BW, Private Cloud Edition zu planen, mit SAP über Vertragslaufzeiten zu verhandeln und einen Zeitpunkt zu identifizieren, ab dem SAP BW, Private Cloud Edition wieder aus der SAP BDC entfernt werden kann.

Data Product Generator für SAP BW/4HANA

Auf den Data Product Generator für SAP-BW-Daten sind wir bereits eingegangen. Viele Kunden wünschen sich die Möglichkeit, diese Funktion auch auf ihren On-Premise-SAP-BW-Systemen nutzen zu können, um so SAP-BW-Datenprodukte einfacher und zügiger in die SAP BDC bringen zu können. Damit würde sich der Weg in Richtung Object Store (z. B. für die SAP-BW-Altdaten-Archivierung) und die Nutzung von SAP Databricks mit SAP-Daten deutlich beschleunigen.

Bislang hat SAP den Funktionsumfang von SAP Databricks nicht auf den Stand von Databricks gebracht. Der Bereich der Anbindung und Integration soll durch SAP Datasphere abgedeckt werden. Einzelne Kunden, die bspw. bereits Databricks Enterprise einsetzen, haben uns gegenüber geäußert, dass ein vollständiger Funktionsumfang in SAP Databricks aus Sicht der Gesamtarchitektur sehr wünschenswert wäre und dazu beitragen würde, die IT-Architektur weiter zu vereinheitlichen. Aus Sicht der User Experience von SAP-Anwenderinnen und -Anwendern, wäre ein Fokus auf einen Low-Code-/No-Code-Ansatz begrüßenswert. Damit würde die aus unserer Sicht recht hohe technische Einstiegshürde von Databricks für Fachanwender genommen, um auch hier Self-Services zu ermöglichen. Dies würde gleichzeitig die Data Engineers und Data Scientists künftig entlasten.

Zudem wäre eine bessere Integration mit SAP Analytics Cloud wünschenswert, um die Demokratisierung der KI-Funktionalitäten im SAP-Ökosystem generell zu fördern.

Die Kunden stellen sich grundsätzlich die Frage, ob ein hybrides Szenario mit SAP Databricks und Databricks Enterprise überhaupt erstrebenswert ist, wenn beide Lösungen miteinander kombiniert werden. Sollte die Antwort verneint werden, stellt sich die Frage, nach welchen Kriterien entschieden werden soll, ob SAP Databricks oder Databricks Enterprise weiterhin zum Einsatz kommt.

EU-Access für Databricks

Bislang ist der EU-Access für SAP Databricks nur in der Roadmap für das dritte Quartal 2026 eingeplant, d. h., die Databricks-Services sollen in Zukunft vollständig über Server in der EU laufen.

Sovereign Cloud – ein deutscher SAP BDC Tenant

Wir haben Kunden aus Branchen, für die es elementar ist, dass ihre IT bzw. ihre Daten regulatorischen Standards unterliegen. Das heißt, es wird eine Cloud-Infrastruktur benötigt, die rechtliche und sicherheitsbezogene Anforderungen auf nationaler (deutscher) Ebene erfüllt, insbesondere was die Speicherung und Übertragung der Daten betrifft. SAP investiert bereits in diese Richtung, und es ist anzunehmen, dass auch andere Kunden, sobald entsprechende Lösungen angeboten werden, zunehmend Interesse daran zeigen werden. Es ist davon auszugehen, dass neben der Datenhaltung in der SAP BDC auch die Nutzung von SAP Business AI Services in diesem Kontext sehr gefragt sein wird.

Eine einheitliche semantische, plattformübergreifende Schicht

Wir sind vom grundsätzlichen Ansatz der Datenprodukte überzeugt. Mit dem Catalog in der SAP BDC wird es auch für die Anwenderinnen und Anwender leichter, die gewünschten Datenprodukte zu finden und zu nutzen. Rein technologisch gesehen verfügt auch Databricks über einen Katalog, und über Partner Connect stünden weitere Kataloganbieter wie Collibra zur Verfügung. Es ist jedoch organisatorisch eine Herausforderung, sicherzustellen, dass die Datenprodukte, katalogunabhängig, plattformübergreifend und semantisch eindeutig über alle (SAP)-Komponenten hinweg im Unternehmen qualitativ hochwertig bleiben. In SAP Datasphere gibt es semantische Modelle, in Databricks technische Datenmodelle und in der SAP Analytics Cloud ggf. sogar eigene Logiken. In diesem Zusammenhang sind die Demokratisierung von Daten und Self-Service-Ansätze Fluch und Segen zugleich. Einen zentralen, plattformübergreifenden *Semantic Layer* zu erschaffen und mit hoher Qualität dauerhaft bereitzustellen, stellt sicherlich noch eine Herausforderung dar. Daher würden wir es begrüßen, wenn es auf der SAP BDC eine KI-Funktion gäbe, die die Datenqualität der Datenprodukte dauerhaft und automatisiert überwacht, aktiv auf Datenprobleme hinweist und Vorschläge zur Problemlösung unterbreitet. So würde eine sich selbst überwachende Datenplattform entstehen.

Seamless Planning – Dimensionen vollständig in SAP Datasphere

In Kapitel 7, »SAP Analytics Cloud: Integriertes Planen«, haben wir Seamless Planning und dessen Integration in SAP Datasphere besprochen. Wir begrüßen stets Redundanzfreiheit und Zentralität von Logiken, egal welcher Art, sowie Wartbarkeit. Daher wäre es vorteilhaft, wenn sämtliche relevanten Dimensionen vollständig in der SAP Datasphere gepflegt werden könnten. Dadurch wird sichergestellt, dass die Datenmodelle in beiden Systemen und unabhängig von Reporting oder Planung auf denselben, konsistenten Stammdaten aufbauen.

22.3 Zusammenfassung

In diesem Kapitel, mit dem wir unser Buch zur SAP BDC abschließen, haben wir zunächst die SAP BDC in den Markt und in das SAP-Portfolio eingeordnet und anschließend ihre Einzelkomponenten und Funktionen betrachtet. Dabei haben wir regelmäßig und an vielen Stellen darauf hingewiesen, dass die Technologie nur einen Teil des Gesamtbildes darstellt. Ein weiterer wichtiger Teil sind die Prozesse und Methoden, die Daten erzeugen, verändern und zur Nutzung bereitstellen. Den größten Teil machen die Menschen aus, genauer gesagt die Haltung der Personen, die mit den Daten arbeiten. Der fachliche Kontext der Daten bildet den Rahmen. Das vollständige Bild ergibt sich erst mit einer etablierten Datenkultur. Mit der SAP BDC steht unsere Kunden eine leistungsfähige Plattform zur Verfügung, die sie bei ihren aktuellen Bedarfen rund um die Modernisierung von SAP BW, bei der Unterstützung von Planungsprozessen mit SAP Analytics Cloud sowie beim Einstieg in ML und KI unterstützt. Wir möchten Sie motivieren, sich (und Ihr Unternehmen) mit diesen neuen, umfangreichen und sich weiterentwickelnden Möglichkeiten vertraut zu machen und die Chance zu ergreifen, mit der SAP BDC aktiv den Weg zu einem datenintelligenten Unternehmen zu gehen.

Anhang A
Vorlage für ein Positionspapier: Das datenintelligente Unternehmen schaffen

Soll Ihr Unternehmen eine datengetriebene oder eine datengesteuerte Organisation sein? In jedem Fall gilt weiterhin, dass die richtigen Daten zur richtigen Zeit den richtigen Empfängerinnen und Empfängern bzw. Entscheiderinnen und Entscheidern in der richtigen bzw. einer nutzbaren Form zur Verfügung stehen müssen. Mittlerweile gibt es erheblich mehr Datenvolumen, Datenstrukturen und Datenquellen, und wir erwarten somit eine deutlich höhere Geschwindigkeit bei der Bereitstellung – am besten live, jederzeit und an jedem Ort. Wir bevorzugen den Begriff des *datenintelligenten Unternehmens*, da wir Technologie, Fachlichkeit, Prozesse, den Datenwertbeitrag, die Menschen und die KI als Kernbestandteile einer Unternehmensdatenkultur sehen.

Positionspapier

Zum Abschluss dieses Buches möchten wir Ihnen in diesem Abschnitt eine Orientierungsleitfaden darüber geben, wie eine Roadmap zu einem datenintelligenten Unternehmen aussehen kann. Das folgende Beispiel ist ein Positionspapier und basiert auf einem realen Kundenprojekt. Aufgrund einer Vielzahl von Mergers-and-Acquisitions-Aktivitäten war im betreffenden Kundenunternehmen innerhalb kurzer Zeit eine sehr heterogene Systemlandschaft entstanden. Mangels eines geordneten Post-Merger-Integrationsprozesses mussten viele Einzelakteure aus unterschiedlichen Bereichen individuell für Lösungsansätze sorgen, um Struktur in den eigenen Bereich zu bringen und um die Berichtsfähigkeit für den eigenen Bereich weiterhin aufrechtzuerhalten.

Vorlage für Ihren Startpunkt

Innerhalb recht kurzer Zeit eskalierten die daraus resultierenden Probleme in Form von inkonsistenten und widersprüchlichen Berichten und Analysen auf dem C-Level, was letztendlich zu einem Positionspapier einer kleinen Arbeitsgruppe führte, um diese Probleme anzugehen. Abstrakt gesehen lassen sich fast alle Punkte aus dem Positionspapier zu Themen, Kapiteln und Abschnitten aus diesem Buch zuordnen. Dies zeigt die Aktualität des bereits abgeschlossenen Kundenprojekts im Hinblick auf die aktuellen Herausforderungen mit Daten und die Positionierung der SAP BDC. Nicht alle Punkte sind für jeden zutreffend, aber wir hoffen, dass wir Sie mit dieser Vorlage dabei unterstützen können, Ihren individuellen Startpunkt strategisch zu formulieren und intern zu präsentieren. Es wurde aus der Sicht eines Teams erstellt, das sich für Daten verantwortlich fühlt und mit einer neuen Plattform Mehrwerte für das Unternehmen schaffen möchte. Das Positionspapier beschreibt die Situation im Unternehmen des Teams; es bezieht sich jedoch nicht auf ein spezifisches Unternehmen und kann daher, ggf. mit einigen Anpassungen, für jedes beliebige Unternehmen wiederverwendet werden.

A.1 Einleitung

Das wichtigste strategische Ziel unseres Unternehmens ist es, sich bis 2035 zu einem datenintelligenten Unternehmen zu entwickeln. Wir wollen ein Unternehmen werden, in dem Produkte, Dienstleistungen, Abläufe und Entscheidungsfindungen digital, datengesteuert und durch KI unterstützt sind. Um dies zu erreichen, sind genaue, vertrauenswürdige und gut verwaltete Daten erforderlich, um effiziente, agile und konsistente digitalisierte Geschäftsprozesse und die dafür notwendigen globalen Anwendungen zu unterstützen.

Ein besonders dringender Bedarf, diese Prinzipien und Praktiken umzusetzen, besteht bspw. im Vertrieb und im Controlling, in der Planung und in der Konsolidierung. Genaue, zuverlässige und vertrauenswürdige Finanzdaten sowie die Fähigkeit, diese effektiv und schnell zu analysieren, die Leistung zu verfolgen, Trends zu erkennen und Prognosen zu erstellen, sind entscheidend für die allgemeine finanzielle Gesundheit unseres Unternehmens und bilden die Grundlage für den Einsatz von KI.

A.2 Herausforderungen

Derzeit ist dies jedoch aus den folgenden Gründen nur schwer zu erreichen:

- Unsere Finanzsysteme und -plattformen sind nach wie vor fragmentiert. Die Transformation zu einer soliden SAP-S/4HANA-zentrierten Anwendungslandschaft wird noch einige Jahre andauern.
- Wir führen derzeit mehrere Initiativen durch, die sich auf zentrale Strukturen und Daten für die Unternehmenssteuerung auswirken. Folglich ist es sehr schwierig, die Informationen zu konsolidieren, um eine einzige Sicht auf die wichtigsten Daten für die historische, aktuelle und vorausschauende Betrachtung und Detailanalyse zu generieren.
- Die Erstellung von Finanzberichten und -prognosen erfordert nach wie vor ein hohes Maß an manuellem Aufwand für die Erfassung, Korrektur und Integration der Daten, da es keinen Single Point of Truth für alle rechtlichen Einheiten, Geschäftsbereiche, Länder usw. gibt.

- Viele unserer Berichte beanspruchen zu viel Zeit im Hinblick auf die Ausführung, Entwicklung und Änderung, da sie sich teilweise auf mehreren Systemen oder Legacy-Systemen befinden und unterschiedliche Technologien oder veraltete Komponenten nutzen. Dies beeinträchtigt unsere Fähigkeit, Ergebnisse und Vorfälle schnell zu erkennen und darauf zu reagieren.
- Die Qualität der zugrunde liegenden Daten ist verbesserungswürdig. Die aktuelle Situation ist durch ungenaue, fehlende oder unvollständige Daten gekennzeichnet, die sich negativ auf das Geschäft auswirken. Wo Probleme gefunden werden, werden diese nicht über einen kontinuierlichen Verbesserungsprozess angegangen.
- Es gibt kein vereinbartes, zugrunde liegendes, harmonisiertes und auf unsere Steuerungsbedürfnisse zugeschnittenes Kerndatenmodell, in dem die Beziehungen zwischen unseren Datenobjekten (Projekte, Kunden, Dienstleistungen usw.) und deren Attribute abgebildet, dokumentiert und eindeutig definiert werden. Daher sind Änderungen und Erweiterungen an mehreren Stellen erforderlich, was die Komplexität, den Aufwand und die Kosten erhöht und die Flexibilität und die »Time-to-Market« von Änderungen verringert.
- Es mangelt an einer wirksamen Steuerung der Finanzberichterstattung und der darin enthaltenen Daten. Zwar wurden erste Anstrengungen unternommen (FICO Change Board, Data Governance Arbeitsgruppe), es wird jedoch mehr Zeit sowie eine koordinierte Führung für Verbesserungen benötigt.
- Die BI-Abteilung wird von den Fachbereichen oft als Engpass empfunden, da sie sich darauf verlassen müssen, dass die BI-Abteilung die von ihnen benötigten Berichte bereitstellt. Diese Erwartung wird manchmal nicht erfüllt, was zu Unzufriedenheit bei den Anwenderinnen und Anwendern führt. Darüber hinaus besteht ein zunehmender Druck, die IT-Ressourcen zu reduzieren. Dies muss mit dem wachsenden Bedarf an selbsterklärenden Self-Services in Einklang gebracht werden.
- Die Gesamtkosten für die Bereitstellung dieser Anwendungen und Dienste sind hoch und beanspruchen sowohl die Ressourcen des Unternehmens als auch die der BI-Abteilung, die besser für die nachhaltige Entwicklung verbesserter Fähigkeiten und Dienste sowie für den Aufbau einer künftigen Landschaft eingesetzt werden sollten.
- Wir haben mit vereinzelten KI-Initiativen und KI-Use-Cases begonnen, konnten jedoch keine signifikanten und konsistenten Erfolge für das gesamte Unternehmen erzielen.

Integrierte Datenplattform

In diesem Positionspapier werden Argumente für die Einführung einer einheitlichen, cloudbasierten, integrierten Datenplattform als Lösung der genannten Probleme dargelegt. Eine solche Umgebung wird qualitativ hochwertige Berichte und Analysen schneller und kosteneffizienter liefern, indem sie zur Harmonisierung und Konsolidierung von Daten dient und so eine einzige Sicht als Single Point of Truth bietet, die für alle Nutzerinnen und Nutzer zugänglich ist.

Insgesamt besteht seitens unseres Unternehmens, einschließlich unseres C-Levels (CFO, CHRO, CRO etc.), die dringende Anforderung an unsere Systeme, einen transparenten und stabilen Überblick über die Geschäftsergebnisse und die wichtigsten Kennzahlen zu bieten. Der Wert einer einzigen, integrierten und konsolidierten Sicht auf die Daten ist allgemein anerkannt. In diesem Positionspapier wird dargelegt, wie diese umgesetzt werden könnte und sollte.

A.3 Das Werteversprechen

Egal, ob Finanzmanagerinnen und -manager, Abteilungs- und Teamleitende, Kundenbetreuende oder regionale Controllerinnnen und Controller sowie Projektmanagerinnen und -manager – alle Personen, die mit der Verwaltung und Betreuung von Projekten, Organisationen, Dienstleistungen, Regionen und Ähnlichem betraut sind, müssen in der Lage sein, die finanzielle Performance ihres jeweiligen Verantwortungsbereichs auf einfache Art und Weise zu messen, zu verstehen, zu analysieren und zu berichten.

Single Point of Truth

Als Single Point of Truth genutzt, bietet die SAP BDC eine Plattform, die eine flexible und schnelle Analyse von vertrauenswürdigen Daten ermöglicht. Dies steht im Gegensatz zur aktuellen heterogenen Situation, in der das Sammeln, Anreichern, Zuordnen und Präsentieren von Daten viel Zeit und Geld kostet, fehleranfällig ist und viel Handarbeit erfordert.

Die SAP BDC wird unser Unternehmen in die Lage versetzen, unsere eigenen, unterschiedlich ausgeprägten Geschäftsbereiche harmonisiert zu modellieren und Self-Service auf der Grundlage einer Enterprise-Data-Warehouse-Lösung anzubieten. Daten werden damit zu einem gemeinsamen Gut.

Datenprodukte

Um dieses Ziel zu erreichen, ist es wichtig, die Komplexität zu reduzieren und klare Verantwortlichkeiten sowie eine klare Organisation und Governance für die Daten(-produkte) und die zugehörigen Berichte und Analysen zu schaffen. Auf diese Weise trägt die SAP BDC zur Digitalstrategie unseres Unternehmens bei, indem sie eine gut gesteuerte, agile und kosteneffiziente Entscheidungsunterstützung bietet. Der Einsatz von KI auf Basis der SAP BDC wird uns dabei helfen, Schwachstellen aufzudecken und die Entscheidungsfindung automatisiert und dennoch transparent zu gestalten und besser zu unterstützen.

A.4 Erwartete Vorteile

Die wichtigsten Vorteile der vorgeschlagenen Plattform sind:

- Bereitstellung von Self-Service- und Analysefunktionen, mit deren Hilfe Anwenderinnen und Anwender schnell und flexibel individuelle Berichte und Analysen erstellen können.
- Die BI-Abteilung kann ihre Ressourcen effizienter nutzen, indem sie sich auf die Integration, Harmonisierung und Bereitstellung von Daten fokussiert.
- Die Bereitstellung von Daten auf einer integrierten Plattform ermöglicht eine verbesserte Datenqualität, wenn einheitliche Logiken auf die Daten angewendet und letztere den Anwenderinnen und Anwendern einfach nutzbar präsentiert werden. Dadurch wird auch das Vertrauen in die Daten und Berichte gestärkt.
- Der Ersatz fragmentierter Lösungen und Einzelanwendungen durch eine einzige, integrierte Plattform ermöglicht eine transparentere und detailliertere Berichterstattung.
- Im Einklang mit den übergeordneten Unternehmens- und IT-Zielen wird die vorgeschlagene Plattform unser Unternehmen in die Lage versetzen, zahlreiche Anwendungen und Dienste einzustellen, die Gesamtbetriebskosten zu senken sowie Einsparungen bei On-Premise-Hardware, Softwarelizenzen und sonstigen Ressourcen zu ermöglichen. Dadurch wird auch die Komplexität der IT-Landschaft erheblich reduziert.
- Die Plattform muss mit einem vereinbarten, gemeinsamen und definierten Datenmodell untermauert werden, in dem Datenprodukte von allen Datenproduzenten und -verbraucherinnen gemeinsam genutzt werden.
- Eine gemeinsame Plattform wird auch die Fähigkeit erheblich verbessern, Aufgaben zu automatisieren, die derzeit sowohl von Fachanwenderinnen und -anwendern als auch von IT-Mitarbeitenden manuell durchgeführt werden.
- Etablierung eines Prozesses, der sicherstellt, dass die Data Owner identifiziert werden, für ihre Daten Verantwortung übernehmen und letztendlich dafür Sorge tragen, dass die Anforderungen der Datenkonsumenten optimal erfüllt werden.

A.5 Hauptziele

Um die genannten Vorteile zu erreichen, ist der Einsatz einer integrierten Datenplattform erforderlich, auf der Technologie, Governance, Prozesse und Menschen gemeinsam arbeiten und gemeinsame Ziele verfolgen. Diese vier Hauptziele sind: Effektivität, Effizienz, Qualität und Self-Service:

Effektivität

- Effektiv sein – Wir tun die richtigen Dinge und verwenden unsere Plattform übergreifend, einschließlich der folgenden Punkte:
  - Single Point of Truth für Finance Analytics (Gewinn- und Verlustrechnung, Profitabilitätsanalysen, Kostenmanagement, Liquiditätsprognose, Segmentberichterstattung etc.)
  - Single Point of Truth für HR-Analytics (Organisation, Personalentwicklung, Skills, Gehälter, Nachbesetzung, Zufriedenheit etc.)
  - Single Point of Truth für CRM-Analytics (Kunden, Segmentierung, Pipeline, Marketingaktionen etc.)
  - Environment, Social and Government Reporting (ESG-Reporting), d. h. CO_2-Emissionen, Diversity, nachvollziehbare Vergütungs- und Beförderungsrichtlinien etc.
  - Einheitliche Finanzplanung und -konsolidierung etablieren
  - Nicht klassische SAP-Core-Module-Themen, z. B. Digitaler Produktpass

Effizienz

- Effizient sein – Wir machen die Dinge richtig und konzentrieren uns auf das, was wirklich wichtig ist, einschließlich der folgenden Punkte:
  - Regelmäßiges Housekeeping und Stilllegen von Anwendungen
  - Automatisieren von Prozessen, wo immer dies möglich ist
  - Erstellen und Bereitstellen von Datenprodukten auf Basis stabiler Service Level Agreements (SLAs) auf globaler Ebene und für alle Fachbereiche
  - Implementieren eines agilen und flexiblen Change-Prozesses, der von Fach- und IT-Stakeholdern operativ gesteuert und von einem strategischen Change Advisory Board beaufsichtigt wird, um die Integrität und Konsistenz der Plattform sicherzustellen

Qualität

- Qualität liefern – Wir pflegen und verbessern unsere Daten kontinuierlich, indem wir die folgenden Maßnahmen umsetzen:
  - Bereitstellen qualitativ hochwertiger, vertrauenswürdiger und verifizierter Datensätzen
  - Regelmäßige und systematische Datenqualitätsmetriken mithilfe von Dashboards und Analysen anwenden und monitoren
  - Kultivieren und Vorleben von Governance-Prozessen für die Erstellung und Pflege standardisierter und qualitativ hochwertiger Datenprodukte
  - Verteilen der persönlichen Verantwortlichkeit für Datenqualität und -produkte im Unternehmen auf viele Schultern durch den Einsatz von Rollen

Self-Service

- Self-Service etablieren – Wir befähigen unsere Organisation mithilfe der Plattform zu weitreichendem Self-Service, indem wir Folgendes bereitstellen:
  - Leicht zugängliche und verständliche Daten für die Konsumenten
  - Trainings für die Erstellung eigener Berichte und Analysen

- Zusätzliche Trainings, Dokumente und Hilfsangebote, um den Anwenderinnen und Anwendern den Einstieg in die Plattform zu erleichtern, und sie letztendlich auch dazu zu bewegen, keine neuen parallelen Eigenentwicklungen zu erstellen bzw. diese komplementär zur Plattform zu nutzen
- Unternehmensweite katalogisierte Datenprodukte
- Datendemokratisierung
- Spezialtrainings sowie eigene Verantwortungsbereiche für Datenexperten und -expertinnen in den Fachbereichen
- Eine zentrale und kontrollierte Datendrehscheibe für weitere Anwendungen, Dienste und Tools außerhalb der Plattform

A.6 Kernbestandteile der Plattform

Die Säulen einer Plattform

Damit die Hauptziele erreicht werden können, muss die Technologie der integrierten Datenplattform die Governance-Prozesse für Daten und für die Plattform selbst sowie die Aufbereitung und Bereitstellung der Datenprodukte und Datenmodelle optimal unterstützen. Mit der SAP BDC sollen daher die folgenden Themen im Vordergrund stehen und den Kern der Plattform bilden:

- Plattform-Governance
- Technologie
- (non-invasive) Data Governance
- Kerndatenmodell und Datenprodukte
- Datenqualität

A.6.1 Plattform-Governance

Die gesamte strategische Governance der Plattform und ihrer Umgebung wird durch ein Change Advisory Board (CAB) verwaltet. Dieses wird abwechselnd und reihum durch die Vertreter der wichtigsten Geschäftsbereiche und IT-Stakeholder geleitet. Die Hauptaufgaben des CABs sind:

- Sicherstellen, dass die Plattform- und Datenstrategie mit der Geschäftsstrategie übereinstimmt.
- Erzeugen von Vereinbarungen und Prioritäten, um den Bedürfnissen aller CAB-Mitglieder sowie denen anderer Interessengruppen gerecht zu werden.
- Sponsern, Priorisieren und Beaufsichtigen von Neuentwicklungen, Releases und Betrieb, um sicherzustellen, dass das Unternehmen die gesetzten Ziele mithilfe der Plattform kontinuierlich verfolgt und auch erreicht.
- Ergreifen von Korrekturmaßnahmen bei auftretenden Problemen.
- Fördern des Wissensaustauschs und des Lernens.

- Sicherstellen einer effektiven Kapazitäts- und Ressourcenplanung für den täglichen Betrieb sowie für Projekte, um zu gewährleisten, dass die Plattform angemessen finanziert und mit Ressourcen ausgestattet ist.

Governance braucht klare Verantwortung

Das CAB für die Plattform arbeitet eng mit dem Data-Governance-Team der Fachbereiche zusammen, das für die Datenprodukte zuständig ist. Obwohl es sich um verwandte Gruppen handelt, haben sie separate und unterschiedliche Rollen. Viele Data- und KI-Experten bestätigen, dass ein Mangel an Business Ownership – neben einem Mangel an Data- und KI-Leadership – einer der Hauptgründe für das Scheitern von Data- und KI-Initiativen ist. Das CAB steht in regelmäßigem Austausch mit den Sponsoren und Stakeholdern und unterstützt das Delivery-Team (Umsetzungs/-Implementierungsteam) sowie operative Arbeitsgruppen für Sonderaufgaben. Eine Zusammenfassung des vorgeschlagenen Governance-Modells sehen Sie in Abbildung A.1.

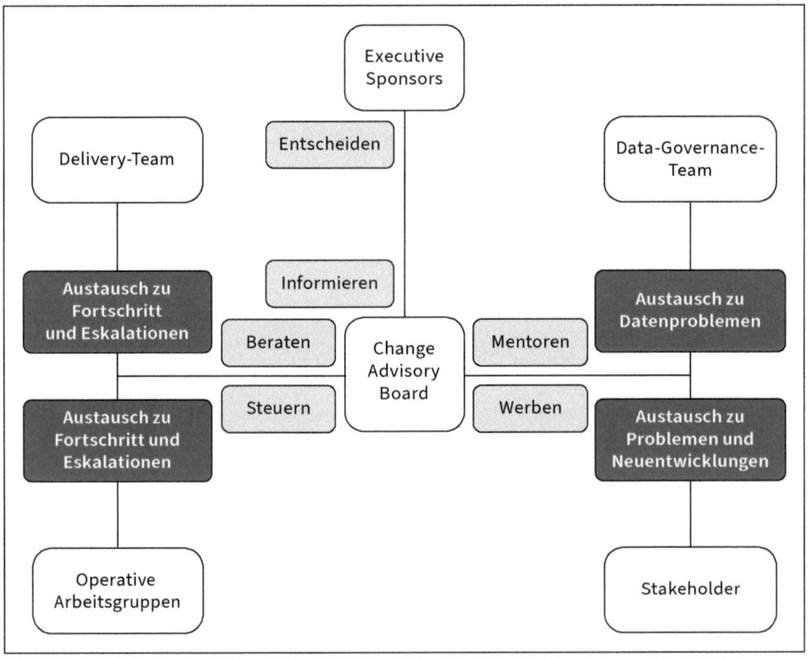

Abbildung A.1: Aufgaben des Change Advisory Boards

A.6.2 Technologie

Cloud-Basis für moderne Analytics

Im Falle der SAP BDC ist die Technologie eine cloudbasierte Plattform des Anbieters SAP, der Hardware, Software und Service-Kapazität bereitstellt und damit den Betrieb und den Ausbau der Funktionalität der Plattform sicherstellt. Als Kunde dieser Services fokussieren wir uns auf die Transformation unserer Analytics-Landschaft von On-Premise in die Cloud und nutzen die funktionalen Vorteile und Innovationen wie bspw. die SAP-BW-Modernisierung, die gemeinsame Nutzung von Datenprodukten mithilfe anderer Technologien oder die sinnvolle Anwendung von KI auf unseren Daten.

SAP Datasphere als Kern

Das Kernstück dieser neuen Umgebung ist SAP Datasphere, das durch SAP Analytics Cloud und SAP Databricks abgerundet wird. Die Kernplattform sollte anfänglich den Schwerpunkt auf SAP-Core-Prozesse wie Finanzen, Controlling, Sales und HR-Reporting vollständig abdecken sowie unsere Daten- und Prognosequalität (ML-gestützt) deutlich verbessern und damit beweisen, dass diese Plattform für die längerfristige, strategische und unternehmensweite Bereitstellung geeignet ist.

Breite Anwendungsfelder

Die Plattform stellt eine Reihe von Funktionen bereit, die den Bedürfnissen der Nutzerinnen und Nutzer gerecht werden. Die Hauptanwendungsbereiche sollen Folgendes umfassen:

- Self-Services für Analysen und Dashboards für das Performance Management in allen Bereichen sowie ein standardisiertes Enterprise Reporting,
- ein Data Warehouse zur Konsolidierung und Integration aller SAP-Core-Prozesse (Finanzen, Controlling, HR, Sales etc.), die aus SAP-ERP-Systemen stammen, einschließlich ERP-Daten aus anderen Quellen,
- Planungs-, Prognose- und Konsolidierungsfunktionen,
- ein Hub zur Unterstützung der Verteilung von Datenprodukten,
- Methoden zur Ermöglichung von Data-Governance- und Datenqualitätsverbesserungsprozessen,
- verbesserte semantische Datenmodelle zur einfachen Anbindung an andere Datenquellen (z. B. Produktionssysteme),
- gezielte Anwendung von ML- und KI-Diensten auf Datenprodukte und Einbindung dieser in Dashboards sowie in Analyseprozesse und -Services.

A.6.3 (Nicht-invasive) Data Governance

Vertrauenswürdige Daten

Eine gut durchdachte Datenarchitektur und ein effektives Datenmanagement sind von wesentlicher Bedeutung – sowohl als Grundlage für die Gestaltung der Gesamtarchitektur der Plattform als auch für die Datenkultur, die eine hohe Vertrauenswürdigkeit in Daten und eine starke Aussagekraft von ML- und KI-Analysen auf diesen Daten ermöglicht. Daten müssen als kritisches Gut wahrgenommen werden. Dies lässt sich am besten durch die Übernahme von Best Practices und Prinzipien aus den Bereichen Data Governance oder Data Mesh erreichen. Data Governance ist unerlässlich, wenn Self-Service die vorherrschende Art der Bereitstellung ist. Eine klare Regelung der Eigentums- und Verantwortungsübernahme der Daten trägt dazu bei, dass die Datennutzerinnen und -nutzer die gesetzlichen und internen Anforderungen, einschließlich Datenschutz und Datensicherheit, einhalten. Die Aufgaben des Data-Governance-Teams sind:

- Erstellen und Verwalten von datenbezogenen Richtlinien und Regeln. Unser Ziel ist es jedoch nicht, einen Verwaltungsapparat zu erschaffen, sondern die Datenakteure (Data Owner, Data Steward, usw.) mit einfachen und transparenten Mechanismen nicht-invasiv zu unterstützen.
- Definition und Überwachung von Rollen und Verantwortlichkeiten für Daten in Fachabteilungen.
- Entwerfen von Best Practices zur Verbesserung der Datenqualität.
- Koordinierung der wichtigsten Datenakteure, die für die Daten im gesamten Unternehmen verantwortlich sind.
- Regelmäßiges Kommunizieren der Vorteile und erzielten Verbesserungen und Ergebnisse durch Data Governance innerhalb des Unternehmens.
- Erstellen von Prozessen und Arbeitsabläufen, die für die Implementierung von Data Governance erforderlich sind.
- Um Self-Services zu ermöglichen, ist es von entscheidender Bedeutung, dass die auf der Plattform gespeicherten und verarbeiteten Daten indiziert, kategorisiert und dokumentiert werden. Die abgeleiteten Metadaten, einschließlich Entitäts- und Attributdefinitionen, Geschäftsregeln, Herkunft usw., müssen in die Datenprodukte einfließen und über den Catalog der Plattform publiziert werden.

A.6.4 Kerndatenmodell

Unser Business ist einzigartig. Deshalb müssen auch unsere Daten und Datenmodelle einzigartig sein.

Kerndatenmodell als Basis konsistenter Daten

Als einzigartiges Unternehmen müssen wir ein eigenes *Kerndatenmodell* erstellen, pflegen und leben. Die Bestandteile unseres Kerndatenmodells sind ausgereifte und vertrauenswürdige Datenprodukte, die in ihrer Kombination unser Unternehmensdatenmodell repräsentieren. Einzelanwendungen und -fragestellungen dürfen ihr eigenes Datenmodell haben, müssen aber zentrale Datenprodukte wiederverwenden, statt Kopien dieser zu verändern.

Die Entwicklung eines Kerndatenmodells als Grundlage der Datenarchitektur bietet folgende Vorteile:

- **Bessere Definition der Anforderungen:** Jedes Datenprodukt legt einen klaren Fokus auf eine bestimme Anforderung sowie den zugrunde liegenden Prozess bzw. die zugrunde liegenden Regeln. Die Beziehungen zwischen den Datenprodukten bilden Datenmodelle.
- **Allgemeine Datenregeln und Definitionen:** Modelle helfen Fachanwenderinnen und -anwendern sowie IT-Expertinnen und -experten, einen Konsens über die wichtigsten Datenobjekte und Attribute zu erzielen.

- **Bessere Datenqualität:** Datenprodukte und -modelle helfen bei der Generierung von Validierungen und anderen Geschäftsregeln.
- **Verstärkte Wiederverwendung von Datenbeständen**: Vorhandene Daten werden leichter verfügbar gemacht, sodass ihre Wiederverwendung in verschiedenen Anwendungen gefördert wird.
- **Einfacheres Change-Management:** Das Kernmodell gibt es nur einmal und es unterliegt letztendlich der Hoheit des CAB bzw. der Steuerung durch selbiges sowie einem Change-Evaluation-Prozesses zur Minimierung der Risiken.

A.6.5 Datenqualität

Datenqualität ist eine Daueraufgabe

Um die Anforderungen der Nutzerinnen und Nutzer zu erfüllen, müssen die Daten hinsichtlich ihrer Präzision, Vollständigkeit und Konsistenz bewertet werden. Entscheidend für den Erfolg der Plattform ist, dass sie gemeinsame und vertrauenswürdige Datensätze erstellt und verwaltet, in denen die Daten in konsistenten Formaten gespeichert werden. Datenqualität wird jedoch nicht automatisch erreicht. Sie erfordert abgestimmte, kontinuierliche Anstrengungen, um ihren Wahrheitsgehalt zu verbessern und die vorgenommenen Verbesserungen aufrechtzuerhalten. Die Verbesserung der Datenqualität ist ein zentrales Ziel der Data Governance. Sowohl Fach- als auch IT-Stakeholder müssen zusammenarbeiten und folgende Punkte erarbeiten:

- Festlegung des Status quo der Datenqualität und der wichtigsten Leistungsindikatoren (KPIs) je Datenprodukt sowie der zugehörigen Messgrößen für deren Verbesserung.
- Identifizierung einiger Datenprodukte als Master- oder Referenzdatenobjekte, d. h. Datenelemente, die praktisch von allen Nutzerinnen und Nutzern der Plattform benötigt werden. Aufgrund ihrer zentralen Bedeutung müssen diese sehr genau überwacht werden.
- Ursachen von Datenqualitätsproblemen identifizieren und verstehen.
- Einrichtung von Arbeitsgruppen, die sich mit den vorrangigen Fragen der Datenqualität befassen.
- Verbesserung von Geschäftsprozessen, Verhaltensweisen und IT-Fähigkeiten, um Probleme anzugehen und die erzielten Verbesserungen aufrechtzuerhalten.

A.7 Empfehlung

Langfristige Erfolge priorisieren

Die für die Entwicklung der Gesamtlösung erforderlichen Investitionen in Form von Lizenzen, Projekten und Ressourcen sind im derzeitigen Wirtschaftsklima unter Umständen schwerer zu beschaffen. Das sollte jedoch nicht bedeuten, dass das SAP-BDC-Projekt nicht in Angriff genommen werden sollte. Ein Mehrwert kann trotzdem erzielt werden, indem mit den in diesem Dokument beschriebenen grundlegenden Maßnahmen begonnen und sich auf Quick Wins konzentriert wird. Diese Quick Wins werden die nachfolgenden Projekte erleichtern und beschleunigen. Mit den folgenden Arbeitspaketen kann bereits begonnen werden:

- Identifizieren der wichtigsten Datenprodukte und Quellsysteme, die für die Erstellung des Kerndatenmodells erforderlich sind. Wir schlagen vor, mit zentralen Stammdatenobjekten zu beginnen.
- Aufbau ausgewählter Datenprodukte und Publikation dieser inklusive einer ausführlichen Dokumentation.
- Etablierung des CAB als übergreifende Lenkungsgruppe, die die Entstehung und Entwicklung der Inhalte sowie Daten und Reife der Plattform steuert.
- Start mit einem nicht-invasiven Data Governance Framework mit designierten Datenakteuren.
- Durchführung eines einfachen Pilotprojekts von der Quelle bis zur Analyse als technischer, aber vor allem als organisatorischer und fachlicher Startschuss inklusive der Einbindung einer ML- oder KI-Komponente.

Ein datenintelligentes Unternehmen zu werden ist keine Option, sondern eine Notwendigkeit. Wir müssen jetzt damit beginnen, diese Herausforderung anzugehen, damit unsere Daten bereit sind, zu dem datengesteuerten, agilen und digitalen Zukunftsunternehmen beizutragen, das wir alle realisieren wollen.

Das Autorenteam

Marcel Beckmann ist SAP Analytics Manager und Lead xData bei der valantic. Mit über einem Jahrzehnt Erfahrung im Bereich Business Intelligence und Data Warehousing hat er sich als ausgewiesener Experte für SAP-Datenplattformen etabliert. Als gefragter Referent teilt er sein Wissen regelmäßig auf Fachkonferenzen und Webinaren, wo er Unternehmen bei der Migration von traditionellen SAP-BW-Systemen zu modernen Cloud-Lösungen berät.

Stefan Blinkmann ist Head of SAP Analytics bei der valantic. Vor 25 Jahren begann er seine Karriere als SAP-BW-Berater und war für eine Vielzahl von BI-Projekten verantwortlich. 2008 wechselte er in eine SAP-BI -Inhouse-Position und führte ein globales Data Warehouse inkl. Planung und legaler Konsolidierung ein, etablierte ein BICC und war als IT-Abteilungsleiter für die globale SAP-Landschaft verantwortlich. Seit 2018 leitet er das SAP-Analytics-Geschäft bei der valantic.

Manuel Essers ist SAP Analytics Manager und CoE Lead of SAP Planning & Analytics bei valantic. Seit über acht Jahren liegt sein Fokus auf der Unternehmensplanung und der Optimierung datengetriebener Prozesse. Als Experte für SAP Analytics Cloud unterstützt er Unternehmen bei der Einführung und Weiterentwicklung moderner Planungs- und Reporting-Lösungen. Durch sein wirtschaftswissenschaftliches Studium in München, Singapur und Rotterdam sowie begleitende Stationen in der Finanz- und IT-Branche hat er internationale Erfahrung, strategisches Denken und technisches Know-how aufgebaut, die er aktiv einbringt, um Unternehmen zukunftsfähig zu gestalten.

Victoria-Sophie Marx arbeitet als SAP Analytics Consultant bei valantic und ist spezialisiert auf die SAP Datasphere. Sie bringt fundierte Erfahrung in der Umsetzung datengetriebener Lösungen mit und hat bereits zahlreiche innovative KI-Use-Cases in Kombination mit SAP Datasphere und SAP Analytics Cloud realisiert. Ihr Fokus liegt darauf, komplexe Datenanforderungen in praxisnahe und geschäftsrelevante Lösungen zu übersetzen.

Jessica Christin Schmidtke ist Beraterin für Business Analytics mit einem akademischen Hintergrund in Controlling und Wirtschaftsinformatik. Sie verfügt über umfassende Kenntnisse und Fähigkeiten in strategischer Datenanalyse, Dashboard-Entwicklung, Projekt- und Kundenmanagement sowie Prozessoptimierung. Durch ihre Berufserfahrung und ihr breites Methodenspektrum bringt sie wertvolle Impulse in Kundenprojekte für datengetriebenes Business Analytics.

Index

E

F

G

H

I

T

U

V

W

Z